変動する社会と
法・政治・文化

成城大学法学会 編

信山社

成城学園創立 100 周年記念
成城大学法学部創設 40 周年記念

序　文

　成城学園創立 60 周年を機に創設された成城大学法学部は，2017 年，学園創立 100 周年とともに創設 40 周年を迎えることができた。この間，1987 年には，大学院法学研究科博士前期課程を，また，1993 年には，同博士後期課程を開設し今日に至っている。

　成城大学法学部は，法的なものの見方・考え方を身につけることをめざし，現代の法律学を体系的に学ぶことによって，深い理解力，確かな判断力，豊かな創造力をもった人材を育成することを，その教育の目標として掲げてきた。この目標を達成するため，これまで様々な改革や教育・研究環境の整備を行ってきたが，この間における特筆すべきこととしては，教育カリキュラムの改革と法学資料室の整備をあげることができるであろう。

　前者については，その基本理念として，「Back to the basics」を掲げ，(1)基本の重視，(2)学生の自主性の尊重，(3)少人数教育を，カリキュラム編成の基本方針とする改革を行った。また，大学における教育は，研究を前提とするものであるから，こうした基本理念は，研究においても当然活かされなければならない。成城大学法学部のこれまでの歩みは，学生と教員とが一体となって学問共同体を形成し，基本理念の下教育・研究の成果を一歩ずつ積み上げてきた過程であるということができる。

　後者については，1977 年に誕生した法学資料室を，2016 年 9 月に全面的にリニューアルし，さらなる資料の充実を図るとともに，新たな法情報提供環境と新たな機材の導入等による学習・研究環境の整備を行った。これによって，学生・教員に，先進的で充実した学習・研究環境を提供することができるようになった（なお，法学資料室のこれまでの歩みと今後の課題等については，本論文集所収の，隈本守・金澤敬子両氏による論稿「大学法律図書館の課題と展望 ── 成城大学法学資料室の地下拡充移転を通して ── 」に詳しく述べられているので，御一読いただきたい。）。

　以上のような教育カリキュラムの改革と法学資料室の整備によって，大学における車の両輪である教育内容と研究環境のより一層の充実を図ることができ

序　文

たように思われる。こうした中で，この度，成城大学法学部がめでたく創設40周年を迎えることができたのは，ひとえに創設期から現在に至るまでの教職員の方々の多大なる御尽力の賜物であり，この機会に心より御礼申し上げる次第である。

　近時，グローバル化の進展により国際関係や政治構造が大きく変わり，また，ロボット，AI技術をはじめとして多種多様な技術革新が急速な勢いで行われ，われわれの生活に大きな変革が生じていることに伴い，法学・政治学教育のあり方についても見直しの必要性が叫ばれている。しかし，このような時代であるからこそ，われわれは，「Back to the basics」の重要性を再認識し，今後もこの理念を堅持し，決して奇を衒うことなく，教育・研究の成果を着実に積み上げていかなければならないと考えている。

　本論文集は，「研究なくして教育なし」という大学の原点に立ち返り，これまでの研究成果を公にし，研究機関としての大学の使命を果たすことにより，成城大学法学部40周年を記念しようという趣旨で企画されたものである。御多忙にもかかわらず，こうした趣旨に賛同され，様々な学問分野から御尊稿をお寄せいただいた成城大学法学部のスタッフの方々に心より御礼を申し上げる。

　最後に，本論文集の刊行に対し成城学園当局から多大なる御支援をいただいたことに感謝を申し上げ，また，出版事情が大変厳しい中，本論文集の刊行をお引き受けいただいた信山社・袖山貴氏と今井守氏に謝意を表したい。

　　2019年1月

　　　　　　　　　　　　　　　　　成城大学法学部長　　山本輝之

目　次

序　文

1　番組編集準則の規範力 ……………………………………西土彰一郎… *1*

2　祭祀を巡る紛争の変容と民法897条
　　── 大阪高裁平成30年1月30日決定を題材として ── … 川　淳一 … *19*

3　消費者撤回権の制限法理 ……………………………………山本弘明 … *33*

4　EUにおける立体商標の保護と登録拒絶事由の解釈
　　── 近時のEU司法裁判所判決を中心として ── ………… 今野裕之 … *69*

5　改正臓器移植法の課題への対応 ……………………………鋤本豊博 … *85*

6　フランスにおけるADRの近時の発展 ……………………町村泰貴… *103*

7　〈研究ノート〉
　　GPS捜査事件最高裁大法廷判決を振り返る
　　～法理論と法実務のクロスオーバー …………………………指宿　信… *127*

8　多国籍軍に対する国連安全保障理事会による統制可能性
　　の検討
　　── その内在的な分権性に着目して ── ………………… 佐藤量介… *145*

9　〈研究ノート〉
　　国際司法裁判所における対世的義務と民衆訴訟
　　── 南西アフリカ事件(1966年)からマーシャル諸島事件(2016年)まで ──
　　………………………………………………………………川﨑恭治… *205*

10　フランス語憲章による公共の表示・商業広告の規制と
　　適用除外制度 …………………………………………………浦山聖子… *227*

11　自治体における公衆衛生獣医師職員の役割 ………… 打越綾子… *257*

vii

目 次

12 日本陸軍の対ソ政策
　——「反ソ防共」から「連ソ容共」へ —— ……………… 田嶋信雄…*277*

13 原発推進国家としてのチェコとスロヴァキア
　—— 旧東欧諸国における原子力政策の事例研究 —— ……… 福田　宏…*297*

14 越境する日系人の表象
　——『二つの祖国』と『山河燃ゆ』をめぐる日米での論争から
　……………………………………………… 佃　陽子…*321*

15 オペラ座に幽霊はいない
　いかにフランス的理性主義は超自然現象を追放しようと試みたか
　……………………………………………… 永井典克…*353*

16 誤動作，焼損，消失
　イルゼ・アイヒンガーの散文詩「街の中心」について
　……………………………………………… 日名淳裕…*383*

17 モダニズムを乗り越えて
　—— 19 世紀から 20 世紀への世紀転換期における
　　ドイツ語圏の文学及び芸術の諸相………………… 平野篤司…*397*

《特別寄稿》

18 〈研究ノート〉
　West v. Mead 控訴審判決 …………………………… 成田　博…*417*

19 大学法律図書館の課題と展望
　—— 成城大学法学資料室の地下拡充移転を通して ——
　……………………………………… 隈本　守・金澤敬子…*457*

執筆者紹介（巻末）

1 番組編集準則の規範力

西土 彰一郎

I　は じ め に
II　国民の知る権利の実質的充足を目的とする放送法
III　番組編集準則の法的性格 ── 行政実務の捉え方
IV　番組編集準則の法的性格 ── 憲法学説の捉え方
V　具体的請求権としての国民の知る権利
VI　お わ り に

I　は じ め に

　放送受信契約者は放送法 4 条 1 項の番組編集準則の遵守を求めて日本放送協会 ── 以下，NHK と記す ── を被告として訴訟を提起することができるのか。この古くて新しいともいえる問題が平成 28 年（ワ）第 636 号放送法遵守義務確認請求事件を契機として再び脚光を浴びている。この事件では民事訴訟および公法上の当事者訴訟が提起されているが，本稿は，NHK の番組編集準則違反，殊に「政治的公平」（放送法 4 条 1 項 2 号）と「多角的論点解明」（同 4 号）違反による国民の知る権利の侵害を切り口にして，公法上の当事者訴訟において原告が主張するところの NHK と受信者の具体的権利義務関係の構造を分析することを目的とする[1]。

　放送法 4 条 1 項によれば，放送事業者は，国内放送および内外放送の放送番

---

[1]　本稿は平成 28 年（ワ）第 636 号放送法遵守義務確認請求事件の原告ら訴訟代理人の依頼に応じ奈良地方裁判所に提出した意見書に基づいている。この意見書の論述は，以下の拙稿で論じたことと一部重なるところがあることをお断りしておく。西土彰一郎「公共放送の財源」論究ジュリスト 2018 年春号 39 頁以下，同「放送法の思考形式」メディア法研究創刊第 1 号（2018 年）95 頁以下，同「制度的自由としての放送の自由」法学セミナー 768 号（2018 年）30 頁以下。

組の編集に当たっては次の各号の定めるところによらなければならない。「一 公安及び善良な風俗を害しないこと。二 政治的に公平であること。三 報道は事実をまげないですること。四 意見が対立している問題については，できるだけ多くの角度から論点を明らかにすること。」以上の4項目を総括して，これを番組編集準則という。マスメディアの場面において，国民の知る権利は「マスメディアを通して公共の利害に関わる論点について多様な見解を入手する権利」[2]と定義されるが，この権利と番組編集準則，殊に「政治的公平」と「多角的論点解明」との関連は，後述の通り，明らかである。放送法64条の受信料制度を合憲と判断した平成29年12月6日の最高裁判所大法廷判決 —— 以下，受信料判決と記す —— も，日本国憲法21条の保障する表現の自由の保障のもと，国民の知る権利を基底に据えて放送法の構造を把握している。この判決は，「受信契約者の法的地位」を検討する手がかりとしても示唆に富む。

　以下，受信料判決を中心に最高裁判所の判例を概観し，有力な行政法研究者の見解をも参照して，受信料判決により合憲と判断された受信料制度における「受信契約者の法的地位」につき検討する（Ⅱ）。以上の検討により得られた示唆を受け，次に，国民の知る権利の実質的な充足を目的とする放送法上の番組編集準則違反を理由とする受信契約者の具体的請求権の可否について考察する。その際，第1に，放送法制定当初の制度設計および行政実務（Ⅲ），第2に，主として有力な憲法学説の議論を整理し（Ⅳ），結論として，とりわけ放送法4条1項2号「政治的公平」および同4号「多角的論点解明」については，その最低基準を満たさないNHKの「事実」報道番組に対して，受信契約者は自己の知る権利の侵害を理由に公法上の当事者訴訟の確認の利益を有するとの見解を示す（Ⅴ）。

Ⅱ　国民の知る権利の実質的充足を目的とする放送法

1　最高裁判所の指摘
(1)「博多駅事件」決定

最高裁判所は，放送法の目的を国民の知る権利の実質的な充足に見出す。

---

(2)　参照，松井茂記『マス・メディア法入門』（日本評論社，2013年）24頁以下。

まず，放送法が前提にしている報道の自由の憲法上の意義について，「博多駅事件」決定（最大決昭和 44 年 11 月 26 日刑集 23 巻 11 号 1490 頁）は，次のように説示する。「報道機関の報道は，民主主義社会において，国民が国政に関与するにつき，重要な判断の資料を提供し，国民の『知る権利』に奉仕するものである。したがって，思想の表明の自由とならんで，事実の報道の自由は，表現の自由を規定した憲法 21 条の保障のもとにあることはいうまでもない」。

伝統的な理解によれば，表現の自由は思想の表明の自由である。しかし，「博多駅事件」決定は，思想の表明と理論上区別される事実の報道の自由を，民主主義の維持，国民の「知る権利」への奉仕というその社会的役割を理由に，憲法 21 条の保護対象に組み入れたのである。逆に言うと，国民の「知る権利」に奉仕しない「報道」は，憲法 21 条の保障を受けないことになる。

(2)「NHK 期待権事件」判決

以上を前提にして，国民の知る権利への奉仕の観点から放送法の体系を把握したのが，「NHK 期待権事件」判決（最判平成 20 年 6 月 12 日民集 62 巻 6 号 1656 頁）である。それによれば，放送法の目的を定める 1 条，放送番組編集の自由を定める 3 条，放送番組の編集の準則を定める 3 条の 2 第 1 項（現在の 4 条 1 項），そして放送事業者が定めた番組基準に従って放送番組の編集をしなければならないと定める 3 条の 3 第 1 項（現在の 5 条 1 項）といった「放送法の条項は，放送事業者による放送は，国民の知る権利に奉仕するものとして表現の自由を規定した憲法 21 条の保障の下にあることを法律上明らかにするとともに，放送事業者による放送が公共の福祉に適合するように番組の編集に当たって遵守すべき事項を定め，これに基づいて放送事業者が自ら定めた番組基準に従って番組の編集が行われるという番組編集の自律性について規定したものと解される」。

「博多駅事件」決定とは異なり，「NHK 期待権事件」判決は，括弧を付けずに国民の知る権利に言及している。この間の国民の知る権利の定着を示唆する。

(3) 受信料判決

視聴者の受信契約締結により受信料支払義務を課す放送法 64 条の受信料制度を合憲と判断した平成 29 年 12 月 6 日の最高裁判所大法廷判決（民集 71 巻 10 号 1817 頁）も，「NHK 期待権事件」判決を踏襲し，国民の知る権利を基礎にして放送法の構造を捉える。

変動する社会と法・政治・文化

大法廷判決によれば，憲法 21 条の表現の自由の保障のもと，放送は国民の知る権利の実質的な充足，健全な民主主義の寄与のため国民に広く普及されるべきであるという。そのうえで本判決は，以上の憲法 21 条の趣旨，それを反映させた放送法 1 条の目的規定，この目的を実現する二元体制の意義，二元体制の一方を担う NHK の目的・業務・運営体制，NHK の公共的性格を財源の面から支える受信料制度という具合に憲法と放送法体系の緊密な内的連関を抽出する。

ここで注目されるのが，受信料制度に関する次のような説示である。放送法が，NHK につき，財源を受信設備設置者から支払われる受信料によって賄うこととしているのは，「特定の個人，団体又は国家機関等から財政面での支配や影響が原告に及ぶことのないようにし，現実に原告の放送を受信するか否かを問わず，受信設備を設置することにより原告の放送を受信することのできる環境にある者に広く公平に負担を求めることによって，原告が上記の者ら全体により支えられる事業体であるべきことを示すものにほかならない」（強調本稿筆者）。以上の強調箇所から分かるように，最高裁は，契約締結を介して支払われる受信料の対価的性格を抽象化している。受信料の対価的性格を完全に否定しているとはいえないにせよ，本判決は，1962 年 10 月に郵政大臣の諮問機関として設置された「臨時放送関係法制調査会」に提出された郵政省事務当局の意見書，行政法学者である塩野宏教授，そして NHK 会長の諮問機関として設置された NHK 受信料制度等検討委員会答申で示されている見解と同様，受信料は NHK の維持運営のための費用分担的な性格をも持つものとして把握しているといえよう[3]。

2　受信契約者の法的地位

受信料判決は，受信契約締結を強制することの合憲性をも認めている。契約締結義務方式でも契約の内容は受信料契約にすぎない，すなわち「受信契約を NHK の維持・運営の財源確保手段として理解し，それ以上に出ることをしていない」[4]との見方に立てば，支払義務方式と法律関係の内容自体に違いはな

---

(3)　臨時放送関係法制調査会答申書（1964 年）82 頁，塩野宏『行政法概念の諸相』（有斐閣，2011 年）509 頁，NHK 受信料制度等検討委員会「常時同時配信の負担のあり方について」答申（2017 年 7 月 25 日）7 頁。

い。したがって受信料制度（受信料支払義務）の合憲性が認められた以上，受信契約締結強制も合憲となるのは論ずるまでもない。しかし受信料判決は，NHK の財政的基盤を安定的に確保するためには NHK が受信設備設置者の理解が得られるように努め，これに応じて受信契約が締結されることが望ましいと説く。そのうえで，受信契約は NHK の一方的な意思表示では成立せず，未承諾者には承諾の意思表示を命ずる個別の判決の確定が必要であると判示したのである。受信料判決は視聴者が契約を介して NHK を支えることを強調していると見ることができよう。

　そうであるならば，塩野教授が指摘するように，受信契約を受信料契約に縮減することの妥当性が問題となる。なぜなら，「ある事業の費用負担者が，単に費用を負担するのみで，事業経営のあり方等に関して，関与の手段を何ら有しないという制度は，合理的ではない」からである[5]。こうした問題意識に立って塩野教授はかねてより「受信契約者の法的地位」について，放送番組に対する実体的請求権の側面と手続的側面に分けて論じてきた。

　前者につき塩野教授は，放送法 4 条等の定めは「法定の契約約款」として，あるいは「契約約款の内容そのものではないが，NHK は，受信契約を締結した者には放送番組に関する規定を受信者に対する関係でも遵守する義務がある」として把握する見方を紹介し，こうした法律構成に立脚すると受信契約者の NHK に対する具体的請求権としては「特定番組送信拒否権，特定番組送信要求権の主張，その変形として，受信料支払拒否，債務不履行による損害賠償請求」等が考えられると分析する。もっとも，こうした個別番組に対する個別請求権の行使は NHK の番組編集の自由と抵触するおそれがあり，原則として手続的側面による「受信者意見の反映のより積極的システムの開発」，「受信者（またはその各層の代表）が，直接に，NHK に対して，関与する方法」を重点課題とすべきであると書き留めている[6]。

　しかし，現時点において，以上の重点課題は達成されていない。現行の放送法では，NHK の運営に国民全体の意思を反映させるため，両院の同意のもと首相による経営委員の任命，経営委員会による会長の任命，NHK 予算の国会

(4)　塩野・前掲注(3) 512 頁。
(5)　塩野宏『放送法制の課題』（有斐閣，1989 年）227 頁。
(6)　塩野・前掲注(3) 511 頁以下。

承認等の仕組みが取られている。以上の制度的仕組みは，「費用負担者たる受信者の権能が，擬制的な受信者代表としての国会を通じて」現れることを基礎とする[7]。前述の通り，受信契約を受信料契約に縮減することに否定的な見方を示しているとはいえ，そのための制度的条件を欠くなかで下された受信料判決により，受信料拒否という「抗議」の途が絶たれ，NHK の運営に対する「政治」からの監視の比重ばかりが肥大化しているとも指摘されている[8]。こうした条件のもと，国民の知る権利の享有主体であり，かつ NHK の維持運営のための費用を分担することによりその事業運営のあり方に正当な利益を有する受信契約者は，国民の知る権利の実質的な充足を目的とするところの放送法において定められている番組編集準則の遵守を NHK に対して求める具体的請求権を有するとの法律構成は，ますます重要となっている。以下，かかる法律構成の可能性について，番組編集準則をめぐる法的性格の議論を回顧，検討することにより，探求してみたい。

Ⅲ　番組編集準則の法的性格 —— 行政実務の捉え方

1　放送法の制度設計

　1950 年放送法制定の趣旨として，当時既に，国民の知る権利の実質的な充足が意識されていたのかは判然としない。しかし，目的規定たる放送法 1 条 1 号「放送が国民に最大限に普及されて，その効用をもたらすことを保障すること」，同 3 号の「放送に携わる者の職責を明らかにすることによつて，放送が健全な民主主義の発達に資するようにすること」という原則には国民の知る権利の思想が内包されていることに疑いはなく[9]，受信料判決もこの点を確認する。

　以上の目的規定を有する放送法は，制定当初においていわゆる電波三法の連関の中に位置づけられていた。放送では公平かつ能率的な電波利用を確保するため政府による調整が避けられず，電波法は政府に放送免許付与・監督権限を

---

(7)　塩野・前掲注(5) 228 頁。

(8)　木下智史「NHK 受信料最高裁大法廷判決について —— 憲法学の観点から」判例時報 2373 号（2018 年）6 頁。

(9)　荘宏ほか『電波法放送法電波監理委員会設置法詳解』（日信出版，1950 年）278 頁。

与えている。しかし政府は，かかる権限を放送内容への干渉のために濫用する恐れがある。そこで，電波法は，放送免許を基本的に「事業免許」ではなく「施設免許」として制度化した。電波監理委員会設置法は，内閣から独立した合議制の電波監理委員会に放送電波行政を担わせ，政治的影響力を排した条文解釈権と電波放送行政権の運用の透明性を確保した。そして放送法 1 条 2 号は，政府がその政治的な立場から放送に介入することを防ぐために「放送の不偏不党」，政府が「真実」を曲げるよう圧力をかけることを封じるために「真実」，そして政府などによる放送内容への規制や干渉を排除するために「自律」を保障した[10]。電波法，電波監理委員会設置法，そして放送法の電波三法ががっちりと政府の事業者に対する不当な干渉を排する自由を保護していたのである。

　以上のような制度的仕組みに加え，電波監理委員会が準司法的機能をも有していたことがさらに注目に値する。電波監理委員会は，電波法 83 条―当時―により訴願審査（聴聞）を行う権限が与えられ（電波監理委員会設置法 19 条），その審査は裁判所の第一審の役割をし（電波法 97 条―当時―），電波監理委員会が適法に認定した事実は，これを実証する実質的な証拠があるときは裁判所を拘束する（電波法 99 条―当時―）ものとされていた[11]。この聴聞手続は，広く利害関係者，学識経験者等の意見を聞いて公正な結論を出すことを目的としており，かかる制度を備える電波監理委員会を媒介にして市民は事業者にコントロールを及ぼすことも考えられた[12]。具体的には，電波法上の（再）免許付与にあたり，手続上，放送番組視聴者は，当該放送事業者は放送の公共性，すなわち国民の知る権利を実現するのに適しているのか（あるいは実現してきたのか），番組編集準則を遵守できるのか（あるいは遵守してきたのか）について，意見を表明できたはずであり，そのうえで電波監理委員会は（再）免許を付与するかどうか決定することになる。

---

(10)　以上の構造を指摘する，2015 年 11 月 6 日放送倫理検証委員会決定第 23 号 26 頁を参照。

(11)　荘宏ほか・前掲注(9)357 頁。

(12)　参照，奥平康弘「放送の自由をめぐるパラダイム転換」日本民間放送連盟研究所編『「放送の自由」のために』（日本評論社，1997 年）32 頁以下。奥平教授が指摘するように，民主主義にとって必要であるという公共性に着目し，それに応じた役割を担ってもらうとの根拠のもとで国家が関与する免許制において，国民監視のもとで免許行政を処理していく手続が必要となり，そのためには開かれた合議的仕組みがないわけにはいかない。

変動する社会と法・政治・文化

以上の手続に組み込まれた番組編集準則は，社会的コントロールのための基準として，換言すれば，市民と電波監理委員会委員のネットワークによる規制機能を可能にする基準として，法的拘束力を有する。

2　行　政　実　務

しかし，電波監理委員会は 1952 年に廃止され，独任制行政機関が電波放送行政を担当するようになる。もっとも，免許監督権限を背景とした独任制行政機関の政治的影響力を憂慮してか，電波監理委員会廃止後に当時の郵政省自身が番組編集準則を法的義務の伴わない「精神的規定」として解釈し[13]，郵政大臣が同準則違反を理由に電波法 76 条 1 項に基づく「運用停止」処分 —— いわゆる停波処分 —— 等を命ずることが実際上封じられてきた。

ところが，放送局の政治的公平が問われた 1993 年の椿発言事件を受けて，郵政省は従来の解釈を変更し，番組編集準則を放送事業者に対して法的拘束力を有する規範として捉えるようになる[14]。見方を変えれば，番組編集準則は郵政大臣に対する公法上の義務として解釈されたのである。その後，郵政省，そして総務省は，免許監督権限を背景にして放送事業者に対し番組編集準則違反を理由とする行政指導をたびたび行うに至り，事業者に萎縮効果を及ぼして「自主規制」を促す[15]。なかには行政指導に際して電波法 76 条の適用を示唆しつつ，再発防止措置やその実施状況の報告を求めるという実質は改善命令を下しているに他ならない事例もある[16]。さらに 2016 年 2 月に番組編集準則の「政治的公平」については一つの番組でも評価することがありうるとの政府統一見解が公表され，政府による恣意的判断，放送に対する政治的影響力の危険性が高まっている。

社会的コントロールの契機をほぼ欠く現在の放送法体系のもと，免許監督権限を背景に政府の規制が強まり，政治の論理を媒介にした事業者の「自主規制」が促されているなか，国民の知る権利の実質的充足の必要条件である番組

---

(13)　郵政省「放送関係法制に関する検討上の問題点とその分析」臨時放送関係法制調査会『答申書　資料編』（1964 年）362 頁。

(14)　第 128 回国会衆議院逓信委員会議事録第 2 号平成 5 年 10 月 27 日 2 頁の江川政府委員の答弁。

(15)　鈴木秀美「メディア法の主要課題」メディア法研究創刊第 1 号（2018 年）25 頁。

(16)　山本博史「『あるある大事典』捏造と行政介入」世界 763 号（2007 年）58 頁。

編集の自由が脆弱化している。その背面として，放送受信者は，公法上の義務としての番組編集準則により反射的利益を受けるにすぎないとの理解が広まったように考えられる。かかる理解が判例の説く国民の知る権利の実質的な充足を目的とする放送法の理念から離れていることは言うまでもない。

Ⅳ　番組編集準則の法的性格 —— 憲法学説の捉え方

1　総合論 —— 芦部信喜説

　番組編集準則を公法上の義務として捉えることは，事業者の番組編集の自由を不当に侵害する恐れがあり，表現内容規制である番組編集準則は憲法 21 条に違反するとの疑いが強い。番組編集準則を正当化するために，これまでいかなる理由が提出されてきたのであろうか。

　放送規制，殊に番組編集準則を正当化する伝統的な議論は，大きく見て，①周波数有限稀少説，②社会的影響力論，③電波公物説，④番組画一説，に分類される。このうち有力に主張されてきたのが，①と②である[17][18]。しかし，長谷部恭男教授によれば，規制の実際の根拠は主要な情報源が少数のマスメディアによって掌握されているボトルネックのリスクにある[19]。

　かかるリスクに対処するために主張されるに至った権利が，国民の知る権利である。この権利は，送り手と一般国民たる受け手の固定化構造のもと，巨大化，独占化したマスメディア企業により一方的に流される情報が市場の論理を媒介にした「自主規制」を通じて統御され，その多様性が喪失している事態に対処すべく説かれるようになった[20]。この権利は，清水英夫教授が指摘していたように，表現の自由を「国民」主権原理と結合させて，「国民」一般である受け手の側から把握し直す考え方を基礎にし[21]，民主主義や参政権の行使に必要不可欠な基本的国政情報が広く社会に伝わることを趣旨とする。放送の規制

---

[17]　参照，芦部信喜『人権と議会政』（有斐閣，1996 年）74 頁以下。

[18]　批判として，松井・前掲注(2) 290 頁以下。

[19]　長谷部恭男「ブロードバンド時代の放送の位置付け」長谷部恭男＝金泰昌編『公共哲学 12　法律から考える公共性』（東京大学出版会，2004 年）122 頁。

[20]　奥平康弘『表現の自由Ⅱ』（有斐閣，1983 年）300 頁，石村善治『言論法研究Ⅱ』（信山社，1993 年）3 頁以下。

[21]　清水英夫『言論法研究』（学陽書房，1979 年）15 頁。

変動する社会と法・政治・文化

は参政権的機能を内包する国民の知る権利の実質的な充足を目的としたもので
ある。

放送規制のこうした構造を逸早く捉えて放送の自由論を展開したのが，芦部
信喜教授である。芦部教授は，国民の知る権利を基礎に，前述の①，②そして
④の「放送の諸特質」[22]をも加えて放送規制の根拠とする総合論を説く[23]。この
見解は，放送制度の形成を，電波の有限性等を挙げつつ，国民の知る権利の実
質的な充足を究極目的とする立法裁量の問題として構成する受信料判決に影響
を及ぼしているように考えられる。そして多くの有力な憲法学者，行政法学者
は，芦部教授，最高裁判所と同様，憲法 21 条の表現の自由の「国家からの自
由」の側面のみならず，国民の知る権利を理念とする「国家による自由」の側
面にも力点を置いて，以下の通り，放送法の全体構造を把握する。

2 放送法体系における番組編集準則の位置づけ

国民の知る権利を基礎とするマスメディアの自由，殊に「放送の諸特質」を
踏まえた放送の自由は，多様な情報の流れの保障という規範目的を有する。こ
の規範目的に即して，放送事業者の取材・報道の自由は，個人の表現の自由と
比べ，より厚く保護されるようになる一方，情報の多様性の保障を実現するた
めの規律を受けることになる。番組編集準則は，かかる規律の一つである。た
だし，番組編集準則の法的性格について争いがあり，さらに二つの見解に分か
れる。

一方の見解は，芦部教授，市川正人教授，鈴木秀美教授のように，放送電波
行政の恣意性の排除を計算して，法規範性を「政治的公平」と「多角的論点解
明」の領分に限定し，その文言をさらに精緻化すること，違反認定手続を整備
すること，内閣から独立した独立行政委員会を設置することなどを必要条件と
して，番組編集準則は法的拘束力のある法規範であることを承認する[24]。他方
の見解は，伊藤正己教授，長谷部教授，そして興味深いことに鈴木教授のよう
に，放送電波行政に関する現状認識を踏まえ，情報の多様性の実現という美名

---

(22)　塩野・前掲注(5) 141 頁。

(23)　芦部・前掲注(17) 77 頁以下。

(24)　芦部・前掲注(17) 65 頁以下，市川正人『ケースメソッド憲法〔第 2 版〕』（日本評論社，
　　2009 年）165 頁，鈴木秀美『放送の自由〔増補第 2 版〕』（信山社，2017 年）323 頁。

のもと，権力監視のために不可欠な放送の「国家からの自由」が掘り崩されることを危惧し，番組編集準則を倫理規範として選びとる[25][26]。

3 学説の射程

以上の二つの見解は，両者を横断する鈴木教授の説から窺い知れるように，基本的に対立してはいない。

前述の通り，放送法体系を理解するためには，電波三法の枠組み，殊に電波監理委員会の（潜在的）機能を押さえておく必要がある。聴聞制度を備え準司法的機能を担う電波監理委員会のもと，番組編集準則は，法的拘束力を有する。

以上のことは，とりわけ NHK の番組に対して妥当する。「受信者の法的地位」について論じた塩野教授の指摘する「受信者意見の反映のより積極的システム」に，以上のような独立行政委員会の仕組みは含まれうる。

しかし，1952 年の電波監理委員会の廃止により，独任制行政機関が放送の免許監督権限を担うようになった。国民の知る権利の実質的な充足を放送法の目的として把握する見解は，殊に椿発言事件以後の行政実務を念頭に置き，郵政大臣，総務大臣に対する公法上の義務として番組編集準則を解釈することを拒否する。そのうえで，電波三法の基本的枠組みに立ち返りつつ，一方の見解は，独立行政委員会の設置等を条件に，それを媒介にした放送事業者の社会的コントロールの基準としての番組編集準則の法規範性を肯定し（確認し），他方の見解は，独立行政委員会廃止後の現状のもと，政治的影響力を排し，放送の自律を確保するために，番組編集準則の法規範性を否定して倫理規定とする[27]。いずれの見解も，放送電波行政の構造を踏まえて，番組編集準則の法的性格を論じているのであり，鈴木教授の見解に端的に示されているように，後

---

[25] 伊藤正己「放送の公共性」日本民間放送連盟放送研究所編『放送の公共性』（岩崎放送出版社，1966 年）57 頁，長谷部恭男『テレビの憲法理論』（弘文堂，1992 年）168 頁，鈴木・前掲注[24] 310 頁。

[26] なお，国民の知る権利という理念の共有の点では，印刷媒体と放送の間に実質的な違いがない。にもかかわらず，放送にのみ番組編集準則が課されている。これを正当化する理論として，（番組編集準則のように倫理規定であれ）規制を受けるメディアとそうでないメディアとの相互作用により国民の知る権利の理念がより良く実現されうるという「部分規制論」が持ち出されることが多い。例えば，参照，長谷部・前掲注[25] 96 頁以下。

変動する社会と法・政治・文化

者の見解も同準則の法規範性を一概に否定しているのではない。両見解は，コインの裏表の関係にあるにすぎないのである。

法規範説と倫理規定説がコインの裏表の関係であるといえる理由は，次のことを考えてみても，明らかである。倫理規定説が，仮に法規範性を認めると違憲になるとの理由だけで番組編集準則を消極的に倫理規定として解釈しているのであれば，同準則を端的に違憲と判断すれば済む話である。しかし，そう主張しないのは，芦部教授が説くように，「知る権利」の充足という憲法上の要請から番組編集準則に積極的な意義を認め，同準則の法規範性を基本的に肯定しているからに他ならない[28]。すなわち，放送受信者は公法上の義務としての番組編集準則により反射的利益を受けるにすぎないとの理解を乗り越えようとする意識が働いているのである。この課題意識は，電波法76条1項の「放送法」に放送法4条は該当しないという一種の合憲限定解釈を主張して，番組編集準則を独任制行政機関による行政処分の根拠とせず[29]，その一方で番組編集準則を放送受信者との関係で具体的な義務として構成することに至る。準司法的機能を担う電波監理委員会において番組編集準則は法的拘束力を有していた。ましてや司法権を担う裁判所において国民が放送事業者による番組編集準則違反を争うことのできるのは理路当然である。

裁判規範としての余地を残す以上の構成に従い，番組編集準則違反による国民の知る権利の侵害に対し，視聴者は司法的救済を求めることができる。実質的に見ても，司法手続では政治的影響力が排除されていること，公法上の当事者訴訟の場合，「放送を止める」ことを求めていないため，放送事業者の萎縮を問題視しなければならない現在の放送電波行政のあり方とは条件を異にすること等に照らし，放送電波行政における番組編集準則の相貌と司法手続におけ

---

(27)　番組編集準則を倫理規定として解釈する伊藤教授は，同準則を根拠に「番組内容への公的規制，たとえば行政指導が行われるとすれば適当とはいえない」と指摘していること，同じく長谷部教授も放送法上の番組編集準則は電波法76条の処分の根拠とはならないと述べていることからして明らかなように，両教授は放送電波行政の文脈に限定して番組編集準則の解釈を行っている。参照，伊藤・前掲注(25) 57頁，長谷部・前掲注(25) 168頁。

(28)　伊藤正己編『放送制度——その現状と展望2』（日本放送出版協会，1977年）202頁以下［芦部発言］。

(29)　参照，稲葉一将『放送行政の法構造と課題』（日本評論社，2004年）209頁。

るそれを同列に論じることはできない。さらに，後述するように，国民の知る権利が対象にする基本的国政情報の性質からして，かかる権利の実効的救済のためにも違法確認を請求する途がなければならない。

とりわけ，NHK の番組編集準則違反による国民の知る権利の侵害に対し司法的救済を求める必要性は，民間放送事業者と比べ，高い。なぜなら，前述の通り，NHK の運営に対する「政治」からの監視の比重ばかりが肥大化しているとも指摘されているなか，NHK の維持運営のための費用を分担することによりその事業運営のあり方に正当な利益を有している受信契約締結者は，現在の法制度の条件下では，司法手続を通して自己の利益を主張するしか手立てがないからである。放送電波行政の現状認識のもと，番組編集準則を倫理規定として解釈する鈴木教授が，「仮に法的性格を認めるとすれば，その適用対象を公共放送に限定すべきである」と敢えて指摘しているのには，理由がある[30]。

V　具体的請求権としての国民の知る権利

1　国民の知る権利が優先する場合[31]

以上の検討を踏まえるならば，受信契約締結者は，NHK に対して，国民の知る権利の実質的な充足を目的とする放送法上の番組編集準則の遵守を司法手続において求める具体的請求権を有する。

確かに，国民の知る権利は，NHK をはじめ放送事業者の番組編集の自由と抵触する恐れがある。したがって，原則として，かかる「諸価値の調整は，裁判所の解釈に生の形で委ねられるべきでなく，憲法の価値序列をにらんだ立法者による調整に委ねられるべきであろう」[32]。国民の知る権利の実質的な充足という憲法 21 条の趣旨，それを受けた放送法の目的に照らし，国民の知る権利の実現にふさわしい制度の構築に関し立法裁量が認められると説く受信料判決も，以上の理を確認している。しかし，棟居快行教授が指摘するように，民主主義や参政権の行使に必要不可欠な基本的国政情報や公人の人格に関する情

---

(30)　鈴木・前掲注(24) 310 頁，322 頁。

(31)　以下の記述は，西土彰一郎「制度的自由としての放送の自由」法学セミナー 768 号（2018 年）34 頁と重複する。

(32)　棟居快行『憲法解釈演習』（信山社，2004 年）92 頁以下。

報など「明らかに『知る権利』が優先する場合には，例外的に具体的権利性を認めることも可能」[33]である。棟居教授の以上の指摘は，情報公開請求権を念頭に置いたものであるが，事実の報道の自由を，民主主義の維持，国民の「知る権利」への奉仕というその社会的役割を理由にして，憲法21条の保護対象に組み入れた「博多駅事件」決定の論理からして，「マスメディアを通して公共の利害に関わる論点について多様な見解を入手する権利」に対しても同じことが妥当するはずである。

放送法4条1項の番組編集準則のうち，2号の「政治的公平」と4号の「多角的論点解明」は，国民の知る権利の具体的権利性を確認したものに他ならない。前述の通り，芦部教授も，これらの準則は国民の知る権利を充足させる重要な役割を担うものであり，法規範性を認めることに一定の積極的意味があると述べる。さらに，塩野教授は，放送局が番組編集準則の最低基準を満たさない番組を放送した場合，視聴者は自己の利益の侵害を理由として裁判所に救済を求める可能性に言及する[34]。

2 最低基準 —— 参政権的機能に即して

では，最低基準をどう線引きすべきか。一般的には，「博多駅事件」決定を踏まえ，国民が国政に関与するにつき，重要な判断の資料（基本的国政情報や公人の人格に関する情報）を提供する機能を果たしているか否か，換言すれば，国民の知る権利の参政権的機能が損なわれているか否か，国民の投票行動に重大な影響を及ぼして「投票の自由」を侵害しているか否か，で判断されよう[35]。

この参政権的機能が端的に問題になるのが，選挙運動に関する報道である。現在の日本の法制度（公職選挙法）は，選挙運動の自由を憲法15条で定める選挙権に基礎づけることにより，憲法21条の保障する政治活動の自由から区別する。選挙運動の自由は，ある集団ないし見解に対して不当に利益を与えずに「公正な選挙，公正かつ効果的な代表」の実現を図る（候補者の機会の平等のみならず，条件の平等の確保），そうして「強制」と「操作」のない投票権者の実質的な選択とそれに至る判断過程（国民の知る権利の参政権的機能）を保障することを目的とする選挙制度の枠内で認められるものである[36]。そのため，かか

---

(33) 棟居・前掲注(32) 93頁。

(34) 伊藤正己編・前掲注(28) 244頁以下［塩野発言］。

1 番組編集準則の規範力〔西土彰一郎〕

る選挙運動に関する報道も，候補者の条件の平等，投票権者の実質的な選挙権

�35 国際放送実施命令取消等請求事件大阪地方裁判所平成 21 年 3 月 31 日判決（判タ 1309 号 112 頁）も，「原告らは国民として憲法 21 条により知る権利を保障されているところ，知る権利は，国民が選挙権の行使を通じて国政へ参加するに当たり重要な判断の資料を受領することを保障するものであって，民主制国家の存立の基礎を成す重要な権利ということができる。他方で，前記のとおり，放送は，情報を音声，動画等により不特定多数の者（公衆）に同時に伝達するものであり，かつ，受信者において受信機を設置することにより容易にこれを受領することができるものであって，国民の知る権利に資するところが大きい反面，その社会的影響力も大きいものである。このような放送の性格等にかんがみると，政治的に公平を欠く番組，事実を歪曲した報道又は意見が対立している問題について特定の角度からのみ論点を取り上げた番組が放送されるなど，放送法 3 条の 2 第 1 項——現在の放送法 4 条 1 項（本稿筆者注）——に違反する内容の番組が放送されたような場合には，国政に関する国民の自由な意思の形成が妨げられ，その結果として議会制民主主義の根幹を成す選挙権の行使が事実上制約を受けるなどの重大な損害を被ることも考えられるところである。」と説く。

ただし，同判決は続けて，放送における国民の知る権利については，「受信者（国民）がひとしく有する一般的，抽象的な知る権利というほかなく，このような権利は，放送法においては，専ら一般的公益の中に吸収解消させて保護すべきものとされるにとどまっている」と指摘する。さらに，受信料は NHK の維持運営のための特殊な負担金であり，「当該受信料の支払義務を発生させるための法技術として受信設備の設置者と被告 NHK との間の受信契約の締結という手法を採用した上，当該設置者にその締結義務を課したものと解されるのであって，このような受信契約及び受信料の性格からすれば，放送法は，およそ被告 NHK の受信者に対する受信契約上の義務の存在を想定していないものというべきであり，当該義務の存在をうかがわせるような法令の規定等も見当たらない。そうであるとすれば，放送法が被告 NHK の放送についてその受信契約者の知る権利（国家権力（行政権力）に介入されない放送を受領する権利）を個々の受信契約者の個別的利益としても保護すべきものとする趣旨を含むものと解するのも困難というべき」であるとも説く。控訴審である大阪高等裁判所（大阪高判平成 22 年 1 月 29 日判時 2085 号 86 頁）も同様に原告の請求を退けている。

以上に対しては，塩野教授による厳しい批判がある。それによると，本判決には「情報法的観点から受信者の保護法益の内容およびその保護のあり方に関する説示があるべきである」，つまり「NHK の放送の費用分担者としての発言権は民間放送事業者に対する視聴者の場合とは異なり，より積極的内容をもつものと思われる」という。確かに，前述の通り，塩野教授は以上の積極的内容は「原則として個別番組に対する個別請求権の行使ではなく，受信者意見の反映のより積極的システムの開発に係るところである」と述べる。しかし「原則として」と断っていることからも分かるように，個別番組に対する個別請求権を全面的に排除しているわけではない。参照，塩野・前掲注(3)512 頁。

�36 参照，最判昭和 38 年 10 月 22 日刑集 17 巻 9 号 1755 頁，中村睦男『憲法 30 講』（青林書院，1984 年）69 頁。さらに参照，只野雅人『憲法の基本原理から考える』（日本評論社，2006 年）259 頁以下。

の行使（投票行動）を歪めるようなことがあってはならないことは，日本の選挙制度の要請するところである。特定の有力候補のみを取り上げた NHK の選挙報道が問題になった「激戦区事件」において東京高裁も，控訴人の主張を判断する部分で「たしかに右各法条［現行の 4 条—本稿筆者注］は放送一般に関し不偏不党であること，政治的に公平であることを要求している」，「いまだ違法というまでには至っておらず」と述べて，番組編集準則の規定する政治的公平に違反し違法となりうる場合があることを示唆しており，番組編集準則に法的拘束力があることを前提にして判断している（東京高判昭和 61・2・12 判時 1184 号 70 頁)[37]。

　以上の意味での国民の知る権利を侵害するかどうかの具体的基準としては，一般視聴者の関心の動向に応じたものか（参照，東京高判昭和 60・7・25 判タ 576 号 71 頁），また，2015 年 5 月 12 日参議院総務委員会，2016 年 2 月 8 日衆議院予算委員会，および同年 2 月 9 日衆議院予算委員会における総務大臣の国会答弁で示された「政治的公平」に関する基準を，電波法 76 条 1 項の行政処分の基準から切り離して，参考にすることもできよう。すなわち，一つの番組において，「選挙期間中またはそれに近接する期間において殊さらに特定の候補者や候補予定者のみを相当の時間にわたり取り上げる特別番組を放送した場合のように，選挙の公平性に明らかに支障を及ぼすと認められる場合」，また「国論を二分するような政治課題について，放送事業者が一方の政治的見解を取り上げず，殊さらに他の政治的見解のみを取り上げてそれを支持する内容を相当の時間にわたり繰り返す番組を放送した場合のように，番組編集が不偏不党の立場から明らかに逸脱していると認められるといった極端な場合」である。

---

(37)　参照，稲葉一将「判批」メディア判例百選〔第 2 版〕197 頁。なお，東京地判平成 2 年 12 月 21 日判例集未登載は，「放送法 3 条の 2［現行の 4 条—本稿筆者注］所定の放送番組編集準則に関する規定は放送事業者に対する倫理的義務を課したもの」との判断を示している。しかし本件は，NHK の職員が勤務外で政治的宗教的活動を行ったことに対し NHK が適切な処分を行っていないのは NHK の政治的宗教的中立義務に違反することを理由に受信料支払義務がないことの確認を求めた訴訟である。番組の内容それ自体が問題になった訴訟ではなく，原告も番組編集準則違反を根拠に訴訟を提起したのではない。本件は番組編集準則の問題として論じられるべきであったのか疑問が残る。また，東京地裁は，番組編集準則を倫理的義務と解する根拠を挙げておらず，説得性に欠く。以上により，本判決の先例としての価値はない。参照，浜田純一「マスコミ関係判例回顧」新聞研究 475 号（1991 年 2 月）84 頁。

以上のような場合，投票権者たる受信契約者は，とりわけ NHK に対して参政権的機能を内包する国民の知る権利，それを確認した放送法 4 条 1 項 2 号および 4 号に違反するものとして，権利の救済を裁判所に求めることができる。その際には，受信契約者は，最高裁判所も強調する「投票の自由」[38]の実効的救済の観点から，現在あるいは将来において生じうる，投票権者の実質的な選択とそれに至る判断過程に対する「操作」を防ぐために違法確認を請求できるはずである。民意形成の動的プロセスに照らし，過去の損害の賠償だけでは「投票の自由」侵害に対する十分な救済とはならない。

3　最高裁判例との関係

なお，真実でない事項の放送により権利の侵害を受けた者またはその直接関係人は放送法 4 条 1 項（現在の 9 条 1 項）の定める訂正放送を求める私法上の権利を有するか争われた「生活ほっとモーニング」事件において最高裁判所（最判平成 16 年 11 月 25 日民集 58 巻 8 号 2326 頁）は，同項は「放送事業者に対し，自律的に訂正放送等を行うことを国民全体に対する公法上の義務として定めたものであって，被害者に対して訂正放送等を求める私法上の請求権を付与する趣旨の規定ではないと解するのが相当である」と判示している。国民全体に対する公法上の義務が放送法 9 条 1 項のみならず 4 条 1 項にも妥当するのであれば，受信契約締結者は NHK の番組編集準則違反を理由に公法上の当事者訴訟の確認の利益を有するとはいえなくなる。しかし，放送法 9 条 1 項の訂正放送制度の前提とする権利侵害は，主として名誉毀損であり，国民の知る権利ではない。

名誉毀損が問題になった「生活ほっとモーニング」事件において最高裁判所が訂正放送を「公法上の義務」としたのは，公共の利害および公益目的を満たすものの真実でない事実の放送に対し訂正放送を求める私法上の権利を肯定するならば，名誉毀損の免責法理として判例上認められた，真実でなくとも真実と信ずるにつき相当の理由がある場合（最判昭和 41 年 6 月 23 日民集 20 巻 5 号 1118 頁）でも訂正放送請求権が発生し，放送事業者の番組編集の自由が過度に制約されてしまうからである[39]。これに対して，「博多駅事件」決定から導か

---

[38]　参照，国労広島地本事件最判昭和 50 年 11 月 28 日民集 29 巻 10 号 1698 頁，南九州税理士会政治献金事件最判平成 8 年 3 月 19 日民集 50 巻 3 号 615 頁等。

変動する社会と法・政治・文化

れるように，参政権的機能を内包する国民の知る権利，そしてこの権利を確認する放送法4条1項2号，同4号の番組編集準則は，放送事業者を含む報道機関の報道の自由，そのための条件である番組編集の自由を基礎づけているのであって，その逆ではない。番組編集準則の最低基準を満たさない放送番組はそもそも番組編集の自由の保障の範囲外にある。番組編集の自由をめぐり，放送法9条1項と同4条1項の置かれた文脈は異なるのであり，後者までも「公法上の義務」として解釈する論理的必然性はない。

Ⅵ　おわりに

以上，本稿は，番組編集準則を定める放送法4条1項2号「政治的公平」および同4号「多角的論点解明」については，その最低基準を満たさないNHKの「事実」報道番組に対して，受信契約者は自己の知る権利の侵害を理由に公法上の当事者訴訟の確認の利益を有するとの結論に至った。この結論は，本稿独自のものではなく，最高裁判所大法廷判決（受信料判決）の論理の展開および有力な公法学者の学説により支持されるものであろう。番組編集準則のあり方が注目されているなか，「国民の知る権利」の実質的な充足に掉さす裁判所の判断が求められている。

---

(39)　右崎正博・判例評論561号24頁等。

2 祭祀を巡る紛争の変容と民法897条
―― 大阪高裁平成30年1月30日決定を題材として

川　淳　一

Ⅰ　本稿の目的と構成
Ⅱ　事案の概要
Ⅲ　検　討
Ⅳ　まとめと展望

Ⅰ　本稿の目的と構成

　民法897条の文言を文字通りに読むならば，同条は「祖先」の祭祀に関わるものとしての「系譜，祭具及び墳墓」の所有権の承継に係る条文であることは明らかであるように思われる。言い換えれば，個々の故人というよりもむしろ，先祖代々としての「祖先」を祀るために伝承されてきた財産を，次にだれが承継するかということに関わる条文であると理解するのがもっとも素直な文言理解であることは，ほとんど疑いのないところであろう[1]。

　他方，近時指摘されていることは，実際に897条を根拠として争われている事件を検討してみると，故人が所有していていた「系譜，祭具及び墳墓」等をだれが承継するかということではなく，直近に開始した相続における被相続人のための祭祀をどのような仕方でだれが行うかということが争われている事件

---

(1)　897条の立法過程一般については，我妻栄編「戦後における民法改正の経過」〔1956年〕178頁以下を参照。また，明治民法下における「系譜，祭具及ヒ墳墓ノ所有権ハ家督相続ノ特権ニ属ス」という規定が戸主を軸として縦につながる家の連続性を象徴する役割を果たしていた点に関して，池田恒男「埋葬・死者祭祀及び祭祀財産の承継と相続法体系」鈴木龍也編著・宗教法と民事法の交錯〔2008年〕156頁参照。さらに897条が769条等と組み合わさって家制度のゴーストとしての意味合いを有するという指摘として，石川利夫「民法上の祭祀財産条項批判」染野義信古稀・法と現代司法〔1989年〕121頁参照。

変動する社会と法・政治・文化

が見られるようになっているということである。この場合には，897条が明示
している「系譜，祭具及び墳墓」の帰属というよりもむしろ，直近に開始にし
た相続における被相続人の遺骨（焼骨）の帰属が争いの実質的な中心になるこ
とになる。この点について，南方は，「現在，祭祀承継は直系の系譜的先祖の
祭祀（家的先祖）から「夫婦・親子関係を主とする「近親追憶的」祭祀への移
行期にある。さらには，「手元供養」などに代表される故人を個人として祀る
人々も増えてきている。ここでは，個人と直接結びついている実感が重要であ
り，祖先全体を含めての祭祀とは性質が異なっている。こうして祭祀が個人主
義化してゆくと，遺骨は遺灰を身近で供養したい者にとっては，祭祀承継者の
みに承継された遺骨や遺灰の分け方が重要な問題となる」[2]という指摘をなし
ている。

　このような状況を目の前にして，二宮は，897条について，「こうしたトラ
ブルについて遺族や関係者の協議で解決ができなかった場合に，家庭裁判所が
調停，審判を行うことができる規定として機能することができる。将来的には，
「祖先の祭祀」としてではなく，広く葬送に関するトラブルに対応する条文へ
純化すべきである」[3]とする。

　筆者も，897条を「広く葬送に関するトラブルに対応する条文」へと改正す
べきであるという点で，二宮の主張に従うものである。祭祀ないしは葬送に関
わる紛争が現に存在する以上，すくなくとも民事法の立場からはそれを放置す
るわけにはいかないのは所与だとして，現に生じている，直系の系譜的先祖の
祭祀（家的先祖）から「夫婦・親子関係を主とする「近親追憶的」祭祀ないし
は「手元供養」への移行期における紛争を，もっぱら直系の系譜的先祖の祭祀
の型枠にのみ押し込めて判断し続けることは，適切とは思えないからである。

　もっとも，方向性は二宮の主張に従うとしても，具体的な改正のあり方を考
える場合には，まずは，ケース研究，すなわち，「近親追憶的」祭祀または
「手元供養」への移行期における紛争がどのような形をとるのか，ケースから
問題を析出し，それに対してどのような対応を取るべきかを個々に検討してい
くことが必要であるように思われる。本稿の目的は，その作業を行うことであ
る。

──────────

(2)　南方暁〔判批〕速判解2号〔2008〕127-128頁。
(3)　谷口＝久貴編「新版注釈民法(27)」82頁〔補訂版2013年〕。

具体的には，ごく最近公表された抗告審の裁判例である大阪高裁平成30年1月30日決定（家庭17号47頁）を題材としてその作業を行う。ここであらかじめ，同決定の事案を一息で説明すると，1971年に婚姻し，1男2女をもうけたが，1983年に男児を10歳の時に亡くした夫婦（両者ともに1946年生）が1995年に離婚する際に，従前実質的には男児の個人墓として管理されてきた墳墓を元夫が管理する旨の合意がされ，その後，実際に元夫が管理し，両者が随時墓参りをしてきたが，2015年にいたり，元夫が男児の墓を元夫の一族ための複数の墳墓がある別の墓地に改葬したのに対して，元妻がいくつかの言い方で異議を申し立てたというものである。この紛争を題材として検討を行うのは，筆者には，この紛争は，「近親追憶的」祭祀または「手元供養」への移行期におけるケースのひとつの典型のように思われるからである。

以下，まず，事案の概要をやや詳細に紹介したのち，分析的に検討を進め，問題ごとに立法論までを論じることにする。

II 事案の概要

1 事実関係

本件における申立て人A女（1946年生）は，相手方B男（1946年生）と1971年に婚姻し，長男C（1973年生），長女（1978年生）及び次女（1984年）をもうけたが，Cは1983年に10歳で死亡している。死亡当時，Cは祭祀財産をなんら保有していなかった。

BはCの死亡届を出し，喪主として葬儀を執行した。墳墓に関しては，Bを墓地使用者として新たにD霊園に墓地を借り，墓石を購入して墳墓を設けCの焼骨（本件遺骨）を埋蔵した。この際，墓石にはBの家系である「E家之墓」と刻まれている。

その後，1995年に，AとBの間には長女と次女の親権者をAと定める調停離婚が成立した。その際にAが申し立てた財産分与調停の中で，「墓地については相手方（B）において管理し，申立人（A）は随時墓参すること」との合意が成立し，調書に記載がされた。

離婚後，BはD霊園の管理料等を支払い続けるとともに随時墓参し，Aも随時墓参する状況が続いていたが，Bは，2015年にいたり，別に所在するE

変動する社会と法・政治・文化

家墓所（E家先祖代々の焼骨，Bの両親及び親族の焼骨が埋蔵された複数の墳墓が設けられた墓地）に，改葬許可を得て，Cのための墳墓を移した。すなわち，新たに墓石を購入して，正面には「E家之墓」，側面には「B建立」と刻み，本件遺骨を埋蔵した。Bがこのような行いにでた理由は，自分の死後，管理料を支払う者がいなくなり，従前の墳墓が無縁墳墓となることを懸念し，Bの死後もE家の親族による墓参等が可能となるようにということである。Bは，改葬後，年に数回墓参している。

　他方，Aは，2015年にD霊園に墓参したところ，墳墓がなくなっていることを知り，弁護士を通じてBに本件遺骨の所在を照会した。これに対してBからは改葬した旨の回答があった。Aは，遠方であり墓参りもままならないことを理由に本件遺骨について分骨を求めたが，Bから拒否された。

　Bは2015年のうちに相手方を被告として，本件遺骨について分骨を求める訴訟を提起したが，第一審は2016年中に請求を棄却し，控訴棄却，さらに上告棄却及び上告不受理決定によって第一審判決は確定した。

　そこで，Aは，2017年に大阪家庭裁判所堺支部に本件を申し立てた。申立ての趣旨は，主位的には「Cの祭祀財産の承継者をAと定める。」というものであり，予備的には「(1)Bは，被相続人の遺骨について分骨手続をせよ。(2)Bは，Aに対し，上記(1)の分骨された遺骨を引き渡せ。」というものである(4)。

2　第一審の判断

　これに対して第一審は，主位的申立てと予備的申立てをいずれも却下した。

　第一に，主位的申立てに関しては，裁判所は，次のようなロジックにより，「Cの祭祀の主宰者はBであると認められるから，祭祀の主宰者が未だ定まっていないことを前提に，民法897条2項に基づき，祭祀財産の承継者の指定を求めるAの主位的申立ては理由がない。」とした(5)。すなわち，裁判所は，まず，「Bは，Cの死亡届出をし，喪主としてCの葬儀を執り行い，墓地使用者として墓地を借りて墳墓を設け，被相続人の焼骨を埋蔵するなど，Cの供養等その祭祀を主宰することを開始し，これがAの意向に反していたとの事情は全くうかがえないから，当事者は，被相続人の祭祀の主宰者を被相続人の父で

---

(4)　家庭17号50頁。
(5)　前掲注(4)52頁。

あるＢと定めたということができ，祭祀財産（民法897条）に準じて考察すべき本件遺骨の所有権は，被相続人の祭祀の主宰者であるＢが取得したと解するのが相当である。」と判示して，Ｃの死亡当時にＢがＣのための祭祀の主宰者としての地位を取得し，そのことに伴って本件遺骨の所有権も取得したとする[6]。次いで，裁判所は，「当事者は，婚姻関係を解消した後の財産分与請求調停において，相手方が墓地を管理する旨合意しているのであるから，婚姻関係解消後も，被相続人の祭祀の主宰者たる地位をＢからＡに変更する意思がなかったといえる。」と判示して，離婚に際してもＣのための祭祀の主宰者たる地位がＢにあることに変更はなされず，本件遺骨の所有権もＢに帰したままであったとする[7]。そしてさらに，Ａがした四つの主張に対しても，それらは，ＢがＣのための祭祀の主宰者であり，そのことに伴って本件遺骨への所有権を有するという結論を左右しないと判示したのである。

　すなわち，①「被相続人死亡当時，当事者は婚姻関係にあったから，名義にこだわることなく葬儀を執り行い，墓地を借りて納骨したに過ぎない」という一つめの主張に対しては，「被相続人の母であるＡが喪主として葬儀を執り行ったり，墓地使用者となったりすることが困難であったとの事情はうかがえないから（仮に，当事者間に，当然にＢがなるものであるとの考えがあったのだとすると，未成熟子が亡くなった場合にその祭祀を主宰すべき者を父とする慣習があったというべきである。），そうである以上，当事者は，あえて，被相続人の父であるＢを被相続人の祭祀の主宰者にしたといえる」と判示して，これを退けている[8]。②「葬儀や納骨，さらには財産分与請求調停における合意の際に，当事者には，いずれが本件遺骨を保有し又は所有するかなどという意識は全く欠如していたから，本件遺骨の所有権をＢに取得させるとの当事者の合意を推認することはできない」という二つめの主張にたいしては，「遺骨は，祭祀財産に準じて考察すべきなのであるから，相手方が被相続人の祭祀の主宰者であると認められる以上，当然に本件遺骨の所有権を取得する」と判示してこれを退けている[9]。③「本件遺骨が改葬された墳墓はＢの氏名が刻印された

---

(6)　前掲注(4)51頁。

(7)　前掲注(4)51頁。

(8)　前掲注(4)51頁。

(9)　前掲注(4)51頁。

変動する社会と法・政治・文化

Ｂの墳墓であり，このような墳墓に墓参りを強いることは，Ｂを憎み離別した
ＡやＣのきょうだいである長女及び二女に苦痛を与えることは明白であるか
ら，Ａらの墓参りを事実上拒むことに等しく，このような無慈悲なＢは被相
続人の祭祀の主宰者にふさわしくない」という三つめの主張に対しては，「改
葬に至る経緯（相手方が申立人との離婚後，20 年余りにわたってＤ霊園の墳墓を
管理し続けた後，無縁墳墓となることを懸念して改葬したという経緯）を踏まえる
と」，「改葬の事実をもって，相手方が被相続人の祭祀の主宰者としての意思や
能力を喪失したとはいえない」と判示してこれを退けている[10]。④「当事者双
方が亡くなった後，本件遺骨を親身になって祀る意思を有しているのは長女及
び二女だけであるが，同人らはＡと同居している一方，Ｂの周囲にそのよう
な人物は存在しないから，ＢはＣの祭祀の主宰者にふさわしくないと」とい
う四つめの主張に対しては，「Ｃの祭祀の主宰者であるＢが亡くなった後に，
その祭祀の主宰者となるべき者が長女や二女であるからといって，同人らと疎
遠であるＢに被相続人の祭祀の主宰者としての能力が欠如しているとはいえ
ない」と判示してこれを退けている[11]。

　これらのＡの主張のうち，とりわけ③と④を見ると，Ａの請求が「祭祀の
主宰者が未だ定まっていないことを前提に」しているのかについては，やや疑
問残るところではあり，Ａの請求は，むしろ，897 条 2 項を根拠として祭祀の
主宰者たる地位の変更を求めているもののようにも思われる。しかし，ここで
本稿の目的との関係で重要なのは，第一審における裁判所は，Ａの請求を
「祭祀の主宰者が未だ定まっていないことを前提に」していると規定したうえ
で判断をしているということである。

　第二に予備的申立てに関しては，897 条 2 項に基づいて「分骨を請求できる
とは解釈し難い」と判示して退けている。

　ここで，以上の第一審の判断についてあえて感想めいたことを述べるとする
と，Ａの申立てに対する裁判所の対応は，「木で鼻を括った」という言い方が
ふさわしいもののようにすら思われる。ただ，本稿の目的との関係考えるべき
は，条文の解釈との関係で，裁判所はなぜそのよう態度をとることが可能だっ
たのかということである。

_____

(10)　前掲注(4) 52 頁。

(11)　前掲注(4) 52 頁。

3 抗告審の判断

申立人は以上のような第一審の判断を不服として大阪高等裁判所に抗告した。抗告審は抗告を棄却して結論を維持したが，その結論を導く行論という点では，抗告審は第一審とは異なる面を有する。

第一に，主位的申立てに関していうと，抗告審は，一方では，Cのための祭祀主宰者は既に定まっており，したがって本件遺骨がだれに帰属するかも定まっていると判断しており，この点では，第一審と基本的には同じである。祭祀主宰者が既に定まっているということに関して曰く，「離婚後の財産分与調停事件において，「（Cの）墓地についてはBにおいて管理し，Aは随時墓参することとする。」との調停条項を含む調停を成立させている。そして，Bは，上記の調停に先立ち，現にCの喪主として葬儀を執り行い，D霊園の墓地を借り受け，本件遺骨を納骨してその祭祀を主宰することを開始し，上記の調停後も本件遺骨の改葬まで約20年の永きにわたって管理料を支払うなどして墓地の管理を継続してきたのである。そうすると，BとAの間では，遅くとも上記調停の成立時には被相続人の祭祀主宰者を相手方と定める旨の協議（合意）が成立したと認めるのが相当である。したがって，Cの祭祀主宰者については，当事者間の協議によって既に定まっているというべきである。」[12]。また，本件遺骨の帰属も既に定まっているということに関して曰く，「上記調停においては，本件遺骨が埋葬された墓地（被相続人の墳墓）について，当事者のいずれが管理するかを殊更に条項化していることからすれば，その当時，当事者間には，本件遺骨の帰属や被相続人の墓地の管理を巡る紛争があり，これを意識していたことが優に推認できる。」[13]。

しかし他方で，抗告審は，既に定まっている祭祀主宰者を変更する可能性を明示的に承認する判示をなしており，この点では，抗告審は第一審と異なる。曰く，「相手方は，被相続人の墳墓を約20年の永きにわたって管理料を支払うなどして管理してきたが，自身が高齢化するにつれ，死亡後，管理料が支払われずに無縁墳墓となることを懸念するようになり，これを契機として本件遺骨の改葬を決め，○○○県内のE家墓所に祖先の墳墓とは別に被相続人の墳墓を設置して本件遺骨を埋蔵したものである。このように，相手方が本件遺骨を

---

(12) 前掲注(4) 49頁。

(13) 前掲注(4) 49頁。

変動する社会と法・政治・文化

改葬したのは，相手方の死後もその親族によって被相続人の墳墓を維持・管理させるためであって，祭祀主宰者の判断として相応の必要性や合理性が認められる。他方，相手方が抗告人に事前に連絡をしなかったことは些か配慮を欠くものであるが，抗告人と相手方とは離婚後 20 年以上の永きにわたって没交渉であったのであるから，そのような対応にはやむを得ない面もある。さらに，相手方は，被相続人の墳墓を E 家の祖先の墳墓とは別に新たに設置した上，本件遺骨を埋蔵しているのであるから，抗告人らの心情や墓参の便宜にも配慮していると評価できる。そうすると，相手方が本件遺骨を改葬したからといって，祭祀主宰者としての適格性を喪失したということはできない。したがって，被相続人の祭祀主宰者を変更すべき事情がある旨の抗告人の上記主張は採用することができない。」[14]。

　第二に，予備的申立て，すなわち，分骨請求に関していうと，抗告審は，結論こそ第一審と同じであるものの，第一審とは異なって，解釈論としては，「特別の事情」がある場合には 897 条 2 項に基づく分骨請求が認められる可能性を示唆している。この点で，抗告審は第一審と大きく異なっている。すなわち，曰く，「本件記録によっても，相手方が抗告人らの墓参を拒んでいると認めるに足りる資料はない。むしろ，B は，本件遺骨の改葬に際し，祖先の墳墓とは別に設置した B の墳墓に本件遺骨を埋蔵し，A らの心情や墓参の便宜に配慮している。その上，B は，A との協議により C の祭祀主宰者と指定された後，約 20 年の永きにわたって管理料を支払うなどして本件遺骨を埋蔵した C の墳墓の管理を継続している。これに対し，A は，この間，B とは没交渉であったが，法事の機会には A の墳墓に自由に墓参するとともに，B による祭祀には何らの異議も述べずに B に一任してきたという経緯がある。そのような B において，本件に先立つ当事者間の民事訴訟においても，本件遺骨の分骨に強く反対していることも総合すれば，祭祀の対象となる本件遺骨の一部を A に分属させなければならない特別の事情があるということはできない。」[15]。

⑴４　前掲注(4) 50 頁。
⑴５　前掲注(4) 50 頁。

III　検　討

1　当初墓における「E家之墓」という彫刻と墓標の所在地の意義

　ケース研究として本件の事案を検討する場合，筆者がまずひっかかるのは，建立された墓の彫刻が「E家之墓」となっていたということ及び問題の墓が建立された霊園が伝来のE家の墓所とは異なる場所だったということである。それは，こういうことである。

　まず，問題の墓は，すくなくとも当初は，直接的にはCの供養のために建立されたことは明らかである。そうであるにもかかわらず，墓の彫刻はCを明示することをせず，あえて「E家」という形を採ったということをどう考えるべきか。また，「E家」という彫刻をしているにも関わらず，問題の墓は伝来的なE家の墓所，すなわち，E家の先祖代々の焼骨，Bの両親の焼骨及びBの親族の焼骨が埋蔵された複数の墓が設けられた墓地ではなく，ABが新たに使用権を取得した墓地に建立されたということをどう考えるべきか。

　様々な可能性があるが，筆者には，これは，すくなくとも当初はもっぱらC個人を追憶したいというAの考えと，当初はC個人を追憶することはもちろんであるが，それだけではなく，ゆくゆくは一族の祭祀の中にCを取り込んでいきたいというBの考えの妥協の産物のように思われる。すなわち，一方では，あえてE家の墓所とは別の場所に墓を建立することでC個人への追憶を強調し，他方では，墓の彫刻にはCを明示せず，E家と表示することで，将来的にはCがE一族のため祭祀に取り込まれることへの期待を示したと思われるのである。このように考えれば，実際にCのための墓がE家の墓所に移された後の分骨を巡るAとBの激しい対立が説明可能になるようにも思われる[16]。

　もちろん，公表された範囲の裁判の記録は，なんらそれらの点にふれてはいない。したがって，今述べたことは筆者の推測でしかない。しかし，そのこと

---

(16)　記録によれば（前掲注(4)50，51頁），本件に先立ってAが提起した分骨請求（民事訴訟）では，分骨にBが「強く反対」したこととAがあくまで分骨を求めて最高裁に上告したことが明らかであり，AとBの対立はかなり厳しいものであったことがうかがわれる。

を踏まえても，すくなくとも，現時点，すなわち祭祀のあり方の移行期にあっては，系譜的祭祀と「近親追憶的」祭祀の境目はそれほど単純ではないということは言えるように思われる。そして，そのことは，祭祀を巡る規律をより適切なものにするのはそれほど簡単ではないということを示唆しているというほかないように思われるのである。筆者自身は，そのような中での立法論の方向性としては，系譜的祭祀と「近親追憶的」祭祀が衝突した場合には，すくなくとも「近親追憶的」祭祀が系譜的祭祀と併存可能であることを明示すべきであると考える。

2　遺骨の帰属を基礎づける根拠条文

本件における祭祀の対象者であるCは，10歳の男児である。したがって，もともと祖先を祀るための祭祀財産をなんら保有しておらず，本件において問題になったのは，すでに繰り返し示しているとおり，C自身の遺骨のみであった。

ここで，本件において，そもそもCの遺骨の帰属はどのような法律上の根拠によって定まるのかが問題になる。897条は，これを文言どおりに読むかぎり，もっぱら，従前祖先の祭祀を主宰する者が祭祀財産として所有していた財産を，次の祖先祭祀の主宰者としてだれが承継するかということのみを規定している。これに対して，遺骨一般は祖先の祭祀のための財産に含まれるにせよ，本件において，ABからみて子であるCの遺骨が祖先の祭祀に関わるものであるとはいいがたい。本件において，Cの遺骨は，すくなくともそれ一つだけをみるかぎり，もっぱらCその人のための祭祀に関わるものであるとういうほかない。この点をどう考えるべきか。

この点について，本件における裁判所は，897条を根拠として，原則として，Cのための祭祀の主宰者が祭祀財産としての遺骨の所有権を取得するという解釈を示している。このことはとりわけ第一審において明白であるが，基本的には抗告審もおなじであると考えるべきであろう。

このように，故人その人のための祭祀の対象財産としての遺骨の帰属を，897条の準用によって基礎づけるという解釈は，本件よりも前に，高知地裁平成8年10月23日判決[17]及び大阪家裁平成28年1月22日審判[18]がすでに示している。したがって，現行法の解釈としては特に問題とする必要はないという

べきではあろう。

　しかし，すでに祖先一般の祭祀のための財産の一部をなしているような遺骨に関してであればともかく，そうではなくて，故人その人のための祭祀（「近親追憶的」祭祀の要素が強い祭祀）の対象財産としての遺骨がだれに帰属するかを897条によって基礎づけるという解釈は，897条の文言からは著しく乖離していることは確かである。したがって，立法論の方向性としては，897条とは別立てで帰属の根拠を明示し，かつ，897条による帰属との関係を明示することが適切であろう。具体的には，すくなくとも分骨の可能性を明示して，「近親追憶的」祭祀が系譜的祭祀と併存可能であることを明示すべきであると考える。

3　897条2項による祭祀主宰者の変更

　この点に関しては，本件における第一審と抗告審の間には，結論には違いがないものの，結論に至るプロセスには大きな違いがある。すなわち，第一審は，Aの主位的申立てを「祭祀の主宰者が未だ定まっていないことを前提に，民法897条2項に基づき，祭祀財産の承継者を求める」ものであると解したうえで，その申し立てには理由がないと結論づけている[19]。これに対して，抗告審は，そのように解することはせず，Aの主位的申立てには祭祀の主宰者の変更の求めが含まれていることを前提に判断をし，結論として「被相続人の祭祀主宰者を変更すべき事情がある旨のAの上記主張は採用することができない。」としている[20]。第一審の立場は不明というべきであろうが，抗告審は明らかに897条2項に基づいて祭祀の主宰者を変更することがありうることを示しているのである。抗告審も遺骨は原則として祭祀主宰者に帰属することを前提としている以上，この解釈は，だれに遺骨が帰属するかという観点からも非

---

(17)　判タ944号238頁。この事件では，故人の法律婚の配偶者及び子と故人の重婚的内縁の配偶者との間で故人の祭祀をだれが行うかが争われ，重婚的内縁の配偶者が行うことが認められた。

(18)　判タ1431号244頁。この事件では，故人の姪及び甥（故人の代襲相続人）と長年にわたって故人と親密な関係を持ってきた男性との間で故人のための祭祀をだれが主宰するかが争われ，男性が主宰することが認められた。

(19)　前掲注(4)52頁。

(20)　前掲注(4)50頁。

変動する社会と法・政治・文化

常に重要な意義を有するというべきである。

このように，897条2項にもとづいて祭祀主宰者の変更を裁判所が命じることができるという解釈は，筆者の知るかぎり，今まで裁判所は，すくなくとも明示的には示してこなかったものである。これをどのように評価すべきか。

筆者は，この解釈は妥当であると考える。なるほど，897条の文言の素直な解釈としては，897条2項は祭祀主宰者の変更の裁判を予定していないというのが適切であろう。したがって，この点に関する第一審の冷淡ともいえる対応は十分に首肯できるものである。しかし，必要な場合には利害関係者の申立てに基づいて裁判所が問題に介入できると解することはそれほどおかしなことではない。系譜的祭祀であれ「近親追憶的」祭祀であれ，祭祀を執り行う者の変更が望ましい場合というのはかなり一般的にありそうに思えるからである。立法論としては，系譜的祭祀と「近親追憶的」祭祀の両方について，変更を認めることを明示する条文を用意すべきであると考える。

4　分骨の可否

この点に関しても，本件における第一審と抗告審の間には，結論には違いがないものの，結論に至るプロセスには大きな違いがある。すなわち，第一審は，Aの897条2項による分骨の申立てを，「同条項にもとづいて分骨を請求できるとは解し難い」として退けている[21]。これに対して，抗告審は，そのように解することはせず，「特別の事情」がある場合には897条2項によって裁判所は分骨を命じることができるという解釈を前提としたうえで，なお，結論として，本件においては，「祭祀の対象となる本件遺骨の一部をAに分属させなければならない特別の事情があるということはできない」として退けているのである。

このような「特別の事情」にもとづく分属というのは，実は，本来の祭祀財産に関してはすでに裁判例の蓄積があり[22]，あまり違和感はない。それゆえ，遺骨を祭祀財産に準じるものとして扱う本件のロジックを前提にすれば，その解釈はそれほど奇異な解釈ではなく，むしろ予測の範囲内というべきであろう。

---

[21]　前掲注(4) 52頁。

[22]　東京家審昭42・10・12家月20巻6号55頁，東京高決平6・8・19判タ888号225頁，奈良家審平13・6・14家月53巻12号82頁，東京高決平18・4・19判タ1239号289頁。

30

それではこれをどう評価すべきか。

　筆者は，抗告審が採ったこの解釈も妥当であると考える。とりわけ，本件がおそらくはそうであるように，紛争の背後に「近親追憶的」祭祀と系譜的祭祀の衝突があるように思われる事案においては，分骨というのは，両者を併存させるためには最も適切な方法であると考えるからである。

　立法論としては，ここでも，分骨を認めることを明示する条文を用意すべきであると考える。

Ⅳ　まとめと展望

　以上，本稿では，系譜的祭祀から「近親追憶的」祭祀への移行期において，どのような解釈論・立法論を取るべきかを，具体的なケースである大阪高裁平成 30 年 1 月 30 日決定に即して行った。基本的な方向性としては，二つの祭祀の間に緊張関係があることは認識しつつも，すくなくとも「近親追憶的」祭祀が系譜的祭祀と併存可能になるような解釈論・立法論を提示することを試みた。もっとも，本稿における検討は，ごく萌芽的なものと言わざるをえない。今後，検討を深めていきたい。

3 消費者撤回権の制限法理

山 本 弘 明

Ⅰ　はじめに
Ⅱ　裁判例の整理
Ⅲ　ドイツ法における消費者撤回権の制限
Ⅳ　日本法の再検討
Ⅴ　結びに代えて

Ⅰ　はじめに

1　消費者撤回権

　クーリング・オフは，消費者が一度契約締結に向けた意思を表明したとしても，一定期間の間に，契約に拘束される意思がないことを事業者に表明した場合，消費者を当該契約の拘束力から解放することを目的とするものである。この制度は，消費者と事業者の間で締結される契約において存在する不利益から消費者を保護するために重要な役割を果たしており，特定商取引法（以下，「特商法」という。），割賦販売法，宅地建物取引業法等において認められている。たとえば，特商法第9条において，申込者等は，書面によりその売買契約若しくは役務提供契約の申込みの撤回又はその売買契約若しくは役務提供契約の解除を行う事が出来ると規定されている[1]。

　また，クーリング・オフと並んで，消費者トラブルにおいて重要な役割を果たしているのが，通信販売において認められている，いわゆる返品制度である[2]。返品制度は，返品をめぐる消費者トラブルの増加によって，度重なる特商法の改正により，平成20年に導入されたものである。特商法第15条の3第

---

(1)　クーリング・オフに関する先行研究については，さしあたり山本豊「消費者撤回権をめぐる法と政策」現代消費者法16号（2012年）5頁注(3)参照。

1項によると，購入者は，商品の引渡し等を受けた日から起算して8日を経過するまでの間は，その売買契約の申込みの撤回又はその売買契約の解除を行うことができるとされている。ただし，訪問販売等におけるクーリング・オフとは異なり，通信販売においては，事業者が特商法の定める返品制度よりも，消費者に不利な特約を設けることもでき，広告に表示されていれば，返品を受け付けないことも認められている。

　日本法では，一方でクーリング・オフが強行法的性格を有し，他方で返品制度は法で定められながらも，特約による排除が許されているという点で違いがあるものの，両制度とも消費者に理由を求めることなく契約の拘束力からの解放を許すものである点では，消費者トラブルにおいて果たす役割の大きさは変わらない。また，たとえば，EU指令の国内法化により，消費者法に関わる法制度が平準化されている欧州諸国では，返品制度はクーリング・オフ同様に強行法的性格を与えられている。そこで，以下では，近時の用例に従い，「契約は守られなければならない」という原則の例外を定める，クーリング・オフおよび通信販売における返品制度を合わせて，消費者撤回権とよぶこととする[3]。

2　消費者撤回権と権利濫用・信義則違反

　特商法等において，消費者撤回権は申込みの撤回または契約の解除と構成されているが，一般的な申込みの撤回や契約の解除，さらには，同じく契約の解消をもたらす意思表示の取消しとは異なり，消費者撤回権の行使につき何ら理由を必要としない点に大きな特徴がある[4]。すなわち，特商法等その他の特別法が消費者撤回権の要件としているのは，法定の撤回期間内での権利行使のみである。相手方の債務不履行や，消費者の意思表示に瑕疵があることは要求されていない。その一方で，無条件での申込みの撤回，契約の解除等が可能であることから，クーリング・オフ期間は，たとえば特商法によると，訪問販売，

---

(2)　通信販売における返品制度の取扱いについては，村千鶴子「消費者撤回権をめぐる日本法制の現状」現代消費者法16号（2012年）22頁以下，万場徹「通信販売における返品制度の利用実態と課題」現代消費者法16号（2012年）46頁以下参照。

(3)　消費者撤回権という用語選択につき，山本前掲注(1)8頁は，現行日本法に存在しない制度も含めて広く考察対象にする場合や「熱した頭を冷やして再考する」という観点だけで捉えきれない問題も存在するのではないかという問題意識からは，クーリング・オフの語より，消費者撤回権が好ましいとする。

電話勧誘販売および特定継続的役務提供では 8 日間，連鎖販売取引および業務提供誘引販売では 20 日間となっている。

ただし，撤回期間の始期は，たとえば訪問販売では，申込者等が特商法第 5 条の書面（契約書面）を受領した日とされており，5 条書面の受領前に特商法第 4 条による書面（申込書面）を受領した場合には，その書面を受領した日から起算される[5]。したがって，第 5 条または第 4 条の書面に該当する法定書面が受領されない限り，撤回期間は開始しない。法定書面の受領を撤回期間の始期と結び付ける立法は，訪問販売に限られず，特商法がクーリング・オフを認める他の取引類型にも共通する。また，法定書面が交付されたものの，記載事項に不備や不実・虚偽のある場合（以下，法定書面の不交付も含めて「法定書面の不交付等」と言う。），撤回期間を開始させる法定書面には該当しないということは解釈上もそれほど異論もなく，多くの裁判例でも承認されている[6]。

法定書面が交付され，記載事項に不備や不実・虚偽がなく，撤回期間が速やかに開始した場合には，撤回期間が短期間であることから，消費者撤回権により消費者側が得る利益も限定され，事業者に生じる不利益も限られる。その一方で，撤回期間が開始せず，契約締結後相当の期間経過後に消費者撤回権が行使される場合には，状況が異なってくる。実際，撤回期間延長後に撤回がなされた場合，事業者側から，消費者撤回権の行使，とりわけクーリング・オフが権利濫用・信義則違反に当たるとの主張がなされることがある。

消費者撤回権は，消費者保護に大きな役割を果たすものであるが，消費者撤

---

(4)　クーリング・オフの法的性質については，いくつかの説明がなされているが。たとえば，根岸哲「訪問販売における熟慮期間制度」神戸法学雑誌 21 巻 3・4 号（1972 年）193 頁，長尾治助「クーリング・オフ権の法理」立命館法学 183・184 号（1985 年）976 頁，浜上則雄「訪問販売法における基本問題」『現代契約法体系第 4 巻』（有斐閣，1985 年）清水巌「消費者契約とクーリング・オフ制度」阪大法学 149・150 号（1989 年）375 頁，近時のものとしては河上正二「『クーリング・オフ』についての一考察」法学 60 巻 6 号（1997 年）188 頁，丸山恵美子「クーリング・オフの要件・効果と正当化根拠」専修大学法学論集 79 号（2000 年）1 頁等がある。

(5)　通信販売において，法定の返品期間は，商品の引渡し等を受けた日から起算して 8 日間とされている。

(6)　書面不備によるクーリング・オフ期間の拡張に関する判例研究として，齋藤雅弘「クーリング・オフの時間的拡張」『松本恒雄先生還暦記念　民事法の現代的課題』（商事法務，2012 年）152 頁。

回権にも権利濫用・信義則違反といった一般法理が適用される点については，すでに指摘されているところであり[7]，下級審裁判例においても，当事者から権利濫用・信義則違反の主張がなされることが多い。また，学説においても，一般論として，クーリング・オフ制度の悪用といった背信的事情がある場合[8]や，消費者が得な買い物をするためにクーリング・オフ権を主張する場合において[9]，消費者撤回権の行使が権利濫用，信義則違反に該当するとされることがある[10]。そして，近時，法定書面の不交付の場面を念頭に下級審裁判例の分析を通じ，どのような理由で権利濫用・信義則違反が主張され，それを裁判所がどのように判断しているのかが検討され始めている[11]。このような状況において，法定書面の不交付等によって撤回期間が延長された場合のみならず，短期の撤回期間内の撤回権行使の場合をも含めて，それぞれの場面において，どのような判断枠組みの下で，消費者撤回権の制限を根拠付けうるのかを検討する価値はあろう。そこで，わが国の裁判例を整理し，考慮対象となりうる要素を再度確認したうえで，それぞれの要素が，短期の撤回期間内での行使，および延長された撤回期間内での行使において，どのように考慮されるべきか，近時のドイツのBGH判決も手掛かりにしながら，検討していくこととする。

II　裁判例の整理

以下では，まずわが国の下級審裁判例において，どのような要素が権利濫用・信義則違反を理由として，消費者撤回権行使に関する制限の可否を判断す

---

(7)　たとえば，尾島茂樹「書面の交付が適法に行われない場合とクーリング・オフ権行使の期間制限」クレジット研究19号（1998年）98。

(8)　齋藤雅弘・池本誠司・石戸谷豊『特定商取引法ハンドブック　第3版』（池本誠司）（日本評論社，2005年）67頁。

(9)　城内明「訪問販売において特定商取引法所定の書面交付が認められない場合における諸問題」国民生活研究46巻4号47頁。

(10)　竹内昭夫「訪問販売と消費者保護」ジュリスト808号（1984年）13頁も，クーリング・オフ権は，消費者に有利な買い物かどうかを判断する商品比較の時間を保障しようとするものではないと述べている。

(11)　右近潤一「書面不備に基づくクーリング・オフ権の行使を妨げる事由」京都学園大学経済経営学部論集5号（2017年）69頁は，書面不備の場合にクーリング・オフ権の行使を制限する事由につき，下級審裁判例を整理したうえで，検討を加えている。

る際に考慮されているのかを概観する[12]。

　クーリング・オフが権利濫用・信義則違反によって制限される可能性があることは多くの裁判例で認められているところである。たとえば，【1】神戸地判平成18年4月28日[13]，【2】大阪高判平成18年9月13日[14]（【1】の上告審），【3】東京地判平成22年3月25日[15]等では，解除（クーリング・オフ）を認めることが著しく公平に反するなど特段の事情がある場合に権利濫用にあたる可能性が示唆されている。その一方で，これら裁判例では，クーリング・オフを認めることが著しく公平に反する特段の事情に，どのようなものが該当するかは，何も述べられていない。【4】東京地判平成25年9月17日[16]も，何ら理由を述べることなく，事業者側からの権利濫用の主張を否定している。

　その一方で，クーリング・オフが権利濫用・信義則違反に当たるかの判断に際して，考慮要素を具体的に述べている裁判例もある。そこで，それぞれの裁判例で挙げられている要素を整理してみる。

1　長期間経過後の権利行使

　消費者のクーリング・オフが権利濫用にあたるとの事業者側の主張において，まず第1に理由として挙げられるのが，消費者による権利行使が，契約締結から，または履行終了後から長期間経過しているという点である。すなわち，特商法上，クーリング・オフ期間は，訪問販売および特定継続的役務提供では8日間（特商法第9条，第48条），連鎖販売取引および業務提供誘引販売取引では20日間とされているが（特商法第40条，第58条），事業者には契約書面等の交付義務が課されており（特商法第4条，第5条，第37条，第42条，第55条），法定書面の不交付等により，クーリング・オフ期間が開始せず，契約締結から数か月，場合によっては数年後にクーリング・オフがなされることもある。そこで，契約締結から長期間経過後の権利行使が権利濫用・信義則違反に該当するのかが問題となる。

---

[12]　なお，返品については，権利濫用・信義則違反が問題とされた裁判例は見当たらないため，以下では，クーリング・オフに関わる裁判例を紹介する。

[13]　判タ1225号278号。

[14]　判タ1225号275頁。

[15]　消費者法ニュース84号249頁。

[16]　LEX/DB文献番号25515049。

変動する社会と法・政治・文化

【5】東京地判平成 6 年 6 月 10 日[17]は,解除権の行使(クーリング・オフ)が,契約あるいは契約の履行終了後,長期間経過したことの原因は法定書面の不交付にあり,消費者に帰責事由はなく,権利濫用の主張の根拠とはなりえないとする(【6】東京地判平成 8 年 4 月 18 日[18],【7】名古屋高判平成 20 年 9 月 10 日[19],【8】大阪地判平成 21 年 4 月 15 日[20],【9】東京地判平成 26 年 11 月 21 日[21]も同旨)。

【10】大阪簡判平成 20 年 8 月 27 日[22]は,法定書面の交付義務は,事業者の最も基本的な義務であり,クーリング・オフの必要不可欠な前提は,法定書面により契約内容を正確に理解するとともにクーリング・オフの告知がなされていることであるとする。したがって,法定書面が交付されていない以上,1 年3 か月後のクーリング・オフであっても,権利濫用には当たらないとする。すなわち,法定書面の交付がなされない限り,クーリング・オフ期間が経過しないことを特商法が認めており,書面交付義務違反が民事効のほかに,行政規制,刑事罰の対象となる重大な義務違反であり,そのような義務違反が事業者側にある以上,法定書面の不交付によりクーリング・オフ期間が経過せず,当初の期間を大幅に経過した後の行使であっても,その原因が事業者側にある以上,権利濫用にはあたらないとするものである。

これら裁判例は,法定書面の交付が事業者の基本的な義務である点に着目するが,【11】東京地判平成 16 年 7 月 29 日[23]も,訪問販売における法定書面の交付義務が極めて重大なものであると強調したうえで,訪問販売により商品を購入した消費者自身ではなく,その相続人によるクーリング・オフの権利濫用性について判断を下した。本事案では,消費者自身は,事業者との他の何件かの売買契約についてクーリング・オフをした一方で,問題となっている売買契約に関しては,クーリング・オフをすることなく死亡している。クーリング・オフをしたのは消費者の相続人であり,訪問販売によって契約を締結した者の利益保護の観点から制定された制度であることからすると,クーリング・オフ

---

(17) 判時 1527 号 120 頁。

(18) 判時 1594 号 118 頁。

(19) 消費者法ニュース 79 号 176 頁。

(20) 消費者法ニュース 84 号 209 頁。

(21) LEX/DB 文献番号 25522516。

(22) 消費者法ニュース 78 号 140 頁。

(23) 判時 1880 号 80 頁。

を一身専属的なものと理解したうえで，本人がクーリング・オフを望まなかった場合には，相続人からの行使を制限することも考えられるが，法定書面交付義務の意義を強調し，長期間経過後の相続人によるクーリング・オフをも肯定したものである。

2 事業者側の事情

長期間経過後の権利行使は，法定書面交付義務違反という事業者の責められるべき事情が原因であり，事業者側の責められるべき事情が，権利濫用を理由とした権利行使制限の可否に関する判断の際に考慮されているといえる。より積極的に事業者側の責められるべき事情が問われた事案として，次のようなものがある。

【12】東京地判平成6年9月2日[24]によると，「本件取引は，当初XとAとの密接かつ不明朗な連携から始まつたものであり，XとAとの関係は極めて密接なもののあることが窺われ，そのような取引関係の中でAによる詐取が行われており，これについてXの共同不法行為の事実が立証されるまでには至つていないが，XとAの右のような関係が詐取を引き起こした一因となつていることは否定できず」，Xは代金の支払についてトラブルを生じさせる原因を作り出しており，法定書面が交付されていないため，クーリング・オフをする権利が留保されているYに，その行使を制限することは相当でないと判断し，事業者側の帰責性を理由として，権利行使の制限を認めなかった。

3 消費者側の事情

他方で，権利濫用等の判断の際に考慮される消費者側の事情としては，消費者の契約締結の目的が挙げられる。【6】東京地判平成8年4月18日[25]は，Xが多数のゴルフ会員権を購入，売却していることから，会員権購入が投機目的でなされていることも十分うかがわれるものの，各ゴルフ場でのプレーがあることから，ただちにこれを投機目的と断定することに躊躇しているが，投機目的での会員券購入である場合には，権利濫用に当たるとの余地を残し，契約締結の目的が権利濫用判断のファクターとして考慮されることを示唆するもので

---

[24] 判時1535号92頁。

[25] 判時1594号118頁。

ある。

また，【13】東京地判平成 25 年 3 月 27 日[26]も，不正に利益を得る目的で故意に定商第法 48 条 1 項に基づく解除権の行使を遅らせたなどの特段の事情がある場合に，権利濫用に該当する可能性を述べる。ただし，本事案での権利濫用性は否定している。

4　クーリング・オフの本質・保護範囲

さらに，権利濫用・信義則違反の判断に際して，クーリング・オフの本質・保護範囲から直接判断しているものもある。

【13】東京地判平成 25 年 3 月 27 日[27]は，無理由かつ無条件で行使しうることがクーリング・オフの本質であるとする。すなわち，契約書面等を受領した日から起算して一定の期間内であれば無理由かつ無条件で契約を解除しうることがその本質である以上，消費者が契約内容を十分に理解して現に役務の提供を受け，その結果，事業者に一定の損害が発生する恐れがある場合であっても権利濫用には該当しないとし，クーリング・オフが無理由かつ無条件の契約解除を認めるものであるという本質論から権利濫用を否定する。

【14】名古屋地判平成 14 年 7 月 4 日[28]は，法定書面が交付されていない事案において，着物の売買契約のクーリング・オフの理由が，息子が車を買ったという後発的な事情であったとしも，旧訪問販売法 6 条の解除は，何らの理由を付すことなく行うことが認められており，売買契約締結後の事情の変化によって解除権行使に何ら制限を加えていない以上，解除が後発的な理由によりなされたからといって，その解除が信義則に違反するとは言えない，とした。

【5】東京地判平成 6 年 6 月 10 日[29]は，契約の申込みから会員登録に至るまで 8 ケ月間経過し，解除権の行使（クーリング・オフ）まで更に 7 ケ月経過し，その間，数回本件ゴルフクラブでプレーをしている点について，訪問販売法の本来保護しようとする場合かは疑問の余地がないわけではないとしながらも，

---

(26)　LEX/DB 文献番号 25511962。

(27)　LEX/DB 文献番号 25511962。東京地判平成 26 年 11 月 21 日（LEX/DB 文献番号 25522516）も同旨。

(28)　LEX/DB 文献番号 25471746。

(29)　判時 1527 号 120 頁。

この点のみだけでは，権利濫用に当たらないとした。本判決は，法定書面の不交付を事業者側の落ち度とする点，後述の契約が既履行であることは権利濫用の判断に影響を与えないという点で，他の裁判例と一致する。そのうえで，本来の保護の範囲として典型的に予定されている場合と異なり，訪問販売法が本来，保護を予定しているのか判断に迷う場合であっても，解除権の行使を否定しえないとして，保護範囲を立法者が想定した場合よりも拡大しうる可能性を読み取りうる点に本判決の特徴がある。

　他方で，クーリング・オフ制度の保護の範囲ないし対象外であるとして，クーリング・オフを認めなかった裁判例もみられる。【15】静岡地判平成11年12月24日[30]は，名義貸しの事案であって，消費者らには，もともと商品購入の意思はなく，実体のない契約であることを承知の上で本件各売買契約を締結したのであり，クーリング・オフが本来保護の範囲ないし対象として予定しているものから逸脱していることを理由に，解除権の行使を権利濫用に当たると判断した。本事例では，いずれの消費者も，事業者の営業担当者から懇請され名義を貸し，信用会社から申込確認の電話が来たら「ハイ」と答えおくよう依頼ないし指示されていたケースであり，外形的には消費者が不正行為に協力したケースであった。

　同じく，名義貸しの事案であるが，【16】札幌高判平成26年12月18日[31]および【17】札幌高判平成26年12月18日[32]は，クーリング・オフの制度が本来保護の範囲ないし対象として予定しているものから逸脱しているとして，クーリング・オフの主張を，権利濫用ではなく，信義則違反を理由に許されないものとした。

5　契約の有効性を前提としたその後の行為

　権利行使が契約締結後から長期間経過している場合，契約の履行等がすでに終了している場合がみられる。役務提供契約等において，役務の提供がすべて履行されているにも関わらず，クーリング・オフをすることは権利濫用に該当するのであろうか。この点，次のような裁判例がある。

---

[30]　金法1579号59頁。

[31]　LEX/DB 文献番号25545459。

[32]　判タ1422号111頁。

変動する社会と法・政治・文化

【9】東京地判平成 26 年 11 月 21 日[33]によると，「消費者が契約内容を十分に理解しないまま契約するおそれのある一定の契約類型について，事業者に対し書面交付義務を課すことにより，契約内容及び契約締結過程の適正を確保するとともに，消費者に対しクーリングオフ等の権利を付与することにより，契約内容を冷静に検討した上で契約を維持するか否かを熟慮する機会を与えるために，上記の各規定を設け，事業者により書面交付義務が遵守されない間は，消費者による無条件での契約解除を可能とし，契約解除があった場合には，既に契約に基づき役務提供が行われた場合であっても，その対価の支払を求めることはできないものとしている」ことから，退会後に書面不交付を理由にクーリング・オフをし，授業料等の全額返還を求めるといった事情があることをもって，信義則違反または権利の濫用に当たるとは言えないとし，権利濫用を否定した。本事案では，消費者に契約を維持するか否かを熟慮する機会を与えるという，クーリング・オフの趣旨を踏まえ，消費者が 4 カ月間，事業者の塾で授業を受け，すべての受講終了後であっても，権利行使の制限を認めなかったものである。

【18】東京地判平成 23 年 12 月 19 日[34]は，法定書面の不交付ゆえに，クーリング・オフ期間が延長された事案において，加入者がクーリング・オフを理由に支払い代金の返還を求めながら，加入者が得た利益の返還をしないことは権利の濫用にあたるとの事業者側の主張に対して，加入者が得た利益は，連鎖販売取引を締結したことによって得られる利益ではなく，加入者の勧誘活動の報酬であり，統括者も加入者の会員勧誘により，利益を得ているとして，権利濫用の主張を退けた。加入者が，連鎖販売取引が有効であることを前提に，その後の勧誘活動を行い報酬を得ていたとしても，その後のクーリング・オフが権利濫用には当たらないとしたものである。本事案は，加入者が連鎖販売取引により得た利益が，クーリング・オフをした連鎖販売取引の契約自体から生じる利益ではなく，その後の消費者の勧誘活動に由来し，支払代金の対価として利

---

(33) LEX/DB 文献番号 25522516。

(34) 判タ 1372 号 143 頁。前橋地裁平成 24 年 11 月 30 日 LEX/DB 文献番号 25500777 も原告らが，半年以上にわたり，連鎖販売取引を行ったことに争いはないものの，本件に現れた証拠に照らしても，原告らの請求が信義則違反又は権利濫用にあたるとまで認めるに足りる証拠はないとしている。

益を得ているわけではなく，さらに，統括者自身も勧誘により利益を得ている，という連鎖販売取引固有の仕組みを指摘する点にある。

【19】名古屋地判平成18年11月14日[35]は，法定書面が交付されていない事案において，契約の成立に異議を唱えることなく返済を行い，支払能力喪失後も，契約が有効であることを前提に和解の交渉を行った後，クーリング・オフを主張したとしても，信義則に反することはないとした。

さらに，【20】東京地判平成27年7月29日[36]は，事業者との信頼関係の構築を理由に，クーリング・オフを権利濫用に当たると判断した[37]。すなわち，契約締結から4年後にXはAと婚姻，7年経過後に結婚相手紹介サービス契約をクーリング・オフした事案において，Xは，本件契約を締結してから4年の間に，Y_1からAを含めて9名もの女性を紹介され，その間，多数回にわたり，お見合いパーティーに参加したり，希望に基づいてお見合いのセッティングを受けたりするなどしていたが，Xは必要に応じて実費を支払ったのみであり，Y_1に対して手数料に相当するような費用を支払ったことはなく，この間のY_1の対応は，押しつける雰囲気がない誠実なものでありXとY間に継続的な信頼関係が構築されていたこと，Xが自らの意思でAとの結婚を決断したこと，XはAとの婚姻後も，Y_1に結婚生活に関わる相談をし，Y_1の代表者であるY_2はこれに応じていたことを理由に，法定書面の不交付を主張して，クーリング・オフを行使することは，権利濫用にあたると判断した。本事案の特徴は，権利濫用を肯定するに際して，長期間経過後の権利行使であること，契約上の債務が履行済であることではなく，事業者と消費者との間に継続的な信頼関係が構築されていたことと等を考慮する点にある[38]。

6 小 括

下級審裁判例において，クーリング・オフが権利濫用・信義則違反に該当するか否かの判断において，どのような要素が考慮対象になっているのかをまと

---

[35] LEX/DB 文献番号 25437136。

[36] LEX/DB 文献番号 25530936。

[37] 本判決は，問題となっている結婚相手紹介サービス契約が，特商法41条1項1号における特定継続的役務提供契約に該当する契約とは言えないとしながらも，解釈上，特定継続的役務提供契約に該当する可能性も否定できないことから，クーリング・オフをすることが，権利濫用に当たるかの判断にも言及するものである。

変動する社会と法・政治・文化

めてみると，多くの事例において，クーリング・オフが長期間経過後になされ
ていることから，まず，長期間経過後の権利行使が問題とされている（【5】
【6】【7】【8】【9】【10】【11】の各判決）。しかし，クーリング・オフ期間の延長
が，法定書面の不交付等という事業者側の責めに帰すべき事由によってなされ
ている以上，長期間経過後の権利行使であることのみをもって権利濫用性を肯
定する裁判例は見あたらない。また，法定書面の不交付以外にも，事業者側に
より積極的に責められるべき事情が存在する場合には，権利濫用性は否定され
ている（【12】判決）。

　また，無理由かつ無条件で行使しうることがクーリング・オフ権の本質であ
るとするならば，消費者の主観的事情に関わらず，権利行使が認められること
になりそうであり，実際に，クーリング・オフの本質を根拠に，消費者側の主
観的事情等を考慮することなく，権利行使を認める裁判例があるとともに
（【13】【14】の各判決），立法者が想定していた保護範囲よりも拡大しうる可能
性を読み取りうる裁判例も見受けられる（【5】判決）。

　その一方で，法定書面の不交付等の原因による長期間経過後の権利行使で
あっても，消費者の動機によっては権利濫用の可能性が全く否定されるわけで
はない。すなわち，消費者の契約締結が投機目的であること，クーリング・オ
フによる不正な利益の獲得が目的である等，消費者の契約締結目的，クーリン
グ・オフ権行使の目的によっては，権利行使が制限される余地が指摘されてい
る（【13】判決）。ただし，事案へのあてはめでは，消費者の動機を理由として，
クーリング・オフを制限するものは見られない。ただし，名義貸しのケースの
ように，消費者がもともと商品購入の意思がなく，自身が商品を受け取ること
はないことを承知の上で売買契約を締結した場合には，クーリング・オフの制

⑶　なお，LEX/DB のデータベース掲載の裁判例でないため，判決文を確認することが
　できなかったものの，国民生活センターの HP 掲載の福岡高等裁判所平成 11 年 4 月 9
　日判決（http://www.kokusen.go.jp/hanrei/data/200304.html）も，販売業者と顧客と
　の間で一定の良好な取引関係を維持していたことも，総合的に考慮して，クーリング・
　オフの行使を信義に反するものと判断した。なお，福岡高裁は，そのほかに，商品の性
　状・品質などに不満がなかったこと，商品の使用を継続し，問題を生じていなかったこ
　と，商品の一部については，その後の離婚を理由とした経済的苦境による割賦金弁済の
　重荷を免れる意図があったことを考慮事由として挙げている。なお，経済的苦境を考慮
　事由とすることについては，次々販売の事例ともみられないではなく，クレジット会社
　による顧客の収入の把握可能性から，右近前掲注⑾は，濫用判断には消極的である。

度が本来保護の範囲ないし対象として予定しているものではないことから，権利濫用，または信義則違反を理由に権利行使を制限するのが一般である（【15】【16】【17】各判決）。

　また，契約が有効であることが前提となる行為があったとしても，それのみで権利行使が制限されるわけではない。たとえば，事業者側の履行が終了している場合（【9】），消費者が役務の受領としてゴルフ場でプレーをしている場合（【6】判決），連鎖販売取引の特殊性が考慮されているものの，クーリング・オフを理由に支払代金の返還を求めながら，加入者が得た利益の返還をしない場合（【18】判決），契約が有効であることを前提に和解交渉を行った場合（【19】判決）も，権利濫用性が否定されている。他方で，結婚仲介契約の事案では，事業者と消費者の間に継続的な信頼関係が構築されていたこと等を理由に，権利濫用性を肯定している（【20】判決）。

　裁判例では，各事案固有の様々な要素が考慮され，消費者によるクーリング・オフが，権利濫用や信義則違反を理由に制限されるか否かが判断されている。一般条項を使った権利制限の際には，その性質上，たとえば，権利濫用の判断の際には，いかなる権利行使が正当な権利行使を超えて権利濫用になるかについては，具体的な基準を設けることは困難であり，行使される権利の種類や権利が行使される際の諸関係，権利濫用規定の適用が持つ具体的機能によって，それぞれ異なってくることは一般的に認識されているところである[39]。裁判例においても，具体的な基準が提示されることなく，事案ごとの事情を考慮したうえで，判断がなされているため，各要素の関係・判断順序等は不明であり，必ずしも見通しの良い状況にあるわけではない。

　この点，近時，ドイツでは，消費者撤回権の行使がどのような場合に制限されるのかという点につき，連邦通常裁判所（BGH）の判決が出ていることから，BGHの判決を手がかりに，この点に関する考慮枠組みを検討する。

---

[39]　谷口知平他編『新版 注釈民法(1) 改定版』（有斐閣，2002年）156頁〔安永正昭〕。安永166頁以下は，権利濫用禁止法理の機能として，不法行為ないし妨害排除の成立の前提たる行為の違法性の説得的にするために利用される場合，規範創造機能を果たす場合，一種の調停機能を持つ場合があるとする。クーリング・オフの制限が問題となる場面では，権利濫用禁止法理が果たす機能は，規範創造機能ということになろう。

変動する社会と法・政治・文化

Ⅲ　ドイツ法における消費者撤回権の制限

1　ドイツ法における消費者撤回権の法状況

　消費者撤回権は，ドイツの消費者保護立法における中心的制度の一つであり，2000年の改正により，従来それぞれの特別法において規定されていた消費者撤回権が，旧BGB第361a条1項1文において効果に関して初めて統一的に規定され[40]，その後の債務法現代化法，さらには，近時の消費者権利指令[41]の国内法化等による数度の改正を経て，現在のBGB第355条の姿となっている（なお，本稿では，消費者権利指令の国内法化前の規定を旧BGB第355条という）。BGB第355条によると，法によって消費者に撤回権が認められている場合において，消費者が意思表示を14日以内に撤回したとき，消費者および事業者は契約の締結に向けられたそれぞれの意思表示にもはや拘束されず，契約が巻き戻されることになる。

　BGB第355条の適用がある場合としては，「営業所外で締結される契約（BGB第312b条），通信販売（BGB第312c条），タイムシェアリング契約（BGB第485条），消費者信用契約（BGB第495条）等が挙げられ，それぞれの撤回権行使の詳細については，契約類型に応じて，BGB第356条からBGB第361条に定めが置かれている。

　いずれの場合にも，撤回権行使の際には，意思の瑕疵やそれに類似した他の

---

[40]　この点を紹介するものとして，今西康人「ドイツ民法典の一部改正と消費者法——消費者，撤回権等の基本概念に関する民法規定の新設について」関法50巻5号（2000年）200頁，池田清治「消費者契約法とドイツ法」ジュリスト1200号（2001年）122頁，右近潤一「撤回概念明確化のための覚書——EU通信販売指令のドイツ国内法化を参考に」同志社法学53巻1号（2001年）265頁。

[41]　RICHTLINIE 2011/83/EU DES EUROPÄISCHEN PARLAMENTS UND DES RATES vom 25. Oktober 2011 über die Rechte der Verbraucher, zur Abänderung der Richtlinie 93/13/EWG des Rates und der Richtlinie 1999/44/EG des Europäischen Parlaments und des Rates sowie zur Aufhebung der Richtlinie 85/577/EWG des Rates und der Richtlinie 97/7/EG des Europäischen Parlaments und des Rates（ABl. EG Nr. L 304 S.64).同指令については，右近潤一「消費者の権利指令に基づくドイツ民法改正後の営業所外契約と隔地販売契約の撤回要件」京都学園法学74巻（2014年）43頁，寺川永「ドイツにおけるEU消費者権利指令の国内法化」関西法学64巻5号（2015年）37頁以下参照。

要件は要求されておらず，理由の表明なしに行使が可能である（BGB 第 355 条
1 項 4 文）。14 日間の撤回期間は，原則として契約締結時から開始する（BGB
第 355 条 2 項 1 文）。そして，消費者権利指令の国内法化前においては，撤回権
の告知が適切な時期になされなかった場合（旧 BGB 第 355 条 2 項 3 文），撤回
権以外の点に関する不告知もしくは不適切な告知の場合（旧 BGB 第 355 条 4 項
1 文），または撤回権に関する不告知もしくは不適切な不告知の場合（旧 BGB
第 355 条 4 項 3 文）において，撤回期間がそれぞれ，1 か月，6 か月もしくは無
期限で延長されていた。したがって，事業者の撤回権告知が法定の要件を満た
していない場合には，日本法同様に撤回期間は開始せず，14 日の撤回期間を
超える撤回権行使がなされることになり，場合によっては契約締結から長期間
経過後の権利行使，いわゆる「永遠の撤回権」が理論上可能であった。そこで，
日本法と同様に長期間経過後の権利行使が制限されないかが問題となってい
た[42]。

　旧法下では，永遠の撤回権が理論上認められていた一方で，撤回権が権利濫
用を理由にその行使が否定されうることも認識されていた。たとえば，消費者
が契約の締結及びその後の撤回によって，善良な良俗に反する故意による侵害
（BGB 第 826 条），または権利を他人を害する目的にのみ行使するシカーネ禁止
（BGB 第 226 条）の要件を充たす場合のみ権利行使が制限されるとの見解であ
る[43]。この見解は権利行使が制限される場面を狭く理解するものであるが，そ
の判断枠組みは必ずしも明らかではなかった。その一方で，近時，撤回権行使
と権利濫用の関係について新な判断を下した BGH の判決が出ており，撤回権
行使を制限する判断枠組に関して有用な示唆を含むものと考えられる。

2　近時の BGH 判決

（i）BGH2009 年 11 月 25 日判決[44]

本事件では，X は通信販売により，Y からレーダー探知機付き室内バック

---

[42]　ただし，消費者権利指令の国内法化により，永遠の撤回権が認められる範囲は大幅に
　　縮小されている。この点については，右近前掲注[41]51 頁以下。

[43]　Wendehorst in: MünchKomm BGB, 7. Auflage 2016, § 312g Rn. 66.

[44]　本判決については，拙稿「二重効と消費者保護」『松本恒雄先生還暦記念　民事法の
　　現代的課題』（商事法務，2012 年）255 頁以下。

ミラーを購入した。Xは，本件売買契約が良俗違反であることを承知していたが，その後，旧BGB第355条にしたがい，売買契約の締結に向けられた意思表示を撤回したうえで，売買代金の返還を求めた。

　本事件での主たる争点は，消費者が初めから契約の無効について悪意であった場合に，無効な契約を撤回可能かという点であった。その一方で，本判決は，許されない権利行使であるということにより権利濫用を理由に撤回権が排除（BGB第242条）されるのは[45]，事業者に対する消費者の欺罔的な態度が見られるといった，事業者を特別に保護する必要がある場合のみであるとして，本事案では，Yに対するXの欺罔的な態度は認められないとして，権利行使の制限を否定した。

　本判決は，事業者に特別な保護の必要性がある場合に，撤回権の制限が認められることを明らかにし，事業者の特別な保護が必要な場合として，事業者に対する消費者の欺罔的な態度が例として挙げるものであり，この枠組みは次の判決でも引き継がれている。

(ⅱ) BGH2016年3月16日判決[46]

事案の概要

　Xは2014年1月14日，Yのウェブサイトで，マットレス2つを送料込み414,10ユーロで購入した。Yは，ウェブサイト上で最低価格保証をうたっていたものの，最低価格との差額全額の支払いを保証するものではなかった。マットレスは，2014年1月24日および27日に配達され，Xにより支払いがなされた。その後，Xは，他の業者がマット1つあたり192,06ユーロ（送料10ユーロ別）で販売している旨をYに通知し，差額32,98ユーロの補償を求めた。価格交渉の際に，Xは撤回権の行使を控えたものの，合意には至らず，結局，Xは2014年2月2日，売買契約をEmailで撤回し，マットレスを送り返した。Yは，Xが最低価格保証の不当な要求をするために撤回をしたもの

---

[45]　ドイツ法においては，権利濫用を理由とした権利行使の制限に際しては，形式上は，権利行使者の主観を重視し，シカーネの禁止にとどまるものの（BGB226条），判例・学説の展開により，加害目的ないし加害意思という主観的事情の存在を要件とする立場から，BGB242条の信義則の規定を根拠として，一定の権利濫用を客観的な基準により排除していることは指摘されているとおりである（磯村哲「シカーネ禁止より客観的利益衡量への発展」『末川先生古稀記念　権利の濫用（上）』（有斐閣，1962年）60頁）。

[46]　BGH NJW 2016, S. 1951.

であり，撤回権の行使は権利濫用にあたると主張した。

　BGH は，以下のとおり述べ，Y の権利濫用の抗弁を退けた。

　「通信販売契約における撤回権の意義は，消費者に実質的な要件と無関係な，簡易に行使可能な契約の一方的解消権を与える点にある（BGHZ 183,235=NJW 2010,610 Rn.17）。当審の判例に従うと，権利濫用または許されない権利行使（BGB242 条）を理由とする撤回権の排除は，たとえば事業者に対する消費者の欺罔的態度（BGHZ 183,235=NJW 2010,610 Rn.20）のような，事業者の特別な保護の必要性という観点からのみ例外的に考慮される。」

　BGH2009 年判決同様に，本判決（以下，「3 月判決」という。）は，権利濫用による撤回権の排除を，事業者に対する消費者の欺罔的態度が存在する例外的な場合に限定する。そのうえで，消費者が撤回権不行使を，事業者の最低価格保証によって全額認められていたわけではない値引交渉の材料にしたのか，どの時点で原告がマットレスを別の提供者に注文したのかは重要ではないとする。結局，消費者は自らに認められ，他の要件を必要としない撤回権を，値引交渉という自らの利益のために利用したにすぎず，事業者を害するまたはシカーネが問題となるような欺罔的態度は認めなかった。

　さらに，撤回権行使は通信販売契約における撤回権の保護目的を考慮するとBGB 第 242 条により制限されるとの事業者側の主張に対して，「通信販売において規定される撤回権の目的は，消費者に商品を確認し，満足のいかない場合に返品の可能性を与えることに限定されるものではない。なぜなら，理由なしの撤回権行使が許容されていることが示すように（旧 BGB 第 355 条 1 項 2 文），法は撤回権の行使について，消費者の正当な利益（たとえば，確認後の商品の不満足）を要件とするのではなく，消費者が意思表示を撤回するか否か，どのような理由から撤回するかを，消費者の自由な意思にのみ委ねているからである。この理解のみが，消費者に通信販売によって締結された契約の簡易かつ有効な解消権を与える上記通信販売契約における撤回権の意義に適うものである。」としたうえで，消費者が売主との間で最低価格との差額支払い交渉につき，撤回権放棄を交渉材料とすることは，原則として制限なく認められる撤回権から生じる帰結にすぎないとした。

　2009 年判決により，権利濫用を理由に撤回権が排除されるのは，事業者に特別な保護必要性がある場合であり，その例として，事業者に対する消費者の

変動する社会と法・政治・文化

欺罔的態度が認識されていた。この点を，3月判決は改めて正面から認めたものといえる。

ただし，事業者を害する態度，またはシカーネが問題となる欺罔的態度が，どのような要件のもとで判断されるかについては，2009年判決同様に何も述べておらず，消費者の欺罔的態度という要件は，ほとんど役に立たないとの指摘もある[47]。欺罔的態度の判断基準が示されていない以上，結局，撤回権行使の制限に関する手がかりは，撤回権の意味目的となる[48]。

一部学説で権利濫用にあたる場合として，送料を無料にするためだけの追加商品の注文，最も安い商品，または最も早く引き渡される商品を手にするための同じ商品の同時注文，意図的な短期目的での商品の利用（休暇，カーニバル衣装）等が挙げられていたが[49]，3月判決によると，消費者が撤回権を自らの利益のために利用しただけでは，権利濫用の理由付けとしては足りないことになる。

その一方で，通信販売における撤回権に関して，通信販売指令[50]は，考慮事由第14節において，消費者権利指令の考慮事由第37節と同様，通信販売における撤回権の目的を，契約締結前に商品を確認する可能性が欠如していることを補う点にあると述べるにとどまり，消費者が撤回権を他の目的で利用することまでは述べていない。

しかし，3月判決からは，本来の撤回権の目的が契約目的物の十分な確認可能性の確保であっても，撤回権は他の目的のために行使される可能性があり，行使されてもかまわないということが導かれ，消費者が撤回を示唆しながら契約価格を交渉することも，撤回権の戦略的使用として許容されることになる[51]。

---

[47]　Benecke, Von arglistigem und schikanösem Verhalten des Verbrauchers‐Grenzen des Widerrufsrechts nach § 355 BGB, ZIP 2016, S. 1899.

[48]　Ib.

[49]　Föhlisch in: Hoeren/Sieber/Holznagel, Multimedia-Recht, Teil 13.4 Rn. 292.

[50]　RICHTLINIE 97/7/EG DES EUROPÄISCHEN PARLAMENTS UND DES RATES vom 20. Mai 1997 über den Verbraucherschutz bei Vertragsabschlüssen im Fernabsatz (ABl. L 144, 4.6.1997, S. 19).同指令については，岡林信幸「通信販売における契約締結の際の消費者保護に関する指針」名城法学48巻3号（1999年）175頁，谷本圭子「EU通信販売指令とドイツでの対応」鹿野菜穂子＝谷本圭子編『国境を越える消費者法』（日本評論社，2000年）97頁以下参照。

[51]　Fries, VuR 2016, 273.

3月判決は，最低価格保証があったことからその履行を求めたが拒絶されたために，撤回権を行使した特殊なケースであり，3月判決の射程が通信販売以外にも及ぶのかは，未解決のままであるとの評価もあった[52]。その一方で，3月判決が参照する旧BGB第355条は，消費者信用契約における撤回権においても準用されており（BGB第495条1項），消費者信用契約にもそのまま転用されるとの評価もあり[53]，見解が分かれていた。そのような状況において，訪問販売による消費者信用の事案に関しても，同様の判断がBGHにより示された。

(iii) BGH2016年7月12日判決[54]

Xは，ファンド会社への加入に関わる融資のために，2001年11月25日，職場にてYと8000ユーロを超える消費貸借契約を締結した。Xは貸し付けを2007年1月15日までに完済した。ファンド会社は2013年末をもって清算が完了し消滅した。撤回権告知が適切になされていなかったことから，2014年6月20日付書面でもって，Xは消費貸借契約の締結に向けられた意思表示を撤回した。

本判決（以下，「7月判決」という。）は，法定の撤回権告知が欠けていることから，Xの撤回権は2014年6月においても消滅していないことを確認したうえで，権利濫用を理由に撤回権の行使を否定した原審を批判する。

すなわち，原審は，撤回の動機が撤回権の保護目的と何ら関係がない場合に，消費者の矛盾行為が存在し，撤回権行使は権利濫用にあたるとした。しかし，本判決は，BGHの判例を引用し，以前の行為が現在の行為と一致せず，この点を考慮すると，相手方の利益が保護に値するために，全体としてみると矛盾行為が存在する場合に，権利行使は許されないとする。その上で，「BGB第361a条（現BGB第355条の旧規定：筆者注）第1項第2文前段の文言に従うと，撤回は理由を必要としない。消費者に撤回の意思表示に際して理由を要求しないことは，意図的な立法上の決断によるものである。・・・撤回理由を必要としない立法者の決断にしたがうならば，立法者によって撤回権の認容でもって意図された保護目的が，撤回権の行使に関して中心的なものではなかったとい

---

[52] Pörksen, JurisPR-ITR 11/2016 Anm. 4; Höhne, MMR 2016, S. 523.

[53] Fuxman, GWR 2016, S. 190.

[54] BGHZ 211, 105 = NJW 2016, 3518.

うことから，BGB 第 242 条に対する抵触を理由づけることはできない」と述べ，借入金完済後に撤回権が行使された事案において，消費者に撤回権を認容することによって立法者が意図していた保護目的が，消費者の撤回権行使に関する中心的な目的でなかったとしても，権利濫用には当たらないとし，撤回権により意図された保護目的と，実際の撤回権行使の目的との間に齟齬があった場合であっても，権利濫用を理由に権利行使が制限されることを否定した。

7 月判決のもう 1 つの特徴は，撤回権に関する法定の告知がなされず，いわゆる永遠の撤回権であっても失効することを認めた点にある。すなわち，権利の失効は，永遠の撤回権の場合には適用されないとした原審の見解とは異なり，撤回権も失効しうることを肯定する。ただし，権利失効のためには，時間的要素とならんで，状況的要素が要件とされ，客観的に判断して一定の期間を超えた債権者の権利不行使により，債務者が債権者はもはや権利を行使しないものと考えてもやむを得ず，実際に，もはや権利を行使しないものと考えることが必要であるとした[55]。権利失効の要件として，時間的要素のほかに状況的要素が必要であることは従来から指摘されているところであるが[56]，撤回権に関しても期間経過のみで権利が失効することを否定し，権利者がもはや権利を行使しないと相手方が信頼したことについて，その信頼を正当化するだけの権利者の態度に関わる状況的要素が付け加わらなければならない点を確認した点に，本判決の意義が認められる。ただし，状況的要素として，どのような事情が権利失効の判断の際に考慮されるのかという点については，失効の有無については，事実審で確認すべき事項であるとして，何も述べていない。

3　ドイツ法における議論の小括

近時の BGH 判決によると，権利濫用を理由に撤回権が排除されるのは，事業者に対する消費者の欺罔的態度等があり，事業者に特別な保護必要性がある

---

[55]　権利失効の要件として，時間的要素のほかに状況的要素が必要であることは従来から指摘されているが，両要素が別個に判断されるわけではなく，期間経過が短ければ事情的要素がより重視され，特別な事情がない場合には，長期の期間経過が要求されるといったように，相関的に判断されているようである（BGH NJW 2006, 219;Staudinger/Looschelders/Olzen, BGB, Neubearb.2009, §242 Rn. 308）。

[56]　Habersack/Schürnbrand, Verwirkung des Widerrufsrechts aus einem Verbraucherdarlehensvertrag, ZIP 2014, 750f.

場合といえる。しかも，立法意図とは異なる目的で消費者が撤回権を行使したとしても，そのような権利行使は，消費者の欺罔的態度に該当せず，権利濫用を理由とした権利行使の制限されることになる。

3月判決の事案では，撤回権行使は商品確認のためではなく，価格交渉の材料であり，7月判決の事案では，ファンド会社が清算されたことから純粋に経済的目的であった。いずれも，消費者による撤回権行使の目的は，立法者によって意図されていたものとは異なっているにも関わらず権利濫用が否定され，撤回権行使の目的が立法者によって予定されていたものに限定されないことが明らかにされた[57]。

3月判決の事案では，消費者は撤回権行使を事業者との値引交渉に利用をし，商品の確認目的という本来の保護目的とは異なる目的を有してはいるものの，このような権利行使が制限されないことについては，異論も少ないと思われる。他方で，7月判決の事案では，借入金完済後，7年ほど経過後に撤回権が行使されており，撤回権行使の目的は完済した借入金の返還であった。このような目的による撤回権の行使については，何らかの制約の可能性もありうるが，両事案の評価の違いをもたらすのは，撤回権行使の時期にある。3月判決の事案では，法定の短期撤回期間内に権利が行使されている一方で，7月判決の事案では，撤回権に関する不告知を理由に撤回期間が開始しておらず，契約締結から長期間経過後に撤回権が行使されている。撤回期間が開始しない場面では，短期の撤回期間内での権利行使と異なり，長期間経過後に契約が清算されることによって事業者の利益が広範囲にわたり侵害されるとともに，消費者が契約を維持していたという事情が加わることから[58]，権利行使を制限する要素が存在する。

この点，7月判決は撤回権の本来の保護目的から，実際の権利行使の目的がずれていることを理由として，権利濫用による撤回権行使の制限については否定をする一方で，無制限の撤回権行使まで許容しているものではない。原審が，撤回期間が開始していない撤回権に関しては，権利の失効は適用されないとした一方で，7月判決は，権利失効の観点から，撤回権行使が制限される可能性を指摘する。ただし，権利失効を理由に撤回権行使を制限するためには，長期

---

[57]　Sesing, EWiR 2016, 465.

[58]　Herresthal, EWiR 2016, 581.

変動する社会と法・政治・文化

間の期間経過という時的要素のみならず，撤回権不行使に対する事業者の信頼が保護に値するものであったのかを判断するための事情的要素も要求する。いずれにせよ，撤回権行使の目的は，権利濫用を理由とした撤回権制限の根拠としては想定されていない。

近時の BGH 判決の判断枠組は，以下のようにまとめられるものと思われる。まず，権利濫用を理由として撤回権の制限を行う際に考慮されるべきは，立法者によって意図されていた各撤回権の保護目的と，実際に消費者が撤回権を行使した目的であるが，その際，消費者の撤回権行使の目的は，必ずしも立法者によって意図されていた撤回権の保護目的に合致する必要性はなく，撤回権によって達成される保護目的は拡張する可能性があるということである。その一方で，撤回権の目的が拡張される可能性が述べられるのみであり，本来の保護目的との乖離がどの程度までが許容されるかについては，BGH 判決から手掛かりを得ることはできない。ただし，無制約に撤回権行使を認めるわけではなく，とりわけ，法定書面の不交付等により撤回期間が延長され，長期間経過後に撤回権が行使された場合には，撤回権行使の目的のみによって権利行使が制限されないとしても，撤回権の不行使に対する事業者の信頼が保護に値する場合には，権利失効の観点から別に権利行使が制限される可能性がある[59]。

Ⅳ　日本法の再検討

1　消費者撤回権の立法趣旨

ドイツにおける近時の判例の枠組みを手掛かりにすると，法で定められた短期撤回期間内での権利行使の場合と，延長された撤回期間での権利行使の場合とで，権利行使の制限につき異なる構成が考えうるのではないか，ということがいえる。すなわち，前者の場合，無理由での権利行使が消費者撤回権の本質であることから，動機によって権利行使が制限されることは原則として否定され，その結果，消費者撤回権の保護範囲が，立法者により予定されている範囲よりも広く理解されうる可能性がある。その一方で，後者の場合，前者の場合

---

(59)　権利失効の原則それ自体は，BGH の判例において一般的に肯定されているものではあるものの，その事情的要素においてどのような事情が重視されるのかについては，判断が分かれており，事情的要素の検討は今後の課題としたい。

54

同様に，動機のみによって権利行使が制限されることはないものの，他の要素を考慮したうえで，撤回権不行使に対する相手方の保護に値する信頼が認められるときには，権利行使が制限されうる可能性がある。

特商法でも，法定書面の不交付等によって撤回権期間の延長が認められていることから，両事案において権利行使を異なる構成に基づき制限しうるのか，異なる構成に基づき制限すべきであるのかが問題となる。消費者撤回権は，法政策上，消費者保護のために許容されている権利であることから，それぞれの撤回権の本来の趣旨にもう一度立ち返ったうえで，権利行使の制限がどのように理由づけられうるのかを考えてみる。

特商法が定める各取引類型における消費者撤回権の制度趣旨について概観すると以下の通りである。

(ⅰ) 訪 問 販 売

「訪問販売においては，購入者が受動的な立場に置かれ，購入意思の形成において販売業者の言辞に左右される面が強いため，購入意思が不安定なまま契約の申込みや締結に至り，後日契約の履行や解約をめぐって紛争が生じることが少なくない。」このような弊害を除去するため，「契約の申込み又は締結後一定期間内は申込者等が無条件で申込みの撤回又は契約の解除を行うことができる制度を設けた。」[60]

(ⅱ) 電話勧誘販売

電話勧誘販売においても，訪問販売同様に，「購入者又は役務の提供を受ける者が受動的な立場に置かれ，契約締結の意思が不安定なまま契約の申込みや締結に至るケースが多いことから，かかる弊害を除去するため」，「契約の申込み又は締結後一定期間内は申込者等が無条件で申込みの撤回又は契約の解除を行うことができる制度を設けた。」[61]

(ⅲ) 連鎖販売取引

他方で，連鎖販売取引においては，訪問販売や電話勧誘販売とは異なる説明がなされている。すなわち，「連鎖販売取引においては，組織，契約内容が複雑なこと，勧誘にあたり巧みな言葉で必ず利益があがると信じ込まされてしま

---

[60] 消費者庁取引対策課他編『特定商取引に関する法律の解説 平成24年版』（商事法務，2014年）85頁。

[61] 消費者庁取引対策課他編前掲注[60]162頁。

変動する社会と法・政治・文化

うこと等により，商取引に不慣れな個人が契約内容を理解しないまま一時的な興奮に駆られて契約をし，後日トラブルを生じたり，思わぬ損失を被る場合が少なくない。」「このような被害を防止し，商取引に不慣れな個人の保護を図るため」，「契約の締結後一定期間内は無条件で契約の解除を行うことができるとした」[62]。

(iv) 特定継続的役務提供

また，「特定継続的役務提供においては，取引の対象である役務提供の内容を客観的に確定することが難しいこと，また，その内容が専門的であること，その効果の達成等が不確実であること等から，勧誘にあたり巧みな言辞で必ず効果が上がると信じ込まされてしまうなど不適切な勧誘行為等が行われることにより，特定継続的役務提供に係る取引に不慣れな契約の相手方が契約内容を十分理解・検討せず契約締結の意思が不安定なまま契約の締結に至り，後日トラブルが生じたり，思わぬ損失を被る場合が少なくない。」このような弊害を序するため，「契約の締結後一定期間内は特定継続的役務提供受領者等が無条件で契約の解除を行うことができる制度を設け，特定継続的役務提供受領者等に最高の機会を与えるものである。」[63]

(v) 業務提供誘引販売取引

「業務提供誘引販売取引においては，単なる商品等の販売と異なり，契約内容が複雑であり短期間では契約が理解できないこと，周囲の家族等が気づいて説得するまで勧誘にあたり巧みな言辞で必ず収入が得られると信じ込まされてしまうこと等が多い。このため，ビジネスに不慣れな個人が契約内容を理解しないまま契約し，後日トラブルを生じる場合が少なくないため」「一定期間内において取引の相手方に無条件で契約の解除等を行うことができることとしたものである。」[64]

(vi) 通 信 販 売

「通信販売は隔地者間での取引であり，大半の場合，広告に記載されている情報だけが消費者にとって購入意思に影響を及ぼすこととなるため，通信販売についての広告をするに際し，消費者の契約意思の形成にとって必要な情報と

---

[62] 消費者庁取引対策課他編前掲注[60] 251 頁。

[63] 消費者庁取引対策課他編前掲注[60] 296 頁。

[64] 消費者庁取引対策課他編前掲注[60] 344 頁。

考えられる事項についての表示義務を法律で定めて」いるものの，実際に返品・交換に関するトラブルが多い。「そこで，通信販売については，訪問販売等と異なり，消費者の自主性が損われる程度が小さいことから，強行規定としていわゆるクーリング・オフを定めることは適切ではないと考えられるため，消費者に商品又は指定権利の売買契約の申し込みの撤回等を原則可能とすることを法定とすることとしつつ，ただし，事業者が通信販売に関する広告等において返品特約に関する記載を主務省令で定めるところにより適正に行った場合には，当該特約に従うこととして，消費者利益と事業者の負担とのバランスを図る規定としたところである。」[65]

2 消費者撤回権の類型化および正当化

(i) 意　義

立法段階で，上記のように説明がなされる消費者撤回権につき，その正当化を実質化するために，いくつかの類型化がなされている[66]。たとえば，訪問販売や電話勧誘販売が該当する不意打対処型（状況関連型），および特定継続的役務提供，連鎖販売取引，業務提供誘引販売取引が該当する契約類型関連型（取引対象関連型），さらには，通信販売が該当する情報不足型（目的物不存在型）に類型化する試みである。この試みは，契約締結段階における不意打的状況，契約類型に関連した契約内容の複雑さ，契約締結段階での契約の目的物を確認可能性の欠如が，一定期間内における無条件での契約解消可能性を正当化するとの理解に基づくものである。

他方で，法と経済学・行動経済学の観点を考察に取り入れた正当化根拠の説明も試みられている[67]。すなわち，経済的な見地からは，客の選好に適合しない非効率な契約の履行の阻止という撤回権の便益が，撤回時の事後処理に係る取引費用や撤回期間中の法的不安定のコストという撤回権の費用を上回る場合に，撤回権が正当化されるとの前提の下，契約締結の際の情報非対称性，客の

---

[65]　消費者庁取引対策課他編前掲注[60] 136 頁。

[66]　消費者撤回権の類型化については，丸山前掲注(4) 34 頁以下，拙稿「撤回期間と履行請求権」北海学園法学研究 41 巻 2 号（2005 年）200 頁以下，内山敏和「消費者保護法規による意思表示の実質化 (2)」北海学園大学法学研究 45 巻 3 号（2009 年）549 頁以下。

[67]　山本豊「消費者撤回権の正当化根拠」現代消費者法 16 号（2012 年）85 頁。

変動する社会と法・政治・文化

外因性選好障害，客の内因性選好障害の３つを撤回権の基礎付けものとする。従来の類型化との関係では，情報不足型が契約締結の際の情報非対称性に，不意打対処型が客の外因性選好障害に，契約類型関連型が客の内因性選好障害に，その対象範囲に関してそれぞれ対応する。

(ii) 短期の撤回期間内での権利行使

上記類型には，消費者を契約から無条件に解放することを正当化する要素が含まれていることから，各類型に含まれる各要素と消費者撤回権が結びつく場合，権利濫用等を理由に権利行使が制限されることは原則として否定される[68]。

たとえば，特定継続的役務提供のような契約類型関連型では，取引の対象である役務の内容を客観的に確定することが難しいこと，その内容が専門的であること，また，その効果の達成等が不確実であるために消費者撤回権が認められていることから，たとえ，契約がすでに履行され，役務の提供がすべて終わっていたとしても，契約の履行のみをもって権利濫用を肯定することは否定される（【9】判決参照）。

また，連鎖販売取引においては，組織や契約内容が複雑なこと，勧誘にあたり巧みな言葉で必ず利益があがると信じ込まされてしまうこと等により，商取引に不慣れな個人が契約内容を理解できないまま契約を締結し，思わぬ損失を被る場合が少なくないために，消費者撤回権が認められていることから，消費者自身が勧誘行為を行ったことのみをもって権利濫用を肯定することは否定される（【18】判決参照）。

さらに，消費者撤回権は，個々の契約当事者に着目し，詐欺・強迫といった契約当事者の意思表示の瑕疵を理由として，意思表示の効力を否定するものではない。一方当事者を消費者として把握したうえで，上記の取引類型において，消費者を契約から解放することを正当化する要素を見出すものである。ここで問題とされているのは，類型的な消費者，すなわち事業者に対し情報・交渉力において劣位に立ち，また精神・身体を備えるがゆえの脆弱性を持つ消費者であるとされる[69]。このような特徴のある消費者を保護するために消費者撤回権が認められていることから，個々の消費者の消費者撤回権行使に関する理由は

---

[68] 尾島前掲注(7) 99 頁は，いかなる理由があろうとも，クーリング・オフ権の行使それ自体は，信義則違反・権利濫用とはならないとすべきとする。

[69] 大村敦志『消費者法 第４版』（有斐閣，2011 年）21 頁。

3 消費者撤回権の制限法理〔山本弘明〕

問われないことが前提である。したがって，制度上，消費者撤回権に関する消費者の動機等，主観的事情は権利行使の制限事由として予定されていない。たとえ，消費者が消費者撤回権を奇貨として，機会主義的行動を取ろうとも，原則としては，それだけで権利濫用等を理由に権利行使は制限されえない[70]（【5】【13】【14】判決参照）。

　その一方で，無制限の権利行使が肯定されているわけではなく，情報不足型・契約締結の際の情報非対称性，不意打対処型・客の外因性選好障害，契約類型関連型・客の内因性選好障害を正当化根拠とする保護の対象類型から明らかに外れる場合には，たとえ，短期の期間内での行使であっても，権利濫用・信義則違反を理由に権利行使が制限されることになる。消費者撤回権の保護の対象外として裁判例で現れるのが，名義貸しの事案である（【15】【16】【17】判決参照）。ただし，名義貸しは，クレジット不正使用の典型例であるものの，クレジット不正使用の他の類型でも一律に権利行使が制限されるかは，クレジット不正利用のそれぞれの類型における差異を踏まえ，慎重に判断をする必要があろう[71]。

3 延長された撤回期間における権利行使

(i) 相 違 点

　他方で，上記類型で消費者撤回権を実質的に正当化しうるのは，本来は，短期の撤回期間内での行使に限られる。なぜなら，不意打対処型・外因性選好障害の場合には，セールスマン等が自宅から立ち去る，または消費者が営業等から立ち去った後，あまり長い時間の経過を要することなく，消費者は不意打的な契約締結状況から解放されるからである。また，情報不足型・情報非対称性の場合には，消費者が商品等を引き渡され，確認することにより，消費者撤回

---

[70]　野口恵三 NBL619 号 71 頁によると，【6】判決に対する評釈において，原告 X1 は，ゴルフ会員権の購入については十分な知識を有し，本件会員契約は投機目的からなされたものであり，バブル景気崩壊による会員権価格低下に基づく損失を回収するために訴えを提起したのであり，X1 は訪問販売法がクーリングオフ制度を設けることによって保護しなければならない一般消費者に当たらず，本件クーリングオフの権利行使は同法の予定しないものであり，権利の濫用に当たり許されないとの，事業者 Y による反論を，傾聴に値するものと評価し，クーリング・オフの保護範囲から外れる場合に，権利濫用により行使が制限される場面があることが前提とされている。

変動する社会と法・政治・文化

権を正当化する情報不足・情報の非対称性は解消されるからである。

さらに，契約類型関連型・内因性選好障害の場合，たとえば，特定継続的役務提供では，8日間の経過により契約内容を十分に理解・検討することが可能であり[72]，連鎖販売取引では，商取引に不慣れなものであっても，20日間あれば実際に事業を続けるか否かを冷静に判断することが可能であることが前提とされている[73]。したがって，契約類型関連型・内因性選好障害においても，法定書面の不交付等によって撤回期間が延長された場合に，契約類型関連型・内因性選好障害のみから消費者撤回権を正当化することは難しい[74]。

(ii) 制裁機能，市場秩序からの正当化の試み

このように，法定書面の不交付等によって撤回期間が延長される場合には，各類型のみによって正当化することは困難であり，他の観点からの正当化も必要であることが近時認識されている。

たとえば，延長された撤回期間内での権利行使は，通常の場面と比べると明らかに異質で，一般的な正当化根拠論により基礎づけることには無理があり，民法や消費者契約法等の無効・取消規範で対処されるべき場面であるが，現行

---

(71) クレジット不正使用には，名義貸しのほかに，名義冒用，二重契約，中途一括返済，契約内容虚偽表示がある（日本弁護士連合会編『消費者法講義　第4版』（池本誠司）（日本評論社，2013年）190頁）。名義冒用については，販売業者が消費者の名義を無断で使用している以上，消費者が責任を負うことはないが（浦和地判昭和57年10月29日月間クレジット産業11号96頁，門司簡判昭和60年10月18日判夕576号93頁），名義貸しのほか，二重契約，中途一括返済，契約内容虚偽表示に関しては，消費者が外形的には不正行為に協力をしている点を考慮する必要がある。なお，最判平成29年2月21日民集71巻2号99頁は，名義貸しの事案において，名義貸しにも様々な態様があることから，購入者に全く保護の必要性がないとまではいえないとの価値判断を示した。本事案は，割賦販売法第35条の3の13第1項に基づく，販売業者の不実告知を理由とした立替払契約の取消に関する判断ではある点に留意する必要があるが，クレジットの不正使用，名義貸しへの該当の一事をもって，保護の対象外とする判断が必ずしも適切ではないことを示すものと言えよう。

(72) 消費者庁取引対策課他編前掲注(60) 296頁。

(73) 消費者庁取引対策課他編前掲注(60) 251頁。ただし，契約類型関連型・内因性選好障害では，契約内容が複雑であることから撤回期間経過後も中途解約権が認められている（特商法第40条の2，第49条）。

(74) なお，消費者撤回権と異なり，中途解約権の場合には，原状回復に関する特別規定が設けられ，消費者にも使用利益等の返還が義務付けられている（特商法第40条の2第2項以下，第49条第2項以下）。

60

法上規範が存在しない以上，便宜的に消費者撤回権に仮託して，当面の消費者保護を図るものという理解や，法の命ずる法定書面の交付を懈怠したことに対する制裁機能が働く場面であるとの理解である[75]。

　また，実質的な正当化根拠の観点のみならず，法原理的な意味における正当化根拠の点でも，法定書面の不交付や不備・虚偽の書面交付がなされた場合の消費者撤回権を，どのように説明可能であるのかが問題となる。法原理レベルにおける正当化の議論は，内在的制限論と外在的制限論に整理される[76]。前者は意思表示理論とそれを踏まえた契約法理に根拠を見出し，消費者撤回権との接合を図ろうとするものである。他方で，後者は購入者保護のための特別な政策的配慮（いわば，パターナリスティックな配慮）に根拠を見出すものと，市場秩序に根拠を見出すものとに整理することができるが，法定書面の不交付等における消費者撤回権を正当化するためには，公正取引の確保のための市場秩序という観点からの根拠説明の重要性も指摘されているところである[77]。

　個別取引レベルではなく，取引市場レベルに正当化根拠を求める見解は，不当勧誘，不当販売を行うような事業者に利益を得させないことによって，事業者間の公正な競争秩序を確保し，消費者撤回権制度により，協力的な交渉過程・契約関係を築くことが望まれると述べる。結果として，事業者が良心的に振舞ってもなお消費者撤回権が行使されるという事態を甘受することが結果的に要請される構造が生じる点については，取引市場において事業者側には取引の煩雑化やスピードダウンによるコストの負担・回避能力があることから正当化可能であるとする[78]。

　また，特商法の書面交付義務は，「特定商取引」という消費者取引における「市場秩序」の重要な一部をなすものであり，取引環境整備のための規制としての性質があり，これと密接に結びつく消費者撤回権も，「市場秩序」の一部をなし，自ら市場秩序を破った事業者に，それに起因する不利益を甘受させることにより，結果として，「特定商取引の公正」が確保されるとの見解もみられる[79]。

---

[75]　山本前掲注(67) 92頁。

[76]　詳細は，山本前掲注(67) 78頁。

[77]　齋藤前掲注(6) 362頁。

[78]　丸山前掲注(4) 25頁。

変動する社会と法・政治・文化

(iii) 制裁機能，市場秩序からの正当化と権利濫用・信義則違反

　このように制裁機能，市場機能からの消費者撤回権の正当化が加わるとしても，消費者撤回権を潜在的に正当化する契機は，上記の各類型にあることは否定できないであろう。そのため，短期の撤回期間内における権利を行使否定する事由として挙げた事由は，延長された撤回権における権利行使にも原則として当てはまる。その一方で，法定書面の不交付等に対する制裁機能，市場秩序の観点等から消費者撤回権の行使が正当化されることを踏まえるならば，契約締結から長期間経過後の権利行使のみをもって権利濫用，信義則違反が肯定されることは当然否定される。また各類型からのみ消費者撤回権が正当化されるわけではないため，本来の各類型では対象とされていなかった保護範囲の拡大が許容されることになろう。実際，BGH の 7 月判決では，書面不備により撤回期間が延長された事案において，経済的な動機による撤回権行使の権利濫用性が否定されている。

　他方で，短期間内での行使に比べ，期間が延長されている場合には，消費者撤回権が行使されるまでに，時には契約締結から長期間が経過している。そして，特商法の規定（特商法第 9 条第 2 項以下等）により，契約関係は使用利益の賠償等なしに，商品代金・役務対価の全額の返還というかたちで解消され，原状回復のコストは全て事業者負担となる。また，法定書面の不交付等があったとはいえ，消費者も長期間契約を解消せず，契約を維持していたという事情も付け加わる。このような点を踏まえると，消費者撤回権の動機という消費者の主観的目的による権利行使の制限とは別に，契約維持に対する事業者側の保護に値する期待を理由とした権利行使の制限を考慮すべきであろう。

　すなわち，制裁機能の観点からは，法定書面の不交付等があったとしても，法定書面が交付されるまで無制限に事業者への制裁が正当化されるわけではなく[80]，また，法定書面の不交付等の中には，書面自体の不交付から，虚偽の事項が記載された書面の交付，法定記載事項に遺漏のある書面の交付等，様々なケースが考えられ[81]，数年後の権利行使であったり，軽微な法定事項の遺漏の

---

(79)　齋藤前掲注(6) 152 頁。

(80)　消費者撤回権の行使に時間的制限が全くないかについては，検討に値する点であることを指摘するものとして，大村敦「指定商品制とクーリング・オフ規定の適用」ジュリスト 1094 号（1996 年）169 頁。

場合等においては，権利行使の制限が認められる余地があろう[82]。また，市場秩序の観点からも，追認可能時から6か月，契約締結時から5年で消滅時効にかかる，特商法上の不実告知または故意による重要事項の不告知を理由とした取消権との対比から，無理由の契約解消の権利である消費者撤回権を，理由を必要とする契約解消権よりも長生きさせることの合理的な説明は難しいとの指摘があり[83]，一定の期間経過による制限が指摘されている。

(iv) 事業者の正当な期待を判断する際の考慮要素

では，事業者の正当な期待が肯定され，消費者撤回権が制限されうるのはどのような場合であろうか。この点，上記の無制限の権利行使を否定する見解であっても，権利行使をするができなかったのが，事業者側の詐欺や強迫，あるいは不実告知や威迫困惑等による場合には，期間制限にかからないことを認めている[84]。なお，書面不交付の場合に，期間が無制限に延長されることに疑問を投げかけ，役務提供終了後，相当期間経過した場合，消費者撤回権が権利濫用等によって制限されうることを認めるこの見解は，契約の締結が，かならずしも事業者の攻撃的な勧誘の結果によるものではない場合には，消費者撤回権が制限されてもやむを得ないとし，消費者撤回権の行使が権利濫用に当たる基準として，期間経過と契約締結状況を念頭に置いているようである[85]。

期間経過と契約締結状況等，その他要素との関係はどのように理解されるべ

---

(81) 吉川栄一「訪問販売法上のクーリング・オフの行使と権利濫用」ジュリスト1126号（1998年）339頁は，書面不交付の場合に撤回期間を無制限に延長することには消極的である一方で，中山布紗「法定書面の不交付とクーリング・オフ期間の進行」北九州市立大学法政論集37巻4号（2010年）40頁は，消費者保護の観点から，勧誘態様や記載事項の重要度など，個別具体的要素を考慮せず，形式的に書面に不備があれば，一律に撤回期間は進行しないと理解すべきとする。

(82) 法定書面の不交付，不備・偽造書面の交付等による撤回期間の延長の実態とその根拠を検討するものとして，齋藤前掲注(6) 113頁。

(83) 齋藤前掲注(6) 154頁。

(84) 齋藤前掲注(6) 155頁。

(85) 吉川前掲注(81) 339頁は，【12】判決の評釈において，事案の特殊性から，権利濫用を否定した結論は動かしがたいものとする一方で，請負工事が完成し，引渡しがなされており，消費者の撤回権行使まで契約締結後から8カ月経過しており，請負契約締結がかならずしも事業者の攻撃的な勧誘の結果によるものではないことから，消費者撤回権は制限されてもやむを得ないとも考えられると述べており，権利行使が権利濫用に当たる基準として，期間経過と契約締結状況を念頭に置いているようである。

きであろうか。事業者側の詐欺・強迫，不実告知・威迫困惑等の攻撃的な勧誘
あった場合には，確かに，期間経過のみで権利行使を制限することは，正当化
されえないであろうが，例外的にこのような攻撃的な勧誘がある場合にのみ権
利行使が許されるのであろうか。事業者に対する制裁的側面・あるいは市場秩
序の維持の観点は，事業者側に長期にわたり追加コストの負担を課すことを正
当化しえない場合にも，権利行使が制限されるのではないだろうか。

　すなわち，単に長期の期間経過のみでなく，消費者による長期の権利不行使
およびその他の事情から，契約維持に対する事業者の期待が正当なものと評価
される場合には，事業者に対する制裁・市場秩序の維持の観点は後退するので
はないだろうか。一方当事者の権利不行使に対する期待を理由とした権利行使
の制限は，いわゆる権利失効の原則で言われているところと共通する[86]。すな
わち，長期間の権利不行使があったとしても，権利不行使の期間のみが問題と
なるのではなく[87]，まさに，相手方においてその権利がもはや行使されないも
のと信頼すべき正当の事由を有するに至ったために，その後にこれを行使する
ことが信義誠実に反すると認められる特段の事情が，そこでは問題とされてい
る[88]。もちろん，独自の制度として，権利失効の制度を認めることに否定的な
見解もあるが[89]，批判は，時効といった期間制限に関する制度がありながら，
別に権利失効を認める点にあると理解するならば，書面不交付等によって撤回
期間が延長された場合においては，権利失効の観点から，権利行使を制限され
ることは許されよう。

　では，どのような場合に，権利が行使されないものと，事業者が信頼すべき
正当な事由を有するに至ったと判断しうるのであろうか。事業者の信頼を正当
化しうる要素についての詳細な検討については，今後の課題とせざるを得ない
ものの，下級審裁判例の中には，事業者の正当な信頼の判断に際して，参考と
なりうるものがあるため，今後の検討の手がかりとして掲げておく。

　(v) 裁判例における考慮要素

---

[86]　最判昭和 30 年 11 月 22 日民集 9 巻 12 号 1781 頁も，事案への適用は否定しつつも，
　　権利失効の原則を認めている。

[87]　我妻栄『新訂民法総則』（岩波書店，1965 年）6 頁。

[88]　最判昭和 30 年 11 月 22 日民集 9 巻 12 号 1781 頁。

[89]　川島武宜『民法総則』（有斐閣，1965 年）435 頁以下，四宮和夫＝能見善久『民法総
　　則（第 8 版）』（弘文堂，2014 年）389 頁。

たとえば，【9】判決では，消費者が4カ月間，事業者の塾で授業を受け，すべての受講終了後であっても権利行使の制限を否定した。たしかに，特商法により使用利益の返還なしでの契約の巻き戻しが予定されている以上，契約の履行が済んでいるだけでは，事業者の正当な期待を理由づけるには不十分であろう。

また，【19】判決も，契約成立に異議を唱えることなく返済を行い，支払能力喪失後も契約が有効であることを前提に和解交渉を行った後に，消費者撤回権を行使した事案において信義則違反を否定している。しかし，和解交渉は一方で，契約維持に対する事業者の正当な期待が理由づける方向に働くと考えられ，事業者の正当な期待を否定するためには，その他の事情が必要ではないだろうか。

【18】判決は，加入者が得た利益は，連鎖販売取引を締結したことによって得られる利益ではなく，加入者の勧誘活動の報酬であり，統括者も加入者の会員勧誘により，利益を得ているとして，権利濫用の主張を退けている。契約が解消されることにより，事業者は加入者に商品代金を返還しなければならない一方で，加入者の会員勧誘によって取得した商品代金とは別の利益はそのまま保持することができることは，事業者の正当な期待を否定する理由となろう。

【20】判決は，権利濫用を理由に消費者撤回権を認めなかった数少ない判決である。すなわち，結婚相手紹介サービスの受領，消費者による手数料等の費用不払い，事業者の誠実な対応から，事業者と消費者の継続的信頼関係が構築されたことと，これに加えて，X自身の意思での婚姻の決断，婚姻後もY₁に結婚生活にかかわる相談をするとともに，Y₁の代表者Y₂が相談に応じていたことをもって，消費者撤回権の行使が権利濫用にあたると判断した。事業者と消費者の継続的信頼関係の構築は，契約維持に対する事業者の正当な期待に通じるものがある一方で，消費者による役務の受領，費用不払い，事業者の誠実な対応から，事業者の正当な期待を理由づけることは困難であろう。むしろ，婚姻後のXのY₁に対する相談と，それに対するY₂の対応も含めて，事業者の正当な期待の考慮要素となろうか。

変動する社会と法・政治・文化

V　結びに代えて

　以上まとめると，消費者撤回権は，類型的に把握される契約当事者としての消費者を保護するために，各取引類型の特徴を踏まえたうえで，法政策上，第1次的に，8日または20日間という短期間の間，消費者に与えられた権利であり，個々の消費者の行使理由は問われないことが前提となっている。つまり，消費者の意思決定過程の問題が類型的に把握されている以上，権利行使に関する個々の消費者の主観的事情は権利行使制限の考慮要素としては予定されていないと理解すべきである。したがって，消費者が消費者撤回権を奇貨として，機会主義的行動を取ったとしても，原則としては，それのみでは権利濫用・信義則違反を理由に権利行使が制限されることはない。ただし，各類型における保護対象から明らかに外れるような場合には，法定の短期撤回期間内での行使であっても，権利濫用・信義則違反により，権利行使が制限されうる可能性がある[90]。

　他方で，法定書面の不交付等により，撤回期間が延長された結果，法定の短期撤回期間である8日または20日が経過した後に消費者撤回権が行使される場合には，上記類型からのみの正当化は困難であり，法定書面の不交付等に対する制裁的機能・公正取引の確保のための市場秩序という他の観点も併せて，消費者撤回権が正当化されることになる。この場合であっても，消費者撤回権を正当化する契機は各類型に見つけられ，さらに，制裁機能・市場秩序からの正当化が加わるため，消費者撤回権による保護範囲は上記類型が当初予定していたものよりも拡大する余地があり，法定の短期撤回期間内の消費者撤回権と比べて，消費者側の主観的事情によって撤回権行使が制限される場面は，ますます限定されるのではなかろうか。

　しかしながら，法定書面の不交付等を理由とした消費者撤回権の行使において，消費者撤回権の保護の範囲外として，権利行使が制限される場面が限られる一方で，法定の短期撤回期間内の権利行使と比べて，契約締結から長期間経

---

[90]　従来の下級審裁判例において消費者撤回権の保護の範囲外とされる名義貸しの場合であっても，名義貸しを理由として一律に消費者撤回権を制限するべきではなく，それぞれの事案における諸事情の考慮が必要である。

過していることは，権利行使の制限を許容する方向に働く事情となる。すなわち，特商法の清算規定により，消費者撤回権行使による原状回復費用は事業者が負担することになるため，事業者に発生するコストも拡大し，また，法定書面の不交付等があったとはいえ，消費者も長期間契約を解消せず，契約を維持し，契約上の利益を享受している。このような点を踏まえると，消費者撤回権の動機といった消費者の主観的事情による権利行使の制限とは別に，契約維持に対する事業者側の正当な期待を理由とした消費者撤回権の制限が考慮されるべきであろう。

　なお，下級審裁判例において，撤回権の行使を制限しうる要素をいくつか見出すことができるが，事業者側の正当な期待を理由づける事情的要素の抽出・類型化，および時間的要素と事情的要素の関係についての検討は今後の課題としたい。

4 EU における立体商標の保護と登録拒絶事由の解釈
── 近時の EU 司法裁判所判決を中心として ──

今 野 裕 之

    I   序
    II   EU の商標法制
    III 立体商標の登録拒絶をめぐる近時の判決
    IV 結びに代えて

I   序

  今日の市場において，商品やサービスのライフサイクルは極めて短くなっている。また産業によっては技術の標準化も進み，企業が商品の独自性を維持して品質面で差別化することは難しくなってきている。こうした厳しい競争環境の中，商品やサービスの差別化のためにさまざまな手法が求められるようになっており，企業が消費者にメッセージを伝える手段である商標については，従来の図案や文字からなるものに加えて，形状，色彩，音，匂い等の新しいタイプのものが登録され，保護の対象とされるようになってきた。

  商品やそのパッケージの形状といった立体的形状に認められる商標である「立体商標」は，EU においても既に登録が認められているが，EU の商標法の定める登録要件は極めて緩やかであることから，具体的な登録基準や保護範囲に関する問題は，すべて EU 司法裁判所にその判断が委ねられている。EU の商標法制においては EU 司法裁判所によって形成された判例法の役割は大きい。

  本稿においては，近年話題になった「レゴブロック」（組み立て玩具），「トリップトラップ」（子供用高椅子）および「ルービックキューブ」（回転式立体パズル）の三つのヨーロッパを代表する商品の立体商標登録に関する EU 司法裁判所の判決を取り上げ，EU における立体商標の登録基準を明らかにすることとしたい[1]。

69

変動する社会と法・政治・文化

II EU の商標法制

EU においては，1988 年に，「商標に関する加盟国の法律の接近を図るための 1998 年 12 月 21 日の EC 理事会第一指令第 89/104 号」[2]（以下，「商標指令」という。）が採択され，加盟国間の商標制度の調和と統一が図られている。その調和と統一の目的は，域内市場を設立し，これを機能させるために加盟国間の商標法の相違に起因する商品の自由移動の阻害および共同市場における競争条件を歪めるおそれを除去することである（同指令考慮事由第 2 項）。同指令に基づいて，加盟各国は自国の商標法を改正することとなった。

これと並んで，1993 年には，「共同体商標に関する 1993 年 12 月 20 日の EC 理事会規則第 40/94 号」[3]（以下，「商標規則」という。）が採択され，EU 域内で統一的な効力を有する単一の商標権（共同体商標）[4]が確立された。商標指令と

---

(1) EU の商標法に関する比較的最近の文献として，A. Kur / M. Senftleben, European Trade Mark Law : A Commentary, 2017 がある。また，簡単なものであるが，C. Gielen / V. von Bomhard ed., Concise European Trade Mark and Design Law, 2011 がある。さらに，EU における商標法に関する近時の判例動向を分析したものとして，Kur, Harmonization of Intellectual Property Law in Europe : the ECJ trade mark case law 2008-2012, CMLR 50 (2013), 773 がある。邦語文献としては，飯田幸郷『欧州共同体商標制度新講』（1997 年），松井宏記『共同体商標と共同体意匠の実務』（2010 年），フランク・ゴッツェン「商標保護制度の拡張」知財研紀要 2003（2003 年）78 頁以下，蘆立順美「欧州商標制度における権利範囲と商標の機能」知財研紀要 2007（2007 年）1 頁以下がある。EU における立体商標の保護をめぐる問題については，Schober, The Function of a Shape as Absolute Ground for Refusal, IIC 44(2013), 35 がある。邦語文献としては，ジーグリッド・アッシェンフェルト「立体商標の保護」知財研紀要 2003（2003 年）84 頁以下，青木博通「立体商標制度の基本構造とその解釈 —— 日米欧の比較法的考察」知的財産法政策学研究第 26 号（2010 年）1 頁以下，松澤美恵子／ディルク・シュスラー＝ランゲハイネ「欧州における知的財産法の最近の動向」知財管理第 68 巻第 4 号（2018 年）490 頁以下がある。

(2) First Council Directive of 21 December 1988 to approximate the laws of the Member states relating to Trade Marks(89/104/EEC). 商標指令の採択の経緯と概要について，詳しくは，Gielen, Harmonisation of trade mark law in Europe: the first trade mark harmonisation Directive of the European Council, E.I.P.R 14 (1992), 262 参照。なお，商標指令は，改正を経て，現在，Directive (EU) 2015/2436 of the European Parliament and of the Council of 16 December 2015 to approximate the laws of the Member States relating to trade marks となっている。

商標規則は，起草が並行して進められたこともあって，その規定の文言はほぼ等しいものとなっている。

商標の定義について，商標指令第2条および商標規則第4条は次のように定めている。

・**商標指令第2条**（商標を構成することができる標識）[5]

商標を構成する標識は，視覚的に呈示される標識で，とくに，個人の氏名を含む語，図案，文字，数字，商品の形状または商品の包装の形状からなり，ある企業の商品またはサービスと他の企業のそれを識別できるものでなければならない。

・**商標規則第4条**（共同体商標を構成することができる標識）[6]

共同体商標を構成する標識は，視覚的に呈示される標識で，とくに，個人

---

(3) Council Regulation（EC）No.40/94 of 20 December 1993 on the Community Trade Mark.この邦訳として，飯田・注1前掲95頁以下がある。なお，商標規則は，改正を経て，現在，Regulation（EU）2017/1001 of the European Parliament and of the Council of 14 June 2017 on the European Union trade mark となっている。

(4) 共同体商標（Community Trade Mark）という名称は，2016年3月から「EU商標（European Union Trade Mark）」に変更された。

(5) 商標指令第2条は，注2で述べた改正により条文番号および規定の文言が次のように変更されている。
　　第3条（商標を構成することができる標識）
　　商標は，あらゆる標識，とくに個人の氏名を含む語，図案，文字，数字，色彩，商品の形状もしくは商品の包装の形状または音声からなるものとする。
　　ただし，当該標識は以下の条件を充たすものとする。
　　(a) ある企業の商品またはサービスと他の企業のそれを識別できること
　　(b) 商標権者に付与される保護の内容について管轄当局および大衆が明瞭かつ正確に知ることができるように登録簿に記されること

(6) 商標規則第4条は，注3で述べた改正により，文言が商標指令と同じく次のように変更されている。
　　第4条（EU商標を構成することができる標識）
　　EU商標は，あらゆる標識，とくに個人の氏名を含む語，図案，文字，数字，色彩，商品の形状もしくは商品の包装の形状または音声からなるものとする。
　　ただし，当該標識は以下の条件を充たすものとする。
　　(a) ある企業の商品またはサービスと他の企業のそれを識別できること
　　(b) 商標権者に付与される保護の内容について管轄当局および大衆が明瞭かつ正確に知ることができるように登録簿に記されること

変動する社会と法・政治・文化

の氏名を含む語，図案，文字，数字，商品の形状または商品の包装の形状からなり，ある企業の商品またはサービスと他の企業のそれを識別できるものでなければならない。

　商標指令第2条および商標規則第4条の定める商標の登録要件は，極めて寛大である。そこに掲げられている要件は，二つだけである。第一は，標識が視覚的に呈示されることであり，第二は，識別力があることである。

　商標を構成しうる標識についての概念がこのように極めて広く定義されている一方で，立体商標の登録要件については，特別の登録拒絶事由が定められている。すなわち，商標指令第3条第1項(e)および商標規則第7条第1項(e)は，次のようにほぼ同様の規定を置いて，一定の形状のみからなる標識は商標として登録することができないものとしている。

・**商標指令第3条**（拒絶または無効の事由）[7]
　　第1項　以下に該当する商標は，これを登録することができず，また，登録された場合にも無効を宣言されるものとする。

　　　　　(a)—(d)　（略）

　　　　　(e)　以下に掲げる形状のみからなる標識

　　　　　　　(i)　商品そのものの性質から生じる形状

　　　　　　　(ii)　技術的成果を得るために必要な商品の形状

　　　　　　　(iii)　商品に本質的価値を与える形状

・**商標規則第7条**（絶対的拒絶事由）[8]
　　第1項　次に掲げるものは，登録することができない。

　　　　　(a)—(d)　（略）

　　　　　(e)　以下に掲げる形状のみからなる標識

　　　　　　　(i)　商品そのものの性質から生じる形状

　　　　　　　(ii)　技術的成果を得るために必要な商品の形状

　　　　　　　(iii)　商品に本質的価値を与える形状

---

(7)　商標指令第3条は，注2で述べた改正により，条文番号は第4条となり，同条第1項(e)の文言も一部変更されている。

(8)　商標規則第7条第1項(e)の文言は，注3で述べた改正により一部変更されている。

4 EUにおける立体商標の保護と登録拒絶事由の解釈〔今野裕之〕

この規定は，商標を構成しうる標識についての概念が非常に広く定義されていることとのバランスをとったものであり，それ自体は出所を表示するものではなく，むしろ商品の本質的性質から生じたものであるような特徴に対し独占権が与えられることを回避しようとしたものである。

Ⅲ　立体商標の登録拒絶をめぐる近時の判決

1　レゴブロック事件判決（2010年9月14日）[9]

(1) 事実の概要

デンマークに本社を置く玩具製造企業であるX社（Lego Juris A/S）は，プラスチック製の結合組み立てブロック（いわゆる「レゴブロック」）を製造・販売していた。このブロックは，上部に8個の突起があり，底は長方形内部に円筒を配した空洞で，突起と空洞部分を連結させることによって積み木のようにさまざまな形を作ることのできるものであった。

このブロックについて，X社は，1996年4月1日に，商標規則に基づき，EUの商標当局[10]に対し，共同体商標としての登録を求めて出願を行い，いったん登録が認められたが，その後，X社の同業者であるカナダのA社からの申立を受け，商標当局は，2004年に，この商標登録を無効とした。

X社は，この決定を不服として，EU司法裁判所第一審裁判所に提訴した。

第一審裁判所は，2008年11月12日に，当該のブロックの商標登録申請は商標規則第7条の定める登録拒絶の絶対的事由にあたるとして，X社の訴えを棄却した[11]。

これに対し，X社は，原判決は商標規則第7条第1項(e)(ii)の対象および拒

---

(9)　Judgment of the Court (Grand Chamber) 14 September 2010, Lego Juris A/S v. Office for Harmonisation in the Internal Market, Case C-48/09 P, ECLI:EU:C:2010:516（以下，「レゴブロック事件判決」として引用する。）. 本判決の簡単な評釈として，Schabenberger, EuGH: Ein Legostein kann keine Marke sein, GRUR 2010, 431 がある。邦語文献として，今野裕之「立体商標の保護」国際商事法務第39巻第8号（2011年）1196頁以下がある。

(10)　Office for Harmonization in the Internal Market (Trade Marks and Designs) (OHIM)（域内市場における調和のための官庁（商標および意匠）：EU商標意匠庁ともいう。）. なお，同庁の名称は，2016年3月から European Union Intellectual Property Office (EUIPO)（EU知的財産庁）と変更された。

絶の事由の範囲の解釈を誤っているとして，EU 司法裁判所に上訴した。

EU 司法裁判所は，「レゴブロック」の形状はブロックを互いに連結するための技術的成果として必然的なものであり，それは，連結という技術的成果を得るのに必要な商品の形状のみからなるとして，商標規則第7条の登録拒絶対象に該当し，したがって商標登録は認められないとした。

(2) 判　旨

商標規則第7条第1項(e)(ⅱ)は，商品の形状が有する重要な機能的特徴が一定の技術的成果を得ることのみを目的とする場合には，たとえかかる技術的成果が他の形状によっても達成できるものであったとしても，当該形状からなる標識の商標登録を禁止するものと解されねばならない。

(3) 考　察

本判決において，EU 司法裁判所は，商標規則第7条第1項(e)(ⅱ)が「技術的成果を得るために必要な商品の形状」のみからなる標識の商標登録を禁止している理由について，これは，企業が技術的解決手段に関連する独占的権利を無期限に継続させる目的で商標法を利用することがないようにするものであるとした。すなわち，商品の形状が，これを製造した企業によって開発され特許を取得された技術的な解決手段を含んでいる場合，その特許権の期限が切れた後もその形状が商標として保護されることは，他の企業がその技術的な解決手段を利用する機会を減ずることとなるからである(12)。

もっとも，いかなる商品の形状もある程度は機能的であるから，商品の形状が機能的特徴を有するという事由だけで商品の形状が商標として登録できないとすることは適切ではない。この点について，EU 司法裁判所は，商標規則第7条第1項(e)柱書きの「以下に掲げる形状のみからなる標識」の「のみ」という文言および同(ⅱ)の「技術的成果を得るために必要な商品の形状」の「必要な」という文言によって，立法者は，この定義が技術的な解決手段のみを包含し，商標として登録することによって他の企業がその技術的な解決手段を利用することが実質的に妨げられることとなる商品のみを登録拒絶の対象とするこ

⑾　Judgment of the Court of First Instance (Eighth Chamber) of 12 November 2008, Lego Juris A/S v. Office for Harmonisation in the Internal Market (Trade Marks and Designs) (OHIM), T-270/06, ECLI:EU:T:2008:483.

⑿　レゴブロック事件判決第43節。

とを確実にしようとしたとする[13]。

　本判決の結論は，予想されるところであった。EU 司法裁判所は，2002 年 6 月 18 日のフィリップス社事件判決[14]において，フィリップス社が開発し，いったん商標登録を受けた電気シェーバーのシェービングヘッドについて，同業者がその形状を模倣した製品を販売していたのに対し，特許による保護は失効していたものの，商標権の侵害であるとしてフィリップス社が訴えを提起したところ，商標指令第 3 条第 1 項(e)の定める登録拒絶事由の趣旨は，ある商品を使用する者が同業他社の商品に対しても求める可能性のある技術的解決方法や機能的特徴を独占することを商標の保護に名を借りて商標権者に認めるような事態を阻止することにあるとして[15]，同社の電気シェーバーのシェービングヘッドの形状の商標登録について，当該形状は技術的成果を得るために必要なものにあたるとして，これを認めなかったからである。

　また，本判決において，EU 司法裁判所は，商品の形状が意図された技術的成果を得るために「必要な」場合にのみ商品の形状の商標としての登録が商標規則第 7 条第 1 項(e)(ii)により拒絶されるということは，当該の形状が技術的成果を得ることのできる唯一の手段であることを意味するものではないとして，商標規則第 7 条第 1 項(e)(ii)は，同じ技術的成果を有する代替的デザインが存在するか否かには関係なく適用されるとしているが[16]，これもフィリップス社事件判決において既に示されていたところである[17]。

2　トリップトラップ事件判決（2014 年 9 月 18 日）[18]

(1) 事実の概要

　1970 年代の始め，Y_3（Peter Opsvik）は，子供用の高椅子をデザインした。そのデザインは，簡単な構造ながら人間工学的にすぐれ，美的にも高く評価さ

---

[13]　レゴブロック事件判決第 48 節。

[14]　Judgment of the Court of 18 June 2002, Koninklijke Phillips Electronics NV v. Remington Consumer Products Ltd, C-299/99, ECLI:EU:C:2002:377（以下，「フィリップス社事件判決」として引用する）。この判決について，詳しくは，ゴッツェン・注 1 前掲 81 頁およびアッシェンフェルト・注 1 前掲 91 頁参照。

[15]　フィリップス社事件判決第 78 節。

[16]　レゴブロック事件判決第 54 節。

[17]　フィリップス社事件判決第 83 節。

れ，数多くの賞を受賞するとともに，美術館にも展示される程であった。

　この椅子は，木製のフレーム，背板，座板，足置き板およびサポート金具等からなる組み立て式の椅子で，背側に傾斜したL字型のたて型フレームには35ミリ刻みで14段の調整溝があり，その溝に厚さ15ミリの座板と足置き板を差し込んでボルトで固定する仕組みになっており，付属の六角レンチでボルトを緩めて身体のサイズに合わせて座板と足置き板の高さと奥行きを調節することにより，1歳児から大人まで成長に合わせて使用することができた。

　1972年にY1社（Stokke A/S）とY2社（Stokke Nederland BV）は，トリップトラップ（TRIPP-TRAPP）という商品名でこの椅子の販売を始めた。この椅子のデザインに関する権利は，Y1社，Y2社，Y3およびY4社（Peter Opsvik A/S）に帰属していた。

　1998年5月8日に，Y1社は，トリップトラップの形状について，ベネルクス知的財産当局に立体商標の登録申請を行った。

　X社（Hauck GmbH & Co. KG）は，ドイツにおいて，子供用品の製造および販売を行っていたが，その製造・販売する商品の中に子供用高椅子もあった。

　Y1社らは，X社の製造・販売する子供用高椅子が，Y1社らの著作権および商標権を侵害しているとして，オランダの国内裁判所に訴えを提起した。

　これに対し，X社は，トリップトラップの商標登録は無効であるとして，反訴を提起した。

　一審および控訴審において，オランダの国内裁判所は，X社の著作権侵害を認めたが，本件立体商標は商標指令第3条第1項(e)(i)および(iii)に該当し，その登録は無効であるとした。

　上告を受けたオランダの最高裁判所は，商標指令第3条第1項の解釈について疑義があるとして，訴訟手続を中断し，以下の事項について，先行判決を求めて，EU司法裁判所に付託した。

1)(a)　立体商標は商品そのものの性質から生じる形状のみで構成されるもの

---

(18)　Judgment of the Court (Second Chamber), 18 September 2014, Hauck GmbH & Co. KG v. Stokke A/S and Others, Case C-205/13, ECLI:EU:C:2014:2233（以下，「トリップトラップ事件判決」として引用する。）。本判決の簡単なコメントとして，Stolz, Auslegung der absoluten Eintragungshindernisse bei Formmarken, GRUR-Prax 2014, 455 がある。邦語文献として，今野裕之「立体商標の登録拒絶事由の解釈」国際商事法務第43巻第3号（2015年）440頁以下がある。

ではあってはならないという商標指令第3条第1項(e)(i)の定める商標登録の拒絶と無効事由に関する規定は，商品の機能に不可欠な形状を言うのか，それとも，消費者が同業他社の商品に求める可能性のある本質的な機能的特徴が一つまたはそれ以上存在する場合も含むのか。

(b)　このいずれも正しくないとすれば，当該条項はどのように解釈されるべきであるのか。

2)(a)立体商標は商品に本質的価値を与える形状のみで構成されるものであってはならないという商標指令第3条第1項(e)(iii)の定める商標登録の拒絶と無効事由に関する規定は，当該商品にかかる大衆の購入決定の動機について言っているのか。

(b)　同規定の意味における「商品に本質的価値を与える形状」とは，その形状が他の価値に比して主要なまたは優越した価値（子供用高椅子の場合であれば，安全性，快適性および信頼性）を構成すると考えられる場合にのみ存在するものなのか，あるいは，そうした価値に加えて，商品にとって本質的と考えられる他の価値も存在する場合にも存在しうるものなのか。

(c)　付託事項2)(a)および(b)に回答する上で，当該商品にかかる大衆の多数の意見は決定的か，あるいは，問題となっている価値が上述の規定の意味において「本質的」であるとする見解を採用するには大衆の一部の意見で十分であるとの判断を裁判所が下すことはありうるのか。

(d)　付託事項2)(c)の回答が後者である場合，これにかかる大衆の一部の規模に関してどのような要件が課されるべきか。

3)　商標指令第3条第1項(e)は，立体商標が，同項(e)(i)の内容にあたる標識をもって構成されている同時に，他の部分は同項(e)(iii)の内容にあたる標識をもって構成されている場合も，その定める登録拒絶事由が存すると解釈されるべきか。

(2) 判　旨

1．商標指令第3条第1項(e)(i)は，商品の一般的な機能に固有であり，かつ，消費者が同業他社の商品に求める可能性がある一つ以上の本質的な特徴を有する商品の形状のみで構成される標識に対して同項の定める登録拒絶事由が適用されるとの意味で解釈されなければならない。

2．商標指令第3条第1項(e)(iii)は，それぞれが商品に本質的な価値を与えうる複数の特徴を有する商品の形状のみで構成される標識に対して同項の定める登録拒絶事由が適用されるとの意味で解釈されなければならない。商品の形状についての大衆の認識は，当該拒絶事由が適用されるか否かを決定するために利用されうる評価基準の一つにすぎない。

　3．商標指令第3条第1項(e)は，同項(e)(i)および(iii)の定める登録拒絶事由は組み合わせて適用されえないとの意味で解釈されなければならない。

　(3) 考　察

　本判決において，EU司法裁判所は，まず，第1の付託事項について，商標指令第3条所定の登録拒絶事由は，その根底にある公共の利益の観点から解釈されるべきであるとし，商標指令第3条第1項(e)(ii)および(iii)の直接の目的は，立法府が期限を限定すべきとした他の権利の存続期間が，商標権によって与えられる独占的かつ永続的な権利によって無期限に延長されることを防ぐことであることであるとした。そして，商標指令第3条第1項(e)(i)についてもこの目的と一貫して解釈すべきであり，本質的な性質を標識の全体的な印象あるいは個別の要素の検証に基づいて評価しつつ，個々に特定することが必要であるとした[19]。

　次に，第2の付託事項について，EU司法裁判所は，商品の形状が本質的な価値を商品に与えているという事実は，他の特徴が商品に重要な価値を与えていないという意味ではないとし，立法府が期限を限定すべきとした他の権利の存続期間が，商標権によって与えられる独占的かつ永続的な権利によって無期限に延長されることを防ぐという目的からすれば，当該商品が美的な機能に加えて他の本質的な機能ももたらす場合であっても，商標指令第3条第1項(e)(iii)の拒絶事由の適用は当然に排除されるべきではないとした。そして，対象となる大衆の影響については，商標指令第3条第1項(e)の適用にあたっては，識別性が問題となる同指令第3条第1項(b)所定の拒絶事由と異なり，平均的な消費者の標識の認識は決定的な要素ではないとした[20]。

　さらに，第3の付託事項について，EU司法裁判所は，商標指令第3条第1項の文言から，同項(e)(i)から(iii)の三つの拒絶事由は互いに独立して適用さ

---

(19)　トリップトラップ事件判決第15節−第27節。

(20)　トリップトラップ事件判決第28節−第36節。

れるべきであることは明らかであるとした。すなわち，同項(e)柱書きの「の
み」という文言に続けて(i)から(iii)の三つの拒絶事由が列挙されていること
は，これらの拒絶事由は個々に他の事由から独立して適用されるべきであるこ
とを示すものであるとした[21]。

本判決に見てとれるのは，立体商標の登録が当該分野の商品の独占につなが
るものであってはならないとの EU 司法裁判所の強い姿勢である。

3 ルービックキューブ事件判決（2016年11月10日）[22]

(1) 事実の概要

イギリスに本拠を置く A 社は，回転式の立体パズル（以下，「ルービック
キューブ」という。）について，商標規則に基づき，その立体標識の共同体商標
としての登録を求めて EU の商標当局に対し出願を行った。

ルービックキューブの商品の形状は，全体が正六面体であり，六つの面にそ
れぞれ赤・青・黄・白・緑・橙の配色がなされ，他の面と区別可能な外観を呈
しており，各面は9個のブロックに区分され，各ブロックは格子状に黒色で縁
取られたていた。遊び方は，9個のブロックに分けられたキューブを列（行）
ごと縦横に回転させて，色をバラバラに崩し，それを一面づつ再度揃えるとい
うものである。

当該商標は，1999年4月6日に登録され，2006年11月10日には更新を受
けた。

2006年11月15日に，X 社（Simba Toys GmbH & Co. KG）は，商標規則に基
づき，当該商標登録の無効宣言を求めて，EU の商標当局に申立を行った。X
社は，商標規則第7条第1項は「技術的成果を得るために必要な商品の形状の

---

[21]　トリップトラップ事件判決第 37 節－第 43 節。

[22]　Judgment of the Court（First Chamber）of 10 November 2016, Simba Toys GmbH &
Co. KG v. European Union Intellectual Property Office, Case C-30/15 P, ECLI:EU:C:2016:
849（以下，「ルービックキューブ事件判決」として引用する。）．本判決の評釈として，
Kur, Rubik`s Cube — Würfelzauber am Ende? GRUR 2017, 134. がある。邦語文献とし
て，安原亜湖「欧州における立体商標の保護——ルービックキューブ判決を受けて」知
財管理第 67 巻第 7 号（2017 年）1098 頁以下，今野裕之「立体商標の登録と『技術的成
果を得るために必要な商品の形状』の認定」国際商事法務第 46 巻第 2 号（2018 年）
272 頁以下がある。

みからなる」標識の商標登録を認めないものとしているところ，ルービック
キューブの商標は，技術的成果を得るために必要な商品の形状であり，同条の
絶対的登録拒絶事由にあたるとして，その無効が宣言されるべきであると主張
した。X社は，ルービックキューブの各面の格子状の黒い縁取りは，立体パ
ズルの技術的な機能のみを目的とするものであるとした。

2008年10月14日に，商標当局は，X社の無効宣言の申立を却下した[23]。

この決定を不服としてX社は商標当局に対し審判の請求を行った。

2009年9月1日に，商標当局は，当該商標の標識はルービックキューブ自
体の本質的成果ではないとの理由で，無効宣言申立却下の審決を下した[24]。

そこで，X社は，この審決の取り消しを求めてEU司法裁判所第一審裁判所
に訴えを提起した。

2014年11月25日に，第一審裁判所は，X社の主張は理由がないとして請
求を棄却した[25]。

X社は，EU司法裁判所に上訴した。

EU司法裁判所は，第一審裁判所の判決を破棄し，ルービックキューブの標
識は立体パズルという当該商品の技術的機能を果たすものであり，立体商標と
しての登録は認められないと判示した。

(2) 判　旨

立体標識の本質的特徴の認定にあたっては，その標識が実際の商品の形状か
らなる場合には，視覚的に呈示された標識のみによる分析だけでは十分でなく，
当該商品の技術的機能が考慮に入れられなければならない。

(3) 考　察

ルービックキューブのような立体標識の商標登録について，当該形状が技術
的成果を得るために必要なものである場合にはこれを認めないとすることは，

---

[23]　Decision of the Cancellation Division of 14/10/2008 in the Proceedings for a Declaration of Invalidity OHIM, reference number 1956 C.

[24]　Decision of the Second Board of Appeal of 1 September 2009, in Case R 1526/2008-2, Appeal relating to Cancellation Proceedings No. 1956 C.

[25]　Judgment of the General Court (Sixth Chamber), 25 November 2014, Simba Toys GmbH & Co. KG v. Office for Harmonisation in the Internal Market (Trade Marks and Designs) (OHIM), Case T-450/09, EU:T:2014:983（以下，「ルービックキューブ事件第一審裁判所判決」として引用する。）.

既に見たように，2002 年のフィリップス社事件判決以来，EU 司法裁判所の一貫した立場であるが，本判決の意義は，その形状が技術的成果を得るために必要なものであるかどうかの認定方法に踏み込んで商標登録拒絶事由の解釈を示した点にある。

　本件において，第一審裁判所は，商標規則第 7 条第 1 項 (e) (ii) は，商標の本質的特徴が当該商品の技術的機能を果たすものであり，かつ，「かかる機能を果たすために選択された」場合にのみ適用されるとした。

　X 社は，ルービックキューブの各面の格子上の黒い縁取りは，技術的機能を果たしていると主張した。

　しかし，第一審裁判所は，X 社の主張においては，ルービックキューブの各面の格子状の黒い縁取りのある各ブロックは列（行）ごとに回転させるものであるということをあらかじめ知っていることを本質的に前提としているようであるが，ルービックキューブの商標を構成する視覚的に呈示された標識を見た者が，各面の格子状の黒い縁取りを回転に必要なものであるなどとは考えもしないとした。第一審裁判所は，ルービックキューブが回転の機能を有することは，その黒い縁取り，つまりルービックキューブの各面の格子状の構造の成果ではなく，ルービックキューブの内部の目には見えない仕組みによるものであることは明らかであり，したがって，ルービックキューブの各面の格子状の構造は，何ら技術的な機能を果たすものではなく，また，それをうかがわせるものですらないとして，結論として，ルービックキューブの形状を商標登録することは技術的解決について独占をもたらすものではなく，可動性の，あるいは回転する仕組みを立体パズルに組み込むことを同業者が妨げられることはないとした[26]。

　X 社は，第一審裁判所の解釈は誤りであるとして，EU 司法裁判所に上訴した。

　EU 司法裁判所の判決に先立ち公表された法務官意見は[27]，可動要素からなる立体パズルというルービックキューブの機能を考慮すべきであったとして，

---

[26]　ルービックキューブ事件第一審裁判所判決第 53 節－第 65 節。

[27]　Opinion of Advocate General SZPUNAR delivered on 25 May 2016 Case C-30/15 P, Simba Toys GmbH & Co. KG v. European Union Intellectual Property Office (EUIPO), ECLI:EU:C:2016:350（以下，「ルービックキューブ事件法務官意見」として引用する。）.

これを怠った第一審裁判所の判断は誤っているとした。法務官は，フィリップ
ス社事件判決やレゴブロック事件判決においても，商標当局は，その商品の形
状について視覚的に呈示された標識に加えて他の情報も用いて分析を行ってい
る事実を指摘し，隠れた特徴は商標当局の関知するところではないが，それに
もかかわらず，視覚的に呈示された標識から生ずる形状の特徴を当該の商品の
機能の観点から分析することは必要とされるとした[28]。

EU 司法裁判所は，本判決において，法務官意見と同じく，実際の商品の標
識の本質的特徴の機能を認定するにあたっては，第一審裁判所は，立体パズル
という実際の商品の技術的機能を明らかにし，これを考慮に入れるべきであっ
たとした。EU 司法裁判所は，第一審裁判所の判断を，商標規則第 7 条第 1 項
(e)(ii)の適用の要件をあまりに狭く解釈し，こうした考慮を怠ったものであり，
これは立体形状の要素を持つ立体パズルすべてに本件の商標権が及ぶという不
当な結果を招きかねないものであるとした[29]。

EU 司法裁判所と第一審裁判所の判断のこうした食い違いは，2014 年 3 月 6
日のヨシダ事件判決[30]においても見られた。同事件では，オールステンレス製
の一体型ナイフの把手の部分の窪みを単なる黒い点による図案であるとした第
一審裁判所の判断について，EU 司法裁判所は，商標の本質的特徴の認定は，
登録された商標の視覚的な分析のみに基づいてなされるべきではなく，標識の
本質的特徴を明らかにするには視覚的に呈示された標識と登録の出願に際して
提出された出願書類によるだけでは不十分であるとして，事件を第一審裁判所
に差し戻した[31]。

Ⅳ　結びに代えて

レゴブロック事件判決，トリップトラップ事件判決，そしてルービック

---

[28]　ルービックキューブ事件法務官意見第 86 節 - 第 88 節。

[29]　ルービックキューブ事件判決第 47 節 - 第 52 節。

[30]　Judgment of the Court (Seventh Chamber) of 6 March 2014, Pi-Design AG and
Others and OHIM v. Yoshida Metal Industry Co. Ltd, Joined Cases C-337/12 P to C-
340/12 P, ECLI:EU:C:2014:129（以下，「ヨシダ事件判決」として引用する。）. この判決
について，詳しくは，安原・注 22 前掲 1104 頁以下参照。

[31]　ヨシダ事件判決第 52 節，第 61 節以下。

4 EUにおける立体商標の保護と登録拒絶事由の解釈〔今野裕之〕

キューブ事件判決を通じて，EU 司法裁判所は，不可欠な（商標指令第 3 条第 1 項(e)(i)・商標規則第 7 条第 1 項(e)(i)），技術的な（商標指令第 3 条第 1 項(e)(ii)・商標規則第 7 条第 1 項(e)(ii)），あるいは審美的な（商標指令第 3 条第 1 項(e)(iii)・商標規則第 7 条第 1 項(e)(iii)）商品の特徴に対して商標としての保護を認めないとの立場を厳格に貫いてきた。技術的解決を含む商標が不当に登録され，商品の本質的性質から生じたものであるような特徴に対し半永久的な独占権が与えられることは阻止しようとする EU 司法裁判所の姿勢は評価できよう。

しかし，立体商標の登録拒絶事由をめぐる解釈は未だ明確なものとなっていない。立体商標の登録の審査にあたり「技術的成果を得るために必要な商品の形状」にあたるか否かの認定は，視覚的に呈示された標識と登録の出願に際して提出された出願書類によるだけでは不十分であり，視覚的に呈示された標識の実際上の商品としての機能を考慮に入れなければならないとする EU 司法裁判所の解釈は，これを否定する第一審裁判所との間で見解が分かれているが，こうした相反する解釈が登録審査の実務においても生じる可能性もあり，いかなる場合にいかなる程度で商品の内部の機構まで審査の対象とするかについて，当面，商標当局は難しい判断を求められることとなろう。

技術的な特徴や創造的成果と商標との間に明確な境界を設ける EU 司法裁判所の努力を引き続き見守りたい。

5　改正臓器移植法の課題への対応

鋤 本 豊 博

 Ⅰ　は じ め に
 Ⅱ　脳死と死の関係
 Ⅲ　本人の意思が不明な場合の臓器提供
 Ⅳ　15 歳未満の脳死臓器提供
 Ⅴ　親族への優先提供の意思表示
 Ⅵ　お わ り に

Ⅰ　は じ め に

　我が国の「臓器の移植に関する法律」（以下，臓器移植法と称す）は 1997 年 6 月に成立（同年 10 月施行）し，3 年を目途に見直されるはずであったが，2009 年 7 月ようやく改正（2010 年 7 月全面施行）されるに至った。その主要な目的は，脳死下臓器提供者数を増やすことと，従前なし得なかった小児臓器移植への門戸を開くことにあった。そのため，改正法は，①臓器摘出を予定しているか否かにかかわらず，脳死判定された者の身体をすべて「死体」としたほか，②書面による臓器提供の意思表示がなくとも，生前本人が拒否する意思を表明していない限り，遺族の書面による承諾だけで臓器摘出を可能にするとともに，③この方式の採用により，臓器提供の意思表示能力の下限である「15 歳以上」という旧法下の年齢制限の縛りがなくなることから，（原則として生後 12 週以上）6 歳未満の者に対しても脳死判定を行えるようにした（改正施行規則 2 条 1 号）。さらに，④臓器提供のインセンティブを与えるべく，親族への優先提供の意思表示まで認めることにしたのである。
　しかるに，改正法施行後 10 年目を迎えようとしている現在,「臓器提供件数の年次推移」（グラフ図）に見られるように，その成果は期待通りには行かず

変動する社会と法・政治・文化

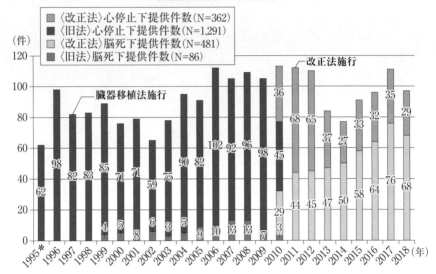

（出典：日本臓器ネットワークの移植データ）　＊1995年は，日本腎臓移植ネットワーク発足後の4〜12月

（死体臓器提供件数の総数の点では，関係者の努力にもかかわらず，現状では改正前の状況を維持することさえ危ぶまれる），15歳未満からの臓器提供も2017年9月末迄で15件に止まっている[1]。その原因は幾つか考えられるが，2009年の改正において臓器移植に伴う法的な問題群に対する根拠づけが十分にできないまま，脳死下臓器提供者数の増加政策だけが先行し制度化されたことが，大きな原因の一つといってよいであろう。そこで，本稿では，上記①〜④の改正点を中心にその制度設計を検証し，改正法に残されている法的な問題群の課題解消に向けた試論を展開することにしたい。

---

(1)　日本臓器移植ネットワークHP（htpp://www.jotnw.or.jp/）「移植に関するデータ」による。

86

II 脳死と死の関係

1 改正法と死の定義

(1) 法改正の第一ポイントは,「脳死した者の身体」(第6条2項) の定義づけを変えた点にあるが, これで脳死は一般に人の死といえるようになったのであろうか。

旧法は,「移植術に使用されるための臓器を, 死体 (脳死した者の身体を含む。……) から摘出することができる」とする規定 (旧第6条1項) の「脳死した者の身体」について,「その身体から移植術に使用されるための臓器が摘出されることとなる者であって脳幹を含む全脳の機能が不可逆的に停止するに至ったと判定されたものの身体」としていたが (旧同条第2項), 改正法は, 単に「脳幹を含む全脳の機能が不可逆的に停止するに至ったと判定された者の身体」とした (第6条2項)。つまり, 脳死判定された者の身体は, 移植以外の場合を含め「死体」となったのである。

しかし, 改正法は脳死一元論を採用したわけではない。というのも, 法的な脳死判定に際し,「当該者」及び「家族」にはこの判定を拒否する権限が与えられており (6条3項), 拒否すれば「脳死した者の身体」の定義に当てはまらない以上死体にはなり得ないし, 臓器摘出の段階に至って初めて「死亡した者」・「遺族」という表現になること (6条1項) から[2],「人の死」と認められるには法的な脳死判定を受ける必要があり, 臨床的な脳死判定だけでは未だ「死んでいない」と解さざるを得ないからである。現に国会の審議においても, 今回の改正案の提案者は, 脳死を人の死とする社会的合意は形成されつつあるとしながらも, 法的脳死判定は臓器移植を行う場合に限定されると答弁しているのである[3]。

(2) 心臓死との関係も含め, 改正法における脳死の取扱いにこのような曖昧さが残るのも,「死そのもの」(人の死とは何か) と「死の判断基準」(人の死をいかなる事象で判断するのか) を明確に区別してこなかったところに, その原因があると考えられる。

周知の通り, 脳死と臓器移植は, もともとは別の問題である。1950年代から人工呼吸器が普及し, 脳機能が喪失して呼吸が停止しても人工呼吸器を装着

変動する社会と法・政治・文化

すれば生命維持が可能となるにつれ，もはや回復不能な患者からいつ人工呼吸器を取り外してもよいかが問われるようになった。その基準として登場したのが「脳の死（morts du cerveau）」であり，脳という臓器の全機能の廃絶として理解された概念であって，「個体の身体的な死」とは区別されていた[4]。

一方，臓器移植も，1960年代に入り新しい免疫抑制剤の登場で腎移植を中心に増加していったが，心停止後の移植は成功率が低く，生体からの移植は「ドナーは死体」という臓器移植のルール（その理由は，臓器の摘出がドナーの直接的な死因になってはならないからである）に反するとの問題があった。そんな折，1966年にロンドンで開催された「医学の進歩における倫理，特に移植との関連で」という国際シンポジウムで，①瞳孔散大，②無反射，③自発呼吸停止，④血圧低下，及び⑤平坦脳波という五つの条件を満たす患者は死体と看做せるとの提案がなされ，これを境に脳の死は人の死であり，その状態からの臓器摘出は許されると意識されるようになって行った。そして，翌1967年の末，世界初の心臓移植が実施され，米国では心臓移植が一種のブームとなったが，同時に死の基準をめぐり大きな混乱（早すぎる埋葬への恐怖）が生じたため，1968年ハーバード大学が「不可逆的昏酔の定義」という論文を発表した。それは，不可逆的昏酔という新しい死を判定する基準として，①外的刺激への

---

(2) （臓器の摘出）

　　第六条　医師は，次の各号のいずれかに該当する場合には，移植術に使用されるための臓器を，死体（脳死した者の身体を含む。以下同じ。）から摘出することができる。

　　　一　**死亡した者**が生存中に当該臓器を移植術に使用されるために提供する意思を書面により提示している場合であって，その旨の告知を受けた**遺族**が当該臓器の摘出を拒まないとき又は**遺族**がいないとき。

　　　（二号略）

　　2　前項に規定する「脳死した者の身体」とは，脳幹を含む全脳の機能が不可逆的に停止するに至ったと**判定**された者の身体をいう。

　　3　臓器の摘出に係る**前項の判定**は，次の各号のいずれかに該当する場合に限り，行うことができる。

　　　一　当該者が第一項第一号に規定する意思を書面により表示している場合であり，かつ，当該者が前項の判定に従う意思がないことを表示している場合以外の場合であって，その旨の告知を受けたその者の**家族**が当該判定を拒まないとき又は**家族**がないとき。

　　　（二号略）

(3) 岩波祐子「臓器移植の現状と今後の課題(2)」『立法と調査』No. 299（2009年）41頁。

(4) 香川知晶「『新しい死の基準』の誕生」『思想』No. 977（2005年）7頁。

無反応，②運動や呼吸の欠如，③無反射，それに④平坦脳波という四つの基準を提示し，これらの検査を24時間おいて繰り返さなければならないと提案するものであった。この提案以降，「不可逆的昏睡」に代わって脳死概念が，人の新しい死の定義として用いられるようになったのである[5]。

　（3）　ところで，脳死とは，一般的には「脳機能の不可逆的停止」と定義されるが，我が国の臓器移植法を始め，大多数の国が採用しているのは，生命を自律的に維持し制御している脳幹を含む「脳全体の機能」の不可逆的停止をもって人の死とする立場（全脳死説）である。この説の根底には一つの死生観が存在する。即ち，人の死が意味するのは，内発的で有機的統合性をもった身体活動（すべての臓器や組織，細胞の活動は，身体の内側から生じ，生存や生殖といった同一の目的に沿って互いに協調し合うこと）が失われること，というものである。これを前提に，かかる身体活動が脳によってコントロールされていると考えることで，脳機能の不可逆的停止（さらに，この判定方法として，いわゆる竹内基準などが存在する）が人の死であると帰結するのである。

　ところが，この全脳死説に対しては，既に多くの疑問が投げかけられているだけでなく，崩壊したと評されることもある。これはいったいどういうことであろうか。

2　全脳死説の限界

　（1）　脳死概念は，臓器移植と結びつくことで新たな死の判定基準となったが，まずは死の概念は臓器移植と切り離さなければならない。他者を救命するための臓器の獲得という理由で人の生死を決することは功利的かつ恣意的であり，医療不信を招くからである。これを回避するには，死の概念を生物学的・医学的に捉え，人によって動かすことのできない客観的な事象として理解することが望ましい。この意味で，「有機的に統合された身体活動の不可避的停止」という事象を死の定義とすることにも理由がある。

　しかし，人の死は，専ら生物学的・医学的事象のような事実問題ではなく，社会的な意味づけの問題でもある。個人の死生観や自己決定の問題に還元されてはならないが，社会が一般的に受容でき，法律要件事実として適格性を有す

---

(5)　香川・前掲注(4) 8頁以下。

変動する社会と法・政治・文化

るものでなければならない。仮に臨床的な脳死だけで死と即断することになれば，医師がその後の法定の手続要件を意図的に無視して臓器を摘出しても，せいぜい死体損壊罪の問題にしかなり得ない。また，それ以降の医療は治療とはいい得ない以上，医療給付は即時打ち切りとなり（なお，臓器移植法附則第11条第1項は，早晩医療給付の打ち切りを予定している），経済的理由で臨床的脳死が死であることを容認せざるを得ない状況になりかねないが，これは妥当とは思えない。

(2) 次に，脳を有機的統合性のいわば中枢として位置づけることで，全脳の機能の不可逆的停止を死の判断基準にするという論理について，その当否を検討してみよう。

生物学的・医学的な観点から死を判断しようとすると，心臓死説がそうであるように，特定の器官に死を局在化させ，その機能停止をもって死の判断基準とすることになりがちである。身体全体の機能がすべて不可逆的に停止しない限り死ではないとなれば，死後硬直後に髪の毛や爪が伸び続けている死体でさえ死んでいなかったことになり，身体の腐敗に死の判断基準を求めた18世紀に立ち戻ってしまうからである。そこで，全脳死説は，死を局在化させる器官として心臓よりも脳が相応しいと考え，その理由を，脳が身体全体の統御を行う器官であって，死滅した細胞は再生しないという特殊性を持ち，唯一，代替不可能な器官であるところに求めている[6]。

しかしながら，脳死の妊婦が生命を維持されて満期出産した事例や，人工呼吸器と栄養チューブと基本的な看護だけで長期にわたって身体の状態が安定する脳死患者が実在すること，また，臓器移植手術中に心拍数や血圧が上昇する，あるいは脳死患者に自発運動（脳死判定の際に，脳死患者の両手が突然持ち上がり，祈るようなしぐさをする「ラザロ徴候」）といった現象が見られるといったことから[7]，脳死体にも有機的統合性が継続し得るのではないか，脳といえども有機的統合の中枢であるとは限らないのではないか，さらには，もともと身体の有機的統合性は局在化するものではないのではないかといった疑念が生じる。

---

(6) 葛生栄二郎=河見誠=伊佐智子『新・いのちの法と倫理』（改訂版，法律文化社，2017年）241頁以下。

(7) マイケル・ポッツ（都築章子・訳）「全脳死への鎮魂歌」『思想』No. 977（2005年）58-9頁。

加えて，脳の機能停止を確認することは可能であっても，不可逆的な機能停止を判定する脳死判定基準に欠け，これを確実に保証するものは，脳血流の停止がもたらす脳の器質崩壊でしかないとなれば[8]，全脳死説に対し懐疑的にならざるを得ないのである。

3 脳死体の独自性

(1)　「死体（脳死した者の身体を含む。……）」（臓器移植法6条1項柱書き）という文言からは，心臓死も脳死もともに「人の死」であると理解し得ないではないが，死の定義と死の判定基準との区別を意識すれば，生の徴候（バイタル・サイン）が永久的に消滅した生物学的事実が死であるという前提に基づき，従前の三徴候または脳死判定のいずれかの基準を満したと認定された状態を「人の死」と理解することも可能なように思われる。

　もっとも，このようなダブルスタンダードを用いると，死期の時点にズレが生じることもあり得るが，これは，生物学的な死が生との間に断絶があるにもかかわらず一時点を機に生起する現象でないためで，我々は，死期について恣意性を完全には払拭し切れないことを受け容れなければならない。実際に脳死判定基準が用いられるのは，生命維持装置によって生命を保持し，かつ脳死判定を実施する場合に限られるから，法的な問題で重大な混乱が生じるとは考えにくいが，三徴候基準を併用するのであれば，早くなる方の基準によって死期を確定すればよいであろう。遅くなる方の基準による判定は，死の確認を意味するに過ぎないことになるからである。

受精卵	胎児	人＝生体	脳死体	死体
受精　⇒	着床　⇒	出生（露出）　⇒　**入死（心臓死・全脳死）**	⇒　死　⇒	

(2)　さらに，生物学的な死は一定の時間的幅のあるプロセスである以上，不可逆的かつ確定的に死のプロセスに入ったこと（これを「入死」と称することができる）と，既に死んでいることは同視し得ず，また，どの時点を死とするかは社会の受け止め方も重要な考慮要素であるから，胎児が法的には人でもなければ物でもない独自の存在であるように，入死から死までの期間を「脳死体」

---

(8)　葛生栄二郎ほか・前掲注(6) 243頁。

として，社会との関係性が継続している限度で，独自の社会的存在として位置
づけることもできるはずである（「心臓死体」も存在するが，その独自性を論じる
意味はあまりないので，ここでは考察対象外とする）。例えば，全脳死に至った段
階において，当該者が臓器提供の拒否を意思表示していたことが判明した場合
や，その家族が臓器の提供を拒否した場合でも，なお入院の継続や医療保険の
適用が打ち切られないのであれば，社会との関係性は継続しているといえ，脳
死体も独自の社会的存在として認めてよいように思われる。また，脳死判定が
下されるまでは死体とは確定できない以上，残存生命の保護価値が肯定され，
第三者による脳死体への侵害には（死期を確定したという意味で）殺人罪の成立
を肯定してよいほか，脳死体の出産にも，生体の出産と同様の法的取扱いを受
けて然るべきであろう。

Ⅲ　本人の意思が不明な場合の臓器提供

1　反対意思表示方式の問題点

(1)　法改正の第二ポイントは，家族の承諾さえあれば，ドナーカードを持っ
ていない人からでも臓器摘出が可能になったことである。家族の承諾要件の前
提として，旧法は，本人が臓器提供をする旨の意思を表示していたときに限り
摘出を可とする「提供意思表示方式」（opt-in system）を採用していたが，改
正法は，本人が臓器提供を拒否する旨の意思表示をしていなければ摘出を可と
する「反対意思表示方式」（opt-out system）に変更した。臓器提供件数の増加
を期待した制度変更であったが，提供したくない者が拒否の意思表示をすると
は限らず，臓器提供に無関心の者も少なからずいるとなれば，反対意思表示方
式の下では，ドナーの意思が尊重されていないのではないかという懸念が生じ
る。

(2)　この懸念を払拭する試みとして，遺族の承諾を得て眼球・角膜を心臓死
体から摘出することを認めていた「角膜及び腎臓の移植に関する法律」（昭和
54 年 12 月 18 日法律第 63 号。平成 9 年 10 月 16 日に施行された臓器の移植に関する
法律附則第 3 条により廃止）が成立し，20 年近くにもわたって存続してきた背
景を探り，「およそ人間は，見も知らない他人に対しても善意を示す資質を
持っている存在である」との前提から，「我々は，死後の臓器提供へと自己決

定している存在なのである」という人間観を導き，倫理的に正当化しようとする見解がある[9]。しかし，すぐに焼かれる臓器でも提供せず，生まれ持った姿のまま死出の旅路につきたいと願う者，あるいは，そもそも臓器提供するか否かの決断を迫られたくない者にとって，この人間観は押しつけられたくないものであろう。

　では，既存の法理を用いて上記の懸念を払拭するはできないか。考える余地があるのは「推定的同意」による正当化である。推定的同意とは，法益主体の同意が行為時点において存在しないものの，もし法益主体が行為状況を認識していたならば，当該法益侵害行為に同意を与えていたであろうと言える場合であり，たとえ事後的に当該法益侵害行為が法益主体の意思に反していたことが判明しても，なお違法阻却効果が生じると解されているものである。ただ，この法理を用いるには，臓器提供に対する意識が社会に浸透し，上記の人間観ほどではないにせよ，消極的認容のレベルに達している必要があり，臓器提供について考えたこともないような者が少なからぬ程度存在する状況では，推定力が弱すぎて正当化には至らないであろう。

2　ドナーの仮定的意思

　そこで，反対意思表示方式でもドナーの意思が尊重されるというためには，存在しなかった「現実的意思」を問題にするのではなく，「現実的」と並行して「仮定的」というカテゴリーを設定し，ドナーの「仮定的意思」を問題にしてはどうかと考える。ドナーは，臓器提供について考えたことがなかったから意思表明をしていなかったが，真剣に考えていたならば臓器提供の意思表示をしていたであろう，少なくとも入死以後の自身の生命・身体の処分を家族に委ねていたであろうことを「事実として」判断することにすれば，ドナーの意思を最大限尊重することになるからである。

　この判断は，実際には，家族による脳死判定の拒否権不行使と書面承諾によって示される。もっとも，旧法の制定当時から，この家族の拒否権については，本人の自己決定権の侵害であるとの批判があった[10]。本人が書面で脳死を死と認める意思を表示していたときでも拒否できたからである。脳死を死と思

---

(9)　町野朔(編著)『臓器移植法改正の論点』(信山社，2004年)29頁。

(10)　平野龍一「三方一両損的解決」ジュリスト No. 1121（1997年）38頁。

わない家族による反発を防ぐための配慮であり，家族自身の考えだけで拒否できるとすれはその通りであるが，本人の意思表明後の心変わりを担保する制度として捉え直せば，この批判は妥当性を失う。のみならず，家族の書面承諾の制度趣旨についても，専らドナーの意思を尊重するものだと捉え直せば，遺言執行のように，書面承諾の有無はドナーの仮定的意思の判断によって決すべきことになり，ドナーの（仮定的）意思に反する承諾権の行使は，権利濫用として無効と解すべきことになる。

さらに，臓器移植法6条3項1号によれば，臓器提供しない旨の意思表示をしていない「家族なき脳死体患者」の場合，無条件的に臓器提供される懸念を否定し得ないが，その「仮定的意思」を問題にすることで，かかる懸念も軽減することはできよう。

IV　15歳未満の脳死臓器提供

1　小児臓器移植の問題点

(1)　法改正の第三ポイントは，反対意思表示方式の採用により，15歳未満の子どもからの臓器摘出が可能になったことである。即ち，提供意思表示方式の旧法の運用に関する指針では，書面による意思表示ができる年齢につき，民法上の遺言可能年齢を参考に15歳以上としていたため，15歳未満の脳死臓器適用は不可能であったが，反対意思表示方式の改正法では，ドナーが臓器提供しない意思を表示していない限り，「脳死判定の実施に関する家族の書面承諾」と「脳死と判定された後の臓器の摘出に関する遺族の書面承諾」があれば臓器摘出ができるため，15歳未満の子どもからの脳死臓器提供も可能となったのである。このことは，移植を待つ子どもにサイズのあった臓器の提供ができること，特に心臓移植を待つ幼児に渡航移植以外の救済手段が得られることを意味するが，その反面，幾つかの問題点を呼び起こした。

(2)　まずは，小児の脳は成長過程にあるため，機能喪失があっても回復可能性のないことを確かめるのは困難だということである。しかし，かかる判定技術上の問題は，平成21年度厚生労働科学特別研究事業における「小児の脳死判定及び臓器提供等に関する調査研究」班の成果を踏まえた，「新法に基づく法的脳死判定基準」が速やかに公表されたように[11]，継続的に行われる検証と

5 改正臓器移植法の課題への対応〔鋤本豊博〕

ガイドラインの見直しで対応していくべきものであり，現時点で達成できる最小限のリスクに止められるといえるならば，法的には問題はないであろう。

次に，小児救急医療体制の問題と児童虐待の問題の改善が提起される。これらは，いずれも小児臓器提供の有無にかかわらず対応すべき問題であるが，小児救急医療体制が整っていないが故に助かる命が脳死になる状況下にあるとすれば，小児臓器提供を増やさんがために改善への取り組みに消極的なのではないかという懸念，あるいは，子どもの外傷例の中に虐待が少なからずあることから，虐待死させた親の承諾に基づく虐待死児童の臓器摘出は証拠隠滅ではないかという懸念を社会は抱きがちであるので，放置しておくわけにはいかない。

前者の問題については，日本小児外科学会ホームページ上で，日本小児外科学会認定施設における小児救急患者受け入れ状況が公開されている等，地道な改善への取り組みがなされているが，限られた予算とマンパワーでやれることには限度があり，ここは「子育て支援」の一環として，予算の配分と人員の配備を国・自治体に求めざるを得ない。子どもの生命に対する危機的な状況への人的・物的な体制作りは，安心して子どもを育てていく前提をなすものであるが，個々人が行える射程をはるかに超えるものだからである。

これに対し，後者の問題では，改正法附則5項（検討）が，虐待死した児童からの臓器提供は許されないことを前提として，移植医療業務の従事者に対し，虐待の疑いの確認と疑いがあるときの必要な措置を義務づけることで対応しているが[12]，これが上記の懸念への対応であるなら，既に犯罪捜査の優先規定（臓器移植法7条）があるので，虐待死させた親を承諾者から除外するだけで十分である[13]。あえて改正法の意図を推察すれば，虐待死させられたうえに臓器を摘出され忘れ去られて行くというのでは，その子があまりに不憫であるとの

⑾　日下康子「小児法的脳死判定基準についての検討」小児科臨床第63巻第7号（2010年）7頁以下。

⑿　（検討）

　　5　政府は，虐待を受けた児童が死亡した場合に当該児童から臓器（……）が提供されることのないよう，移植医療に係る業務に従事する者がその業務に係る児童について虐待が行われた疑いがあるかどうかを確認し，及びその疑いがある場合に適切に対応するための方策に関し検討を加え，その結果に基づいて必要な措置を講ずるものとする。

⒀　町野朔(編著)『移植医療のこれから』(信山社，2011年) 13頁。

変動する社会と法・政治・文化

感情を社会に抱かせたくないという配慮であろうか。そうだとすれば，臓器摘出後には手厚く葬ること（例えば，葬儀や合同供養）を要請するとともに，虐待死を疑わせるケースには特に念入りな犯罪捜査を義務づける規定と解され，虐待死した児童からの臓器提供を一切禁止する趣旨だと解する必然性はないのである。

(3) さらに，小児の意思能力には限界があるため，「反対の意思を明示していない以上，臓器の提供に同意している。」と見做す前提に問題が生じることを取り上げなければならない。とりわけ意思能力のない幼児の場合，どのように考えて臓器摘出が許されることになるのであろうか。

2 親権者の代諾

一般に乳幼児における治療の選択決定は，親権者の代諾によってなされる。代諾とは，同意能力が備わっていないために，同意能力があったならば享受できたであろう利益を受けられないということがないようにするための保護行為であり，その判断基準には，①最善の利益（best interest）と②推定意思判断（substituted judgement）の二つがあるとされる[14]。しかし，乳幼児には推定されるべき意思はなく，臓器摘出に係る脳死判定に付すか否かの局面における「最善の利益」といっても，その内容は空疎であり，無呼吸テストの侵襲性を考えれば，むしろ否定的な判断に傾く。

となれば，功利主義的な観点を加味することを考えざるを得ない。即ち，①「脳死判定や術前措置の侵襲性」という不利益と「臓器移植による他者救命」という利益，及び，②生体でない脳死体の「可能性に止まる残存生命」の保護価値と，生体の「存在している生命」の保護価値を比較衡量するに際し，仮に親が思い描く子育てによって我が子が成長し意思能力をもつに至ったとき，今下そうとする判断を是としてくれるか否かを考慮することによって決断することになるのではないか。

3 臓器摘出と死体損壊罪

(1) 「脳幹を含む全脳の機能が不可逆的に停止するに至ったと判定された者」

---

[14] 掛江直子「胎児・小児をめぐる諸問題」塚田敬義・前田和彦編著『改訂版生命倫理・医事法』（医療科学社，2018年）155頁。

は，死体にほかならないから（臓器移植法6条），死体からの臓器摘出は死体損壊罪（刑法190条）の構成要件に該当し，許容原理をどこに求めるか問題となる。

(2) 同罪の保護法益については，「死者の自己決定権と遺族の人格権」とみるか[15]，「死後にも自分の意思を尊重してもらえたら有り難いという……生きている人の期待」という実体を有する「死者に対する敬虔感情」とみるか[16]で対立している。

前者の見解は，死者の生前の意思を尊重しなければならないことを強調する余り，死者に権利主体性がないにもかかわらず，死者の自己決定権ないし人格権として構成するのであるが，これでは，過去の意思決定を固定的に保護させてしまうことになり，状況の変化に対応し切れないであろう。他方，後者の見解も，今を生きる人々の期待を保護することを介して死者の生前の意思を保護しようとするに止まるので，これだけで，死者の生前の意思を尊重し切れるか疑問がある。むしろ「死者に対する敬虔感情」の実体は，現在の状況を踏まえた「死者の仮定的意思」を尊重しなければならないという社会意識と捉え直す必要があり，この社会意識に適う限り，死体損壊罪の違法性は否定されると解すべきであろう。

(3) ところで，死者の処分については，どのように考えればよいであろうか。人は肉体と精神からなる存在であり，精神的活動およびその所産について人格権が及ぶ。精神的活動下にある肉体は「身体」として人格権の対象になり，それ故処分することは許されないが，死によって精神的活動を終えると，単なる有体物である死体となり，処分権の対象になる。もっとも，この処分権は，死体が埋葬管理及び祭祀供養の客体となるのが通例である故に，この目的による制約を受けることを認めなければならない（大判昭和2・5・27民集6巻7号307頁）。他方，精神活動の所産は，死によって消滅するものではなく，一定の期間その効果が存続し，法的に保護すべき場合もあるが（例えば，遺言や死者の名誉），これを「死者の人格権」と称する必要はないと思われる。

これに対し，臓器移植に供された死体は，レシピエントを救命する医療資源として公共財的性質を有すると考えられる。即ち，当該死体は遺族の処分権の

---

(15) 金沢文雄「臓器移植と承諾」広島法学第8巻第2・3号（1984年）94頁以下。

(16) 町野朔『犯罪各論の現在』（有斐閣，1996年）90頁。

変動する社会と法・政治・文化

対象ではあるが，この処分権の行使は，移植目的だけでなく，ドナーの生前の意思，さらには上記の社会意識によって制約を受けるので，たとえ遺族であっても当該死体を損壊したり，死者の意思に反して臓器を提供すれば，処分権の逸脱として死体損壊罪が成立すると解されるのである。

V　親族への優先提供の意思表示

1　親族優先条項の問題点

(1)　法改正の最後のポイントは，臓器提供の意思を書面により表示する際に，親族への優先提供の意思表示を可能にしたことである。旧法下の脳死提供第15例目（2001年）で「親族へ提供したい」という本人の意思に沿って臓器提供の斡旋がなされたことが契機となっている。当時の厚生労働省の委員会では，「公平な臓器の配分」という臓器移植法の基本理念に反する等の理由から，このような臓器提供は認めるべきではないとされ，ガイドラインにおいても「当面，当該提供先を指定する意思表示を行った者に対する法に基づく脳死判定及びその者からの臓器の摘出は見合わせること。」とされたが，法の基本理念にかかわる問題であるため，立法判断を待つことになったのである。

(2)　ところが，国会の審議では，親族優先条項の是非よりも濫用の防止が中心となり，ガイドラインにおいても，親族優先条項の弊害を最小限にすべく，主に以下のことが定められるに止まった。

① 親族優先提供の対象となる「親族」は，配偶者，子及び父母に限定される（内縁の者，特別養子縁組以外の縁組による養子及び養父母は含まれない）。

② 優先提供する親族を指定したり親族に順位をつけても，その者を含めた親族全体への優先提供意思として取り扱う。

③ 移植希望登録をしている親族がいない場合や，医学的な条件を満たす親族がいない場合は，親族以外の者に移植が行われる（親族だけに提供先を限定する意思表示はできず，その場合，臓器提供は行われない）。

④ 親族提供を目的とした自殺を防ぐため，自殺した者からの親族への優先提供は行われない。

(3)　当該規定の提案者からは，その趣旨につき，「臓器移植を待っている身内の方がいる場合，その身内に臓器を提供したいという気持ちにも配慮すべき

5 改正臓器移植法の課題への対応〔鋤本豊博〕

との観点から，その範囲を親子と配偶者に限定しつつ，親族への優先提供を認めるものである旨の説明がされている」[17]が，移植機会の公平性を損なう点への配慮が示されていない。また，優先提供できる親族の範囲につき「実親子と戸籍上の配偶者」に限定する根拠が必ずしも明らかでない一方，これら身近な親族間に自分がドナー候補になるという心理的重圧への懸念が生じないではない。さらに，ガイドラインによる濫用防止策に関しても，ドナーカードの偽造や成り済まし，移植目的の法律婚などに対応し切れるかという懸念もある。そこで最後に，これらの対応策について検討してみよう。

2 親族優先条項の解釈と運用

⑴ 「死亡した者が生存中に有していた……提供に関する意思は，尊重されなければならない」（臓器移植法第2条第1項）との基本理念からは，自己の臓器の提供先を本人の選択に任せてもよいはずである。しかし，遺言をもってしても遺留分を侵害できないように，また，死者の名誉も「虚名」剝奪に対しては保護されないように，他者の利益保護による制約や要保護性に限界があることも認めなければならない。ここでは，「移植術を受ける機会は，公平に与えられるよう配慮されなければならない」（同法第2条第2項）という基本理念との共存に伴う制約ということになる。

上記ガイドライン①が，提供先を身近な親族に限定したのもこの点を考慮したことによるが，実際には要望が多いとされる「祖父母と孫」・「兄弟間」を排除する理由の説明に窮するほか，改正法第6条の2の規定にいう「親族」が「6親等内の血族，配偶者，3親等内の姻族」（民法725条）だとすると，ガイドラインが法律違反になるという難点が生じてしまう。これを解消するには，同規定の「親族」を必要最小規模の共同体である「家族」（自分が未婚の場合は，親と未婚の兄弟のみで，婚姻している場合は，配偶者と未婚の子どものみ）と解し，この限度でガイドライン①を修正する必要がある。加えて，レシピエント選択基準の運用において，家族優先提供の登録先に当たる患者は，家族以外の者からの臓器移植において，「優先順位が一位」であってもその機会を一回奪うようにしておけば，移植機会の公平性は保たれるのではないか。

---

⑰ 厚生労働省健康局疾病対策課臓器移植対策室（監修）『逐条解説 臓器移植法』（中央法規出版，2012年）44頁。

変動する社会と法・政治・文化

(2) 上記ガイドライン②と③の解釈については，特に異論はない。改正法6条の2は，あくまで「優先」に止め，家族にレシピエント基準に適う者がいなければ，他の患者に適用されることは含意されており，また，優先的提供意思を「表示することができる」と規定しているだけで，どの程度その意思表示の効果を認めるかは解釈に委ねられているからである。

これに対し，優先提供意思の表示「方法」に関する具体的な規定がないために生じる幾つかの懸念については，実際上の対応は困難である。家族による臓器摘出の書面承諾から脳死判定終了までの時間が限られており，提出された書面だけで家族関係を迅速に確認することは期待し難いからである。ただ，遺族の処分権行使の逸脱ないし濫用があれば死体損壊罪が成立するとの解釈によれば，医師の適法行為を利用した間接正犯という構成により，同罪を成立させることができるから，ある程度の抑止にはなり得ると思われる。

(3) 上記ガイドライン④の解釈も合理的ではあるが，規定の存在を知らずに自殺する恐れがあることや，治療拒絶による自殺も考えられるので，有効性の限界は認めざるを得ない。他方，親族の提供への心理的圧力については，家族であれば誰でも何時でも何度でも，極めて簡単に撤回できる制度を整備することで，その圧力を弱めることは可能であるかもしれない。しかし，一時の関心を呼び起こせたとしても，臓器提供件数の増加に繋がる見込みが途絶えたとき，親族優先条項の立法論的再考を要しよう。

VI　おわりに

(1) 本稿は，どのようにすれば臓器提供件数を増やすことができるかを論じたものではない。改正臓器移植法に残された本質的な問題の解決に近づけるように努めた試論に過ぎない。解釈論的な当否はさておき，なお気になる点が二つある。

一つは，臨床的に脳死と判断された患者の家族に対し，ドナーコーディネーターがいかにアプローチして臓器提供の書面承諾を得ているかという点である。家族の心情を汲み取りながら，臓器提供の意思があるかを現場で見極めなければならないというのは至難である。ちなみに本稿の立場からすると，患者の死の判定基準として，従前の三徴候か脳死判定かを問うことから始まり，その違

いを説明する延長線上に臓器提供の話に入ることを想定しているが，そこにどんな葛藤が新たに生まれるかの見通しはついていない。

　もう一つは，実際に臓器提供したドナー側への配慮がどの程度なされているのかという点である。既に，虐待死した児童からの臓器移植の箇所で触れたように，葬儀や合同供養を行うなど手厚く葬ることは，すべてのドナーに対して行われるべきであり，さらに，通例祭祀の対象となる臓器を社会に対し医療資源として供給したことに対する返礼もあって然るべきだと思う。具体的には，脳死体となってからの医療費は，後に臓器提供されるレシピエントの医療資源の調達費用として捉えることもできるから，レシピエントが負担すればよいのではないか。これは，特定のドナーとレシピエントが当初より相対する臓器売買とは全く次元を異にするものであり，現行法上も問題はないであろう。

　(2)　最後に，近時「再生医療」という言葉をよく見聞きするようになったので，「移植医療との関係」について若干触れておこう。「再生医療」とは，自然には再生できない組織や臓器を再生させ，機能回復を目指す治療のことで，従前，これには，他者の組織や器官を移植する方法（臓器移植）と，人工物を用いて機能的回復を目指す方法（人工臓器）とがあったが，今日では，機能を代替する細胞を作り出す方法（細胞レベルの再生医療），とりわけヒト人工多能性幹（induced pluripotent stem：iPS）細胞移植を意味するかのようである。確かに，この細胞レベルの再生医療は，有効な治療法のない難病患者にとって希望の光ではあるが，同時に有効性も副作用も不明であるという闇の部分もあり，実用化には数多くの課題がある。過剰な期待が拙速をもたらし，再生医療に対する不信をもたらす事態を招かぬよう細心の注意が必要であるが，そのためにも移植医療の下支えが重要であり，その果たす役割は依然大きい。のみならず，人工臓器の難点（人体への適合性やエネルギー供給などの理由による長期使用の困難さ）が克服できれば，移植医療も新たな段階に突入する。臓器移植法が移植医療の発展に寄与することになるよう今後も考察を続けたいと思う。

6　フランスにおける ADR の近時の発展

町 村 泰 貴

　Ⅰ　は じ め に
　Ⅱ　近代フランス法における勧解，調停，ADR の変遷
　Ⅲ　現在のフランス ADR の状況
　Ⅳ　終 わ り に

Ⅰ　は じ め に

　フランスにおいては，裁判外紛争解決制度[1]に対する期待が，近年大きくなってきており，制度的な改革や法改正が行われてきた。これはフランス革命以来の近代フランス法の歴史の中で繰り返されてきたことでもあり，必ずしも成功してきたわけではなく，むしろ試行錯誤の歴史であったと評することもできる。近時の改革は，こうした歴史を引き継いで，フランス法・裁判制度の固有の事情から ADR が必要とされていることに加えて，EU レベルでの ADR 重視という背景もある。

　翻って我が国の ADR の状況は，必ずしも順風満帆とは言い難い。平成の司法制度改革の中でいわゆる ADR 法[2]が制定され，裁判外の多種多様な紛争解決方式に対する期待が高まったが，ADR 法施行後は，一部を除いて利用が低調であり，法制定時の期待に沿う結果が出ているとは言えないとされている[3]。「これから花が咲くと思ったときに，冬に戻ったような感じ」というような危

⑴　フランス語では，ADR を Modes alternatifs de règlement des conflits (MARC)とか，Modes alternatifs de règlement des litiges (MARL)とか，Modes amiables de résolution des différends (MARD)などと表現する。それらのニュアンスについては，Loïc Cadiet et Thomas Clay, Les modes alternatifs de règlement des conflits, 2e èd., Dalloz,2017, pp. 15-27 参照。本稿では特に問題のない限り，ADR という。

⑵　裁判外紛争解決手続の利用の促進に関する法律（平成 16 年法律 151 号）

変動する社会と法・政治・文化

惧感すら表明されている[4]。

　そこで，本稿はフランスの ADR に関する近時の状況を紹介し，我が国の ADR の問題に対するなんらかの示唆を得ることを目的とする。筆者は，2000 年にフランスの ADR を紹介する小稿[5]を公にしたことがあるが，その後の状況の変化を踏まえて，改めて，紹介と検討を加える次第である。もちろん，我が国の ADR の問題には我が国なりの原因と背景があり，海外の ADR 制度の現状が直ちに特効薬となるものではないし，後に見るようにフランスの ADR が全面的に成功しているというわけでもないが，ADR と裁判制度との関係や ADR の手続実施者のあり方など，異なる制度の中にも参考となりうる点がある。

　それに加えて，フランスの ADR それ自体も，比較手続法的な興味を引くものである。我が国の ADR は，いわゆる裁判所附置型の民事調停および家事調停が中心的な存在であるところ，フランスの ADR は必ずしも同様とはいえない。フランス法上，我が国の調停に相当すると考えられる概念は，「勧解 conciliation[6]」と「調停 médiation」とがあり，前者の勧解の手続実施者となる勧解人 conciliateur は，裁判所によって選任された私人という点で我が国の調停委員と類似する。しかし勧解手続と裁判所・裁判官および訴訟事件との関係は，我が国のそれとは大きく異なり，勧解人の勧解手続が果たしている機能は，裁判所附置型というよりは民間型 ADR に近いとの印象すら受ける。その他，調停前置主義に相当する制度も，我が国とフランスとではその意義付けが異なる

⑶　福井康太「相談・情報提供の独自の意義と紛争解決制度—民間型 ADR の利用促進に向けての考察—」仲裁と ADR13 号（2018 年）10 頁以下，特に 11 頁参照。また，法施行後 5 年の見直しに向けて設置された ADR 法に関する検討会の報告書（http://www.moj.go.jp/content/000121361.pdf）でも，明確には述べられていないが，認証 ADR の更なる発展・拡充のための方策が検討されている。

⑷　草野芳郎「ADR の現状打開と新たな理念の確立」仲裁と ADR12 号（2017 年）1 頁。

⑸　町村泰貴「フランスにおける最近の ADR 動向」亜法 35 巻 2 号（2000 年）229 頁。以下では前掲稿という。

⑹　この言葉には，従来「和解」や「和解仲介」という訳語を当ててきた。前掲稿 231 頁注⑷，徳田和幸=町村泰貴編『注釈フランス民事訴訟法典 —— 特別訴訟・仲裁編』（信山社，2016 年）297 頁以下参照。しかし，前掲稿にも記したように，単なる和解とは異なるし，調停 médiation との区別も微妙である。この点は後述Ⅲ 1 ⑸参照。「勧解」という訳語は垣内秀介「勧解・調停の促進」日仏法学 22 号（2000）316 頁でも用いられているので，本稿では勧解を consiliation の訳語として用いることとする。

ようである。このように同じ裁判外紛争解決制度といっても，フランス法と我が国とでは，それぞれのあり方が大きく異なるだけに，それがフランス社会において果たしている役割を理解する上でも，正確な理解が求められるところである。本稿はそうした関心からのフランス法研究でもある。

以下では，近代フランス法の下で裁判外紛争解決制度がどのように発展してきたかを素描し（Ⅱ），その上で現在の法制度と利用状況を紹介し（Ⅲ），上記の問題関心からのまとめをおく（Ⅳ）。

Ⅱ　近代フランス法における勧解，調停，ADR の変遷

1　ナポレオン法典の義務的勧解前置とその変遷

ナポレオン法典の一つとして制定された 1806 年の民事訴訟法典 Code de procédure civile[7]は，治安判事による和解勧試前置主義を採用していた。すなわち，旧法典 48 条は，始審裁判所における訴え提起について，被告があらかじめ治安判事の下での勧解手続に呼び出されていたとき，または両当事者が任意に出頭したときでなければ受理されないと定め，同 49 条が勧解前置主義の例外事件を定めていた[8]。

もっとも，この規定に対しては，旧体制下の実務において裁判上の和解が訴訟遅延の原因となっていたこともあって，すでに立案段階から，特に実務家から批判が強かった[9]。そして実際の適用においても，和解による早期の解決

---

[7]　以下，旧法典という。なお，訴訟制度の前提となるべき裁判所制度は，革命期の 1970 年 8 月 16 日および 24 日法律が地方裁判所 Tribunal de district，治安判事 Juge de paix を設置し，最高裁に相当する破毀裁判所 Tribunal de cassation は同年 11 月 27 日および 12 月 1 日法律により設置され，さらに革命暦 8 年風月 27 日法律により控訴裁判所 Tribunal d'appel が設立された。その後，「司法系統の組織及び司法管理に関する 1810 年 4 月 20 日法律」が，破毀院，控訴院，民事裁判所という体制を固めたとされている。V. Beignier, Bernard et Lionel Miniato, *Institutions judiciaires*, 16ᵉ éd., L.G.D.J., 2017, pp.27 et s. 治安判事 juge de paix が現在の小審裁判所に，民事裁判所が現在の大審裁判所になるのは 1958 年のことである。

[8]　旧法典の制定時の条文は，M.Pigeau, *Commentaire sur le code de procédure civile*, Brière, 1827, Tome. Premier によった。

[9]　E. Glasson, *Précis théorique et pratique de procédure civile*, Librairie Cotillon, 1902, Tome Premier, p.202

変動する社会と法・政治・文化

という目的は果たされなかった[10]。

　その結果，勧解前置主義は失敗との評価が一般的となり，1949 年 2 月 9 日の法律により，義務的勧解前置は離婚および夫婦別居事件のほか，小審裁判所，農事賃貸借同数裁判所，労働審判所に限定されることとなった[11]。

2　(新)民事訴訟法典

　ナポレオン法典の一つとしての旧法典は，1935 年に訴訟進行係判事の導入という大きな改革が加えられ，その後 1960 年代には準備手続を導入するという改革が実験的に地域を限って実施され，それを踏まえて 1970 年代に，全面的に改正するためのデクレが順次公布されて，1975 年 12 月 5 日のデクレ75-1123 号により新民事訴訟法典 Nouveau code de la procédure civile[12]としてまとめられた。この新しい民事訴訟法典においては，勧解について以下のような規定があった。

(1) 離婚・別居事件

　一方当事者が申し立てた離婚請求訴訟において，被告はまず勧解手続に呼び出される。裁判官は，原告の申請書に基づいて勧解期日を定めるとされている[13]。

---

[10]　勧解前置主義が廃止される前年の 1948 年には，年間 14 万 7000 件の民事事件のうち，和解成立は 9,700 件にすぎず，パリでの成功率は 0.1% であったとされている。ロジェ・ペロ（谷口安平訳）「民事および商事における和解・調停―フランス」日仏法学会編『日本とフランスの裁判観』（有斐閣，1991 年）91 頁。

[11]　以上の経緯につき，江藤价泰『フランス民事訴訟法研究』（日本評論社，1988 年）134 頁以下（初出・1961 年），ペロ・前掲論文注[10] 90 頁以下，垣内秀介「フランスにおける ADR」仲裁 ADR 法学会編『ADR の実際と展望』（商事法務・2014）139 頁以下など参照。

[12]　これが現行法典の基本となっている。そこに至るまでの経緯については，法務大臣官房司法法制調査部編『注釈フランス新民事訴訟法典』（法曹会，1978 年，以下法曹会訳という）3 頁以下参照。2007 年までは，旧法典の規定で現行法典に規定がないものはなお有効とされていたが，2007 年 12 月 20 日の法律 2007-1787 号が旧法典を最終的に廃止し，同法律および翌年の 2008 年 5 月 22 日デクレ 2008-484 号が現行法典のタイトルから「新」を削除している。以下では単に民事訴訟法典と呼ぶ。

[13]　民事訴訟法典 1108 条。勧解期日指定は 1107 条に規定されている。なお，これらの規定は 1981 年 5 月 12 日デクレ 81-500 号により追加されたものである。その経緯と現在の条文につき，徳田=町村・前掲書注(6) 29 頁以下参照。

(2) 小審裁判所について任意的勧解前置への転換

小審裁判所の特別規定においては，勧解前置の規定が民事訴訟法典830条に規定されている。もっとも，829条但書には，「原告が召喚を行う前に和解の勧試を申し立てる権利は妨げられない」と規定しており，必要的勧解前置ではなく，勧解を申し立てるのは当事者の任意ということとなっている。なお，同法典835条は，勧解不成立後2ヶ月以内に訴え提起（召喚）がなされたときに限り，勧解手続のための請求が時効中断効を有するとの規定を置いており，我が国における調停と類似する構造となっていた[14]。

(3) 労働審判所 Conseil plud'homme における義務的勧解前置の存続

労働審判所における手続は，民事訴訟法典879条が労働法典を指示しており，同法典 R.516-0 条以下に規定が置かれていた。勧解前置は，同法典 R.516-8 条において労働審判所に対する請求により係属した後，書記課が勧解のための手続に被告を呼び出すことが R.516-10 条以下に規定され，R.516-13 条以下で勧解手続が定められていた[15]。

(4) 農事賃貸借同数裁判所 Tribunal paritaire de baux rural における勧解前置の存続

農事賃貸借同数裁判所は，小作関係に関する管轄を有する裁判所であり，賃貸人と賃借人とのそれぞれから選挙された裁判員と小審裁判所裁判官とが裁判体を構成する。

この裁判所の手続は原則として小審裁判所の手続が妥当する（民事訴訟法典882条）が，係属するとまず勧解手続が行われ（同法典887条），その不成立の場合に弁論および判決へと手続が進むこととされている（同法典888条）[16]。

3 裁判外勧解 conciliation extra-judiciaire 創設

以上の民事訴訟法典の規定の下での勧解は，裁判官が勧解を行う[17]という意

---

[14] 以上につき，法曹会訳428頁以下の条文訳および解説を参照。なお，これらの規定は後述する勧解前置主義の再導入により改正されている。

[15] これらの規定もその後大幅な改正が加えられている。現在は，R.1451-1 条以下に労働審判所の下での手続が定められている。

[16] なお，ペロ・前掲論文注[10] 92頁では，農事賃貸借同数裁判所の和解前置が完全な失敗に終わったので，現行法典では削除されたとある。規定上は勧解手続を行うとされていながらも，実際には前置主義ではないということであろうか。

味で，我が国における裁判上の和解の勧試に近いものであった。もっとも，裁判官が和解を仲介するということ自体，フランスの裁判官には受け入れられなかったようである[18]。

そこで，司法勧解人に関する 1978 年 3 月 20 日デクレ 78-381 号[19]が，勧解人 conciliateur の制度を導入した[20]。これは，後にも触れるように我が国の調停委員に近いものということができるが，裁判所の下に置かれているわけではなく，勧解手続期日が裁判所で行われるとも限らない[21]。

勧解人として任命される資格は，少なくとも 3 年以上の法律分野の経験を証明した者であるが，現役の法律実務家は任命資格を有しない（1978 年デクレ 2 条）。その任命は小審裁判官の推薦に基づき，検事長 procureur général の意見を得て，控訴院院長が行う。任期は当初 1 年で，更新後は 2 年任期となる（1978 年デクレ 3 条）。

4 付調停，付勧解制度導入

1990 年代には，アメリカの ADR ブームがフランスにも影響を与え，特にメディエーション（調停）の概念の下で裁判によらない紛争解決が注目されるに至った[22]。実際には，政権交代による紆余曲折があったが，少なくとも司法

---

(17) なお，訴訟が係属した裁判所は，旧法典の下では当初，純然たる当事者進行主義により弁論までの準備が行われていたが，著しい訴訟遅延が問題視され，1935 年 10 月 30 日デクレ・ロワにより訴訟進行係裁判官 juge chargé de suivre la procédure の制度が導入された。この訴訟進行係裁判官の役割の一つとして，勧解が定められていた。この訴訟進行係裁判官は，現行の民事訴訟法典での大審裁判所における準備手続裁判官 juge de la mise en état に受け継がれている。また裁判所の勧解は民事訴訟法典 21 条，127 条以下に規定が置かれていた。

(18) ベロ・前掲論文注(10) 93 頁以下，垣内秀介「フランスにおける ADR」法時 85 巻 4 号（2013 年）50 頁，特に 51 頁参照。

(19) 以下，1978 年デクレという。なお，1978 年デクレは法典化されておらず，最終改正は 2016 年 4 月 29 日に行われている。

(20) 導入とその後の経緯について，山本和彦『フランスの司法』（有斐閣，1995 年）323 頁以下が詳しい。

(21) 山本・前掲書注(20) 329 頁では，市役所内の結婚式場で期日が行われる例が紹介されている。

(22) フランスにアメリカの ADR ブームを紹介したものとして，Jean-Pierre Bonafé-Schmitt, La médiation : une justice douce, Syros, 1992. なお，その著者である Bonafé-Schmitt の見解は山本・前掲書注(20) 106 頁以下に紹介されている。

の負担過重対策としての ADR の必要性は否定できないところであった。

その結果，裁判所組織および民事，刑事，行政訴訟に関する 1995 年 2 月 8 日法律 95-125 号（以下，1995 年法という）により，民事訴訟にも調停 médiation が導入され[23]，また裁判所による係属中の事件の付勧解および付調停が規定された。

付勧解は民事訴訟法典 129-2 条以下に規定され，付調停は 1995 年法 22 条以下に規定されている。

5 2008 年 EU 指令以後の発展

(1) 2008 年 ADR に関する EU 指令

裁判外紛争解決手続は，統一市場の域内での競争環境調整を進める EU にとっても，構成国のそれぞれの民事司法システムを統一することが現実的でない以上，少なくとも EU 域内での渉外紛争に関する統一的なフォーラムとして機能しうる存在として，また少額多数被害が生じやすい消費者トラブルの救済のためのフォーラムとしても，その利用の促進と効力の相互承認が必要とされた。そこで，2008 年 5 月 21 日の民事商事調停に関する EU 指令[24]が成立した。その立法理由から明らかなように，基本的に渉外紛争[25]に関する調停手続の整備と執行力の承認などを構成国に義務付けるものだが，構成国が国内紛争に関する調停手続の整備を行うことは裁量に任されている[26]。

この指令では，主に，以下のような内容が定められている。

(i) 調停の質の保証（第 4 条）

これは調停人および調停機関の行動規範の整備と，調停人の養成および研究の促進を求めるものである。

---

[23] なお，médiation の概念は集団的労使紛争や行政に関するオンブズマンとしても用いられており，中立的な第三者により紛争当事者の仲介を行う「調停」のみを指す言葉ではない。

[24] Directive 2008/52/CE du Parlement européen et du Conseil du 21 mai 2008 sur certains aspects de la médiation en matière civile et commerciale. 邦訳として，中村匡志「民事及び商事事件における調停の特定の側面に関する 2008 年 5 月 21 日の欧州議会及び理事会指令（欧州共同体 2008 年 52 号）」国際商事法務 36 巻 10 号（556 号・2008）1309 頁以下参照。

[25] 越境紛争 litiges transfrontaliers と表現される。

[26] 制定理由の第 8 項参照。

変動する社会と法・政治・文化

(ii) 調停の利用促進（第5条）

裁判所による付調停等の余地を認めることと，義務的調停実施の許容性を定めている。

(iii) 執行力（第6条）

調停により得られた書面による合意に対して，当事者が執行力付与の申立てができるようにすること，そしてその執行力について他の構成国による承認執行を妨げないとしている。

(iv) 秘密保護（第7条）

調停人等は，当事者が異なる合意をしない限り，調停手続から得られた情報や調停手続に関する情報についての陳述を，裁判や仲裁手続においてすることができないとし，例外して公序による優先的理由がある場合や調停による合意の執行に情報開示が必要な場合を規定する。

(v) 調停手続と消滅時効（第8条）

調停手続中に消滅時効の期限が到来しても，その紛争に関する裁判手続の利用が妨げられないものとすることを規定する。

(vi) 情報提供（第9条）

公衆に対して，特にインターネットを用いた調停に関する情報提供に務めるものとされている。

以上のような調停促進のための EU 指令に基づいて，フランスでは 2011 年 11 月 16 日オルドナンス 2011-1540 号[27]が 1995 年法の改正により司法裁判所における調停を全面的に改正するとともに，行政裁判法典 L.772-3 条以下に調停と題する章を新設し，行政裁判所の管轄に属する越境紛争についても 1995 年法による調停の対象とすることとし，国や自治体などに対する請求権の時効について調停実施等による 6ヶ月以内の時効不完成という特例を規定した[28]。そして民事訴訟法典については 2012 年 1 月 20 日デクレ 2012-66 号[29]により，国内法化のための改正が行われた。

---

[27] Ordonnance n° 2011-1540 du 16 novembre 2011 portant transposition de la directive 2008/52/CE du Parlement européen et du Conseil du 21 mai 2008 sur certains aspects de la médiation en matière civile et commerciale/

[28] これは国，県，市町村および公的施設に対する債権の消滅時効に関する 1968 年 12 月 31 日法律の改正である。

[29] Décret n° 2012-66 du 20 janvier 2012 relatif à la résolution amiable des différends

(2) ガンシャール報告書に基づく改革

また，これらの改正に先立って，フランスにおいては，同じ 2008 年に，セルジュ・ガンシャール教授を中心とする紛争再編成委員会が報告書[30]を法務大臣に提出した。これは社会的な環境変化を踏まえた司法組織の再編成を目的とするものであるが，その中で，裁判外紛争解決手続の再活性化が必要との提言がなされた。

具体的には，報告書 23 頁から「ADR の発展」と題し，以下の各項目が並んでいる。

まず提言 47 は，弁護士が補佐した交渉を目的とする参加型手続を新たな和解的紛争解決手続として導入することが提案されている。これは，弁護士介入のインパクトによる交渉促進と，その全部または一部の不調の際の簡易な訴訟係属と迅速な裁判手続を保障するものである。

提言 48 は勧解の発展であり，民事司法と裁判組織の中で司法勧解の地位を正式に位置づけること，具体的には付勧解をすべての裁判所に認めること，協力司法官の控訴院院長による任命，他の控訴院管轄下にある勧解人との協同可能性，勧解人による当事者間の書簡交換から生じる合意の確認権限，不調となった勧解からの訴訟係属の簡素化，勧解人への事件送付における形式簡素化，勧解手続と裁判手続への同時提起の公認が提案されている。

提言 49 は調停の強化であり，協力司法官の指名，大審裁判所による調停人リスト作成，家族事件裁判官に認められている調停人との面会命令などの権限の一般化が提言されている。

提言 50 は裁判外家事調停の公的措置の創設で，家事調停サービスの全国展開と質の確保，財政問題の対策として公的機関の関与を提言している。

提言 51 は家事事件についても勧解と同様に二重呼出しを可能にすること，提言 52 は，予め裁判によって定められた親権の行使方法を変更するための訴えについて，家事調停申立てを義務化することが提言されている。

以上の提言に基づき，その一部は上述の EU 指令の国内法化のための立法措置で調停が強化されたほか，2010 年 12 月 22 日法律 2010-1609 号[31]による参加型手続 procédure participative の創設と，2012 年 1 月 20 日デクレ 2012-66

---

[30]　Rapport au garde des Sceaux, "L'ambition raisonnée d'une justice apaisée", par Commission sur la répartition des contentieux présidée par Serge GUINCHARD, 2008.

号[32]による「紛争の和解的解決 résolution amiable des différends」と題する民事訴訟法典第 5 巻の創設が行われた[33]。さらに，2015 年 3 月 11 日デクレ2015-282 号[34]により，同法典 127 条以下の司法勧解および調停に関する規定の改正が行われた。

(3) 消費法典における調停

少額被害の多い消費者トラブルの救済には，特に ADR が有効であることから，2015 年 8 月 20 日オルドナンス 2015-1033 号は，消費法典第 1 巻に「消費紛争に関する調停」と題する第 5 編を追加した。これは 2013 年に制定されたEU の消費者紛争のオンライン解決に関する規則 524 ／ 2013 号[35]および消費者紛争の裁判外解決に関する指令 2013/11/UE[36]に基づく立法である[37]。

(4) 21 世紀司法改革法[38]による勧解前置主義の再導入

最も近い改革は，マクロン大統領の下で行われた 21 世紀司法の現代化改革である。この政策に基づく 21 世紀司法改革法は，法律および裁判への市民のアクセスを保障するとともに，裁判所の管轄や機能，各種事件における裁判所の権限の見直し，各種のグループ訴権の拡充と行政裁判所の下でのグループ訴権創設など，多くの規定を擁している。その中で，小審裁判所への訴え提起に

---

(31) Loi n° 2010-1609 du 22 décembre 2010 relative à l'exécution des décisions de justice, aux conditions d'exercice de certaines professions réglementées et aux experts judiciaires.その弁護士職の改革を定めた章の中の 37 条により，民法典 2062 条から2068 条までに参加型手続が規定された。

(32) 前掲・注(29)。

(33) この規定については，德田=町村・前掲書注(6) 297 頁以下参照。

(34) Décret n° 2015-282 du 11 mars 2015 relatif à la simplification de la procédure civile à la communication électronique et à la résolution amiable des différends.

(35) Règlement (UE) n° 524/2013 du Parlement européen et du Conseil du 21 mai 2013 relatif au règlement en ligne des litiges de consommation et modifiant le règlement (CE) n° 2006/2004 et la directive 2009/22/CE

(36) Directive 2013/11/UE du Parlement européen et du Conseil du 21 mai 2013 relative au règlement extrajudiciaire des litiges de consommation et modifiant le règlement (CE) n° 2006/2004 et la directive 2009/22/CE

(37) なお，消費法典は 2016 年の編別再編成により大幅に条文構成が入れ替わっており，ここで取り上げている調停に関する規定は，消費法典第 6 巻第 1 編に移動している。以後は現行条文で表記する。

(38) 21 世紀司法の現代化 modernisation de la justice du XXIe siècle に関する 2016 年 11月 18 日法律 2016-1547 号。

は，原則として勧解人による裁判外勧解の試みがなければ不受理となると規定された（同法4条）。

6　小　括

以上，ナポレオン法典から現在に至るまでの，裁判上の和解や裁判外の調停・勧解を含むADRの立法の流れを紹介した。

全体を通じて，立法者はいつの時代でも和解，勧解，調停に積極的であった言うことができそうである。これには，フランス革命時における司法への不信という背景や，近時の司法の負担過重と予算削減という圧力が影響している。さらに今世紀に入ってからは，EUの影響も無視できない。

その一方で，実務家，特に裁判所は必ずしも積極的ではなかったようである。少なくとも裁判上の勧解（和解勧試）は，法律上前置と定められても，その効果は芳しく無かった。

次に触れることの先取りとなるが，裁判外の勧解と民間調停の成功に対して，付調停や付勧解も必ずしも活発ではなく，むしろ純然たる民間調停が活発に利用されている点は，我が国との対比という意味で興味深いものがある。

次に，現在のフランスのADRの状況をまとめてみよう。

Ⅲ　現在のフランスADRの状況

1　概　要

フランスのADRは，以下の4種類にまとめられる。

(1)　仲裁　arbitration

民事訴訟法典1422条から1527条[39]までに規定されたもので，我が国と同様に当事者の合意に基礎をおいた私人による裁断型手続である。

なお，我が国と大きく異なるところとして，両当事者の意思に基づいて，仲裁判断に対する控訴を裁判所（控訴院）に提起することが可能である（同法典1489条以下）。

---

[39]　その沿革および現在の規定の内容に関して，徳田=町村編・前掲書注(6)257頁以下参照。

変動する社会と法・政治・文化

(2) 司法勧解　conciliation en justice

　勧解は，ナポレオン法典以来の伝統的な立場を現行法典の立法者も受け継いで，民事訴訟手続の一般原則を定めた巻頭規定に「勧解」と第する節を置き，そこに「当事者を勧解することは裁判官の任務とする。」との規定を置いている（民事訴訟法典 21 条）。そして同法典 127 条から 131 条までにおいて，訴え提起後の司法勧解が規定されている。また，同法典 1536 条から 1541 条までにおいて，両当事者の合意に基づく裁判外の司法勧解が規定されている。

　このうち，同法典 127 条は，2015 年 3 月 11 日デクレ 2018-282 号[40]による改正を受けて，審理の開始時に紛争の和解的解決が試みられたことが証明されなければ，裁判官が当事者に勧解または調停の実施を提案することができるとの規定を置いている。この規定は，勧解をあらかじめ試みていなければ訴えを却下（不受理）とするといった意味での勧解前置主義ではないが，付勧解または付調停の可能性を特にあらかじめの勧解の試みがないことを条件として規定している点で，勧解・調停前置主義に準じるものと位置づけることができる[41]。これに対して，契約中に事前勧解条項が定められていた場合には，訴え提起前に勧解を試みなければならず（約定勧解前置），勧解を試みずに訴えを提起した場合は不受理となるとする判例[42]がある。

　また同法典 128 条は，当事者自ら，または裁判官の主導により，審理期間中いつでも勧解を試みることができるとする[43]。なお，裁判官の主導によるとは

---

[40]　前掲注(34)参照。

[41]　なお，我が国でも人事訴訟は調停前置主義を採用しているとされるが，家事調停を経ることなく訴えを提起したとしても，その訴えが却下されるわけではなく，必要に応じて付調停または直接審理することができる。東京家事事件研究会編『家事事件・人事訴訟事件の実務』（法曹会，2015 年）359 頁（神野泰一）。

[42]　Cass.mixte, 14 févr. 2003, n° 00-19.423 et 00-19.424. この事例は，会社の持分譲渡契約に，「当該契約に関するあらゆる紛争は，司法裁判手続に訴える前に，両当事者が指名した勧解人による解決に委ねられ，勧解人は指名から 2 ヶ月以内に和解による解決を受諾させることで紛争を終結させようと努めるものとする」との条項があったにもかかわらず，当該会社の倒産により保証債務の履行を迫られた持分買主が持分売主に責任追及の訴えを提起したというものである。原判決はこの勧解前置条項の効果として勧解を経ない訴えを民事訴訟法典 122 条以下に基づき不受理とし，破毀院も，民事訴訟法典の訴訟不受理事由は限定列挙ではないとして，原判決を支持した。なお，こうした不受理事由は，事前鑑定条項にも認められる。Cass.com., 22 oct. 2012, n° 11-23.864.

[43]　我が国の和解勧告に関する民事訴訟法 89 条に相当する。

いっても，裁判官自らが当事者の和解を仲介するだけでなく，当事者を司法勧
解人に面会させたり（同法典 129 条 2 項），司法勧解人の下での手続に委ねたり
することもできる（同法典 129-2 条以下），この点からも，勧解は我が国におけ
る裁判上の和解よりも調停に近いものとなっている。

　付勧解に基づく司法勧解人の下での手続は，裁判官が勧解人および勧解の対
象と勧解期間を定める。勧解期間は原則として 2 ヶ月であり，更新は可能であ
る（同法典 129-2 条）。司法勧解人の下で確認された事実や資料は，当事者の同
意がなければその後の訴訟に提出や援用がされない（同法典 129-4 条）が，任
務遂行中に生じた障害や勧解の成否については裁判官に報告しなければならな
い。（同法典 129-5 条 1 項）。裁判官は当事者，勧解人の申立て，または職権に
よっても，勧解を終了させることができる（同法典 129-5 条 2 項）。

　勧解の結果和解に至った場合，裁判官の下での勧解は勧解調書 procès-ver-
bal にまとめられ，そのまま執行力を有する[44]が，司法勧解人の下での合意に
ついて両当事者と司法勧解人が作成した和解確認書 constat d'accord は，裁判
官の認可 homologation を経て執行力が付与される[45]。

　このほか，個別の裁判所の下での手続では，大審裁判所における勧解（同法
典 768 条），小審裁判所における勧解（同法典 829 条以下），商事裁判所における
勧解（同法典 860-2 条以下），労働審判所における勧解（労働法典 R.1452 条以下），
農事賃貸借同数裁判所における勧解（民事訴訟法典 883 条以下），控訴院におけ
る勧解（同法典 941 条）が規定されている。

　個別の事件ごとの特則では，家事事件一般について同法典 1071 条が勧解を
規定するほか，離婚訴訟における勧解（同法典 1081 条以下），執行外競売につ
いての勧解（同法典 1281-6 条以下），履行命令 ordonnance de faire が履行され
なかった場合の審理における勧解（同法典 1425-8 条），遺産分割における勧解
（同法典 1366 条）が規定されている。

　さらに，ADR に関する規定の中にも，勧解の特則が置かれている（同法典

---

(44)　民事訴訟法典 131 条 1 項および民事執行手続法典 L.113-3 条 3 号。
(45)　民事訴訟法典 131 条 2 項は認可を求めることができるとのみ規定するが，同法典
　　1565 条に，「調停，勧解または参加型手続の当事者が到達した和解は，執行力を付与す
　　るために，当該事案の争訟についての審理を管轄する裁判官の認可に付すことができる」
　　と規定されている。

変動する社会と法・政治・文化

1528 条以下）。

(3) 調停　médiation

　前述のとおり，médiation, médiateur の概念は必ずしも紛争解決手続だけに用いられるわけではなく，広く仲介機能を果たす仕組み・組織について用いられるが，近時は特に ADR の重要な一形式として調停という概念が用いられている。

　ここでも裁判官の付託に基づく調停（付調停）と裁判外の，合意に基づく調停とがあり，民事訴訟法典 127 条以下，特に 131-1 条以下には付調停が，1530 条以下には合意に基づく調停 médiation conventionnelle が，それぞれ規定されている。

　同法典 131-1 条以下によれば，付調停は，当事者の合意が必要であるが，裁判官が第三者を調停人として指名し，一回のみ更新可能な 3ヶ月以内の期間を定めて調停させるものである。その間，事件は裁判官の手を離れるわけではなく，裁判官は必要な措置をいつでも取ることができるとされている。

　調停人は自然人のみならず法人を任命することが可能で，法人の場合は調停任務を遂行する自然人の氏名等を裁判官が認証することが必要である（同法典 131-4 条）。調停人となるためには，一定の前科や懲戒の前歴がないこと，当該争訟の性質に関する資格を活動経験などから有すること，調停実務に適合する研修または経験を証明すること，調停の遂行に必要な独立性を示すことといった要件がある（同法典 131-5 条）。

　調停は，勧解と異なり，基本的に有償サービスであるので，付調停の場合も報酬が必要となる。その見積もり額や負担者は裁判所が付調停決定の際に定める（同法典 131-6 条 2 項）。この報酬は負担すべき当事者が予納しなければならず，予納がないときは付調停決定が失効して訴訟審理が続行される（同条 3 項）。実際の報酬額は調停の終了後に裁判官が決定し，予納金で足りないときは負担者に追納を命じる（同法典 131-13 条）。

　調停人は，当事者の同意があれば第三者を聴取する事ができるが，証拠調べをすることできず（同法典 131-8 条），調停中に障害があればこれを裁判官に報告し（同法典 131-9 条），裁判官は当事者の申立てまたは調停人の主導により，いつでも調停を終わらせることができる。

　調停の合意には裁判官の認可が与えられ，同法典 1565 条によれば，認可を

得た合意は執行力を付与される。

このほか，付調停に関する規定は控訴院（同法典 910-2 条），家事事件一般（同法典 1071 条）について特則があるほか，合意に基づく調停に関する規定が同法典 1530 条以下に置かれている。

(4) **参加型手続 procédure participative**（民事訴訟法典 1542 条-1564 条）

最後に，上述した 2008 年のガンシャール報告書の提言 47 に基づき，弁護士を補佐人とする直接交渉型の紛争解決手続が参加型手続である。

民法典は，2062 条以下において，弁護士の補佐を得た紛争当事者が，訴訟も仲裁も申し立てていない紛争について「共同して，かつ誠意をもって」和解的解決を図る旨の契約をすること，その契約期間中は当該紛争についての訴訟が不受理となるが，保全措置は可能であること，成立した和解には裁判官の認可が与えられ，和解が成立しない場合は前置的勧解または調停を経ることなく訴えが提起できること，その他，離婚や別居の手続にも利用可能であることなどを定めている。

これを受けて民事訴訟法典は，和解に向けた合意の手続の開始，終了，その中での技術者への依頼[46]，成立した和解に認可を付与する手続および和解が成立しなかった場合の判決手続を規定している。

(5) **特に勧解と調停の区別**

仲裁は裁断型の手続であり，参加型手続は弁護士が各当事者を補佐する直接交渉であるのに対して，勧解と調停の区別は議論の余地がある。勧解はフランス法の歴史的発展のなかで調停と区別される概念とされ，機能的にも目的的にも，合意の効力もほとんど差がないとされる[47]。EU 指令はもちろん他のヨーロッパ諸国も，勧解という概念を用いていない。

フランス法では，勧解人 conciliateur は，司法という公的任務を無償で行

---

[46] この技術者とは民事訴訟法典 232 条以下の証拠調べを行う者を指し，確認，診断，鑑定の三種類に分かれている。実質的には，技術者の下で，当事者双方の対審的手続保障を受けつつ，事実の確認等を行うことが予定されている。

[47] Inspection Générale des Services Judiciaires, Rapport sur le développement des modes amiables de règlement des différends, 2015, No. 22-15. 〈http://www.justice.gouv.fr/ publication/2015_THEM_Rapport_definitif_reglement_conflits.pdf〉p. 15. なお，英米の conciliation と mediation の違いとして，合意案を提示するかどうかという区別も議論はあるが，本質的ではないとされている。

変動する社会と法・政治・文化

う[48]ものとされ，小審裁判所裁判官の提案に基づき控訴院院長の任命で採用されているのに対し，調停人 médiateur は有償または無償サービスを行う私的機関とされている。なお，勧解人の任命資格は法定されている[49]のに対し，調停人の資格については，民事訴訟法典 1533 条が，前科や失権等の経歴を有さず，活動実績により紛争の特質に沿った資格があること，または調停実務研修や経験を証明したことを要求しているにとどまる[50]。

結局，手続的には区別できない勧解と調停であるが，手続実施者の地位において違いがあるということになる。

2　調停の状況

(1)　付調停の不活発

付調停は 1995 年以来の歴史があるが，実際にはほとんど活用されてこなかったとされている。

付調停の件数は，家事事件を除くと，大審裁判所の下では年間 200 件台，控訴院でも 200 件から 600 件未満にとどまっている。

表 1　付調停件数[51]

	2011	2012	2013
大審裁判所	200	203	277
控訴院	277	514	593

これに対して 2012 年の大審裁判所新受事件数は 1,165,890 件で，家事事件を除けば約 75 万 5 千件となる。付調停となる割合はごくわずかである。

また家事調停に関しては，2013 年に 3,369 件の付調停が行われており，一般民事事件よりは割合が高いものの，それでも微々たるものである。付調停の結果，合意成立率は 5% 程度であり，調停の対象となった事件の平均審理期間は 18.8ヶ月で，一般的な審理期間よりも約 9ヶ月長くなっていると報告されて

---

(48)　申立てが無料であるほか，勧解人は裁判所からの実費弁償を受けるが，その額は 2006 年以来改定されず，年間 232 ユーロ（約 3 万円）から特別許可がある場合に 432 ユーロ（約 5 万 6000 円）と固定されている。

(49)　本稿前掲 II 3 および前掲 1978 年 3 月 20 日デクレ 78-381 号参照。

(50)　垣内・前掲論文注(11) 143 頁も参照。

(51)　Inspection Générale, *op. cit.*, p17 の数値より作成。

いる[52]。

(2) 裁判外調停の盛況

　これに対して，裁判外の調停は盛況である。もっとも，そのかなりの部分は，公的機関によるいわゆる「調停」が占めている。日本でも ADR を民間型と行政型とに分類することがあるが，フランスでも行政庁や地方自治体が設置する公的な調停機関と民間の調停機関とがある。

　公的機関の設置する調停としては，租税紛争や低所得者向け公営住宅（HML）関連の紛争などを扱う経済財政産業省の調停，日本のハローワークに相当する雇用センター Pôle emploi に設けられた地方調停人および全国調停人[53]，独立労働者のための社会保障調停，国立学校および高等教育の調停人[54]，EU やフランス政府の農業その他の起業に対する補助金支給機関（Agence de Service et de Paiement）の調停，預金供託金庫の調停，そして金融市場独立委員会による調停がある。

　また，地方自治体としては，パリ市およびイル・ド・フランス地方に，それぞれ調停組織がある。

　なお，これらの公的機関の調停は，行政苦情を受け付けて業務改善勧告を行うオンブズマンと理解することができる。そしてその活動の重要部分は，一般的な改善勧告であるが，他方で，一般公衆や従業員からの苦情申立てを受けて，独立した中立的第三者機関として，行政当局と申立人との見解の食い違いを突き合わせ，両者の合意の成立に向けた交渉や意見・勧告を表明するという機能も有している。後者の機能は，実質的に ADR としての調停 médiation である。

　電気その他のエネルギー，鉄道，都市交通，テレビ放送，郵政，水道，そして公営住宅などは公営企業[55]が行っており，これらの企業もそれぞれの利用者との紛争の解決を目的とした調停組織を設けている。

　民間企業も，銀行や電子商取引業界などが，個別の企業により，または企業

---

(52)　Inspection Générale, *op. cit.*, p. 17.

(53)　その根拠法令は求職者の権利義務に関する 2008 年 8 月 1 日法律 2008-758 号に基づく労働法典 L.5312-12-1 条である。

(54)　その根拠法令は，教育法典 L.23-10-1 条および D.222-37 条以下。

(55)　公営企業や成り立ちは半官半民のものや民営化したものなど様々であるので，ここで民間企業と公的機関の間に分類したのは，説明の便宜のためであり，厳密なものではない。

変動する社会と法・政治・文化

の団体により，調停組織を設けている。

表2　一般向け調停人クラブの構成員

種類	組織名	取扱分野
公的機関	la médiation nationale de Pôle Emploi	求職案内
	la médiation nationale de la Sécurité Sociale des Indépendants	社会保障
	la médiation des ministères économiques et financiers	租税，公正競争
	la médiation de l'Education Nationale	国立・高等教育
	la médiation de l'Autorité des Marchés Financiers	金融市場
	la médiation de l'ASP	公的補助事業
	la médiation du groupe CDC	預金供託金庫
地方自治体	la médiation de la Ville de Paris	パリ市
	la médiation Région Île-de-France	イル・ド・フランス地方行政
公営企業	la médiation SNCF Mobilités	鉄道
	la médiation RATP	パリ地下鉄
	la médiation Programme de France Télévision	テレビ放送
	la médiation de l'information France 2 et France 3	フランス2および3放送
	la médiation de la Poste	郵政事業
	la médiation du groupe EDF	電力事業
	la médiation de l'Eau	水道事業
	la médiation nationale de l'Energie	エネルギー事業
	la médiation de Paris Habitat OPH	パリ公営住宅
民間企業	la médiation Tourisme et Voyage	旅行業
	la médiation nationale de la MSA	農業社会共済
	la médiation du e.commerce de la FEVAD	電子商取引

la médiation des Entreprises	中小企業の下請契約
la médiation du groupe Engie	エネルギー企業体
la médiation de l'assurance	保険
la médiation des communautés électroniques	電力共同体
la médiation de l'Association Française des Sociétés Financières（ASF）	金融
les médiateurs bancaires	銀行
la médiation BNP Paribas	BNP パリバ銀行

　以上の調停組織は，表2に掲げた調停人クラブ[56]を作って一定の業務水準に関する自主規範を定めるとともに，年次報告書を明らかにして，調停機関の活動状況の透明化に努めている。そのいくつかによれば，経済財政産業省の調停機関は2016年に7,393件の申立てを受けて，そのうち他機関を紹介したものが5,065件，取下げたものが399件あり，受理したものが1,929件であった。そのうち62%が申立ての全部または一部に満足の得られる結果で終結している[57]。独立労働者の社会保障の調停機関では，2017年に4,233件の調停申立てを受け，調停が実施されたのが2,152件，和解成立率は80%を記録している[58]。民間の中で特に件数が多いのが保険分野であり，2017年の申立件数が16,151件，そのうち26%は書類不備や管轄外などで不受理となっている。調停人の勧告意見の24%が申立てを認めるものであり，76%が事業者側の主張を入れたものとなっている[59]。

　このクラブとも重なるが，特に消費者紛争に関する調停は，これを積極的に推進するEU指令とその国内法（前掲II 5(3)参照）に基づき，消費者取引を行う企業または企業団体が調停組織を設置している。

　消費法典が定めているのは，国内紛争と越境紛争の双方を対象とした調停手続であり，特に消費者が事業者に対して請求する紛争を対象としている[60]。ただし，訴訟の前に調停申立てを義務付ける条項は禁止される（消費法典 L.612-4

---

[56]　Club des médiateurs de services au public〈https://clubdesmediateurs.fr〉

[57]　Le médiateur du ministère de l'Économie et des Finances, Rapport 2016, pp.20-26.

[58]　Rapport d'activité 2017 du médiateur national de la sécurité sociale pour les indépendants, p.21.

[59]　La médiation de l'assurance, Rapport d'activité 2017, pp.76-83.

条）。消費者は無料で調停手続を受ける権利を有し，事業者は自社または第三者の調停機関を提案し，あるいは消費紛争に一般的な能力を有する調停機関を利用することが認められる（同法典 L.612-1 条）。

　そして経済財政産業省のサイトには，その総合的なポータルサイトが作られている[61]。また，消費調停評価コントロール委員会 la commission d'évaluation et de contrôle de la médiation de la consommation が経済財政産業省内に設置されている。この委員会は消費者紛争に関する調停機関の評価と消費法典の定める要請に合致しているかどうかを統制する目的を有し，調停人候補者リストを作成して EU の対応する委員会に登録している。

　調停人の担い手は，勧解人のように控訴院の任命という形を取らず，前述の通り資格も必ずしも厳密なものが要求されているわけではない。そこで，勧解人とはなれない現役の法律専門職の中でも，執行士 huisseur de justice[62]，公証人 notaire，そして弁護士も調停人として活動する者が増えており，弁護士会の継続研修にも調停技法が取り入れられている。

3　勧解の状況

(1) 勧解の成功とその要因

　勧解は，今日，一般的に成功を収めているとされている[63]。

　2016 年には，13 万 3428 件の直接申立て事件があり，うち 7 万 2174 件（54.1%）が和解成立により終結している[64]。この数字は直接申立て事件であり，付勧解による事件は相対的に少数ではあるが，2015 年段階での勧解手続数のうち 11.5% が付勧解によるものであり，この割合は 2001 年段階に 6% であったのに対して顕著に増大しているとされ[65]，付勧解もそれなりに利用されてい

---

[60]　事業者同士の紛争はもちろん，事業者が消費者に対して請求する紛争は対象とならない。消費法典 L.611-3 条。

[61]　https://www.economie.gouv.fr/mediation-conso

[62]　送達，強制執行，事実調査と確認調書作成などを職域とする独立専門職。

[63]　勧解人の実情につき，垣内・前掲論文注[18] 51 頁以下参照。

[64]　Ministère de la Justice, Les chiffres-clés de la Justice 2017,〈http://www.justice.gouv. fr/art_pix/stat_Chiffres%20Cl%E9s%202017.pdf〉, p. 35.

[65]　これは司法省の出している INFOSTAT JUSTICE と題する司法に関する統計調査レポートで，Laetitia Brunin et Philippe Pirot, L'activité des conciliateurs de justice en 2015, INFOSTAT JUSTICE, n° 148 による。

ることが伺われる。

勧解による解決に適した事件は，紛争当事者が関係の継続を望んでおり，金額が少額で，当事者自身が勧解手続に関与し，代理強制を受けない事件とされている[66]が，特に勧解手続が無料で，勧解人のボランティアに支えられていること，申立て書式が不要で勧解人が事件に適したやり方で手続きを進めるという柔軟さを有していること，合意に認可を得ることで執行力付与の可能性があること，これらの点も成功の要因とされる[67]。具体的には，2015年段階のレポートでは，消費者事件が4分の1，隣人トラブルが5分の1，住居の賃貸借のトラブルが5分の1を下回る程度とされている[68]。

勧解の手続が行われる場所は，市役所内が4分の3と大半を占め，それ以外は裁判所内，や司法アクセスのための各種拠点などである[69]。

なお，勧解による和解率が50%を超えるという高水準を維持していることも，勧解に信頼が集まる原因となっている[70]。

(2) 勧解の課題

勧解手続は，問題点も指摘されている。

その第一は，司法勧解人の数の少なさであり，年齢の高さ（平均年齢が68.5歳），ジェンダーバランスの悪さ（男性が81%を占める），そして退職者が大半（94%）を占めていることなど，勧解人となる人の問題である。

2016年の段階で，司法勧解人は2,012人しかいない[71]。1990年には1400人であったので，それに比べれば増員されているが，2000年代初頭に1800人まで増員されてからは停滞し，，それ以降今日まで若干の増員があるのみである[72]。そして高齢化は更に進んでおり，60歳未満の勧解人の割合は2005年に15%だったところが，2015年には7%に落ちている[73]。

年齢性別の偏りだけでなく，勧解人の出身母体も，フランス全体では12%

---

[66] Inspection Générale, *op. cit.*, p. 25.

[67] *ibid.*, p. 26.

[68] Brunin et al., *op. cit.* p. 1.

[69] *ibid.* p. 2.

[70] Inspection Générale, *op. cit.*, p. 26.

[71] Ministère de la Justice, Les chiffres-clés de la Justice 2017, *op. cit.*, p. 35.

[72] 以上につき，Brunin et al., *op. cit.* p. 1.

[73] *ibid.*, p. 2.

変動する社会と法・政治・文化

しかいない公務員および私企業の幹部だった人々が，勧解人の中では4分の3を占めており，同じくフランス人の中では1.5%しかいない警察官と軍人の出身者が勧解の中では11%程度を占めている。反対に，フランスの退職者の3分の1を占めている工員や農業者だった人は，勧解人の中では1%に満たないという[74]。

勧解人の在任期間も長期化する傾向にあり，在任1年未満の勧解人は10%であり，1年以上4年以下が37%，5年以上9年以下が27%，10年以上が26%を占めている[75]。

こうした偏りは，勧解人リクルートの困難に起因することは明らかであり，それはさらに無償性と，人選が勧解人のコネクションに依存しているという問題も指摘されている[76]。

Ⅳ　終 わ り に

冒頭に述べたように，日本では平成司法制度改革の中でADRに対する期待も高かったが，少なくとも民間ADRは期待されたほどの利用が進んでいないという状況にある。

これに対してフランスの状況からは，裁判所の勧解や調停よりもむしろ民間の調停や裁判外で直接申し立てられる勧解が多くの利用を集めており，特に公的機関から民間企業まで数多くの調停機関が活動していること，これに加えて消費者紛争についてはEU法およびフランス法のさらなる後押しが進められていることが明らかとなった。

我が国における民間ADRは，弁護士会によるいわゆる仲裁センターを始めとして，認証ADRの大半を占める士業団体によるADRなど，法律関連専門職によるADRが多いところ，フランスではADR実施機関についても，また手続実施者のレベルでも，法律関連専門職が主体となることは多くはない。参加型手続は弁護士の介在が特徴ではあるが，直接交渉型であって厳密にはADRとは言い難い。その他，勧解人に3年以上の法律関連職の経験が要求さ

---

(74)　*ibid.*

(75)　*ibid.*

(76)　Inspection Générale, *op. cit.,* p. 27.

124

れていることや，法律関連専門職が調停人となるべく研修が行われているという程度である。にもかかわらず，調停や勧解により成立した合意には，裁判官の認可を得て，執行力が付与されるという点も，我が国とは大きく異なる点である。費用面での利用しやすさの他に，執行力が付与される可能性があることが，民間調停の利用促進につながっているとの指摘も注目される。我が国の民間 ADR は，法務大臣の認証を得たとしても，その合意に執行力が付与されることはなく，この点は ADR 法立法当初から議論されてきたところである[77]。フランスの法状況は検討の一素材となろう。

　フランスの民間調停の大部分は，企業や企業団体による調停機関の設置ではあるが，法的に独立および中立性が義務付けられていることや，オンブズマン機能を併せ持っていることから，合意による紛争解決の他に，合意が成立しない場合でも事業者側への業務改善勧告などがありうることも注目できる。この点も，我が国の民間型 ADR の草分け的な存在であった PL センターのあり方に，一つの参考となろう[78]。

　他方，本稿では，簡単に触れるにとどまってしまったが，消費者紛争に関する ADR は，複数の EU 指令に基づき，オンライン技術を用いたいわゆるODR[79]をも含めた消費者 ADR が国内および EU 域内の消費者紛争の解決に重要な役割を果たそうとしている点で，特に注目に値いする。この点は，フランスにおける実情と，我が国における国民生活センターや消費者センターでのADR との比較も含めて，今後の研究課題としたい。

〔付記〕本稿は，2018 年度成城大学特別研究助成金による助成を受けた研究の成果の一部である。また，本稿の内容は，その一部を第 22 回全国仲裁センター連絡協議会（2018 年 9 月 21 日・ホテルメトロポリタン高崎）での講演で公表し，貴重なご意見を頂いた。共同報告をされた栗原秀和弁護士をはじめ，関係者各位にお礼を申し上げる。

---

(77)　その経緯や展望について，山本和彦=山田文『ADR 仲裁法（第 2 版）』（日本評論社，2015 年）178 頁，285 頁，432 頁。

(78)　この点についても，山本=山田・前掲書注(77) 433 頁参照。

(79)　Online Dispute Resolution の略である。これについては，かなり古いものではあるが，町村泰貴「現実のものとなりつつあるサイバー ADR」法学セミナー 560 号（2001 年）38 頁以下参照。

7 〈研究ノート〉
GPS 捜査事件最高裁大法廷判決を振り返る
～法理論と法実務のクロスオーバー

指 宿 　 信

Ⅰ　はじめに
Ⅱ　意見書執筆まで
Ⅲ　一審での法廷プレゼンテーション
Ⅳ　口頭弁論 —— 素晴らしかった弁護側弁論
Ⅴ　判決言い渡し —— 三つの "関門" を破る
Ⅵ　考察 —— 大法廷判決の余波と余韻
Ⅶ　おわりに —— これからの法学研究や法実務への示唆

「あなたの考えでは，我々皆の車に GPS を取り付けて一ヶ月間我々の動きを
監視しても，それは捜索に当たらないというのですね？」
「あなたは，我々皆の車に GPS を取り付けて一ヶ月間我々を追尾しても，憲
法上なんの問題も生じないと言うわけですね？」

ジョーンズ事件合衆国最高裁判所口頭弁論における政府側代理人に対するロバーツ
最高裁長官の質問より[1]

Ⅰ　は じ め に

　2017 年 3 月 15 日，最高裁判所大法廷は，警察による捜査対象車両に対する
GPS 発信装置の無断取り付けによる追尾監視型捜査につき，これを強制処分
と捉えた上で，現行の令状方式では実施することはできず，新たな立法による
令状形式を必要とするとの画期的判決を全員一致で言い渡した（刑集 71 巻 3 号
13 頁）。
　この判決は警察の捜査手法に対する "否" を正面から突きつけるという日本

---

[1]　2011 年 11 月 8 日 United States v. Jones, https://www.oyez.org/cases/2011/10-1259

変動する社会と法・政治・文化

の最高裁判所史上画期的な判断であったばかりでなく，その理由付けにおいて
も，憲法 35 条の解釈に関して明文で保障されている「何人も，その住居，書
類及び所持品について，侵入，捜索及び押収を受けることのない権利」に加え，
それらに準ずる"私的領域"においても侵入されることのない権利が保障され
るという新たな判断を示し，わが国のプライバシー保障において歴史的一歩を
記した[2]。

最高裁はしばしば素晴らしい規範を定立しながら当てはめで逃げるというこ
とをしがちであるが，本件では GPS 発信装置の無断取り付けがこの「私的領
域」を侵害するものに当たるとした点も珍しく，規範，当てはめ共に従来の最
高裁の姿勢とは大きくかけ離れたものであったこともまた，司法関係者や学界
を大いに驚かせた[3]。

本稿は，大法廷判決が生まれるまで研究者として GPS 利用捜査のあり方に
批判的な立場から発信し，また専門家証人として本件に関わってきた経緯を踏
まえつつ，特に「法理論と法実務の関係」に焦点を当てて筆者の思うところを
述べたものである。本件は刑事訴訟法のケースではあるが，そうした関係性は
広く法律学全般にとって普遍性を有しており，この機会に開陳する意味もある
と考え，書き綴ることとした。

II　意見書執筆まで

監視やその技術，とりわけ科学技術の発展によるプライバシー侵害の可能性
は筆者の長年のテーマであったものの，筆者が論文を執筆する領域としての認
知度はさほど高いものではなかったと思われる。だが，1997 年から過ごした
シカゴでの研究テーマは政府による暗号技術規制であったし[4]，スノーデン氏
によって NSA による通信傍受システム（プリズム）が暴露されるより以前に，
エシュロンというファイブアイズ（米国・英国・カナダ・オーストラリア・

---

(2)　書誌情報データベースで確認しただけでも，同判決については 2018 年 2 月 20 日現在
で既に 14 本もの判例解説が刊行されている。

(3)　例えば，新聞記事では確認できた限りで朝日，毎日，読売，産経，中日東京各紙の合
計で 68 本に上った。

(4)　後掲論文リスト B-1 参照。

ニュージーランド）による国際通信傍受システムの存在を明らかにしてそのメカニズムを解説するなど，監視や盗聴といったテーマについてはある程度の論稿を執筆していた[5]。

　GPS 捜査に関しても，筆者は早くから米国における追尾監視型捜査に関する判例立法動向を紹介する法律論文を刊行していた[6]。また，いわゆる堀越事件と呼ばれる政党チラシのポスティング行為が国家公務員法違反に問われた裁判では，当局による長時間のビデオ監視について違法と考えるべきとの意見書を執筆し，さらに法廷で専門家証人として出廷しており，その意見書の一部は公刊物にも収録されていた[7]。

　そうしたなか，2014 年の秋に本事件の主任弁護人を務められた亀石倫子弁護士（大阪弁護士会）が意見書執筆依頼のために筆者の研究室を訪ねて来られた。いよいよ自説が法廷で受け入れられるかどうかを試される機会が訪れたのである。そこで，GPS の機能や政府部内における位置情報の保護に対する態度（既に政府内の様々な委員会などにおいて位置情報が高度なプライバシーを有することが指摘されてきていた），警察における GPS 活用法（実は捜査対象者の追尾監視以外にも多くの目的で警察は GPS を活用している），何よりも最高裁の先例に照らすと GPS 捜査についても強制処分性を認めざるを得ないこと，そして米国や欧州の同じ問題に対する判断動向，加えて，地理的プライバシーをめぐる米国学界での理論状況などをまとめた。自身としてはそれまでで最大の 90 頁に及ぶ意見書が仕上がった。

　この意見書は 2015 年 2 月に裁判所に証拠調べ請求されたが，その後，検察官がこれを不同意としたため，年度末に弁護団から証人として法廷に出廷してほしいとの打診が届いた。

Ⅲ　一審での法廷プレゼンテーション

2015 年 5 月 15 日午後，大阪地方裁判所の事務局に出頭した。いくつか書類

---

(5)　後掲論文リスト B-2，B-3，B-4 参照。
(6)　後掲論文リスト A-1，A-2 参照。
(7)　『新たな監視社会と市民的自由の現在　国公法・社会保険事務所職員事件を考える』（日本評論社，2006），第 3 部参照。

を処理して法廷に向かった。

　これまで筆者は刑事と民事合わせて 20 本以上の法律鑑定意見書を裁判所に提出してきたが，検察官に不同意とされた経験は一度もない（一般的に見ても学者の意見書に対する不同意は異例と言わざるを得ない。しかも不同意の理由は"不相当""不必要"というものであった）。検察官としては何としても私の意見書が法廷に顕出されることを阻止したかったのであろう。弁護団は証人として当方を召喚することを請求し裁判所もこれを認めたが，筆者はプレゼンテーションをさせてくれるなら召喚に応じたいと伝えた。裁判所はこれを認め，60分間，3 人の裁判官に向かってパワーポイントを用いながら話すことが許された。

　筆者は何度か法廷に専門家証人として召喚された経験があるが，プレゼンテーションは初めての経験であった。裁判員時代になり法廷にディスプレイが整備されていたし，裁判員裁判で医学の専門家によるプレゼンテーションも珍しいことではなくなって，裁判所としても躊躇を覚えることが少なかったのではないかと推察される。

　60 分間にわたる筆者の法律専門家証言のメインは GPS 捜査が強制処分として捉えられるべき理由の解説であった。

　そこで重きを置いたのは，最高裁における他の捜査手法に関する先例に照らしても，GPS 捜査の特質からみて強制処分としてこれを捉えることは十分に正当化できるという説明だった。プレゼンテーションでは，捜査機関が令状なく捜査対象者に送付される途中の宅配物を X 線撮影した事案で，最高裁がこれを任意処分と解した下級審の判断を覆して強制処分であるとした先例（最決平成 21 年 9 月 28 日刑集 63 巻 7 号 868 頁）を大いに参考とすべきだと特に強調した。また，米国最高裁において 2012 年のジョーンズ判決[8]で令状必要説を採

---

(8)　United States v. Jones, 132 S. Ct. 945(2012). 本判決に関しては邦語文献も多数刊行されている。例えば，湯淺墾道「位置情報の法的性質 —— United States v. Jones を手がかりに」情報セキュリティ総合科学第 4 号（2012 年）171 頁，大野正博「GPS を用いた被疑者等の位置情報探索」『曽根威彦先生・田口守一先生古稀祝賀論文集〔下巻〕』（成文堂，2014 年）485 頁，緑大輔「United States v. Jones, 132 S. Ct. 945(2012)-GPS 監視装置による自動車の追跡の合憲性」アメリカ法[2013]356 頁，土屋眞一「捜査官が GPS により公道を走る被疑者の車を監視することは，違法な捜索か？：最近のアメリカ合衆国連邦最高裁判決」判時 2150 号（2012 年）3 頁等参照。

用していたことにも触れた。しかし，メインはあくまで様々な捜査手法を任意
捜査と解してきた日本の最高裁判例の射程がGPS捜査には及ばない，という
点にあった。

　検察官は反対尋問で，当方の著作物が「証拠開示」[9]であるとか「取調べの
可視化」[10]といった弁護側に偏ったものではないかという質問をぶつけてきた。
理屈では筆者のプレゼンテーションに反論できないと考えたのか，あるいは，
筆者が公正中立ではないと言いたかったのであろうか。法廷弁論の技術として
証人の傾向を指摘するのは常道であるからそうするのは自由だが，研究者とし
ては自身の見解を法廷に伝えているだけであるので，遺憾というほかない質問
であった。

　最後の裁判官の補充尋問では，おそらく主任と思われる右陪席が当方に，
「検証許可状では（GPS捜査を実施するのは）ダメでしょうか」と尋ねてきた。
その瞬間，この事件は弁護側が勝てると確信したが，あくまで自説を述べて
「立法がない限りこの捜査を実施することはできない」と答えて証言を終え
た[11]。

　2015年6月5日，大阪地裁刑事7部はGPS捜査を強制処分と位置付けて収
集された証拠を排除するという判断を示した。立法必要論にまでは踏み込まず，
現行法に定めのある検証許可状によって実施すべきとするもので拙論とは相入
れなかったが，先に同一事件で別公判になっていた共犯者の裁判で任意処分説
が示されたこともあり，この判断の分裂は大きな注目を浴びることとなった[12]。

　しかしながら，検察側の控訴を受けた大阪高等裁判所は翌年3月にこの地裁
の判断を覆し，任意処分として実施可能との判断を示した。そのため弁護側が
上告し，GPS捜査の適法性，違憲性が最高裁判所で争われることとなったの

⑼　例えば，拙著『証拠開示と公正な裁判〔増補版〕』（現代人文社，2014年）参照。

⑽　例えば，拙著『被疑者取調べと録画制度』（商事法務，2010年），拙編著『取調べの
　可視化へ！』（日本評論社，2011年）参照。

⑾　その内容は要約して法律雑誌に寄稿した。後掲文献A-4。なお，弁護団の上告趣意
　書中でも筆者の証言が合計9ケ所にわたって言及されている。例えば刑集71巻3号
　286頁以下参照。

⑿　これについては判例評釈も多数刊行されているところ，大阪地裁二決定における最も
　大きな分かれ目は両事案の弁護人の弁護活動と法廷に顕出された証拠であり，判決文だ
　けでその差異を読み解こうとしても本質を見誤る。これは研究者等の判決「文」研究の
　限界であろうが，その限界をしっかりと認識しておくことが肝要である。

変動する社会と法・政治・文化

である。

2016年に入り，広島高裁で同じく任意処分説が採用されたものの名古屋高裁で強制処分説が採用され，しかも立法必要論が傍論ながら言及されたことから，最高裁はこの大阪の事件の上告受理を決めた（のちに大法廷回付）。

この間，筆者は弁護団を側面から支援すべく，立法必要論に関わって複数の論稿を公にした。まず，証人出廷が決まったことを受けて朝日新聞に立法必要論を投稿し（A-3），証言後にはその内容を要約した論稿を学界向けに法律専門誌上で公刊した（A-4）。また，技術論の観点から既に時代は GPS 捜査どころではなく，科学技術の進展はスマートフォンの位置を追跡する装置を法執行機関にもたらしている事実を紹介・警告するとともに（B-7），比較法的観点からは米国における GPS 捜査規制に関わる立法動向を紹介した（A-6）。そして，最高裁に上告後には，なぜ立法が必要かを法律家相手ではなく一般市民向けの論壇誌上で明らかにした（A-5）。

Ⅳ　口頭弁論——素晴らしかった弁護側弁論

2017年2月22日の東京は厳しい寒さであった。永田町界隈で用事があるといつも立ち寄る天ぷら屋で昼食をとり，最高裁判所南門前に赴いた。すでに50人以上が行列を作って傍聴券を求めて並んでいた。しばらくすると門内に招き入れられ，猫のひたいほどのスペースに押し込まれて抽選の時間を待つことになった。それにしても酷いものである。裁判は全て公開されており市民に開かれているにもかかわらず，傍聴希望者が裏口のようなところに集められる。最高裁見学の場合は皇居側の正門から堂々と入っていくことができるのに，この落差はなんたることか。ちなみに米国最高裁では建物正面の広い階段に並んで先着順で傍聴の機会を得られる。

しばらくしてアナウンスがあり，傍聴席よりも希望者が少なく，全員が傍聴できるということで，人々に間に安堵が広がった。見渡すと弁護団の一員の義父に当たる私のよく知る弁護士の顔もあった。大阪から親族で駆けつけたという。大法廷で弁護士が弁論の機会を得るということが法律家としていかに名誉かを物語るエピソードであろう。

筆者の当たった席は左サイドの二列目，弁護人席の後ろであった。最高裁の

傍聴に際しては手荷物や携帯などの持ち込みはできず，ロッカーに預けなければならない。仕事もできないため，時間まで広々としたロビーでくつろいでいると，ちょうど亀石弁護士が通られたので声をかけて激励した。また，筆者に事前レクチャーを請うた記者が何人かその場にいたので，彼らと雑談をして時間を潰した。もっぱら当方に判決予測を尋ねるものであったが，彼らの興奮の様子も伝わってきた。

5分前に大法廷に入廷して開始を待った。参観で法廷内部を見慣れているとはいえ，高い位置にある明かりとりの天井からの日差しはいつもよりも神々しさを感じさせるものであった。

最初の弁論は上告側が行うため，この日は弁護人による弁論であった。

最高裁での裁判傍聴は初めてで，まして大法廷回付事件ということで興奮を覚えた。ドアが開いて最高裁判事たちが入って着席をすると，判決の直前に最高裁入りした山口厚・元東大教授が筆者とはちょうど反対サイドの末席に座るのが見えた。

弁護団による弁論から始まった。

彼らは，15分という限られた時間でGPS捜査が刑訴法上の「特別の定め」がなければ実施し得ない捜査手法であることを明確に論じ切った[13]。特に，自動的で網羅的に記録できるGPS端末を使った手法の説明に重きを置き，プライバシーとしての要保護性を強く主張していた。感動的であったのは，マルチン・ニーメラー牧師の有名な言葉である，「最初に彼らが共産主義者を弾圧したとき」を引用して，いま監視対象となっているのは犯罪者だけかもしれないが，それが政治活動，宗教活動，そして税未納者にまで広がってくるかもしれないと訴え，将来のこの判決を振り返ったときに感謝されるような判断を望むと結んだことである。こうしたイマジネーション溢れる弁論は若い弁護団ならではだと，胸が熱くなった。

閉廷後，知り合いの記者は「お金を払ってでも聞きたい内容だった」と感想を筆者に漏らした。「値千金」という言葉があるが，まさにその通りの聞き応えのある弁論だった。

これに対して検察官の弁論には驚かされた。冒頭こそ令状を不要とする任意

───────────────
[13] その内容は，季刊刑事弁護91号（2017年）95頁以下に収録されている。

変動する社会と法・政治・文化

処分説を開陳していたものの，その後，持ち時間の7～8割を令状不要論では
なく，検証許可状での実施が適切だとする内容に割くものだったからである[14]。
先に記したように，検察官は，一審が検証許可状説を採用したため控訴し，二
審でも令状不要論を説いていたのだから，これは全く矛盾する態度というほか
なかった。大阪高裁が検察側の主張を取り入れて一審の判断を覆して任意処分
説を受け入れたのだから，本来であれば被上告人である検察側としては，この
任意処分説を死守せねばならなかったはずである。

　にもかかわらず，検察官は一審の強制処分説に異を唱えて控訴した立場をか
なぐり捨て，検証許可状で最近警察がGPS捜査を実施したことに言及した上
で，これをもって適法とするとの強制処分説を展開して立法の必要はないと強
調した。検察側のこの強制処分説への鞍替えは，いわば"禁反言"[15]にも相当
するような主張のように思われた。弁護側の核心である立法必要論に最高裁が
賛同することを警戒し，防御線を引いたのであろう。

V　判決言い渡し ── 三つの"関門"を破る

　2017年3月15日の判決期日，言い渡しを傍聴するため再び最高裁に向かっ
た。この日の東京は冬の終わりを感じさせる穏やかな天気であった。傍聴券を
求めて並ぼうと最高裁判所の南門に赴くと，傍聴希望者は前回の弁論のときに
比べてずっと少なかった。抽選はないと確信した。

---

[14]　詳細は刑集71巻3号395頁，特に402頁以下を参照。
[15]　禁反言とは，英米法由来の法格言"estoppel"であり元来はコモン・ロー上の原則で
　　何らかの行為によってある事実の存在を表示した者に対し，それを信じて自己の利害関
　　係を変更した者を保護するために生まれた法理である。厳密に言えば，控訴審以降で弁
　　護側が自己の立場を変更したとは言えないから検察官の弁論はこれには直接該当しない
　　ものの，それに匹敵する態度と言えるだろう。なぜなら，弁護側の上告趣意は強制処分
　　性を否定した控訴審判決とそれを主張した検察側の控訴趣意に向けられていたのであ
　　り，そうした負担を負わせておきながら平然と強制処分説を受け入れ，令状は不要との
　　立場からの転換を図った上告審弁論は，訴訟で求められる信義誠実の要請を検察が自ら
　　踏みにじったものだからである。公共の利益を代理する立場にあるはずの検察官が，審
　　級が異なるとはいえ同一事件の弁論において当初自身が激しく批判していた法的主張
　　（強制処分説）へとその立場を変更することは，前提事実に変更がない以上，倫理的に
　　許されるべきではない。

134

今度は前回とは反対の右サイドの二列目の席が割り当てられた。手元のメモ用のノートには開廷前にロビーで考えた判決のバリエーションが記してあった。判決後に予定されているメディア取材に備えてそれぞれの場合についてコメント要旨も書いていたので，それに目を通したりしながら正面のドアが開くのを待った。

さて，今回の最高裁判決に当たって，弁護団の主張を通すためには三つの"関門"を突破しなければならなかった。

一つ目の関門は，GPS発信装置を取り付けて追尾監視する捜査が，任意捜査としては違法となるという点である。しかし，ここで止まっていたのではGPS捜査は一定の範囲で許容できるという問題が残ってしまう。もっとも，上告が受理されたことを考えると最高裁が原審を見直し違法判断を示すことは容易に予想されていた。

二つ目の関門は，強制捜査に当たるとして，現行の令状方式（例えば検証許可状）で実施できるかどうかという点である。一審判決のレベルはここにあったので，ここまで押し戻して二審の判断を覆して初めてGPS捜査にあたり捜査機関は令状を得て実施することが義務付けられる。

三つ目の関門は，強制の処分であることを認めた上で，現行の令状方式では実施することはできず新たな立法を必要とするというものである。最高裁が上告を受理した以上，第二の関門突破も確実と思われ，傍聴者もその理由付けに関心があったと思う。一審のプレゼンテーションで私が述べた立法必要論は，最高裁のこれまでの判例や姿勢に照らすと困難だというのが大方の見方であった。しかし小法廷から大法廷に事件が回付されたことに伴い，法曹界の観測筋には「ひょっとしたらひょっとするのではないか」，という期待の声が出ていたことも事実である。メディアからの筆者への事前取材の際にも，この点についての質問が最も多かった。

冒頭で，「本件上告を棄却する」という声が響いたので一瞬がっかりし，「憲法違反をいう点を含め，実質は単なる法令違反の主張であって，刑訴法405条の上告理由に当たらない」というお決まりの文句を聞いて，やはりそうかとも思ったが，その後の傍論を期待して待った。最高裁では，事件本体について原審の結論を変更しないにも関わらず，重要な法規範を示すことが普通だからで

変動する社会と法・政治・文化

ある。

　すると，あにはからんや，裁判長から語られた判決の内容は弁護側の主張の
通りであり，GPS 発信装置の警察による無断取り付けに対して，これをプラ
イバシー侵害であると明確に位置付けたのである。

　（GPS 捜査は）個人の行動を継続的，網羅的に把握することを必然的に伴うから，
　個人のプライバシーを侵害し得るものであり，また，そのような侵害を可能とす
　る機器を個人の所持品に秘かに装着することによって行う点において，公道上の
　所在を肉眼で把握したりカメラで撮影したりするような手法とは異なり，公権力
　による私的領域への侵入を伴うものというべき（下線筆者）

　これまで任意処分説派は，繰り返し，車両は公道上を走っているだけだから
位置情報を取得してもプライバシー侵害はないと主張し，公共空間におけるプ
ライバシーの期待は高くはないと強制処分説を批判してきていたので，これを
聞いた段階で筆者は心の中で喝采した。

　例えば，最高裁の先例で言えば，防犯ビデオに映った犯人の映像と比較検証
する必要から被疑者の路上での容姿をビデオ撮影して解析したケースにつき，
平成 20 年の判決（最判平成 20 年 4 月 15 日刑集 63 巻 5 号 1398 頁）はこの処分を
任意で実施できると解していた。そこで論者の中には，同判決を根拠に GPS
発信装置が車両に取り付けられていても追尾監視が路上で実施されている以上
これを任意処分と解すべきとする者が多かった。まずは第一関門（任意処分説）
の突破をここで果たしたと，ここまで聞いて安堵した。

　続いて最高裁は，こうした捜査手法を「強制の処分」，すなわち，法律に
よって授権された令状に基づくのでなければ実施できない処分であるとして次
のように位置付けた。

　個人のプライバシーの侵害を可能とする機器をその所持品に秘かに装着すること
　によって，合理的に推認される個人の意思に反してその私的領域に侵入する捜査
　手法である GPS 捜査は，個人の意思を制圧して憲法の保障する重要な法的利益を
　侵害するものとして，刑訴法上，特別の根拠規定がなければ許容されない強制の
　処分に当たる

　当然ながら，相手方に位置情報取得をしていることを察知されては GPS 捜
査は意味をなさない。捜査機関による GPS 端末の取り付けは密かに実施され

136

なければならない。したがって当該処分は，表面上は承諾がないだけで個人の意思を「制圧」するような有形力が行使される処分ではない。この判示部分で引用のあった最決昭和 51 年 3 月 16 日（刑集 30 巻 2 号 187 頁，以下「51 年決定」という）について筆者は，これが有形力行使の事案（職務質問中に警察官が対象者の腕を掴んだ）であったため，この判決がある限り監視を受ける者に対して密かに実施される GPS 捜査について強制処分性を認めることは難しいのではないかと思っていた。そこで，同判決を変更した上で GPS 捜査の強制処分性を承認して欲しいと密かに願っていた。今回最高裁は，51 年決定が示した「相手の意思を制圧（する）」という文言の解釈として，当該捜査機関による行為が「合理的に推認される意思に反する」（傍点筆者）場合にまで，強制処分性の範疇を拡張することによって権利侵害からの保護の機会を拡張することとした。

　すなわち，51 年決定では相手からの拒絶であるとか不同意といった被処分者による内的意思を制圧することをその要件としていたところ，かかる意思が「合理的に」推認できればよいとするに至ったのである。GPS 捜査について大法廷が示した，このような非有形力型の捜査に対する解釈は，今後，捜査現場における被疑者の権利保護を拡張する上で重要な方向性を示すこととなるだろう。なぜなら，尾行やビデオ監視などを含めて捜査現場では多様な「秘匿型捜査（相手方に知らせないで実施する捜査手法）」が実施されており，これまでの判例実務では，こうした捜査方法は類型的に任意処分と捉えられることがほとんどだったからである。ここで，第二関門の突破が果たされた。

　さらに最高裁判所は，強制処分と位置付けられるとした GPS 捜査についていかなる令状様式において実施できるかの検討に進んだ。まず，一審裁判所が採用し検察官が口頭弁論で強調していた検証処分との類似性を次のように認めた。

　刑訴法上の「検証」と同様の性質を有するものの，対象車両に GPS 端末を取り付けることにより対象車両及びその使用者の所在の検索を行う点において，「検証」では捉えきれない性質を有することも否定し難い

　筆者は判決予測として検証許可状説を採用することを選択肢の一つにカウントしていたのでこの関門が一番気がかりであった。しかし最高裁は GPS 捜査

変動する社会と法・政治・文化

の特質に正しく言及し，現場の現況を人の目で確認したり人の耳で音声を聴取したりするために用いられている検証処分では実施し得ない特徴について以下のように言及した。

　GPS 捜査は，GPS 端末を取り付けた対象車両の所在の検索を通じて対象車両の使用者の行動を継続的，網羅的に把握することを必然的に伴う

　その上で最高裁は，現行法における GPS 捜査の実施は困難であり，新たな立法による令状方式を必要とすると述べた。

　GPS 捜査について，刑訴法 197 条 1 項ただし書の「この法律に特別の定のある場合」に当たるとして同法が規定する令状を発付することには疑義がある。GPS 捜査が今後も広く用いられ得る有力な捜査手法であるとすれば，その特質に着目して憲法，刑訴法の諸原則に適合する立法的な措置が講じられることが望ましい

　最高裁はこれまで，令状方式の適法性が争われた事案において，既存の令状方式を言わば “アップグレード” する形で対応できるという立場を取ってきた。例えば最決昭和 55 年 10 月 23 日刑集 34 巻 5 号 300 頁では，捜索差押許可状に医師をして医学的に相当と認められる方法によって実施することを付記する，いわゆる “強制採尿令状” を創設していた。今回，判決の予想の中には，最高裁は検証許可状に新たな要件を追加することで捜査機関にお墨付きを与えるのではないかとの観測もあったことから，この部分を聞いた時には三つ目の壁まで突破した喜びで，思わず隣の席にいた知り合いの記者と顔を見合わせた。

　戦後の最高裁判所の歴史始まって以来初めて，既存の捜査手法について立法の必要を法廷意見が開陳したのである。通信傍受の違憲性が争われたときですら（ちょうど国会で通信傍受法が成立するのを横目で見ながら），最高裁は検証許可状で実施可能とする判断を示していたほどであったため（最決平成 11 年 12 月 16 日刑集 53 巻 9 号 1327 頁），ここまで大法廷で関門を突破できるとは正直期待していなかった。感動が胸に広がり，高い天井を仰いで光を見つめた。

　最高裁判所が立法必要説を採用したのである（補足意見が付けられたが結論は全員一致であった）。自説が採用された喜びと歴史的な英断の言い渡しに立ち会えた感動が重なり，忘れられない日となった。

138

VI 考察 ── 大法廷判決の余波と余韻

　最後に，今回の大法廷判決が生み出した実務上の余波と学界に与えた判決の余韻について，刑事訴訟法学者としての感想を少々記しておきたいと思う。

　当初，GPS 捜査を強制処分とみなし，かつ立法が必要であるとする拙論に対する学界の反応は冷ややかだったように思う。関連する論稿の刊行もなく教科書等で言及する者もいなかった。

　前述したように，かねてより筆者は GPS 捜査のみならず秘匿監視型捜査全般について規制の必要を主張しており，そうした捜査手法に関して強制処分説を採ることに躊躇はなかった。先進国の中には（当初から）法規制を敷いていたところもあったし，その後も令状による事前規制やオンブズマンによる事後規制を導入する国が相次いでいた。かかる比較法的知見があるにも関わらず，わが国の学界では監視捜査全般も，もちろん GPS 捜査についても，その監視活動が公道上での位置情報取得が中心となることや，目視による尾行と性質上の差異はないことを理由とする任意処分説が強かった。先に紹介した平成 20 年決定が，道路上やパチンコ店での被疑者のビデオ撮影の適法性につき，対象者が他人の目に晒されていた状態であったことを根拠に適法性を認めたこともあって，強制処分説，中でも立法必要説などは，最高裁判例を踏まえた立論のあり方として「センスが悪い」と評されているように筆者には感じられた。それはいわば「最高裁判例の呪縛」状態，思考停止状態にあったと言っても過言ではなかった。

　とりわけ研究者の間では，「公道上で見られる場所に車両が存在していたという位置情報がなぜプライバシーとして保護されうるのか」という疑問が強かったようである。実際，大法廷判決以前の下級審にも相当数そうした考え方が散見されていた[16]。また，たとえ強制処分説を採る論者であっても，検証許可状説と立法必要説とを比較したとき，「現実的に見て裁判所が立法必要説など採用するはずがない」という一種の戦略的な観点から，そうした解釈態度をとっていたのではないか，また，理論的に詰めた議論の末に検証許可状説を採

---

(16)　裁判例については，後掲文献リスト A-8 拙編著 252 頁以下参照。

変動する社会と法・政治・文化

用しなかったのではないか，との疑問は払拭できない。そして筆者の見るかぎ
り，いわゆる「秘密性のパラダイム」（他人から秘されていることがプライバシー
の期待の前提となる，という考え方）が任意処分説論者の思考を強く支配してい
たことがうかがわれた。他方で，強制処分説論者も，最高裁の保守性への一種
の"忖度"から検証許可状止まりが限界で，最高裁が立法論など支持するはず
がないという諦めがあったように感じられた。

本稿冒頭でその口頭弁論の様子を引用したジョーンズ事件につき 2012 年に
米国最高裁が令状必要説（日本の強制処分説に当たる）を採用したため[17]，よう
やくわが国でも立法必要説が台頭するようになってきた。もっとも，米国最高
裁判決も，多数（法廷）意見の理由は，GPS 発信装置が被処分者の車両に取り
付けられていたので財産権の侵害があったとする，いわゆる「物理的侵害説」
を採っていたのであり，未だ公共空間におけるプライバシー保護という視点は
アリート判事やサトメイヤー判事らの少数意見に止まっていた。任意処分説の
論者も，まさか日本の最高裁が米国の最高裁の少数意見を取り入れて，公共空
間におけるプライバシー侵害を直截に承認するような強制処分説を採用し，従
来の令状様式ではまかなえず立法を必要とするとまで断言する（しかも全員一
致で）などとは予想もできなかったに違いない。

では，プライバシー保護の範囲を拡張するという筆者が主張するような視点
についてなぜ学説が冷淡であったのか。ここで，その理由を少し考えてみたい。
まず思うのは，ロースクール制度開始以後，とりわけ刑事訴訟法学では最高
裁判例の射程についてこれを大きく捉えすぎ，研究者による大胆な解釈論を展
開することが困難になってきているのではないかという点である。そうした最
近の風潮が立法回避の解釈態度を後押ししてしまったのではないだろうか。
また，科学技術の発展やそれがもたらす社会的影響に対する感受性について
も触れておきたい。今回の大法廷判決の焦点となった GPS 捜査のような技術
的背景を掘り下げ，従来裁判例で取り扱われていた技術とどう異なるのかとい
う点を吟味する態度に欠けているところはなかっただろうか。実際，大法廷判
決の文中に，「検証許可状ではまかなえない特質を GPS 監視捜査が有してい
る」との言及があったように，最高裁が立法必要説を取らざるを得なかった核

---

(17)　United States v. Jones, 132 S.Ct.945.

心は，なんと言ってもその技術革新に負うところが大きかった点にあった[18]。

今後も捜査実務で利用される技術をめぐり，その法的性質に対する解釈が争われる傾向は，今後も強まることはあれ弱まることはないであろう。これは科学技術の発展や普及が関わる法的論点であれば珍しいものではなく，ひとり刑事訴訟法学のみならず，他の法律分野においても共通するはずである[19]。近時のビットコイン然り，AI 然りである。

VII おわりに —— これからの法学研究や法実務への示唆

判例に現れた「過去の」技術を参照して当てはめるだけでは法学者の仕事ととしては十分ではない。法学者は，「今の」そして「これからの」技術力がどのように実務を動かし，実務で活用されていくかにつき新たな知見を提供する意識を持つ必要がある。そうでなければ，裁判所を動かすだけの法理論を構築して新たな法的地平を切り開くことはできない。任意処分説論者は今回の大法廷判決にずいぶんと不満のようである。しかし，従来の判例上の延長であれば当然と思われた任意処分説を大法廷が採用せず，強制処分説，しかも最もハードルが高いと考えられていた立法必要説にまで最高裁が突き進み反対意見すら付かなかった結果を予測できなかった原因について，法学者は，これをよくよく検討するべきである。とりわけ，これからこの国の法学研究という学問を担っていく若い世代の方々には，通説や判例と呼ばれる考え方に挑戦していく

---

[18]　そうした視点を強調するため筆者は，"ポスト GPS 捜査"と呼ぶべき科学技術の具体的発展状況を別稿で紹介している。携帯基地局を"偽装"して電波をキャッチするという機器，通称「スティングレイ」の利用である。後掲文献リスト B-7 参照。

[19]　例えば最高裁は，テレホンカードの法的性質についてこれを「有価証券」と解したことがある（最決平成 3 年 4 月 5 日刑集 45 巻 4 号 171 頁）。だが，園部逸夫裁判官からは「テレホンカードは，可読性のない磁気情報部分を含み，券面上の記載のみでは，権利の内容のすべてを知ることができないという点において，これまで有価証券とされていたものとは著しく異なる面があることも否定できない」ため，「電磁的記録を含むカードについて，関係規定の総合的な整備を図ることが望ましい」との補足意見が記され，佐藤庄市郎裁判官からも「電磁的記録を含むカードについて，総合的な見地からの立法的な見直しが必要であるといわざるを得ない」との補足意見が付けられた。2001（平成 13）年の刑法改正で「支払用カード電磁的記録不正作出罪」が創設され立法上の解決を見たが，これは解釈で立法の不備を補うべきではなかったと見ることもできるだろう。

変動する社会と法・政治・文化

気構えを持っていただくことを切望する次第である。

　日本の法学界には，いまだに学閥という亡霊が跋扈しており，師匠や先輩の学説を受け継ぐことが正統であるかのような誤った伝統が存在しているように筆者には感じられる。自分の頭で考え，問題に取り組むよう学生・院生を指導しているはずの研究者自身が，捜査や検察実務の見解を忖度しているようでは学問の自律性など到底望めず，将来の立法や判例をリードするという学問本来の役割を果たすこともできないのではないだろうか。

　司法府，特に下級審裁判官たちもまた，旧来続いていたような実務擁護に徹したり，実務を追従したりする姿勢を改め，新たな科学技術がプライバシーを含めた市民の自由がどのように侵害されているか，あるいは侵害可能であるかが問われているという事態を的確に受け止め，これを制御する立論を見出し，場合によっては立法府に解決を求める毅然とした態度をとるべきである。それこそが，裁判官独立が憲法上保障されている意味ではないだろうか。原発訴訟に関わってその安全性について企業側政府側寄りの判断を示してきた裁判官たちは「フクシマ」以後，この問題をどれほど真摯に振り返っているのか，問いただしたくなるのは筆者一人ではないだろう。

　法曹養成教育にあっても，先例を事実に当てはめる処理能力のみならず，先例が述べていないことは何かという点を見いだす能力[20]，すなわち真の問題発見能力を磨き，新たな法的地平を展望するという創造的なセンスを身につけさせるという視点を持つべきだろう。そうでなければ，新しい法律問題に直面したとき，どのようなアプローチで切り込んでいくべきかを考察するイマジネーションを持つことができなくなってしまうからである。

　今次の大法廷判決のインプリケーションは大変広く，深いものがある。

　これをどれだけ法実務や法学研究，そして法学教育に関わる者がそれぞれの立場から汲み取ることができるのか，それこそが本判決の投げかけた，最も大きな問いかけである。

---

[20]　判例が述べていることは何かという言説よりも，判例が何を述べていないか，という言説がはるかに高度であることは法律に関わる者であれば容易に理解されよう。ある程度の学習や研究を重ねていれば判例が何を語っているかを示すことは容易になるが，当該論点に関わる相当の知識や問題の背景にわたって深い洞察がなければ述べていない領域に踏み込むことは難しい。

〔付記〕亀石倫子弁護士をはじめとする本 GPS 捜査事件弁護団のメンバー諸氏の勇気と努力を讃えるとともに，筆者に専門家証人としての機会を与えていただいたことに心から感謝申し上げたい。

本稿の内容は，主として 2017 年 7 月 8 日に龍谷大学で開催された刑事司法研究会共同研究報告並びに同年 9 月 5 日にハワイ大学ロースクールで開催された比較刑事司法シンポジウムにおける報告・講演を元にしている。それぞれのオーガナイザーである斎藤司教授（龍谷大学），マーク・レビン教授（ハワイ大学）に，そして後者において指定討論者を務めて頂いた瀬木比呂志教授（明治大学）に御礼申し上げたい。

GPS 捜査をめぐる筆者の研究については，2016～2017 年度にわたって電気通信普及財団より助成を頂いた（「情報技術と空間的プライバシー：位置情報・位置履歴の法的保護をめぐる統合的研究」）。貴重な御支援に感謝申し上げたい。

また，筆者の問題意識を公表する貴重な機会を与えていただいた出版社や編集者の方々の御高配に御礼申し上げたい。

最後になるが，筆者の研究環境を整え支援して頂いている学部や資料室スタッフ，そして研究室スタッフのバックアップに感謝を捧げたい。

〈2017 年 9 月　ホノルルにて記す〉

〈文献リスト〉

A．GPS 監視問題

1．「GPS と犯罪捜査 —— 追尾監視のためのハイテク機器の利用」法学セミナー 2006 年 7 月号

2．「ハイテク機器を利用した追尾監視型捜査-ビデオ監視と GPS モニタリングを例に」『鈴木茂嗣先生古稀祝賀論文集［下巻］』（成文堂，2007）

3．「GPS 情報：捜査利用　立法で手当てを」2015 年 5 月 14 日朝日新聞　私の視点

4．「GPS 利用捜査とその法的性質—承諾のない位置情報取得と監視型捜査をめぐって」法律時報 2015 年 9 月号

5．「GPS 利用捜査の規制はどうあるべきか　早急に立法措置の検討を」WEBRON-ZA　2016 年 8 月 4 日

6．「アメリカにおける GPS 利用捜査と事前規制」季刊刑事弁護 85 号（2016）

7．「追尾監視型捜査の法的性質：GPS 利用捜査をめぐる考察を通して」川崎ほか編『刑事弁護の原理と実践』（現代人文社，2016 年）

8．「監視の時代とプライバシー」世界 2017 年 6 月号（2017 年）

9．編著『GPS 捜査とプライバシー保護』（現代人文社，2018 年）

10．「GPS 捜査と個人のプライバシー」法とコンピュータ 36 号 3 頁（2018）

B．通信傍受，監視問題全般，暗号規制

1．「ネットワーク盗聴と暗号問題」法学セミナー 1998 年 2 月号

2．「これが国際通信盗聴網「エシュロン」だ！」法学セミナー 1999 年 11 月号

3．「電子メール傍受」多賀谷・松本編『情報ネットワークの法律実務』第10章所収
（第一法規，1999年，2009年）

4．「インターネット盗聴ソフト"カーニボー"の正体」法学セミナー2001年4月号

5．「覚せい剤取引と検証令状による電話傍受」『メディア判例百選』（別冊ジュリスト，2005年）220頁

6．「刑事法学：捜査の端緒と捜査手続」『新たな監視社会と市民的自由の現在：国公法・社会保険事務所職員事件を考える』（日本評論社，2006年）

7．「偽装携帯基地局を用いた通信傍受：携帯電話の無差別傍受装置"スティングレイ"」法学セミナー2015年11月号

8．「Apple対FBI問題を考える　法執行機関と暗号規制」法学セミナー2016年7月号

9．「覚せい剤取引と検証令状による電話傍受」メディア判例百選〔第2版〕

8 多国籍軍に対する国連安全保障理事会による統制可能性の検討
―― その内在的な分権性に着目して ――

佐 藤 量 介

Ⅰ　は じ め に
Ⅱ　主権の発現
Ⅲ　協同一致性の確保
Ⅳ　法的及び政治的な要請
Ⅴ　お わ り に

Ⅰ　は じ め に[1]

　国連安全保障理事会（以下，安保理）が，その決議において，国連憲章第7章に基づき，加盟国に武力行使等を容認する行為（いわゆる「許可（authorization）」）は，当該行為について憲章に明文規定が存在しなかったことから，その合憲性について議論を呼んだ。国際の平和及び安全の維持に係る主要な責任を果たすべく，軍事的な強制措置をも決定・実施する権限を憲章上委ねられた安保理が，その権限を加盟国に白紙委任することは許されないとの考えについてはさほど異論はない。主たる争点は，許可を受けた加盟国に対する安保理の統制が，当該実行の実態に即した「全般的な統制（overall control）」であっても合憲とするか，いわゆる「国連軍」について憲章が想定するような「実効的な統制（effective control）」が充たされてはじめて合憲とするかであった。安保理による統制の実態は基本的には前者にとどまるが，その後，「許可」実行は国際社会において黙認又は受容されるようになり，現在に至っている[2]。

　当該実行において留意すべきは，その実施に関して，多くの場合，「多国籍

---

(1)　本稿は，拙著である博士学位論文「国連安全保障理事会決議に基づく『許可』の法構造 ―― その実現過程における垂直性と水平性の交錯を手掛かりに」（2013 年 3 月）の一部に加筆修正したものである。

軍（Multinational force; MNF）」が設置され，それが安保理決議の設定した目的
及び任務の遂行を委ねられている点である。この多国籍軍では，その指揮統制
権限は，「許可」をなした国連（安保理）ではなく加盟国が保有する。した
がって，「許可」の合憲性の問題は，多国籍軍を国連側がどこまで統制できる
かという問題とも密接に関連していたといえる。

　そもそも「多国籍軍」とは，どのような存在なのか。安保理による「許可」
の直接又は間接の名宛人であるにもかかわらず，その実態の法的な理解につい
ては，必ずしも充分な関心が払われてきたわけではない。多国籍軍の設置及び
活動において，各国の権限は，現に何らかの形で結びつけられ，調整され，規
律されている。問題は，その形態が，集権的なものなのか，それとも分権的な
ものなのかである。換言すれば，集権的であれば，安保理による統制は，多国
籍軍の司令官を通じ，隷下の各国部隊にも全体として及ぶ。分権的であれば，
安保理による統制が全体にまで及ぶ保証はない。したがって，多国籍軍の実態
を法的に理解するということは，多国籍軍と「許可」との法的な接点を解明す
ることにもつながり得るのである。結論を先取りしていえば，多国籍軍の設置
及び活動には，参加各国の主権の発現といった分権的要素が様々に内包されて
おり，安保理による統制はその活動全体には及びにくいといえる。「許可」実
行が国際社会において黙認又は受容されるようになったとはいえ，この実態に
変わりはない。本稿では，安保理による「許可」実行について，その対象であ
る多国籍軍の構造及び活動形態に内在する様々な「分権性」を顕在化させるこ
とで（Ⅱ～Ⅳ），安保理による「全体的な統制」の評価，すなわち「許可」の
合憲性に関する一評価基準を検討し直すこととしたい（Ⅴ）。

　なお，本稿では，「許可」決議に基づく加盟国部隊による活動を「被許可活
動」と呼ぶ。

---

(2)　「許可」に関する論点及び学説の議論状況については，以下を参照されたい。拙稿「国
　連安全保障理事会による『許可』をめぐる理論状況（1）（2・完）── 権限委任アプロー
　チと違法性阻却アプローチの批判的検討」『一橋法学』14巻3号（2015年）217-235頁，
　15巻1号（2016年）335-373頁，拙稿「国連安全保障理事会決議による『許可』の法
　的位置づけの分析枠組に関する一考察 ── 垂直性と水平性の交錯を手掛りに」『一橋法
　学』13巻1号（2014年）145-205頁。

II　主権の発現

1　指揮統制構造

多国籍軍は，「特定の目的のために同盟又は連合を形成した諸国の，その軍事的要素から構成される軍隊」[3]とも説明されるが，その位置づけは講学上においても法的にも明確に定まっているものではない。多国籍軍は，一般的に，各国部隊とは独立に存在する組織体ではない。国際法学の文脈でいえば，国際法人格（international legal personality）を有する国際組織ではない。それは，「国家間の軍軍調整（military to military coordination）により性格づけられるもの」であって，固有の政治的要素を有するエンティティーでもなければ，部隊提供国とは区別される独立の法的地位を享受するものでもない[4]。作戦（operation）や特定任務（task）を実施するために，何らかの国家間合意によって具現されている協働活動である。たとえば，米・英・加・豪・ニュージーランド（ABCA）の共同活動における活動指針をまとめた『ABCA 諸国連合活動ハンドブック（*ABCA Coalition Operations Handbook*）』[5]（以下，『ABCA ハンドブック』）及び米軍部隊ドクトリンを収蔵した統合出版の一つである『Joint Publication 1-02』[6]は，「諸国連合（coalition）」を「2 か国以上の国々の間での共通活動のためになされるアドホックな取極め」[7]と説明しているが，これも同様

---

(3)　Joint Chiefs of Staff, *DOD Dictionary of Military and Associated Terms* (As of September 2018, hereinafter referred to as the "DOD Dictionary"), p. 158 (http://www.jcs. mil/Doctrine/Joint-Doctrine-Pubs/Reference-Series/) accessed at 18 December 2018.

(4)　D. Fleck, "Legal Issues of Multinational Military Units: Tasks and Missions, Stationing Law, Command and Control" in M. N. Schmitt and L. C. Green (eds), *International Law Across the Spectrum of Conflict: Essays in Honour of Professor L.C. Green on the Occasion of His Eightieth Birthday* (Naval War College Press, 2000), p. 162.

(5)　*ABCA Coalition Operations Handbook*, 4th edition (ABCA Armies Program, 14 April 2008) (hereinafter referred to as the "ABCA Handbook") (https://publicintelligence. net/american-british-canadian-australian-and-new-zealand-abca-armies-coalition-operations-handbook/) accessed at 12 December 2018, p. ix.

(6)　Joint Chiefs of Staff, *Department of Defense Dictionary of Military and Associated Terms*, Joint Publication 1-02 (8 November 2010, as amended through 15 January 2012), p. 52.

変動する社会と法・政治・文化

の認識であろう。

もちろん，この協働活動が，組織規範を備えた法的な合意により，「組織」としての実体を有することもある。たとえば，シナイ半島多国籍軍（Multinational Force and Observers: MFO）の設立合意文書附属議定書には，MFO は「本議定書により設立された組織（organization established by the Protocol）」[8]と定義されており，MFO のホームページでも，「エジプト・イスラエル間合意によって創設された独立した国際組織（an independent international organization）」[9]と記されている。また，ボスニア・ヘルツェゴヴィナに派遣された平和安定化部隊（Stabilisation Force: SFOR）のように，その実態から，北大西洋条約機構（NATO）加盟国とは独立した法適用対象とみなされる場合もある。たとえば，旧ユーゴ国際刑事裁判所（ICTY）において審理されたトドロヴィッチ事件において，被告は，自己の逮捕及び抑留は SFOR による違法行為の結果であるとして，NATO と SFOR を相手に情報開示を要請した[10]。第一審裁判部は，協力及び司法共助を規定した ICTY 規程第 29 条が，「国際組織の枠組みにおいて諸国によって引き受けられた集団的活動（collective enterprise undertaken by states），そして，特に本件においては，SFOR のような国際組織の権限ある機関に対して適用されない理由はない」として，派遣国に加え，NATO 及び SFOR それぞれに情報開示命令を出している[11]。

このように，「多国籍軍」の位置づけについては，「作戦」を実施する協働活動レベルから，国家とは別個の存在としての「組織」とみなされるものまで，

---

(7) "ABCA Handbook", *supra* note 5, p. ix; Joint Publication 1-02, *ibid.*, p. 52.

(8) *The Egyptian-Israeli Peace Treaty — Treaty of Peace Between the Arab Republic of Egypt and the State of Israel, UNTS,* vol. 1136, no. 17813, Appendix to Annex I — Organization of Movements in the Sinai, para. 1.

(9) MFO HP (http://mfo.org/en/about-us) accessed at 12 December 2018.

(10) 本件については，次の論文による検討が詳しい。See K. Wellens, "Fragmentation of International Law and Establishing an Accountability Regime for International Organizations: the Role of the Judiciary in Closing the Gap", *Michigan journal of International Law,* vol. 25 (summer 2004), p. 10.

(11) *Prosecutor v. Blagoje Simic, Milan Simic, Miroslav Tadic, Stevan Todorovic, and Simo Zaric,* Decision on motion for judicial assistance to be provided by SFOR and others, ICTY case no. IT-95-9-PT, 18 October 2000, paras. 46-49, 58.（傍点：筆者）

様々である。他方で，こうした異同にもかかわらず，そこには共通する中核的要素が存在する。それは，指揮権調整を通じた「機能的な連結」である。つまり，2か国以上の各国部隊が関与する場合であって，それら部隊に対する各国の指揮統制権を，合意によって調整することで具現するものである。

この「機能的な連結」には，二つの特徴がある。一つには，それが法的な調整であるという点である。一般論として，各国は，自国の軍隊組織に対して国内法に基づく管轄を及ぼす（図1参照）。「指揮（command）」[12]は，下位者に対する権威的命令の発出を含む権限を指す。そして，ある国の指揮官が他国の兵士に対して有する指揮権は，「指揮管轄（command jurisdiction）」として位置づけられる[13]。したがって，自国の軍隊組織に対する各国管轄を国家間で調整するという行為は，まさに法的な営為である。国際責任法の文脈でいえば，「作

---

(12) 『Joint Publication 1-02』によれば，指揮（command）とは，「軍隊の司令官が，その階級又は地位に基づき，下位者に対して法的に行使する権限」と定義される。そして，この指揮には，「割当てられた任務の完遂のため権限及び責任，並びに利用可能な資源の実効的な使用，軍事力の利用計画の策定，その組織化，指揮，調整及び統制のための権限及び責任」が含まれる。他方，「統制（control）」とは，「全面指揮に満たない権限であって，司令官により下位者又は他の組織の諸活動の一部に対して行使される権限」と定義される。See Joint Publication 1-02, *supra* note 6, p. 72.

米軍の指揮権限レベルは，戦闘指揮（指揮権限）（combatant command (command authority)），作戦統制，戦略統制，支援（support）に分けられる（Joint Chiefs of Staff, *Unified Action Armed Forces (UNAAF)*, Joint Publication 0-2 (10 July 2001), I-8, III-1, III-2; "DOD Dictionary", *supra* note 3, p. 45）。戦闘指揮（指揮権限）は，「移転不可能な指揮権限」であって，「戦闘司令官が任務の遂行に必要と考える際，指揮権及び部隊を組織し，かつ用いるための全面的な権限を付与するもの」と位置づけられる（Joint Publication 1-02, *ibid.*, p. 55）。他方，戦闘指揮以下の指揮権レベルにおいて，「指揮」ではなく「統制」が用いられている。NATOとは異なり，「作戦指揮（OPCOM）」は設定されていない（"ABCA Handbook", *supra* note 5, p. 2-2 (Figure 1-2)）。米軍の作戦統制には，軍の兵站，行政，懲戒等に関して権威的指示を与える権限や，合同部隊司令官の任務責任及び活動範囲を境界づける権限は含まれない。しかし，下位司令官及び隷下部隊の組織及び使用，任務割当，目標指定，任務遂行に必要な権威的指示を与える権限を含むものである（(Joint Publication 02, *op. cit.*, III-7）。したがって，米軍の作戦統制は，「司令官が通常，機能，時間，又は場所的に限定された明確な派遣任務又は特定任務を完遂できるよう，割当てられた部隊に指示する権限」（M. Canna, "Command and Control of Multinational Operations Involving U.S. Military Forces", *the Atlantic Council of the United States Occasional Paper* (August 2004), p. 40）というNATOの作戦統制よりも広い権限レベルのものである。

(13) "ABCA Handbook", *supra* note 5, p. xiii.

戦指揮統制（operational command and control)」の存在は，その指揮統制の対象に対する「実効的支配（effective control)」の存在と同一視されるが[14]，ある国の部隊による作為又は不作為が国際法違反となった場合，その行為の帰属は指揮調整の結果に左右される。その意味で，国家間の指揮調整は国際法的な営みでもある。

図１：米軍における指揮権限関係

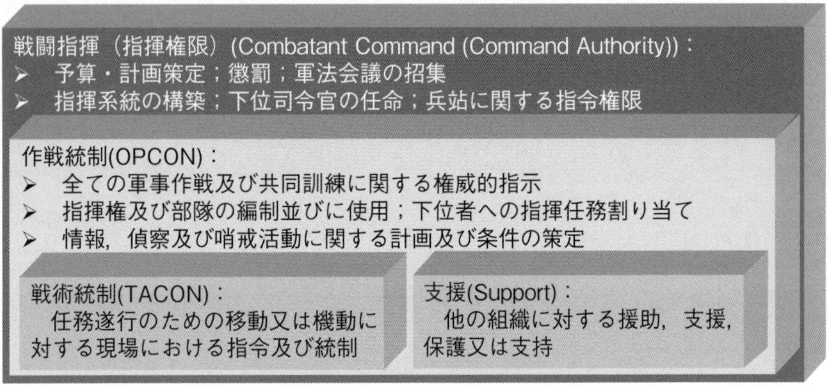

戦闘指揮（指揮権限）(Combatant Command (Command Authority))：
➢ 予算・計画策定；懲罰；軍法会議の招集
➢ 指揮系統の構築；下位司令官の任命；兵站に関する指令権限

作戦統制(OPCON)：
➢ 全ての軍事作戦及び共同訓練に関する権威的指示
➢ 指揮権及び部隊の編制並びに使用；下位者への指揮任務割り当て
➢ 情報，偵察及び哨戒活動に関する計画及び条件の策定

戦術統制(TACON)：
任務遂行のための移動又は機動に対する現場における指令及び統制

支援(Support)：
他の組織に対する援助，支援，保護又は支持

(Joint Publication 1 より抜粋。訳出は筆者。)[15]

もう一つは，「連結」が合意プロセスを経て具現するという点である。「指揮統制における一つの本質的な問題は，諸国連合部隊の権限を諸国連合司令官に移転することに関係している」[16]とも評されているように，指揮権の調整は，多国籍指揮系統への各国指揮権の「権限移転（Transfer of Authority: TOA)」又は共同意思決定メカニズムへの各国の意思決定に係る「権限委任（delegation)」を伴う（図２参照）[17]。その「移転」又は「委任」の判断は，あくまで各

---

(14) ILA, *Accountability of International organizations: Final Report of Berlin Conference (2004)*, pp. 29-30; *Financing of the United Nations Protection Force, the United Nations Confidence Restoration Operation in Croatia, the United Nations Preventive Deployment Force and the United Nations Peace Forces headquarters: Report of Secretary General*, A/51/389, p.6, para.17-18.

(15) Joint Chiefs of Staff, *Doctrine for the Armed Forces of the United States*, Joint Publication 1 (25 March 2013, as amended by 12 July 2017), V-2.

(16) "ABCA Handbook", *supra* note 5, p. xvii.

150

8 多国籍軍に対する国連安全保障理事会による統制可能性の検討〔佐藤量介〕

国の判断に委ねられるのであって，強制を以って具現することはできない。む
しろ，条約又はアドホックな合意に基づき成立する多国籍軍においては，多国
籍軍司令官の指揮権限の範囲は参加各国によって確定される[18]。その意味で，
多国籍軍の設置プロセスの特徴には，トップ・ダウンではなくボトム・アップ
な要素が色濃く反映する。つまり，多国籍軍の指揮系統の成立及び運用につい
ては，分権的な性質，すなわち，各国の主権を尊重することが具現化の必須条
件となってくるのである。

　ここで，NATO の指揮系統を例にとろう。NATO 欧州連合軍最高司令官
（SACEUR）は，NATO 加盟国の部隊に対し，1954 年 10 月 23 日ロンドン会議
最終議定書[19]に基づく権限を行使する。この権限は，戦術統制（Tactical Con-
trol: TACON）[20]，戦術指揮（Tactical Command: TACOM）[21]，作戦統制（Opera-
tional Control: OPCON）[22]及び作戦指揮（Operational Command: OPCOM）[23]からな
る。NATO 加盟国は，自国の全面指揮（Full Command）[24]を保持しつつ，上記

---

[17]　S. M. Saideman, and D. P. Auerswald, "Comparing Caveats: Understanding the
　　Sources of National Restrictions upon NATO's Mission in Afghanistan", *International
　　Studies Quarterly*, vol. 56 (2012), p 68.

[18]　Canna, *supra* note 12, p. 87; Joint Chiefs of Staff, *Multinational Operations*, Joint
　　Publication 3-16 (16 July 2013), p. II-3.

[19]　*Final Act of the London Conference*, 3 October 1954, Section IV（http://www.nato.
　　int/archives/1st5years/appendices/1b.htm）accessed at 12 December 2018.

[20]　派遣任務（mission）又は割当てられた特定任務（task）の完遂に必要な移動又は機
　　動に対する詳細な，通常の現場における指令及び統制を意味する（NATO 定義）。See
　　Canna, *supra* note 12, p. 40.

[21]　上位者によって命じられた任務の遂行のため，その指揮の下に部隊に任務を割当てる
　　権限を意味する。See Fleck, *supra* note 4, p. 177, footnote 32.

[22]　司令官が通常，機能，時間，又は場所的に限定された明確な派遣任務又は特定任務を
　　完遂できるよう，割当てられた部隊に指示する権限を意味する（NATO 定義）。See
　　Canna, *supra* note 12, p. 40. この権限には，行政・兵站に対する責任は含まれない。See
　　Fleck, *supra* note 4, p. 177, footnote 33.

[23]　下位の司令官に対し，全体任務又は個別任務を割当て，部隊の派遣及び再配置を行い，
　　必要とみなされる場合に作戦統制及び戦術統制の保持又は委任を行う権限を意味する
　　（NATO 定義）。See Canna, *ibid.*, p. 39. この権限には，行政・兵站に対する責任は含ま
　　れない。See Fleck, *ibid.*, p. 177, footnote 34.

[24]　上官が下位者に対して命令を発する軍事的権限及び責任。NATO に部隊を提供した
　　各国は，作戦統制又は作戦指揮のみを司令官に割当てるために，NATO 司令官は当該
　　部隊に対して全面指揮権を有しない。See Canna, *ibid.*, pp. 38-39.

図2：指揮権限調整による多国籍軍の成立

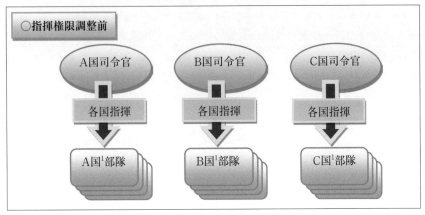

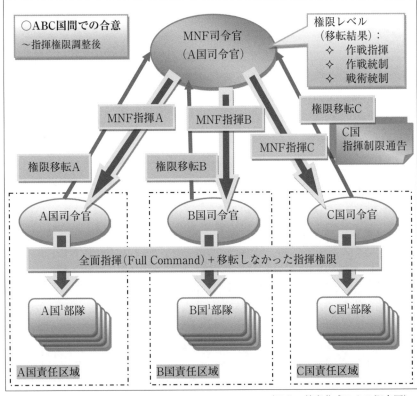

(以上，筆者作成による概念図)

8 多国籍軍に対する国連安全保障理事会による統制可能性の検討〔佐藤量介〕

の異なるレベルの指揮統制権限を NATO に委任していることになる[25]。よっ
て，各国部隊は，その委任レベルによっては NATO の作戦指揮にまで従うこ
とを求められる。たとえば，コソボに展開した国際治安部隊（Kosovo Force:
KFOR）に NATO が及ぼしていた指揮権レベルは，作戦統制であった[26]。

　しかし，この指揮枠組みも，あくまで加盟国の合意又は同意を前提とするこ
とに変わりはない[27]。そして，各国の同意を前提とするという点では，NATO
の作戦指揮統制下にあっても，各国は自国部隊を撤退させることが可能であ
る[28]。したがって，軍事同盟である NATO にあっても，その指揮系統におけ
る集権性は徹底したものではない。

　これは諸国連合活動においても同様である。『ABCA ハンドブック』によれ
ば，諸国連合司令官は，参加部隊に対して自らが与えられた指揮権限を行使す
るが，他方，諸国連合に参加する各国も，自国部隊の活動に対して自らの国家

---

[25]　Fleck, *supra* note 4, p. 171. この点については，「法を通じての民主主義のための欧州
　　委員会（ヴェニス委員会）」においても，「（KFOR における）"Unified command and
　　control（統一指揮権）" は，軍事的な専門用語であって，部隊に対する権限の限定され
　　た形での委譲のみを包含するものである。したがって，部隊提供国は『全面指揮権』を
　　委譲していない」と指摘されている。See *Application no. 71412/01 by Agim Behrami
　　and Bekir Behrami against France and Application no. 78166/01 by Ruzhdi Saramati
　　against France, Germany and Norway*, ECHR Grand Chamber Decision, 2 May 2007
　　(hereinafter referred to as the "Behrami case"), para. 50.（括弧内：筆者）

[26]　ベーラミ事件においては，作戦統制と作戦指揮が互換的に用いられている（"Behra-
　　mi case", *supra* note 25, p. 139）。しかし，ロシアの KFOR 参加に関する合意（「KFOR
　　へのロシアの参加に関する合意事項（ヘルシンキ合意）」）においては，作戦統制の行使
　　が記されている。See *Agreed Points on Russian Participation in Kosovo (Helsinki
　　Agreement)* , signed in Helsinki, Finland by U.S. Secretary of Defense William S. Cohen
　　and Russian Minister of Defense Igor Segeyev, June 18, 1999（http://www. nato.
　　int/kfor/docu/docs/pdf/helsinki.pdf）accessed at 12 December 2018.

[27]　加盟国による同意に依拠する以上，各国部隊と NATO 指揮系統との連結の形態につ
　　いても，NATO では幾つかの類型を想定している。たとえば，将来のある時点におい
　　て NATO 司令官の指揮統制下に置くことを合意した部隊である「指定部隊（Ear-
　　marked Forces）」，特定の段階，状態及び措置において NATO 司令官の指揮統制下に
　　置くことを合意した部隊である「割当て部隊（Assigned Forces）」，そして現に NATO
　　司令官の作戦指揮統制下に置かれている部隊である「指揮部隊（Command Forces）」
　　などがそれである。各国の同意を重視するが故の枠組み化の類型である。See Fleck, *sup-
　　ra* note 4, p. 172 and footnotes 37-39.

[28]　*Ibid.*, p. 172; "Behrami case", *supra* note 25, p. 50.

153

変動する社会と法・政治・文化

権限を行使する。参加諸国の利害が一致すれば，諸国連合司令官の裁量は大きくなり，一致しなければ小さくなる[29]。その管轄範囲は，国家主権の発現状況に応じて可変するのである。したがって，集権的・上意下達的な指揮系統を構築する試みは，同時に，各国の主権に配慮した調整結果の反映とならざるを得ない。言い換えれば，NATO活動及び諸国連合活動など，多国籍軍活動における「機能的な連結」とは，「指揮系統の一元化」という集権性と，「主権尊重」という分権性の調和的な統合を目指したものといえよう[30]。

　しかし，その試みの成功は容易ではない。国家の合意又は同意が必要となる以上，その連結において，分権性の要素がより強く顔を出すことも稀なことではないからである。たとえば，アフガニスタンにおいて対テロ戦争「不朽の自由作戦」（Operation Enduring Freedom）に従事していた有志連合軍（OEF軍）と国連安保理決議に基づく活動である国際治安支援部隊（International Security Assistance Force: ISAF）の双方に参加していたフランス，ドイツ，カナダにおいて，カナダは現地活動に係る重要な意思決定権限を概ね現地司令官に委ねていたのに対し，フランスは大統領に多くの決定権限を与え，ドイツは，その決定権限を議会に付与していた。そして，フランスは現地の裁量権限をその都度柔軟に変化させ，カナダは派遣初期段階を除き現地部隊に柔軟な裁量を認めていた[31]のに対し，ドイツは，厳格な制限をこれに課していたという[32]。このよ

---

(29) "ABCA Handbook", *supra* note 5, p. xiii.

(30) たとえば，多国籍軍の実施が合意による具現である以上，その機能的な連結の度合いは様々である。ドイツ連邦軍（Bundeswehr）を例にとれば，通常のNATO作戦計画に基づくNATO指揮下への部隊割り当てのほか，1997年の第一（独蘭）兵団の一般条件に関する独蘭条約によって成立し，両国の共同本部による統制下にある独蘭軍団（LANDJUT）（「統合深化モデル（deepening integration model）」）や，英国部隊が指揮統制から本部兵站支援，そして手続事項までを提供するNATO欧州連合軍即応部隊（「枠組みモデル（framework model）」），NATO欧州連合軍最高司令官（SACEUR）との合意を経て具体化している仏独スペイン・ベルギー・ルクセンブルク共同部隊である欧州軍団（Eurocorps）など，多国籍部隊への関与形態も多様である。See Fleck, *supra* note 4, pp. 162-163.

(31) カナダについては，たとえば2002年時点では，OEF参加戦闘部隊に対する母国による指揮統制は強く，極端にいえば，戦闘部隊が基地を離れるときはいつでも母国に電話連絡で許可を得なければならないほどであったとされる。しかし，徐々に現地のカナダ軍司令官の裁量が拡大していき，最終的には，事後の説明のみで足るほどの裁量を得ていたとされる。See Saideman and Auerswald, *supra* note 17, pp. 73-74.

154

8 多国籍軍に対する国連安全保障理事会による統制可能性の検討〔佐藤量介〕

うな状況からすれば，多国籍軍活動における指揮権限の問題は，「通常，派遣国間において取り上げられる最初の問題であると同時に，最も論争を呼ぶ問題である」[33]との指摘も，至当であるといえよう。

指揮権調整におけるこうした分権性の発現は，形式的には「排他的な指揮統制」[34]が国連に委ねられ，「国連の補助機関」[35]とみなされる国連平和維持活動（PKO）においても妥当する。国連 PKO の行為が，国連と派遣国とのどちらに帰属するかという問題についての国連事務局見解によると，PKO は次のように説明される。

　　安保理又は総会によって設置された PKO 軍は，国連の補助機関である。加盟国により国連指揮権のもとに置かれた要員は，自国の役務にとどまるものの，PKO 任務期間中は国連の権威の下にある国際要員とみなされ，かつ，PKO 軍司令官の指示に従うものとされる。PKO 軍の任務は，排他的に国際的であり，制度設計上，国連の利益にのみ合致する任務を遂行しなければならない。全体としての平和維持活動は，安保理の全般的な指図（overall direction）の下，場合によっては総会の全般的な指図の下，事務総長の執行的な指図及び統制（executive direction or control）に従う[36]。

1991 年時点での PKO への部隊提供に係るモデル了解覚書でも，PKO 任務中の部隊は，「国連の指揮権の下に置かれ（shall be under the command of the United Nations）」，国連事務総長は国連 PKO の「派遣，組織，行為及び指揮に対し全面的な権限を有する（shall have full authority over …）」とされている[37]。国連側のこれらの認識からは，PKO に対する国連の「排他的」指揮統制が，各国の指揮権限にかなりの程度優位するものであることがうかがえる。

---

(32) *Ibid.*, p. 69.

(33) A. Ryan, "The Strong Lead-nation Model in an ad hoc Coalition of the Willing: Operation *Stabilise* in East Timor", *International Peacekeeping*, vol. 9, no. 1 (Spring 2002), p. 30.

(34) A/51/389, *supra* note 14, para. 17.

(35) *Ibid.*

(36) *Responsibility of International Organizations: Comments and observations received from international organizations*, A/CN.4/545 (25 June 2004), p. 28.

(37) *Draft model agreement between the United Nations and Member States contributing personnel and equipment to the United Nations peace-keeping operations: Report of Secretary-General*, A/46/185 (23 May 1991), para. 7.

変動する社会と法・政治・文化

　しかし，実態はそうではない。ソマリアに派遣された UNOSOM II でみられたように，各国部隊は，UNOSOM 軍司令官による指示に対し，逐次母国に指示を仰いだとされる。また，任務に対する理解も統一されたものではなく，個々に相違していたという。武装解除任務について，イタリア軍はソフトなアプローチが紛争解決に資すると考えていたが，UNOSOM II 軍司令官は，強制的アプローチこそが必要だと考えていたというのも一例である[38]。したがって，国連の「排他的」指揮権の内実については留意が必要である。1994 年の事務総長報告書「国連平和維持活動の指揮統制」によれば，国連指揮（United Nations command）は，全面指揮（full command）ではなく，一般的に認識されている軍事的概念としての「作戦指揮（operational command）」に近いとされる[39]。そして，「作戦指揮」は，安保理の個別マンデート，合意された期間，及び特定の地理的範囲の制限において，作戦指令（operational directives）を発出する全面的な権限を含むが，部隊の個々の要員に関する懲戒規律又は昇進に関する権限は含まれない[40]。したがって，国連指揮の権限レベルは，実際には，NATO の作戦統制（NATO OPCON）に近いものであるといえる。

　この点，現時点での国連平和維持ドクトリンをまとめた手引書である，いわゆる『キャプストン・ドクトリン』は，「加盟国より提供された軍事要員の場合，当該要員は国連軍司令官又は軍事的部隊の長の作戦統制（operational control）の下に置かれるが，国連指揮（United Nations command）の下には置かれていない」[41]と明確に説明する。このドクトリンの記述について，レック（C. Leck）は，「国連事務局は，多くの派遣国法令及び政策が，自国軍隊への指揮権を他国の司令官に委譲することを禁じていることに鑑み，国連が平和維持要員に対して指揮権を有していると断定しないよう留意した」[42]と指摘する。つ

---

(38) *Report of the Commission of Inquiry established pursuant to Security Council resolution 885 (1993) to Investigate Armed Attacks on UNOSOM II personnel which led to Casualties among them*, S/1994/653 (1 June 1994), paras. 147-149.

(39) *Report of the Secretary-General: Command and Control of United Nations peacekeeping operations*, A/49/681 (21 November 1994), para. 6.

(40) *Ibid.*

(41) *United Nations Peacekeeping Operations: Principles and Guidelines* (UN Peacekeeping Best Practice Section, 2008), (hereinafter referred to as the "Capstone Doctrine"), p. 68.

まり，指揮権レベルだけに着目すれば，国連の指揮権限の実態は，作戦指揮ではなく作戦統制にとどまるのである[43]。

国連平和維持活動局（DPKO）作成のポリシー・ペーパーにおいても，国連の指揮系統において，事務総長及び事務総長特別代表が全体的な統制権限又は国連作戦権限（United Nations Operational Authority）を行使し，作戦レベルではミッション最高責任者又はミッション軍事部門最高責任者が国連作戦統制（United Nations Operational Control）を行使するとされる。明示的には，作戦指揮（Operational Command）が行使されるとの記述はない[44]。さらに，国連作戦統制の行使にあたっては，ミッション軍事部門最高責任者は，利害関係を有する国の上級司令官と協議（交渉ではない。）の上，これを行使するものとされる[45]。さらに，『キャプストン・ドクトリン』では，部隊提供国による派遣合意があってはじめて具現するという PKO の性質上，部隊提供国との協議は，「活動期間の主要段階すべてで行うべき」[46]とされる。

NATO 作戦統制が，機能，時間又は場所的に限定された任務という枠組みの中で部隊に指示する権限であるのに対し，NATO 作戦指揮では，任務の割当て自体を行い，かつ，部隊の派遣又は再配置も行い得る[47]。換言すれば，割当てられた諸限定の中での任務遂行に係る権限である作戦統制に対し，そうした限定を変更し得る権限が作戦指揮である。したがって，国連作戦統制の「協

---

[42] C. Leck, "International Responsibility in United Nations Peacekeeping Operations: Command and Control Arrangements and Attribution of Conduct", *Melbourne Journal of International Law*, vol. 10 (2009), p. 352. （傍点：筆者）

[43] PKO 要員の行為規範の標準化等を検討する法律専門家グループの報告においても，国連軍司令官は隷下部隊に「作戦統制」を行使するが，司令官が発出する指令（directives）を強制するために懲戒行為を行う権限はないと説明されている。やはり，国連の指揮権限レベルは，作戦統制にとどまる。See *Report of the Group of Legal Experts on making the standards contained in the Secretary-General's bulletin binding on contingent members and standardizing the norms of conduct so that they are applicable to all categories of peacekeeping personnel*, A/61/645 (18 December 2006), paras. 26-27.

[44] United Nations Department of Peacekeeping Operations, *Authority, Command and Control in United Nations Peacekeeping Operations, 2008 February* (Ref. 2008.4), pp. 3-4.

[45] *Ibid.*, pp. 4, 11.

[46] "Capstone Doctrine", *supra* note 41, p. 52.

[47] "ABCA Handbook", *supra* note 5, Glossary-7.

変動する社会と法・政治・文化

議」を行うという特徴は，それが NATO 作戦指揮と質的に異なることの証左
でもあろう。

国連 PKO 局訓練ユニット作成の国連平和維持用語集（非公式文書）によれ
ば，作戦指揮とは，「下位の司令官に対し，全体任務又は個別任務を割当て，
部隊の派遣及び再配置を行い，作戦統制及び戦術統制の保持又は委任を行う権
限」であって，「自国の指揮系統の外で行動する任命司令官に与えられ得る最
高レベルの作戦権限」である。他方，作戦統制とは，「司令官が，安保理決議
又はマンデートにおいて，通常，機能，時間，又は場所的に限定された明確な
派遣任務又は特定任務を完遂できるよう，割当てられた部隊に指示する権限」
であり，作戦指揮よりも制限的な権限とされる。そして，司令官は，「割当て
られた部隊の派遣任務を変更することはできず，また，部隊提供国の事前の同
意なく，部隊提供国によってあらかじめ合意された責任区域の外に当該部隊を
派遣することはできない」とも付記されている[48]。やはり，国連 PKO におけ
る作戦権限レベルの実態は，作戦指揮ではなく作戦統制である。

そして，こうした留意は，モデル了解覚書の改訂作業にもあらわれていると
指摘される。レックによれば，モデル了解覚書改訂草案（2006 年版）では，
「指揮系統に関する言及がすっかり抜け落ちている」[49]のである。2006 年改訂版
では，要員，装備及び役務の提供に係る行政上，兵站上及び財政上の諸条件に
ついて内容の充実がみられる反面，1991 年版モデルにあった「第 5 節　権限」
及び「第 6 節　国際的性質」がなくなっている[50]。第 5 節は，国連による指揮
権の存在と事務総長の権限を記したものである。第 6 節は，国際的任務及び国
連の利益目的という限定を活動に課し，かつ，「各国の行政的問題を除き，要

---

[48]　DPKO Training Unit, *Glossary of UN Peacekeeping Terms, Last updated September 1998* (http://www.un.org/ar/peacekeeping/sites/glossary/) accessed at 12 December 2018.

[49]　Leck, *supra* note 42, p. 354.

[50]　"Manual on Policies and Procedures Concerning the Reimbursement and Control of Contingent-Owned Equipment of Troop/Police Contributors Participating in Peacekeeping Missions (COE Manual)", *Letter dated 11 January 2006 from the Chairman of the 2004 Working Group on Contributing-Owned Equipment to the Chairman of the Fifth Committee*, A/C.5/60/26 (11 January 2006), Chapter 9 (pp. 148-155).

158

員は，自らの任務遂行に関し，国連外部のあらゆる権限当局から指示を受けず又は求めない。派遣政府も指示を与えないものとする。」[51]と規定する。この両節の削除は，国連による指揮統制の実態が，もはや「排他的指揮統制」ではなく，各国の指揮権限の管轄領域が拡大したことを裏づけるものである。改訂作業を最終的に確定するための草案においても，指揮系統に関する言及の無さに変化は無い[52]。

　他方，この改訂草案では，国連行動基準（United Nations standards of conduct）が新たに附属書に追加されている。この行動基準については，基本的に，派遣国が自国要員の当該基準の遵守を確保するものとされ，各国の派遣部隊司令官は，自国要員の規律と「良き秩序（good order）」に責任を負うとされる[53]。この「良き秩序」については，1991年モデル了解覚書においては，「ミッション最高責任者は，国連PKOの良き秩序と規律に対する全般的な責任を負うものとする」[54]されていた。したがって，改訂草案においては，事実上，PKO要員の規律統制については，各国の指揮権限の下にこれを達成することになったのである。国連の「排他的」指揮権又は作戦指揮の存在をここに見ることはできない。指揮権限の集権性が崩れ，分権性へと重点シフトした実態が，モデル了解覚書の改訂結果に表出しているのである。

　そして，実態面についても，各国のPKO要員が，PKO軍司令官の命令遂行の前に自国政府の指示を仰ごうとする事例は多い[55]。各国政府が当該命令とは合致しない指示を自国PKO要員に出すこともある[56]。そのため，国連では，様々な機会及び段階を通じ，部隊提供国政府との協議を持つことで，PKOの任務活動全体の調整を図ろうとしている[57]。それは派遣計画策定段階から始ま

[51]　A/46/185, *supra* note 37, para. 9.

[52]　*Report of Special Committee on Peacekeeping Operations and its Working Group, 2006 second resume session*, A/61/19/Rev.1（9 June 2008）, Annex, pp. 39-46.

[53]　*Ibid.*, p. 39（Art. 7 ter）.

[54]　A/46/185, *supra* note 37, para. 8.

[55]　T. Findlay, *The Use of Force in UN Peace Operations*（Oxford University Press, 2002）, pp. 12-13.

[56]　Leck, *supra* note 42, p. 356.

[57]　*Ibid.*; C. Gray, "Peacekeeping After the Brahimi Report: Is There a Crisis of Credibility for the UN?", *Journal of Conflict and Security Law*, vol. 6, no. 2（2001）, pp. 282-285.

変動する社会と法・政治・文化

り，任務中にも行われる。場合によっては，PKO 軍司令官から正式な命令が発出される前に，非公式の打診がなされることもある[58]。

勿論，国連は，派遣国により付される様々な制限を受けいれている事実について，これを表立って吹聴しているわけではない[59]。そうした制限の受けいれは，あくまで活動の実効性を毀損しないことが前提とされる[60]。しかし，PKO指揮権限に関する実態は[61]，「決定的なことだが，部隊提供国は，いまや，PKO の運営により大きな発言権を持つようになった」との指摘が妥当する状況にある[62]。

したがって，国連平和維持活動においても，その指揮系統における集権性は徹底したものではない。国連が形式的には排他的指揮権を有し，国連の補助機関ともみなされる平和維持活動においてさえ，実態レベルでは，派遣国の主権の発現が生じ，指揮権限構造を分権的なものに至らす。他方，そもそも諸国の自発的な意思に基づき，かつ，アドホックに成立する多国籍軍において，分権性が強く発揮されることは当然である。事実，多国籍軍における集権性と分権性は強く対立し得る。

先述の『ABCA ハンドブック』では，「主権問題は，派遣国及びホスト国により提供された部隊に関し，諸国連合軍司令官が対処すべきもっとも困難な問題となろう」[63]との留意が示されている。言い換えれば，派遣国それぞれが有

---

(58) Leck, *supra* note 42, p. 356.

(59) *Ibid.*

(60) T. Ford, "Commanding United Nations Peacekeeping Operations", *Course Material by the United Nations Institute for Training and Research Programme of Correspondence Instruction* (UNITAR Poci, 2004), p. 198.

(61) ただ，この実態が安保理における意思決定過程においても妥当するかといえば，そうではない。グレイが指摘するように，部隊提供国との協議のプロセス化は進展してはいるものの，それが単なる「コミュニケーション」の場に過ぎないのか，それとも，「大きな発言権」を有するとみなせる「事前協議」の場なのかについては議論がある。グレイ自身は，事前協議の制度化に警鐘を鳴らすオーストラリアの見解を引いており，懐疑的であるとみなせる。See Gray, *supra* note 57, p. 285.

(62) Leck, *supra* note 42, p. 357. レックは，さらに，部隊提供国が割当て任務をいつでも拒否できるという状況からして，国連は PKO 要員に対して実効的な統制を及ぼしているといえないと結論づけている。

(63) "ABCA Handbook", *supra* note 5, p. ix.（傍点：筆者）

する政治的な意図は，諸国連合の活動に影響を及ぼす[64]。それは，各国の国益及び影響力が，諸国連合活動のドクトリン及び能率と競合し得るからである[65]。米陸軍戦史研究所の所長だったボーマン（S. Bowman）は，「諸国連合における政治は，連合の軍事的論理に優先する…連合におけるリーダーシップは，強制的ではなく説得的でなければならず，各国の国内的な必要性に敏感でなければならない」[66]と，その影響力を指摘する。集権性が分権性に対して，必ずしも優位しない実態を示唆しているといえよう。

　さらに，指揮権限に関し，多くの国は，自国部隊に対する全面指揮権を他国に手渡すことを忌避する。そのため，諸国連合活動において，各国部隊は諸国連合司令官の作戦統制の下に置かれることになるが，この場合，諸国連合による指揮系統と派遣国による指揮系統の二つが同時併存することになる。したがって，この両者をいかに調整するかが，諸国連合活動における課題となる[67]。諸国連合活動における司令官は，伝統的な指揮命令によるのではなく，実際には，「調整，連絡，コンセンサス，又はリーダーシップを通じて」任務を完遂することになる[68]。総じて，多国籍軍の活動における派遣国の主権の位置づけが，いかに大きいものであるかがうかがえよう。

　このように，多国籍軍における集権性と分権性は対立的な側面を有している。そして，国家の主権の発現の過多によっては，多国籍軍活動における分権性と集権性との調整が機能せず，かえって実効性が損なわれることもある。その代表例が，次に挙げる指揮制限通告の問題である。

2　指揮制限通告（caveats）

　あらゆる多国籍軍活動において，指揮系統に関する条件についての明確かつ共通の理解が極めて重要と認識されているところ[69]，多国籍軍活動に参加する派遣国の国益は，通常，派遣国同士の間での付託事項（terms of reference）に表れる。その場合，作戦計画や作戦命令等の附属文書など，文書の策定を以っ

---

[64]　Joint Publication 3-16, *supra* note 18, p. III-1.

[65]　"ABCA Handbook", *supra* note 5, pp. x, xii.

[66]　Ryan, *supra* note 33, p. 36.

[67]　"ABCA Handbook", *supra* note 5, pp. xii-xiii.

[68]　*Ibid.*, pp. ix-x.

[69]　Canna, *supra* note 12, p. 5.

変動する社会と法・政治・文化

て具現される[70]。こうした実行は，多国籍ミッションにおいては一般的なもの
であり，かつ，概ね集権的な指揮系統構造を有する NATO においても妥当す
る[71]。この付託事項に関し，実務上，多国籍軍の「指揮系統の一元化（unity of
command）」[72]と任務活動の実施に大きな影響を及ぼしているものがある。それ
が，"caveats" 又は "national caveats" と呼ばれる「指揮制限通告」[73]である。

これは，派遣国が部隊提供に際し，それぞれの国内法及び政策に合致するよ
う，自国部隊の活動上の制約及び国際的指揮権に服さない事項を付す実行を指
す[74]。たとえば NATO 議会会議「国家指揮制限通告（national caveats）に関す
る決議第 336 号」において，この通告は「多国籍作戦の一部として活動する国
家軍隊の使用に付される制限」[75]と定義されている。その意味では，NATO 活
動にのみ限定されるものでもない。実際，NATO ミッションではない東ティ
モール国際軍（International Force for East Timor: INTERFET）[76]，イラク有志連
合[77]及びリビア有志連合[78]においても，派遣国により指揮制限通告が用いられ
ている。よって，その名称はさておき，自国部隊に対する他国の指揮命令に何
らかの制限を課す実行は，多国籍軍活動に広く見られるものであるといえよ

---

[70] "ABCA Handbook", *supra* note 5, p. xiii.

[71] Saideman and Auerswald, *supra* note 17, pp. 69-70.

[72] 『ABCA ハンドブック』によれば，「共通目的の追求において全部隊を指揮及び使用
する権限を有する単独の責任ある司令官の下に置かれている全部隊の作戦活動」と定義
されている。See Joint Publication 1-02, *supra* note 6, p. 350.

[73] 法実務一般には，裁判手続に係る「手続停止通告」や「差し止め請求」などを指すこ
とがあるが，本論では多国籍軍の文脈に即し，「指揮制限通告」と訳すことにする。なお，
防衛関係者による「免責事項」との翻訳が散見されるが，文脈からして適切とはいえな
いため，この訳語は採用しない。

[74] U.S. Department of Defense, "Report on Progress toward Security and Stability in
Afghanistan" (hereinafter referred to as the "Report on PSSA"), *Report to Congress in
accordance with Section 1230 of the National Defense Authorization Act for Fiscal Year
2008 (Public Law 110-181), as amended* (April 2010), p. 17.

[75] Resolution 336 on Reducing National Caveats, presented by the Defence and Security
Committee (15 November 2005, Copenhagen, Denmark), Art. 1.

[76] Ryan, *supra* note 33, pp. 28-29, 39.

[77] Saideman and Auerswald, *supra* note 17, p. 69, footnote. 10.

[78] P.M. Frost-Nielsen, "Conditional commitments: Why states use caveats to reserve
their efforts in military coalition operations", *Contemporary Security Policy*, vol. 38, No. 3
(2017), pp. 379-392.

8 多国籍軍に対する国連安全保障理事会による統制可能性の検討〔佐藤量介〕

う[79]。

実際に付された指揮制限通告については，たとえばコソボ事例において，活動区域に関する制約，群集統制の実施など任務内容に関する制約，先祖伝来地区の保護に関する制約等が付されていたとされる[80]。また，『ABCA ハンドブック』においても，越境発砲（cross border fires）に対する指揮制限通告の有無，防護活動（force protection）の手段に制約を課す同通告の有無，生物剤検出器（biological detection assets）の配置に関する同通告の有無，特殊部隊（Special Operations Forces: SOF）派遣に関する同通告の有無などが，諸国連合司令官が確認すべき項目として例示されている[81]。こうした指揮制限通告は，NATO との協議によって付されるものではなく，各国が一方的に付している[82]。指揮制限通告を付すのは NATO 加盟国に限られず，NATO 指揮系統に参加する非加盟国においても実施されているもので，各国が，自国派遣部隊に係る新たな権限移転（TOA）を NATO 側に通知するたびに，同通告は更新される[83]。また，指揮制限通告には，宣言されたものだけでなく，宣言されないものもある[84]。指揮制限通告が付される対象は，軍事的な活動ばかりでなく，人道活動や民政支援活動にも及ぶ[85]。

---

(79) イラク特措法に基づく自衛隊派遣についても，多国籍軍活動に国家毎の制約が課せられていた事例の一つとされる。See P.A. Mello, "National restrictions in multinational military operations: A conceptual framework", *Contemporary Security Policy*, vol. 40, No. 1 (2019), pp. 38, 44.

(80) *NATO Press Release*, "Background briefing by the NATO Spokesman", 26 January 2006 (http://www.nato.int/docu/speech/2006/s060126a.htm) accessed at 12 December 2018. この点，同プレス・リリースによれば，2005 年 3 月の暴動以後，KFOR に係る制限通告の多くが解除されたが，その多くは群衆統制に係る部隊移動に関するものであったとされる。

(81) "ABCA Handbook", *supra* note 5, pp. 8-3, 15-4, 26-1, 30-3.

(82) J. Brophy and M. Fisera, *"National Caveats" and it's impact on the Army of the Czech Republic*, p. 1 (https://www.unob.cz/eam/Documents/Archiv/EaM_1_2007/Brophy_Fisera.pdf) accessed at 12 December 2018.

(83) "Report on PSSA", *supra* note 74, pp. 17-18.

(84) "Resolution 336", *supra* note 75, Art. 2; *NATO Press Release, supra* note 80; *NATO Press Release*, "What has NATO learned from its operations?", 14 April 2005 (http://www.nato.int/docu/speech/2005/s050414i.htm) accessed at 12 December 2018.

(85) Brophy and Fisera, *supra* note 82, p. 1.

こうした多様な指揮制限通告により，NATO活動の実効性・効率性が妨げられる問題[86]については，NATO内に限らず，EUにおいても指摘されているところであり[87]，また，国連事務総長の報告の中でも取り上げられている[88]。SACEURが各国に対して指揮制限通告を撤回するよう苦言を呈したことからも，その影響の一端がうかがえよう[89]。

多国籍ミッションにおける自国部隊に対する制限通告の実行は，ボスニア・ヘルツェゴヴィナでのNATO活動から付され始めたとされるが，指揮権に対する制約が「指揮制限通告」によるものだったかどうかについては判然としない[90]。それは，当該通告が政治的に微妙な問題を含んでいること，及び，各国が付している通告の中身が公開されていないためである[91]。これは司令官にとっても同様であるとされる。すなわち，事前にどのような指揮制限通告が付されているかは不明であるため，司令官が隷下の国別部隊に命令を発出するまでは，各部隊がどのような任務活動に対応できないかが分からないのである[92]。こうした指揮制限通告の実行が公に注目を浴びることになったのは，それが多国籍軍司令官の指揮統制能力及び責任に重大な影響を及ぼしているという実態的な問題が生じたためであったとされる。

---

[86] *The Washington Times*, "'Caveats' neuter NATO allies", 15 July 2009 (http://www. washingtontimes. com/news/2009/jul/15/caveats-neuter-nato-allies/) accessed at 12 December 2018; Saideman and Auerswald, *supra* note 17, pp. 67-68. このほか，制限通告を付した国と付していない国との間で，負担の不公平が問題として指摘されている。See A. Feickert, "U.S. and Coalition Military Operations in Afghanistan: Issue for Congress", *CRS Report for Congress*, RL33503 (Updated 11 December 2006), pp. 6, 12.

[87] V. Morelli and P. Belkin, "NATO in Afghanistan: A Test of the Transatlantic Alliance", *CRS Report for Congress*, RL33627 (3 December 2009), p. 12; European Parliament resolution of 8 July 2008 on Stabilization of Afghanistan: Challenges for the EU and International Community (2007/2208(INI)), 2009/C 294 E/03, para. 12.

[88] *The Situation in Afghanistan and its Implications for International Peace and Security: Report of the Secretary-General*, A/62/722-S/2008/159 (6 March 2008), para. 23.

[89] *The Washington Times, supra* note 86.

[90] See e.g. Brophy and Fisera, *supra* note 82, p. 2; Saideman and Auerswald, *supra* note 17, p. 69; D.P. Auerswald and S.M. Saideman *NATO in Afghanistan: Fighting Together, Fighting Alone* (Princeton Univ. Press, 2014), p. 7.

[91] Saideman and Auerswald, *ibid.*, pp. 70-72; Brophy and Fisera, *ibid.*, pp. 2-3.

[92] "Resolution 336", *supra* note 75, Art. 2.i

8 多国籍軍に対する国連安全保障理事会による統制可能性の検討〔佐藤量介〕

たとえば，ボスニア・ヘルツェゴヴィナにおいては，騒乱に対処するにあたっての催涙ガスの使用に係る制限が問題となった。具体的には，同地に派遣されていた NATO 緊急対応軍団（Rapid Reaction Corps）が，Tuzla 周辺地域における騒乱に対処するにあたり，その戦域司令官（theatre commander）が催涙ガスの使用を含む交戦規則（ROE）を設定した。これに対し，いくつかの部隊は，自国政府より催涙ガスの使用を許可されておらず，戦域司令官は当該部隊を用いることができなかった。これは，緊急対応軍団の任務策定段階において，催涙ガスの使用が想定されていなかったことによる[93]。

この点，化学兵器禁止条約は，戦争手段としての暴動鎮圧剤（riot control agent）の使用を禁止していたが[94]，催涙ガスがこれに含まれるかについては明文規定が存在しなかった。そのため，各国により異なる条約解釈がなされたのである。条約上，自国領域外での暴動鎮圧剤の使用は禁じられていると解釈した派遣国は，本件 ROE には同意したものの，暴動鎮圧剤使用に関して指揮制限通告を付していたとされる。他方，暴動鎮圧剤の使用は条約に適合するとの解釈を行った国は，催涙ガスの使用を自国部隊の要員に許可した[95]。そのため，戦域司令官は，催涙ガスの使用を許可された部隊にのみ依拠せざるを得ず，その指揮の実効性及び柔軟性は影響を受けたのである。また，先述の NATO 議会会議決議においても留意されたように，2004 年 3 月にコソボで発生した暴動に際し，NATO 部隊の大部分に当該活動に係る何らかの指揮制限通告が付されていたため，KFOR 司令官はこれらの部隊を暴動対応に派遣することができなかったとされる[96]。

---

[93] W. Baron, "Command Responsibility in a Multinational Setting: how to deal with different interpretations of international (humanitarian) law: some experiences from practice", *Revue de Droit Militaire et de Droit de la Guerre*, no. 44, issue 3 and 4 (2005), pp. 138, 142.

[94] *Convention on the Prohibition of the Development, Production, Stockpiling and Use of Chemical Weapons and on their Destruction*, Art. 1 (5).

[95] Baron, *supra* note 93, pp. 138, 142. Baron は，化学兵器禁止条約における暴動鎮圧剤の使用について，これが「国内の暴動の鎮圧を含む法の執行のための目的」（第 2 条 9 項 (d)）においては禁止されていない点には触れていない。暴動鎮圧剤を自国領域以外で使用することが，禁止される「戦争の手段」に該当するのか，それとも，正当な使用権限の域外適用に該当するのか，この点も各国の解釈に委ねられていたと解する方が，引用した事例の実態に即しているように思われる。

165

変動する社会と法・政治・文化

こうした指揮制限通告が付される実行は，アフガニスタンでの活動において
も同様である[97]。トルコによるカブール地区限定やドイツによる北部地区限定
などの地域的な制約[98]，攻撃的な戦闘活動やその他危険性の高い活動への参加
制限[99]，OEF 活動への参加禁止制限[100]，地方復興支援チーム（Provincial Recon-
struction Team: PRT）への参加制限[101]，夜間活動に対する制限[102]，歴史的に対抗
関係にある国の部隊との共同作戦活動に関する制限[103]，対麻薬活動への関与制
限及び群集統制への関与制限[104]，ROE への制限等が付されていたのである[105]。
2006 年当時，アフガニスタンに自国部隊を派遣していた NATO 加盟国によっ
て付された指揮制限通告は 102 に上り，そのうち，「作戦上，影響が大きい」
と考えられるものが 50 であったことからすれば，司令官にとっては看過でき
ない問題である[106]。たとえば，地理的な制限についていえば，2007 年 1 月から
2008 年 3 月の間において，ISAF 派遣同盟国の約半数が自国部隊の派遣につい
て地理的及び又は任務的な指揮制限通告を課しているところ，この中で影響力
が大きく共通する制限通告は，北部，西部及びカブール地区からの移動を制限
する地理的制限であったとされる[107]。2009 年 10 月から 2010 年 3 月の間におい

---

(96) "Resolution 336", *supra* note 75, Art. 3; Brophy and Fisera, *supra* note 82, p. 2.

(97) "Resolution 336", *ibid.*, Art. 6; Feickert, *supra* note 86, p. 5; Saideman and Auerswald, *supra* note 17, p. 70; 小川健一「OEF と ISAF の指揮関係 —— 有志連合と同盟の『共働 (synergy)』」，『防衛学研究』第 38 号（2008 年 3 月）81-82 頁。

(98) Feickert, *ibid.*, pp. 5-6; Saideman and Auerswald, *supra* note 17, p. 76.

(99) Feickert, *ibid.*, p. 6; Morelli and Belkin, *supra* note 87, p. 23; Saideman and Auerswald, *ibid.*, p. 78.

(100) Auerswald, D.P., and Saideman, S.M., *NATO at War: Understanding the Challenges of Caveats in Afghanistan*, Annual Meeting of the American Political Science Association in Toronto（September 2-5th, 2009), p. 8（https://shape.nato.int/resources/1/docu-ments/nato%20at%20war.pdf）accessed at 12 December 2018.

(101) Saideman and Auerswald, *supra* note 17, p. 78.

(102) Auerswald and Saideman, *supra* note 100, p. 9.

(103) *Ibid*.

(104) *Ibid.*, p. 28.

(105) "Report on PSSA", *supra* note 74, p. 18.

(106) Feickert, *supra* note 86, p. 6; "NATO Commander Asks Member Nations to Drop Troop Limits", 25 October 2006, *Stars and Stripes*（http://www.stripes.com/news/nato-commander-asks-member-nations-to-drop-troop-limits-1.55918）accessed at 12 December 2018.

8 多国籍軍に対する国連安全保障理事会による統制可能性の検討〔佐藤量介〕

ても，ISAF 参加 47 か国中 27 か国が指揮制限通告を付しており，その約 40%が地理的な制限に関するものであった[108]。

また，任務活動に係る制限通告として，2006 年 2 月，ノルウェー・フィンランド合同 PRT が攻撃を受けた際，付近には NATO の戦闘部隊は存在しておらず，他方で存在していた戦闘部隊以外の NATO 部隊が，彼らを戦闘作戦に用いることを禁じる制限通告を付された部隊であったため，PRT を支援できなかったという事例もある[109]。2007 年 9 月に実施されたメデューサ作戦の際にも，これを指揮したカナダ部隊司令官が，少なくとも 4 か国の同盟国に支援要請を行ったが，本要請は各国の指揮制限通告に基づき拒否されている[110]。

この点，指揮制限通告問題に対する NATO 側の対応策としては，現在付されている制限通告の解除を各国に促すことなど，非常に限定的なものにとどまっている[111]。たとえば，2006 年 11 月 29 日ラトビアで開催されたリガ (Riga) サミットにおいて，NATO 議会会議長は，各国にアフガニスタン派遣部隊に対する制限通告の解除を要請しており[112]，また，南部及び東部戦域で活動している英米加蘭も，他の派遣国に対して制限通告の削減を訴えている[113]。こうした要請に対し，たとえば 2008 年 4 月から 9 月の間に数か国がこれを解除したが，2009 年の時点においても，依然として多くの ISAF 派遣国が指揮制限通告を維持していたというのが実状である[114]。米国も，ISAF の作戦柔軟性 (operational flexibility) 及び作戦実効性 (operational effectiveness) が阻害さ

---

[107] U.S. Department of Defense, "Progress toward Security and Stability in Afghanistan, June 2008", *Report to Congress in accordance with the 2008 National Defense Authorization Act* (*Section 1230, Public Law 110-181*), p. 13. See also Auerswald and Saideman, *supra* note 100, pp. 7-8.

[108] "Report on PSSA", *supra* note 74, p. 15.

[109] Morelli and Belkin, *supra* note 87, pp. 17-18.

[110] T. Noetzel, C. House and S. Scheipers, "Coalition Warfare in Afghanistan: Burden-sharing or Disunity?", *Chatham House Briefing Paper, ASP/ISP BP 07/01* (October 2007), p. 6; Brophy and Fisera, *supra* note 82, p. 3.

[111] "Resolution 336", *supra* note 75, Art. 12(b); *NATO Press Release, supra* note 84.

[112] Speech to the NATO Summit of Heads of State and Government Riga, Latvia, NATO Parliamentary Assembly, 29 November 2006 (https://www.nato.int/docu/speech/2006/s061129c.htm) accessed at 12 December 2018.

[113] Morelli and Belkin, *supra* note 87, p. 11.

れるとして，指揮制限通告の解除を再三要請している[113]。しかし，2009 年当時の NATO 軍最高司令官 General Craddock の発言によれば，83 あった制限通告が 70 にまで削減されるのに 18 か月が費やされたとの報道もあり[116]，その進捗は芳しいとはいえないだろう。この他，指揮制限通告には，書面で示されたものもあれば，制限通告よりも厳格な事実上の制限（*de facto* restrictions）を付す場合もある[117]。部隊提供の前に指揮制限通告を宣言させることも方策として挙げられるが[118]，やはり効果的な対応策とまではなっていないというのが現状である。

　このように，指揮制限通告という実行は，実務上，NATO の指揮統制と任務活動の実施に大きなインパクトを有していたわけである[119]。KFOR 司令官が騒乱対応のために各国部隊を用いることができなかったコソボの事例が象徴的であるが，それは当該実行が，軍隊活動において重要な「指揮命令の一元化」や「作戦の協同一致」という要素を阻害する可能性をはらむものだからである。ここで留意すべきは，指揮制限通告のインパクトが，実務上のものにとどまらず，法的な含意をもっている点である。すなわち，安保理が「許可」決議において明記した任務の実施が，指揮制限通告によって事実上達成できない，又は阻害されるという可能性があるからである。仮に，当初決議された任務内容が戦闘行為に従事する可能性の低いものであったとする。状況の変化等により，

---

[114]　U.S. Department of Defense, "Progress toward Security and Stability in Afghanistan, January 2009", *Report to Congress in accordance with the 2008 National Defense Authorization Act (Section 1230, Public Law 110-181)*, p. 30; U.S. Department of Defense, "Progress toward Security and Stability in Afghanistan, June 2009", *Report to Congress in accordance with the 2008 National Defense Authorization Act (Section 1230, Public Law 110-181)*, p. 6.

[115]　"Progress toward Security and Stability in Afghanistan, January 2009", *ibid.*, p. 30; Morelli and Belkin, *supra* note 87, pp.10, 36; "Report on PSSA", *supra* note 74, p. 15.

[116]　*The Washington Times, supra* note 86.

[117]　"Progress toward Security and Stability in Afghanistan, June 2008", *supra* note 107, p. 13; "Progress toward Security and Stability in Afghanistan, January 2009", *supra* note 114, p. 30.

[118]　*NATO Press Release, supra* note 84; "Resolution 336", *supra* note 75, Art. 12 (a).

[119]　カナダの Leslie 少将曰く，制限通告に対処することは「桁外れに苛立たしい」ものであったとされる。See Saideman and Auerswald, *supra* note 17, p. 70.

事後の決議が任務を戦闘従事可能性の高いものへと変更した場合，各国部隊が実際にどれだけ新任務に関与できるかは，指揮制限通告の有無及び内容によると考えられよう。メデューサ作戦にあたり，カナダ司令官が戦闘行為に係る支援要請を出したにもかかわらず，指揮制限通告を付していた他国部隊がこれを拒否したアフガニスタン事例が想起される。その意味で，「許可」を通じ，安保理が加盟国に対して実際に及ぼしている統制は，指揮制限通告の存在によって一層実効的なものではなくなる。

　そして，安保理決議が加盟国に委ねたともみなされる「統一指揮統制」の下での各部隊への指揮統制も，場合によっては，指揮制限通告の限りで各国部隊によって拒否され得る。この実態は，「安保理による集権的な指揮統制構造」という憲章の趣旨目的とは整合しない。ひいては，「許可」の合法性に影響を与え得る安保理による統制が，参加加盟国のすべてに必ずしも及ばない事実を示している。実務上の問題のみならず，「許可」の合法性を左右し得る実行であるといえよう。

　他方で，こうした問題をはらむ指揮制限通告であるが，その存在を抜きにして多国籍軍ミッションは成立しないということも，また事実である。多国籍ミッションを設置及び維持していくためには，参加を希望する各国の国内的な制約に配慮し，柔軟な活動条件を課すことで，多くの国の参加を期待することが必要ともなる[120]。各国に広く参加を求めることは，多国籍軍活動の正当性を高めることにつながる[121]。しかし，それは同時に，多様な参加国と増加した要員を管理しなければならないという問題に直面することになり，以って多国籍軍活動の成功に結びつく相互運用性を低下させる可能性をはらむ[122]。したがって，この二つの相反する要請を両立させることが，多国籍ミッションが不可避に直面する課題なのである[123]。

　同時に，その二律背反性は，高い相互運用性及び組織性を誇る NATO 活動といえども，国家の主権及びその同意に重きを置き，以って指揮制限通告を容

---

[120]　See Mello, *supra* note 79, p. 39.

[121]　この点については，同じく国際的なミッションであり，かつ，多国籍により実施される国連 PKO においても指摘されるところである。See "Capstone Doctrine", *supra* note 41, p. 36.

[122]　Ryan, *supra* note 33, pp. 30, 39.

認せざるを得ないことを表しているといえよう。NATO 議会会議においても，その問題点を指摘しつつ，「主権国家は，自国がミッションに参加する場合の条件について，これを定義する権利を有することを認識する」[123]と決議されているところである。ある意味，条約上の留保の制度と，それが許容される事情——条約の一体性の確保と普遍性の追求の両立——に近い構図ともいえる。相違する点を挙げるとすれば，多国籍ミッションの文脈では，それが他のミッション参加国に対して対抗力を有するものではなく，多国籍軍指揮権限に対抗力を有するということであろう。いずれにせよ，こうした指揮制限通告が付される実行に関し留意すべきは，やはり，安保理決議の「許可」によって設置された多国籍軍活動において生じている事実をどのように評価するかである。

先に指摘した「許可」された任務の実施が阻害されるという事実からすれば，指揮制限通告は，その限りにおいて「許可」に対して事後的に「留保」を付したにも等しいともいえる。確かに，派遣国による制限通告を容認しなければ，多国籍のミッションたる「被許可活動」は成立しない。しかし，この制限通告の容認は，結果として，「許可」決議が設定した任務自体に派遣国が制限を課したことを国連が容認していることと同義なのである。

3 違法行為の帰属及び責任の解除

多国籍軍活動において，その国別部隊の行為が国際法違反とされる場合の行為の帰属及び責任の解除の位置づけについては，それほど明解とはいえない。通常，国際的なミッションでは，駐留国との間に地位協定が締結され，駐留国の国内法上，要員に対する刑事裁判権は免除され，他方，民事上の請求については，各部隊の派遣国にその処理が委ねられる。しかし，「被許可活動」においては，派遣各国が「許可」をなした国連こそ責任を負うように要求することがある。国連国際法委員会（ILC）が採択した「国際違法行為に対する国の責任に関する条文」及び「国際組織の責任に関する条文草案」の文脈からすれば，

---

[123] この二律背反的な要請の両立は，PKO 事例にも妥当するものである。レックによれば，「国連は，本質的に，ジレンマの状況（'catch 22' situation）に陥っている」と評される。もし派遣部隊の利用について各国が付す制限を許さないとすると，部隊提供が全くなくなるおそれがある。もし当該制限の付与を許すと，今度は PKO の作戦実効性が危険にさらされるのである。See Leck, *supra* note 42, p. 355.

[124] "Resolution 336", *supra* note 75, Art. 10.

多国籍軍において国別部隊に実効的統制を及ぼしている主体に行為が帰属することになる。しかし，先述の通り，基本的には，多国籍軍は国際次元において実体を有する「組織」ではない。国家とは独立して存在する国際法上の何らかの法主体でもない。つまり，国際責任法の文脈において，部隊提供国に対して実効的統制を及ぼしている主体が，一見して存在していないのである。そのため，意識的にか無意識的にか，派遣国の言動には不一致又は矛盾すらみられる。

たとえば，ボスニアに派遣されたNATO主体の和平履行部隊（Implementa-tion Force: IFOR）及びSFORについて，ドイツは，「両軍隊とも独立の国際法人格を有するものとして設置された。派遣国はその損害に対する請求を処理することを自ら引き受けるが，同時に，全ての法的責任を拒否する」[125]との見解をILCの議論の場で示している。責任法のロジックからすれば，派遣国の行為はIFOR及びSFORに帰属し得る。そして，派遣国には責任解除の法的義務はない。しかし，実務上，派遣国が請求の処理に当たるとドイツは述べているのである。また，フランスは，「武力行使の合法性事件」先決的抗弁において，KFORに参加していたフランス部隊に対して指揮統制を及ぼしていたのは，NATO及び国連であり，その責はいずれかが負うのであって，フランスに責任は生じないと主張した[126]。他方で，同じくKFORにおける違法行為が問題になったベーラミ事件において，フランスは，自国部隊がNATO及びKFORの指揮統制下に置かれていたことは認めつつも，当該行為の責任は国連のみに帰せられると主張している[127]。

こうした各国主張の不一致については，裁判過程においては当事者適格や管轄権の問題が争われることが多く，違法行為の帰属については，条約当事国で

---

[125] *Responsibility of International Organizations: Comments and Observations Received from the Governments and International Organizations*, ILC 57th session, A/CN.4/556 (12 May 2005), p. 63. （傍点：筆者）

[126] *Case concerning Legality of Use of Force (Yugoslavia v. France)*, Preliminary objections of the French Republic, 5 July 2000, Chap.II, paras. 45-48.

[127] フランスは，「フランス部隊は，NATOによって立案され統制されるOPLANに従い常に行動した。したがって，KFORは，その決議がKFORを形成し指揮するための法的基礎をNATOに与えたところの安保理決議によって許可された国連平和維持活動の一適用である」として，NATOとの関連性を指摘するも，その直後に「当該領域に全体的実効的統制を行使した国連に帰せられる」と主張した。See "Behrami case", *supra* note 25, para. 83.

ある国家か，又は条約の非当事国若しくは裁判所の管轄外にある国連等の国際組織かという，二者択一の議論にならざるを得ないという事情もあろう。ただ，いずれにせよ，多国籍軍活動における違法行為の帰属及び責任解除の問題は，多国籍軍自体の国際法上の位置づけも相俟って，法理論，判例，各国の実行が一致したものとはなっていないというのが現状である。

　他方で，いままで検討してきた多国籍軍の構造的特質，すなわち，集権性よりも分権性が優位したものとなっているという特質が，責任解除の問題にも妥当していることに留意が必要である。つまり，多国籍軍自体又は多国籍軍を実施している国際組織若しくは同盟枠組みが責任を負うのではなく，あくまで派遣国又は参加国がその責を負う仕組みが構築されている場合が通例となっているのである。

　たとえば，「軍事的及び政治的同盟」[128]である NATO の場合，加盟国は，NATO を加盟国とは独立の法主体性を有する組織体としてはみなしていない。その認識は，NATO 加盟国による違法行為が，NATO 又は NATO 加盟国全体には帰属しないとする NATO 地位協定[129]の規範構造に表れている。

　物損に関して，NATO 加盟国は，その所有財産に対する損害及びその陸海空の軍事役務により用いられた財産に対する損害について，それが条約上の責務の遂行に関して生じた場合には，他の加盟国に対する全ての請求を放棄する（第8条1項）。人損に関しても，加盟国は，軍の公務中に要員が被った傷害又は死亡について，他の加盟国に対する全ての請求を放棄する（第8条4項）。

　そして，国際裁判等により扱われる問題である第三者に損害が生じた場合については，次のように規定される。まず，軍隊要員や民政要員の作為又は不作為から生じた請求は，接受国によって処理される（第8条5項）。その賠償費用は，当該損害に関係する派遣国の責任度合い応じ，加盟国間で按分される（同項 e）。たとえば，派遣国1国のみが責任を負う場合には，派遣国が 25%，接受国が 75% で分担する（e(i)）。派遣国2か国以上が責任を負う場合には，関

---

[128]　NATO HP, "What is NATO?: an introduction to the transatlantic Alliance" (http://www.nato.int/welcome/brochure_WhatIsNATO_en.pdf), p. 6 (accessed at 12 December 2018).

[129]　*Agreement between the Parties to the North Atlantic Treaty regarding the Status of their Forces*, 19 June 1951.

係国間で平等に分担する（ただし，接受国に責任が無い場合，接受国の分担は各派遣国負担分の半分とする）（e(ii)）。

このほか，公務の実施に関わらない場合で，その作為又は不作為が接受国における不法行為であった場合，派遣国は，遅滞なく，見舞金（*ex gratia* payment）を支払うかどうか，見舞金額をいくらにするかを決定しなければならない（第8条6項）。

以上のように，当然ながら加盟国間に限定されるが，NATO地位協定では，組織としてのNATOに加盟国の行為が帰属することも，責任が生じることも想定されていない[130]。この規範構造は，NATO活動に非加盟国が参加する場合にも適用される。たとえばKFOR事例において，これに参加した非加盟国アイルランドは，NATOとの間に財政支援に関する合意を締結している。ここでは，「NATO諸国と他の部隊派遣国は，KFOR部隊に関する損害に対し，相互にすべての請求を放棄すること合意した」こと，「派遣国及び他のKFOR構成要素は，その作為又は不作為から生じた損害に対する請求と第三者により出された請求に対し，責任を負う」こと，そして，「第三者からの請求はすべて，KFOR司令官により発布される予定の手続に従って処理され，損害に責任をもつ国による解決に委ねられる」ことが示されている[131]。NATO及びKFORが責任を負うことは想定されていない。あくまで，違法行為又は損害に責任を負うのは各国なのである。

コソボにおける暫定統治行政を担うものとして安保理決議によって設置された国連コソボ暫定行政ミッション（UNMIK）は，KFORにとっては地位協定の交渉及び締結相手である。UNMIK規則第1号（1999/1）によれば，「コソボに関する全ての立法及び行政権限（司法行政を含む。）は，UNMIKに与えられ，事務総長特別代表により行使される」[132]。そして，「UNMIKは，決議1244の

---

[130] 「NATO自体が責任を負うことは想定されない」（国際組織の国際責任条文の起草過程におけるドイツ代表見解）。See A/CN.4/556, *supra* note 125, p. 52.

[131] *Exchange of letters constituting an agreement between the Government of Ireland and the North Atlantic Treaty Organisation in relation to Ireland's financial responsibilities for participation in the United Nations authorised international security presence in Kosovo*（KFOR）, Brussels, 25 and 27 August 1999, *UNTS*, vol. 2141, I-37357, pp. 244-245.

変動する社会と法・政治・文化

下にある暫定行政に託された責務を実施するため，必要に応じ，規則の形式で
立法行為を行う」[132]ものとされる。したがって，コソボにおいて活動する
KFOR によって引き起こされた損害については，一次的には UNMIK と
KFOR との間で取極めがなされる。結果，UNMIK 規則 2000/47 第 7 項は，
「KFOR，UNMIK，若しくはそれら要員から直接生じた，又はそれに帰する損
害に対する第三者請求，及びいずれかの国際プレゼンスの『作戦上の必要』か
ら生じたものでない請求は，KFOR 及び UNMIK により設置される請求委員
会により解決される」[134]と規定する。この請求委員会の役割を担うものとして
設置されたものが，コソボ請求機関（KCO）である。コソボ本部準拠指針
(HQ KFOR Main Standing Operating Procedures: SOP) によると，「KCO は，準
拠指針附属書 A に従い，KFOR 軍事活動の管理全般に関する請求を裁定」し，
そして，「各派遣国は，附属書 B に従い，自国部隊の請求機関（TCNCO）を通
じて請求を処理するよう推奨される」と説明されている[135]。実際，先述のベー
ラミ事件において，被害者の父親（原告）は，仏部隊が安保理決議 1244 を遵
守しなかったとして KCO に申立て，KCO は仏部隊の TCNCO に請求を転送，
仏部隊 TCNCO はこれを却下している[136]。したがって，NATO 地位協定にお
ける規範構造と同様に，KFOR においても，基本的には違法行為又は損害に
責任を負う当該国がその処理の任を負うのである[137]。

　この点，実際に多国籍軍活動に従事する派遣国部隊の作為又は不作為によっ
て損害等が生じた場合，派遣国は法的な責任を負うことに消極的である。先述
のドイツの見解も同様である。ドイツは，実務上，「その損害に対する請求を
処理することを自ら引き受ける」ものの，あくまで「法的責任を拒否する」と
明言している[138]。こうした実務的処理は，ISAF 事例においても見受けられる。

---

[132] *On the Authority of the Interim Administration in Kosovo*, Regulation No. 1999/1,
　　 UNMIK/REG/1999/1 (25 July 1999), Section 1 "Authority of the Interim Administra-
　　 tion", Article 1.1.

[133] *Ibid.*, Section 4 "Regulations issued by UNMIK".

[134] *On the Status, Privileges and Immunities of KFOR and UNMIK and their Personnel in
　　 Kosovo*, Regulation No. 2000/47, UNMIK/REG/2000/47 (18 August 2000), Section 7
　　 "Third Party Liability".

[135] "Behrami case", *supra* note 25, paras. 47-48.

[136] *Ibid.*, para. 7.

8 多国籍軍に対する国連安全保障理事会による統制可能性の検討〔佐藤量介〕

ISAF によって引き起こされた被害に関し，国際人権団体である Human Rights Watch は，「弔慰金（condolence payments）の支給プロセスが不明確で，その場限りであり，国ごとに異なっている」[139]との問題点を指摘する。そして，「損害が生じた場合，それがたとえ国際人道法の違反が存在しない場合であっても，市民には支援又は救済が必要である…私たちは，国際的な軍事活動により被害を被った市民に対して弔慰金を支給するための統一的・包括的メカニズムを構築するよう」[140]，ISAF に強く要請しているのである。

　実際にも，派遣国の作為又は不作為により生じた損害が，国際法又は国内法上の何らかの違法行為によるものなのか，損害に対する金銭が，責任解除のための賠償なのか，それとも違法性を前提とせずに支払われる弔慰金なのか等，多国籍軍と派遣国との間の意思決定プロセス及び派遣国における意思決定プロセスは不明確である。たとえば，2009 年 9 月 4 日アフガニスタン北部クンドゥズ（Kunduz）において，ISAF ドイツ部隊が米国に要請した空爆により，石油トラックの周囲に集まっていた民間人に多くの死傷者が出た事件が挙げられる。これは，ドイツ部隊司令官であった Klein 大佐が，NATO 交戦規則や意思決定プロセスに反して空爆要請を行ったことが原因であるとされ，NATO による事故調査が実施された[141]。調査内容は秘密扱いであるため詳細は不明であるが，ドイツ部隊による空爆要請は適切であったとの結論が出されたとされる[142]。ここで着目すべきは，NATO の調査では違法性が指摘されなかったにもかかわらず，その後の展開が，刑事手続も含め，派遣国による処理

---

[137] 請求委員会を利用せず，直接派遣国の国内裁判において政府を訴える事例も存在する。たとえば，KFOR 参加の英国部隊の作為により生じた被害について，英国内での民事判決が下されている。これは，旅行中の被害者（アルバニア人）が乗っていた車を，英国部隊兵士が銃撃し，二名が死亡し，二名傷病を生じた事例である。準拠法については，国際私法に関する 1995 年法令第 12 節の適用により，英国法が適用され，高裁は，英国政府に賠償支払いを命じる判決を下した。See *Mohamet Bici and Skender Bici v. Ministry of Defence*, the High Court of Justice（Case no. LS 290157），2004 EWHC 786（QB）.

[138] A/CN.4/556, *supra* note 125, p. 63.

[139] "Letter to NATO to Investigate Compensation for Civilian Casualties in Afghanistan", Human Rights Watch web（http://www.hrw.org/en/news/2009/04/02/letter-nato-investigate-compensation-civilian-casualties-afghanistan），accessed at 12 December 2018.

[140] *Ibid.*

175

変動する社会と法・政治・文化

問題に移ったことである。

　ドイツ在住の被害者家族弁護人は，NATO ではなくドイツ側との交渉を選択し，数か月におよぶ協議を重ねた。ドイツ側は，自国部隊要員の罪を認めないまま，100 名以上にのぼる被害者家族に対し，見舞金として一家族当たり5,000 ドルを支払うことを提示した[141]。一部の家族はこれを受けいれたが，ドイツが過去に類似の事例で支払った金額と同等の約 3 万ドルの補償支払いを求める家族との金額上の開きは大きかった。また，本事件をドイツ兵によるドイツ刑法違反として Klein 大佐の刑事訴追に向けた捜査が並行して行われていたが，2010 年，連邦検事は関連する全ての捜査を終了してしまう。2013 年，見舞金以上の賠償金と Klein 大佐の訴追を求め，被害者家族がボン地裁に提訴したが，その後地裁，高裁と敗訴し，最終的にドイツ連邦裁判所でも棄却された[144]。

　このように，多国籍軍活動に従事する部隊の作為又は不作為により引き起こされた損害等に関する処理は，多国籍軍ではなく派遣国における処理に委ねられる。指揮統制構造にもみられる主権の発現又は分権性の優位は，責任解除においても色濃く表れているのである。そして，多国籍軍としての責任処理メカニズムの未整備及び派遣国による法的責任を認めることの忌避も相俟って，その処理が順調に行われるとは限らない。

---

[141] "NATO probe allegedly finds German officer at fault over Afghan bombing", 10 September 2009, *Deutsche Welle* (https://www.dw.com/en/nato-probe-allegedly-finds-german-officer-at-fault-over-afghan-bombing/a-4663766) accessed at 12 December 2018; ECCHR, *German Air Strike near Kunduz — A Year After* (Berlin, 30 August 2010), p. 3 (http://www.adh-geneve.ch/RULAC/news/ECCHR-Kunduz-A-Year-After.pdf) accessed at 12 December 2018.

[142] "Germany says NATO exonerates it on Afghan airstrike", 29 October 2009, *REUTERS* (http://www.reuters.com/article/2009/10/29/us-afghanistan-germany-idUSTRE59S3AJ20091029) accessed at 12 December 2018; ECCHR, *supra* note 141, p. 3.

[143] "Germany to Pay $500,000 for Civilian Bombing Victims", 6 August 2010, *Spiegel Online* (http://www.spiegel.de/international/germany/0,1518,710439,00.html) accessed at 12 December 2018; ECCHR, *ibid.*, p. 2.

[144] "German state not liable to pay compensation to victims of 2009 Kunduz airstrike", 6 October 2016, *Deutsche Welle* (https://www.dw.com/en/german-state-not-liable-to-pay-compensation-to-victims-of-2009-kunduz-airstrike/a-35978028) accessed at 12 December 2018.

8 多国籍軍に対する国連安全保障理事会による統制可能性の検討〔佐藤量介〕

　ここで，本稿の関心事項との関連で留意すべきは，先述のKFORやISAF
における処理問題においても明らかな通り，こうした責任解除における分権性
のあらわれが，安保理決議の「許可」によって設置された多国籍軍活動におい
て顕在化している事実である。それは，「被許可活動」の特徴を明確化する上
で示唆的である。

　一点目は，「許可」を受けた多国籍軍にあっては，責任解除に関しては各国
が対応するという分権的な処理に委ねられ，ミッション全体として一貫したメ
カニズムが構築されていない点である。各ミッション独自の責任処理メカニズ
ムが自発的に構築されているわけでもなく，また，「許可」を与えた国連側が
当該メカニズムの構築に関与する，又はその処理に統制を及ぼすということも
なされてはいない。先に確認した，多国籍軍における国際的な指揮権限の統括
及び調整の分権的実態からすれば，責任解除に関しても集権的又は組織的なメ
カニズムが構築されていないというのも容易に理解できよう。この点，PKO
では，国連と接受国間のモデル地位協定上，請求委員会が設置され，民事事案
についてはそこでの処理に委ねられることが予定されている[145]。そして，国連
と派遣国とのモデル了解覚書では，参加部隊要員による作為又は不作為により
生じた損害に対する第三者請求に対しては，まずは国連が損害の処理にあたる
ものの，当該損害が当該要員の重大な過失，故意の不正行為により生じたもの
である場合には，派遣国政府がその責任を負うとされる[146]。このように，PKO
の場合には責任解除に係るメカニズムが集権的及び組織的に構築されることが
予定されてはいるが，ただし，実際には，国連が当該請求委員会を設置したこ
とは無い[147]。当初「排他的」とされていた国連指揮権限も，実態レベルでは作
戦統制レベルへと弱まったことについては先に指摘したが，PKOであったと

---

[145] *Comprehensive Review of the Whole Question of Peace-keeping Operations in All Their Aspects*, A/45/594 (9 October 1990), Annex (Model status-of-forces agreement for peace-keeping operations), paras. 51-54.

[146] *Administrative and Budgetary Aspects of the Financing of the United Nations Peacekeeping Operations: Financing of the United Nations Peacekeeping Operations*, A/51/967 (27 August 1997), Annex, Art. 9; A/CN.4/545, *supra* note 36, pp. 17-18.

[147] 請求委員会の未設立及びPKO創成期において慣行として設置されたクレイムズ・ボードについて，以下を参照されたい。吉田脩「国連平和維持軍請求委員会の史的一考察——その創成期における実践を手掛かりとして」『国際法外交雑誌』第110巻，第1号（2011年）30-52頁。

177

しても，多国籍ミッションであることに内包されるその分権性の発現により，責任解除に係るメカニズムについても当初予定された通りの具現化は，やはり容易ではなかったといえる[148]。まして，そもそも国連の補助機関でもない，加盟国の任意性と自発性に基づく多国籍ミッションであり，指揮権も加盟国側に委ねられる「被許可活動」においては，責任解除に関するそうしたメカニズムが自発的に構築されることは期待できなかったといえる。

二点目は，「許可」の合法性に係る「全体的な統制」の実態との関係である。「被許可活動」の実態をみるに，責任解除の分野には安保理の「統制」は及んでいない。仮に「許可」を受けた加盟国による違法行為により市民に損害が生じた場合であっても，この違法行為により帰せられた責任が解除されるとは限らない。違法か否かの判断に加え，その解除方法についても，当該国に委ねられるからである。先述のISAFに参加したドイツの事例が一つの証左であろう。

他方で，Ⅰで触れたが，「許可」実行における安保理による「全体的な統制」の内実は，「被許可活動」の設置に係る決定と，期限の設定による終了に関するものにとどまると考えられている[149]。つまり，この「全体的な統制」を以って合法とされる「被許可活動」では，国際違法行為により生じた国際責任が解除されない可能性が残るといえる。それは，安保理が当該「許可」を取り消し又は終了した場合であっても変わらない。国連が責任を負うか，違法行為の実

---

[148] 近年問題視されるようになったPKO要員による派遣先現地における性的搾取・虐待（SEA）については，国連本部に規範・懲罰課（CDU）が設置され，平和維持活動における規範・懲罰面での監督活動が実施されている。要員がSEAに関する疑惑の対象である場合，調査権限は部隊派遣国（TCC）が有するものの，10日以内に調査開始の意思がないか，または拒否した場合には，国連が行政調査を開始できる。疑惑が事実であった場合，TCCが懲戒処分又は刑事罰を決定し，TCCは調査結果及び処分内容について国連に報告を行うことが要求されることとなった。SEA対策については，各国の協力と同意を得つつ，組織的な対応が構築されつつあるといえる。以下参照－「国連の取り組み：平和維持活動における性的搾取・虐待を防ぐために」（ファクトシート　2015年9月）（http://www.unic.or.jp/news_press/features_backgrounders/16654/）accessed at 12 December 2018.

[149] 「実効的統制」ではなくとも「全体的な統制」で十分とする立場として，たとえば，D. Sarooshi, *The United Nations and the Development of Collective Security: The Delegation by the UN Security Council of its Chapter VII Powers* (Oxford University Press, 1999), pp. 34, 144-145; E. De Wet, *The Chapter VII Powers of the United Nations Security Council* (Hart, Portland, 2004), pp. 260, 265-266 and 273.

施国に責任解除を義務づけるという意味での「実効的な統制」を合憲性要件とするのであれば、「被許可活動」に係る責任解除においては、違法行為の放置又は責任の未解除という法的な状況は生じないだろう。したがって、「全体的な統制」を「許可」の合憲性要件とする立場をとる限り、責任解除に関して国際違法状態が存続する可能性を否定できないのである。

Ⅲ 協同一致性の確保

1 作戦の協同一致（unity of effort）

実際問題として、多国籍の連合又は連携において、軋轢は不可避である[150]。それは、指揮系統も違えば、参加の政治的意図や国内政治事情も異なる国家が、共通の目的のためにアドホックに一緒に活動するからである。そのため、諸国連合の活動においては、パートナー国との政治的、軍事的及び文化的レベルでの親和性（compatibility）を確保するコンセンサスの構築、つまり、「異なる国から集まった各部隊を一つの結束した連合へと統合すること」が鍵なのである[151]。他方で、そうした多国籍であることに係る政治的考慮は、「指揮系統構造の最終的な形態に大きく影響する」[152]ことにもなる。多国籍軍及び諸国連合の成功のためには、「指揮命令の一元化」を追求することでは十分ではない。それは、「最も実効的な諸国連合とは、要員の同化よりも、資源と能力を統合するものである」[153]との指摘からも明らかであろう。多様な構成要素からなる多国籍軍においては完全な相互運用性の達成が可能でない以上、追求されるものとは、協調を通じての「作戦の協同一致」の確立である[154]。

米軍ドクトリンによれば、「作戦の協同一致（unity of effort）」とは、「参加者が同一の指揮系統又は組織の一部ではなくとも共通の目標に対してなされる調整及び協力。成功を収めた統合活動の産物。」[155]と定義される。その必要性につ

---

[150] Auerswald and Saideman, *supra* note 100, p. 35.

[151] J.R. Ballard, "Mastering Coalition Command in Modern Peace Operations: Operation 'Stabilise' in East Timor", *Small wars & insurgencies*, vol.1 no.1（Apr. 1990）, p. 93.

[152] Joint Publication 3-16, *supra* note 18, p. II-4.

[153] Ryan, *supra* note 33, p. 42.

[154] "ABCA Handbook", *supra* note 5, p. x; Ryan, *ibid.*, p. 32.

[155] Joint Publication 1-02, *supra* note 6, p. 350; "DOD Dictionary", *supra* note 3, p. 242.

変動する社会と法・政治・文化

いては，米軍ドクトリン『戦争以外の軍事作戦のための共同ドクトリン』（以下，『共同ドクトリン』）の第二原則として「すべての作戦において作戦の協同一致を追求すること」[156]と明示されているとともに，同じく米軍ドクトリン『多国籍軍活動』でも「多国籍軍司令官の主たる任務は，共通の目標に向かって多国籍軍の作戦を協同一致させることである」[157]と指摘されている。やはり，提供された各国部隊の活動を指揮する権限を有する多国籍軍又は諸国連合の司令官は，軍事的な考慮のみならず[158]，「作戦の協同一致」のために必要となる様々な関連事項を考慮する必要がある。それは，国家主権の発現又は分権的要素との調整を図ることを意味する。

2　指揮調整メカニズム

　多国籍軍活動は多様である。そのため，すべての多国籍軍活動において機能する唯一の指揮構造というものはないと考えられている[159]。たとえば，『ABCA ハンドブック』では，諸国連合の活動における指揮系統の中核となる諸国連合本部（Coalition headquarters）の構築手法に関し，次の三つの形態が提示されている。それは，一国が統率的役割を任命され，指揮統制で優位に立つ「統率国（lead nation）」方式，統率国は存在せず，参加国同士が相互に調整を図る「並列指揮構造（parallel command structure）」方式，そして，湾岸戦争で実施されたような両者の「結合（combination）」方式からなる。ここでもっとも望ましいとされるのが，統率国方式である[160]。

　統率国方式では，部隊の最大提供国が統率国になることが多い。NATO においては「枠組国モデル（the framework nation model）」とも呼ばれる[161]。事例

---

[156]　The Joint Chiefs of Staff, *Joint Doctrine for Military Operations Other Than War*, Joint Publication 3-07 (16 June 1995), p. II-3.

[157]　Joint Publication 3-16, *supra* note 18, p. III-1.

[158]　勿論，軍事的な考慮を疎かにしても構わないという趣旨ではない。特に，指揮統制における主たる関心事項である「権限移転（Transfer of Authority: TOA）」については，その扱い次第で諸国連合の活動の成否・趨勢に大きな影響を与えることになる—"ABCA Handbook", *supra* note 5, pp. xvii-xviii.

[159]　R.H. Palin, *Multinational Military Forces: Problems and Prospects* (Adelphi Paper no. 294) (Routledge, 1995), p. 13; Joint Publication 3-07, *supra* note 156, p. IV-4; Joint Publication 3-16, *supra* note 18, p. II-4.

[160]　"ABCA Handbook", *supra* note 5, pp. xiv-xvi.

8 多国籍軍に対する国連安全保障理事会による統制可能性の検討〔佐藤量介〕

でいえば，ソマリア・統一タスクフォース（Unified Task Force: UNITAF）における米国[162]や，INTERFET におけるオーストラリア[163]，そして，ISAF における英国がそれである[164]。統率国は，他の参加国と緊密に連携した上で，指揮統制手続を決定する。協同一致性の確保については，統率国より，他国の現地本部に対して統率国指揮統制に係るハード・ソフト両面での物資が提供され[165]，他方，他の派遣国より，統率国本部に対して連絡要員が派遣されるなど，ある種の「相互乗り入れ」によって実現が図られる。諸国連合活動における行政面，すなわち本部組織の運営に関しては，統率国が要員を派遣する[166]。INTER-FET 事例においても，オーストラリアは『ABCA ハンドブック』に準じ，統率国として多くの要員を本部等に提供している[167]。必要であれば，ミッションの規模や任務期間に応じ，他の派遣国からの増員が図られる[168]。統率国と他の派遣国との間には，ある種の相互補完体制が構築されているといえよう。

　こうした統率国方式において重視されるのが，「指揮命令の一元化」における強制的な集権性の要請に代わるものとしての，強力な連絡体制（robust liaison）の構築である。米軍ドクトリンによれば，「連絡（liaison）」は，「相互理

---

[161]　*Ibid.*, p. xiv.

[162]　*Letter dated 29 November 1992 from the Secretary-General addressed to the President of the Security Council*, S/24868（30 November 1992），p. 5.

[163]　*Letter dated 14 September 1999 from the Minister for Foreign Affairs of Australia Addressed to the Secretary-General*, S/1999/975（14 September 1999）.

[164]　*Letter dated 19 December 2001 from the Permanent Representatives of the United Kingdom of Great Britain and Northern Ireland to the United Nations addressed to the President of the Security Council*, S/2001/1217（19 December 2001），Annex.

[165]　KFOR 事例において，たとえば東部多国籍旅団の統率国であった米国は，隷下の多国籍部隊に対し，音声通信サービスや E-mail サービスなどの連絡通信手段を提供したとされる。See L. Wentz, "Chapter XXIV-Communications Systems" in L. Wentz（ed），*Lessons from Kosovo: The KFOR Experience*（CCRP/NDU publication, 2002），p. 564. この点，米国以外の国も同様の機能を果たすとは必ずしもいえないという現状も指摘されている。たとえば，INTERFET 事例においては，オーストラリア以外の派遣国は十分な連絡通信設備を備えていなかったところ，米軍の支援によって当該問題が解消されている。それは，米軍だけが各国間に存在する連絡通信体制のギャップを補うことができたためである。See Ballard, *supra* note 151, p. 92.

[166]　"ABCA Handbook", *supra* note 5, pp. xiv-xv.

[167]　Ballard, *supra* note 151, p. 89.

[168]　"ABCA Handbook", *supra* note 5, pp. xiv-xv.

変動する社会と法・政治・文化

解及び目的・行動の一致を確保するために軍隊その他機関の構成要素間で維持される接触又は相互通信」と定義されるものであり，「実効的な連絡の必要性は多国籍軍において死活的である」[169]と位置づけられるものである。たとえば，KFOR 事例において，KFOR—多国籍旅団間，及び多国籍旅団統率国—隷下部隊間における連絡調整メカニズムは，卓越したものであったとされる[170]。INTERFET 事例においても，連絡要員によって形成された連結が，指揮系統についての各国間の取極めを機能させるために重要な要素であったことが指摘されている[171]。そして，効率的な連絡連携体制の構築のため，連絡チームが活用され，さらに，国別司令官会議（National Commanders Meetings）も調整メカニズムとして活用されている[172]。よって，適切かつ実効的な連絡調整こそが，「諸国連合活動における作戦の協同一致を策定及び維持するために本質的なもの」と認識されているのである[173]。

　この他，強制的措置よりも調整が優位するという点で同じく重要視されるのが，行動準則としての ROE である。『ABCA ハンドブック』では，ROE は，「部隊が交戦を開始及び継続する際の条件及び制限を定義する指令」と定義されている[174]。通常，諸国連合の活動に参加する各国は，それぞれ異なる ROE の下で参加している。ある国の ROE には比較的制限が少なく，他の国の ROE には厳しい制限が課せられていることもある。そのため，諸国連合司令官は ROE の標準化を試みる必要がある。フレック（D. Fleck）も，多国籍軍活動において緊密な調整を図るための適した手段として，共通 ROE を挙げる[175]。
　しかし，実際には ROE の共通化又は標準化が実現しないこともあり得る。

---

[169]　Joint Publication 3-16, *supra* note 18, p. II-8.

[170]　L. Wentz, "Chapter XXX-Peace Support Operations Cooperation, Coordination, and Information Sharing: Lessons from Kosovo" in L. Wentz（ed）, *Lessons from Kosovo: The KFOR Experience*（CCRP/NDU publication, 2002）, p. 694.

[171]　Ryan, *supra* note 33, pp. 34-35.

[172]　Ballard, *supra* note 151, p. 89, 95; Ryan, *ibid.*, pp. 36-37.

[173]　"ABCA Handbook", *supra* note 5, p. xv.

[174]　*Ibid.*, p. 3-1. ROE については，以下も参照されたい。岩本誠吾「ROE の国際法的問題点とその存在意義」浅田正彦編『21 世紀国際法の課題：安藤仁介先生古稀記念』（有信堂高文社，2006 年）403-428 頁。

[175]　Fleck, *supra* note 4, p. 171.

通常，諸国連合本部は，計画段階で「諸国連合軍 ROE」を策定する。そして，実施段階において，他の参加国が「支援 ROE」を策定する。こうした二段階の共通化・標準化プロセスを経るため，往々にして，統率国 ROE（諸国連合軍 ROE）とその隷下部隊の ROE が異なるという事態が生じる。結果，各国の司令官は，他国の ROE に従うことで自国の国内規制に抵触するという潜在的な危険にさらされることになる。それは，自国の法令違反によって国内法上の訴追リスクを負うからである[176]。これに加え，先に例示したように，指揮制限通告が ROE に付される場合も想起するならば，ROE の共通化又は標準化は容易なことではない。「指揮命令の一元化」にせよ「作戦の協同一致」にせよ，派遣国の主権という分権性との間で，各国の ROE をいかに調整するかという課題に直面するのである。

3 兼職（dual hatting）

多国籍軍ミッションの特徴の一つとして，各国指揮系統の連結技術としての「兼職（dual hatting）」が挙げられる。たとえば，INTERFET 事例において，INTERFET 司令官である Cosgrove 将軍は，同時に，オーストラリア共同機動部隊司令官の役職も兼務していた。また，Cosgrove 将軍の副官を務めていたタイの Jaggabatara 少将も，タイ国部隊の小部隊司令官を兼務していた。KFOR 事例において，米国の William G. Beard 中佐が，東部多国籍旅団に派遣されたタスク・フォース・ファルコン G5 司令官と，米陸軍予備役からなるタスク・フォース・ヤンキーの司令官を兼務している[177]。ISAF 事例において，カナダの Andrew Leslie 少将は ISAF 副司令官とカナダ部隊司令官を兼務している[178]。同一ミッションの文脈ではないが，アフガニスタンでは，米軍司令官が OEF 軍を指揮するアフガニスタン米軍司令官と ISAF 司令官を兼務していた[179]。つまり，「兼職」とは，一人の人物が，多国籍軍レベルと各国レベルの司令官を兼ねる営為である。したがって，これらの事例が例外的なのではなく，むしろ，ほとんどの多国籍軍において「兼職」が見られるといっても過言はな

---

[176] "ABCA Handbook", *supra* note 5, p. 3-1.

[177] L. Wentz, "Chapter XXI-Civil-Military Operations" in L. Wentz (ed), *Lessons from Kosovo: The KFOR Experience* (CCRP/NDU publication, 2002), p. 484.

[178] Saideman and Auerswald, *supra* note 17, p. 73.

変動する社会と法・政治・文化

いだろう。

　これは，多国籍軍という存在が，国家とは独立して存在する組織体でもなく，また，何らかの組織固有の常設軍でもないという事実と軌を一にするものである。ある意味で，それは「機能の二重性」である。たとえば，フランス行政法における「機能の二重性 (*dédoublement fonctionnel*)」は，知事が，県において国家を代表するとともに，地方公共団体における行政当局者であり，市長が，自治体の執行官であり，行政区域において国を代表する状況を表す[180]。二つの役職を兼ねるという意味で，派遣国司令官が多国籍軍司令官を兼務する構造と重複する。ただし，留意すべきは，前者における重複は，フランス国内法において具現及び規律されている公的組織並びに法的地位に関するものだという点である。多国籍軍における二重性はこれと異なる。多国籍軍司令官としての地位は，国際次元におけるものだが，国際組織における国際公務員の法的位置づけのように，その雇用，身分保障等が国家の法的秩序とは独立して具体化しているものではない。派遣国の司令官という地位は，そもそも各国の国内法に基礎づけられるものである。そして，「兼職」を一般的に規律する国際法も存在していない。場合によっては個別条約等の事前の法的な合意に基づくこともあるだろう。しかし，「兼職」は，あくまで，多国籍軍設置に係る当事国間の何らかの合意又は取極めに基づくものに過ぎない。多国籍軍が，アドホックな合意を以って各国指揮系統を調整して具現しているという性質上，各国から独立した司令官が存在しないのも当然である。言いすぎを恐れず形容するならば，多国籍軍という「仮構」を成立させるため，各国の司令官は多国籍軍司令官としての「仮面」も重ねて被るのである。

　実体としては「仮構」であるものの，機能的には，各国指揮系統とは別個の「多国籍軍の指揮系統」が存在することになる。そして，「兼職」は，多国籍軍活動の機能的な結合性を高めるのに資することも確かである。それは，独立し

---

[179]　こうした事例は，同じく多国籍な活動である国連 PKO においても稀に見られる。UNOSOM II 事例において，UNOSOM II 司令官の副官である Major General Montgomery（米）は，同時に，ソマリア米軍（USFORSOM）の司令官でもあったことがそれである。See Canna, *supra* note 12, p. 12.

[180]　A. Van Lang, G. Gondouin et V. Inserguet-Brisset, *Dictionnaire de droit administratif, 3ᵉ édition* (Armand Colin, 2002), p. 110.

184

た司令官が存在しない以上，多国籍軍の活動を具体化するための必要かつ現実的な「仕掛け」である[181]。このような多国籍軍ミッションにおいて必要とされる「兼職」方式であるが，実際の運用において，必ずしも所期の目的を達するとは限らない。たとえば，INTERFET 活動においては，司令官ごとの「作戦文化（operational cultures）」の相違から，この「兼職」メカニズムは上手く機能しなかったとされる[182]。オーストラリア陸軍研究機関に属するライアン（A. Ryan）は，INTERFET を，「全く異なる作戦文化を有するパートナーから構成される全く異なるものを含む諸国連合」[183]とした上で，オーストラリア国軍（ADF）には文化的に多様な部隊に対して指揮系統上の相乗効果をもたらす経験を欠いていたと指摘する[184]。そのため，INTERFET 司令官 Cosgrove 将軍と派遣部隊間に誤解，苛立ち，摩擦が生じていた。この問題を解決すべく，Cosgrove 将軍は，連絡要員の使用と，文化・言語に関する熟練の専門家の必要性が「絶対的に重要」との結論に至ったとされる[185]。その意味では，「兼職」方式が各部隊間の作戦文化の相違克服に果たした役割は，限定的であったといえる。

また，アフガニスタンで生じた ISAF 司令官とアフガニスタン米軍司令官との兼職は，結果として，ISAF と対テロ戦争との指揮権の混交を招き，ひいては ISAF 任務が対テロ戦争任務へと変質するという事態を招くことにもなっている[186]。したがって，「兼職」は，多国籍軍ミッションを成立させるための必要な仕掛けではあるものの，多国籍軍ミッションが目指す「作戦の協同一致（unity of effort）」を確保するものとしては必ずしも十分ではない。ここで鍵と

---

[181] 「兼職」自体が成立しなかった場合，統率国の指揮系統に弊害が出ることもある。たとえば，カナダの Rick Hillier 中将が ISAF 司令官に着任した際，前任者との交代に絡み権限関係にズレが生じた。Hillier 中将は ISAF 司令官とカナダ部隊司令官を「兼職」するはずが，カナダ部隊に対する NATO 指揮系統上の権限のみが与えられ，カナダ部隊に対する指揮権は別のカナダ人大佐が保持することになったのである。その結果，Hillier 中将はカナダ部隊を指揮するにあたり，この大佐が出す決定を覆そうとする場合，本国に要請を行わなければならず，非常に苛立たしい状況に直面したとされる。See Saideman and Auerswald, *supra* note 17, p. 73.

[182] Ballard, *supra* note 151, p. 96.

[183] Ryan, *supra* note 33, p. 24.

[184] *Ibid.*, p. 35.

[185] *Ibid.*.

なるのは，各国部隊による任務遂行の容易化という分権的な実施手法と集権的な統制手法とをいかに両立させるかである[186]。これを解決するものとして併せて取り入れられた手法が，より分権的な性質が反映された「責任区域（Area of Responsibility: AOR）」方式である。

4　責任区域（Area of Responsibility: AOR）

『国防総省軍事関連用語辞典（DOD Dictionary of Military and Associated Terms)』によると，AOR とは，「戦闘指揮権に結びつけられた地理的区域であって，その区域内において戦闘群司令官は作戦を策定及び実行する権限を有する。」と定義されている[188]。実際の運用としては，米国戦闘軍に限らず[189]，たとえば，東ティモールやソマリア，ハイチ，ボスニア[190]，そしてコソボやアフガニスタンにおいて広く用いられてきており，多国籍軍活動全般において，より一般的に用いられている。

INTERFET においては，「作戦地域（Operational Regions)」という名称でAOR 方式が導入された。これは，参加部隊ごとに戦術，装備，政治目的が異なることから，INTERFET 全体での作戦上の相互運用性及び結束性の確保が困難であったという実務上の要請による[191]。INTERFET 参加国のうち，オーストラリア，ニュージーランド及び英国については，高い相互運用性を有し，かつ単独での任務の遂行が可能であるのに対し，韓国，タイ及びフィリピンは，それぞれ固有の活動文化を有し，かつキャパシティの不足により，西側参加国

---

[186] 拙稿「国連安全保障理事会決議による『許可』の法的位置づけの分析枠組に関する一考察 ―― 垂直性と水平性の交錯を手掛りに」『一橋法学』13 巻 1 号（2014 年）184-185頁。なお，指揮系統の「共働（synergy)」という評価を目的とした論稿ではあるが，OEF と ISAF の当該問題を扱ったものとして，小川健一「OEF と ISAF の指揮関係―― 有志連合と同盟の『共働（synergy)』」，『防衛学研究』第 38 号（2008 年 3 月）69-88 頁も参照されたい。

[187] Ballard, *supra* note 151, p. 96.

[188] "DOD Dictionary", *supra* note 3, p. 20; Joint Publication 1-02, *supra* note 6, p. 24.

[189] 米陸軍における AOR の活用状況及び位置づけについては，以下を参照されたい。See Joint Chiefs of Staff, *Command and Control for Joint Land Operations*, Joint Publication 3-31 (24 February 2014), pp. I-7-I-10, II-20, III-2-III-12.

[190] Ballard, *supra* note 151, p. 94.

[191] *Ibid.*

と同様の任務遂行が望めなかった[192]。そのため，作戦地域の割当てについては，たとえば，危険度の高い地域か否か，人道支援活動で事足りる地域か否かなどの基準により区画を行い，各国部隊の配置を決定した。たとえば，タイ国部隊は人道支援に注力できるよう配置がなされ，韓国部隊も要員の安全が最大限に確保されなければならないという国内事情に配慮し，比較的交戦の可能性が低い地域への配置がなされた[193]。結果として，適材適所の配置により，各国協力による相乗効果がミッション全体にもたらされたのである[194]。

KFOR における AOR 又は 'zone de responsabilité'[195]は，主として，KFOR 司令官の下に設置され，地理的に区分された個々の作戦区域を指す。KFOR では，部隊を5つの多国籍旅団（Multinational Brigades: MNBs)[196]に分割し，各旅団には，それぞれ統率国が配され，各旅団が個々の作戦区域に対し責任を負いつつ，KFOR 司令官の下で単一の指揮系統に属するという方式を採用した[197]。結果，全体としての KFOR 指揮系統は，各区域が KFOR 司令官の下に垂直的に集約されるものの，個々が独立し，横のつながりを欠く（いわゆる 'stove-piped' な）ため，各区域の治安状況は分断することになった。こうした作戦遂行上の問題に対し，KFOR 全体としては，作戦環境における相互運用性と

[192]　Ryan, *supra* note 33, pp. 28-29, 31.

[193]　Ballard, *supra* note 151, p. 94; Ryan, *ibid.*, p. 29.

[194]　Ryan, *ibid.*, p. 31.

[195]　M. Guillaume, G. Marhic et G. Etienne, "Le Cadre Juridique de L'action de la KFOR au KOSOVO", *Annuaire Français De Droit International*, XLV 1999, p. 324, footnote 9.

[196]　KFOR は当初は4つの旅団で構成されていた。これを5つに再編した後，2006年6月以降は，これを5つの多国籍任務部隊（Multinational Task Forces: MNTF）に，2010年2月には，5つの多国籍戦闘集団（Multinational Battle Groups: MNBGs）へ，さらに同年10月には，これを2つの MNBGs と組織替えし（NATO HP（http://www.nato.int/cps/en/natolive/topics_48818.htm) accessed at 19 February 2012），現在に至っている（同 HP（http://www.nato.int/cps/en/natolive/topics_48818.htm）accessed at 12 December 2018)。

[197]　KFOR 統率国（及び KFOR 司令官）については，まず，欧州連合軍即応部隊（Allied Rapid Reaction Corps: ARRC）を指揮する英国，次に中央欧州連合陸軍（LANDCENT）を指揮していたドイツが担当した。その後，欧州軍団（Eurocorps）の指揮に当たっていたスペインが，そして，2000年秋には NATO 南部欧州連合軍（AFSOUTH）の指揮に当たるイタリアがこれを引継いでいる。See L. Wentz, "Preface" in L. Wentz (ed), *Lessons from Kosovo: The KFOR Experience* (CCRP/NDU publication, 2002), pp. xvi-xvii.

変動する社会と法・政治・文化

情報共有をいかに実現するかが課題になったという[198]。こうした課題も，先に示した指揮命令の一元化（unity of command）から作戦の協同一致（unity of effort）への力点のシフトと符合する動きであるといえよう。

ISAF における AOR も，KFOR の場合と同様，いわゆる stovepiped な指揮系統となっている。ISAF 司令官の下に「地域司令部（Regional Command）」との名称で地理的に区分された作戦区域が設定され，各地域司令部には，それぞれ統率国が配される。各地域司令部は，個々の作戦区域に対し責任を負う。作戦区域ごとに戦闘リスク及び危険度は異なるが，タリバン等との交戦の可能性が高い南部及び南西部区域が当該リスク及び危険度が高い区域にあたる。先述の指揮制限通告に関し，各国が当該地域への移動に制限通告を付していた，又は割当てられた区域からの移動を制限する制限通告を付していたのはそのためである。INTERFET 事例もそうだが，多国籍軍の活動目的に賛同し，参加を希望するものの，戦闘行為に従事するリスクの高い地域への派遣には消極的な派遣国にとっては，比較的リスクの低い責任区域を割当てられることで，その派遣が可能になる場合もある。同時に，AOR という境界づけにより，そうした派遣国の活動限界が担保されるという側面もあろう。

こうした AOR の設定においては，実務上，部隊の能力や制約条件等に応じた適材適所を実現することが必要になる。そのため，各国の活動条件やキャパシティを把握するとともに，現地の状況を把握することも重要となる。この点，先述の『ABCA ハンドブック』において，AOR との関連で，作戦領域における活動条件を評価する査定チームの早期派遣の有効性が指摘されている。当該査定チームは，事前のミッション分析の妥当性を確認し，作戦上の重複を減少させ，合理的な分業を可能とする。このことにより，ミッションの完遂のために為すべきことは何か，どのような種類の部隊が必要か，どんな資材が現地調達可能かなどを決定し，以って任務の明確化が図られるのである[199]。

このほか，AOR の有用性には，法的な問題を解決するためのツールとしてのそれも含まれる。たとえば，オランダの軍関係者は，多国籍軍活動に参加した各国の法的な解釈の相違問題に対応するためのメカニズムとして，①先述の

---

[198] *Ibid.,* p. xvi.

[199] "ABCA Handbook", *supra* note 5, p. xviii.

8 多国籍軍に対する国連安全保障理事会による統制可能性の検討〔佐藤量介〕

指揮制限通告の採用，②法的問題についての事前合意の締結，③各国部隊に帯同している法務官が法的問題を現場で判断し，特定の任務を拒否する「レッドカード手続き」，④法的解釈の相違に応じ，部隊間でのタスク分配を実施する「タスク対応部隊（troops-to-task）」メカニズムを挙げている[200]。この「タスク対応部隊」のバリエーションの一つが AOR 方式であり，各国はその担当区域において，自らの解釈に基づく適用法や政策を実施することで，異なる法解釈に基づき行動することで生じる活動上の衝突や競合を回避することを企図していたのである[201]。ソマリア UNITAF において，その一部隊であったオーストラリア部隊は，自国に割当てられた責任区域において占領法を適用するなど，広範な裁量を駆使してその任にあたっていたことも，AOR の法的問題解決ツールとしての一適用事例といえよう[202]。

　法に係る広範な裁量に委ねるという点では，UNMIK が有する規則制定権との関係で法的な管轄抵触が想起され得る問題である，KFOR による夜間外出禁止令（couvre-feu）の発出についても同様である。同令について，KFOR 司令官は，その発令を各多国籍旅団統率国の判断に委ねていた。実際，同令の発出は，フランス担当の北部多国籍旅団のみならず，東部多国籍旅団（米国担当地区）と南部多国籍旅団（ドイツ担当地区）において実施されていたが[203]，中央多国籍旅団（英国担当地区）では実施されていなかった[204]。このように，各責任地区については，各統率国の判断及び裁量に委ねられていたことがわかる。

---

[200]　Baron, *supra* note 93, pp. 141-142. レッドカード手続きの存在については，次の文献でも触れられている。See Saideman and Auerswald, *supra* note 17, p. 69; Frost-Nielsen, *supra* note 78, pp. 391-392.

[201]　Baron, *ibid.*, p. 141.

[202]　See M. Kelly, *Restoring and Maintaining Order in Complex Peace Operations: The Search for a Legal Framework* (Kluwer Law International, 1999), p. 17; F.M. Lorenz, "Law and Anarchy in Somalia", *Parameters: US Army War College Quarterly, vol. XXIII* (Winter 1993), pp. 27-29, 34-35.

[203]　Guillaume et al., *supra* note 195, p. 330, footnote.16. その他，2004 年 Mitrovica に関する夜間外出禁止令の事例及び東部 MNB における夜間外出禁止令については，ICG, "Collapse in Kosovo", *ICG Europe Report No. 155* (22 April 2004), pp. 48, 50; Amnesty International, "Serbia and Montenegro (Kosovo/Kosova): The March Violence: KFOR and UNMIK's failure to protect the rights of the minority communities", EUR 70/016/2004 (8 July 2004), p. 2 (https://www.amnesty.org/en/documents/eur70/016/2004/en/), accessed at 12 December 2018.

変動する社会と法・政治・文化

よって，AOR 方式の導入は，多国籍軍ミッションが派遣国各国の異なる
キャパシティ及び国内事情等に適宜対応しつつ，多国籍軍全体としての協同一
致性を確保することを可能にする。それは，実態的な調整機能のみならず，法
的な問題についての調整機能も果たす。ただし，その調整は，各国の法的な見
解又は解釈の相違を直接的に矯正し，以って統合を果たすのではない。その相
違に基づく各国の自律的な活動を，各責任区域において実現することを許容す
ることで，全体としての協同一致性の達成を可能とするのである。つまり，
AOR 方式の採用とは，多国籍軍活動という営為が，総じて，各国部隊を集権
的に統合する試みとは異なるという実態の反映である。多国籍軍は，指揮系統
という集権的な構成要素と，各派遣国の主権の発現又は国内事情等に由来する
分権的な構成要素との折り合いをつけざるを得ない。やはり，多国籍軍には，
集権性と分権性とのそうした緊張関係が内包されているのである。

他方で，本稿の問題関心からすれば，AOR の実際の運用は，「被許可活動」
について法的な問題を提示していることがわかる。先述の UNITAF 事例では，
UNITAF 司令官が公式に採用を「拒否」した占領法適用を，派遣国のオース
トラリアが担当 AOR において適用し活動を行っていたが[205]，これは派遣国の
行動に対し，安保理の統制が指揮系統を通じて及んでいないことを示すもので
ある。同時に，安保理が設定した「枠づけ」を超え，派遣国が裁量を行使して
いた事態でもある。したがって，AOR 方式は，実務上は「許可」を受けた多
国籍軍活動における協同一致性の達成を可能とする手段であるが，反面，法的
には，「許可」決議の設定した任務遂行上の「枠づけ」に「穴」をあけ得る手
段でもある。「穴」が大きくなれば，場合によっては「枠づけ」自体が損なわ
れることになりかねない。したがって，AOR 方式を採用する多国籍軍につい
ては，その実施構造の中に，「許可」の合憲性要件と相対立し得る要素が組み
込まれているのである。

---

[204] *UNMIK-KFOR Press Briefing*, 5 July 2000（https://unmik.unmissions.org/sites/de
fault/files/old_dnn/UNMIK_Press_Briefings_2000-2008_Archive. zip），accessed at 12
December 2018.

[205] S. Chesterman, *You, the people: the United Nations, Transitional Administration, and
State-Building*（Oxford University Press, 2004），p. 115; Kelly, *supra* note 202, p. 17.

Ⅳ　法的及び政治的な要請

1　合法性の確保

多国籍軍活動においては，実務上，多様な問題領域において独特な法的問題が生じる。そのため，軍の法律部門は専門知識を必要とする[206]。たとえば，米軍ドクトリンでは，法的な専門知識を必要とする対象分野として，難民，避難民及び抑留市民，会計法，ROE，心理作戦，民政，医療支援，現地の文化・慣習・自治，国際法及び合意（地位協定，環境イニシアティヴ等），軍事的及び政治的連絡体制，賠償又は請求が列挙されている。そして，こうした多様な問題領域に対し，司令官は，「軍の法務官や民間の弁護士が，戦争以外の軍事作戦において生じ得る多様かつ複雑な国際的問題，作戦上の法的問題及び規則的問題に対応するのに必要なリソースを利用できるよう，確保すべきである」と提言される[207]。多国籍軍又は諸国連合活動に関する先述の『ABCA ハンドブック』も，「法（Legal）」及び「国際法，条約及び取極め（International Law, Treaties, and Arrangements）」という章を設け，諸国連合が考慮すべき法的問題について説明する。そこでは，「国連憲章第 7 章の下で平和強制任務を行う諸国連合軍であっても法に従う」[208]とあるように，国連憲章第 7 章の下での「許可」は，諸国連合にとっての完全な免罪符と位置づけられてはいない。そして，その従うべき「法」に関しては，次のように列挙される。

まず，国連憲章である。特に，その根本原則の一つである国内問題不干渉は重要である。それは，法的に何らか正当化されない限り，諸国連合は他国領域において軍事行動を実施できないと認識されるからである。この他，憲章第 7 章，そして憲章第 51 条も，諸国連合の活動が両立すべき国連憲章諸原則として挙げられる[209]。次に，武力紛争法である。武力紛争法は，武力紛争状態が存在している場合の活動において，条約当事国である諸国連合参加国を法的に拘

---

[206]　Joint Publication 3-07, *supra* note 156, pp. IV-8, IV-9.

[207]　*Ibid.*, p. IV-9. See also Joint Chiefs of Staff, *Legal Support to Military Operations*, Joint Publication 1-04 (2 August 2016), pp. I-11, I-13, I-14.

[208]　"ABCA Handbook", *supra* note 5, p. 24-1.

[209]　*Ibid.*

変動する社会と法・政治・文化

束する。特定兵器の使用禁止など，武力紛争法のある規則については，武力紛争状態が存在していない時においても条約当事国である参加国を法的に拘束する[210]。武力紛争法における人道諸原則及び国際人権法については，法適用が可能でない場合であっても，各国の政策判断による適用は可能である。これらの国際法上の義務は，諸国連合軍の活動が合法的に実施されるよう導くものであるとされる。さらに，地位協定（SOFA）は，国際法及びホスト国の国内法が諸国連合軍活動に与える影響を修正し得る強力な法的文書とみなされる。その他，参加国及びホスト国が当事国である環境条約や，各国の国内法上の環境関連規則，そして，ホスト国に存在する文化的及び歴史的財産に対する配慮も要すると示されている[211]。

このように，多国籍軍又は諸国連合の活動に関する法的枠組みは，多様かつ多層的である。そのため，『ABCA ハンドブック』では，派遣計画策定及び任務開始当初から，諸国連合法務官が法的問題の扱いに包括的な責任を負うことで，円滑な活動を確保しようとする試みが記されている[212]。『共同ドクトリン』では，場合によっては，「ホスト国特有の法的問題に関する実践的なガイダンスを提供できるよう，ホスト国の法務部門が軍司令部要員に統合されるべきである」[213]と指摘されるように，ホスト国との協力体制を多国籍軍ミッションに取り込むことで様々な法的問題に対処することも念頭に置かれているのである。

しかし，Ⅱで触れたように，多国籍軍及び諸国連合における集権的な統合が強力なものではなく，各国の主権が強く発現することもあるという多国籍構造の問題は，法分野においても妥当する。

たとえば，国際法の解釈適用に関する問題は，諸国連合の円滑な活動に支障を及ぼし得る。連合活動の参加国においては，各国が同一の条約及び取極めの当事国ではない場合，たとえ同一の条約等当事国であっても，留保又は解釈宣言が付されている場合もあり得る。慣習国際法の認識についても，各国が同一の理解とは限らない[214]。また，各国部隊及び要員は，連合司令部に組み込まれ

---

[210]　*Ibid.*, pp. 24-1, 25-1.『ABCA ハンドブック』では，国際慣習法に関し，すべての参加国に適用があることも併せて付記されている。See *ibid.*, p. 25-1.

[211]　*Ibid.*, pp. 24-1, 24-2.

[212]　*Ibid.*, p. 24-2.

[213]　Joint Publication 3-07, *supra* note 156, p. IV-9.

た時であっても，自国の ROE と自国の法規に従い続けているという現状もある[215]。諸国連合及び多国籍軍の活動には，様々なレベルにおける法規範その他規則が関わり，かつ，分権的な要素が強いことがわかる。よって，多国籍軍又は諸国連合の活動上，法その他規則の解釈適用についての統一性又は協同一致性を維持することは，作戦の実効性担保の観点から重要な取組みと位置づけられる。しかしながら，その取組みは，分権的要素の強さゆえに，同時に困難さを伴う営為でもある。先述の指揮制限通告の事例が想起されれば十分であろう。各国による法の解釈適用に絡む問題は，諸国連合活動参加国間における活動の不一致又は活動負担の不均衡を生むおそれがあるのである[216]。したがって，多国籍軍活動における合法性の確保は，規範的な要請のみならず，作戦遂行に係る実務上の要請なのである。

2　正当性の確保

多国籍軍が活動を実施するにあたり，実務上必要とされるものに「正当性」が挙げられる。ここでの正当性は，法の文脈における正当性ではない[217]。次に述べるように，多国籍軍の設置及び活動に対し，他者がこれに賛同又は支持することの一つの動機づけとしてのそれである。したがって，それは，政治，道徳，倫理等に絡む正当性である。

先述の『共同ドクトリン』において，その多国籍活動における一原則として，「正当性（Legitimacy）」が挙げられている。当該作戦に従事する部隊は，「作戦の正当性，及び，必要に応じてホスト国の正当性を維持しなければならない」[218]。ここでの正当性とは，「一連の軍事活動に係る合法性，道義性又は適切性について特定の支持者が抱く認知に基づく一条件」[219]とされる。支持者とは，

---

[214]　"ABCA Handbook", *supra* note 5, p. 25-1.

[215]　*Ibid.*, p. 24-2.

[216]　*Ibid.*, p. 25-1.

[217]　たとえば，国際法認識において「法の自律性」を重視する立場は，分権的国際社会の構造的な特質の反映として，「『合法（legal）であるから正当（legitimate）である』という形で容易に『合法性擁護』のイデオロギーに転化する」という指摘がある（河西（奥脇）直也，「国際法における『合法性』の観念（一）—国際法『適用』論への覚え書き—」『国際法外交雑誌』80 巻 1 号（1981）26-27 頁）。この正当性を「法の文脈における」それと措定するならば，本節で扱う正当性は，その文脈からは外れる。

変動する社会と法・政治・文化

米国民，諸外国，AOR 若しくは共同活動区域の民衆，又は参加国である。も
し作戦活動が正当なものとして認知されるならば，強力な支持を得る。逆の場
合には，支持を受けられない可能性があるか，又は積極的な抵抗を受ける[220]。
すなわち，正当性は，戦争以外の軍事作戦における決定的要素なのである[221]。
さらに，正当性は，国際社会によって同意された目標の遵守状況にも依存する。
この目標とは，活動の適切さを確保し，各紛争当事者を扱う上での公正さを確
保するために同意されたものである[222]。

よって，多国籍軍の文脈では，正当性は，国際次元，派遣国内次元，派遣先
国内次元のそれぞれに影響している。まず，多国籍軍の設置及び実施にあたり，
国際社会の協力及び支援は重要である。多数国による活動への支持は，作戦に
係る正当性を国内だけでなく国際的にも高めるのに役立つとされる[223]。次に，
国内政治上は，たとえば，米国についていえば，米国民の支持を得ていること
が多国籍軍活動の実施及び継続に不可欠となる。特に，米国の国益が絡む場合
や，米国兵士の生命が危険にさらされる事態については，米国民は当該活動の
正当性をより強く意識するようになるからである[224]。そして，派遣先現地にお

---

[218] Joint Publication 3-07, *supra* note 156, p. viii. 挙げられている基本原則は次の通り：1.
目標（objective）：すべての軍事活動を，明確に定義され，決定的かつ達成可能な目標
に向かって指揮する；2. 作戦の協同一致（unity of effort）：すべての活動における作戦
の協同一致は，すべての手段が共通目標に向けられることを確保する；3. 治安（secur-
ity）：治安は常に重要である。それは，敵対的な勢力が軍事的，政治的または情報上の
優位性を決して獲得しないことに依存する；4. 抑制（restraint）：戦争以外の軍事作戦
は，適切な軍事的能力を慎重に適用するために抑制を必要とする；5. 忍耐（persever-
ance）：忍耐は，戦略目的を支援するために軍事的能力の律動的かつ長期的な適用を可
能にする；6. 正当性（legitimacy）：連携する部隊は，作戦の正当性，及び，必要に応
じてホスト国の正当性を維持しなければならない。

[219] Joint Publication 3-07, *supra* note 156, p. II-5.

[220] 国連 PKO においては，現地民衆の期待の表れとしての信頼性（credibility）の文脈で，
同様の指摘がなされている。See "Capstone Doctrine", *supra* note 41, p. 38.

[221] Joint Publication 3-07, *supra* note 156, p. II-5. 正当性の重要性については，同じく国際
的なミッションであり，かつ，多国籍によって構成される国連平和維持活動においても
同様である。『キャプストン・ドクトリン』によれば，「国際的な正当性は，国連平和維
持活動におけるもっとも重要な資産の一つである」と指摘されている。See "Capstone
Doctrine", *supra* note 41, p. 36.

[222] Joint Publication 3-07, *supra* note 156, p. II-5.

[223] Joint Publication 3-16, *supra* note 18, p. III-3.

いて多国籍部隊の安全性を確保するためには，現地の民衆のみならず反対勢力から協力を得る必要がある。多国籍軍の行動における公正さは，これに作用するものである[225]。したがって，国際次元，派遣国内及び派遣国先国内の次元において，正当性が正の効果を有すると考えられているのである。

このほか，『ABCA ハンドブック』においても，正当性は諸国連合の活動において重要なものと位置づけられている。「連合軍活動の成功は，戦闘能力の正確かつ適時の適用のみならず，活動に対する国内的・国際的支持の程度に依拠している」[226]との説明からも明らかであろう。

ここで留意すべきは，正当性が，政治的な要素にのみ淵源を持つものではない点である。『ABCA ハンドブック』における当該指摘は，「法（Legal）」の章において示されたものである。また，『共同ドクトリン』では，正当性は，「一連の軍事活動に係る合法性，道義性又は適切性について特定の支持者が抱く認知に基づくものとされる」と先に指摘した。よって，合法か違法かという法的な要素も，法外分野での正当性の基礎部分に含まれていることがわかろう。特に民主主義国家において顕著であるが，どの国の国民においても，自国の軍隊が国際法に明示的に違反する活動を行っているという事実は受けいれ難い。それを上回ると納得できるような政治的，道義的又は倫理的な正当性が示されない限り，政治指導者は国内での支持を失うことになる。支持を失えば，多国籍軍活動を継続することは難しくなろう。特に自国の国益が直接的に関与しない活動や，自国民に多くの犠牲者が出るような介入については，なおさら，その活動継続に対する逆風は強力になる。したがって，正当性を有することで国際的及び国内的な支持を得ることを要する多国籍軍活動においては，法遵守は規範的な要請にはとどまらない。それは，実務上の要請でもある。換言すれば，実務的な次元において，正当性と合法性は相関関係に置かれているのである。コソボ空爆の際に西側介入国側において見られた「倫理的義務」や「国際共同体の要求」，人道的破局状態の存在などにより NATO による軍事介入を「正当」とした言説も，こうした関係性の一つの表れだろう[227]。

---

[224] Joint Publication 3-07, *supra* note 156, p. II-5.

[225] 国連 PKO における同様の指摘について，"Capstone Doctrine", *supra* note 41, pp. 36-37.

[226] "ABCA Handbook", *supra* note 5, p. 24-1.

変動する社会と法・政治・文化

　実務的な次元における正当性と合法性の連結については，たとえば，
『ABCAハンドブック』における捕縛，拘禁又は抑留（capture, internment, or
detention）の位置づけにも表れている[228]。紛争時であれば，捕虜の拘束や文民
の抑留が行われ，平和ミッション又は対反乱作戦においては，刑法上の容疑者
の逮捕及び抑留，又は安全上の脅威にさらされた人の収容が行われる。刑法上
の容疑者の逮捕等は，活動地域における治安状況の向上と情勢安定に資する。
他方で，留意すべき点も付記されている。それは次の通りである。捕虜，収容
者及び抑留者の虐待は違法である。捕縛者の虐待又は不当な扱いは，諸国連合
の活動の信頼性（credibility）を損なう恐れがある。そして，実際に虐待がな
され，これが公の知るところとなれば，国内的な支持の悪化と国際的な非難を
招くことになると注意喚起されているのである[229]。そのため，『ABCAハンド
ブック』では，軍事活動中に連合軍によって抑留された全ての者は，人道的に
扱われるべきであるとされる。そして，当該扱いは，ジュネーヴ諸条約の根本
的原則であり，諸国連合軍はその解放まで，全ての捕縛者又は抑留者の安全保
護に責任を負う。同時に，捕縛者の管理は国際的な関心事項であり，諸国連合
軍のみならず，ジュネーヴ諸条約の後見者（custodian）である赤十字国際委員
会（ICRC）による監視を受ける。よって，諸国連合軍本部は，参加国のジュ
ネーヴ諸条約及び追加議定書の批准又は加入状況の異同を確認し，諸国連合内
の調和を確保する措置を取るべきであるとの指針が示されている[230]。このよう
に，活動の実効性と実務上の必要性という文脈において，正当性と合法性は結
びついているといえる。

　そして，もう一つ留意すべきは，本稿の他の箇所においても指摘している点
であるが，多国籍軍活動に関する正当性についても，統一性や集権性といった
性質が妥当しないことである。多国籍軍活動に対する賛同又は支持の淵源が，
国際的次元，派遣国内次元，及び派遣国先次元に所在することに鑑みれば，多

---

[227]　これに関連し，NATOによる介入を「違法だが正当（illegal but legitimate）」と評し
　　たものとして，Independent International Commission on Kosovo, *The Kosovo Report:
　　Conflict, International Response, Lessons Learned* (Oxford University Press, 2000), p. 4.
[228]　"ABCA Handbook", *supra* note 5, p. 18-1.
[229]　*Ibid.*
[230]　*Ibid.*

国籍軍活動における正当性の特質には，集権性及び統一性ではなく，むしろ多様性及び多元性が妥当するといえよう[231]。

3 「許可」の位置づけ

多国籍軍の一特徴として，『ABCA ハンドブック』では，多国籍軍参加国間においてコンセンサスを得ることが非常に困難であることが指摘される。それは，「派遣各国の国益と多数国軍隊による組成的影響は，そのドクトリン及び能率性と競合し得る」からである。そのため，多国籍軍の司令官は，「参加国が各国の政策及び国内優先事項に固執し，時に諸国連合の作戦を複雑にする」ことを予期するとされる[232]。結果，各国間の調整を図る解決策は，「しばしば国家的な性質のもの」となる[233]。多国籍軍活動が複数の国の意思に基づき，またアドホックに実施される以上，そこに国家的性格の反映又は主権の発現が生じることは避けられない。その表出として，たとえば，「指揮制限通告」に代表されるように，指揮構造や作戦活動に様々な制限が付されている実態を先に確認した。派遣国部隊の作為又は不作為が引き起こした損害に対しては，各国ごとの対応に委ねられる。それが違法性の認識に基づく責任解除となることもあれば，違法性を前提としない実務的処理になることもある。総じて，多国籍軍活動における分権性の発現は，決して弱いものではない。

これに対し，「作戦の協同一致」を目指し，軍隊組織の特徴である「指揮系統の一元化」という集権性との調和を図る手法がある。司令官の「兼職」方式や，地理的に区分した活動区域において割当て国ごとに広範な裁量を認めるAOR 方式の導入がそれである。多国籍軍は，作戦文化も能力も異なる各国部隊により構成される。したがって，これらの方式の採用は，多国籍軍活動の全体としての作戦実効性を確保することを目的とするものであった。ここで留意すべきは，AOR 方式が，活動上の要請に応えるためにのみ採用されたものではないということである。各派遣国においては，しばしば，国際法の批准状況の異同や，その解釈適用についての考えも相違する。多国籍軍活動に関連する

---

[231] ここでは権限の所在又は配分に関する問題ではないことから，「分権性」という表現は適当ではない。

[232] "ABCA Handbook", *supra* note 5, p. x.

[233] *Ibid.*

変動する社会と法・政治・文化

国際法は，多国籍軍自体ではなく，それを構成する各国を名宛人とする。国内
裁判所のような他律的な裁定メカニズムが備わっていない国際社会においては，
各国が解釈の権利を有する実態がある。したがって，国際法の批准及び解釈適
用に係る各国間の統一は，各国の主権に絡む問題，かつ，国内手続を要する問
題であり，その実現又は問題解決は容易ではない。特に AOR 方式は，国際法
及び国家主権に係る多国籍軍活動の実効性阻害問題を解決するために，むしろ
分権的な構造を最大限に活用した措置でもあったといえる。

　しかし，これらの取組みを以って，多国籍軍における集権性と分権性の対立
構造に決定的な調和が図られたわけでもない。やはり，多国籍であるがゆえの
分権性又は各国主権の発現は，多国籍軍活動の様々な面に影響し続けるといえ
る。その影響は，実務上の多元的な要請としての合法性の確保及び正当性の獲
得にも見られるところである。自国部隊が参加する多国籍軍活動への理解及び
支持が，当該活動の維持及び実効性を左右するという多国籍軍活動の性質上，
合法性の確保及び正当性の獲得は，国際次元から国内次元まで，多様かつ多元
的にならざるを得ない。特に，派遣国の多くが民主主義と普通選挙制度を採用
する西側諸国であり，選挙戦の実施時期やマスコミ報道等による民意の動向が
政権基盤に大きな影響を及ぼす場合には，国内次元において認知される合法性
及び正当性が重みをもつことになる。それは，多国籍軍活動における分権性の
要素をより強くし，活動の実施枠組み及び実効性に影響を与えるのである[234]。
　この合法性と正当性に関しては，両者が連結又は相互連関するという実態が
指摘できる。これも，多国籍軍における一つの特徴であるといえる。戦争等の
軍事行動において，法（合法性）は，しばしば軍事的効率性や政治目的の後塵
を拝する（「武器の中で，法は沈黙する（*Inter arma, silent leges*）」）[235]。しかし，多
国籍による軍事的活動においては，実務上，法（合法性）は，作戦活動の維持
及び実効性の向上と結びつく。その意味で，多国籍軍活動は決して「法外
(extralegal)」な存在ではない。より正確には，コソボ空爆，対テロ戦争（アフ
ガニスタン），イラク戦争にみるように，国際法に違反した軍事活動が実施さ
れるということは排除されないが，しかし，現実的な要請は，当該活動が「法
の枠内」に置かれることを選好するということである。

　そして，もう一つの特徴であり，また，もう一つの「後塵を拝するもの」と

198

して挙げられるのが,「許可」との関連性である。『ABCA ハンドブック』においても,米軍ドクトリンにおいても,多国籍ミッションは,国連安保理による「許可」を,その法的な活動条件又は権限根拠としては必ずしも重視してはいない。「国連の活動」[236]や「国連のマンデート」[237],「平和強制:国際的な許可に基づく…軍事力の利用」[238]などの記述はあるものの,それは政治的考慮の文脈で語られる場合[239]や,多国籍軍活動の機能面に係る関連要素を示唆するものに過ぎない[240]。法的にも実務的にも,「許可」は,多国籍軍活動に実効的な統制を及ぼすものとしても裁量を与えるものとしても位置づけられていないのである。勿論,『ABCA ハンドブック』や米軍ドクトリンの論理枠組みに従えば,

---

[234] 各国国民の民意が,多国籍軍に参加する自国部隊の活動に影響を及ぼし,さらに,すべての参加国国民の民意が,多国籍軍それ自体にも及ぶというのは,民主主義の観点からすれば望ましいかもしれない。仮に,各国から切り離された常設の国連軍が創設された場合,これが加盟国レベル又は国連事務局レベルでのみ統制されることよりも,「世界市民」の民意が及ぶ状態の方が望ましいかもしれない。それは,EU の文脈で語られる「民主主義の赤字」という問題に類する問題であるといえる。他方で,政治・経済等のシステムがグローバル化したにもかかわらず,「世界大の民主主義」が存在しない国際社会の現状は,「民主主義制度のみが国家に収斂しているという乖離状態にある」ともいえる(中村研一「帝国と民主主義」坂本義和編『世界政治の構造変動1』(岩波書店,1994 年)183-185,231-237 頁)。多国籍軍の文脈に置き換えれば,国連の枠組みを通じて実施される多国籍軍という国際的ミッションと,これをコントロールする世界大の民意の不在ということになる。したがって,分権的な国際社会において,各国が共同で実施する国際的なミッションと,それに対する派遣国各国の民主的統制,さらには世界大の民主主義による統制については,「国際社会における民主主義とは何か」という,本稿とは別の問題意識に基づき,当該多国籍軍問題を検討することも期待される。国連における民主主義,特に国家間における「国際民主主義」の問題を指摘するものとして,最上敏樹『国際立憲主義の時代』(岩波書店,2007 年)157-191 頁(「6 国際機構と民主主義」)

[235] 勿論,戦争・武力紛争においても,国家は「戦争の遂行方法を規律する法(*jus in bello*)」の遵守には努めているといえる。See Joint Publication 1-04, *supra* note 207, Chapter II.

[236] "ABCA Handbook", *supra* note 5, p. 12-4.

[237] *Ibid.*, pp. x, xi, 5-1.

[238] Joint Publication 1-02, *supra* note 6, p. 255.

[239] "ABCA Handbook", *supra* note 5, p. 1-2.

[240] 米軍ドクトリン『軍事活動に対する法的支援』では,法的な考慮項目として「国連安保理決議」が挙げられているが,『許可』を明示しているわけではなく,また,安保理決議が軍事活動の制約条件・実施根拠となるというような認識が示されているわけでもない。See Joint Publication 1-04, *supra* note 207, pp. II-12, II-14.

変動する社会と法・政治・文化

「許可」の存在は，多国籍軍活動の合法性を担保し，以って活動への支持獲得に繋がる正当性を高める。それにもかかわらず，「許可」は両マニュアルにおいて重視されていない。それは，同じく国際社会から得る正当性の重要性を指摘しつつも，その主たる淵源を，「国連安保理からマンデートを得て設立されたという事実」と位置づける国連 PKO とは対照的である[241]。両マニュアルにおける「許可」の閑却の理由は，いくつか考えられる。

一つは，たとえ「許可」が付与されていなくとも，多国籍軍活動の合法性に影響がない場合があるという事実である。多国籍軍の中には，憲章第 7 章の許可を得ずに活動したものもある。たとえば，受入国の「同意（Consent）」が存在する場合又は和平合意等において派遣要請がなされた場合には，不干渉義務違反等の国際法違法の可能性は低くなる[242]。リベリアで紛争当事者の合意を受けて実施された ECOWAS 監視団（ECOMOG）派遣事例や，中央アフリカ共和国の要請と合意により実施されたバンギ合意履行監視アフリカ軍（MISAB）事例，コートジボワールにおける ECOMOG 及び仏軍の活動事例，マリの移行政権を支援するためにトゥーレ大統領の要請に基づき空爆を実施したフランス軍の介入[243]等が想起できよう[244]。冷戦期における事例だが，MFO やベイ

[241]　"Capstone Doctrine", *supra* note 41, p. 36.

[242]　この点については，拙稿「個別国家間における多国籍軍設置・実施合意の法的問題:『委任関係的合意』モデルによる検討」『一橋法学』7 巻 3 号（2008 年 12 月）943-961 頁を参照されたい。

[243]　"Fabius parle d'"intervention aérienne" et ne confirme pas la présence de forces africaines", 11 January 2013, *Le Monde*（http://www.lemonde.fr/afrique/article/2013/01/11/tension-accrue-au-mali_1815471_3212.html），accessed at 12 December 2018. 従前の安保理決議 2085 は，「あらゆる必要な措置」をとることをアフリカ主導マリ国際支援ミッション（AFISMA）に許可しているが，AFISMA 及びマリ移行政権を支援するフランス等関係国に同様の許可はおこなっていない（Resolution 2085（2012），S/RES/2085（20 December 2012），para.9）。したがって，フランスによる空爆実施の法的根拠は，安保理決議ではなくマリによる介入要請である。

[244]　シリア内戦に絡み，ロシア，トルコ，米国等がシリア領域内で軍事活動を行っているが，その中には，シリアによる「同意」「要請」に基づく軍事活動として法的に正当化できるものとできないものが混在しているものと思われる。シリアでの軍事活動と「同意（要請）による介入」に関する法的な問題を検討した最近の論文として，以下を参照されたい。N.Hajjami, "Le consentement a l'intervention etrangere. Essai d'evaluation au regard de la pratique recente", *Revue Générale de Droit International Public*, vol. 122, número 3（2018），pp. 617-640.

ルート多国籍軍も同様に位置づけられる[245]。

もう一つは，畢竟，多国籍軍活動の遂行上の根本関心が，作戦目的の完遂に存するからである。「許可」の有無は，指揮系統の一元化及び作戦の協同一致の確保に本質的な影響を与えていない。多国籍軍が「法の枠内」に置かれることを選好する傾向にあるとはいえ，「許可」によって活動の成否がマイナスに左右されるのであれば，「許可」を得る必要性は後景に退く。NATO によるコソボ空爆，アフガニスタンへの対テロ戦争，2003 年のイラク戦争の事例が想起されよう。

これらの二つの理由づけから，「許可」が多国籍軍にとって活動上の必須条件とはみなされていないという実態が浮かび上がるのである[246]。

V　おわりに[247]

「許可」の合憲性の一つの根拠として学説上肯定する声もある，又は現実政治的には容認される向きもある，国連安保理による「全体的な統制」の評価については，実際の統制対象である多国籍軍の構造及び活動に内在する特徴・原則等を踏まえて検討がなされる必要があろう。

多国籍軍活動の規律において，国連安保理による統制は特段重視されていない。実態としての多国籍軍は，朝鮮国連軍や国連 PKO のそれと比較すれば，必ずしも単一の司令官による統一的かつ実効的な指揮系統を構築していない[248]。IFOR，KFOR，ISAF 事例等，多国籍軍司令官が，参加国の部隊すべてに対

---

[245]　両事例については，香西茂『国連の平和維持活動』（有斐閣，1991 年）285-287，312-321 頁，及び拙稿「前掲論文」（脚注 242）961-965 頁を参照されたい。

[246]　当該理由づけの成否は，「許可」の法的性質の検討にも関わる。「許可」の法的性質については，脚注 2 の拙稿を参照されたい。

[247]　本稿では，多国籍軍に係る検討資料として米国の資料を多く用いる一方で，英仏等他の多国籍軍参加国の資料を用いることができなかった。他国の資料も確認して検討を進めるべきであって，その意味で，本稿の考察結果は暫定的・限定的なものにとどまる。ただ，『ABCA ハンドブック』という，英・米・加・豪・ニュージーランドの多国籍軍活動に関連した資料も用いていることから，本稿考察結果も公表に耐え得る実証性・論理性を有しているものと考えている。他方で，多国籍軍の事例は欧米に限らず，アラブやアフリカの事例もあるという点では，本稿の検討範囲が限られていたことは否定できない。以上の問題点・不十分点については，今後の検討課題としたい。

変動する社会と法・政治・文化

して作戦指揮又は作戦統制を及ぼしていない事例が現に存在する。各派遣国は，「指揮制限通告」等，様々な制限を付し，自国の活動余地又は行動の自由の担保とする。これらの条件下においては，国連が多国籍軍司令官に指示を出した場合であっても，その指示がすべての派遣国活動に実効的かつ一律に及ぶとは限らない。AOR を導入している場合，特に国際法上問題のある実行が報告されたとしても，これに対する規律要請が各 AOR にどこまで及ぶのか，何ら確証はないのである。したがって，経験的に体系化されてきた多国籍軍の構造と活動の実態的特徴が示すものとは，指揮制限通告の許容や AOR 方式の導入等，各国主権との調整メカニズムに表される分権性である。その分権的な実態は，国連憲章第 7 章に織り込まれた集権性と合致しない。いわんや，「許可」の合法性に関係する国連による統制については，これが多国籍軍全体に対して実際に及んでいる又は及び得るとはいえないのである。

多国籍軍は，異なる国々が協同一致するという現実的要請に基づき，これに適合するよう分権的な構造を内部化し，既在している。派遣各国が調整と合意により，自国の指揮管轄を多国籍軍指揮系統に移転することで，多国籍軍はようやく機能的に連結する。その指揮権限レベルは，事前に各国と調整した任務割当ての枠内で部隊に指示を出せる「作戦統制」か，または任務遂行のための移動又は機動に対する現場における指令及び統制という「戦術統制」にとどまることが多い[248]。仮に，「全体的な統制」を「許可」の合憲性要件とみなす場合，多国籍軍指揮系統の上位に国連の「全体的な統制」が位置づけられるが，そのことにより，論理的には「被許可活動」が憲章上の権限踰越に当たらないとみなされる程度に統制されていることになる。この「全体的な統制」が実態レベルにおいても多国籍軍側に統制を及ぼす場合があるとすれば，それは，同じく論理的には，国連に対し，派遣各国による何らかの指揮管轄の移転が生じ

[248] 安保理決議で言及されている "unified command and control", "unified command structure" については，定義が確立されているわけではない。「統一司令部（unified command）」であれば，「一人の司令官の下に広範かつ継続的な任務を付与され，二以上の軍事部署から割当てられた重要な構成要素からなる司令部」を指すとの定義もある（"DOD Dictionary", *supra* note 3, p. 240）。「許可」の名宛人としての一体性の保持及び多国籍軍の実態からすれば，複数の国別部隊に対して，これを最終的に統轄する司令官が一人置かれているという指揮構造を指すものといえる。

[249] Palin, *supra* note 159, p. 18.

202

た結果であると考えるほかはない。その移転は，各派遣国から国連に対して直接的に実施されるか，又は多国籍軍指揮系統からの国連への移転として，間接的に実施されるかのいずれかである。指揮管轄の移転の必須性については，同じく多国籍に構成される国連 PKO においても同様である。PKO に対する国連事務総長の「作戦権限（Operational Authority）」は，それが加盟国によって国連に移転されたからこそ存在する。加盟国は，「自国の部隊及び要員に対する作戦権限を国連に移転する。そして，この権限は，国連に代わってこれを行使する事務総長に与えられる」のである[250]。PKO の成立要件としても，権限の移転は必須である。それにもかかわらず，実際の多国籍軍事例においては，加盟国から国連に対する指揮管轄の移転は行われていないのである。やはり，指揮管轄の移転による機能的な連結を経ることなしに，「全体的な統制」が多国籍軍全般に実効的に及ぶとは，論理的にも実態的にも考えられない。多国籍軍の実態に鑑みれば，「許可」を決議した国連と，それに応じた加盟国との間には，指揮系統を通じての実効的な連結が，法的にも実際的にも存在しているとはいえない。したがって，多国籍軍という営為の構造的及び活動的な実態に照らせば，「全体的な統制」を「許可」の合憲性の一評価基準として維持することは困難と言わざるを得ないのである。

　筆者は「許可」の法的な評価について，既に別稿で検討を試みた[251]。「許可」については，安保理による「全体的な統制」の存在によって権限踰越とはならず合憲であるとみなすのではなく，国連憲章上の合法性には疑問符がつけられるものではあるが，例外的な対応であり，また現実的な必要といった理由から，これが国際社会において黙認又は受容され，慣行化したに過ぎないとみなす方が妥当であると考えている。「許可」実行は確かに慣行化した。しかし，その慣行化には，その名宛人たる各国及び多国籍軍に対しての統制に係る問題を含め，様々な国際法及び国連憲章上の問題が含まれたままなのである。そうであるならば，「慣行化したのだから，もはや法的に問うべき対象ではない」と関心を閑却するのではなく，引き続き法的な検討を要する営為に変わりはないという認識を持ち，対象に向き合い続けることこそが，学問的にも実務上も必要なのではないだろうか。

---

(250)　Ford, *supra* note 60, pp. 86, 135, 153, 198.

(251)　脚注 2 の拙稿を参照されたい。

変動する社会と法・政治・文化

＊本稿は，平成 30 年度成城大学特別研究助成の成果の一部である。

9 〈研究ノート〉
国際司法裁判所における対世的義務と民衆訴訟
―― 南西アフリカ事件(1966年)からマーシャル諸島事件(2016年)まで ――[*]

川﨑恭治

I　はじめに
II　マーシャル諸島事件
III　国際司法裁判所の判例および国家責任に関する国際法委員会での
　　法典化の過程における対世的義務と民衆訴訟に関する議論の展開
IV　おわりに

I　はじめに

1　ドラマチックな偶然の一致

　南西アフリカ事件は，エチオピアとリベリアが，南アフリカが南西アフリカに関する委任状の下での様々な義務に違反してきたとして，国際連盟の加盟国としての資格で，国際司法裁判所に訴えを提起した事件である。1996年の第2段階判決において裁判所は，原告諸国は彼らに帰属する法的権利あるいは利益の証明しえていない，として裁判長の決定投票によって[(1)]，両国の訴えを却下した[(2)]。

---

　*　本稿は，2016年の11月7日から11日まで，インドのニューデリーで開催された国際原子力法学会の会合（XXII Nuclear Inter Jura Congress, The Future of Nuclear Law: Addressing Societal, Environmental and Business Expectations）の3日目に筆者が行った報告（"*Actio Popularis* and Obligations *Erga Omnes* before the International Court of Justice: From the South West Africa Cases (1966) to the Marshall Islands Cases (2016)"）を基に，それに必要最小限度の加筆，修正，注付けを行ったものである。なお筆者は，2013年5月18日に，帝京大学板橋キャンパスで開催された世界法学会研究大会で「国際法における立憲化と対世的義務」と題する報告を行う機会を得た。本稿第III章の叙述のいくつかにはこの報告の内容がある程度反映されている。

(1)　国際司法裁判所規程第55条2項は，可否同数のときは，裁判所長又はこれに代る裁判官は，決定投票権を有する，と規定する。

205

それからちょうど半世紀を経て，2016 年 10 月 5 日に，国際司法裁判所は，マーシャル諸島が英国，インド，パキスタンのそれぞれを相手取って訴えた「核兵器競争の中止および核軍縮についての交渉に関する義務」事件（以下，マーシャル諸島事件と略称する）の先決的抗弁判決（対英国）および管轄権・受理可能性判決（対インド，対パキスタン）において（いずれも），原告国と被国諸国との間には紛争は存在しなかったので，本案の審理には進めないとして，マーシャル諸島の訴えを退けた[3]。ここで興味深いのは，マーシャル諸島が英国を訴えた事件の決定もまた，裁判長の決定投票によって行われた，ということである[4]。

---

(2) 判決主文の関連する部分は以下のとおりである（*ICJ Reports 1966*, p. 51.)。99. In the light of these various considerations, the Court finds that the Applicants cannot be considered to have established any legal right or interest appertaining to them in the subject-matter of the present claims, and that, accordingly, the Court must decline to give effect to them.

100. For these reasons, by the President's casting vote-the votes being equally divided, decides to reject the claims of the Empire of Ethiopia and the Republic of Liberia.

(3) 本判決を詳しく紹介するのは，国際司法裁判所判例研究会（浅田正彦・玉田大執筆）「核軍備競争の停止と核軍備の縮小に関する交渉義務事件（マーシャル諸島対英国）（先決的抗弁判決・2016 年 10 月 5 日）」『国際法外交雑誌』116 巻 2 号（2017 年）97〜114 頁。また最近では，石塚智佐「国際司法裁判所における近年の付託事件の多様化と管轄権審理 ―― マーシャル諸島事件を中心に」『国際法研究』第 6 号（2018 年）76〜97 頁。

(4) 対英国判決の主文の関連する部分は以下のとおりである（*ICJ Reports 2016*, p. 856.)。

59. For these reasons, THE COURT,

(1) By eight votes to eight, by the President's casting vote, Upholds the first preliminary objection to jurisdiction raised by the United Kingdom, based on the absence of a dispute between the Parties;

　　　IN FAVOUR: President Abraham; Judges Owada, Greenwood, Xue, Donoghue, Gaja, Bhandari, Gevorgian;

　　　AGAINST: Vice-President Yusuf; Judges Tomka, Bennouna, Cançado Trindade, Sebutinde, Robinson, Crawford; Judge ad hoc Bedjaoui;

(2) By nine votes to seven, Finds that it cannot proceed to the merits of the case.

　　　IN FAVOUR: President Abraham; Judges Owada, Tomka, Greenwood, Xue, Donoghue, Gaja, Bhandari, Gevorgian;

　　　AGAINST: Vice-President Yusuf; Judges Bennouna, Cançado Trindade, Sebutinde, Robinson, Crawford; Judge ad hoc Bedjaoui.

2 対世的義務と民衆訴訟

南西アフリカ事件とマーシャル諸島事件とは，そこで争われた主題という観点からは全く別の事件であるということは確かであるが，我々の視点からすると，半世紀を経だててはいるが，一つの共通点が浮かび上がってくる。それは，国は，自らの個別的あるいはパーソナルな利益が侵害されてはいないにもかかわらず，別の国が一般慣習法上のあるいは多数国間条約上の集団的あるいは公的利益を侵害したとして，後者の国を相手取って，国際司法裁判所に訴えを提起することができるかどうか，という論点である。

このことは，法技術的にいえば，国際法における対世的義務およびいわゆる民衆訴訟の可能性，という議論につながってくる[5]。本稿においては，まずマーシャル諸島事件判決の概要を簡潔に紹介し（Ⅱ），つぎに，対世的義務と民衆訴訟に関連する国際司法裁判所の判例ならびに国際法委員会および万国国際法学会での議論を概観し（Ⅲ）[6]。最後に簡単なまとめをして（Ⅳ），稿を締めくくりたい。

---

[5]　これらの点に関する筆者の旧稿としては，拙稿「国際法における erga omnes な義務(1)」『一橋研究』第 11 巻 4 号（1987 年）15-28 頁，Kyoji KAWASAKI, The "Injured State" in the International Law of State Responsibility, *Hitotsubashi Journal of Law & Politics*, Vol. 28 (2000), pp. 17-31 (とくに「民衆訴訟」に関しては pp. 27-30.)。

[6]　比較的最近の関連文献としては，Christian J. TAMS, *Enforcing Obligations* Erga Omnes *in International Law* (CUP, 2010, with new Epilogue), esp. pp.158-197, 324-328. Mariko KAWANO, Standing of a State in the Contentious Proceedings of the International Court of Justice — Judicial Procedure on the Basis of the Consent of the Parties and the Development of International Legal Rules to Protect the Common Interests of the International Community as a Whole or as Established by a Treaty —, *Japanese Yearbook of International Law*, Vol. 55, 2012, pp. 208-236. 萬歳寛之『国際違法行為責任の研究 —— 国家責任論の基本問題』（成文堂，2015 年）とくに「第 7 章　国際請求の二国間化 —— 対世的義務違反の責任追及」248〜301 頁。石塚智佐「国際司法裁判所における原告適格拡大の論理構造 —— 管轄権基礎からみた民衆訴訟の可能性」『世界法年報』第 35 号（2016 年）64〜87 頁。玉田大「国際裁判における客観訴訟論」『国際法外交雑誌』第 116 巻 1 号（2017 年）1-28 頁。萬歳寛之「共通利益の回復をめぐる国家責任紛争」『国際法外交雑誌』第 117 巻 1 号（2018 年）25〜48 頁。

変動する社会と法・政治・文化

II　マーシャル諸島事件

1　管轄権の基礎

　2014年4月24日にマーシャル諸島は，核兵器を保有している計9か国を相手取った訴えを国際司法裁判所に提起した。そのうちの，英国，インド，パキスタンの3か国に対する訴えにおいては，マーシャル諸島は，これらの国による国際司法裁判所規程第36条2項に基づく選択条項受諾宣言を，裁判所の管轄権の基礎として援用した。じつはマーシャル諸島は訴えの提起の一年前の2013年4月24日にすでに選択条項受諾宣言を裁判所事務局に寄託していた。提訴がそれから一年後になったのは，「他の規程当事国は裁判所の管轄権の受託宣言の寄託から一年が経たないと英国を訴えることができない」という内容の留保が英国の受諾宣言に付されていたという事情による。

　残りの中国，北朝鮮，フランス，イスラエル，ロシア，米国の6か国に対しては，マーシャル諸島は，裁判所規則第38条5項に基づき，裁判所の管轄権を受け入れるように求めたが（いわゆる応訴管轄），いずれの国もこのような要請には答えなかったので，これら6か国に対する請求は裁判所の総件名簿には入れられなかった。

　この結果，英国，インド，パキスタンを相手取った3件のみの審理が開始されることになった。

2　原告国の請求の内容

　3か国に対する請求の内容はほぼ同じではあるが，英国が核兵器不拡散条約（NPT）の当事国であるのに対して，他の2国はそうではない（したがって慣習国際法上の義務違反を問うしかない）ことを主たる理由として，少しずつ異なっている。ここでは，英国に対する請求の内容の概略を簡単に紹介する。

　まずマーシャル諸島は，英国が核兵器不拡散条約（とくにその第6条）および慣習国際法の下での国際義務に，厳重かつ効果的な国際管理の下における全面的かつ完全な核軍縮へと至る交渉を誠実に行いこれを終了することを怠ったことにより，違反しまた違反し続けていることの認定を裁判所に求めた。

　さらにマーシャル諸島は，核兵器不拡散条約第6条および慣習国際法の下で

208

の義務に従うために必要なすべての段取りを，判決から一年以内に，英国が踏むようにと命じることを裁判所に求めた[7]。

3　被告国による先決的抗弁

英国は，裁判所の管轄権あるいは請求の受理可能性に関して都合5つの先決的抗弁を提起したが，それらは大別してつぎの4つに分類される。①マーシャル諸島は，核兵器競争の速やかな終了及び核軍縮に向けて誠実に交渉する義務を怠ったということに関して，当事者間に「裁判可能な紛争」が請求の提出時点において存在していた，ということを示していない。②裁判所の管轄権は，規程36条2項に基づく両当事国の「（選択条項受諾）宣言中の留保」によって，排除される。③手続において「不可欠の（essential）利益を有する第三国」（とくに核兵器を保有するその他の国々）が参加していない。④いずれにせよ仮に本案判決が出されたとしても，それはなんら実際的な帰結をもたらさないので，裁判所は管轄権を行使すべきではない[8]。

他方，パキスタンはその書面での手続中にいくつかの抗弁を提起した（インドは英国のものとほぼ同じ）。それらは英国の抗弁の，①（紛争の不存在），②（選択条項受諾宣言における留保），③（手続において「不可欠の indispensable 当事者」が欠けている），④（本案判決は実際的な法的効果を欠くことになり，請求は受理可能性がない）とほぼ同じであるが，⑤マーシャル諸島は，請求を提出する当事者適格（standing）を有していない，という抗弁を付け加えている点が特徴的である[9]。

本稿との関連では，マーシャル諸島の当事者適格（*locus standi*）の問題が最も気になるところである。この点に関して同国は書面手続（対英国）の中で，核実験場としての過去の特別の経験からして，「全面的かつ完全な核軍縮へと至る交渉を誠実に行いこれを終了する義務」に違反している英国に対する事件において，国家責任条文第42条(b)(ii)に定める被害国として[10]，当事者適格を有するとともに，そのような義務は対世的義務であるので，その履行に関しすべての国が法的利益を有しており，国家責任条文第48条に基いても，本手

---

(7)　*ICJ Reports 2016*, pp. 839-841（paras. 11 and 12）.

(8)　*ICJ Reports 2016*, pp.845（para. 23）.

(9)　*ICJ Reports 2016*, pp. 562-563（para. 22）.

変動する社会と法・政治・文化

続における当事者適格を有する，と主張した[11]。この点に関しては，第Ⅲ章で触れることにする。

4 裁判所の理由づけ

裁判所はすでにみたように，「請求訴状提出時点においてマーシャル諸島と英国との間には裁判可能な紛争は存在しなかった」という英国の第一の先決的抗弁を容認し，本案へ進むことはできない，と結論づけたが，その理由は概略以下のようなものであった。

第一に，マーシャル諸島は，同諸島によるマルチの場における様々なステートメントが，英国との間に紛争が存在していたということを示している，という。しかし本裁判所の結論によれば，英国が当該義務に違反しているという主張をマーシャル諸島がなしていた，ということを英国は気づいていた（was aware that）あるいは気がつかないわけにはゆかなかった，ということはできない。したがってこれらのステートメントは，当事者間に法的紛争を存在させるには十分なものではなかった。

第二に，マーシャル諸島は，請求書の提出と本裁判所におけるこれまでの諸手続が，紛争が存在していることを示している，という。しかし本裁判所の見解によれば，請求訴状中あるいはその後になされた様々な主張は，とくに付託された紛争の範囲をはっきりさせるために関連性を有しうることはあるものの，そのような主張は，それまで存在していなかった紛争を新しくゼロから（de

---

(10) もっとも，理論的には，核兵器拡散防止条約第 6 条における核軍縮に関する義務は，①（マーシャル諸島を含めた）すべての当事国が負っている対世的義務，②核兵器諸国が相互に負っている義務，③核兵器諸国が（マーシャル諸島を含めた）非核兵器諸国に対して負っている義務，の 3 つの可能性が考えられるが，第 42 条(b)(ii)が本来想定しているのは，②の状況で，1 の核兵器国の義務違反によって他のすべての核兵器国が影響を受けるような場合である（その場合マーシャル諸島は無関係な第三国に止まる）。そうではなくて①あるいは③の状況を前提として，過去の経緯を理由に特別な利益（の侵害）をマーシャル諸島は主張していたのであれば，それは第 42 条(b)(i)の意味での被害国だったのではないだろうか。第 42 条(b)(ii)の意味するところについては，最近では，浅田正彦「国家責任条文における義務の類型化と「被害国」の概念——第 42 条と第 48 条の関係を中心に」松井芳郎・富岡仁・坂元茂樹・薬師寺公夫・桐山孝信・西村智朗（編集委員）『21 世紀の国際法と海洋法の課題』（東信堂，2016 年）52～55，66～71 頁。

(11) *Memorial of the Marshall Islands*, 16 March 2015, pp. 46-49 (paras. 103-110).

novo）生み出すことはできない。

　第三に，マーシャル諸島は，核軍縮に関するマルチの場における投票行動に基づいて紛争の存在が確認できる，と主張する。しかし本裁判所によれば，国連総会といった政治的機関における決議への投票行動から紛争の存在を引き出すことには，相当に慎重でなければならず，様々な提案を含む諸決議へのある国の投票は，それ自体としては，そのような提案の一つについて，その国と他の国との間の紛争を確立することはできない。

　第四に，マーシャル諸島は，当事者間の紛争は英国の行為から導き出されるという。しかし本裁判所によれば，マーシャル諸島によるマルチの場におけるいかなるステートメントも，英国の行為に関するいかなる明細書をも提供していない。したがって，英国の行為は，見解の対立をなんら示すものではなく，両国間の紛争の存在の認定のための基礎を提供するものではない[12]。

5　反対意見

　ここでは時間の関係から，2つの意見だけを取り上げる。クロフォード裁判官は，形式的側面から判決を批判する。彼によれば，本判決は国際司法裁判所（及びその前身）が，請求訴状が提出された時点で紛争は存在しなかった，という理由のみで却下の判決を下した初めての事件である。その時点で紛争が存在していたかどうかを決定するに際して，本判決は，「客観的に気づいていた（objective awareness）」という新しい要件を課しているが，このような要件は，裁判所のケース・ローの中には見いだされない[13]。

　他方，ベジャウイ特任裁判官は，実質的観点から，以下のように言う。核兵器不拡散条約は，2つの国家グループ間のあからさまな不平等の上に成り立っており，この不平等は，軍縮交渉の義務によって埋め合わせされているので，核兵器諸国は，交渉を終結させないことにより，核兵器を所有しないすべての国に対する彼らの義務に違反しており，そしてそこには「ビルト・インされた」紛争が存在している，とみることはそんなに不合理なことだろうか[14]。

---

[12]　*ICJ Reports 2016*, pp. 852-856（paras. 46-57）.

[13]　*ICJ Reports 2016*, p. 1093（para. 1）.

[14]　*CIJ Recueil 2016*, p. 1126（para. 67）.

III 国際司法裁判所の判例および国家責任に関する国際法委員会での法典化の過程における対世的義務と民衆訴訟に関する議論の展開

1 南西アフリカ事件（1966年）

冒頭に見たように，南西アフリカ（第2段階）事件において国際司法裁判所は，エチオピアとリベリアの当事者適格を認めなかった。そのうえで裁判所は，次のようなもっとも有名な傍論のひとつを付け加えた。

88 …そのうえで別の方角から見れば，［原告国の原告適格を認めるという］この議論は，「民衆訴訟」の等価物，別言すれば，公的利益を援護するために法的行動をおこす権利が国際社会の構成員のいずれもに備わっている，ということを本裁判所が認めなければならない，という主張に等しい。しかし，この種の権利は国内法体系のいくつかにおいて知られているかもしれないが，現下の国際法においては知られてはおらず，また規程38条1項（c）にいう「法の一般原則」によって導入されたのだと，本裁判所が見なすこともできない[15]。

南西アフリカ事件の第2段階判決は，このパラ88にあるように，いわゆる民衆訴訟の可能性を国際法において否定した先例として夙に知られている。ただし，このパラ88は，傍論というか（先例拘束性がない国際司法裁判所の判決でこの用語を用いるのが適切かどうか迷うところではあるが）いずれにせよ，判決の理由づけにとっては余分な個所なので，南西アフリカ事件の先例としての価値を評価するには，パラグラフ88以外の場所で，裁判所がどのような理由で，エチオピアとリベリアの訴えを退けたのか，を見極める必要があるように思われる[16]。

---

[15] *ICJ Reports 1966*, p. 47 (para. 88).

[16] 筆者はかつて以下のように論じたことがある。「パラ88の第2文が正しいとしても，そのことが第1文の内容の否定を担保できるわけではない。国際法秩序と国内法秩序の構造的な差異を指摘したからといって，そのことから，国際社会の集団的利益の保護のための（技術的意味ではない）民衆訴訟のようなものを国際法秩序において認める余地は一切ないのだ，という結論を導出することは必ずしもできないだろう」（KAWASAKI, The "Injured State"…, *cit.*, pp. 28.）。筆者のこのような見解を引用するのは，Malgosia FITZMAURICE, International Protection of Environment, *Recueil des Cours*, Volume 293 (2001), pp. 169-170.

この点に関しては，まずパラ 88 での言明にもかかわらず，パラ 36 で，仮定の場合とはしながらも，連盟加盟諸国が，連盟の関連事項について「集団的利益」を有していたと考えることもできる，とするとともに，パラ 44 では，法的権利あるいは利益は，触知しうるあるいは物質的利益が侵害されなくとも，侵害されうる，としている。それでは，本件においては，両国はなぜそのような権利，利益が主張できなかったのだろうか。それは裁判所によれば，第 1 に，パラ 33 にいうように，委任統治制度においては連盟（の機関）が排他的にそのような権利を主張できるからであり，第 2 に，パラ 83 にいうように，委任状における裁判条項を連盟加盟国が援用できるのは，南アフリカによる「行為」規定の違反ではなく，「特別利益」規定の違反の場合だけだから，ということになる[17]。

このような裁判所の論理展開を，いま現在の国家の国際責任法の用語を使って説明すると，以下のようになるだろう。①南西アフリカにおける委任統治に関する南アフリカの義務が，（連盟規約当事者間のものではあるが）対世的義務である可能性は否定できない。②にもかかわらず，この義務の履行の監視に関しては，連盟機関によるコントロールがサブシステムとして存在し，しかもそれは自己完結的である。③委任状における裁判条項は，個別利益が侵害された国による訴えのみを想定しており，対世的義務の違反の場合には援用できない。したがって，両国は本件においては当事者適格を欠いている。

このように見てくると，この判決は，国際法におけるいわゆる民衆訴訟をカテゴリカルに否定し去ったものではなくて，②③の条件さえ違ってくれば，いつでもそれは可能だ，という，むしろ将来における可能性を示唆したものとしてとらえるべきだと思われる（この点に関しては後述する）。

2 バルセロナ・トラクション事件（1970 年）

しかしそのわずか 4 年後，同じ裁判所は，もっともよく引用されるもう一つの傍論を表明したが，その内容は 1966 年のものとは正反対のものであった。裁判所はその判決のパラ 33 から 35 にかけて，国の義務に関しては，一方で国際社会全体に対する義務と，他方で外交保護の分野でもう一つの別の国に対し

---

[17] *ICJ Reports 1966*, p. 30（para. 36），pp. 32-3（para. 44），pp. 28-9（para. 33）and p. 45（para. 83）.

変動する社会と法・政治・文化

て生じる義務との間で区別がなされなければならないとしたうえで，「その性
質上，前者はすべての国の関心事である。問題となる権利の重要性にかんがみ
て，そのような権利の保護のための法的権利をすべての国が有することができ
る。このような義務は対世的（erga omnes）義務である」と述べた。以下，仏
語正文により該当箇所を少し長くなるがそのまま引用することにする。

33. Dès lors qu'un Etat admet sur son territoire des investissements étrangers ou des
ressortissants étrangers, personnes physiques ou morales, il est tenu de leur accorder
la protection de la loi et assume certaines obligations quant à leur traitement. Ces
obligations ne sont toutefois ni absolues ni sans réserve. Une distinction essentielle
doit en particulier être établie entre les obligations des Etats envers la communauté
internationale dans son ensemble et quelles qui naissent vis-à-vis d'un autre Etat
dans le cadre de la protection diplomatique. Par leur nature même, les premières
concernent tous les Etats. Vu l'importance des droits en cause, tous les Etats
peuvent être considérés comme ayant un intérêt juridique à ce que ces droits soient
protégés; les obligations dont il s'agitsont des obligations *erga omnes*.

34. Ces obligations découlent par exemple, dans le droit international contemporain,
de la mise hors la loi des actes d'agression et du genocide mais aussi des principes et
des règles concernant les droits fondamentaux de la personne humaine, y compris la
protection contre la pratique de l'esclavage et la discrimination raciale. Certains
droits de protection correspondants se sont intégrés au droit international général
(Réserves à la convention pour la prévention et la répression du crime de génocide,
avis consultatif, C. I. J. Recueil 1951, p. 23); d'autres sont conférés par des
instruments internationaux de caractère universel ou quasi universel.

35. Les obligations dont la protection diplomatique a pour objet d'assurer le respect
n'entrent pas dans la même catégorie. En effet, si l'on considère l'une d'elles en
particulier dans un cas déterminé, on ne saurait dire que les Etats aient tous un
intérêt juridique à ce qu'elle soit respectée. Un Etat ne peut présenter une demande
de réparation du fait de la violation de l'une de ces obligations avant d'avoir établi qu'il
en a le droit, car les règles en la matière supposent deux conditions: ((Premièrement,
l'Etat défendeur a manqué à une obligation envers l'Etat national, à l'égard de ses
ressortissants. Deuxièmement, seule la partie envers laquelle une obligation
internationale existe peut présenter une réclamation à raison de la violation de
celle-ci.)) (Réparation des dommages subis au service des Nations Unies, avis

9 国際司法裁判所における対世的義務と民衆訴訟〔川﨑恭治〕

consultatif, C.I.J. Recueil 1949, p. 181 et 182.) ...[18]

　パラ 33 は，外国人の待遇に関する義務の話に始まり，そのような義務は
「絶対的でも無条件でもない（下線部）」とするが，そのあとに，国際社会全体
に対する義務との比較が出てくるのはいかにも不自然である。私見では，パラ
33 から 35 にかけてのゴチックにした部分が，理由の起草作業のかなり最後の
段階で挿入されたのではないかと思われる。つまり，もともとの草案では「絶
対でも無条件でもない」というパラ 33 の冒頭の話は，ゴチックの部分の後の，
その国が賠償を請求するには，違反された義務に対応する権利を有していなけ
ればならない，というパラ 35 の 4〜5 行目（下線部）に直接つながっていたの
ではないか（つまり，パラ 35 の 5 行目の「これらの義務（2 重下線部）」は，パラ
33 の 3〜4 行目の「これらの義務（下線部）」を受けたものに他ならない）と推察さ
れる[19]。

3　国家責任条文第 48 条（2001 年）

　それからまた 30 年が経ち，国連の国際法委員会は，国家の国際責任法の法
典化という枠組みの中で，次のような 2 つの条文を採択した。

第 42 条（被害国による責任の追及）
　国は，違反の対象となった義務が次のようなものであるときは，被害国として他
国の責任を追及する権利を有する。

---

[18]　*CIJ Recueil 1970*, pp. 33-34.

[19]　それでは裁判所はなぜ，このような挿入を行ったのであろうか。4 年前の南西アフリ
カ事件が，法的にも対社会的にも，裁判所にとって大失態だったので，それを少しでも
挽回するために，一方ナミビア事件で委任統治を終了し，他方本事件で対世的という概
念を持ち出して，国際法においても複数国による法執行の可能性を受け入れる準備があ
るのだということを示した，というのは，TAMS/TZANAKOPOULOS, Barcelona
Traction at 40: the ICJ as an agent of legal development, *Leiden Journal of International
Law*, vol.23（4）（2010），pp. 792. 1962 年の先決的抗弁判決において裁判所が，委任状第 7
条の明白な目的・主旨は「連盟国が受任国による委任地域住民ならびに国際連盟・その
連盟国に対して負う義務の遵守に法的権利または利益を有すると解されていたことを明
示するにある」（*ICJ Reports 1962*, p. 342.）と述べたことについて，かくもポジティブ
な言い方で述べられたことが，同じ裁判所により同じ事件で根本から否定されるとはと
うてい予想されなかった，というのは，皆川洸「南西アフリカ事件の判決」『法律時報』
第 38 巻 12 号（1966 年）45 頁。

変動する社会と法・政治・文化

(a) 当該国に対して個別的に追う義務である場合

(b) 当該国を含む国の集団若しくは国際共同体全体に対する義務であり，かつ，その義務の違反が，

　(ⅰ) 当該国に特別に影響を及ぼすものである場合，若しくは

　(ⅱ) その義務の履行の継続について他のすべての国の立場を根本的に変更する性格のものである場合

第48条（被害国以外の国による責任の追及）

1　被害国以外のいかなる国も，次の場合には，2に従って他国の責任を追及する権利を有する。

　(a) 違反の対象となった義務が，当該国を含む国の集団に対するものであり，かつ，当該集団の集団的利益の保護のために設けられたのである場合，又は

　(b) 違反の対象となった義務が，国際共同体全体に対するものである場合

2　1に基づき責任を追及する権利を有するいかなる国も，責任を負う国に対して次の請求を行うことができる。

　(a) 第30条に従った国際違法行為の中止及び再発防止の[確約・]保証，及び

　(b) 被害国又は違反の対象となった義務の受益者の利益のために，前諸条の規定に従った回復の義務の履行

3　第43条，第44条及び第45条に基づく被害国による責任の追及のための要件は，1に基づきそのような権利を有する国による責任の追及に適用される。[20]

　国際法委員会での国家責任の法典化作業におけるかつての特別報告者アゴーのもとで，ある国が他の一国との間で負う（一対一の）義務の違反の結果としての損害賠償だけではなく，「あらゆる義務の違反のあらゆる法的帰結」をその法典化の対象としたために，一方では対世的義務の違反の場合，他方では，違法行為の中止や再発防止，さらには対抗措置という法的帰結までを取り扱わざるを得なくなった。その行き着いた先が，上に引用した第48条（とここでは引用しないが第54条）であったといえる。第42条と第48条は，分類学上の難点（違反の対象となった義務が，その国に対して負われている義務である[最近類]か否（つまり全くの第三国）かでまず区別をし，つぎに前者の義務のなかで保護される利益が個別的か集団的か[種差]を区別すべきところ，そうなっていない）があるものの，これからみるように，様々な場面で引用されるようになる。

──────────

⑳　岩沢雄司（編集代表）『国際条約集　2018』（有斐閣）113頁（ただし一箇所補正）。

9 国際司法裁判所における対世的義務と民衆訴訟〔川﨑恭治〕

＊　　　＊　　　＊

2001 年に国家責任条文が完成して以降，国際法における対世的義務は，新しい段階に入ったのではないかと筆者は考えている。その理由は，まず理論的には，2005 年の万国国際法学会の決議にみるように，国家責任法の法典化という文脈を離れて，より広い観点からの検討が可能になったことがある。つぎに実際にも，これからみるように，国際司法裁判所において，訴追するか引渡すかの義務に関する事件（ベルギー対セネガル）判決や，南極海における捕鯨事件（オーストラリア対日本）のように，国際法においていわゆる民衆訴訟が可能かどうか，という論点に対して，国際司法裁判所自身がいよいよ答えを出そうとしているように見えるからである。

4　万国国際法学会決議（2005 年）

万国国際法学会は，ポーランドのクラクフで行われた 2005 年の会期において，「国際法における対世的義務」と題する決議を採択した[21]。これは，うえにみた国家責任条文第 48 条をリファインしたものとみることができる。その第 1 条と第 3 条は以下のようなものであった。

第 1 条　この諸条文の適用上，対世的義務とは，
　(a) その共通の価値と履行に関する関心にかんがみ，国が国際社会全体に対して負う一般国際法の下での義務であって，それゆえそのような義務の違反が，すべての国が行動をとることを可能にするもの，または，
　(b) その共通の価値と履行に関する関心にかんがみ，国が他のすべての条約当事国に対して負う多数国間条約の下での義務であって，それゆえそのような義務の違反が，他のすべての条約当事国が行動をとることを可能にするもの，をいう。

第 3 条　対世的義務の違反を犯したと主張される国と，当該義務がその国に対して負われている国との間に管轄権のリンクが存在する場合には，後者の国は，当該義務の遵守に関する紛争について，国際司法裁判所またはその他の国際的裁判制度に訴えを提起する資格を有する。

---

[21]　*Annuaire de l'Institut de Droit International*, Session de Cracovie, Vol. 71-II (2006), pp. 286-289.

変動する社会と法・政治・文化

　この万国国際法学会決議においては，2001年の国家責任条文の第48条では，「国際社会全体に対する義務」とされていたものが，第1条（a）では，一般国際法上の義務で，いわゆる共通利益の保護を目指すもの，という風に，法源の問題と利益の性質の問題をはっきり区別したうえで，すべての国が（何らかの）行動をとりうる，とした点が特徴的である。

　第1条（b）は，いわゆる「当事者間」対世的義務（Obligations *erga omnes partes*）を取り扱っている。また第3条では，管轄権のリンクがある限り，裁判での当事者適格を認めるべきだ，といっており，つぎにみる，訴追するか引き渡すかの義務に関する事件判決の内容ともそれぞれ平仄があっている。

5　訴追するか引き渡すかの義務に関する事件（2012年）

　この事件は，ベルギーが，チャド共和国の大統領時代に大規模人権侵害を引き起こしたアブレ氏の所在地国であるセネガルを，拷問等禁止条約違反であるとして，同条約上の裁判付託条項に基づいて，国際司法裁判所に訴えた事件である。本事件の判決文の中で，本稿に特に関連性を有するのは次の2つのパラグラフである。

　68　…　他のすべての（拷問禁止条約の）当事諸国は，その領域に加害者が現存する国がこれらの義務を遵守することにつき，共通の利益を有している。この共通の利益とは，問題となっている義務は条約当事国に課されているが，それは他のすべての条約当事国に対して負われている，ということを意味する。条約当事国のすべてが，問題となっている権利の保護に「法的利益を有している」（バルセロナ・トラクション事件，パラ33）のである。このような義務は，ある事件においてそれらが遵守されることにつき，条約当事国のそれぞれが利益を有しているという意味で，「当事者間での対世的義務（obligations *erga omnes partes*）」と定義することができよう。…

　70　以上の理由で本裁判所は，ベルギーが，拷問禁止条約の当事国として，同条約6条2項および第7条1項の下での義務の違反に関して，セネガルの責任を本手続において追及する原告適格を有していると結論する[22]。…

　このように裁判所は，拷問等禁止条約は共通利益の保護を目指しており，そこでの義務は「当事者間の対世的義務」であるから，（他の）すべての国がそ

---

[22]　*CIJ Recueil 2012*, pp. 449-450.

9 国際司法裁判所における対世的義務と民衆訴訟〔川﨑恭治〕

の義務の履行について利益を有する，として，犯罪が犯された国でもなく，容疑者の国籍国でもなく，そして第一義的には被害者の国籍国でもない，ベルギーの当事者適格を認めたうえで，セネガルの拷問等禁止条約上の義務の違反を認定し，もし引き渡さないのならば（ただし，ベルギーを含めどこの国へとは明示してないが），遅滞なく訴追するようにという判決を下した。

筆者はこの判決文（および下に挙げる裁判官たちの意見）を読んだ時に，本章の冒頭で紹介した南西アフリカ事件の第2段階判決を想い出した。それはその結論が正反対だったからではなくて，南西アフリカ事件判決の理論構成（上の同事件の筆者による分析を参照）の延長線上にこの判決を位置付けることができるのではないか，と思ったからである。

つまり，①カンサード・トリンダーデ裁判官の分離意見によると，拷問等禁止条約のもとでの義務は（当事者間の）対世的義務である[23]。②スフェ裁判官の反対意見によると，彼女は，たとえ条約が共通利益の保護を規定していたとしても，拷問禁止委員会という「サブシステム」が存在しているのだから，そちらが優先されるべきだ，と主張したが[24]，これは残念ながら，多数意見の採るところとはならなかった。③シュール特任裁判官の反対意見を見ると，拷問等禁止条約の裁判付託条項を援用できるのは，同第5条1項に列挙されている，いわゆる「直接関係国」に限られるのだという意見を展開したが[25]，これも，残念ながら多数意見の採るところとはならなかった。

6 南極海における捕鯨事件（2014 年）

この事件は，日本が南極海で行ってきた調査捕鯨が国際捕鯨取締条約に違反しているとして，オーストラリアが日本を 2010 年に国際司法裁判所に訴えた事件である（ニュージーランドが訴訟参加）。2014 年 3 月 31 日の判決で裁判所は，原告国の訴えをほぼ認め，日本の調査捕鯨のための特別許可は国際捕鯨取締条約 8 条の規定に合致していないとしたうえで，日本は，特別許可を与えたことにより，商業捕鯨モラトリアム等に関する附表の諸条項に合致しない行動をとったと認定した。そのうえで，現行の許可・ライセンスを取り消し，新し

[23] *ICJ Reports 2012*, pp.527-529 (paras. 104-108).
[24] *ICJ Reports 2012*, p.576 (para. 19).
[25] *CIJ Recueil 2012*, p. 618 (para. 45).

219

変動する社会と法・政治・文化

い許可書を発給しないようにと日本に求めた[26]。

　本稿の関心との関連では，オーストラリアがどのような資格で日本の義務違反を追及したのかが問題となる。日本はこの点も含めて先決的抗弁を提起しなかったので，判決の中にこの論点に関する言及はなかったが，訴訟手続の中でのオーストラリアによる次のような言明が注目される。

　19　オーストラリアは，JARPA II［南極海における調査捕鯨］のある部分が，オーストラリアが主権的権利および管轄権を主張する海域で行われていることを理由にして，自国が被害国である，と主張しているのではない。…［捕鯨取締条約の］当事国の全員が，1946 年条約の下での義務の他の当事国による履行の確保に同じ利益を有している。オーストラリアは，すべての他の当事国と分かち持っている利益，集団的利益を擁護しようとしているのである[27]。

　その用語法からして，オーストラリアが国家責任条文第 48 条 1 項(a)（すなわち当事国間対世的義務の違反の場合）を念頭に置いていたことは明らかであろう。

Ⅳ　お わ り に

　うえにみた 2 つの事件では，国際司法裁判所は，管轄権のリンク（裁判条項および選択条項受諾宣言）を確認したうえで，拷問禁止条約および国際捕鯨取締条約における問題となった義務の対世的性質を，明示にあるいは黙示に認め，原告国の当事者適格を認定した（あるいは否定しなかった）。それでは以上を前提として，マーシャル諸島事件判決をこのような文脈の中でどのように評価すればよいのであろうか。

1　判決文の中での国家責任条文第 48 条への言及

　すでにみたように裁判所は，請求訴状提出時における当事者間における紛争の不存在（英国の第一先決的抗弁）を理由にマーシャル諸島の訴えを退けたの

---

(26)　*ICJ Reports 2014*, pp.298-300（para. 247）. 本事件の分析として，坂元茂樹「日本からみた南極捕鯨事件判決の射程」『国際問題』No.636（2014 年 11 月）6～19 頁。

(27)　CR/2013/18, p. 28.

220

9 国際司法裁判所における対世的義務と民衆訴訟〔川﨑恭治〕

で，マーシャル諸島の当事者適格について裁判所は何ら言及してはいない。し
たがってこの事件は，個別的あるいはパーソナルな利益を侵害されてはいない
国が，ある国の対世的義務の違反に関する訴えを国際司法裁判所に提起するこ
とができるか，という本稿の問題関心からすれば，1974 年の核実験事件（訴
訟目的の消滅という理由により審理打ち切り）や 1995 年の東チモール事件（利害
関係国が参加していないという理由で管轄権を行使できず）の系譜に連なるものと
いえよう[28]。

　しかしそうではあるものの，対英国判決と対パキスタン判決を仔細に比較す
ると，この文脈に関連するかもしれない，ひとつの奇妙な相違が浮かび上がっ
てくる（対インド判決は，この点に関しては，対英国判決とほぼ同じ）。対英国判
決のパラ 45（こちらの方が長い）に対パキスタン判決のパラ 42 を重ね合わせて
みると，以下のようになる（[ ]内は対パキスタン判決）。

45 [42 for Pakistan]. As noted above at paragraphs 27-29 [paragraph 32], the United
Kingdom [Pakistan] relies on the fact that the Marshall Islands did not commence
negotiations or give notice to it of the claim that is the subject of the Application to
support its contention that there is no dispute between the Parties. *The United
Kingdom lays particular emphasis on Article 43 of the ILC Articles on State
Responsibility, which requires an injured State to "give notice of its claim" to the
allegedly responsible State. **Article 48, paragraph 3, applies that requirement
mutatis mutandis to a State other than an injured State which invokes
responsibility.** However, the Court notes that the ILC's commentary specifies that the
Articles "are not concerned with questions of the jurisdiction of international courts and
tribunals, or in general with the conditions for the admissibility of cases brought before
such courts or tribunals" (see ILC Commentary on the Draft Articles on the
Responsibility of States for Internationally Wrongful Acts, Report of the International
Law Commission, United Nations doc. A/56/10, 2001, paragraph 1 of the
Commentary on Article 44, pp. 120-121).* Moreover [However], the Court has
rejected the view that notice or prior negotiations are required where it has been
seised on the basis of declarations made pursuant to Article 36, paragraph 2, of the
Statute, unless one of those declarations so provides. The Court's jurisprudence treats
the question of the existence of a dispute as a jurisdictional one that turns on whether

---

[28]　これらの事件の簡潔な分析は，KAWASAKI, The "Injured State" …, *cit.*, pp. 29-30.

変動する社会と法・政治・文化

there is, in substance, a dispute, not on what form that dispute takes or whether the respondent has been notified (see paragraph 38 above).[29]

　第一に，真ん中のイタリックの部分を除いたものが，対パキスタン判決のパラ 42 であるが，真ん中を削除しても（当然のことだが）十分に意味が通っていることがわかる。それは，取り立てて問題とするような内容ではなく，選択条項受諾宣言に基づく訴えの場合には，受諾宣言にその旨の要件が定められていない限り，事前の通告や交渉が要求されることはない，とさらっといっているだけで，裁判所はそのあと，（第Ⅱ章の**裁判所の理由づけ**のところで紹介した）請求訴状提起時における紛争の存否に関する 4 つの論点の分析に進んでいる。

　第二に，先行するパラ 27 およびパラ 31 で，英国の国家責任条文第 43 条に基づく主張と，それに対するマーシャル諸島の反論が紹介されているので[30]，ゴチックの部分を除いたイタリックの箇所が対英国判決において付け加えられていること自体には，違和感はない。

　第三に，最後に残ったのはゴチックの部分である。英国は確かに，イタリックの箇所の第一文と第二文に対応する言明を（第 43 条 1 項と第 48 条 3 項に言及しながら）書面手続において行っている[31]。しかし裁判所は，判決文の中で英国の主張を要約したパラ 27〜29 においては，第 43 条に言及しているだけで第 48 条には触れてはいない[32]。第 48 条が登場するのは，判決文全体の中で唯一この箇所だけである。筆者はここに，裁判所はマーシャル諸島の当事者適格に関する何らかの痕跡（すなわち Article 48, paragraph 3, applies that requirement *mutatis mutandis* to a State other than an injured State which invokes responsibility.）を（理由づけには直接関係はないが）傍論として判決文の中に留めたかったのではないか，と推測している。国家責任条文第 48 条 3 項へのまわりまわった言及は，第 48 条全体のこの事件への適用可能性を仄めかしているのではないか，と考えるのは穿ち過ぎであろうか。

---

(29)　*ICJ Reporrts 2016*, p. 852 and p. 569.

(30)　*ICJ Reports 2016*, pp. 846-847.

(31)　Preliminary Objections of the United Kingdom of Great Britain and Nothern Ireland, 15 June 2015, p. 14 (para. 30).

(32)　*ICJ Reports 2016*, pp. 846-847.

2 将来の類似の訴訟を避ける

英国は賢明にも，マーシャル諸島による事件の付託から数か月後の 2014 年 12 月 30 日に，自らの選択条項受諾宣言の中に，「同一のもしくは他の当事者によって以前に裁判所に付託された紛争と実質的に同一の紛争」を裁判所の管轄権から除外するという，新しい留保を付け加えた。しかし，実際になされるかどうかはともかくとして，このような留保が，類似の事件がマーシャル諸島あるいはそれ以外の国によって付託されることを実効的に妨げることができるかどうかは，疑問なしとしない。というのは，すでにみたように，裁判所は当事者間に紛争は存在しなかったと宣言した。ということは，「以前に裁判所に付託された紛争」はそもそもなかった，ということになるのではないだろうか[33]。

3 裁判長による決定投票再び

1996 年の核兵器による威嚇・使用の合法性事件の勧告的意見は，国際司法裁判所の歴史の中で，裁判長の決定投票によって帰趨が決せられた 3 つの事件のうちで今まで言及しなかった最後のひとつである。

E. By seven votes to seven, by the President's casting vote,

It follows from the above-mentioned requirements that the threat or use of nuclear weapons would generally be contrary to the rules of international law applicable in armed conflict, and in particular the principles and rules of humanitarian law;

However, in view of the current state of international law, and of the elements of fact at its disposal, the Court cannot conclude definitively whether the threat or use of nuclear weapons would be lawful or unlawful in an extreme circumstance of self-defence, in which the very survival of a State would be at stake;

IN FAVOUR: President Bedjaoui; Judges Ranjeva, Herczegh, Shi, Fleischhauer, Vereshchetin, Ferrari Bravo;

AGAINST: Vice-President Schwebel; Judges Oda, Guillaume, Shahabuddeen, Weeramantry, Koroma, Higgins;[34]

---

[33] 同様に日本は，南極海における捕鯨事件判決の後の 2015 年 10 月 6 日に，「海洋生物資源の調査，保存，管理又は開発について，これらから生ずる，これらに関する又はこれらに関係のある紛争」を国際司法裁判所の管轄権から除外する新しい留保を，選択条項受諾宣言に付け加えた。

変動する社会と法・政治・文化

このような意見の主文Eは，その前半と後半がどのように関連しているのか判然とはしない[35]。(そう考えれば判然とするわけではないが) 筆者は，これらの部分は，元々は主文C (*jus ad bellum* の流れ) とD (人道法の流れ) のそれぞれ一部をなしていたが，意見の合致部分だけを残し，別建てのEに統合して別途投票した結果なのではないか，と推測している。もしそうだとすると，その祖型はそれぞれつぎのようになるだろう。

C. ~~Unanimously,~~

A threat or use of force by means of nuclear weapons that is contrary to Article 2, paragraph 4, of the United Nations Charter and that fails to meet all the requirements of Article 51, is unlawful ; **However, in view of the current state of international law, and of the elements of fact at its disposal, the Court cannot conclude definitively whether the threat or use of nuclear weapons would be lawful or unlawful in an extreme circumstance of self-defence, in which the very survival of a State would be at stake;**

D. ~~Unanimously,~~

A threat or use of nuclear weapons should also be compatible with the requirements of the international law applicable in armed conflict, particularly those of the principles and rules of international humanitarian law, as well as with specific obligations under treaties and other undertakings which expressly deal with nuclear

---

(34) *ICJ Reports 1996 (I)*, p. 266.

(35) 筆者はかつてこの点に関して，裁判所は裁判不能 (*non liquet*) を宣言したに等しい，という Higgins 裁判官の (反対) 意見 (*ICJ Reports 1996 (I)*, p. 590 (para. 29).) を紹介した上で，国家責任条文に照らせば，まず，その第40条への注釈で国際人道法の基本諸規則は強行的だといっており (A/56/10, p. 284 (para. 5).)，その上で，第26条は強行規範上の義務に合致しない国の行為の違法性は阻却しない，としてるので，自衛権と人道法との間のここでの牴触は，少なくとも核兵器の使用に関しては，人道法に有利に解決されるべきではないか，と述べたことがある (Kawasaki, Draft Articles on State Responnsibility adopted by the International Law Commission in 2001: A Brief Overview, *Hitotsubashi Journal of Law and Politics*, Vol. 30 (2002), pp. 43-44.)。しかし Jeutner は最近の論稿で，ここで問題となっているのは，2つの基本原則が真っ正面から衝突している法的なジレンマであって，法的なギャップ (すなわち non liquet) ではないので，裁判不能の宣言と (その後に続く) 残余規則の適用では，規範間の解消不可能な衝突に適切に対処することはできず，したがって，法的なジレンマの可能性を排除することはできない，という。Jeutner, *Irresolvable Norm Conflicts in International Law: The Concept of a Legal Dilemma* (OUP, 2017), pp.88-90.

weapons ; It follows from the above-mentioned requirements that the threat or use of nuclear weapons would generally be contrary to the rules of international law applicable in armed conflict, and in particular the principles and rules of humanitarian law;

しかしここで筆者がこの意見の中で特に注目するのは以下の部分である。

67 本裁判所は,「抑止政策」として知られている実行について,ここでなにか述べようとする意図はない。一定の数の国々が,冷戦の時代の大部分においてそして今日でもなお,このような実行を固守し続けているということは事実である,ということに本裁判所は留意する。さらに,国際社会の構成員たちは,過去50年に渡って核兵器が使われなかったということが法的信念の表明であるかどうか,という点について深い分裂の中にいる。このような状況において本裁判所は自らが,そのような法的信念が存在するのだ,と認定することができるとは思えない[36]。

4 最後に再びマーシャル諸島事件 (2016 年)

冒頭に紹介した裁判長の決定投票による判決主文に,各裁判官の出身国(ゴチックは核保有国)を付け加えれば,以下のようになる。

59. For these reasons, THE COURT,
(1) By eight votes to eight, by the President's casting vote, Upholds the first preliminary objection to jurisdiction raised by the United Kingdom, based on the absence of a dispute between the Parties;
IN FAVOUR: President Abraham (**France**); Judges Owada (Japan), Greenwood (**UK**), Xue (**China**), Donoghue (**USA**), Gaja (Italy), Bhandari (**India**), Gevorgian (**Russia**);
AGAINST: Vice-President Yusuf (Somalia); Judges Tomka (Slovakia), Bennouna (Morocco), Cançado Trindade (Brazil), Sebutinde (Uganda), Robinson (Jamaica), Crawford (Australia); Judge ad hoc Bedjaoui;

このようにしてみると,マーシャル諸島事件判決は,核軍縮に関する国際社会における「深い分裂」を反映しているだけなのかもしれない[37]。

※本稿は,2016・2017 年度の成城大学特別研究助成金による研究成果の一部である。

---

[36] *ICJ Reports 1996 (I)*, p. 254.

変動する社会と法・政治・文化

(37) こうして核軍縮義務が，はたして一般慣習国際法上の義務なのか，また対世的義務なのかどうか，というマーシャル諸島が提起した論点は，国際司法裁判所によっては触れられないままに終わった。国際法協会の「核兵器，不拡散と現代国際法」部会は，2018年のシドニー会期において，「平和目的のための原子力の使用の法的側面」についての第4報告書を作成した（ILA, Sydney Conference (2018), Nuclear Weapons, Non Proliferation & Contemporary International Law, Fourth report on Legal Aspects of the Use of Nuclear Energy for Peaceful Purposes.）が，その付録の「暫定的な結論と勧告」のC項（核軍縮）のなかの **(C7)** は，NPT第6条の定める諸義務は，国際社会全体に影響を与えるので，対世的に妥当（valid *erga omnes*）し，慣習法あるいは少なくとも発展しつつある慣習規範の一部として，それらの義務はNPTの当事国に限定されない，という。しかしここでのerga omnesへの言及は，名宛人の範囲が一般的であることを指しており，これらの義務が対世的義務であると（まで）は言っていないように見える。他方で，D項（核不拡散義務の遵守と強制）のなかの **(D18)** は，NPTにおける根本的な義務（essential obligations）は，対世的な性質（*erga omnes* character）を有している，といっており，こちらは文脈から対世的義務に言及しているように見えるが，NPT第6条の核軍縮義務がここでいう根本的な義務に含まれるかどうかは判然とはしない。他の個所で，とくに核不拡散，核セキュリティに関する根本的な義務，という表現があるので，含まれないのかもしれない。

226

10 フランス語憲章による公共の表示・商業広告の規制と適用除外制度

浦 山 聖 子

Ⅰ　は じ め に
Ⅱ　フランス語のみによる表示・広告 —— フランス語憲章による公共の表示・商業広告の規制
Ⅲ　言語的外観のフランス語化 —— 1982 年適用除外宣言から 88 年の改正まで
Ⅳ　国連自由権規約人権委員会への通報と 93 年の改正
Ⅴ　検　討
Ⅵ　お わ り に

Ⅰ　は じ め に

　1982 年に，カナダは BNA 法の改廃権をイギリス議会からカナダ連邦議会に移管し，同時に「カナダ権利と自由憲章（Canadian Charter of Rights and Freedoms. 以下，カナダ憲章)」と題された人権条項を含む「1982 年憲法（Constitution Act, 1982)」[1]を制定した。このカナダ憲章は，広範な権利と自由を保障すると同時に，一定の場合に，連邦法・州法がカナダ憲章の権利・自由の保障に違反したとしても，連邦議会・州議会が当該連邦法・州法を有効とする宣言を行い，連邦法・州法に効力を認めることができるという独特の仕組みを制度化している。この制度を規定したカナダ憲章 33 条は，宣言がなされた連邦法・州法に対してはカナダ憲章が適用されないという意味で「適用除外条項（notwithstanding clause)」と呼ばれている。本稿では，この仕組みを適用除外制度と呼ぶ[2]。ツヴィ・カハナ（Tsvi Kahana）によれば，この適用除外制度は

---

[1]　Canadian Charter of Rights and Freedoms, Part Ⅰ of the Constitution Act, 1982, being Schedule B to the Canada Act 1982 (U.K.), 1982, c.11.

[2]　適用除外制度の概要については，浦山聖子 2016「カナダ権利と自由憲章の適用除外制度」成城法学 85 号，328-334 頁にまとめている。

変動する社会と法・政治・文化

2001 年までに，後述するケベックでの包括的な適用除外宣言のほかに 16 回に渡って利用されてきた[3]。本稿では，このような適用除外制度の利用が訴訟を通じて争われ，適用除外宣言がなされた立法が改正されていったという意味で代表的な事例であるケベックのフランス語憲章による公共の表示・商業広告の規制の変遷について取り上げ，ケベックの公共の表示・商業広告の規制の変遷およびこの規制のあり方と適用除外制度との関わりについて確認する。その上で，適用除外制度を利用可能な場合と利用できない場合には権利・自由の保障に対する裁判所や議会の関与のあり方が異なるのか，公共の表示・商業広告の規制の場合と就学前・初等・中等教育の教授用語規制の場合を比較・検討する。

II　フランス語のみによる表示・広告――フランス語憲章による公共の表示・商業広告の規制

本章では，1977 年に成立したフランス語憲章による公共の表示・商業広告の規制のあり方について明らかにする。

ケベックでは，1960 年代に移民の子弟の教育の問題をきっかけとして，フランス語の使用を促すための法律が制定されていった。「ケベックにおいてフランス語を振興する法（Act to Promote the French Language in Quebec）」[4]，「公用語法（Official Language Act）」[5]という二つの言語法を経て，ケベック党ルネ・レヴェク政権のもと，1977 年に「フランス語憲章（Charter of the French Language/La charte de la langue française）」[6]が制定された[7]。フランス語憲章で

---

(3)　Kahana, Tsvi. 2001. "The Notwithstanding Mechanism and Public Discussion", in Canadian Public Administration, Vol 44, no.3, 255-291（hereinafter cited as Kahana 01）at 258-272.

(4)　S.Q. 1969, c.9　フランス語振興法では，「文化省法（Cultural Affairs Department Act）」を修正する形で，公共の表示について，フランス語局（French Language Bureau）は，フランス語の優越性を確保するよう政府に助言しなければならないとした。（14 条(b)）

(5)　公用語法については，オタワ大学の公用語および二言語主義研究所（Official Languages and Bilingualism Institute）のウェブサイト "Site for language management in Canada" を参考にした。https://slmc. uottawa.ca/? q=leg_official_language_act_1974 公用語法では，公共の表示および文字で書かれた広告（advertisements in writing），とりわけ屋外の掲示板（bill-boards）や電子表示は，フランス語かフランス語とその他の言語の二言語でなされなければならないとした。（35〜38 条）

(6)　R.S.Q. 1977, c. C-11.

は,「商業の言語(language of commerce and business)」と題された第7章で,企業名のフランス語化(63〜69条)を定めた上で,製品表示,製品の保証書,レストランのメニュー・ワインのリスト,カタログやパンフレット,雇用の応募様式,製品の注文様式,送り状,領収書,受領証,公共の表示・商業広告と,企業が製品を製造・供給し,宣伝するための言語について規定がなされた。公共の表示・商業広告については,フランス語憲章および同時に制定された「商業の言語についての規則(Regulation respecting the language of commerce and business. 以下,77年規則)」[8]で次のような内容が定められた。

企業名のフランス語化(憲章63・67〜69条)

企業名はフランス語でなければならない。ケベック外での表示を目的として,フランス語の企業名にフランス語以外の言語の版を添えることができるが,ケベックでは,企業名のフランス語版のみ使用されうる。家族名,場所の名称,文字・シラブル・数字のコンビネーションによって作られた表現,フランス語以外の言語による表現を使って企業名を表示しうる。

公共の表示・商業広告(憲章58条)

フランス語憲章およびフランス語局(Office de la langue française)の規則によって規定された場合を除き,公共の表示(signs and posters/ l'affichage public)および商業広告はフランス語のみでなされなければならない。

公共の表示・商業広告上フランス語以外の言語での表記が認められる場合(77年規則13条)

- ・ケベック外の企業の名称と所在地
- ・フランス語憲章施行以前に,商標法(Trade Marks Act)のもとで登録された商標
- ・元来,特定の製品や外国の特産品を示す語や表現で,フランス語にそれに匹敵する語がないもの
- ・固有名詞

58条が適用されない場合(憲章59条・77年規則8条)

- ・フランス語以外の言語で刊行されている報道メディア上の広告(憲章59条)

---

(7) フランス語憲章制定の経緯について,浦山聖子2014「ケベックにおける就学前・初等・中等教育の教授用語の規制と少数派言語教育権1969-2010」成城法学83号,3-5頁。

(8) O.C. 2851-77, 24 August 1977.

変動する社会と法・政治・文化

- ・利益を得る目的を持たない宗教的，政治的，イデオロギー的，人道的メッセージ（憲章 59 条）
- ・個人の私的居住地で，土地家屋に取り付けられる非商業的なメッセージ（77 年規則 8 条）

フランス語とその他の言語の二言語の表示が認められる場合（憲章 60～62 条）
- ・雇用主と従業員合わせて 4 人未満の企業の施設内部の表示（但し，フランス語の表示がその他の言語の表示よりも目立っていること）（憲章 60 条）
- ・特定のエスニックグループの文化的活動についての表示（憲章 61 条）
- ・外国の特産品や特定のエスニックグループの特産品に特化した商業施設内部の表示（憲章 62 条）
- ・参加者の多数がケベック外から来る国際的な宗教的，政治的，文化的，科学的，人道的，体育的行事で使用され，伝えられるメッセージ（77 年規則 9 条）

フランス語憲章と同時に制定された規則は，続く 1978 年，1979 年に改正されたが[9]，この 1979 年の規則[10]は，公共の表示・商業広告について次のように定義し，58 条の例外についてさらに詳細に規定した。定義および特に追加された点について以下に示す。

定義（79 年規則 1 条）
　公共の表示：公衆に向けられた公共の利益についてのすべてのメッセージで，公共の場所ないし公衆の目の届く場所（la vue du public）に掲げられたもの（79 年規則 1 条 a）
　商業広告：公衆に向けられたすべての商業的メッセージで，公共の場所ないし公衆の目の届く場所に掲げられたもの。もしくは，公衆に対して，財やサービスの販売促進を目的としたその他のすべての商業的なメッセージ（79 年規則 1 条 f）

フランス語と製品・活動の言語の二言語の表示が認められる場合（79 年規則 8 条）
以下の内容物についての公共の表示と商業広告については，フランス語と当該製品・活動の言語の二言語の表示が認められるとした。

- ・出版物，書籍，レコード（record/ disque），テープ（tape/ ruban magnétique），

---

(9)　1978 年の規則は Gazette Officielle, 20 décembre 1978, 7135-7138 頁に掲載されているが，1978 年の規則も 1979 年の規則も 1977 年の規則を改正するものとされている。

(10)　A.C. 1847-79, 27 juin 1979.

映画，その他同様の文化的教育的製品

・宣伝としての目的を持たない挨拶状（greeting card），手帳，カレンダー

・演芸，講演，講義，セミナー，会議（talk/ conference），ラジオないしテレビ放送，その他同様の文化的教育的活動

58条が適用されない場合（14条）

・専門的限定的な公衆のみを対象とした会議，見本市，展示会，シンポジウム（conference/ colloque）において，その公衆を対象とした公共の表示・商業広告

掲示されていない商業広告（9条）

以下の内容物についてのカタログや折り込みチラシなど，掲示されていない商業広告については，当該製品がフランス語以外の言語で作られていたり，当該活動がフランス語以外の言語でなされたりしている場合には，製品・活動の言語のみで記載されうる。

・出版物，書籍，レコード（record/ disque），テープ（tape/ ruban magnétique），映画，その他同様の文化的教育的製品

・演芸，講演，講義，セミナー，会議（talk/ conference），ラジオないしテレビ放送，その他同様の文化的教育的活動

公共の場所での掲示されていない商業広告の頒布（15条）

フランス語以外の言語のみで記載されたカタログ，折り込みチラシなどの商業広告の頒布については，フランス語で記載された広告が別に用意されなければならず，広告へのアクセス可能性と広告に質において，フランス語でも同様の条件で入手可能な場合にのみ許可される。

公共の場所以外での掲示されていない商業広告の頒布（15条）

一つの広告に，フランス語とその他の言語の二言語で記載されたものを頒布しうる。但し，個人が文書で希望した場合には，当該個人に対し，フランス語以外の言語のみで記載されたものを配布しうる。

輸送機関の内部・外部の表示・商業広告（19条）

・ケベックの乗客・商品を運搬する場合には，公衆衛生・医療ないし安全性についての理由がない限り，フランス語のみでなされなければならない。

・ケベックとケベック外の乗客・商品を運搬する場合には，フランス語とその他の言語の二言語の表示がなされうる。

・ケベック外の乗客・商品を運搬する場合には，フランス語以外の言語のみによる表示がなされうる。

変動する社会と法・政治・文化

　フランス語憲章下で規制の対象となった公共の表示・商業広告とは，具体的にはどのようなものだったのだろうか。第一に，内容については，79 年規則の定義では，公共の表示は「公共の利益についてのメッセージ」であり，商業広告は「商業的メッセージ」であるとしているが，宗教的なものや政治的なものなど，利益を得る目的を持たないメッセージが規制の対象から外されていることを考えるならば，基本的には商業的な内容を持つものを対象とした規制であると言えるだろう。第二に，誰に向けられたメッセージが規制の対象であるのか。79 年規則の定義上は「公衆（public）」に向けられたものとされているが，参加者の多数がケベック外からやって来る国際的な行事の場合に二言語の表示が認められるように，より具体的には，ケベックの人々一般に向けられたメッセージが規制の対象であると考えられる。79 年の規則では，輸送機関の内部・外部の表示・商業広告についても，ケベックの乗客・商品を運搬する場合，ケベックとケベック外の乗客・商品を運搬する場合，ケベック外の乗客・商品を運搬する場合の三つの場合に分け，ケベックの乗客・商品を運搬する場合には，公衆衛生・医療ないし安全性についての理由がない限り，フランス語のみとし，ケベックとケベック外の乗客・商品を運搬する場合にはフランス語とその他の言語の二言語の表示を認め，ケベック外の乗客・商品を運搬する場合にはフランス語以外の言語のみによる表示を許容している。このような観点からも，基本的に不特定多数のケベックの人々に向けられたメッセージを対象としていると考えられるだろう。第三に，メッセージがどのように表示される場合に規制の対象になるのか。定義では「公共の場所ないし公衆の目の届く場所に掲げられたもの」とされ，公共の場所に掲示されているものを基本的な規制の対象としている。79 年の規則では，書籍や映画など文化的教育的製品についての公共の表示および商業広告について，掲示されているものと掲示されていないものに分け，掲示されているものについてはフランス語とその製品の言語での表示を求め，カタログや折り込みチラシなど掲示されるわけではないものについてはその製品の言語での表示を許容している。したがって，公共の場所に掲示されているものを対象とした規制であると言うことができる。また，公共の場所で広告を頒布する場合には，フランス語で記載されたものが用意されなければならないとしていることからは，公共の場所での広告の頒布について掲示に相当するものとして考えていることが分かる。第四に，誰が掲示する

メッセージが規制の対象か。これについては，定義からは必ずしも明らかでは
ないが，私人であると考えられる。フランス語憲章では，第4章「州の行政の
言語（the language of the civil administration）」で，州の行政機関が行う表示に
ついては，公衆衛生・医療や安全性についての理由がない限りフランス語のみ
であること（22条），地方行政機関，教育機関，公衆衛生・医療サービス，社
会福祉サービスの表示については，フランス語が目立つことを条件に，フラン
ス語とその他の言語の二言語の表示（24条）が規定されている。ちなみに，交
通標識もシンボルやピクトグラフのほかはフランス語のみで表示されることと
なっている。（29条）したがって，58条の規制の対象となっているのは私人が
行う表示・広告であると言えるだろう。以上の考察をまとめるならば，58条
の規制対象となったのは，私人が，不特定多数のケベックの人々に向けて，公
共の場所に掲示した商業的な表示ということであり，典型的には，後の裁判で
問題になるように，商店の看板を念頭に置いた規制であった。

Ⅲ　言語的外観のフランス語化 —— 1982 年適用除外宣言から 88 年の改正まで

ケベックは 1982 年憲法が制定されるや否や，すべての州法について，カナ
ダ憲章の適用の見合わせを求めることが可能な権利・自由すべての適用除外宣
言を行い，また，1983 年のフランス語憲章の改正においても，この宣言をフ
ランス語憲章に追加した。本章では，ケベックによるフランス語憲章について
の適用除外宣言，フランス語憲章における公共の表示・商業広告の規制および
この適用除外宣言の適否をめぐる二つの法廷闘争，その後のフランス語憲章の
改正について順を追って明らかにする。

1　ケベックによる適用除外宣言

(1) 1982 年の適用除外宣言

1982 年憲法が制定されるや否や，ケベック州議会は「1982 年憲法を尊重す
る法律（An act respecting the constitution act, 1982）」と題する法[11]を制定し，1
条で，同法が制定された 1982 年 4 月 17 日以前に制定されたすべての州法につ

---

(11)　RSQ, c L-4.2

変動する社会と法・政治・文化

いて，また，2条で，1982年4月17日から同法が施行される6月23日までに
制定されたすべての州法について，最後尾に新たな条項として以下の文言を付
加する形で修正するとした。

この法は，1982年憲法（カナダ法の別表B，英国議会法1982年号第11章）の2
条および7〜15条の規定にもかかわらず，有効である。

(2) 1983年の適用除外宣言

1983年にはフランス語憲章が改正された[12]。公共の表示・商業広告について
の規制をめぐって文言の変化以上の実質的変更はなかったものの，52条で，
上記の適用除外宣言と同一の文言がフランス語憲章にも追加された。

2　フォード対ケベック判決・デヴァイン対ケベック判決

公共の表示・商業広告についての規制の最初の実質的変更は，最高裁判決に
至る二つの裁判を通じてもたらされた。同日に最高裁判決が下されたこの
フォード対ケベック判決，デヴァイン対ケベック判決の二つの裁判では，フラ
ンス語憲章の公共の表示・商業広告についての規制が，カナダ憲章およびケ
ベック州が1975年に定めた「人権と自由の憲章（Charter of Human Rights and
Freedoms. 以下，ケベック憲章）」[13]上の表現の自由の保障および言語による差
別の禁止に違反するかが争われた。フォード対ケベック判決では，公共の表
示・商業広告のフランス語化を求めたフランス語憲章58条がケベック憲章に
違反し，また，企業名のフランス語化を求めた69条がカナダ憲章およびケ
ベック憲章に違反するとされ，205〜208条の罰則についても58条，69条のそ
れぞれに関する限りで，カナダ憲章，ケベック憲章に違反するとされた。また，
デヴァイン対ケベック判決は公共の表示・商業広告についての規制だけでなく，
フランス語憲章第7章「商業の言語」上のその他多くの規定について争ったも
のであるが，本稿の関心である公共の表示・商業広告の規制について取り上げ
るならば，フランス語憲章58条の例外を定めた59〜61条および規則8・9・
12〜16・19条について，また，69条の例外を定めた規則17・18条についてカ
ナダ憲章およびケベック憲章違反であるとした。二つの最高裁判決の詳細につ

---

(12)　S.Q.1983, c. 56

(13)　R.S.Q. 1977, c. C-12

10 フランス語憲章による公共の表示・商業広告の規制と適用除外制度〔浦山聖子〕

いて見てみたい。

(1) フォード対ケベック判決 (Ford v. Quebec (A.G.))[14]

　ヴァレリー・フォード (Valerie Ford) を始めとする 5 名は，ケベック州でそれぞれに商店を営み，その敷地内に，商店についての表示・広告を英語とフランス語の両言語を含む形で行っていた。例えば，フォードは羊毛製品の小売りを行っていたが，フォードの商店では，英語で羊毛製品を表す” wool” という語とフランス語で同様に羊毛製品を表す” laine” という語を表示していた。フォードを含む 3 名の商店主は，フランス語憲章によって創設され，憲章違反について取り扱うことを任務とするフランス語監視委員会 (Commission de surveillance de la langue française) から，表示をフランス語憲章の規定に沿うものに変更するよう求める催告 (mise en demeure) を受け取った。ほか 2 名も，フランス語監視委員会にフランス語憲章違反を指摘された。5 名は，従前の表示・広告を使い続ける権利とフランス語憲章 58 条・69 条およびそれに関わる限りで 205〜208 条の罰則が無効である旨の宣言的判決を求めて提訴した。

　最高裁では，フランス語憲章の公共の表示・商業広告の規制がカナダ憲章およびケベック憲章の表現の自由の保障および言語による差別の禁止に違反するかが問題になり，以下の 6 点について検討がなされた。第一に，ケベックが行った 1982 年および 1983 年の適用除外宣言が有効である場合には，フランス語憲章の公共の表示・商業広告の規制についてカナダ憲章の表現の自由の保障の違反を問うことはできないため，ケベックが行ったフランス語憲章をめぐる適用除外宣言が有効であるか否かが問題となった。第二に，1975 年に制定されたケベック憲章は 1982 年に改正され，この改正で，いかなる法の規定も，当該法がケベック憲章の規定にもかかわらず適用されることが明白に定められない限り，表現の自由の保障を含む同法の 1〜38 条に違反してはならないことが規定された。ところが，ケベック憲章のこの改正の施行以前に制定・施行された法とこの改正の施行以後に制定・施行された法では，この規定が効力を持つ日が異なったため，裁判上問題となっているフランス語憲章の規定に対し，いつからケベック憲章の効力が及び，フランス語憲章とケベック憲章が抵触すると言えるかが審議された。第三に，表現の自由の保障が，政治的表現にとど

---

(14) [1988] 2 S.C.R. 712.

変動する社会と法・政治・文化

まらず，商業的な表現にも及ぶか否か，第四に，表現の自由の保障は自己が選
択した言語で表現する自由も含むか否かが焦点となった。第五に，カナダ憲章
1条は，憲章が定める権利と自由は，「法によって規定された，自由で民主的
な社会において明白に正当化されうる合理的な制限」にのみ服するとし，ケ
ベック憲章は，9条の1で「基本的自由と権利は，民主的価値，公共の秩序，
ケベック市民の一般的福祉に配慮して行使される」とし，「法によって，自由
と権利の範囲およびその行使の限界が規定されうる」と定めている。フランス
語憲章の公共の表示・商業広告の規制が，このカナダ憲章1条の「合理的な制
限」およびケベック憲章9条の1の「行使の限界」に当たると言えるかが問題
となった。第六に，フランス語憲章の公共の表示・商業広告の規制が，ケベッ
ク憲章10条が規定する言語に基づく差別に当たるかが検討された。

　第一の点については，カナダ憲章の適用が除外される権利・自由が十分に特
定されていると言えるかが問題となったが，最高裁は，適用の除外を求めるカ
ナダ憲章の条項番号やパラグラフが特定されていれば足りるとし，ケベックが
行った適用除外宣言を有効であるとした。1982年の適用除外宣言が，カナダ
憲章の適用除外の対象となる個別の法律について明示せず，すべての法律を対
象としている「包括的（omnibus）」な宣言であることについても疑問が提起さ
れたが，この点についても有効であるとした。その一方，「1982年憲法を尊重
する法律」そのものが1982年6月23日に施行されたにもかかわらず，1条の
適用除外宣言について1982年4月17日に遡って有効であるとした遡及的効果
については認められず，6月23日から効力を持つにとどまるとした。した
がって，1977年に制定されたフランス語憲章は，1982年の適用除外宣言に従
い，「1982年憲法を尊重する法律」が施行された1982年6月23日から5年後
の1987年6月23日まで，カナダ憲章の権利・自由の保障とは無関係に有効で
あるとした。また，1983年の改正法については，1983年の適用除外宣言に従
い，1983年の改正法が施行された1984年2月1日から1989年2月1日まで，
カナダ憲章の権利・自由の保障とは無関係に有効であるとした。この結果，
1983年に，僅かながらも文言が改正された58条については，本判決を宣告す
る1988年12月の時点でカナダ憲章の適用を見合わせることとなった。69条
については，1983年の改正法では改正がなされていないため，この1983年の
適用除外宣言の対象とはならず，カナダ憲章違反について問われることとなっ

10 フランス語憲章による公共の表示・商業広告の規制と適用除外制度〔浦山聖子〕

た。

　第二に，この裁判で問題となっているフランス語憲章の公共の表示・商業広告に関する規定は，1983年に改正されたものであり，ケベック憲章の施行以後に制定・施行された法であることが確認された。第三の表現の自由の保障が商業的表現にも及ぶかという点について，最高裁は，商業的表現も表現としての本質的な価値をもつだけでなく，十分に与えられた情報に基づく経済的選択を可能にするという意味で，個人の自己実現や自律にとって重要な役割を果たしており，表現の自由の保障は商業的な表現にも及ぶとした。第四の表現の自由の保障は自己が選択した言語で表現する自由も含むか否かについて，言語は表現の内容や形式と密接に結びついていて，もし自己が選択した言語での表現が禁じられるならば，言語を手段とした真の表現の自由はありえないとし，表現の自由の保障は自己が選択した言語で表現する自由も含むとした。第五の点について，ケベック憲章9条の1の規定は，カナダ憲章1条の規定に相当するものであるとし，カナダ憲章・ケベック憲章いずれの規定も，女王対オークス判決で確立した，権利・自由を制限する目的の重要性と手段の比例性という二つの基準に服すものであるとした。最高裁は，ケベックの「言語的外観（visage linguistique）」においてフランス語の優位を確保しなければならないという規制の目的は重要かつ合法的なものであるとした。その一方，表現の自由の侵害は最小限にしなければならず，フランス語の言語的外観を維持するためには，フランス語を著しく目立たせる（marked predominance）など，フランス語の優越的な表示を求めることで足りるとし，フランス語のみの表示の要求は，カナダ憲章1条の「合理的な制限」およびケベック憲章9条の1の「行使の限界」として正当化されえないとした。第六の言語に基づく差別について，この規制は，フランス語話者には自己の言語での表示を認めながらも，フランス語以外の言語の話者には自己の言語での表示を認めず，フランス語話者とそれ以外の言語の話者に対して異なる効果を持つため，言語に基づく差別に当たるとした。

　以上の理由に基づき，最高裁は，1983年に改正がなされたフランス語憲章58条については適用除外宣言がなされ，カナダ憲章違反を問うことはできないが，ケベック憲章の表現の自由の保障および言語に基づく差別の規定に違反するとした。フランス語憲章69条については，1982年の適用除外宣言の効力

変動する社会と法・政治・文化

が切れており，再度の宣言がなされていないため，カナダ憲章およびケベック
憲章の表現の自由の保障および言語に基づく差別の規定に違反するとした。ま
た，205〜208条の罰則についても，58条，69条のそれぞれに関する限りで，
カナダ憲章，ケベック憲章に違反するとした。

(2) デヴァイン対ケベック判決 (Devine v. Quebec (A.G.))[15]

ヴィクター・ハーバート・デヴァインを始めとする2名は，モントリオール
で主に英語話者を顧客として，商店を営み，30年ほど前から英語で書かれた
表示を掲示していた。デヴァインらは，フランス語憲章の52，57〜62，89条
および205〜208条の罰則，そして58条の例外を定めた規則8，9，12〜16，
19条がカナダ憲章とケベック憲章に違反するという宣言的判決を求めて提訴
した。

フォード対ケベック判決と同日判決が下され，最高裁では，フォード対ケ
ベック判決と同様に，フランス語憲章の公共の表示・商業広告の規制がカナダ
憲章およびケベック憲章の表現の自由の保障および言語に基づく差別の禁止に
違反するかが問題になり，以下の4点について検討がなされた。本裁判では，
フランス語憲章の52，57〜62，89条および205〜208条の罰則，そして58条
の例外を定めた規則8，9，12〜16，19条について争われたが，本稿の関心で
ある公共の表示・商業広告に規制に関わる58条・69条およびその例外を定め
た規定に絞って紹介する。

一点目として，カナダでは，1867年にカナダがイギリスの自治領となった
際に「BNA法」としてイギリス議会が定め，1982年に改正権をイギリス議会
からカナダ連邦議会に移管し，カナダの憲法として改めた「1867年憲法
(Constitution Act, 1867)」[16]によって，連邦議会と州議会の立法権限の分配が定
められている。フランス語憲章が，この1867年憲法が定める州議会の立法権
限の範囲内であると言えるかが問題となった。次に，二点目から五点目として，
フォード対ケベック判決でも問題になった，以下の点について本判決でも検討
がなされた。二点目として，適用除外宣言が有効であるか。三点目として，表
現の自由の保障は，自己の選択した言語で表現する自由を含むか。四点目に，
表現の自由の制限が，カナダ憲章1条「合理的な制限」およびケベック憲章9

(15) [1988] 2 S.C.R. 790.

(16) 30 & 31 Victoria, c 3 (U.K.).

10 フランス語憲章による公共の表示・商業広告の規制と適用除外制度〔浦山聖子〕

条の 1 の「行使の限界」によって正当化可能であるか。五点目に，言語に基づく差別に当たるか。

第一の点について，最高裁は，特定の言語の使用を禁じる法律は，言語についての法律ではなく，当該法律が規定する制度や活動をめぐる法律であるとする憲法学者ピーター・ホッグ（Peter Hogg）の見解に依拠し，「商業の言語」と題したフランス語憲章第 7 章もケベック州内の商業のやり方について規制する法律であるとし，州議会の立法権限の範囲内であるとした。違反した場合の罰則についての規定を持つフランス語憲章が，連邦議会が立法権限を持ち，州議会は立法権限を持たない刑法に該当するという見解に対しては，フランス語憲章における特定の言語の使用の禁止は，刑法が規律の対象としてきた道徳性や公共の秩序に関連するものではなく，商業活動の規制の一環であるとした。フランス語憲章による規制が移動の障壁になっているという立場に対しては，商業活動を行うための条件にすぎないとした。第二の点については，フォード対ケベック判決に従って，1983 年の適用除外宣言を有効であるとした。第三の点については，フォード対ケベック判決から一歩踏み込んで，自己の選択した言語での表現を禁止することのみならず，特定の言語の使用を強制することが表現の自由の保障に違反するとした。第四の点についても，フォード対ケベック判決に従い，「合理的な制限」・「行使の限界」としては正当化できないとしたが，特に本判決では，58 条の例外を規定している 59〜61 条および規則 8・9・12〜16・19 条についても 58 条と同様にケベック憲章違反であるとした。また，69 条の例外を規定した規則 17・18 条についても同様にカナダ憲章・ケベック憲章違反であるとした。第五の点についても，フォード対ケベック判決と同様に，フランス語話者には自己の言語での表示を認めながらも，フランス語以外の言語の話者には自己の言語での表示を認めていない点を考慮し，言語に基づく差別に当たるとした。

フォード対ケベック判決の控訴審判決が下された 1986 年 12 月には，モントリオールでは 5000 人の人々が「ケベック，フランス語のおまえが好き（Québec, je t'aime en français.）」[17]というスローガンを掲げてデモを行ったとされるが，その最高裁判決が下された 1988 年 12 月には，モントリオールで 15000 人

---

(17) 括弧内の訳は，竹中豊『カナダ──大いなる孤高の地』（彩流社，2000 年）202 頁による。

もの人々が「101 号法[18]に触るな（ne touchez pas Loi 101）」というケベック党が当初掲げたスローガンを掲げてデモを行った。二言語表示を掲げる商店の窓が割られたり，ケベックの英語系話者の利益を擁護し，訴訟を支援したケベック同盟（Alliance Quebec）の事務所には焼夷弾が仕掛けられたりするなどの騒動となった[19]。

3　外ではフランス語のみ，中では二言語 ── 88 年の改正

(1) 1988 年の改正

1985 年の州選挙では，自由党が勝利を収め，1976 年から 9 年間続いたケベック党政権に終止符が打たれることとなった。公用語法を制定したロバート・ブラッサが再び政権に返り咲き，二つの判決を受けて，フランス語憲章を大きく改正した[20]。この改正は，判決の三日後には州議会に上程され，一週間後に採択されるというスピード立法だった[21]。この改正では，戸外ではフランス語のみの表示を求める一方，一定の施設の内部では，フォード対ケベック判決の判決文に記された「著しく目立たせる（marked predominance）」という留保を付しながらも，以下のように，フランス語とその他の言語の二言語表示を認める「外ではフランス語のみ，中では二言語（outside unilingualism, interior bilingualism）」という方針を採用した。適用除外宣言については，1982 年憲法制定以来，ケベック州議会がすべての州法に適用除外条項を挿入してきたのに対し，このブラッサ自由党政権は，このような適用除外条項のすべての州法への挿入をやめた。また，1982 年 4 月 17 日以前に制定されたすべての州法および 1982 年 4 月 17 日から同法が施行される 6 月 23 日までに制定されたすべての州法について適用除外宣言をするという 1982 年の適用除外宣言が 5 年の期間を経て，1987 年に失効したのに対し，再度の宣言を行わなかったが[22]，この 88 年の改正法については，以下のように適用除外宣言を行った[23]。

---

(18)　フランス語憲章は，「法案 101 号（Bill 101/ Loi 101）」としてケベック州議会に上程されたため，現在でも「101 号法」と呼ばれることがある。

(19)　Roach, Kent. 2001 *The Supreme Court on Trial*. Irwin Law（hereinafter cited as Roach 01）at 190; Levine, Marc V. 1990 *The Reconquest of Montreal*. Temple University Press（hereafter cited as Levine 90）at 134-135.

(20)　S.Q. 1988, c 54.

(21)　Roach 01, supra note 19 at 190.

10 フランス語憲章による公共の表示・商業広告の規制と適用除外制度〔浦山聖子〕

フランス語のみによる公共の表示・商業広告（58・136 条）

- ・戸外でもしくは戸外の公衆に対して向けられている場合
- ・商業センター・商業センターへの通路の内部（但し，商業センターに設置されている施設の内部を除く）
- ・すべての公的輸送手段と公的輸送手段への通路の内部
- ・50 名以上を雇用する企業施設の内部
- ・5 名以上 50 名以下を雇用し，複数の組織で商標・企業名・呼称を共有する企業施設の内部

フランス語とフランス語以外の言語の二言語による公共の表示・商業広告（58 条 1・61・62 条）

- ・施設内部で施設内の公衆に向けられている場合（但し，フランス語が著しく目立つ（markedly predominant）こと）
- ・特定のエスニックグループの文化的活動についての表示
- ・外国の特産品や特定のエスニックグループの特産品に特化した商業施設の敷地内の表示

公共の表示・商業広告における企業名（68 条）

ケベックでは企業名のフランス語版のみ使用しうる。但し，公共の表示・商業広告において，企業名がフランス語とフランス語以外の言語で存在する場合には，企業名のフランス語版と共に，フランス語以外の言語の版も表示しうる。企業名がフランス語以外の言語のみである場合には，公共の表示・商業広告において，フランス語以外の言語のみでなしうる。

適用除外宣言

58 条および 69 条第 1 パラグラフの規定は，1982 年憲法の規定にかかわらず有効である。また，ケベック憲章の 3 条および 10 条にもかかわらず，適用される。

(2) フランス語憲章 58 条の 1 の第 2 パラグラフの実施を補助するための規則

もっとも，どのような場合にフランス語がその他の言語よりも「著しく目立つ」と言えるのかは明らかであるとは言えず，ブラッサ政権は，翌年「フランス語憲章 58 条の 1 の第 2 パラグラフの実施を補助するための規則（Réglement

---

⑫ Hogg, Peter W. 2012. *Constitutional Law of Canada*, 5th edition supplemented, vol.2, Thomson Reuters (hereinafter cited as Hogg 12), at 39-3.

⑬ 結果的に，このブラッサ政権は，このフランス語憲章の改正法を含む 12 の法について適用除外宣言を行ったとされている。Hogg 12, supra note 22 at 39-3.

変動する社会と法・政治・文化

facilitant la mise en œuvre du second alinéa de l'article 58.1 de la Charte de la langue française)」[24]を定め，次のように規定した。

フランス語とフランス語以外の言語が同一の表示に記載される場合（2条）
- ・フランス語に充てられている空間がフランス語以外の言語に充てられている空間の最低2倍の大きさであること
- ・フランス語の文字がフランス語以外の言語の文字の最低2倍の大きさであること
- ・表示のその他の特徴がフランス語の視覚効果を減じないこと

フランス語とフランス語以外の言語が同じ大きさの別の表示に記載される場合（3条）
- ・フランス語の表示の数がフランス語以外の言語の表示の数の最低2倍存在すること
- ・フランス語の文字がフランス語以外の言語の文字と最低同じ大きさであること
- ・表示のその他の特徴がフランス語の視覚効果を減じないこと

フランス語とフランス語以外の言語が異なる大きさの別の表示に記載される場合（4条）
- ・フランス語の表示の数がフランス語以外の言語の表示の数の最低2倍存在すること
- ・フランス語の表示がフランス語以外の表示の最低2倍の大きさであること
- ・フランス語の文字がフランス語以外の言語の文字の最低2倍の大きさであること
- ・表示のその他の特徴がフランス語の視覚効果を減じないこと

以上のように，88年の改正では，戸外ではフランス語のみの表示を求める一方，一定の施設の内部では，同一の表示に二言語で記載する場合には，フランス語の表示がフランス語以外の言語の表示の二倍の大きさであること，フランス語とフランス語以外の表示が別々に用意される場合には，フランス語の表示がフランス語以外の言語の表示の二倍の大きさであり，数も二倍存在することという留保を付しながらも，フランス語とその他の言語の二言語表示を認めることとなった。この88年の改正は，施設内部で二言語表示を認めたという点

---

(24)　1989 GOQ 2, 2779.

10 フランス語憲章による公共の表示・商業広告の規制と適用除外制度〔浦山聖子〕

で，公共の表示・商業広告の規制について一定の譲歩を示したものであると見ることもできる。しかし，フォード対ケベック判決，デヴァイン対ケベック判決でのカナダ憲章・ケベック憲章違反の判断にもかかわらず，戸外や商業センター，輸送機関，一定の規模の企業など，多くの人々が行き交う場では依然としてフランス語のみの表示を求めた点で，完全な二言語化からは遠く，ケベック内外の反発を買う結果となった。ブラッサ政権では，この88年の改正を不服として，3名の英語系閣僚が辞任した。また，「ミーチ湖協定（Meech Lake Accord）」と呼ばれる憲法改正合意案[25]は，ケベックが「独特の社会（distinct society）」であることを明示したものだったが，フランス語憲章の改正への反発を背景として，ケベックに憲法上特別な地位を保障することに対する批判が強まり，憲法改正のために必要な連邦議会とすべての州議会の批准が三年という期限内に得られず，廃案となった[26]。モントリオールでは，1989年3月には6000人がこの改正法を批判するデモを行った。ブラッサ政権で新たにフランス語憲章を担当する大臣として任命されたクロード・リアン（Claude Ryan）は，公共の表示は依然として，戸外でも施設内部でもフランス語のみでなければならないと言い渡す始末だった[27]。

Ⅳ　国連自由権規約人権委員会への通報と93年の改正

　フォード対ケベック判決，デヴァイン対ケベック判決，続く88年の改正によって，フランス語憲章の公共の表示・商業広告の規制をめぐる争いは決着を見たかのように思われた1989年，ケベックの3人の商店主は，88年の改正が，カナダが批准している国連人権規約に違反するとして，個人通報の審査が可能な国連自由権規約人権委員会（United Nations Human Rights Committee）に申し立てを行った。本章では，この自由権規約人権委員会への申し立てと続く93年の改正，その後の法廷闘争について取り上げる。

---

[25]　1987年，ケベック州ミーチ湖での会議で最終的な合意に達したため，このように呼ばれる。

[26]　ミーチ湖協定については，國武輝久「カナダにおける憲法と連邦秩序の再構築」『カナダの憲法と現代政治』（同文舘，1994年）14-15頁。

[27]　Levine 90, supra note 19 at 136.

変動する社会と法・政治・文化

1 国連自由権規約人権委員会への通報

(1) バランティン，デイヴィッドソン，マッキンタイア対カナダ（Ballan-
tyne, Davidson, McIntyre v. Canada）[28]

バランティンを始めとする2名は，主に英語話者を顧客として商店を営み，
英語の表示を使用していた。マッキンタイアは，人口の約3分の1が英語話者
で構成される地域で葬儀場を営んでいた。この地域にある7つの葬儀場のうち，
マッキンタイアが経営する葬儀場が英語話者によって経営される唯一の葬儀場
だった。マッキンタイアは，フランス語監視委員会から英語での表示を改める
よう求められ，表示を撤去した。3名は，フランス語憲章の公共の表示・商業
広告の規制とカナダ憲章の適用除外条項およびそれに相当するケベック憲章の
52条が，締約国に人権の尊重を確保するよう求める国連自由権規約2条に違
反していると申し立てた。

国連自由権規約人権委員会は，まず，表現の自由の保障は，政治的表現や文
化的表現にとどまらず，商業的表現を含む他者に伝達可能な主観的アイディア
や意見のすべての形式を含むとした。そして，カナダでフランス語話者を保護
するために英語の表示を禁止することは必要ではなく，国家は，公的な領域で
は公用語を選択することができるものの，公的な領域の外では，自己が選択し
た言語で表現する自由を排除することはできないとして，フランス語憲章の公
共の表示・商業広告の規制が自由権規約19条の表現の自由に違反するとした。
また，委員会はカナダに対し，法の適切な改正によって，自由権規約への違反
を修正するよう求めた。

(2) シンガー対カナダ（Singer v. Canada）[29]

デヴァイン対ケベック判決の原告であるアラン・シンガーも1991年1月に，
88年の改正法について国連自由権規約人権委員会に通報を行った。委員会は，
この通報においても，88年の改正法が自由権規約19条の表現の自由に違反す
るとしたが，この見解が示されたのが1994年8月で，後述する93年の改正が
実施された後であったため，シンガーには特定の条件の下ではあるものの，商

---

[28] Ballantyne, Davidson, McIntyre v. Canada, Communications Nos. 359/1989 and
385/1989, U.N. Doc. CCPR/C/47/D/359/1989 and 385/1989/Rev.1(1993).

[29] Communications No. 455/1991: Canada. 1994/08/15. CCPR/C/51/D/455/1991.
(Jurisprudence).

244

店の外でも商業広告を英語で表示する権利があり，既に効果的な救済がなされているという見解を示した。

2　93年の改正

国連自由権規約人権委員会の要請を受けて，ブラッサ自由党政権のもと，フランス語憲章は再び改正されることになった。

公共の表示・商業広告（58条）

　公共の表示および商業広告はフランス語でなければならない。公共の表示および商業広告は，フランス語が著しく目立つならば，フランス語とその他の言語の二言語でなされうる。

公共の表示・商業広告における企業名（68条）

　企業名のフランス語版が少なくとも目立って（prominently）表示されるならば，企業名のフランス語版と共に，フランス語以外の言語の版も表示しうる。公共の表示・商業広告においては，58条およびその規則に従って使用される限りで，企業名のフランス語以外の言語の版の使用は許可される。フランス語以外の言語のみで記載される文書においては，企業名はフランス語以外の言語のみで表示されうる。

　この93年の改正では，戸外ではフランス語のみでの表示を義務づける一方，施設の屋内ではフランス語とその他の言語の二言語の表示を許容するという方針をさらに緩和し，フランス語の表示が目立つことを条件としながらも，原則として，場所にかかわらず二言語の表示を許容することとなった。他方で，ケベック州政府は，規則によって，公共の表示・商業広告がフランス語のみであるべき場合，フランス語が目立つ必要がない場合，フランス語以外の言語のみでなされうる場合について定めることができるとした。そして，早速，1979年以降続いてきた規則[30]を改正し[31][32]，次の二点についてはフランス語のみで表示されなければならないとした。

フランス語のみによる表示

・屋外掲示板（billboard）およびいずれかの高速道路から見ることができる16㎡以上の大きさをもつ公共の表示その他の媒体に掲載される企業の商業広告（但し，企業の施設の敷地内に掲示される場合にはこの限りではない。）（15条）

変動する社会と法・政治・文化

・公的輸送手段および公的輸送手段への通路（バスの待合所を含む）に掲げられる企業の商業広告（16条）

もはや二言語での表示が可能になったため当然のことであるが，この 1993 年の改正には適用除外宣言は付されなかった。

3 「著しく目立つ」という条件をめぐって —— W.F.H.株式会社対ケベック判決

93 年の改正以降，88 年・93 年の改正で加えられた，二言語表示の際に「フランス語が著しく目立つこと」という留保が表現の自由の保障を侵害するものであるかについても法廷で争われた。この留保については，ケベックの言語的外観においてフランス語の優位を保つというケベックの言語政策の目的に釣り合ったものであるとされた。

W.F.H.株式会社対ケベック判決（Les Entreprises W.F.H. Ltée v. Attorney General of Quebec）[33]

「ライアンとセイウチ（Lyon and the Walrus/ La Lionne et la Morse）」の名のもと企業を営むウォルター・ホフマンら2名は，英仏二言語で看板表示を行って

---

(30) 1993 年の規則は，1981 年に刊行された「ケベック改正規則集（Revised Regulation of Quebec）」に掲載されている規則を改正したものとされている。筆者の手元にこの「ケベック改正規則集」がないため必ずしも確かではないが，BAnQ（Bibliothèque et Archives nationales du Québec）のウェブサイト上の Gazette Officiel のキーワードによる内容検索で，1979 年から 1981 年の間に，第 7 章についての新たな規則が見当たらないこと，また，デヴァイン対ケベック判決で引用されている「ケベック改正規則集」上の規則 8, 9, 12, 13, 14, 15, 16, 19 条と本稿が参照している 79 年規則の同一条項の条文が，些細な違いこそあれ，ほぼ同一の文言であることを考慮するならば，1979 年の Gazette Officiel に掲載され，本稿で「79 年規則」としているものが，この 1981 年の「ケベック改正規則集」に掲載されているものと同一であると思われる。

(31) Regulation respecting the language of commerce and business, CQLR c C-11, r-9.

(32) 「フランス語憲章 58 条の 1 の第 2 パラグラフの実施を補助するための規則」も改正され，内容的には変わりがないが，「フランス語憲章の目的のために『著しく目立つ』という表現の範囲を定義する規則（Regulation defining the scope of the expression "markedly predominant" for the purposes of the Charter of the French language）」となった。O.C. 1756-93, 8 December 1993.

(33) 2001 CarswellQue 2355, 2002 CarswellQue 2673, 307 N.R. 189（note）.

いたが，この看板表示における英語とフランス語の文字の大きさが同じであった。2名は，この看板表示について，フランス語憲章58条に違反するとして罰金を課され，二言語表示の場合に「フランス語が著しく目立つこと」という留保を課したフランス語憲章58条がカナダ憲章およびケベック憲章に違反することの宣言を求めて提訴した。

ケベック控訴裁判所では，88年・93年の改正で加えられた「フランス語が著しく目立つこと」という留保が表現の自由の保障を侵害するものであるかが争われた。控訴裁判所は，フォード対ケベック判決で，ケベックの言語的外観においてフランス語の優位を保つことを言語政策の重要で正当な目的であるとし，そのためにフランス語が顕著に目立つなど，フランス語優位の表示を求めることが目的に釣り合った手段であるとしたことを引き，93年の改正法は，このフォード対ケベック判決に沿ったものであるとした。そして，それゆえ，この制限は，カナダ憲章1条およびケベック憲章9.1条の下で正当化されるとした。また，控訴裁判所への上訴が行われたのは1999年だったため，フランス語憲章制定から22年経ち，また，フォード対ケベック判決から11年が経過し，ケベックにおけるフランス語の状況は改善されてきたという主張に対し，依然としてフランス語がケベックで脆弱な地位にあり，このことがカナダ憲章1条の合理的な制限の根拠となることは変わらないとした。また，二言語表示の要求が，フランス語話者以外に追加的な負担を課すとしても，フランス語以外の言語を使用する能力を侵害するものではなく，この制限が平等条項に違反するとしても，カナダ憲章1条によって正当化されるというデヴァイン判決に従うとした。最高裁では，理由を示すことなく，却下された。

V　検　討

　以上のように，フランス語憲章による公共の表示・商業広告をめぐる規制は，カナダ国内の二つの裁判，国連自由権規約委員会への通報を経て，改正されてきた。本章では，この規制がどのように移り変わってきたか，適用除外制度がどのように関わったかを確認し，適用除外制度が利用できる場合と利用できない場合には，権利・自由の保障に対する裁判所や議会の関与のあり方が異なるのかという点をめぐって，就学前・初等・中等教育の教授用語規制の場合と比

変動する社会と法・政治・文化

較・検討する。

1 公共の表示・商業広告をめぐる規制の変遷

まず，ケベックで公共の表示・商業広告の規制がどのように移り変わってきたのかまとめておきたい。

(1) 公共の表示・商業広告全般

1977 年のフランス語憲章制定当初は，公共の表示・商業広告全般のフランス語化が求められたが，1988 年の改正により，戸外の表示，戸外の公衆に向けられた表示，商業センターおよび商業センターへの通路，50 名以上を雇用する企業施設の内部，5 名以上 50 名以下を雇用し，複数の組織で商標・企業名・呼称を共有する企業施設の内部と，一定の数以上の人々が行き交う場でフランス語化が求められるようになった。他方，施設内部で施設の公衆に向けられた表示については，同一の表示に二言語で記載する場合には，フランス語の表示がフランス語以外の言語の表示の二倍の大きさであること，フランス語とフランス語以外の表示が別々に用意される場合には，フランス語の表示がフランス語以外の言語の表示の二倍の大きさであり，数も二倍存在することを条件に，二言語表示が認められるようになった。93 年の改正以降は，フランス語が同様に著しく目立つことを条件に，基本的に場所に限らず二言語表示が認められることとなった。但し，この 1993 年の改正以降も，企業の敷地内に掲示されるものを除き，屋外掲示板と高速道路から見ることができる 16㎡以上の表示についてはフランス語のみの表示が求められている。

(2) 公共の表示・商業広告における企業名

企業名について，当初はケベックでは，企業名はフランス語でなければならないとし，フランス語版のみの使用しか認められなかった。この原則については変わらないが，88 年の改正以降，公共の表示・商業広告においてはフランス語以外の版の表示が認められることとなった。93 年の改正以降は，このような二言語表示の場合には，フランス語版が顕著に表示されることが条件となった。

公共の表示・商業広告上フランス語以外の言語での表記が認められるもの
　・ケベック外の企業の名称と所在地

10 フランス語憲章による公共の表示・商業広告の規制と適用除外制度〔浦山聖子〕

- ・フランス語憲章施行以前に，商標法（Trade Marks Act）のもとで登録された商標
- ・元来，特定の製品や外国の特産品を示す語や表現で，フランス語にそれに匹敵する語がないもの
- ・固有名詞

1977 年の規則では以上のように列挙されており，実質的な内容に変わりはないが，1993 年の規則では，以下の列挙となっている。

- ・ケベック外でのみ設立された企業の企業名
- ・原物の名称，外国産製品や外国の特産品の名称，紋章に添えられた語句，その他非商業的語句
- ・ケベック外に位置する場所を示す場所の名称，ケベック地名研究委員会（Commission de toponymie du Québec）によって公式化されているフランス語以外の言語の地名，氏名，個人・人物の名称，文化的なもの固有の名称
- ・商標法（Trade Marks Act）のもとで登録された商標（但し，フランス語版が登録されている場合を除く）[34]

(3) 輸送機関における公共の表示・商業広告の表示

輸送機関における表示については，1979 年規則でケベックの乗客・商品を輸送する場合にフランス語での表示が明示的に求められた。その後，1993 年に定められた現在の規則でも，公的輸送機関と公的輸送機関への通路での公共の表示・商業広告はフランス語のみとなっている。

(4) 制定当初から二言語表示が認められたもの

フランス語憲章制定当初から二言語表示が認められたものも存在する。まず，フランス語が目立つことを条件に，雇用主と従業員合わせて 4 名未満の企業の施設内部の表示は二言語によることが認められていた。そのほか，エスニックグループの文化的活動についての表示，外国やエスニックグループの特産品に特化した商業施設内部の表示，ケベック外から多数が参加する国際的な行事での表示，文化的教育的製品・活動についての公共の表示・商業広告についてもフランス語憲章制定当初から二言語表示が許容された。

---

(34) 後述するように，2016 年 10 月にケベックは，「商業の言語についての規則」を改正し，フランス語以外の言語による商標を建物の外観に掲げたり，広告塔に表示したりする場合には，商品やサービスのフランス語での簡単な説明書きがフランス語以外の言語による商標と共に掲示されなければならなくなった。

変動する社会と法・政治・文化

当初から特に二言語の表示が義務づけられていないもの

- ・フランス語以外の言語で刊行されている報道メディア上の広告
- ・宗教的なもの，政治的なものなど，非商業的な表示
- ・個人の居住地で土地家屋に取り付けられる非商業的な表示
- ・専門的限定的な公衆を対象とした会議・展示会などにおける表示

2016年現在の規制についてまとめたものが以下の表である。

表：ケベックにおける公共の表示・商業広告の規制 （2016年現在）

フランス語のみの表示	二言語による表示	二言語表示が義務づけられていないもの	公共の表示・商業広告上フランス語以外の言語での表記が認められるもの
▮	▮	▮	▮
☐ 屋外掲示板	☐ 公共の表示・商業広告全般	☐ フランス語以外の言語で刊行されている報道メディア上の広告	☐ ケベック外でのみ設立された企業の企業名
☐ 高速道路から見ることができる16㎡以上の公共の表示・商業広告（但し，企業の敷地内に掲示されるものを除く）		☐ 宗教的なもの，政治的なものなど，非商業的な表示	☐ 果物の名称，外国産製品や外国の特産品の名称，勲章に添えられた語句，その他非商業的語句
☐ 公的輸送機関・公的輸送機関への通路における公共の表示・商業広告		☐ 個人の居住地で土地家屋に取り付けられる非商業的な表示	
		☐ 専門的限定的な公衆を対象とした会議・展示会などにおける表示	☐ ケベック外に位置する場所を示す場所の名称，ケベック地名委員会によって公式化されているフランス語以外の言語の地名，氏名，個人・人物の名称，文化的なもの固有の名称
			☐ 商標のもとで登録された商標（但し，フランス語版が登録されている場合を除く。また，商品やサービスのフランス語での簡単な説明書きが添えられなければならない。）

2 公共の表示・商業広告をめぐる規制の変化と適用除外宣言の関係

以上のように，1977年のフランス語憲章制定当初から数えるならば，1993年の改正まで16年の時を経て，ケベックの公共の表示・商業広告をめぐる規制はフランス語のみを求めるものから，フランス語での表示が著しく目立つことを条件としながらも，二言語表示を許容するものへと変化していった。カナダ憲章の制定以降，カナダ憲章の表現の自由の保障との抵触が問題となってきたわけだが，この公共の表示・商業広告の規制の変化にカナダ憲章の適用除外を求める宣言がどのように関わったか確認しておきたい。カナダ憲章制定以降，この公共の表示・商業広告の規制をめぐって適用除外宣言は3回行われた。第一回は，カナダ憲章制定時に行われた包括的な宣言である。この宣言では，当時制定されていたすべての州法について，カナダ憲章の権利・自由のうち適用を見合わせることが可能なすべての権利について適用の除外を求めた。第二回は，1983年のフランス語憲章改正時の宣言である。第三回は，1988年のフランス語憲章改正時の宣言である。フォード対ケベック判決，デヴァイン対ケ

10　フランス語憲章による公共の表示・商業広告の規制と適用除外制度〔浦山聖子〕

ベック判決の最高裁判決が下った1988年の時点では，第一回の宣言は5年の期限が切れていた。第二回の宣言は有効であり，83年の改正の対象であったフランス語憲章58条については，カナダ憲章違反は問われなかったが，ケベック州が独自に定めた人権憲章であるケベック憲章違反が問われた。83年の改正の対象ではなかった69条についてはケベック憲章違反だけでなく，カナダ憲章違反が問題となった。ケベック州は，第二回の宣言の期限が来た際に再宣言は行わず，新たな改正を行い，この改正法について第三回目に当たる宣言を行った。これについては，国連自由権規約違反が問われ，さらなる改正がなされた。この93年の改正以降は，フランス語憲章について適用除外宣言はなされていない。

3　教授用語規制との比較

　このフランス語憲章の公共の表示・商業広告をめぐる規制についての適用除外制度の利用は，カナダではあまり評判が良くないものとして知られている。前述したように，88年の改正は，英語系閣僚の辞任をもたらし，ミーチ湖協定を廃案に追いやった。当時の首相，ブライアン・マルルーニ（Martin Brian Mulroney）は，この事件に際して「個々のカナダ人の不可侵かつ不可譲の個人の権利を保護しない憲法は，いかなる憲法であっても，それが書かれている紙ほどの価値もない（Any constitution that does not protect the inalienable and imprescriptible individual rights of individual Canadians is not worth the paper it is written on.）」と適用除外制度を批判した[35]。この利用は，適用除外制度の望ましい利用ではなかったのだろうか。適用除外制度が利用できる場合とそうでない場合では，権利・自由の保障のあり方は異なるのだろうか。別稿で，私は，フランス語憲章による就学前・初等・中等教育の教授用語の規制について検討した[36]。教授用語の規制と公共の表示・商業広告の規制の大きな違いは，前者で規制と抵触した少数派言語教育権（カナダ憲章23条）は適用除外制度の対象ではなく，後者で規制と対立している表現の自由（カナダ憲章2条(b)）は適用除外制度の対象であることである。ケベックは，前者では，英語系学校への通学者の資格の限定を正当化するためにカナダ憲章1条の「法によって規定され

---

(35)　Roach 01, supra note 19 at 191.

(36)　浦山，前掲注(7)参照。

変動する社会と法・政治・文化

た，自由で民主的な社会において明白に正当化されうる合理的な制限」に当たるかを繰り返し争い，裁判所の決定に従わざるをえなかったのに対し，後者については，適用除外制度を利用した。適用除外制度が利用できる場合とそうでない場合では，権利・自由の保障に対する裁判所や議会の関与が異なるのか，両者を比較・検討してみたい。

適用除外制度は，1982 年まで憲法上の人権規定を持たなかったカナダにおいて，人権規定に基づく違憲審査によって，権利・自由をめぐる紛争の最終的な決定権を司法に委ねることへの懸念・不安があることを背景として，紛争の最終的な決定権を議会に与え，民主政に資するものとして支持されている。カナダ憲章の民主的正当性の欠損を補うものであるとか，民意に沿わない裁判所の判断を修正することを可能にするとか，違憲審査を覆す手段として憲法改正や裁判所の抱き込みなどよりも優れているなどと理解されている[37]。他方で，適用除外制度を批判する論者は，先のマルルーニの発言に見られるように，適用除外制度によって，裁判所の違憲審査を通じた人権保障が貫徹しないことを主に問題視している。では，適用除外制度を利用した場合には，まったく司法の関与が失われるのだろうか。教授用語の規制については，フランス語憲章による英語系学校への通学者の資格の限定が，カナダ憲章の定める合理的制限に当たるか否か裁判によって繰り返し争われていた。本稿で扱った公共の表示・商業広告の規制の事例では，カナダ憲章の適用除外宣言がなされたが，それによって司法の関与がまったく失われたわけではない。ケベック州独自の人権法であるケベック憲章の違反，また，国連自由権規約の違反が問われ，それが議会によるフランス語憲章改正の契機となった。このような意味で，ケベックの現在の公共の表示・商業広告の規制のあり方は，州議会のみによって作られたものではなく，州裁判所・最高裁や国連自由権人権規約委員会といった司法と立法府である州議会との合作である。裁判所の判断に対して，議会が一定の手段をとり，応答することを議会と裁判所の「対話（dialogue）」と呼ぶならば[38]，ケベックの現在の公共の表示・商業広告の規制は，まさにこの議会と裁判所の対話の産物であると言えるだろう。

但し，公共の表示・商業広告の規制の事例において司法の関与が失われな

---

(37) 浦山，前掲注(2)参照。

252

10 フランス語憲章による公共の表示・商業広告の規制と適用除外制度〔浦山聖子〕

かったのが，制度上要請されていたとは言い難い。フォード対ケベック判決，デヴァイン対ケベック判決において，結果的に憲法違反・法令違反を問うことが可能であったのは，一つには，カナダ憲章に対しては適用除外宣言がなされていたが，ケベック憲章に対しては適用除外宣言がなされていなかったためである。そしてもう一つには，1982年の包括的な宣言が失効した際に，再宣言がなされず，1983年の改正法に対する新たな宣言がなされたのみであったからである。もしケベック憲章についても適用除外宣言がなされていたならば，カナダ憲章・ケベック憲章のいずれの人権規定によっても違反を問うことができず，司法が裁定する余地はなかっただろう。また，1982年の宣言が失効した際に，1983年の改正前のフランス語憲章について再宣言を行っていたならば，フォード対ケベック判決，デヴァイン対ケベック判決においてカナダ憲章違反を問うことはできなかっただろう。国連自由権規約委員会への通報については，カナダが自由権規約を批准している以上，いかなる状況においても可能であったろうが，もし国内的な救済が不可能であったならば，このような国外の救済手段しかなかったことになる。

　第二に，州議会の関与についてはどうだろうか。公共の表示・商業広告の規制のあり方について州議会が主導してきたことはもちろんであるが，適用除外制度を利用することができなかった教授用語の規制の事例では，司法の判断を忠実に実現するのみで，議会には創意工夫の余地がなかったのだろうか。この点についても，詳細を見るならば，教授用語規制の事例でも，州議会は決して裁判所の判決に文字通り従うばかりだったわけではない。例えば，フランス語憲章72条以下の教授用語規制が大々的に争われたケベック法務大臣対ケベック・プロテスタント教育委員会判決を係争中に行った83年の改正では，親が

⑶　裁判官は選挙で選ばれるわけではないため違憲審査には民主的正当性がないという批判に対し，立法府は，違憲判断がなされた立法に対して一定の対応をとることができるため，裁判所の違憲判決は各問題についての「最後の言葉（the last word）」ではなく，違憲審査は，議会と裁判所の間の「対話」の一部であるとして，先の批判が当たらないとする見解を「対話理論」と呼ぶ。対話理論については，Hogg, Peter W. & Allison A. Bushell. 1997. "The Charter Dialogue between Courts and Legislatures（Or Perhaps the Charter of Rights isn't such a Bad Thing After All", in 35 Osgoode Hall L.J. 75-105; Hogg, Peter W. & Allison A. Bushell Thornton & Wade K. Wright. 2007. "Charter Dialogue Revisited-Or "Much Ado About Metaphors"", in 45 Osgoode Hall L.J. 1-65.

変動する社会と法・政治・文化

受けた教育経験を根拠とする英語系学校への通学者の資格の限定について，「英語での教育経験が教育全体の主要な部分を構成していること」という独自の条件を付け加えている。また，補助金を受けていない私立学校への通学期間を教育経験の算定から除外する旨の規定が違憲とされたグエン対ケベック判決後の改正では，英語系学校の就学許可の発行について新たにポイント制を導入した[39]。このように，適用除外制度を利用することができず，カナダ憲章違反が繰り返し問われた教授用語規制においても，決して州議会は裁判所の判断を忠実に実現するだけではなく，ケベックにおけるフランス語の地位の向上という目的と少数派言語である英語系話者への配慮という二つの考慮のバランスをとりつつ，英語系学校へ通学するための資格について州独自の制度を作り上げてきた。このような意味で，ケベックの現在の教授用語の規制も議会と裁判所の対話の産物であるだろう。

　第三に，どちらの規制も議会と裁判所の合作ではあるが，それにもかかわらず，違いがあるとするならば，公共の表示・商業広告の規制については，司法の要請に完全に従っているとは言えない曖昧な部分が残る。例えば，依然として，規則によって，フランス語のみでの表示が求められているものがあり，法的には二言語表示が徹底されているわけではない。フランス語憲章上も，規則によって，州政府は，公共の表示・商業広告がフランス語のみであるべき場合を定めることができるとしている。フォード対ケベック判決を始めとする一連の司法の判断において，フランス語のみの表示の要求が言語的外観においてフランス語の優越を確保するという規制目的に対して手段として過剰であるとされたり，言語に基づく差別に当たると判断されたりしていることを踏まえるならば，このように依然としてフランス語のみでの表示を求めていたり，その可能性を示唆するような文言が法律上残っていることには違和感をもたざるをえない。最終的には議会の判断が尊重されるということなのだろうか。

　以上のように，二つの事例の比較からは，適用除外制度を利用可能であった公共の表示・商業広告の規制と利用できなかった教授用語の規制のいずれも，現在のケベックの規制のあり方は基本的には司法府と立法府の共同作業によって形づくられていると言える。前述したように，適用除外制度は民主政に資す

---

(39)　83 年の改正については，浦山・前掲注(7) 19-20 頁を参照。ポイント制の導入とそれに関する考察として，浦山・前掲注(7) 31-32 頁，34-35 頁を参照。

るものとして評価されるが，その一方，積極的に評価する論者であっても例外的な制度にとどめるべきだという見解が強い。公共の表示・商業広告の規制の事例において，司法が関与したのが必ずしも制度上の要請であるとは言えなかったり，現在でも司法の要請に必ずしも忠実に従っているわけではなかったりすることを考えるならば，この事例における適用除外制度の利用に対するカナダ社会の反発や適用除外制度を例外的な制度にとどめるべきだという見解も理解できるかもしれない。

VI　おわりに

　ケベックにおける公共の表示・商業広告の規制は，本稿で紹介した複数の法廷闘争を経て，フランス語憲章制定当初のフランス語のみでの表示を求めるものから二言語での表示を許容するものへと変化していった。その過程では，議会の判断によって，カナダ憲章の権利・自由の保障の適用を見合わせることができるというカナダ特有の制度，適用除外制度が利用された。表現の自由という基本的自由の適用除外を求めた，この公共の表示・商業広告の規制をめぐる適用除外制度の利用は，一般的にカナダ国内では極めて評判の悪いものであるが，事例の詳細を見るならば，適用除外制度を利用したからと言って，司法の関与がまったく失われたわけではなかった。また，適用除外制度を利用することができなかった教授用語の規制の事例においても，ケベックの現在の規制のあり方は議会が作り上げたものであり，二つの事例の比較からは，適用除外制度を利用可能であった公共の表示・商業広告の規制と利用できなかった教授用語の規制のいずれも，現在のケベックの規制のあり方は基本的には司法府と立法府の協働によって形づくられていると言える。但し，公共の表示・商業広告の規制については，司法の要請に完全に従っているとは言えない曖昧な部分が残っている。

　2016年10月，ケベックは本稿で論じてきた公共の表示・商業広告の規制に関する規則を二つ改正した。第一に，「フランス語憲章の目的のために『著しく目立つ』という表現の範囲を定義する規則」の改正として，視覚効果を評価するにあたり，フランス語憲章や関連規則において例外として規定されている，フランス語以外の言語による家族名，場所の名称，商標などは考慮されないと

いう規定を追加した[40]。第二に，「商業の言語についての規則」を改正し，フランス語以外の言語による商標を建物の外観に掲げたり，広告塔に表示したりする場合には，「十分なフランス語の存在」が確保されなければならないとして，商標のフランス語化ではないが，商品やサービスのフランス語での簡単な説明書きがフランス語以外の言語による商標と共に掲示されることを求めている[41]。これは，コストコ（Costco）やギャップ（Gap）などのグローバル企業との間で，英語のみで表された商標をめぐって争われた裁判[42]にケベックが負けた結果，浮上してきた改正であり，この改正以前から，州政府は，フランス語以外の言語による商標を使用している企業に対し，簡単な説明書きをフランス語で商標に添えることを求めてきた。例えば，このような州政府の要請に対し，セカンド・カップ（Second Cup）というコーヒーの小売業はケベック州内ではセカンド・カップという商標の上に小さい文字で「コーヒー（Les cafés）」と表示してきた。対象となる企業はケベックに商標を登録している企業の 20%であるとされている[43]。商標については，連邦議会の立法権の対象であり，フランス語憲章は当初からフランス語での表記を求めてこなかったわけであるから，負けるべくして負けた裁判であり，それを新たな立法によって要求しようという今回の改正については，ケベックの鉄面皮ぶりを感じざるを得ない。言語的外観のフランス語化を求めて，争いは依然として終わらなさそうである。

＊本稿は，平成 27-28 年度成城大学特別研究助成（研究課題「比較憲法学の方法論の再検討」）の成果の一部である。

---

(40) O.C. 886-2016, 12 October 2016.
(41) O.C. 887-2016, 12 October 2016. この改正の解説として，Office Québécois de la Langue Française, Affichage des marques de commerce.
(42) 2014 QCCS 1427, 2015 QCCA 747.
(43) Quebec to oblige retailers with English names to add French slogan, descriptor, http://www.cbc.ca/news/canada/montreal/quebec-to-oblige-retailers-with-english-names-to-add-french-slogan-descriptor-1.3117685 ; Quebec to tighten language law, force retailers to add French descriptions to names, http://www.cbc.ca/news/canada/montreal/quebec-to-tighten-language-law-force-retailers-to-add-french-descriptions-to-names-1.3111750

11 自治体における公衆衛生獣医師職員の役割

打 越 綾 子

Ⅰ　は じ め に
Ⅱ　公衆衛生に関わる獣医師職員の役割
Ⅲ　自治体行政組織の人事と業務
Ⅳ　公衆衛生獣医師の専門能力
Ⅴ　公衆衛生行政と経済・社会との関わり
Ⅵ　お わ り に

Ⅰ　は じ め に

　本稿は，日本各地で不足していると言われる，自治体の「公衆衛生獣医師」
の役割と意義を考察するものである。彼らは，常日頃から安全・安心な社会を
構築する上で重要な役割を果たしてくれているが，しかし，この縁の下の力持
ち的な業務は，一般市民にはなかなか見えてこない。しかも，同じ自治体の中
で働く他職種の職員も，ましてや首長や地方議会議員などの政治職も，公衆衛
生行政のなんたるかを十分に理解してくれていない。さらに言えば，獣医師を
養成する大学の獣医学部でも，公衆衛生獣医師の存在について十分なカリキュ
ラムを提供していないことが多いとされる。特に昨今はグローバル化が進む中
で，食品安全や感染症対策のための教育の充実が喫緊の課題とされている[1]。

　実際，こうした考察を行うことになったのは，以下のような自治体職員から
の講演依頼があったからである。

---

[1]　日本学術会議（2017）「わが国の獣医学教育の現状と国際的通用性」提言，唐木英明
　　（2010）「食の安全と人命を守るための獣医師確保の問題」『都市問題』2010 年 10 月号
　　を参照。

変動する社会と法・政治・文化

「今回，講演をお願いしたのは，現在勤めてる（ママ）若手職員へ，公衆衛生獣医師ってこういうものなんだよというのを，外部から見た内容としてお伝えしてほしいと思ったからです。行政の仕事は，学生の頃から若干学んできますが，やってみないとわからないことが多いです。新人は，就職し，配属され，与えられた担当の仕事を行いますが，（中略）配属されたことのない職場の業務については理解が乏しくなります。（中略）これは長年勤めている職員であっても同じことです。公衆衛生獣医師のできることは多くあり，社会的にも認められる職種だと思うのですが，我々自身も，実はそういった認識が少ないように思います」

　考えてみれば，獣医学・公衆衛生学で教える専門知識は，動物の骨格や臓器，血液や内分泌，人獣共通の感染症や病原体，各種の薬剤やワクチンの効用，物理的・化学的な検査手法など自然科学系の知識である。しかし，自治体の行政活動としての役割については，社会科学的な専門知識を持たなければ，学生に説得力を持って教えることも，学生が現場を具体的にイメージすることも難しい。そこで本稿では，公衆衛生獣医師の役割を，行政学・公共政策論等の社会科学的な観点から，すなわち政策の公共性や中立性，行政組織の構造や人事制度に注目して考察したい。

　以下では，まず，同じ獣医師資格を持っている他の職業（民間）との比較の中から浮かび上がる公衆衛生獣医師の立ち位置を考察する。次に，視点を変えて，行政組織の中で他の職種との比較の中から浮かび上がる公衆衛生獣医師の立ち位置を考察する。その上で，公衆衛生行政における獣医師職員の役割を紹介し，最後に公衆衛生行政と経済社会との関わり・広がりを検討してみたい。

II　公衆衛生に関わる獣医師職員の役割

　それでは，まず，獣医師資格を持つ人々がどのような職業に就いていて，その全体像の中で公衆衛生獣医師はどのような立場を占めるのかを概観したい。

1　獣医師資格と多様な職業

　獣医師になるためには，全国に 16 箇所（新設されたばかりの岡山理科大学を加えると 17 箇所）ある獣医系大学を卒業あるいは卒業見込みの段階で，獣医師国家試験に合格しなければならない（獣医師法第 3 条及び第 12 条に基づく）。獣

医系大学の全国合計の定員数は 1000 名程度で，現役・浪人合わせて毎年
1200〜1300 人が受験して約 1000 人が合格する。そして，農林水産大臣の免許
を受けて，獣医師資格を有する人々が誕生している[2]。

　さて，獣医師資格者の職業は，一般市民がイメージするよりずっと多様である。

　第一に，誰もがイメージする「動物のお医者さん」としての「臨床獣医師」
と言われる人々がいる。このうち街中の犬猫病院は，専門用語でいえば，「小
動物臨床」と言われる分野である。現在は，全体の 4 割程度の獣医師が就いて
いる。他方，畜産振興，家畜の健康管理等に関わる獣医師がいる。彼らは農協
に勤めていたり，一般的な開業医として牧場を巡回する仕事をしていたりする。
牛や豚などの大型動物の健康を管理するという点で「大動物臨床」と言われる。
こちらは 1 割強の獣医師が就いている。

　第二に，ライフサイエンスなどの「研究」の場面にも獣医師は関わっている。
例えば，大学等の研究機関や，人間用・動物用の医薬品の開発や食品添加物や
生活用品の安全性を確認する民間企業などで，動物実験に関わっている獣医師
資格者も多い。また，大規模な食肉加工・食品製造業，家畜用の飼料等の開発
に関わる民間企業では，動物に関する研究員として獣医師資格者を雇用してい
る。これらの職業は獣医師資格者の 1 割強が就いている。

　第三に，国の行政機関や自治体等で働く獣医師公務員がいる。本稿の中核的
テーマである公衆衛生獣医師だけでなく，自治体が運営する動物園配属の獣医
師職員，そして畜産振興のために農政部門（家畜保健衛生所）に配属される獣
医師職員もいる。彼らは「行政」活動の一環として，獣医学・公衆衛生学等の
専門知識を用いる立場である。こちらは全体の 2 割強である[3]。

　以上，獣医師とは，誰もがイメージしやすい「動物のお医者さん」というよ
りも，人間や動物の健康・安全な暮らしのために，経済・社会の下支えをして
くれている存在と言えよう。

---

(2)　農林水産省消費・安全局の獣医師試験サイト http://www.maff.go.jp/j/syouan/tikus
ui/zyui/shiken/attach/pdf/shiken-45.pdf には，平成 26 年から平成 30 年までの受験者
数・合格者数を掲載している。

(3)　獣医師の就業割合については，平成 22 年度の日本学術会議による調査報告書「獣医
学研究連絡委員会報告」を紹介した農林水産省のサイト http://www.maff.go.jp/
j/pr/aff/1212/spe1_02.html による。

変動する社会と法・政治・文化

2 臨床・研究・行政の役割の相違

ここで，「臨床」「研究」「行政」という言葉について考察を加えたい。

まず，小動物であれ，大動物であれ「臨床」といった場合には，①「目前の対象者・対象動物のため」に，②「問題を解決する」仕事である。病気になってしまった犬を連れてきた飼い主に対して，その犬の治療をし，飼い主を安心させることで問題を解決する。あるいは，農場の家畜が体調不良の際に治療し，妊娠・出産時には介助など動物への直接的な対応を行って問題を解決する。こういった仕事が「臨床」の仕事である。

次に，動物実験，安全性試験等の「研究」といった場合には，③「経済・社会全体のため」に，④「問題の解決方法を考案する」。難病の治療方法の開発や科学全体の進歩のため，あるいは広く世間で用いられる食料品や日用生活品の安全性の確認のため，さらには日々の暮らしを便利にして経済を発展させる新しい製品の開発のため，どのような技術や手法があり得るかを考案する仕事である。

それでは，公衆衛生などの「行政」に関わる獣医師はどのような業務を担うのであろうか。それは，③「経済・社会全体のため」に，②「問題を解決する」というものである。

③「経済・社会全体のため」とは，その業務の目的は目前の対象者・対象動物のためだけではないことを意味している。従って，対象者から直接的に感謝されることが少ないため，自らの仕事の価値を感じにくい可能性がある。とはいえ本人が想像している以上に，経済社会への行政活動の影響は広く，適切に任務を遂行することが巡りめぐって人々の生活を守る。むしろ，特定の個人や動物のためだけに仕事をすることは許されない立場である。常に全体的，中立的な視点を求められる。これは，営利組織の構成員とは異なるところである。

そして，②「問題を解決する」というのは，「研究」と異なり，解決方法を考案するだけでは許されず，課題に直接的に向き合わねばならないことを意味している。これは精神的にも強い緊張感を伴う。ただし，公衆衛生行政の解決方法は，「臨床」のような動物の治療ではなく，後述するとおり，法令に基づく規制・指導・啓発である。従って，問題の原因となる人々に対処するための法律的な知識やコミュニケーション能力が必要となる。

3 民間獣医師と比較した公衆衛生獣医師

以上をまとめると，公衆衛生獣医師は，「人間や動物の健康や安全を守るため，獣医学・衛生学・動物行動学等の観点から発生する経済社会に関わる問題を，公共的・中立的・全体的な観点から，法律等に基づいて解決する職業」と言えよう。一般市民から，ましてや動物から直接的に感謝される場面は少ないが，その対象者，影響を与える範囲は臨床獣医師に比べて圧倒的に広く，社会を支える活動意義は非常に深い。

Ⅲ　自治体行政組織の人事と業務

ここまでは，専門知識を持つ獣医師資格者としてのアイデンティティに注目し，民間で働く獣医師と行政組織の中で働く獣医師を比較考察してきた。今度は目線を入れ替えるようにして，自治体全体を見渡して，その中での公衆衛生獣医師の位置づけを考察してみたい。以下では，特別職職員（主として公職・政治的任命職）と一般職職員の区分を整理し，一般職職員の中での事務職・技術職の立場の相違を考察する。

1 特別職の役割と責任

地方公務員は，地方公務員法第3条により，大きく特別職職員と一般職職員に分けられる。先に特別職職員から説明したい。

まず，住民または住民の代表者の信任によって就任する公職・政治的任命職がある。自治体には，住民からの直接公選によって選ばれる知事・市区町村長や地方議会議員がいる。また，それらの存在から任命される政治的任命職として，副知事・副市区町村長，監査委員，選挙管理委員会の委員，人事委員会の委員，教育委員会の委員などの政治的任命職があげられる。

次に，首長などの任命権者が自由に選任することができる自由任用職がある。これは，地方公営企業の管理者（交通局長，水道局長，病院長）などであり，その分野の専門的な判断・独立採算の経営管理の判断ができる人材が任用される。

他にも，一定の学識，知識，経験などに基づき，随時参画する者の職がある。議会や審議会などの委員，臨時又は非常勤の顧問や参与から，現場での調査員・嘱託員まで，社会的地位や立場については相当にバリエーションがある。

変動する社会と法・政治・文化

さらに，地域で活動する消防団員や，民生委員法に基づいて厚生労働大臣から委嘱される民生委員なども，その責任の重要性から特別職公務員という位置づけになっている。

このうち，自治体運営に関して要となるのは，公職・政治的任命職としての特別職職員である。彼らは，①自らの判断と責任で職務を遂行することが期待されている，②終身雇用ではなく一定の任期が定められ，首長や議会議員は4年ごとに改選される，③一般職公務員と異なり，各政策分野ごとに存在する外郭団体の職位を有することも可能であり一層大きな影響力を持つ，④選挙を通じて選ばれるため，必ずしも政治的な中立性が要求されるわけではない，といった特徴が挙げられる。つまり，一般市民がイメージする地方公務員と異なり，特別職公務員とは，まさに社会の世論や政治経済状況に応じて政策的判断をしていく存在である。

もちろん，公職・政治的任命職の判断が，地域住民全体の意向を踏まえているかどうかは，それぞれの自治体の政治構造次第である。また，首長の判断が専門的・技術的に非合理的なものの場合は，行政活動に大きな混乱を持ち込む可能性もある。

2　事務職の位置づけと特徴

自治体で働く一般職職員についても，その全体像を説明しておきたい。職種の設定や区分は自治体によって異なるが，公務員試験による専門能力に基づく採用と，政治的中立性が大原則なのが一般職公務員である。

一般職職員の中で最も人数が多いのが，事務職である。彼らの仕事は政策分野を超えて多岐にわたる。まず，①行政全体の管理，すなわち組織編成や人事異動，予算編成など行政マネジメントを司る部局に配属されるのは，ほとんどが事務職員である。次に，②公共的な財やサービスの提供者として，地域福祉全般や生涯学習サービス，公共施設の運営（公民館，図書館，福祉施設等々）などを担うのも事務職が多い。③経済・産業政策の企画や運営も事務職が担うことが多い。大企業の工場誘致交渉，中小企業支援，商店街の振興策，地域活性化や移住推進など，民間の多様な組織との交渉が重要であり，多面的な判断力が求められる。④環境政策全般，例えばエネルギー政策，廃棄物処理，自然環境の保全条例等も，事務職が法令との関係を整理しながら制定・運用すること

が多い。もちろん，それぞれの分野の専門職も情報と知識を提供するが，最後のとりまとめは事務職が担うことが多い。⑤一般的な窓口業務，申請書類の受付，関係書類の交付も，事務職が中心である。戸籍謄本・抄本の交付，住民票の交付，転出転入の届出の受理などは，業務がマニュアル化されており，自然科学系の専門知識などは不要である。⑥税金・保険料の徴収等も同様である。この場合は，金銭を扱うため一層の慎重さが求められる。また，⑦イベント開催や自治体の広報活動も，事務職が担うことが多い。年中事業（防災訓練，敬老の日），記念事業・周年事業など，活動の企画や宣伝に始まり，当日の段取りまで事務職が対応する。そして，⑧突発的な課題や首長等による特命事項への対処，そして議会事務局での議員の補佐業務は，事務職が担当する。例えば，公費支出に関する住民訴訟への対応，自治体職員による犯罪への対処，そして議会の定例会から視察研修まで，さらに条例制定や予算の審議の段取り等については，法令に詳しい事務職員が担当する。

　さて，こうした事務職の強み・弱みはどのようなものであろうか。まず，事務職は，庁内を広く異動して，幅広い視野やマネジメント能力を養うことが期待されている。つまり，多様な分野を管理・調整・統括することが期待されているジェネラリスト的立場である。このバランス感覚と人的ネットワークこそが事務職の強みである。

　ただし，同じ事務職であっても，人事異動のあり方によって志向性に相違がある。後述する技術「職」と呼ばれる制度的な区分はないが，「畑」と呼ばれる相対的なカラーがある。どの部署に長く居たかで，例えば「環境畑」「建築畑」「福祉畑」というアイデンティティが形成されている。経験を積めば，特定の専門分野で能力を発揮する技術職・専門職に対しても，時に意見を伝える能力を有するようになる。

　このように事務職の職員は，基本的に人間関係が広く，多方面との交渉事が好き・得意な担当者が多い。とはいえ，特定の政策分野に対する強い信念があるとは限らない。この辺りは，後述する技術職・専門職から見れば，時に不甲斐なく，また砂を嚙むような気持ちにさせるところである。

3　技術職・専門職の位置づけと特徴

　事務職と異なり，特定の政策分野において，その分野の専門知識を持って働

変動する社会と法・政治・文化

くのが技術職・専門職と言われる職員である。主として自然科学系の大学卒・大学院卒の職員が多く，従って最終学歴が高い職員が多い。

ただし，活動できる政策分野・範囲が限定されているのも技術職・専門職の特徴である。どのような技術職・専門職があるか，正確な分類は自治体によって異なるが，おおよそのところを説明したい。

まず，①公共施設・公共工事に関わる土木職・建築職等がある。道路，橋脚，トンネル等の建設や維持管理，大規模な土地の開発許可，住宅の構造に関わる安全性の確認などは，大学の工学部・建築学部の出身者が担う。②農林水産系の職種（農業職・林務職・造園職等）もある。農業の振興，新品種の開発，森林の整備や林業の振興，野生動物による被害対策，材木や山菜・キノコなどの林産物の活用，都市公園の植栽や緑地公園の整備など，大学の農学部・林学部の出身者が担う。③化学職という職種もある。水質や大気などの公害監視，工業用品の安全性確認など，各種の検査を担う。④医療職と呼ばれる職種もある。自治体の職員の中でも最も専門的な職種の一つであり，医師・薬剤師・保健師・看護師・栄養士・獣医師等の国家資格を有する。公立病院に勤務する医師や看護師の他，保健所で感染症対策や健康指導をする保健師，医薬品や医療機器の適正利用の普及啓発や薬局の監視指導を担う薬剤師，学校給食から高齢者向けの食事まで栄養指導をする栄養士など，人間の健康や命を守る職種である。

福祉系の業務については事務職に担わせる自治体もあるが，大規模な自治体などでは事務職とは別に，⑤福祉職（保育士・介護士等）を設置する場合もある。保育園での保育は保育士資格が必要であるが，そうでなくても高齢者の生活支援や，身体・知的・精神障がい者の相談対応，生活保護に関わる業務に関して，福祉職という専門職を設置する自治体もある。

さらに明確な専門職が２つある。まず，⑥教員職（教員）である。公立学校の教員は，大学で教職課程科目を専攻した後に各都道府県が行う教員採用試験に合格しなければならない。また，⑦公安職（警察官・消防官等）は，大学の出身学部は問われないが（ただし，しばしば法学部・文学部・教育学部等の文系の出身者が多い），人間の生命・身体の安全を守るために緊急時に出動する特殊な任務を果たす存在である。

最後に，⑧現業職・技能職と呼ばれる職種がある。彼らは，公務員試験としては二種採用など大学卒とは限らないが，廃棄物収集・公用車の運転手・電気

機械系統の管理を担っている。

　これらの技術職・専門職の特徴であるが，基本的には，特定の政策領域で専門的な知識を活用することが期待されている。多くの場合は理工系の専門知識を持って任務を果たすスペシャリスト的立場である。

　しかし，その専門性の狭さ故に，技術職の人事システムには課題が多いとされる。事務職と同様に，職務年数が増えれば管理職などジェネラリスト的業務にも携わることになるが，政治的な調整や他部局との調整などの経験が少ないまま昇進するため，管理職としての影響力を発揮するのが難しいこともある。特に事務職が上級幹部ポストを多く確保している部局では，技術職職員が就ける管理職ポストは一部に限定され，それ以上の影響力を振るえないこととなる。逆に，上級幹部ポストを技術職が多く占める部局では，その分野の政策や予算の肥大化の危険性もある。土木，建設，林務系で公共事業が多く行われる場合は，そうした技術職優位の部局の特徴を示している[4]。

　技術職・専門職職員のカラーを見ると，⑤福祉関係や⑥教育関係は，人間同士のコミュニケーションを好む，また得意とする職員が多いが，それ以外の職種では，自分のスキル・専門知識で勝負をしたいと考える人が多いように見受けられる。専門家としての職人魂は重要であるが，幸か不幸か，その結果，専門知識を全く持たない一般住民に，専門分野の話を分かりやすく説明するのが上手とは限らない。人的なコミュニケーション能力も，事務職に比較すると弱くなりがちである。そして，自分たちの専門分野の学問体系やその価値観から外れる意見に耳を傾けるのは苦手な職員が多い。特定の政策分野に強い信念を持っている証拠とも言えよう。

4　自治体組織の中の公衆衛生獣医師

　以上，自治体で働く公務員を概観すると，地域における経済的・社会的課題を解決するために多様な職種が存在していることがわかる。事務職と技術職とは，強み・弱みを意識して役割分担をしながら，政策実施・情報共有のために縦横無尽に連絡を取り合っている。そして，その自治体組織全体を覆うように公職・政治的任命職が存在し，社会的・経済的な世論と向き合っている。

---

(4)　藤田由紀子（2008）『公務員制度と専門性 —— 技術系行政官の日英比較』（専修大学出版局）を参照。

変動する社会と法・政治・文化

　改めて強調するが，公衆衛生獣医師は自治体の職員である。それはすなわち，自治体という巨大構造の中で経済・社会に貢献する一人の構成員であるということを意味する。だからこそ個人開業の臨床医では為しえない程の大きな影響力を持ち得るのである。自治体の構成員であるということは，自らが専門職であるのと同様に，重要な立場として認識しなければならない。

IV　公衆衛生獣医師の専門能力

　それでは，公衆衛生獣医師が自治体において担う公衆衛生業務とは，どのような業務内容であるのか。昨今指摘されているとおり，公衆衛生獣医師は各自治体で定員に対して圧倒的に不足している状況で，以下に説明する施策のうち食品衛生部門を別の専門職に担ってもらう自治体も出てきているが，とはいえ基本的には３つの施策の中核を担っている。

1　食品衛生行政・生活衛生行政

　これらの業務に関わる根拠は，食品衛生法の他，旅館業法，公衆浴場法，クリーニング業法といった衛生面を守るべき業法（業法とは，企業や店舗の営業許可基準や公的な規制手続き，従業員の資格等について定めた業界ごとに作られる法律のことをいう）に規定されている。ここでは，最も重要とされる食品衛生管理の監視指導業務について説明する。

　食品衛生管理の監視指導業務は，食品衛生法第30条と，その施行令により，食品衛生監視員（自治体に勤務する公務員としての医師，歯科医師，獣医師，薬剤師等が充てられる）が保健所に配属され，飲食店営業・食品製造業・食品販売業の許認可行政に関わる対応を行うものである。具体的な業務としては，①飲食店や食品加工場などの各種施設への立ち入り調査と食品の収去検査（サンプルを持ち帰り規格基準に合致しているか確認する）を行い，施設の衛生管理状況を把握し指導する，②飲食に起因する健康危害（食中毒や異物混入）が発生した場合の原因究明や，営業禁停止などの効果的な行政措置の検討を行う，③従業員等に対する食品衛生管理に関わる講習会や指導を行う，④広く市民に向けた食品安全に関わる普及啓発や食品に関わる苦情・相談対応を行う，といった内容である[5]。

【ジャム製造工場の様子（従業員の服装や手袋，機械の衛生管理を万全にしている）】

【ジャムを詰めた瓶ごと熱湯で加熱殺菌する（不特定多数の人々が購入する食材の安全性を確保する）】

　こうした食品衛生管理の監視指導の社会的意義であるが，まさに人間社会の安全・安心を守る重要な仕事である。細菌やウィルスに汚染された可能性のある食品を流通させないことや衛生的な調理・取り扱いをさせることが人々の健康・安全を守るわけであり，不衛生な飲食店営業や食品製造業の存続を許さないための関所としての仕事である。また，食品製造業や食品販売業は，不特定多数の人々の健康に影響を与えるのであって，大規模な食のリスクを抑える必要がある。

　そこで，食中毒などの問題を起こさせないために，法制度上の詳細な分類と規制の基準を読み解き，問題事例を的確に摘発する必要がある。例えば，食品に関わる活動が「営業」に該当するか，食品製造業の分類においてどこに該当するか，不特定多数あるいは特定多数とはどういうことか，社会情勢に応じて変動する食品業界に対して，自らの知識と経験で対応を判断する妙味がある。

　これらの業務は，典型的な規制行政である。従って，法令は厳守すべきものであって，そのためのルールや基準，マニュアルが定式化されている。例えば，収去検査による違反食品発見時や，食中毒発生時の原因究明と違反食品の回収等命令や営業禁停止など行政措置の段取りも蓄積されている。そして，基本的

---

(5)　より具体的な検査内容等については，吉村悦郎・佐藤隆一郎『食と健康』（放送大学出版会），及び小城勝相・一色賢司『食安全性学』（放送大学出版会）を参照されたい。また，東京都の食品衛生関連サイト「食品衛生の窓」http://www.fukushihoken.metro.tokyo.jp/shokuhin/kyoka/index.html も参照のこと。

変動する社会と法・政治・文化

には公権力をベースに業者や店舗を規制するという一方通行の関係である。

とはいえ，視野の広さとコミュニケーション能力も必要である。というのは，収益確保・利益志向の経営者・従業員に対して，衛生管理を徹底させるのは，現実にはなかなか難しいのである。そして，滅多に起きない食中毒について，危機意識の少ない食品関連事業者を説得できるかとなれば，時に話術も求められる。さらに，食品事業者への不利益処分（営業停止など）の際には，何故そのような結論になったのかを説明する覚悟と能力，指導時のコミュニケーション能力が必要となる。これは，学生時代の勉強で身につくものではなく，公務員としての立場を意識し，職場で多数の事例を経験してこそ身につくものである。

2 食肉衛生検査行政

公衆衛生獣医師しか関わることができない重要な任務として，食肉の安全性確保の検査が挙げられる。と畜場法第19条と，その施行令により，牛や豚などのと畜時の検査を行う「と畜検査員」という職位は，獣医師資格を有する者しか就くことができない。

と畜検査員は，自治体の食肉衛生検査所に配属され，自治体所属あるいは民間のと畜場に赴いて検査を行う。検査の内容は，と畜場の衛生管理の状況，と畜時の動物の健康状態や食肉の安全性の確認である。また，現場における目視確認の他，血液や臓器のサンプルを持ち帰って病理・生化学・微生物の検査を行う[6]。

さて，この食肉衛生検査（と畜検査等）も，人の命を守る仕事と言える。食肉検査と聞くと，一般市民からすれば牛肉や豚肉などの「精肉」を思い描くかもしれないが，動物由来の食材を用いた食品は，一般消費者が平時意識している以上にずっと広い。例えば，既に味も付いて衣などと混ぜ合わさっている加工食品や冷凍食品も動物由来の食材を用いているし，さらにレトルトフードや調味料に含まれているビーフエキスやチキンエキス，ラードなども考えれば，その広がりは大きい。牛や豚が農場から出荷された後，消費者の食卓に料理として並ぶまでの流通過程において，これらの家畜を1頭ごとにすべて検査する

---

(6) 具体的な検査作業の段取りについては，打越綾子（2016）『日本の動物政策』第5章を参照。

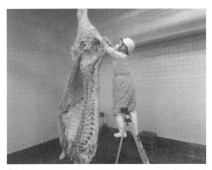
【と畜・解体された枝肉の表面を拭き取る検査で，食肉の安全性を確認する】

【食肉衛生検査所で保存されている家畜の臓器（病理検査に用いられる）】

と畜検査は，最初で最後の重要な関門なのである。と畜・解体する際に，病気の部位や感染症を抱えた動物の肉を的確に排除し，販売されることがないようにすることは，消費者の健康と安全を守り，さらには食肉の流通の信頼性を守って畜産農家を守る責務にも繋がっている。この業務においては，動物の健康状態を見抜き，時に精密検査を行う知識と判断力が肝要である。

ところで，食品衛生検査が，無数の業者や店舗に対する社会的な規制行政であったのに比べると，食肉衛生検査は，動物の健康や内臓の状態を見張り続ける検査行政である。まず，毎日，動物の健康，食肉の安全性を確認する業務が続く。これは，大学時代から学んだ獣医学の知識・能力の発揮の場である。もちろん，人間を相手にした交渉や指導もあり得るが，基本的には，と畜業者・食肉の加工業者・流通業者などの限られた職業人とのみ接触する。そして，問題が発生した時の段取りは，長年の蓄積に基づいて定まっている。つまり，人間関係やコミュニケーションが苦手でも，専門知識と職人魂で対応できる職場と言えるかもしれない。

ただし，外界から切り離された検査を粛々と行うだけでは済まされない。食肉加工は，大きな利益が動く業界であり，農場関係者にとって牛や豚はその地域のブランドを示す商品である。そうした中で，危険や問題を発見したときに，徹底的に検査し，食肉の流通を止める心の強さが必要であるし，大勢で連携している流れ作業を止めるのは，検査とは異なる緊張感が伴う。また，肉の一部廃棄，全部廃棄を指示する際には関係者の経済的損失が頭をよぎる。関係者の

変動する社会と法・政治・文化

利害に関わる中で，自分の専門知識が政治的圧力で潰されるリスクもある。それでもなお，公衆衛生獣医師が，プロフェッショナル精神を貫いて流通過程に釘を刺す覚悟を持たなければ，人間の食生活の基盤が崩れる。こうした重責を担うのが食肉衛生検査所で働くと畜検査員，すなわち公衆衛生獣医師である。

3 狂犬病予防行政・動物愛護管理行政

獣医学部への入学を目指す若者であれば，その多くが動物好きであり，特に犬や猫などの身近な愛玩動物を守りたいという気持ちで勉強したことがあるに違いない。動物愛護管理行政とは，街中の動物病院のように直接的に犬や猫の健康を守り，命を救う仕事ができるとは限らないが，昨今，その方向性が大きく変わりつつあり，またその重要性が増している分野である。

動物の飼育・愛護・管理に関わる行政は，狂犬病予防法，感染症法，動物愛護管理法等に基づいている。

狂犬病予防業務とは，飼い主に飼い犬の登録，鑑札の装着，予防注射を受けさせるための日常的な業務から，野犬や所有者不明の犬の捕獲・抑留・処分，さらには万が一の狂犬病発生時の届出・隔離等を行う業務である。このうち，捕獲・抑留・処分については，狂犬病予防法第3条により，公務員獣医師が狂犬病予防員に任命されて行う。かつては，全国各地に多数存在していた野犬を捕獲し，一斉に殺処分をせざるを得ない状況であった。

また，感染症法に定められた発生時に届出が必要とされる感染症のうち，動物由来感染症，例えばエキノコックス症や鳥インフルエンザなどが地域内で発生しないか常時監視を行い，問題が発生した場合に対応する活動も，公衆衛生獣医師が担う。飛来した野鳥が野外で息絶え，そこから危険なウィルスが検出された場合には，動物園や一般家庭の小鳥の飼育者への普及啓発も必要になる。

一般的な動物愛護管理行政は，動物愛護管理法第34条により，獣医師等が動物愛護担当職員に任命されて行う。彼らは，保健所あるいは動物愛護センター等に配属され，多種多様な業務に向き合う。社会全般に対する動物愛護の普及啓発，飼い主の適正飼養の普及啓発，動物取扱業者の監視指導や新規登録，動物の虐待・ネグレクトによる周辺環境悪化への対処，所有者不明の犬猫の引き取り，新しい飼い主への譲渡などである。かつては，動物をめぐる近隣紛争対応と，不要として持ち込まれた猫などの殺処分対応に追われる業務であった。

270

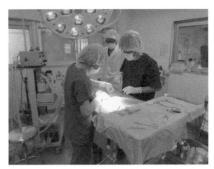
【所有者不明の猫の野外繁殖を抑止するための不妊去勢手術を，公衆衛生獣医師自ら実施する自治体が増えている】

【世の中には動物が好きな人も嫌いな人もいる。相互への配慮の必要性を訴える愛護センターのポスター】

　この動物愛護管理行政は，今大きく変化している。そもそも社会全体に動物愛護の気風を育てることは，心優しい社会を構築する上で有意義であるとされる。また，身近な愛玩動物と飼い主との関係を考えるというのは，個人主義化が進むストレス社会においては，国民的な要請とも言えよう。かつてのように犬や猫の殺処分数が圧倒的に多かった時代に比べると，動物愛護の普及啓発や飼い方指導，新しい飼い主探しなど，公衆衛生獣医師職員にとって自らの初心や動物を愛する心情を形にしていける業務が増えてきている。

　しかし，動物愛護管理行政は，近隣トラブルや業者による事件が発生するといきなり暗礁に乗り上げる。結局のところケースバイケースの事案が多く，困った飼い主や悪質な業者に対して，強制力のない説得・指導という手法しか用いることができない。食品衛生管理，食肉衛生検査のように法令による基準やマニュアルが定式化しておらず，ルールとは「守るもの」「守らせるもの」というよりも，「コミュニケーションを通じて作り上げていくもの」といった感触である。

　この業務を遂行するに当たっては，一にも二にもコミュニケーション能力が必要である。飼い主，地域住民，福祉関係者，警察，その他多様な人々との対話・交渉が続き，何某かの苦情への対応といっても，苦情の内容によって関係者と行政の関係は異なる。相手の状況・主張内容に応じて千差万別の対応が求められ，動物を守りたいだけなのに，どうしてこんなに人間対応が多いのだろ

変動する社会と法・政治・文化

うかと頭を抱える場面が続く。規制行政からサービス行政まで多面的な判断力
が求められ，合意形成にも時間が掛かってしまうのが，この分野の苦しいとこ
ろである。

4　公衆衛生獣医師の業務の特徴

　以上の３つの分野をまとめて，公衆衛生獣医師といわれる人々の仕事の特徴
を整理したい。

　まず第一に，業務の内容が非常に多岐にわたる。保健所の食品衛生部門か，
食肉衛生検査所か，動物愛護センターか，どこに配属されるかによって仕事の
スタイルが全く異なる。対応する人々も違うし，コミュニケーションの密度や
難しさも全く異なる。

　第二に，動物病院や民間の専門家組織や研究機関では「為しえない」業務で
ある。つまり，行政の立場だからこそできる仕事である。公権力の裏付けが必
要な監視指導，営利の発想では対応できない食肉検査や動物愛護管理など，公
共性・中立性・非営利性の世界である。もちろん，動物愛護管理行政について
は民間ボランティアとの協働が必須とされるが，ボランティアに全ての舵取り
を任すわけにはいかないであろう。

　第三に，課題が発生した場合に，社会的背景への理解，緊急時の覚悟，多様
な人々とのコミュニケーションが求められる。獣医学の専門知識を持っている
だけでは済まされず，経済・社会の問題や状況変動が自分の仕事にどう関わる
か，常日頃から想像すべきである。これは，自治体のどんな政策分野・職種で
あっても当然の話であるが，しかし民間の臨床獣医師の仕事にはない特徴であ
る。

V　公衆衛生行政と経済・社会との関わり

　上述の通り，動物に直接対処する臨床医や動物を用いて実験や繁殖を行う研
究職の獣医師と異なり，公衆衛生獣医師は，常に経済社会にアンテナを張って
総合的な判断力を問われる。それでは，公衆衛生行政に影響を与える経済的・
社会的要因にはどのようなものがあるだろうか[7]。

11 自治体における公衆衛生獣医師職員の役割〔打越綾子〕

1 公衆衛生行政に関わる経済・社会の要因

第一に，科学的に新しい発見や未知の課題の発生によって，業務の内容は影響を受ける。業界ごとの技術発展は各種産業政策を規定するものであるが，例えば加工食品の新しい製造方法，添加物や薬品の利用方法の変化，検査方法や検査の精度の進化は，常に専門誌や中央省庁からの情報提供を追いかけねばならない。世界各地で問題になっている新興感染症への対処も公衆衛生獣医師の重要な任務である。

第二に，気象変動や自然災害によっても，公衆衛生行政は影響を受ける。まず，気温，降水量，積雪量，日照といった条件が変わることで，各種感染症の発生率が変わる。渡り鳥の動き次第で鳥インフルエンザの発生リスクが変動するし，冬場の寒さや他の感染症の流行次第でノロウィルスによる食中毒の発生の可能性に違いが出てくる。逆に夏の暑さは，食品の腐敗のスピードや食中毒に関わる細菌の増殖リスクにも関わる。そして，台風や地震等の災害発生状況も無縁ではない。災害が発生した時の避難所の衛生管理は，保健師だけでなく，時に獣医師も関わる。また，災害発生時に，避難所における動物の受け入れルールなども考えねばならない。

第三に，大袈裟に聞こえるかもしれないが，国際政治経済状況の変動も公衆衛生行政に影響を与える。国際的な治安状況・安全保障体制は，感染症対策や危険なウィルスや微生物の管理の強化を検討課題にさせる。世界経済の動向次第で，外国人旅行客の出入国数や外国産の食料品や動植物の輸出入が変化するが，それに応じて感染症への警戒態勢が変動する。畜産動物に関わる口蹄疫や豚コレラの発生などは，むしろ農政部門がメインとして対応するが，公衆衛生部門も無縁では居られない。また，国産の畜産・酪農製品と輸入製品の比率の変動によって，全国各地のと畜場の経営状態が変動する。そして，国際機関の指針や国際基準にも常に注意を払わなければならない。WHO（世界保健機構）による各種指針や勧告の内容を理解し，それを地域の飲食店や食品製造業に指導していくためにも，不断の情報収集が求められる。

第四に，国内の経済成長と生活水準の変動も重要な要因である。経済成長率

---

(7) ここで挙げる各種の要因は，西尾勝『新版 行政学』(有斐閣) 第15章で挙げられている政策的な要因を基軸にして，公衆衛生行政にどのような影響があるかを具体的に記述したものである。

変動する社会と法・政治・文化

は，ほぼ全ての行政活動にとって前提となる重要な指標であり，それは国・自治体の税収・財政規模に大きく影響する。国民の所得水準・失業率・物価は，経済の問題かと思いきや，公衆衛生行政にも影響を与える。地域内の食品製造業・食品販売業等の経営収支，被雇用者の生活環境や収入を規定するし，観光業・サービス業（旅館業，飲食店，遊興場）等の経営収支や施設管理を規定する。飲食店や動物取扱業の経営状況によっては，衛生管理の不徹底や不法行為が発生しやすくなる。そして最近は日本全体での格差の広がりが指摘されているが，その中で子どもの貧困問題や食生活・栄養管理が課題となり，昨今は福祉活動としての「子ども食堂」が増えている。業者ではなくボランティアでの調理者に，どのように食品衛生の指導を行うか考えねばならない。

　第五に，国民の生活様式や価値観の変化は，公衆衛生行政に最も大きな変化を与える要因である。例えば，食の外部化（外食・中食の増加）による加工用食材・惣菜等の製造に関わる事業所の増加は，その数だけ食品衛生管理業務を増やす。宿泊業，飲食業，温泉施設などの観光施設や遊興場の営業内容も，そこで食品の提供が行われる限り，経営者や従業員に普及啓発や指導を続けなければならない。そして，家族形態やライフスタイルの変化は，愛玩動物の飼育方法の変化をもたらす。番犬から家族の一員へ，食事も残飯からペットフードへと変化し，それに応じて飼い主への普及啓発の方法も変わる。そして少子化の中で，子育て世帯よりもペット飼育世帯が増加しているからには，全国津々浦々まで狂犬病予防業務や動物愛護管理行政の定着が求められている。少子化とは逆に，平均寿命・健康寿命の推移は，単身高齢世帯の増加や配食サービス，介護施設での給食ニーズなどに関わり，それは業者としての食品衛生管理の必要な場面の増加を意味する。愛玩動物についても，飼い主の肉体的な病気や認知症による動物飼育の限界，多頭飼育等が発生するリスクにもつながりうる。

　そして第六に，国民の人口分布の変動，すなわち人口の地域分布の変動にも，公衆衛生行政は左右される。都市部への人口集中は，住宅地におけるペットをめぐる近隣紛争や苦情処理（騒音や悪臭へのクレーム，道路や公園の利用マナー問題，所有者不明の猫への餌やりをめぐるトラブル）の件数を増やすことになる。あるいは郊外への人口移転ないし都心回帰の傾向は，新しいショッピングモールの開発と地元商店街の衰退に影響を与え，それは飲食店の栄枯盛衰をも招いている。

2 多様な要因のバランスとジレンマ

問題は，こうした要因が時に矛盾したり，対立したりすることである。これらが全て同一方向の施策の必要性を示しているならば事業を立案しやすいが，実際には多様な価値観や利害関係，そして行政側の予算・人員等のリソースによって情報の意味は異なり，法律や条例の改正が後手に回ったり，改正されても十分に執行できないことも多い。

その場合，専門的・技術的な判断を重視するか住民や地域内の合意を重視するか，また需要を重視するか予算の制約を重視するか，職場の同僚の負担軽減を意識するか敢えて新しい社会的課題に向き合うか。こうした判断は，それこそ獣医学的な専門知識を超えている。むしろ，その自治体の組織風土次第であり，その中で専門知識と最新情報をどう組み合わせて対処するかが，公衆衛生獣医師の経験の見せ所となる。

Ⅵ　お わ り に

獣医師という職業は，人間や動物の健康・安全な暮らしのために，経済・社会の下支えをしてくれている存在である。その中でも，公衆衛生獣医師とは，経済・社会全体に貢献すべき存在であり，すなわち臨床獣医師が目前の対象者・対象動物のために判断を求められるのとは異なる。また，問題を解決する際も，動物の治療というツールではなく，法律に基づいて個人や業者を相手に規制・指導・啓発というツールを用いる。つまり，獣医師資格を持つ職業であっても，公的な行政活動を担う一員として，主として向き合うのは動物ではなく経済や社会の中で暮らす人間である。そして，人間の行動は時代とともに変化し，しかも時には善悪，正義の判断の基準さえも変転する。ましてや，現代社会とは，多様かつ流動化した価値観に基づく社会である。

こうした中で，幅広い経験と，不断の自己研鑽を通じて，経済社会の課題を獣医学的な観点から解決する公衆衛生獣医師の存在意義が，広く社会に伝わることを願っている。

12 日本陸軍の対ソ政策
──「反ソ防共」から「連ソ容共」へ──

田 嶋 信 雄

I　はじめに
II　日本陸軍のユーラシア政策と日独防共協定
III　イラン，アフガニスタンおよび新疆の戦略的重要性の増大と反ソ謀略工作の失敗
IV　ノモンハン事件，独ソ不可侵条約の締結と日本陸軍の転向
V　日独伊三国同盟と独ソ戦
VI　太平洋戦争下の日独伊ソ関係とイタリアの敗北
VII　日本陸軍の「容共化」
VIII　おわりに

I　はじめに

　本稿の課題は，1930 年代半ばから 1945 年までの日本陸軍の対ソ政策の変遷
をトレースすることにある。第二次世界大戦後の日本現代史学のなかでは，冷
戦期日本外交の反ソ的性格にも規定されて，戦前期日本陸軍の反ソ的性格はい
わば自明のこととされ，その政策の変化についてはあまり注意が払われていな
かったように思われる。

　しかしながら，冷戦体制崩壊以降の学界においては，太平洋戦争期（とりわ
けその末期）における日本陸軍の対ソ宥和的な性格が注目されるようになって
きた。近年では，明石陽至や波多野澄雄らによって，「容共」という概念を用
いて日本陸軍の政策内容を説明しようとする試みまで現れるようになった[1]。

　本稿は，こうした新しい流れに学びながら，日本陸軍の対ソ政策の変化の意

---

(1)　明石陽至「太平洋戦争末期における日本軍部の延安政権との和平模索 ── その背景」
　　『軍事史学』総目次（第 31 巻第 1・2 号（1995 年 9 月），175-185 頁。波多野澄雄「国共
　　関係と日本 ── 戦争末期の『容共』をめぐる葛藤」黄自進・劉建輝・戸部良一編『〈日
　　中戦争〉とは何だったのか』（ミネルヴァ書房，2017 年）。

味を考えようとする。その際，本稿独自の分析視角として，以下の点に留意する。(1)日ソ関係の考察において日独関係という補助線を引くことにより，日本陸軍の対ソ政策の変化を立体的に理解すること。(2)日本陸軍の対ソ政策の変化を促した要因として，（ノモンハン事件での敗北及び独ソ不可侵条約の締結による関東軍および参謀本部のソ連観の変化に加え），ユーラシア，とりわけアフガニスタン，イランおよび新疆における政治情勢の変化を重視すること。(3)孫文の有名な「連ソ容共」概念を援用して日本陸軍の対ソ政策の変化を象徴的に理解すること。こうした方法を採用することにより，日本陸軍の対ソ政策の変化を鋭角的に解析することが出来ると思われる。

II　日本陸軍のユーラシア政策と日独防共協定

　1930年代の日本陸軍の対ソ政策を考察する前に，その前提として，第一次世界大戦前後の日本陸軍の対ロシア政策・対ユーラシア政策について簡単に触れておきたい。

　1910年1月25日に参謀本部第二部長宇都宮太郎は「日土同盟論」「回教徒操縦論」なる覚書を起草し，日本陸軍が中央アジアおよびそこに居住するムスリムに注目するよう主張した。宇都宮は以下のように述べる。「中央亜細亜，印度，露，清等諸国，東印度諸島及び北部アフリカ等に居住しある該教徒を操縦し，必要の場合其の勢力を利用するが為にも，彼らが今尚ほ仰ぎて以て其の教主国と為しある土耳古帝国との親交は頗る有利の政策たるを疑わず」。さらに宇都宮は，「具体的提案」としては，「小亜細亜植民」論を主張し，以下のように述べていた。バグダッド鉄道の予想終点たるペルシャ湾の「湾頭」にわが「臣民」のため「租借地」を獲得すること，ムンバイ航路をペルシャ湾の「湾頭」まで延長すること，メソポタミア等「小亜細亜の沃土」に移民・植民を行うこと，バグダッド鉄道に出資すること，チグリス・ユーフラテス川の航行権を獲得すること，紅海沿岸の一地点に欧州航路の「寄港地」を求めることなどが必要であろう，と。ここでとくに興味深いのは，宇都宮が，ドイツの中東への関心の象徴であるバグダード鉄道との接続を意図し，ヴィルヘルム二世と同じくイスラーム教徒との「友好」（利用）を目指したことである。すなわち宇都宮は，「東漸」（Drang nach Osten）するドイツ勢力と「西漸」（Drang nach

Westen）する日本勢力が中東・中央アジアのイスラーム圏で邂逅することを
想定したわけである。この宇都宮の発想は，第一次世界大戦後の参謀本部第二
部（情報）や関東軍参謀部第二課（情報）の中央アジア政策・イスラーム政策
にも原型として引き継がれていくこととなる[2]。

　つぎに，第一次世界大戦後の日本陸軍の対ユーラシア構想，対イスラーム構
想に目を向けよう。その際，1922年12月に当時インド駐在武官であった谷壽
夫が記した意見書に注目しなければならない。谷はまず第一次世界大戦におけ
る中東諸民族の活躍に以下のように注目する。「今次大戦後に於ける中東諸方
面の活躍は我帝国との関係既往に比し一層蜜実を加ふるに至れり」。こうした
中東情勢を観察するため，谷は「我軍部諜報機関の配置は概ね次の如くなすを
可とせり」と述べる。「一　印度駐箚武官をして印度（緬甸錫蘭を含む）の外，
西蔵，新疆，阿汗斯坦及び波斯の情報を蒐集せしむ。但し時に阿国を旅行せし
めて南部露国方面の状況諜知せしむること緊要なり。二　土国駐箚武官を君府
に置きて同国，阿剌比亜，高架索方面の情報収集に任ぜしむると倶に，時に波
斯を旅行せしむること必要なり。三（略）。四　広大なる中東の情報収集に上
記両在の武官を以てするは稍過大なるにより，隔年に一回連絡将校を派遣し之
が欠を補うを要す」と[3]。ここに「南部露国方面の状況諜知せしむること緊要
なり」とあるように，このような谷の中東諜報網構想の仮想敵はソ連であった。

　このような中東諜報網構想は，その後，ヨーロッパにおける諜報網の建設と
合わせ，日本陸軍のいわば「ユーラシア諜報網構想」を形成することになった。
1932年10月8日，参謀次長真崎甚三郎は，「謀略計画に関し仏国在勤帝国大
使館付武官に与ふる指示」において，以下のようにユーラシア諜報網構想を展
開する。「一　平時よりソ連邦ないし第三「インター」の極東における赤化事
実を宣伝し，ソ連邦の赤化政策に対する帝国の立場を諒知せしめ，以て対ソ戦
の正義公道に立脚する所以を了得せしむ。二　開戦後なるべく速やかにソ連邦
の戦争力を破壊する為，左の施策を実行す。(1)「ウクライナ」「ジョルジア」
「アゼルバイジャン」の独立運動を助成し当該地方を攪乱す。(2)亡命反ソ露人

---

(2)　島田大輔「明治末期日本における対中東政策構想 —— 宇都宮太郎「日土関係意見書」
　　を中心に」『政治経済史学』第578号（2015年2月）27-61頁。
(3)　谷壽夫「意見具申　中東方面情報収集機関の配置と印度駐箚武官たる地位の将来」
　　JACAR-Ref B06150026600。

変動する社会と法・政治・文化

団体をしてソ連邦内の同志と連絡し，各地に暴動を起こさしめ，非戦熱を煽ると共に労農政権の崩壊を図る。三　仏国，波蘭，小「アンタント」，沿波爾的諸邦，ならびに土耳古と親善を図り，為し得れば右諸邦をして前条の施策を実行せしめ，已むを得ざるも我が謀略実施に便宜を与える如くす」[4]。

以上のような「ユーラシア諜報網構想」は，さらに，満洲での対ソ謀略構想と一体であった。関東軍の神田正種は，1928 年 2 月，「対露謀略の大綱」の中で以下のように将来の謀略の重要性を強調する。「将来戦に於ける謀略の占める地位は頗る重大なり。就中対露作戦に於ては武力を以て最終の決を告ぐる能はず。場合に依りては戦争の大部は謀略戦に依り終始すべし」。神田は，対ソ謀略は「全世界に亘るべき」と主張し，具体的に以下のような構想を提示する。「南満洲，朝鮮，樺太に於て反共産党団体を組織し，機に応じて北満洲及極東露領に進出せしめ，露軍の作戦行動を掣肘し，一般状況の進展に伴い露領内に反共産政権を樹立し，西伯利，高架索方面と相呼応して共産党政権の転覆を企図すべき」[5]。東アジアでの対ソ謀略は，シベリア，コーカサスでの謀略と接続すべきだというのである。

このような神田の対ソ謀略網構想は，満洲事変後，関東軍の松室孝良の「環状同盟」論に引き継がれることになる。松室は，1933 年 10 月，将来の「蒙古国」の建国について，以下のように構想する。「蒙古国」は，「帝国の対蘇および対支軍事行動並びに政策実施を容易」にするとともに，「外蒙を通じて蘇国を牽制する役割」を任う。「蒙古国」が成立すれば「甘粛，新疆等にある回々族の興起」を促し，必然的に「回々国の建設」となり，「また西蔵をして蒙古国を通じ日本と提携するの機運」を醸成することになる。「環状同盟」は，「中央亜細亜，波斯」へと繋がる。こうして，日本陸軍の諜報・謀略網構想は，中央アジア，ペルシャへと向かうソ連南部接壌地域の連結を目指したのである[6]。

もちろん，こうした構想が対象とする地域は広大であり，しかも多くは砂漠ないし山岳地帯であった。関東軍は，ユーラシア諜報・謀略網の拠点（特務機

---

(4)　粟屋憲太郎・竹内桂編集・解説『対ソ情報戦資料　第 2 巻　関東軍関係資料(2)』（現代史料出版，1999 年）453 頁。

(5)　「対露謀略の大綱」国立公文書館「A 級極東国際軍事裁判記録（和文）」，JACAR Ref. A08071279300）。

(6)　松室孝良「蒙古国建設に関する意見」島田俊彦・稲葉正夫解説『現代史資料(8) 日中戦争(1)』（みすず書房，1964 年）449-463 頁。

関）を航空機で連結することを計画し，そのため，1932 年 9 月 25 日，満洲航空株式会社を設立した。さらに，対ソ戦が勃発した場合には，こうした特務機関の設置する飛行場からソ連領に対する空爆を行う計画であった。

　日本陸軍は，こうした空爆の効果を次のように高く評価していた。「西欧列強の如く，その国家組織鞏固にして国民の対敵国戦争意識強烈なる国においては，空中爆撃によりその戦争意志を挫折し戦争を終局に導くことは容易ならずといえども，蘇邦の如く其の政権と国民との結合弱く，殊に長遠なる連絡線を隔て資源貧弱の地に戦わざるべからざる極東軍に対しては，開戦初頭空軍の行う圧倒的空中爆撃に依り之に内部崩壊を起し，速に戦争を終局に導き得るの公算尠しとせず」[7]。

　1936 年 5 月 12 日，こうした謀略計画の一環として，関東軍は徳王に「蒙古軍政府」を樹立させた。松室孝良のいう「蒙古国」が実現したのである。さらに日本参謀本部は，こうした謀略計画をさらにすすめるため，1933 年 9 月にイラン（テヘラン）に上田昌雄を，1936 年 11 月にアフガニスタン（カブール）に宮崎義一を駐在武官として派遣した。

　1936 年 11 月 25 日に調印された日独防共協定は，よく知られているように，ドイツ駐在日本陸軍武官大島浩が，陸軍参謀本部の支援を得て締結したものであり，当時の日本陸軍の「反ソ防共」路線を典型的に示すものであった[8]。この協定は，つぎの 2 つの点において，日本陸軍の対ソ政策を示すものであった。第 1 に，この協定は，秘密付属協定第一条で「締約国の一方がソビエト連邦より挑発によらず攻撃・攻撃の脅威を受けた場合には，ソビエト連邦を援助しない」（要旨）と述べているように，日ソ間ないし独ソ間で正面戦ないし正規戦が勃発する場合を想定し，日独両国の戦略的協力を規定したものであった。さらに第 2 に，この協定は，その正文において「情報交換」「破壊活動」「防衛」（ドイツ語で Abwehr，「防諜」の意）なるインテリジェンス言葉が多用されているように，日独両国の諜報・謀略上の対ソ協力を規定したものであった[9]。

　この第 2 の点，すなわち日独の防諜・謀略上の対ソ協力については，さらに，防共協定締結後に日独の間で調印されたいくつかの実施協定によって補完され

---

(7)　「航空視察団報告第二巻」防衛省防衛研究所「中央－軍事行政その他 661」JACAR-Ref.
　　C15120576600。

(8)　外務省編『日本外交年表竝主要文書 下』（原書房，2007 年）352-354 頁。

変動する社会と法・政治・文化

ていた。

　まず1937年5月11日に大島浩駐独陸軍武官とドイツ国防省防諜部長カナーリスとの間で「ソ連邦に関する日独情報交換付属協定」および「対ソ謀略に関する日独付属協定」が調印され，日独両軍（陸軍）の対ソ諜報・謀略上の協力の細目が規定された。とりわけ「対ソ謀略に関する日独付属協定」付属「5カ年計画表」では，1937年から1941年にいたるまでのソ連東部接壌地域（東アジア）・南部接壌地域（中東・中央アジア）・西部接壌地域（ヨーロッパ）での日独両国の諜報・謀略上の任務分担が規定されていた。「共同管轄地域」とされた南部接壌地域では，トルコ，イラン，コーカサスなどでの日独の諜報・謀略上の協力が合意されていた。

　以上の「ソ連邦に関する日独情報交換付属協定」および「対ソ謀略に関する日独付属協定」は，その後，1938年10月8日にドイツ国防軍最高統帥部長官カイテルと大島浩との間で締結された「日独情報交換付属協定」および「対ソ謀略に関する日独付属協定」により，日独両軍（陸軍）間の正式の協定に格上げされた[10]。

　さらにこうした諜報・謀略上の協定は，1936年12月18日にルフトハンザ航空および満洲航空の間で調印された「日独「満」航空協定」によって，航空政策的に補完されることとなった[11]。上に述べた日独両軍の中東・中央アジアにおける諜報・謀略協力には，当時急速な発展過程にあった航空機の利用が不可欠であった。このためドイツ航空省をバックとするルフトハンザと，関東軍をバックとする満洲航空は，ロードス島（当時イタリア領）・イラン・アフガニスタン・新疆・甘粛・綏遠・「満洲国」を結ぶ定期航空路の開設で合意し，無線連絡基地や気象観測施設や飛行場の整備，キャラバン隊を用いたガソリン運搬などの準備を開始した。すなわち日独「満」航空協定は，対ソ謀略に関する

----

(9)　日独防共協定は当初より反英的な性格を持っていたという謬見がいまだに学界の中でも散見されるので，ここでとくに協定の「反ソ的性格」を強調しておくことは重要であろう。典型的には，Wolfgang Michalka, *Ribbentrop und die deutsche Weltpolitik 1933-1940*. München: Wilhelm Fink Verlag 1980.

(10)　防衛省防衛研究所「情報交換及謀略に関する日独両軍取極」，JACAR-Ref. C14061021200. 田嶋信雄『ナチズム極東戦略』（講談社，1997年）198-199頁。

(11)　永渕三郎「空の『シルクロード』」満洲航空史話編纂委員会編『満洲航空史話』（1972年）167-175頁。

日独付属協定のいわば航空政策上のインフラストラクチャーを構築することが目的であった。1937 年 3 月 20 日，林銑十郎内閣は，このルフトハンザと満洲航空の民間協定をもとに，日独両国家間の正式の航空協定を目指すことを閣議決定したのである[12]。

Ⅲ　イラン，アフガニスタンおよび新疆の戦略的重要性の増大と反ソ謀略工作の失敗

こうしたユーラシアをまたがる諜報・謀略工作を推進するため，1930 年代後半の日本外交およびドイツ外交では，日本勢力とドイツ勢力が邂逅すべき地域，とりわけイラン，アフガニスタンと新疆の戦略的重要性が飛躍的に高まることとなった。イラン，アフガニスタンおよび新疆を枢軸の勢力圏として確保することが至上命令となったのである。

しかしながら，イラン，アフガニスタンおよび新疆は，周知のように，19 世紀後半に淵源をもつイギリスとロシアの勢力圏をめぐる国際権力政治，すなわち「グレート・ゲーム」の中心的舞台であった。1908 年の英露協商では，イラン，アフガニスタンおよびチベットにおける英露両国の勢力範囲について合意がなされ，当該地域には，すでに英露両国が確固とした橋頭堡を築いていたのである。「グレート・ゲーム」は第一次世界大戦とロシア革命により一旦終焉を迎えるが，1920 年代半ば以降，ソ連の「帝国化」とともに復活していた。日独両国がイラン，アフガニスタンおよび新疆で協力関係を推進するためには，この「グレート・ゲーム」に東から日本が，西からドイツが割って入る必要があったのである[13]。

日本陸軍は，このため，1935 年はじめより華北分離工作を推進し，華北地域での自由飛行を中国国民政府に要求するとともに，徳王率いる内モンゴル自治運動を使嗾して広大な砂漠のなかに特務機関と飛行場を確保しようとした。しかしその試みは，綏遠事件により中国国民政府の強力な反撃に遭い，計画は頓挫した[14]。

関東軍はさらに新疆における特務機関の開設を目指したが，当時新疆の実力

---

[12]　国立公文書館「日満独連絡航空路線設定に関する件」（JACAR-Ref. A03023592000）.

[13]　Rudolf A. Mark, *Im Schatten des „Great Game". Deutsche „Weltpolitik" und russischer Imperialismus in Zentralasien 1871-1914*, Paderborn: Schöningh, 2012.

変動する社会と法・政治・文化

者盛世才は，南京中央政府からも半ば独立した地方政権を維持しており，その地位を確固なものとするため，ソ連からさまざまなレヴェルでの顧問を受け入れていた。加えて盛世才は，自らマルクス・レーニン主義を熱心に「学習」し，スターリンにソ連共産党への入党許可を求める有様であった[15]。ソ連を後ろ盾とした盛世才政権の防諜体制は強固で，新疆はソ連の勢力圏と化していたのである。関東軍は，何度か密使を派遣して新疆に特務機関を設置しようとしたが，ことごとく失敗していた[16]。こうした失敗に輪をかけたのが日中戦争の勃発であった。戦争が全面化し，中国全土が戦域化したことにより，華北から綏遠・甘粛・新疆を経てアフガニスタンへと至る航空路計画自体が砂上の楼閣となったのである。

　アフガニスタンは，日独両勢力の邂逅の場としても，さらに短い国境線を接する新疆に対し西から東へ向けて浸透工作を推進するための拠点としても重要であった。日本陸軍参謀本部は，そのため，すでに 1934 年 1 月に下永憲治少佐をアフガニスタンに派遣して現地情勢の調査をおこなわせるとともに，1936 年 11 月には初代アフガニスタン駐在武官として宮崎義一少佐をカブールに派遣したのである。宮崎の任務は，第 1 に，対ソ・対英諜報・謀略工作を現地で実施すること（その中にはアフガニスタン内少数民族を使嗾して反政府運動を煽ることも含まれていたといわれている），第 2 は日独航空連絡を実現するためのさまざまな工作をおこなうことであった。

　しかしながら，宮崎の謀略工作は強力に監視されており，かれの一挙手一投足はアフガニスタン政府（および同政府と協力関係にあったソ連政府およびイギリス政府）に筒抜けとなった。1937 年 7 月 7 日に日中戦争が勃発すると，アフガニスタンの戦略的重要性は一挙に高まり，ソ連政府およびイギリス政府は宮崎義一を追放するようアフガニスタン政府に強力な圧力を加えたのである。日本とアフガニスタンの外交関係は極度に悪化し，国交断絶の危機に陥るに至った。その結果，同年 10 月，日本政府および陸軍参謀本部はアフガニスタン政府の

---

(14)　秦郁彦「綏遠事件」『国際政治』第 15 巻（1961 年）87-102 頁。宝鉄梅「綏遠事件と華北分離工作」『現代社会文化研究』（新潟大学）第 27 号（2003 年），203-214 頁。

(15)　盛世才のスターリン宛書簡（1934 年 6 月 6 日）。寺山恭輔『スターリンと新疆 1931-1949 年』社会評論社（2015 年），237-245 頁に翻訳・引用されている。

(16)　Ａ・Ｍ・ナイル『知られざるインド独立闘争』（風涛社，2008 年）147-192 頁。

宮崎追放要求を受け入れざるを得なかった[17]。

翌1938年4月5日，アフガニスタン駐在日本臨時公使桑原鶴は以下のように日本のアフガニスタン政策の破綻を認めたのである[18]。

> 当国の地位は日支事変に依りて全く一変せり。事変前にありては英蘇両国と当国との関係未だ非常に緊張しおらざりし為，我国としては蘇連邦の新疆方面の活動を監視し傍，蘇連邦内部の情勢を探る為，当国と親交を結び之が助力を求むるの余地存せしも，現在となりては国際情勢は余りに深刻化し過ぎたり。各種情勢より判断するに，我方の大陸政策遂行の為に当国を利用することは極めて困難となりたると言わざるを得ず。

こうして，日本陸軍は，1930年代半ばより推進した新疆・アフガニスタンへの工作がことごとく失敗したことを痛烈に自覚せざるを得なかったのである。新疆・アフガニスタンには，すでにソ連の勢力が強力に浸透しており，日本勢力が介入できないいわば「鉄壁」として意識された。この意識は，のちの日本陸軍のユーラシア政策にとって決定的な意味を持つこととなる。

IV　ノモンハン事件，独ソ不可侵条約の締結と日本陸軍の転向

このような日本陸軍の閉塞感に決定的打撃を与えたのは，(1)ノモンハン事件と，(2)独ソ不可侵条約の締結であった。ノモンハン事件は，正規戦・正面戦において日本陸軍が強力なソ連軍の前にぶざまな敗退を強いられたことを意味した。ソ連の勢力圏としてのモンゴル人民共和国の鉄壁性はいまや明らかとなった。日本陸軍が懐いていた「北方戦争」=「北進」の夢は大きなダメージを蒙った。ノモンハン事件は，その後日本陸軍の中に「恐ソ病」を植え付けていくことになったのである。

独ソ不可侵条約の締結は，たんに日独防共協定に規定された対ソ戦争勃発時

---

[17]　アフガニスタンにおける日本陸軍参謀本部の謀略工作および宮崎義一の追放については，参照，田嶋信雄「アフガニスタン駐在日本陸軍武官追放事件1937年」『成城法学』第85号（2017年）95-121頁。

[18]　臼杵陽「戦時期日本・アフガニスタン関係の一考察──外交と回教研究の間で」『日本女子大学紀要　文学部』第57号（2007年）110頁。「AF 阿富汗斬旦/1 アフガニスタン英国間」JACAR-Ref. B0203860000.

変動する社会と法・政治・文化

の戦略的協力を無意味にしただけではなく，日本陸軍参謀本部および関東軍が
永年にわたって推進してきた「西進」政策と，1930 年代半ばより推進してき
た日独ユーラシア諜報・謀略協力がすべて無に帰したことを意味した。ソ連と
政治的に結びついたナチス・ドイツとは，もはや対ソ謀略をともに推進する基
盤が完全に失われたのである。

　ノモンハン事件および独ソ不可侵条約の締結により茫然自失となった関東軍
のなかでは，対ソ政策に関する 180 度の転向が進行しつつあった。たとえば
1939 年 8 月 27 日，関東軍司令官植田謙吉は以下のように東京の参謀本部に提
案していた[19]。

　　『ノモンハン』方面の『ソ』軍に対し徹底的打撃を与えつつ他面独逸，伊太利を
　利用して『ソ』連より休戦を提議せしむると共に，速やかに日『ソ』不可侵条約
　を締結し，更に進みて日独伊『ソ』の対英同盟を結成し東洋における英国勢力を
　根本的に芟除」すべし。

　すなわち関東軍の幹部のなかでは，ソ連はもはや打倒すべき仮想敵国ではな
く，むしろ潜在的な同盟国へと変化したのである。

V　日独伊三国同盟と独ソ戦

　1940 年 9 月 27 日に締結された日独伊三国同盟は，「現に欧州戦争又は日支
紛争に参入しおらざる一国」に攻撃されたときに三国が相互に援助すべきこと
を規定しており，一見米ソ二国が対象とも思えるが，第 5 条では独ソ不可侵条
約をはじめとする対ソ関係の現状維持が確認されていた。すなわち日独伊三国
同盟は対米同盟であり，ソ連は三国同盟の仮想敵ではなかったのである。さら
に付属文書ではドイツが日ソ両国の「友好的了解」を増進し「周旋の労」をと
ると規定されていた。つまり，この条約では，むしろ日独伊とソ連の四国提携
が目指されていたのである[20]。

　上記の四国提携構想を受けて日本の外務省は，一週間後の 1940 年 10 月 3 日，
「日ソ国交調整要綱案」なる文書を作成している[21]。その第 7 条は以下のよう

---

(19)　角田順解説『現代史資料(10) 日中戦争(3)』みすず書房（1964 年），133 頁。

(20)　外務省編『日本外交年表竝主要文書』下，原書房，2007 年，459-562 頁

な内容であった。

> イ　ソ連は内蒙および北支三省における日本の伝統的関心を承認し，日本は外蒙古および新疆に関するソ連の伝統的関心を承認す。ロ　ソ連は日本が将来仏印，蘭印方面に進出することを容認すべく，日本はソ連が将来アフガニスタン，ペルシャ方面（次第によりては印度を含む）に進出することを容認す。ハ　日独伊三国はソ連をして世界における新秩序建設に協力せしむ。同盟が同一ベーシスにおいてソ連を加えたる四国同盟に発展することを辞せず。

　ここで注目すべきはつぎの2点であろう。第1に，ここでソ連は，近い将来の同盟国として位置づけられたことである。第2に，本稿の立場から見てとくに興味深いのは，ソ連との同盟を形成するため，外蒙古，新疆，アフガニスタン，ペルシャ，インドへのソ連の進出を「容認」していることである。すでに見たように，日本陸軍は，ノモンハン事件および独ソ不可侵条約の政治的・軍事的衝撃を受け，「西進」すなわち上記の諸地方への政治的・軍事的な進出を断念していた。逆に言えば，日本陸軍は，当該地方をソ連に譲渡するいわば政治的・心理的な準備が出来ていたのである。日独伊三国同盟（および日独伊ソ四国同盟構想）は，日独防共協定（および日本の「西進」政策）の否定の上に構築されていた。そして，1941年4月13日に締結された日ソ中立条約はその一つの帰結であった。

　しかしながら，ソ連に対する日本の期待は，1941年6月22日に勃発した独ソ戦によって一旦頓挫する。日本は対ソ戦争に参戦するか（「北進論」），あるいは背後の安全を利用して天然資源の豊富な東南アジアに進出するか（「南進論」）という選択を迫られることとなった。7月2日には御前会議で「情勢の推移に伴う帝国国策要領」が決定された。これは対ソ戦の準備を行いつつも南方進出のため対英米戦を辞せずというものであった。北進論を主張する松岡洋右は，規定方針通り南方施策実施を進める近衛内閣の中で孤立し，事実上彼が更迭される形で7月18日における第三次近衛内閣の発足となった。ここで日本は南進を決定し，それに反発したアメリカ合衆国との政治的対立を深めていくことになる[22]。

---

[21]　細谷千博（「三国同盟と日ソ中立条約（1939年-1941年）」日本国際政治学会太平洋戦争原因研究部（編）『太平洋戦争への道』第5巻，朝日新聞社，1963年，266-268頁に引用。

変動する社会と法・政治・文化

一方日本陸軍は，独ソ戦勃発を奇貨として，旧来の対ソ戦略に則った対ソ戦争遂行の可能性を検討した。これがいわゆる「関特演」である。関東軍・日本陸軍はドイツと協力してソ連を攻撃すべく動員令を発動し，関東軍は74万人を超す大兵力に増強された。しかし7月28日の南部仏領インドシナ進駐などを契機として南方での緊張が高まったため，陸軍は海軍と妥協し，関東軍・参謀本部は8月9日に41年内の対ソ開戦の可能性を断念した[23]。関東軍・参謀本部は，翌1942年春に「北方戦争」を開始する積もりであった[24]。

1941年9月6日の御前会議では「帝国国策遂行要領」を決定，10月下旬を目途として対米英蘭戦争の準備を完成することになった[25]。この間対米交渉は行き詰まり，10月18日に東条内閣が成立して事態の打開を目指したが，11月5日の御前会議では対英米蘭戦争を決意した新たな「帝国国策遂行要領」が決定された[26]。

対米戦争を決意した日本は，1941年11月15日，大本営政府連絡会議において「対米英蘭蔣戦争終末促進に関する腹案」を決定した。ここでは「独伊と提携して先ず英の屈服を図り，米の継戦意志を喪失せしむるに努む」とされ，イギリスに対するドイツの勝利が戦争終結の前提とされていた。さらに独ソ戦については「独ソ両国の意嚮に依りては両国を媾和せしめ，ソを枢軸側に引き入れ，他方日ソ関係を調整しつつ場合に依りてはソ連の印度イラン方面進出を助長することを考慮す」とされ，独ソ和平の実現が期待されていた。日本は相変わらず日独伊ソの四国提携実現に戦争終結の展望を託していたのである[27]。しかもここでは，前年10月5日の「日ソ国交調整要綱案」とまったく同じく，ソ連のインド・イラン方面への進出を容認することが規定されていた。日本陸軍および日本外務省が対米英戦争を決意するに際し，インド，イラン，アフガニスタンなどの中東情勢が重要な位置を占めていたのである。

---

[22]　外務省編『日本外交年表竝主要文書 下』（原書房，2007年）531-532頁。

[23]　大木毅「ドイツと関特演」『軍事史学』25巻3・4合併号（1990年）。

[24]　波多野澄雄「開戦過程における陸軍」細谷千博他・本間長世・入江昭・波多野澄雄編『太平洋戦争』（東京大学出版会，1993年）。

[25]　外務省編『日本外交年表竝主要文書 下』（原書房，2007年）544-545頁。

[26]　外務省編『日本外交年表竝主要文書 下』（原書房，2007年）554-555頁。

[27]　日本国際政治学会太平洋戦争原因研究部編『太平洋戦争への道』別巻資料編（朝日新聞社，1963年）583-586頁。

VI 太平洋戦争下の日独伊ソ関係とイタリアの敗北

1941 年 12 月 8 日の日本による真珠湾奇襲攻撃後，日独伊三国の間では「単独不講和条約」が締結され，日独伊枢軸は運命共同体となった。一方，日本陸軍の一部には，翌 42 年に「北方戦争」＝対ソ戦争を遂行したいという衝動も存在したが，太平洋戦争の動向に規定され，42 年春ごろまでには，日本の大本営政府連絡会議では対ソ戦争遂行論はほぼ姿を消し，むしろ戦局の打開のため，独ソ両国の和解を推進するという方針が以後一貫して追求されることとなった[28]。独ソ和平の達成により日独伊ソの連携を実現し，対米英戦争遂行に全力を傾注しようというのである。日本外交はなおもソ連に期待していた。しかしながら，「人種的絶滅戦争」としての対ソ戦争遂行に固執するヒトラーを説得することは出来なかった[29]。

日独伊ソ協力に期待をかける日本を動揺せしめたのは，1943 年 9 月 8 日のイタリアの降伏であった。外相重光葵は 9 月 20 日，「ソ連に地中海および小アジア地方に対する出口を約束して独ソ和平を結び得ば，ドイツの力は軍事的に政治的に大に増加すべし」と述べていた。これはすなわち「イタリアなき日独ソ連合構想」とでも言うべきものであった[30]。

翌 1944 年 7 月 22 日，東条内閣に代わり小磯内閣が成立した。8 月 19 日の御前会議では，「ドイツが内部的に崩壊するか或は単独和平するが如き万一の場合」をも考慮しておく必要があるとされた[31]。第二次世界大戦の戦局は，ドイツの脱落をも想定せざるを得ないところまで来ていたのである。こうした判断を受け，9 月 21 日の最高戦争指導会議では，「ドイツ急変の場合における対

---

(28)　波多野澄雄「開戦過程における陸軍」細谷千博他・本間長世・入江昭・波多野澄雄編『太平洋戦争』（東京大学出版会，1993 年）。

(29)　大木毅「独ソ和平工作をめぐる群像」近代日本研究会編『年報・近代日本研究 17 政府と民間』（山川出版社，1995 年）。大木毅「独ソ和平問題と日本」細谷千博・後藤乾一・入江昭・波多野澄雄編『太平洋戦争の終結 —— アジア・太平洋の戦後形成』（柏書房，1997 年）。

(30)　伊藤隆・渡邊行男編『続 重光葵手記（上）』（中央公論社，1988 年）174 頁。波多野澄雄『太平洋戦争とアジア外交』（東京大学出版会，1996 年）245-274 頁。

(31)　参謀本部『敗戦の記録』（原書房，2005 年）47 頁。

変動する社会と法・政治・文化

外措置腹案」が策定され，日本はドイツ「急変」の場合を想定したシナリオを描くに至った[32]。

　そこではドイツの方針転換のあり得べき形態として，以下の4つの場合が想定された。第一に，ドイツが単独不講和条約を遵守し，和平に関し日本に連絡してくる場合。この場合は日本としては「出来る限り独ソ間の妥協を図り，対米英戦争継続の方向にドイツを誘導するに努む」とされた。第二に，ドイツが米英ソ三国と単独講和を結ぶ場合。この場合は日本としては「一切の対ドイツ戦争協力を停止す」とされた。第三に，ドイツが英米と単独講和し，かつ対ソ戦を継続する場合。この場合は「ソ連をして積極的に対日提携をなさしむるに努め，可能であれば英米に対する日ソ同盟を締結するに努む」とされた。第四に，独ソが講和する場合。この場合は「ドイツとの提携を愈々緊密にすると共に，ソ連をして積極的に対日提携をなさしむるに努め，出来得れば英米に対する日独ソ三国同盟を締結するに努む」とされた。すなわち，英米に対抗するための日独ソ同盟，さらに最悪の場合にはそこからドイツが脱落した日ソ同盟を締結しようというのである。

Ⅶ　日本陸軍の「容共化」

　一方こうした対独案と平行して，日本陸軍および外務省では，ソ連を通じた中国の重慶政権および延安政権との和平が構想されていた。陸軍省部の「今後採るべき戦争指導大綱に基づく対外政略指導要領」（1944年8月）では，ソ連に特使を派遣して，ソ連に対し「帝国と重慶（延安を含む）との終戦を，已むを得ざるも延安政権との停戦妥協」を斡旋させ，同時にソ連の対ドイツ妥協を勧奨するもの，とされた。そのためには，(1)日独防共協定の廃棄のほかに，(2)南樺太の譲渡，(3)満洲の非武装化または北半分の譲渡，(4)重慶地区をソ連の勢力圏とする，などの対ソ譲歩が考慮されていた[33]。

　このころ中国では日本の「一号作戦」の影響もあり，延安政権の影響力および支配権が拡大していた。これを受けて日本陸軍の内部では，重慶政権はともかく，延安政権との妥協を模索する動きが出現した。44年7月，大本営政府

(32)　参謀本部『敗戦の記録』（原書房，2005年）184-186頁
(33)　参謀本部『敗戦の記録』（原書房，2005年）35-38頁。

連絡会議は「中共本拠は之を延安政権と呼称」すること，「反共，剿共，滅共」などの名称を避けるという「宣伝要領」を決定した。支那派遣軍総軍司令官畑俊六は正当にもこれを「容共政策」であり「恐らくソ連への御機嫌とり政策なり」と喝破したのである[34]。しかし陸軍参謀本部（第20班種村佐孝大佐・同田中敬二中佐ら）はこうした考えに基づき，モロトフに依頼してモスクワ在住の日本人共産党員数人を延安に送り込み，和平交渉を行わせようと計画したという。また，種村・田中らは，さらに鍋山貞親，佐野学ら共産主義からの転向分子を抱え込みつつ，中国共産党情勢を探るため鍋山を北京に送り込んだ[35]。

　また重光外相もこうした「容共政策」の支持者となっていった。1944年12月12日の佐藤尚武駐ソ大使あて電報で重光は「支那においては現在，事実上共産党跋扈し居り，帝国としては実際問題としては之を黙認（或る意味において容共的政策）せざるを得ない立場にある」と述べ，さらにこうした「容共的」態度は「日ソ中立条約の強化ないしは安全保障を目的とする日ソ間条約の如きものに漕ぎ着くる基礎」となり，しかもそれは独ソ和平周旋にも繋がるものとされたのである[36]。すなわちここで重光が構想したのは，日ソ関係の強化と独ソ和平に加え，日中和平の模索，とりわけ延安政権との和平の可能性を探ったものであり，いわば「日独ソ毛」提携構想ともいうべきものであった。

　このような日本陸軍の「連ソ容共」路線に親和的なアジア構想を示したものに尾崎秀実がいた。1942年2月14日付の司法警察官尋問調書において尾崎は「日，ソ，支三民族国家の緊密友好なる提携に依る東亜諸民族の解放」こそが自らの政治的目標であると述べた。そこでは「英，米，仏，蘭等から解放された印度，ビルマ，タイ，蘭印，仏印，フィリッピン等の諸民族は各々一箇の民族共同体として…日，ソ，支三民族共同体との政治的，経済的，文化的提携に入る」というのである。しかもその際各国が取るべき政治形態について次のように述べていた。「之等解放された諸民族共同体が直ちに共産主義国家を形成するということは必ずしも条件ではなく，過渡的にはその各民族の独立と東亜的互助連環に最も都合良き政治形態を一応自ら採択して差し支えない」。すな

---

(34)　波多野澄雄『太平洋戦争とアジア外交』（東京大学出版会，1996年）251頁。

(35)　明石陽至「太平洋戦争末期における日本軍部の延安政権との和平模索 —— その背景」『軍事史学』総目次（第31巻第1・2号（1995年9月），175-185頁。

(36)　波多野澄雄『太平洋戦争とアジア外交』（東京大学出版会，1996年）256-257頁。

変動する社会と法・政治・文化

わち尾崎によれば，将来ソ連や中国と連合する場合でも，日本は天皇制を維持
しうるのである。これが「奴隷の言葉」であるのはいうまでもない。しかしこ
の尾崎の論理が戦争末期の日本陸軍の「連ソ容共」論と極めて親和的であるの
は注目される。この時期の日本陸軍にとって，尾崎（およびおそらくゾルゲ）
を処刑すべき理由はもはや存在しなかったと思われる。

　一方近衛文麿は，上に見たような日本陸軍上層部や外務省の一部の「連ソ容
共」化に気がついていた。1945年2月14日，近衛文麿は天皇に拝謁し，いわ
ゆる「近衛上奏文」を上奏した[37]。そこで近衛は，東欧諸国やイランにおける
ソ連の「親ソ容共政権」樹立工作に注意を喚起したのち，陸軍の「連ソ」路線
につき，つぎのような判断を示していた。「軍部の一部はいかなる犠牲を払い
てもソ連と手を握るべしとさえ論ずるものもあり，又延安との提携を考え居る
者もありとの事に御座候」。さらに，陸軍の「容共化」について近衛は，つぎ
のような判断を開陳する。「少壮軍人の多数は我国体と共産主義は両立するも
のなりと信じ居るものの如く」である。しかも近衛によれば，このような陸軍
の「連ソ容共」路線は外務省，大東亜省にも分かち持たれている。「外務，陸
軍，大東亜省とも親ソ気分充満し，如何にせば対ソ媚態可能なりやとほとんど
媚態を競う有様なり」というのである[38]。

　こうした近衛上奏文における現状分析は，非現実的かつ過剰な反共意識の戯
画的な現れとして解釈される傾向にあった。しかしながら，以上に見たように，
終戦末期の日本陸軍はあきらかに「連ソ容共」の軍隊と化していたのであり，
近衛の危機意識には一定程度の現実的な根拠があったのだといえよう。ただし
近衛は，こうした陸軍の「連ソ容共」化にかんし，「背後より之を煽動しつつ
あるは，之によりて国内を混乱に陥れ遂に革命の目的を達せんとする共産分
子」であるとして，陸軍内外で共産主義者が扇動しているとの認識を示してい
るが，これはいわば「水鳥の羽音に驚く」類いの妄想であったといわなければ
ならない。周知のように当時日本共産党は壊滅状態にあり，ゾルゲ・尾崎グ

---

(37)　木戸日記研究会編『木戸幸一関係文書』（東京大学出版会，1966年）495-498頁。庄
　　司潤一郎「『近衛上奏文』の再検討 —— 国際情勢分析の観点から」『国際政治』第109号
　　（1995年），54-69頁。
(38)　「近衛日記」編集委員会編『近衛日記』（共同通信社，1968年）104頁。庄司潤一郎前
　　掲論文，59頁。細川護貞『細川日記』（中央公論社，1978年）283頁。

12 日本陸軍の対ソ政策〔田嶋信雄〕

ループも獄中にあった。さらにコミンテルン自体 1943 年 6 月に解散していたのである。戦争末期における日本陸軍の「連ソ容共」化は，同盟国ドイツが敗北過程に入り，日本の対外政策・軍事政策におけるソ連の比重が飛躍的に拡大した国際情勢を背景としつつも，共産党やコミンテルンの外在的な「陰謀」の結果として生じたのではなく，それまでの日本陸軍の対ソ政策からいわば内在的に発展してきたものであると考えなければならない。

1945 年に入ると，ドイツ降伏の悪夢はいよいよ現実のものとなった。1945 年 4 月 24 日にヒムラーが米英側に単独講和を申し入れ，さらに 4 月 30 日のヒトラーの自殺を受けて成立したデーニッツ政権は，対米英降伏を暗黙の前提としつつ，対ソ戦争の継続を強調した。これは，約半年前に日本の最高戦争指導会議が想定した第三のケースであり，日本は「可能であれば英米に対する日ソ同盟を締結するに努」めなければならない事態となった。しかし，この選択肢に関しては，日本の指導層もその実現の困難を認識せざるを得なかった。たとえば 4 月 25 日の陸軍の「世界情勢判断」は，「欧州戦局の推移に伴い英米ソ間の逐次杆隔を萌すべきも，これをもって直ちに東亜の情勢に大なる影響を期待し得ざるべし」とされ，日ソ関係改善が実現困難であることを確認していたのである[39]。

1945 年 4 月 26 日，ソ連軍が東方に移送されているとの情報が日本の参謀本部に伝えられた。ソ連およびスターリンが対日戦争に備えている明確な証拠であった。これに対し参謀副長の河辺虎四郎中将は日誌につぎのように記した。「スターリン氏はついに意を決したのであろうか。私は何故彼スターリン氏にこの決意があるのかを信じることが出来ない。彼の対日好感，対米英不信を期待するものではないが，打算に優れた彼が今の時点で東洋に新戦場を求めることはないに違いないと密かに判断するのみ。これはただ私の希望のみであろうか」[40]。

1945 年 5 月 7 日（日本時間 5 月 8 日）のドイツ敗北後，日本陸軍および外務

---

(39) 防衛庁防衛研究所戦史室『戦史叢書』第 82 巻『大本営陸軍部』（朝雲出版社，1975 年）188 頁。

(40) 防衛庁防衛研究所戦史室『戦史叢書』第 82 巻『大本営陸軍部』（朝雲出版社，1975 年）192 頁に引用。なお，河辺虎四郎『河辺虎四郎回想録――市ヶ谷台から市ヶ谷大台へ』（毎日新聞社，1979 年）には終戦前後の日記が付されているが，何故かこの条は削除されている。

変動する社会と法・政治・文化

省は，このような驚くべき非現実的な対ソ観をも一部に持ちながら，絶望的な
対ソ交渉に最後の期待をつなぐことになる。1945 年 6 月 3 日 – 4 日，元首相
廣田弘毅と駐日ソ連大使マリクの会談が箱根で開かれた。その後交渉は中断し，
近衛文麿のモスクワ派遣をめぐって遷延した。しかしその結果は広島と長崎へ
の原爆投下およびソ連の参戦であり，8 月 15 日の敗北であった。

Ⅷ　おわりに

　以上本稿では，日本陸軍の対ソ政策の変遷を，日独関係の展開と，新疆，ア
フガニスタン，イランなどユーラシアの国際情勢に着目しながら，トレースし
てきた。日本陸軍は，西から東に向かうドイツの動き（Drang nach Osten）と
呼応する形で，満洲，内蒙，新疆，アフガニスタン，イランへと向かい（西進，
Drang nach Westen），中央アジアでドイツ勢力と合流し，ソ連南部国境接壌地
域から対ソ謀略・対ソ攻撃（とりわけ対ソ空爆）をおこなうという戦略を採用
し，1920 年代から着々と準備を進めた。「満洲国」の建設，華北分離工作，蒙
古軍政府の樹立，イラン・アフガニスタンへの武官派遣，日独防共協定（日独
「満」航空協定・日独謀略協定を含む）の調印，アフガニスタンにおける宮崎義
一の謀略などは，すべてこうした日本陸軍の反ソ防共政策の一環であった。
　しかしながら，1939 年夏のノモンハン事件の発生および独ソ不可侵条約の
締結は，こうした永年にわたる日本陸軍の反ソ防共戦略を根底から覆した。ノ
モンハン事件は外モンゴルにおけるソ連勢力の鉄壁性を示し，独ソ不可侵条約
の締結はドイツをパートナーとした日本陸軍のユーラシア戦略を崩壊させたの
である。関東軍司令官植田謙吉の覚書に示されるように，関東軍および日本陸
軍は，反ソ戦略に自信を喪失し，むしろ外モンゴル，新疆，アフガニスタン，
イランへの進出を断念してソ連と共存しながら，アジアのイギリス勢力と対抗
する「南進」の道を模索し始めたのである。
　1940 年に調印された日独伊三国同盟は，こうした日本陸軍の「連ソ」路線
の実現であった。日本陸軍および日本外務省は，新疆，アフガニスタン，イラ
ンさらにインドをソ連の勢力圏と認めることにより，日独伊ソ四国同盟の形成
を目指した。すでにそうした地域への進出を断念していた日本陸軍にとって，
対ソ譲歩を装うことは容易であった。まさしく日独伊三国同盟は，日独防共協

定の否定の上に成立していたのである。1941 年 4 月 13 日に締結された日ソ中立条約は，こうした日本の「連ソ」政策の延長線上にあった。

　1941 年 6 月 22 日に勃発した独ソ戦は，日本陸軍および関東軍の見果てぬ夢＝「北方戦争」の夢をふたたび呼び起こしたが，結局日本政府および大本営は「南進」の道を選択した。さらに日本は対米英戦争を選択するに際し，「対米英蘭蔣戦争終末促進に関する腹案」に見られるように，アフガニスタン，イラン，インド情勢をにらみ，中央アジアをソ連に供する形での日独伊ソ四国提携に期待をつないだのである。

　日本陸軍・関東軍は 1942 年春をめどとした「北方戦争」遂行の夢を懐いていたが，太平洋戦争の行く末はそのような日本陸軍の期待を絵空事とした。1943 年 9 月のイタリアの脱落は，日本陸軍および日本外務省の対ソ依存をさらに強めた。日本陸軍および日本外務省は，日独ソ三国同盟の締結，さらには最悪の場合日ソ二国同盟の締結を考慮せざるを得なかったのである。

　こうした国際情勢の展開は，日本陸軍の中に，「連ソ」路線のみならず，「容共」路線をも内在的に生み出した。日独防共協定を破棄し，さらにはソ連に加えて中国共産党・延安政権とも連携を図るというのである。こうした日本陸軍内部での動向を鋭敏に嗅ぎつけたのが近衛文麿であった。その近衛にしても，廣田弘毅とマリク大使との交渉の過程で，ソ連を通じた和平工作の実行のため，特使としてソ連に自ら赴くことを受け入れた。しかしながら，こうした交渉の結果は広島と長崎への原爆投下およびソ連の参戦であり，8 月 15 日の敗北であった。

　敗戦直前の対ソ交渉は，それだけを取り出してみれば確かに唐突なものであったし，「日ソ中立条約への幻想」や「和平実現の非現実性」ゆえに，現在でもしばしば批判の対象となっている。ソ連に依存した和平交渉自体が外交的な誤りであったというのである。しかしながら，本稿で見たように，1930 年代末から太平洋戦争下にかけ，日本はつねに対米英戦争遂行のための潜在的提携国としてソ連を想定し，それは戦争末期には実際に「日ソ同盟」の幻を生むまでに至っていた。戦前戦後の「反ソ」イデオロギーから自由になれば，日本陸軍が「反ソ防共」から「連ソ容共」の軍隊に移行していく過程の実像が見えてくるはずである。

13 原発推進国家としてのチェコとスロヴァキア
──旧東欧諸国における原子力政策の事例研究──[1]

福 田 宏

Ⅰ　は じ め に
Ⅱ　冷戦の「遺産」としての原発
Ⅲ　EU の東方拡大と旧ソ連製の原発
Ⅳ　エネルギー安全保障と原子力政策
Ⅴ　お わ り に

Ⅰ　は じ め に

　本稿は，旧東欧諸国（以下，東欧諸国と呼ぶ）の原子力政策について，チェコとスロヴァキアを中心に検討するものである。全発電量に占める原発のシェアは，チェコが35%，スロヴァキアが54%，ハンガリーが51% であり，絶対的な規模は小さいながらも，3 カ国共に原子力エネルギーへの依存度が高い（表参照）[2]。ポーランドに関しても，現時点では商業原発を有さないものの，同国政府は新規原発の建設に積極的である。西欧諸国においては，ドイツやイ

---

(1)　本稿は，日本比較政治学会第 21 回大会（2018 年 6 月・東北大学）における報告ペーパーを改訂したものである。また，本稿を準備するにあたっては，科研・基盤研究(C)「原子力政策の民主的コントロール：欧州統合と地方自治の観点からの中欧四カ国比較研究」(2016-18 年度，代表：東原正明・福岡大学)，および，同・新学術領域研究「グローバル秩序の溶解と新しい危機を超えて：関係性中心の融合型人文社会科学の確立」(2016-20 年度，代表：酒井啓子・千葉大学) より支援を得た。記して感謝申し上げる。

(2)　「原子力年鑑」編集委員会編『原子力年鑑 2018』（日刊工業新聞社，2017 年）368-373 頁。その他，世界各国における原発の現況については，国際原子力機関（IAEA）や世界原子力協会（WNA: World Nuclear Association）のウェブサイトを参照。IAEA: https://cnpp.iaea.org/pages/; WNA: http://www.world-nuclear.org/information-library/country-profiles.aspx なお，本稿で掲げた URL は全て 2018 年 12 月 28 日に接続の最終確認を行っている。

変動する社会と法・政治・文化

　タリアのように，2011 年の福島原発事故後に脱原発へと政策を転換した国も見られる。だが，東欧諸国については原発推進という点で概ね変わっていない[3]。例えばチェコについては，後にトーンダウンしたとはいえ，原発事故直後の段階で，2060 年までに 14 基の原発を新設するというプランを検討していたほどである[4]。

　西欧諸国の原子力政策については，W. ミュラーとターナーによる編著『西欧における原子力エネルギー』[5]が比較政治学的手法による研究の一つの頂点を成している。同書においては，チェルノブイリや福島などの原発事故のほか，各国の政治過程や反対運動の有無といった要素が網羅的に取り上げられ，西欧 7 カ国を中心に，国ごとに原子力政策の相違が生じる過程が明らかにされている。邦語による研究に関しては，福島原発事故後における原子力政策の変化／無変化に関して日本を含む 6 カ国を比較検討した本田・堀江編『脱原発の比較政治学』[6]，また，脱原発に至るまでのドイツの政治過程を克明に分析した本田『参加と交渉の政治学』[7]などが特筆される。

　だが，既に述べたとおり，東欧諸国については原発推進という点で概ね一致しているため，例えば W. ミュラー・ターナーと同様の方法で東欧各国の政治過程を精緻に分析することはあまり生産的でないだろう。また，東欧諸国を包括的に分析した既存研究は依然として少なく，東欧 5 カ国の現況を示したポラネツキーとハヴェルカンプによる編著『未来のエネルギー？』[8]，および，エ

---

(3)　Astrid Sahm, "Atomenergie in Ost- und Westeuropa: Reaktionen auf Tschernobyl und Fukushima," *Osteuropa* 63:7 (2013), pp. 101-121; Caroline Jorant, "The Implications of Fukushima: the European Perspective," *Bulletin of the Atomic Scientists* 67:4 (2011), pp. 14-17.

(4)　Jan Osička, Filip Černoch, "Anatomy of a Black Sheep: The Roots of the Czech Republic's Pro-Nuclear Energy Policy," *Energy Research & Social Science* 27 (2017), pp. 9-13, here p. 9.

(5)　Wolfgang Müller, Paul W. Thurner (eds.), *The Politics of Nuclear Energy in Western Europe* (Oxford University Press, 2017).

(6)　本田宏・堀江孝司編『脱原発の比較政治学』（法政大学出版局，2014 年）。

(7)　本田宏『参加と交渉の政治学：ドイツが脱原発を決めるまで』（法政大学出版局，2017 年）。

(8)　Karel Polanecký, Jan Haverkamp (eds.), *Energy of the Future?: Nuclear Energy in Central and Eastern Europe* (Praha: Heinrich Böll Stiftung, 2011) [https://cz.boell.org/sites/default/files/energy_of_the_future.pdf].

ネルギー安全保障とロシア・ファクターの観点から石油・天然ガス・原子力の各部門について詳細に論じたイルシェクやヴルチェク等による大著『中・東欧におけるエネルギー安全保障』[9]の2つが挙げられる程度である。以上の点に鑑み，本稿においては，チェコとスロヴァキアの事例研究を中心としつつも，東欧諸国全般を原発推進へと向かわせる構造的要因を抽出することに主眼を置く[10]。

　具体的な考察にあたっては，以下の3つの視角を設定する。1つ目は，冷戦時代の東欧諸国が（改めて言うまでもなく）旧ソ連の強い影響下にあった点である（第Ⅱ章）。これらの国では，ルーマニアと旧ユーゴスラヴィアを除いて旧ソ連製の原発が導入されたのであり，1989年の体制転換を経た現在においても，そのことが重大な意味を持ち続けている。2つ目は，1990年代にEUの東方拡大が具体的に議論されていく中で，東欧諸国の原発が重大な争点の1つとなったことである（第Ⅲ章）。特に，脱原発を掲げるオーストリアは，チェコやスロヴァキアの原発が自国の国境から至近距離に位置することを問題視し，両国のEU加盟にあたって拒否権を発動する姿勢すら見せた。だが，2004年／07年／13年のEU拡大によって東欧諸国における原発推進の流れが変わったわけではない。3つ目は，多くの東欧諸国が原発を支持する理由として，温暖化対策[11]のほか，エネルギー安全保障の観点を挙げていることである（第Ⅳ章）。これらの国は現在においても石油および天然ガスのかなりの部分をロシアに依存しているため，資源調達の多角化は急務とされている。とはいえ，本稿において明らかにするように，原発推進が対ロ依存からの脱却を単純にもたらすわけではない。

---

(9)　M. Jirušek, T. Vlček, et al., *Energy Security in Central and Eastern Europe and the Operations of Russian State-Owned Energy Enterprises* (Brno: Masaryk University, 2015)〔https://munispace.muni.cz/index.php/munispace/catalog/book/790〕.

(10)　ただし，1989-90年における体制転換の過程で，建設中のものを含む全原発の廃止を決定した旧東独については考察の対象外とする。旧東独の原発については，白川欽哉「東ドイツ原子力政策史」若尾祐司・本田宏編『反核から脱原発へ』（昭和堂，2012年）105-115頁。

(11)　原子力発電が温暖化対策として実際に有効かどうかについては，ここでは問わない。

変動する社会と法・政治・文化

Ⅱ　冷戦の「遺産」としての原発

1　旧ソ連における原子力政策の展開

　旧ソ連における最初の原発は 1954 年に運転を開始したオブニンスク原子力発電所であるが，新規原子炉の設置が本格的に進められるようになったのは 1970 年代に入ってからである[12]。その主たる要因として，旧ソ連・東欧における経済の停滞が挙げられる。当時のソ連指導部は，石油と天然ガスを西側に優先して輸出することで外貨を確保しつつ，旧ソ連西部および東欧における電力消費の増加については原発によって対応しようとした。オイルショックによって資源価格が高騰しはじめたことや，デタントによって東側から西側への資源輸出が比較的容易になったという点も大きい。ただし，旧ソ連製原発において主流を成す RBMK（黒鉛減速軽水冷却炉）と VVER（加圧水型炉）の内，前者の RBMK については，核兵器用プルトニウムの製造に直結する側面を有していたことから，ソ連邦を構成する国家のみ（ウクライナやリトアニア等を含む）に設置された[13]。これに対し，東欧諸国などの外国については VVER が提供されている。

　冷戦下の原発を考えるうえで，特異な位置を占めていたのがフィンランドである[14]。第二次世界大戦中の対ソ戦争で事実上の敗北を喫し，戦後に「中立国」として再出発した同国は，原子力部門においても旧ソ連に対する配慮を余

---

[12]　Robert G. Darst, *Smokestack Diplomacy: Cooperation and Conflict in East-West Environmental Politics* (Cambridge/ London: MIT Press, 2001), p. 137. その他，社会主義期の東欧における原子力政策全般に関しては，市川浩「ソ連版『平和のための原子』の展開と『東側』諸国，そして中国」加藤哲郎・井川充雄編『原子力と冷戦：日本とアジアの原発導入』（花伝社，2013 年）143-165 頁；Sonja D. Schmid, "Nuclear Colonization?: Soviet Technopolitics in the Second World," in Gabrielle Hecht (ed.), *Entangled Geographies: Empire and Technopolitics in the Global Cold War* (MIT Press: Cambridge, 2011), pp. 125-154.

[13]　Darst, *op. cit.*, p. 141.

[14]　友次晋介「対ソ連・ロシア関係の文脈でみたフィンランド原子力政策の展開：「フィンランド化」に関する一考察」『北ヨーロッパ研究』4 巻（2007 年）57-61 頁；Darst, *op. cit.* pp. 146-149；佐藤温子「フィンランドにおける高レヴェル放射性廃棄物の表象：冷戦の影響を背景に」若尾祐司・木戸衛一編『核開発時代の遺産：未来責任を問う』（昭和堂，2017 年）250-254 頁。

300

儀なくされた。その結果，フィンランドはオルキルオト（Olkiluoto）にスウェーデン製の原発を 2 基設置する一方，他方ではロヴィーサ（Loviisa）に VVER の原発を 2 基導入し，いずれも 1970 年代末に稼働させている。その際，フィンランドは旧ソ連に対してより高い安全性の確保を要求し，ウェスティングハウスやジーメンス等の西側企業も交えた上で格納容器や冷却システムの改良を施すことに成功している。西側諸国については，1970 年代より各地で反対運動が活発化したこともあって安全性に一定の配慮がなされるようになっていたが，旧ソ連製の原発についてはそうではなかった。1979 年のスリーマイル原発事故も，基本的には資本主義国家の事故であって，安全性の高いソ連製の原発は無関係だと喧伝されていた。だが，ダーストの指摘によれば，フィンランドにおいて旧ソ連と西側の技術者が共同作業を行ったことは，東側ブロックにおける安全性への意識を高めるうえで相応の効果を有した。ただし，それは VVER の部門に限定されており，縦割りの性格が強い旧ソ連において，その情報が RBMK の部門と共有されることはなかったと考えられる。1986 年にチェルノブイリで重大事故を起こしたのは RBMK 型原発である。

　フィンランドとは逆に，西側の原発を最初に導入することになった東欧諸国は，ソ連の社会主義体制とは一線を画した旧ユーゴスラヴィアとルーマニアである。前者の旧ユーゴでは，クロアチアとスロヴェニアの共同事業としてウェスティングハウスの原発を導入することが決定され，1975 年に建設開始，81 年に稼働となった。後者のルーマニアにおいては，チャウシェスク政権がカナダ製原発 CANDU 6 の導入を決定し，1982 年より建設を開始していたが，資金不足等によって停滞した結果，1 号機の稼働は体制転換後の 1996 年，2 号機は 2007 年にずれ込んでいる。

　社会主義時代のチェコスロヴァキア（当時）において最初に設置された原子炉は，スロヴァキア側のヤスロウスケー・ボフニツェ（Jaslovské Bohunice，以下ボフニツェと記す）にて 1958 年より建設され，72 年に運用開始された実験炉 A1 である。同原子炉は 77 年にレヴェル 4 に相当する事故を起こして使用不能となったが，国民がこの事実を知らされたのはチェルノブイリ事故の後であった[15]。商業原発に関しては，同じボフニツェで 1972 年より建設が始まり，

---

(15) "Černobyľ mohol byť u nás," *SME* (January 5, 2008) [http://www.sme.sk/c/3662755/cernobyl-mohol-byt-u-nas.html].

変動する社会と法・政治・文化

78年から85年の間に計4基が運用開始となった。チェコ側のドゥコヴァニ（Dukovany）でも78年より建設が始まり，85年から87年の間に計4基が運用開始となっている。ハンガリーについても，パクシュ（Paks）での建設が74年に始まり，83年から87年の間に計4基が運用開始された。ただし，チェコ側のテメリーン（Temelín）にて86年に建設が開始された2基，およびスロヴァキア側のモホウツェ（Mochovce）で85年に建設が開始された2基については，89年の体制転換直後に資金不足となり，工事が中断された。これらの原発については，1990年代に建設の再開をめぐってチェコとオーストリア，あるいはスロヴァキアとオーストリアの間で深刻な対立が発生することになる（第Ⅲ章参照）。

表：ロシア（旧ソ連）東欧等における原子力発電所[16]

（明示したもの以外については全てVVER）

国名	運転中 （基数）	建設中 （基数）	計画中 （基数または 計画の有無）	発電電力量に 占める原発の 割合（%）
チェコ	6	0	有	35
スロヴァキア	4	2	有	54
ハンガリー	4	0	2	51
ポーランド	0	0	有	0
リトアニア	0	0	有	0
ブルガリア	2	0	有	32
ルーマニア	2（CANDU）	0	有	20
スロヴェニア ／クロアチア	1（Westinghouse）	0	有	37/20 （スロヴェニア/ クロアチア）
フィンランド	4（内VVER 2）	0	有	34
ロシア	35（内VVER 18）	7	26	18
ウクライナ	15	2	11	48
ベラルーシ	0	2	無	0
アルメニア	1	1	無	31
カザフスタン	0	0	有	0

[16] 『原子力年鑑2018』（前掲書）323-327，343-379頁；原子力資料情報室編『原子力市民年鑑2016-17』七ツ森書館，2017年，331-340頁等より作成。

2　チェルノブイリ原発事故と冷戦の終結

チェルノブイリ原発事故が直接的な影響を与えた事例として挙げられるのはポーランドとリトアニアである。ポーランドでは，グダニスクの北東約50キロに位置するジャルノヴィエツ（Żarnowiec）にて1982年に計4基の建設が開始されたが，チェルノブイリ事故の影響で反対運動が高まったことを受け，体制転換直後の1990年に建設中止となった[17]。ジャルノヴィエツが自主管理労組「連帯」の拠点であるグダニスクに近かったこともあり，ポーランドでは民主化運動と反原発運動が密接に結びつく結果となった。

民主化運動と反原発運動の結合という点では，リトアニアも共通している[18]。同国では1978年にイグナリナ（Ignalina）にてRBMK型原子炉の建設が開始され，1号機は83年，2号機は87年に稼働を始めたが，88年夏に大規模な反対運動が生じたことで，当時建設中であった3号機の工事は停止，後に同機の計画そのものが撤回された。だが，バルト三国が独立へと向かう中で旧ソ連が石油や天然ガスの供給を72日間にわたって全面的にストップさせたことから，反原発運動の担い手の多くが，自前のエネルギー供給源としての原発に着目し，原子力発電を支持する側へと転じた。2基のRBMK型原子炉については，EU加盟の条件として廃止が義務づけられ，それぞれ2004年，09年に稼働停止となったが，同国ではエネルギー安全保障の観点を主たる理由として，ヴィサギナス（Visaginas）に原発を新設する計画が立てられている。

冷戦終結前後の西欧諸国ではチェルノブイリ原発事故の記憶が依然として生々しく，旧ソ連製原発の存続について，RBMKかVVERを問わず批判的な見方が支配的であった。だが，1992年のG7ミュンヘン・サミットでは，ロシア西部および東欧諸国に位置する旧ソ連製原発を対象としたうえで，改良が可能なものについては存続を容認し，先進国による支援によって当該原発の安全性を向上させる旨の宣言が採択された[19]。これは，西側の原発関連企業による

---

[17]　K. Szulecki, T. Borewicz, J. Waluszko, "A Brief Green Moment: the Emergence and Decline of the Polish Anti-nuclear and Environmental Movement," *Interface: a Journal for and about Social Movements* 7:2 (2015), pp. 27-48.

[18]　友次晋介「バルト三国をめぐる電力政治＝パワーポリティックス：ヴィサギナス原発計画を中心として」『北ヨーロッパ研究』9巻，2012年，65-72頁；Jane I. Dawson, *Eco-Nationalism: Anti-nuclear Activism and National Identity in Russia, Lithuania, and Ukraine* (Durham/ London: Duke University Press, 1996), ch. 2.

変動する社会と法・政治・文化

ロビー活動の成果でもあった[20]。チェルノブイリの事故以降，西側での新規受注が困難になっていた企業にとって，この宣言は，旧ソ連・東欧地域という巨大な新規市場が切り拓かれたことを意味していた。G7 の要請に応じる形で，世界銀行および欧州復興開発銀行（EBRD），国際エネルギー機関（IEA: International Energy Agency）等による調査が行われた結果，旧ソ連製原発の廃炉ないし改良に必要となる支援額は 7 億 8500 万ドルと算出された[21]。対象となる全 58 基の内，RBMK 型 15 基を含む計 25 基については廃炉，残りの 33 基（全て VVER）についてはアップグレード可能と判定された。翌 93 年，G7 はEBRD に原子力安全基金（NSA: Nuclear Safety Account）を創設することを発表している。99 年半ばまでに NSA に寄せられた拠出金は 2 億 6060 万ポンドであった。しかしながら，西側諸国の多くは NSA ではなく二国間での支援を優先したのであり，その総額は 99 年 10 月の段階で，NSA の 7 倍以上となる18 億 5600 万ポンドに及んだ[22]。

　さらに，原子力損害賠償制度の国際的枠組みの一角を成す「原子力損害の民事責任に関するウィーン条約」（以下，ウィーン条約）（1963 年採択，77 年発効）に関し，1990 年代前半に東欧諸国が相次いで批准したことも重要である[23]。原賠制度に関する主たる国際条約は 3 つであり，具体的には，(1) 主に西欧諸国を加盟国とする「原子力の分野における第三者責任に関する条約」（パリ条約，

---

(19)　第 18 回サミット（ミュンヘン・1992 年）の経済宣言，第 42〜49 段落。日本外務省ウェブサイトに当該宣言（英文）および日本語仮訳が掲載されている。
　　http://www.mofa.go.jp/policy/economy/summit/2000/past_summit/18/e18_a.html;
　　http://www.mofa.go.jp/mofaj/gaiko/summit/munich92/j18_a.html

(20)　Darst, *op. cit.*, p. 167.

(21)　旧ソ連製原発を支援する根拠および G7 各国の負担額や支援先となる原発の概況については，米国会計検査院が作成した報告書が参考になる。United States General Accounting Office (1994), "Nuclear Safety: International Assistance Efforts to Make Soviet-Designed Reactors Safer" (Report to Congressional Requesters) [https://www.gao.gov/assets/230/220461.pdf].

(22)　Darst, *op. cit.*, pp. 167-168.

(23)　Ibid., pp. 168-169；遠藤典子『原子力損害賠償制度の研究：東京電力福島原発事故からの考察』（岩波書店，2013 年）70-81 頁。チェコとスロヴァキアにおける損害賠償制度の整備については，Jakub Handrlica, Marianna Novotná, "The Vienna Convention on Civil Liability for Nuclear Damage Revisited: Challenges for Updating the Czech and Slovak Legal Framework," *Lawyer Quarterly* (Prague) 3:4 (2013), pp. 296-310.

1960年採択，68年発効），⑵国際原子力機関（IAEA）を事務局とし，中南米や東欧諸国を主たる加盟国とするウィーン条約，⑶アメリカを中心とする「原子力損害の補完的補償に関する条約」（原子力損害補完的補償条約，1997年採択，2015年発効）である[24]。本稿との関係で重要なのは，これら3条約がいずれも，原子力事業者の無過失責任と責任集中，および，有限責任制の2つを原則としている点である。つまり，事故による損害が発生した場合には，その責任を負うのは当該国の原子力事業者であって，原子炉メーカーが責任を負わされることはない。なおウィーン条約では，原子力事業者に課せられる最低責任限度額は500万ドルに設定されていたが，チェルノブイリ原発事故を受け，同条約が1997年に改正された際には3億SDR（約469億円）[25]に引き上げられている。

III　EUの東方拡大と旧ソ連製の原発

1　EUへの新規加盟交渉とオーストリアの強硬姿勢

　東欧諸国の体制転換後，EU拡大が具体的な政治日程に上ると，原子力政策も重要な争点の一つと見なされるようになった。第五次拡大における加盟候補12カ国の内，原発（建設中を含む）を有するのは7カ国であった。その内，西側製の原発を有するのはルーマニアとスロヴェニア（正確にはクロアチアとの共同所有）の2カ国，旧ソ連製の原発を有するのは残り5カ国であるが，本稿では後者の旧ソ連製原発に焦点を絞って論じる。具体的には，チェコ，スロヴァキア，ハンガリー，ブルガリア，リトアニアの原発であり，リトアニアのRBMK型2基，および，コスト的にアップグレードが困難とされた古いタイプのVVER型6基（スロヴァキアの2基とブルガリアの4基）については廃炉，残り16基については改良が必要と判断された。ここまでは，G7主導で進められてきた旧ソ連製原発に関する方針とも合致する。ところが，実際の加盟交渉においては，そのラインを越える議論が展開された。

---

⑳　原発の輸出戦略を有する日本もまた，相手国における原賠制度の確立を促す意図の下，国内原賠法との整合性等を勘案した結果，2015年1月，原子力損害補完的補償条約に署名している。遠藤，前掲書，104-105頁。

㉕　SDR（特別引出権 Special Drawing Rights）とは，国際通貨基金（IMF）加盟国の準備資産を補完する手段として創設された国際準備資産。本文中に記載した日本円相当額は2018年5月1日時点での数値。

変動する社会と法・政治・文化

　既存加盟国のなかで最も高い安全性を求めたのは脱原発を国是とするオーストリアである[26]。エネルギー部門に関する加盟交渉が開始されたのは1999年秋であり，後で述べるように，オーストリアとチェコの間で原発をめぐる対立がエスカレートした時期とも重なっていた。だが，ここで改めて言及するまでもなく，既存加盟15カ国における原子力政策は多様であり，原発の安全基準についてEUとしての統一的ルールが存在するわけではなかった[27]。したがって，新規加盟国が受け入れるべきとされたEU法体系（acquis communautaire：アキ・コミュノテールもしくは共同体既得事項）においても，電離放射線のレヴェルや核燃料の輸送といった点を除き，原発に関する安全規定は含まれていなかった[28]。当然のことながら，原発保有国は安全基準に関して高いハードルを設定することに消極的であり，「最高技術水準（state-of-the-art）」を求めるオーストリアと激しく衝突した。結局のところ欧州理事会は，専門家を集めて臨時に設けた「原子力安全に関する作業班（Working Party on Nuclear Safety）」に具体的な検討を委ね，個々の原発について必要となる措置を記した報告書を2001年5月末に提出させるに留まった[29]。同時期に進行していたオーストリア

---

(26)　Martin Sajdik, Michael Schwarzinger, *European Union Enlargement: Background, Developments, Facts* (New Brunswick/ London: Transaction Publishers, 2008), ch. 10. その他，オーストリアにおける原子力政策を扱ったものとして，Wolfgang Müller, "Austria: Rejecting Nuclear Energy — From Party Competition Accident to State Doctrine," in Müller, Thurner (eds.), *The Politics of Nuclear Energy*, pp. 98-124; Michael Getzner, *Nuclear Policies in Central Europe: Environmental Policy and Enlargement of the European Union: Austria's Policies towards Nuclear Reactors in Neighboring Countries* (Frankfurt am Main: Peter Lang, 2003).

(27)　ただし，EUにおいて原発に関するルールが存在しないというわけではない。実態はむしろ逆であり，原発保有国と脱原発国の双方がEUにおける原子力政策の主導権を握るためにアジェンダ・セッティングを行い，積極的にルールを策定している。Raphael Sauter, "EU-Agenda-Setting und europäische Energiepolitik: Das 'EU-Nuklearpaket'," *Österreichische Zeitschrift für Politikwissenschaft* 38:4 (2009), pp. 453-466. 例えば，原発保有国であるフランスが福島原発事故に素早く反応し，その直後の安全性をめぐる議論においてリーダーシップを発揮したことは，その典型的な事例であろう。鈴木一人「EUの規制力の定義と分析視角」遠藤乾・鈴木一人編『EUの規制力』（日本経済評論社，2012年）22頁。

(28)　Regina Axelrod, "Nuclear Power and EU Enlargement: The Case of Temelín," *Environmental Politics* 13:1 (2004), pp. 153-172, here p. 158.

(29)　Sajdik & Schwarzinger, *op. cit.*, pp. 274, 279-282.

306

とチェコの論争については，あくまで二国間の問題であり，EU 全体には影響を与えないものとされた。

2　チェコのテメリーン原発とオーストリア

　次に，オーストリアとチェコの具体的な関係について検討したい。体制転換直後のチェコにおいて，議論の主な対象となったのは，当時まだ建設中であったテメリーンの2基であり，市民・国家・EU の3つのレヴェルに跨がる形で対立が深刻化した。1990 年にはチェコ側でも原発反対の市民運動が生じており，同年4月末には，オーストリアからグリーンピースなどの組織が合流して合同の抗議活動が行われた。だが，冷戦時代に長期にわたって隔絶されていたチェコ人とオーストリア人の間には，行動様式や思考方法などの点で大きな違いがあった。現地にて聞き取り調査を行い，当時の反対運動で用いられたビラやポスター等を分析した B. ミュラーによれば，当初より彼らの間では齟齬や軋轢が生じていたようである[30]。自家用車でテメリーンを訪問し，明らかに裕福そうな出で立ちでデモを行うオーストリア人の姿は，当時のチェコ人にとっては大変な驚きであったという。これとは逆に，オーストリア人から見たチェコ人は，チェルノブイリ事故についての情報を十分に提供されておらず，抑圧的体制の下で生きてきたが為に異議申し立てができなくなっている人びとのように思われた。オーストリアの市民運動がチェコの市民運動を支援するケースも見られたが，それは得てしてオーストリア人のチェコ人に対する「上から目線」を意識させるものであった。また，オーストリアからのサポートを受けて活動するチェコの市民運動は，自国の原発推進派より「裏切り者」と中傷される場合もあったという。

---

[30]　Birgit Müller, "The Skeleton versus the Little Grey Men: Conflicting Cultures of Anti-nuclear Protest at the Czech-Austrian Border," in: Jutta Lauth Bacas & William Kavanagh (eds.), *Border Encounters: Asymmetry and Proximity at Europe's Frontiers* (New York/ Oxford: Berghahn Books, 2013), pp. 68-89.

図：オーストリアと周辺諸国の原発[31]

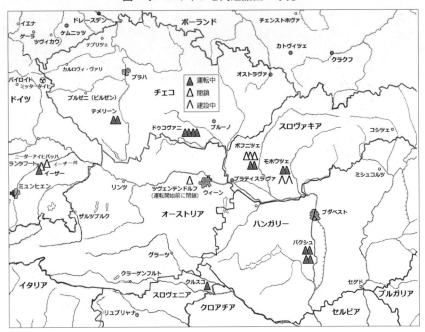

　テメリーン原発がウェスティングハウスからの技術支援を得て完成に近づくにつれ，オーストリア側の反対運動はますます活発化した[32]。同原発の1号機が試験稼働を開始した2000年10月には，オーストリアの市民団体が対チェコ国境を封鎖し，両国の対立は国際的な注目を集めるようにもなった。さらには，この年に与党入りした極右の自由党（FPÖ）が，テメリーン原発の閉鎖とチェコのEU加盟をリンクさせる戦略を採った。同党の指導者であったイェルク・ハイダー（Jörg Haider）は，反原発の国民感情を利用する形でキャンペーンを

[31] 拙稿「中央ヨーロッパの小さな原発大国：チェコとスロヴァキア」若尾祐司・本田宏編『反核から脱原発へ』（前掲書），376頁より作成。
[32] Axelrod, op. cit; Idem, "Democracy and the Global Nuclear Renaissance: From the Czech Republic to Fukushima," in: Axelrod, Stacy D. VanDeer (eds.), The Global Environment: Institutions, Law, and Policy (SAGE: Los Angeles, 2015), 4th edition, pp. 305-329; Rick Fawn, "The Temelín Nuclear Power Plant and the European Union in Austrian-Czech Relations," Communist and Post-Communist Studies 39 (2006), pp. 101-119.

行い，2002 年 1 月，約 91 万 5 千の市民より「テメリーンに対する拒否権 (Veto gegen Temelín)」への署名を獲得するに至った。だが，こうした動きによってオーストリア人に対するチェコ人の国民感情が悪化した点も指摘されている[33]。皮肉なことに，オーストリアにおいて原発に対する批判が高まれば高まるほど，当のチェコでは原発への支持が増えかねないという状況が生まれたのである。

こうした中，チェコとオーストリアの要請を受ける形で，欧州委員会のギュンター・フェアホイゲン拡大担当（Günter Verheugen）が両国の仲介役を務めることになった。2000 年 12 月よりオーストリアのメルク（Melk）で開始された三者協議は，翌 01 年 11 月末になってようやく「最終宣言」を出すに至ったが，結果としてテメリーン原発にゴーサインを出す形となった[34]。2000 年に稼働を開始した同原発 1 号機に続き，2 号機も 2003 年に稼働を開始している。

その第一の理由は，既に述べたように，EU が原発の安全性に関して統一的な基準を有していないことである[35]。特に原発を保有する既存加盟国にとっては，テメリーン原発の事例をきっかけに「パンドラの箱」を開けることは避けたい，というのが本音であった。旧ソ連製とはいえ，西側企業（この場合，ウェスティングハウス）による改良が施された原子炉を廃炉にするという判断は，そもそも「現実的な」選択肢ではなかった。EU としては，テメリーン原発を一定の条件で認めつつ，この問題をオーストリアとチェコの二国間に留めておきたい。それが実際の立場だっただろう。

第二の理由は，オーストリア自身が極右政党の入閣によって EU 内で孤立していた点である。当時のオーストリアでは極右の自由党が反原発運動をリードする「ねじれた」構図となっており，ヴォルフガング・シュッセル首相

---

[33] Petr Martinovský, Miroslav Mareš, "Political Support for Nuclear Power in Central Europe," *International Journal of Nuclear Governance, Economy and Ecology* 3:4 (2012), pp. 338-359, here p. 351.

[34] "Concluding Statement on the Negotiations held on 29 November 2001 between the Czech and Austrian Governments led by Prime Minister Zeman and Federal Chancellor Schüssel with the Participation of Commissioner Verheugen on the Conclusion of the Melk Process and Follow-up" [http: //www. umweltbundesamt. at/fileadmin/site/ umweltthemen/kernenergie/temelin/Roadmap/Br_ssel/bruessel_eng.pdf].

[35] 拙稿，378 頁。

変動する社会と法・政治・文化

(Wolfgang Schüssel, 当時の与党第一党である国民党の党首) は, 同国のこれ以上の孤立を望んでいなかった。EU への新規加盟には全ての既存加盟国による承認が必要であり, 制度的にはオーストリアがチェコの EU 加盟を阻止することは可能であった。だが, 自由党の主張どおりにテメリーン原発の廃止とチェコの EU 加盟をリンクさせることは, 少なくとも国民党にとっては望ましい戦略ではなかったのである。

3 スロヴァキアのモホウツェ原発とオーストリア

スロヴァキアの原発に関してオーストリアが問題視したのは, G7 などの方針に基づいて廃炉すべきと判定されたボフニツェの 2 基, および, 西側技術による改良が必要とされ, 体制転換時に建設途中であったモホウツェの 2 基である。スロヴァキアにおける原発の廃炉と改良のために EBRD などが拠出する額は, 合計で 6 億ドルに達する見込みであった[36]。だが, オーストリアではモホウツェ原発の建設に反対する約 130 万の署名が集められただけでなく, 同国政府の EBRD への働きかけによってモホウツェ原発に対する支援が停止されてもいる。チェコスロヴァキアの連邦が解消され, 1993 年より独自の国家となったスロヴァキアでは, ヴラヂミール・メチアル (Vladimír Mečiar) が権威主義的な政権運営を行ったため, 97 年における EU・NATO の拡大決定に際しては, 同国が新規加盟国の候補から外される事態となった。スロヴァキアの原発に対するオーストリアの不信感が, このメチアルの存在によって大いに増幅されていた点は否定できない。しかしながら, こうしたオーストリアの姿勢がメチアル政権を一層硬化させたことも事実である[37]。スロヴァキア政府は, ボフニツェ原発の廃炉を先延ばしにすると共に, ロシアから代替資金を調達することによって 95 年にモホウツェの 2 基の建設を再開し, それぞれ 98 年, 99 年に稼働させた[38]。

ここで注意すべきは, メチアルおよび彼が率いる民主スロヴァキア運動

---

[36] Spencer Barrett Meredith III, *Nuclear Energy Safety and International Cooperation: Closing the World's Most Dangerous Reactors* (London/ New York: Routledge, 2015), p. 116.

[37] Ragnar Lofstedt, "Are Renewables an Alternative to Nuclear Power?: An Analysis of the Austria/ Slovakia Discussions," *Energy Policy* 36 (2008), pp. 2226-2233, here p. 2232.

13 原発推進国家としてのチェコとスロヴァキア〔福田　宏〕

（HZDS）だけが原発を積極的に推進していたわけではないことである。1998年の選挙においては，HZDS は依然として第一党の地位を保持したものの，反メチアル勢力が結集する形で新たな連合が成立し，ミクラーシュ・ズリンダ（Mikuláš Dzurinda）を首班とする内閣が誕生した。この政権以降，スロヴァキアは EU・NATO 加盟へと進んでいくが，原発推進という点については基本的に変わりがなかった。

　例えば，エネルギー部門に関する EU 加盟交渉が開始された 1999 年秋の時点において，オーストリアは，依然として稼働を続けていたボフニツェ原発 2 基に関して 4 年以内の廃炉を要求し，チェコに対してと同様，スロヴァキアの EU 加盟を阻止する構えすら見せた。結局のところスロヴァキアは，欧州委員会より 1 億 8700 万ドルの廃炉支援を受けるという条件の下，2008 年までに当該原発を停止することに同意した[39]。ところが同国では，04 年 5 月に EU 加盟を果たした途端，経済大臣がモホウツェに新たに 3，4 号機を新設すると発言し，内外で物議を醸している[40]。当然のことながらオーストリアは反発したが，スロヴァキアは，原発 2 基の停止によって生じた不足分を補うという名目で新規原発の建設を正当化し，08 年，欧州委員会からの承認獲得にこぎ着けている。当初，モホウツェ原発の 3，4 号機は，12 年頃の完成に向けて建設が進められていたが，2018 年 7 月の報道によれば，それぞれ 19 年の第 2 四半期，20 年の第 2 四半期に商業運転を開始する見込みとなっている[41]。また，同国ではボフニツェに更に 1 基を新設する計画が進行中である。

---

[38]　例えば，メチアルが 1995 年 10 月にモスクワを訪問した際には，モホウツェ原発の建設資金としてロシアより 1 億 5 千万ドルの支援を獲得している。"Mečiar Seals Trade Deals with Russia," *Spectator*（November 8, 1995）〔https: //spectator. sme. sk/c/20016143/meciar-seals-trade-deals-with-russia.html〕.

[39]　Lofstedt, *op. cit.*, p. 2228.

[40]　Lucia Kubosova, "Slovakia: Barking after a Lost Bone," *Transitions Online*（March 14, 2005）〔https://www.ceeol.com/search/article-detail?id=277909〕.

[41]　"Premier: Third Reactor Block at Mochovce to be Launched in 2Q19," *TASR*（July 10, 2018）〔https://newsnow.tesr.sk/economy/premier-third-reactor-block-at-mochovce-to-be-launched-in-2q19/〕.

Ⅳ　エネルギー安全保障と原子力政策

1　核燃料サイクルにおけるロシアへの依存

　第Ⅰ章で見たように，多くの東欧諸国が社会主義時代にソ連製原発を導入し，冷戦後に一定の改良を施したとはいえ，現在においてもその原発を使い続けている。2006年，09年のガス危機や14年のウクライナ紛争などを経ることにより，東欧諸国はロシアへの過度のエネルギー依存を是正しようとし，その方策として原発のより一層の普及を進めようとしてきた。だが，それによってかえってロシアとの結びつきを強めているという側面もある。以下，具体的に見ていくことにしよう。

　原発事業が巨大なプロジェクトであり，国策として展開される傾向を強く有する以上，原発を外国から輸入せざるをえない国家にとっては，どの国から原発を導入するかという点は極めて重要な問題である。しかも原発は莫大な初期投資を要する事業であり，30〜40年程度（場合によってはそれ以上）の稼働期間のなかでそれを回収していく必要がある。廃炉および使用済み核燃料の処理については，稼働期間よりもはるかに長い時間を要する課題であり，そのプロセスを完了することに成功した国家は，（言うまでもないことだが）未だ存在しない。以上の点を考えれば，原発の輸出入は，長期にわたって当該国家間の関係に影響を与える効果を持つと言えるだろう。東欧諸国の体制転換から既に30年近い時間が経過しているが，原発部門におけるロシアの影響力は ── パイプラインによる輸送を前提とする石油や天然ガスと同様に ── 現在においても強いままである[42]。

　また，ロシアの影響力を考えるうえで見落としてはならない点は，核燃料サイクル，特にウラン鉱石の採鉱から燃料集合体の生産までを含むフロント・エンド（front end）の過程である。東欧諸国に多く見られる VVER 型原発は，現在では中国，イラン，インドといった国にも輸出されており，同タイプの原発

---

[42]　ロシアの原子力産業については以下を参照。坂田泉編〈特集：ロシア・NIS の原子力ルネサンス〉『ロシア NIS 調査月報』2010 年 7 月号；藤井晴雄・西条康博『原子力大国ロシア：秘密都市・チェルノブイリ・原発ビジネス』（ユーラシア・ブックレット）（東洋書店，2012 年）。

で用いられる燃料集合体については，ほとんどがロシア国営の燃料加工会社であるトゥヴェル（OAO TVEL）によって供給されている[43]。VVER 用の燃料集合体は断面が六角形であり，西側製原発で用いられる燃料集合体とは形状が異なっているものの，西側企業にとっても生産可能な製品ではある。ただし問題はコストであり，中国を含めて，ロシア以外の企業がトゥヴェルの価格に十分に対抗できる状況ではない。

　例えばフィンランドは，1990 年代末より自国の VVER に用いる燃料集合体の 50% をウェスティングハウス製のものに切り替えたが，2000 年代後半には全てトゥヴェルに戻している[44]。2014 年に危機が深刻化し，ロシア依存からの脱却を強く望んでいるはずのウクライナにおいても，ウェスティングハウス製への切り替えは一部に留まっている。同じくウクライナ危機を意識したと思われる欧州委員会は，VVER 用燃料に関して供給源の多角化を主張し，研究開発の費用として 200 万ユーロの補助金を提供したが，結果として西側企業のウェスティングハウスやアレヴァを一方的に利する行為であったとの批判を受けている[45]。

　なお，チェコはウラン産出国としての歴史があり，1946〜2009 年における製錬済みウラン（いわゆるイエロー・ケーキ）の累計生産量は世界第 10 位であった[46]。社会主義時代においては，ウラン鉱山の開発はソ連主導で行われ，ソ連が製錬されたウランを輸入して原発用の燃料集合体を生産，それをチェコ（チェコスロヴァキア）が輸入するという形となっていた。だが，チェルノブイリ原発事故後のウラン価格の低迷により，チェコにおける産出量は 1990 年代以降減少しており，現在ではウラン採鉱そのものの停止が検討されている。

　また，使用済み核燃料の処理，すなわち核燃料サイクルのバック・エンド（back end）についても触れておく必要があろう[47]。ソ連崩壊以前においては，

---

[43]　Tomáš Vlček, "Critical Assessment of Diversification of Nuclear Fuel for the Operating VVER Reactors in the EU," *Energy Strategy Reviews* 13-14 (2016), pp. 77-85, here p. 79.

[44]　友次「対ソ連・ロシア関係の文脈でみたフィンランド原子力政策の展開」61-62 頁。

[45]　T. Vlcek, M. Jirusek, J. Henderson, "Risk Assessment in Construction Process in Nuclear Sector within the Central and Eastern Europe," *International Journal of Energy Economics and Policy* 5:2 (2015), pp. 482-493, here p. 489.

[46]　Jirušek, Vlček, et al., *Energy Security in Central and Eastern Europe*, pp. 116-119.

変動する社会と法・政治・文化

東欧諸国における使用済み核燃料はソ連に戻されていたが，現在では2種類の対応に分かれている。1つ目は，ベラルーシ，ウクライナ，ブルガリアなどの少数の国に限られた対応であり，ソ連時代と同じように使用済み核燃料をロシアに戻すやり方が維持されている。もう1つは，チェコやスロヴァキアを含む多くの国に対して採られている方法であり，核燃料を使用した国が自国内で全ての廃棄物を処理するやり方である。少なくとも後者については，日本のように使用済み核燃料を再処理するのではなく，単純に処分する形（ワンススルー）が採用されているものの，いずれの国においても最終処分地および処分方法は未決着のままである。

2　今後の展望 ── 対ロ関係，民主主義，中国ファクター

　原子力政策における対ロ関係のパターンは，ヴルチェクの議論を基にすれば，以下の3つに分類できる[48]。第1のグループはロシア依存からの脱却を強く望む国々であり，バルト三国やポーランド，そして2014年以降のウクライナが含まれる。特に新規原発の計画を有するリトアニアとポーランドでは，ロシア系企業の参入を排除しようとする意思が明確に示されている。第2のグループはチェコやスロヴァキア，ルーマニアなどであり，建前としてロシア依存からの脱却を主張しながらも，戦略的にロシアとの関係を維持しようとする国々である。第3のグループは，ロシアとの関係が緊密である，あるいは，関係を再び緊密にしようとする国であり，ベラルーシやハンガリーがここに含まれる。

　ここで注目すべきはハンガリーの位置づけであろう。2010年より政権の座にあるオルバーン首相（Orbán Viktor）は，強権的な政権運営を行っており，場合によってはEUが前提とする議会制民主主義に抵触するような政策を進めている[49]。そうした中，オルバーン政権は2014年，入札等の公的手続きを経ないままロシアの国営原子力企業ロスアトム（Rosatom）と交渉し，新規原発

---

(47)　*Ibid.*, pp. 358-362.

(48)　*Ibid.*, pp. 351-353.

(49)　中田瑞穂「東中欧における『デモクラシーの後退』：イリベラル政権とEUの課題」宮島喬・木畑洋一・小川有美編『ヨーロッパ・デモクラシー：危機と転換』（岩波書店，2018年）99-124頁；仙石学「東欧におけるポピュリズムとネオリベラリズム：ヴィシェグラード諸国の事例から」村上勇介編『「ポピュリズム」の政治学：深まる政治社会の亀裂と権威主義化』（国際書院，2018年）171-197頁。

314

13 原発推進国家としてのチェコとスロヴァキア〔福田　宏〕

2基の建設を委ねる契約を交わした[50]。総額 125 億ユーロと見積もられたコストの内，ロシア政府が 100 億ユーロを融資するとの条件も付されていた。そもそも，パクシュ原発の既存 4 基に加え，新たに 2 基を建設するという計画（パクシュ II）そのものは，オルバーン政権の誕生以前である 2009 年に合意が成立していたのだが，極めて不透明な形でロシア系企業への発注が決定したことにより，国内で批判の対象になった。また，欧州委員会もこの一件を問題視し，契約の公正性や公的調達の妥当性といった観点から検討を行っていたが，2017 年 3 月，パクシュ II 計画を EU の諸条約に整合するものと最終的に判断した[51]。

　今後の原子力政策を考えるうえでは，中国の動向にも注意が必要であろう。現在の中国は国内で稼働中の原発 30 基を有するほか，建設中 24 基，計画中 24 基（2016 年 1 月時点）となっており，近年では原発の国外輸出にも積極的である。現時点では，東欧諸国に中国製原発を建設するという具体的な計画はないものの，将来の輸出を視野に入れての協力関係が既に構築され始めている[52]。例えば，中国と東欧 16 カ国との間で進められている多国間枠組「中国および中東欧諸国協力」の下，2014 年にベオグラードで開催された第 3 回「16 + 1」サミットにて「ガイドライン」が採択された[53]。そこでは，原子力部門における全般的な協力のほか，チェコ等との個別協力についても言及されている。

　2016 年 3 月に習近平国家主席がチェコを訪問した際には，原発企業である中国広核集団（CGN）の代表者が同行し，チェコ・エネルギー社（ČEZ: České

---

[50]　Jirušek, Vlček, et al., *Energy Security in Central and Eastern Europe*, pp. 145-149.

[51]　European Commission - Press release, "State Aid: Commission Clears Investment in Construction of Paks II Nuclear Power Plant in Hungary," (March 6, 2017)［http://europa.eu/rapid/press-release_IP-17-464_en.htm］。なお，オーストリアは欧州委員会の判断を不服とし，2018 年 1 月，この件に関する判断を欧州司法裁判所に委ねるとの姿勢を示している。Eszter Zalan, "Austria sues Commission over Hungary's Nuclear Plant," *euobserver* (January 25, 2018)［https://euobserver.com/energy/140690］。

[52]　Richard Q. Turcsanyi, "Central European Attitudes towards Chinese Energy Investments: The Cases of Poland, Slovakia, and the Czech Republic," *Energy Policy* 101 (2017), pp. 711-722.

[53]　Secretariat for Cooperation between China and Central and Eastern European Countries, "The Belgrade Guidelines for Cooperation between China and Central and Eastern European Countries,"［http://www.china-ceec.org/eng/ldrhw_1/2014bergld/hdxw/t1410498.htm］。なお，この 16 カ国にベラルーシやウクライナ等の NIS 諸国は含まれていない。

変動する社会と法・政治・文化

energetické závody）や大手メーカーのシュコダ（Škoda）などと協定を締結した。中国は第3世代原子炉である華龍1型機（Hualong One）のチェコへの導入に意欲を示しており，チェコ政府もこうした動きを歓迎する姿勢を示している[54]。また，2015年には中国のチャイナ・エナジー（中国華信能源，CEFC）がチェコに進出し，有力なサッカー・チームやビール製造業者を買収したほか，大手投資会社J&Tやメディア関連企業などにも資本参加を行っている。

　スロヴァキアに対するアプローチも積極的である。例えば2015年には，最終的には失敗したものの，中国核工業集団（CNNC）がスロヴァキア電力（Slovenské elektrárne）の買収を試みている。当時のスロヴァキア電力は，イタリアで独占的なシェアを有する電力会社エネル（ENEL）が株式の66%，スロヴァキア政府が残りの34%を保有する民間企業であった。そのエネルがスロヴァキア電力の株式を放出した際，その獲得をめぐってロシアのロスアトムと中国核工業集団が争う形となったが，結果としては，チェコのエネルギー関連コンソーシアムEPH[55]が勝利を収めた。ただし，このEPHには既述のJ&Tも加わっており，そのJ&Tを通してチャイナ・エナジー，ひいては中国政府が影響力を行使していると考えられている。

Ⅴ　おわりに

　本稿の結論として述べたいのは以下の4点である。

　第1に，原子力政策の分野においては，東欧（Eastern Europe）という地域カテゴリーが依然として有効という点である。旧東欧の体制転換後，この地域では──時としてドイツやオーストリア，バルト諸国を含むかどうかという議

---

(54) Turcsanyi, *op. cit.*, pp. 714-716.

(55) EPH（Energetický a průmyslový holding, エネルギー工業ホールディング）は，大手投資会社のJ&TとPPFによって2009年に設立されたコンソーシアムであり，チェコ，スロヴァキア，ドイツ，イタリア，イギリス，ハンガリーなどの50社以上のエネルギーもしくはインフラ関連会社から構成されている。本拠地はプラハであり，2017年の総取引額は約31億ユーロとされる。EPHのウェブサイト（https://www.epholding.cz/）参照。なお，チェコの原子力産業に関しては，Volker Weichsel, "Atom, Monopol und Diversifikation: Elemente tschechischer Energiepolitik," *Osteuropa* 54: 9-10 (2004), pp. 180-202.

論を交えつつ —— 中・東欧（Central and Eastern Europe）や東中欧（East Central Europe）といった概念が用いられるようになった。だが，原発については旧ソ連時代の「遺産」が依然として重要性を持っているのであり，その点において，東欧という地域区分を用いることには一定の意味があるだろう。

　第2に，原子力政策の分野において，西欧諸国（主として第五次拡大以前のEU加盟国を指す）と東欧諸国はコインの表裏を成している。冷戦後のEU拡大により，ほとんどの東欧諸国はEUの一員となった。しかしながらそれは，東欧が「EUスタンダード」に収斂するという意味での単純なる「欧州化」あるいは「EU化」ではなかった[56]。特に原子力政策についてはそうである。西欧諸国における安全性の向上や脱原発といった流れの裏側では，チェルノブイリ原発事故後に干上がりそうになっていた西側企業が旧ソ連製原発を「発見」し，東欧諸国を「草刈場」としていく過程が存在した。東欧諸国において脱原発が進まない理由を旧社会主義圏における市民社会の「未成熟」に帰す議論も散見されるが，それでは問題の本質を見落とすのではないか。

　第3に挙げられるのは，原子力政策は一国単位で完結しないという点である。第2の点とも密接に関わるが，特に，かつての東西境界地域に位置するオーストリア，チェコ，スロヴァキアは，偶然にも脱原発と原発推進という立場の違いが重なることにより，EUにおける原子力政策の矛盾を端的に示す縮図となった。この3カ国は旧ハプスブルク帝国の「中心」と「周辺」という関係でもある。オーストリアのチェコやスロヴァキアに対する批判は，時として「上から目線」の性格を帯び，それ故に，チェコやスロヴァキアの反発は感情的なものとなった。原発推進国と脱原発国の双方を抱え，したがって，原発そのものの是非について統一的な見解を持たない（持てない）EUにとっては，この3

⒃　EU第五次拡大の前後に盛んに議論された「欧州化」「EU化」の観点については以下を参照。仙石学・林忠行編『ポスト社会主義期の政治と経済：旧ソ連・中東欧の比較』（北海道大学出版会，2011年）；仙石学「中東欧諸国の環境政策：『欧州化（Europeanization）』論の利用可能性」『西南学院大学法学論集』39巻1号，2006年，64-102頁；中田瑞穂「中・東欧諸国における『民主化』と『EU化』：チェコ共和国を一例に」『EUのなかの国民国家：デモクラシーの変容』（日本比較政治学会年報5号），2003年，121-147頁。原子力政策との関連では以下が重要。Kalin Ivanov, "Legitimate Conditionality?: The European Union and Nuclear Power Safety in Central and Eastern Europe," *International Politics* 45:2 (2008), pp. 146-167.

変動する社会と法・政治・文化

カ国の対立が EU 全体の議論へと発展することは避けねばならなかった。だが，実際のところ，国境を跨いで対立が生じている事例は他にも多数存在する。フィンランドにとってのロシアの原発，スウェーデンにとってのリトアニアの原発，リトアニアにとってのベラルーシの原発，デンマークにとってのスウェーデンの原発など，一国のレヴェルを越える原発の現実について我々は留意する必要がある。

　第 4 に，今後の展望および課題について述べておきたい。冒頭で述べたように，本稿では東欧諸国全般に関わる問題の抽出に重点を置いたため，各国別の政治過程や差異についてはほとんど扱うことができなかった。とはいえ本論の最後で触れたように，近年のハンガリーやポーランドでは民主主義の「後退」とも言うべき現象が見られる一方，中国ファクターといった新たな要素も顕在化してきている。

　また，リトアニアにおける最近の変化も注目に値する。第 I 章で言及したように，同国ではチェルノブイリの事故を受けて反原発運動と民主化運動が結合したものの，ソ連からの独立を求める過程で，運動の担い手の大半が原発の支持へと転じた。その後，EU 加盟の条件として同国の RBMK 型 2 基が廃炉されてからも，同国における原発推進の姿勢は変わらず，ヴィサギナス原発の建設が方針として掲げられていたのだが，2011 年 7 月，すなわち福島原発事故後に行われた世論調査では新規原発に対する反対が 84% となった[57]。福島の事故を受けて世論の動向が大きく変化したケースは，東欧諸国の中ではこのリトアニアが唯一である。翌 12 年 10 月には新規原発の是非を問う国民投票が行われ，ここでも 62.6% が反対票を投じた。その後も同国政府は原発建設の方針を維持したものの，16 年 10 月の選挙で農民・グリーン同盟を中心とする連立政権が成立し，翌 11 月にはヴィサギナス・プロジェクトの凍結が決定された[58]。こうした原子力政策の変化は，リトアニアにおいて例外的に生じているのか，それとも，東欧諸国全体におよぶ変化の兆しを示しているのか，現時点では不明である。今後の変化を注視していく必要があろう。

⑸7　Sahm, *op. cit.*, p. 118.

13 原発推進国家としてのチェコとスロヴァキア〔福田　宏〕

⑸ 『原子力年鑑 2018』（前掲書）364-365 頁。ヴィサギナス・プロジェクトにおいて，
　 2011 年 7 月に優先交渉権を獲得したのは日立製作所である。なお，リトアニアの世論
　 が原発に対して批判的となった背景として，ベラルーシが新規原発の建設（リトアニア
　 の首都ヴィリュニスから 55 キロしか離れていない）を具体化し始めたことや，ロシア
　 がリトアニアのプロジェクトに揺さぶりをかけるため，カリーニングラードに別の原発
　 計画を立てたこと，といった要因も指摘されている。友次「バルト三国をめぐる電力政
　 治＝パワーポリティックス」等を参照。日本の原発輸出全般については，鈴木真奈美『日
　 本はなぜ原発を輸出するのか』（平凡社新書，2014 年）。

319

14 越境する日系人の表象
——『二つの祖国』と『山河燃ゆ』をめぐる日米での論争から

佃　陽　子

I　はじめに
II　小説『二つの祖国』から大河ドラマ『山河燃ゆ』へ
III　「日系人ブーム」に対する日系アメリカ人の反応 —— 苦笑，絶賛，批判
IV　評価一転の背景 —— 補償運動と日米貿易摩擦
V　『山河燃ゆ』アメリカ放映中止へ —— 日英両語によるトランスパシフィックな議論
VI　「反米」と「親日」をめぐる忠誠心の問題
VII　おわりに

I　はじめに

　「日系アメリカ人はアメリカ人である」。日系アメリカ人および日本人識者の多くがこう主張して，1984 年当時の NHK 大河ドラマ『山河燃ゆ』および，その原作となった山崎豊子のベストセラー小説『二つの祖国』（1983）を批判した。一見当たり前とも思えるようなこの主張には，むろん政治的な意味がこめられている。ここにおける「アメリカ人」というのは，アメリカ国籍・市民権を持つ者であるという事実以上に，日系アメリカ人は，日本ではなくアメリカ合衆国に忠誠心をもっているのだという声明である。日系アメリカ人を含むアジア系アメリカ人は，どれだけ世代を重ねてもアメリカ主流社会から「真のアメリカ人」とはみなされない，「永遠の外国人」の烙印をしばしば押されてきた。公民権運動や多文化主義の隆盛において，アジア系アメリカ人は「アメリカ人」としての承認を声高く求めてきた。一方，太平洋の向こうの日本社会では，1980 年代前半からにわかに日系アメリカ人の存在がメディアを中心に注目され始め，「日系人ブーム」と呼ばれる現象が起こっていた。当時の日本メディアの多くが，日系三世，四世のアメリカ社会への同化を称え，その一方で現代日本人が失いつつある「大和魂」を戦前の一世に見出してはノスタル

321

変動する社会と法・政治・文化

ジックに語った[1]。

　本稿は，1980年代の「日系人ブーム」の代表的な作品である小説『二つの祖国』および，これを原作とするNHK大河ドラマ『山河燃ゆ』が，日本社会およびアメリカの日系社会で引き起こした論争を分析し，日系人の表象の越境が，日系アメリカ人の国家に対する帰属や忠誠心をめぐる問題に与えた影響を考察するものである。NHK大河ドラマ初の近現代ドラマとなった『山河燃ゆ』は，日系アメリカ人コミュニティからの強い批判を受けて，アメリカでの放送が中止されるという異例の事態を引き起こした。本稿では，当時の日米両国内における政治的・社会的状況，および日米関係，また，日系コミュニティにおける状況をふまえて，なぜ，どのような経緯で，日本の一ドラマの放送がアメリカで拒絶されるに至ったのかを明らかにする。主に，日米の新聞や雑誌などのメディア，特にアメリカの日系コミュニティで発行されている日英両語の日系紙で展開された議論に着目する。日米のメディアではこのドラマ放送をめぐって，様々な議論が翻訳，転載などを経ながら，齟齬や誤解，矛盾をはらみつつ展開された。それは国民国家を中心とするナショナルな歴史叙述と，その文脈を越えたトランスナショナルな日系アメリカ人の戦争経験が擦れあう不協和音である。

　『二つの祖国』および『山河燃ゆ』は，日系アメリカ人を描いた，日本の大衆メディアとして，日本で最も早く，そして最も広く知られている作品であるが，多くの研究者は否定的な見解を持つか，あるいは議論の対象としてこなかった[2]。大河ドラマ化に際して関係した日本人研究者をはじめ，アメリカでの放送をめぐる論争において，多くの研究者がこの小説およびドラマを批判してきた。そもそも山崎豊子自身が，ベストセラー作家であるにもかかわらず，あるいはそうであるがゆえに，文学研究の対象にほとんどされてこなかった[3]。

　本稿の目的は，『二つの祖国』および『山河燃ゆ』が描いた日本および日系アメリカ人の物語が，歴史的に正しいか否かを検証することではない。むしろ，この小説およびドラマが当時の日本社会，また，アメリカにおける日系コミュニティにおいてどのように評価されたかを丹念に追うことによって，大衆メ

---

(1)　「"日系人ブーム"が来る?!」『読売新聞』1983年10月12日朝刊。日本における日系人の表象については，拙稿「日本の大衆メディアにおける日系人の表象」『教養論集』（成城大学法学会）27号（2017年）69-85頁を参照。

ディアにおける日系人の表象の越境性とそれをめぐる様々な問題を指摘することである。情報技術の発達により，映像メディアがグローバルに流通するようになった当時の日米社会において，『山河燃ゆ』のアメリカでの放送は，戦争中の強制収容に対する補償問題に直面していた日系アメリカ人コミュニティを激しく動揺させた。

　本稿が射程とするのは，『二つの祖国』および『山河燃ゆ』をめぐる論争を，トランスナショナルな視点から再考することである。「日系アメリカ人はアメリカ人である」という主張は，トランスナショナルな観点からすれば，ひどく硬直したアメリカのナショナリズムに拘束されているように見える。日系人だけでなく，世界中の移民集団の多くが，世代を経ても出身国とホスト国の間に置かれながら，複数の国家や地域の政治，経済，文化に大きな影響を与えてきたことは，近年のトランスナショナリズムに関する研究が明らかにしてきた通りである[4]。「日系人はアメリカ人である」あるいは「日系人は日本人である」──こうした偏狭なナショナリズムにとらわれることなく，そのどちらでもないトランスナショナルな現実にどのようにたどり着くことができるのか。本稿では，ある一つのドラマの越境からその可能性を考えてみたい。

(2)　『山河燃ゆ』放送をめぐる議論は，以下の著書等でわずかに言及されている。Brian Masaru Hayashi, *Democratizing the Enemy: The Japanese American Internment* (Princeton: Princeton University Press, 2004), 216-17; Sachiko Takita-Ishii, "Tule Lake Pilgrimage and Japanese American Internment: Collective Memory, Solidarity, and Division in an Ethnic Community, Ph. D. dissertation, University of California, Los Angeles, 2008; Michael Jin, "Beyond Two Homelands: Migration and Transnationalism of Japanese Americans in the Pacific, 1930-1955," Ph.D dissertation, UC Santa Cruz, 2013. ハヤシについては後述。滝田（石井）は，補償運動を通じて，日系コミュニティ内の強制立ち退き・収容の過去の記憶が形成された過程を論じる中で，ドラマをめぐる議論を取り上げている。マイケル・ジンは，小説のモデルになった実在の人物，伊丹明のトランスナショナルな経験を論じるにあたって，ドラマをめぐる論争に触れている。伊丹についてはフィクションと歴史的事実が錯綜する興味深い事例だが，本稿では伊丹については論じない。
(3)　大澤真幸『山崎豊子と〈男〉たち』（新潮選書，2017 年）。
(4)　アメリカにおける移民研究やアジア系アメリカ研究におけるトランスナショナリズムの影響については，拙稿「ハワイにおける現代の日本人移住者の移動性と「移民性」」『教養論集』25 号（2015 年），44-47 頁における議論を参照。

変動する社会と法・政治・文化

II　小説『二つの祖国』から大河ドラマ『山河燃ゆ』へ

　『二つの祖国』は雑誌『週刊新潮』において，1980 年 6 月から 1983 年 8 月まで約 3 年に渡って連載され，1983 年 7 月から 9 月にかけて単行本全 3 巻が出版された。作者の山崎豊子は，『白い巨塔』(1965, 1969)，『華麗なる一族』(1973) など，テレビドラマや映画にもなった小説をすでに連発していたベストセラー作家であった。

　小説『二つの祖国』のあらすじは次のようなものである。主人公の天羽賢治は鹿児島出身の日本人移民の両親，天羽乙七・テルのもとカリフォルニア州で生まれ，小学校 3 年生から 10 年間日本で教育を受けた，いわゆる帰米二世である。鹿児島の叔母のもとで武士道精神を叩き込まれ，東京の大学に進学したが，卒業前に帰米し，ロサンゼルスの邦字新聞，加州新報の記者として働いていた。両親はロサンゼルスで洗濯店を営んでおり，日本に行ったことのない「純二世」の妻エミーは第一子を身ごもっているが，賢治はアメリカナイズされた妻と心が通じあっていないと感じている。むしろ，純二世でも，日本文化や精神をよく知る，新聞社の同僚・井本梛子に親近感を持っているが，彼女は親友・チャーリー田宮と婚約している。チャーリーもまた幼少期を広島で過ごした帰米二世だが，日本を嫌悪し，アメリカの白人社会でのし上がろうとする野心家だ。

　1941 年の真珠湾攻撃で日米開戦となり，執筆した記事が親日的とみなされた賢治は FBI に連行され，アリゾナの軍事施設に拘留される。一方，西海岸に住むすべての日本人・日系人は大統領令によって強制立ち退きとなり，賢治の家族もサンタ・アニタの仮収容所へ送還される。エミーは収容所の過酷な状況で第一子を出産する。釈放された賢治は家族と合流し，カリフォルニア奥地の砂漠のマンザナール収容所へ送られる。賢治はチャーリーに誘われて，収容所の管理当局の下部組織にあたるインフォメーション・セクションで働き始めるが，強制収容の不当性に憤る人々はそこで働く二世を当局の「イヌ」とみなし，日系人同士の争いが絶えず，暴動が起こる。当局による「忠誠登録」は天羽一家を引き裂き，18 歳の末弟・勇は，日系人のアメリカに対する忠誠を示すために米軍に志願し，賢治もチャーリーとともに，陸軍情報部（Military In-

324

14 越境する日系人の表象〔佃　陽子〕

telligence Service, 以下 MIS）が対日戦争の語学兵養成のためにミネソタに開設した日本語学校の教官となる。梛子はミネソタでチャーリーと結婚するが，夫がFBIの密告者と知って離婚し，両親とともに交換船で日本へ送還される。日系人だけで編成された442部隊に配属された勇は，ヨーロッパで戦死する。賢治は，日本とベルリン間で交わされた，暗号電話を解読し，それを話していた鹿児島での恩師・島木に対する背信に苦悩する。語学兵として前線に出た賢治は，開戦時日本にいたため日本軍に徴兵されたもう一人の弟・忠と，フィリピンの戦場で遭遇し，誤って弟を負傷させてしまう。子供とともにロサンゼルスの実家に身を寄せていたエミーは，白昼にアメリカ白人にレイプされて以来，酒に溺れるようになる。

　終戦後，占領軍として来日した賢治は原爆の調査のため広島に派遣された際，原爆で両親を失った梛子と再会する。ほどなくして賢治は日本のA級戦犯を裁く，極東軍事裁判，いわゆる東京裁判の日英通訳をモニターする言語裁定官となる。チャーリーはマッカーサーの副官に昇進している。賢治は戦勝国側の一方的な裁きに憤り，職務の重圧に精神を疲弊させていく中，梛子と愛し合うようになるが，彼女は被爆による白血病で死亡する。判決の通訳として，絞首刑を言い渡した賢治は，罪の意識にさいなまれる。裁判に対する批判的言動のため，米軍に忠誠を疑われた賢治は絶望し，米兵として戦死した勇や日本兵として戦った忠のように，「自分自身の国を見つける」ことができなかったとして，拳銃自殺し，物語は幕を閉じる。

　作者の山崎豊子が，小説の冒頭に「この作品は，当時の歴史的事実をもとに，小説的に構成したものである。登場する作中の主人公とその家族，友人などは架空の人物である。」と断り書きしているように，『二つの祖国』はフィクションである[5]。だが，アジア太平洋戦争，日系人強制収容，東京裁判といった史実を扱っているのみならず，実在した人物をモデルとし，実際の経験に大きく依拠している。山崎が第二次大戦中の日系アメリカ人の体験に強い興味を抱くようになったのは，1978年にハワイ大学に客員教授として招聘され，約1年間ハワイに滞在した時のことである[6]。日米開戦となった真珠湾のあるハワイで，「同胞の拭い難い屈辱」をあらためて知ったことが『二つの祖国』の執筆

---

(5)　山崎豊子『山崎豊子全集16　二つの祖国（一）』（新潮社，2005年）9頁。

変動する社会と法・政治・文化

に結び付いた。執筆に際して徹底的な取材をすることで知られている山崎は，『二つの祖国』でも 3 年以上に渡る取材を行った。カリフォルニア大学やワシントン D.C. の公文書館で資料を収集し，多くの日系人にもインタビュー調査を行い，強制収容所跡地やミネソタの日本語学校跡地にも足を運んだ。

　当時すでに高い知名度のあった山崎による『二つの祖国』は，連載中から多くの注目を集めていたが，さらに脚光を浴びるようになったのは NHK 大河ドラマでの映像化である[7]。日曜日のゴールデンタイム夜 8 時から 45 分間，1 年間という長期に渡って放送される NHK 大河ドラマは，当時平均視聴率 30 パーセントの人気番組であり，それまでの 21 作品はすべて幕末以前を扱った，いわゆる時代劇ばかりであった。しかし，大河ドラマのマンネリ化を危惧した制作スタッフは，1984 年から明治以降の時代を描いた「近代路線」に踏み切った。『二つの祖国』は，NHK 初の近代大河ドラマに選ばれ，続く二作品を含めて後に「近現代三部作」と呼ばれている[8]。

　しかし，大河ドラマのタイトルは小説と異なり，『山河燃ゆ』に変更された。山崎によれば，NHK から「祖国という言葉は暗くて固いから，一般視聴者になじみやすい」題名にしたいという申し出があったという。山崎はこの小説の題名には非常に苦心し，「祖国という言葉に，温く優しい母なる大地を感じていたから，納得しかねた」が，小説で描いた戦争をめぐる歴史を「一人でも多くの人に知って貰わねばならないという作家としての社会的使命」から妥協した[9]。「祖国」という言葉を敬遠したのは NHK だけではなく，連載開始前から『週刊新潮』の編集者も「祖国」という語感を保守的とみなし，題名をすぐに確定させなかったため，山崎は猛反対した[10]。連載終了直後に寄せたエッセイで，山崎は執筆の動機として，「祖国」というテーマがいかに重要だったかを

---

(6)　山崎豊子「『二つの祖国』を書き終えて」『山崎豊子全集　二つの祖国（三）』521 頁（初出『週刊新潮』1983 年 8 月 18 日号）ハワイ大学にはそれまでも，川端康成，井上靖，有吉佐和子などの日本人作家が同じように客員教授として招聘されてきた。山崎は『サンデー毎日』に 5 年間連載した『不毛地帯』の執筆を終えたばかりだった。『毎日新聞』1978 年 10 月 30 日朝刊

(7)　大河ドラマ化の決定は，連載が終了する 5 カ月以上も前に発表されていた。「大河ドラマ“近代化”」朝日新聞 1983 年 3 月 30 日朝刊

(8)　鈴木嘉一『大河ドラマの 50 年　放送文化の中の歴史ドラマ』（中央公論新社，2011 年）143-44 頁。

(9)　山崎豊子「『二つの祖国』を書き終えて」526-27 頁（傍点は原著）

次のように述べている。

　　かなり以前から，私の胸中に，経済大国になるにつれ，日本人の心が荒廃し，
　失われつつあることを憂う気持が強かった。特に自分の生れた国，祖国を愛する
　というごく自然の心すら薄れつつあるのを観，一人の人間にとって，祖国とは何
　かという主題と取り組んでみたいという希いが，時とともに深まった[11]。

このように，山崎は，高度経済成長期を経た 1970 年代から 1980 年代にかけて
の日本社会で，戦争のトラウマが後景化させてきた愛国心というものの再考を
日本人に促すために『二つの祖国』を執筆したと思われる。しかし，連載終了
時すでに『山河燃ゆ』としての大河ドラマ化が決定していたため，原作のタイ
トルを拒んだ NHK に対する反論も含めて，執筆の動機を述べていた可能性は
否定できないであろう。執筆終了後，山崎はドラマの題名変更に対する不満を，
インタビューなどで度々訴えていた[12]。

　『山河燃ゆ』には，アメリカでも知られている著名な俳優が多数起用された。
主人公の天羽賢治には，1978 年の大河ドラマでも主役をつとめ，1981 年にブ
ロードウェーでもデビューした，九代目松本幸四郎（後の二代目松本白鸚）が
抜擢された。また，後に主人公と恋に落ちる井本梛子は，1980 年にアメリカ
で注目を集めたテレビドラマ Shogun でもヒロイン役を演じた島田陽子がつと
めた。主人公の父親役は，黒澤明映画の出演で世界的に名を馳せていた三船敏
郎が演じ，弟の勇役には，NHK ドラマ『あめりか物語』(1979) にも出演した
西田敏行，主人公の親友・チャーリーを，アイドル歌手だった沢田研二が演じ
た。時代考証は，これまで様々なテレビ番組で担当経験のある考古学者・歴史
学者の樋口清之に加えて，アメリカ史研究者であり，当時すでに日系アメリカ
人に関する訳書等が複数あった猿谷要が担当した[13]。また，ロサンゼルスで戦
前から続く日系アメリカ人経営の写真館，トーヨー・ミヤタケ・スタジオと，
同地の加州東京銀行日米史料室が，協力として名を連ねている。しかし，主な

---

(10)　野上孝子『山崎豊子先生の素顔』（文芸春秋，2015〔2013〕年）148-51 頁。それゆえ，
　　NHK の申し出を山崎が受け入れたことに，当時野上は驚いていた。

(11)　山崎豊子「『二つの祖国』を書き終えて」

(12)　例えば，「現代インサイド「"祖国"を愛するのがなぜ暗いの」── 山崎豊子（グラビア）」
　　『現代』1983 年 10 月号。山崎豊子「アメリカ国籍を持つ 2 世がなぜ収容所へ入れられ
　　たか ──『二つの祖国』で書きたかったこと」『プレジデント』1984 年 2 月号，242-51 頁。

変動する社会と法・政治・文化

出演者の中には，日系アメリカ人の名前は見られない。

Ⅲ 「日系人ブーム」に対する日系アメリカ人の反応——苦笑，絶賛，批判

　山崎の小説が指す「二つの祖国」とは，むろん日本とアメリカのことである。当時の日本では「日系人ブーム」と呼ばれる現象が起きていたが，一方のアメリカでは，『二つの祖国』は日系アメリカ人コミュニティ内で論争を巻き起こし，『山河燃ゆ』のアメリカでの放送が中止されるという結果になった。しかし，日系コミュニティは最初から批判的だったわけではなく，むしろ当初は日系アメリカ人の歴史が日本のメディアで大きく取り上げられることを非常に喜んでいた。本節では，日系コミュニティの姿勢がどのように変化したのかを，最も激しく議論がかわされたサンフランシスコ発行の邦字紙『北米毎日』を中心に，明らかにしていく。

　当初，日系アメリカ人コミュニティは，日本における「日系人ブーム」を不思議に思いながらも，好意的にとらえていた[14]。調査される側の立場として，かれらは日本に住む日本人よりも早くブームの高まりに気づいていたであろう。サンフランシスコの日系紙『日米時事』の社長で帰米二世の滑川巌は，1975年の昭和天皇の訪米後，多くの日本人が日系アメリカ人について日本から取材に訪れるようになったと述べる[15]。NHK が日系アメリカ人に関するドラマを制作・放映したのは『山河燃ゆ』が初めてではなく，1979年10月に4回連続

---

(13)　例えば，トマス・竹下著，猿谷要編『大和魂と星条旗』(山王書房，1967年) は，日本で出版された日系アメリカ人の歴史に関する初期の文献の一つである。同書は，ドラマ放送開始直前の1983年12月に朝日選書より改編の上，新版された。ほかにも，ジム吉田，ビル・ホソカワ著『ジム吉田の二つの祖国』(文化出版局，1977年)，ロバート・ウィルソン，ビル・ホソカワ著『ジャパニーズ・アメリカン：日系米人，苦難の歴史』(有斐閣，1982年) を，それぞれ共訳，監訳している。猿谷は『あめりか物語』(1979年) でも，資料提供として協力していた。

(14)　例えば，松尾明「街路樹　日本のマスコミの取材攻勢①　今，急に何故，日系人社会を？」『北米毎日』1983年9月3日を参照。

(15)　滑川巌，山城正雄，石川好「日米開戦前後——在米日系人座談会」『歴史と人物』1984年1月号，180-92頁。石川は，この時日本のメディアで，日本の旗を振る「同胞」＝日系アメリカ人の様子が映されたのが影響したのではないかと述べている。

328

のドラマスペシャルとして放送された『あめりか物語』がある。山田太一の脚本によるこのドラマは，1905 年に山口県の農村からハワイへ渡った写真花嫁の姉と弟の物語を，移民初期から現代までの三世代にかけて描いた物語である。このドラマはアメリカ本土でも放映されたが，現実とかけ離れた物語の展開に，日系コミュニティは「ニガ笑い」する程度で，激しく批判したわけではなかった[16]。

　日本のベストセラー作家の山崎豊子が日系二世を主人公とした長編小説を書き，それが大河ドラマになるというニュースに，日系コミュニティはにわかに興奮した。日系アメリカ人の公民権団体である，日系市民協会（Japanese American Citizens League, 以下 JACL）事務局長のロン・ワカバヤシは，会員向けの機関誌 Pacific Citizen のコラムで，大河ドラマの日本での高視聴率を挙げ，これは当時アメリカで大人気だったテレビドラマ Dallas のキャストが全員日系人になるようなもので，日系人が日本で大きな注目を浴びることになる，と期待を述べている[17]。1983 年 9 月のサンフランシスコでのロケーション撮影中に開催された山崎の講演会には 400 人以上が集まり，『北米毎日』は日本語欄・英語欄ともにその盛況ぶりを伝えている[18]。講演会には，ドラマに出演する三船敏郎も出席し，山崎は取材の苦労話などを語り，日系退役軍人団体から記念品が贈呈された[19]。英語欄では，二世のジャック・マツオカによるイラス

⒃　石川好「もう一つの『二つの祖国』」『歴史と人物』1983 年 10 月号，218-29 頁。『あめりか物語』は，1977 年にアメリカで社会現象となった大ヒットテレビドラマ『ルーツ』を真似た日本版だとしばしば揶揄されている。『ルーツ』は同年日本でも放送されて注目を集めた。これについては，William Wetherall, "Japan's pop Roots fails to cast new light on minority problems," *Far Eastern Economic Review*, vol. 122, no. 41 (1983), 62-63; J.K. Yamamoto, "Amerika Monogatari… Widening the Gap between Nihonjin and Nikkeijin," *Pacific Citizen*（以下 PC）, Jan. 6-13, 1984.『あめりか物語』の最終話である現代で，三世の日系女性がアフリカ系アメリカ人と結婚し，人種の壁を乗り越えるというストーリーは，あまりに現実とかけ離れていると日系人から批判された。当時の日本社会における日本人女性と黒人男性カップルに対する認識が，アメリカにおける人種関係やそれをめぐる社会状況と大きくずれていることを表している。山田太一『あめりか物語』（日本放送出版協会，1979 年）。

⒄　Ron Wakabayashi, 'Sanka Moyu,' *PC*, Aug. 26, 1983.

⒅　「『二つの祖国』出版記念」と題された山崎の講演会は，サンフランシスコ日本町の日系ホテルで開催された。ロサンゼルスでも講演会が行われ，予想を上回る大盛況だった。『羅府新報』1983 年 9 月 18 日。

変動する社会と法・政治・文化

トが掲載され，山崎の似顔絵とともに「彼女の小説は一世，二世，三世に新しいイメージを人々に与える」という記述がある。彼女を取り囲む，農家や洗濯店を営む一世が「SENSEI ARIGATO!!」と日本語で，兵士の格好をした二世と若い三世も "Thanks a lot Sensei" と英語で感謝を述べている[20]。また，サンフランシスコでの撮影の様子をスケッチした，マツオカの別のイラストでは，三船敏郎が運転する車に，主役の松本幸四郎とヒロインの島田陽子が乗り，それを見守る山崎と撮影スタッフが描かれている[21]。

しかし，山崎の小説を称え，そのドラマの放送を期待していた日系コミュニティの反応は，講演会からたった二週間ほどで急転することになる。その転機は『北米毎日』の英語欄に掲載された，二世のクリフォード・ウエダによる「『二つの誤解』，日系アメリカ人は二重の誤解の犠牲者である」と題する投書である[22]。ウエダは元 JACL 会長で，戦時強制収容の補償運動を含め様々な運動を率いてきた，日系コミュニティの指導者の一人である。「二つの祖国」(two fatherlands) という言葉は，まるで戦前の西海岸で二世に浴びせられた非難のようであり，我々にとって唯一の祖国 (homeland) アメリカへの忠誠を，犠牲によって証明してきた二世兵士らの努力は，ドラマの公開によって水泡に帰す，とウエダは山崎の小説とそのドラマ化を激しく非難した。小説のドラマ化は，日本とアメリカのメインストリームの両方に，日系アメリカ人の誤ったイメージを植え付けることになり，「二つの祖国」ではなく，「二つの誤解」を引き起こすだけである，というウエダの見解は，大河ドラマに沸いていた日系コミュニティに冷や水を浴びせた。翌日の『北米毎日』で，英語欄編集者はウエダの懸念を支持し，今すぐに何か行動を起こすべきではないかという意見を

---

(19) 「15 日，SF 都ホテル　山崎豊子ファン，感激の夕べ，『二つの祖国』出版記念晩餐講演会」『北米毎日』1983 年 9 月 17 日。

(20) "Toyoko Yamazaki Speaks on New Novel," *Hokubei Mainichi*（以下 *HM*），Sept. 20, 1983.

(21) "Sanga Moyu Filming in San Francisco," *HM*, Sept. 23, 1983. NHK が日本でのドラマ放送開始と同時に NHK が出版した特集本には，マツオカの画集『CAMP II, BLOCK 211』から抜粋したイラストを含めて，「マンガで見る収容所（キャンプ）生活」として掲載している。『山河燃ゆ　大河ドラマストーリー』(日本放送出版協会，1984 年) 155-60 頁。

(22) Clifford I. Uyeda, "'Futatsu No Gokai,' Or Japanese Americans Are Victims of Double Misunderstanding," *HM*, Sept. 29, 1983. ウエダは山崎の取材に協力した一人として，小説の末尾に名前を連ねている。

表明した[23]。それ以降,『北米毎日』のような現地の日系紙や,JACL の機関誌 *Pacific Citizen* では,日英異なる言語で,時には翻訳を介しながらも,小説『二つの祖国』とそのドラマ『山河燃ゆ』の放映をめぐり,頻繁に議論が交わされるようになった[24]。

Ⅳ 評価一転の背景 ── 補償運動と日米貿易摩擦

　山崎の小説とそのドラマ化に対する日系コミュニティの意見は,短期間でなぜ急激に変化したのだろうか。それには,当時のアメリカ国内における日系アメリカ人の立ち位置,そして日米関係を知る必要がある。第二次世界大戦中の西海岸における日系アメリカ人約 12 万人の強制立ち退き・収容に対する補償運動は,1970 年に日系コミュニティ内部から始まり,1980 年にアメリカ連邦議会によって「戦時民間人強制立ち退き・収容に関する委員会」(Commission on Wartime Relocation and Evacuation of Civilians) が設置され,公聴会での証言などを通して,その実態が明らかにされていた。1983 年 6 月,同委員会は連邦議会に提出した報告書で,収容された日系人に対してアメリカ政府が一人につき 2 万ドルの補償金を支払うことを提案した。1988 年にレーガン大統領が「市民の自由法」に署名し,提案通り個人補償が実現することになるのだが,1983 年後半当時のアメリカ社会および日系コミュニティは,個人に対する金銭的な補償の是非,およびその金額の妥当性をめぐって,様々な議論がなされている最中であった[25]。

　山崎の『二つの祖国』出版とその大河ドラマ化は,アメリカ国内で日系人の

---

[23]　"From the Editor's desk‒Two Fatherlands?" *HM*, Sept. 30, 1983.

[24]　サンフランシスコの日系紙『北米毎日』と比較して,ロサンゼルスの代表的な日系紙『羅府新報』では,ドラマをめぐる批判的な議論はほぼ見られなかった。1983 年 9 月にサンフランシスコに続いてロサンゼルスでも開催された山崎の講演は大盛況であり,アメリカでのドラマ放送の是非が論争になっていると『羅府新報』が初めて報じたのは翌年 1 月末のことである。その後,同紙日本語欄では,サンフランシスコ在住のカール・ヨネダが,ドラマへの批判を喚起する投書をした後,帰米二世作家の山城正雄やジェームス小田などが日本語で寄稿したが,英語欄で議論がかわされることはなく,後述するヤマダ・ミツエの JACL に対する批判があったのみである。

[25]　補償運動については多数の研究があるが,代表的なものとして,竹沢泰子『日系アメリカ人のエスニシティ』(東京大学出版会,2017 [1994] 年) がある。

変動する社会と法・政治・文化

戦時体験が大きな政治的議論を引き起こしている際中の出来事であり，まさに「絶妙」なタイミングだったのである。補償の実現を目指す日系人や組織にとって，『二つの祖国』というタイトルは，日系人は日本とアメリカの両方を祖国とみなしているという「誤解」を招き，戦時中に米政府が日系人を敵性外国人とし，強制立ち退き・収容したのは正当な判断だったと思われかねないという危惧を抱かせた。『二つの祖国』が近々に英訳される予定はなかったが，大河ドラマ化されるということが日系コミュニティにとっては大きな問題だった。NHK 大河ドラマは，日本での放送から数カ月遅れるものの，アメリカ本土では 1975 年以来外国語放送局の限られた放送枠を通じて，英語字幕をつけて毎年放送されてきたため，日本語を理解しないアメリカ人も視聴することが可能だからである。当時は日本からの衛星放送やケーブルテレビもなく，インターネットも普及していなかったため，在米日本人はわずかな時間放送される日本の番組を楽しみにしていた[26]。日本語がわからない日系人の中にも，現代の日本のニュースや娯楽番組を興味深く視聴する者がいたし，日本語や日本文化に興味を持つ一般のアメリカ人も視聴していた。1980 年には，江戸時代初期の日本に漂着したイギリス人の物語を描いたアメリカのミニドラマ *Shogun* が，視聴率 30 パーセント以上と非常に注目されたことから，NHK 大河ドラマを視聴するアメリカ人が増えたとしても不思議はなかった。

　もう一つの重要な要素は，当時の日米関係である。1980 年代初頭は日米貿易摩擦が日米間の大きな問題となっており，日本に対して巨額の貿易赤字を抱えるアメリカでは，日本製品だけでなく，日本人にたいするバッシング，いわゆる「日本たたき」の風潮も一般社会の中で見られるようになってきた[27]。1982 年には，中国系アメリカ人のヴィンセント・チンが，デトロイトで日本人と間違えられて，バットで殴殺されるという悲惨な事件が起きる。結婚を間近に控えていたチンは，クライスラーの自動車工場で働くロナルド・エベンス

---

[26]　アメリカ本土における日本語テレビ放送は，1971 年に UTB がロサンゼルスで開始したのが最初であり，当初は日本から空輸したビデオを編集して放送していた。ほとんどの番組に英語字幕はついておらず，大河ドラマは数少ない字幕付き番組の一つであった。日本の番組が衛星放送されるようになったのは 1987 年以降である。町村敬志，『越境者のロスアンジェルス』（平凡社，1999 年）225-35 頁。

[27]　飯野正子『もう一つの日米関係史 —— 紛争と協調のなかの日系アメリカ人』（有斐閣，2000 年）194-98 頁。

332

と，彼の義理の息子で同社を解雇されていたマイケル・ニッツという二人のアメリカ白人とバーで口論となり，エベンスとニッツは「このジャップめ！」などとチンを罵倒しながら殴りつけた。日本車の世界的台頭により，アメリカの自動車産業は窮地に立たされており，エベンスとニッツが日本人に対する憎悪からチンを殺害したのは明らかであった。しかし，州の刑事裁判では，エベンスとニッツは三年間の執行猶予と，数千ドルの罰金を科されたのみであったことから，アジア系アメリカ人コミュニティは憤慨し，後にチンの公民権侵害を訴える裁判を連邦裁判所で起こすことになる。チン殺害事件は，それまで日系，中国系などエスニック・グループごとに分かれていたアジア系アメリカ人に，アジア系としての利害を共有することを実感させ，社会的連帯を促すアジア系アメリカ人運動の契機となった[28]。1983年の日系紙は，補償運動についての推移を伝える一方で，日米貿易摩擦や日本たたきに関するニュースもまた毎日のように報道していたのである。

　1980年代初頭の日系アメリカ人は，日本人と間違えられて日本たたきの被害者になることに危機感と苛立ちを禁じ得ず，日本との関係を極端に否定する者もあった。例えば，カリフォルニア州北部の地方紙 *Stockton Record* で，戦時中日本軍の捕虜となったアメリカ人兵士がわずかな補償金しか得ていないのに，日系人は強制収容で補償金をもらおうとしている，という批判の投書があった。これに対して，元442連隊の日系退役軍人チェスター・タナカは「日系アメリカ人は真珠湾を爆撃してもいなければ，トヨタ自動車を作ってもいない」と反論を寄せた[29]。日本たたきの風潮の中，日本人と日系人を同一視して，補償に反対する声に対し，タナカは「日系アメリカ人はアメリカ人である」と言明し，日本との関わりを否定した。1983年初頭，JACLは日系アメリカ人として日米関係改善のために積極的な役割を担うべく，代表団を日本に派遣することを決定するが，日米関係に対して，組織としてどのような姿勢をとるべきなのかについてJACL会員の間で様々な議論があった。例えば，シアトル在住のエド・スグロは「日本のすることが私たち［日系人］に関係あると思わ

---

(28)　William Wei, *The Asian American Movement* (Philadelphia: Temple University Press), 1993.

(29)　タナカの投書は，後に『北米毎日』に転載された。"Nikkei Did Not Bomb Pearl Harbor, Do Not Build Toyotas," *HM*, Aug. 2, 1983.

ない」と *Pacific Citizen* に投書し，日本に積極的に関わろうとする JACL 本部
の方針を批判した[30]。これに対して編集部は，本部を代表する意見ではないと
しながらも，「好きであろうとなかろうと，私たち日系人は日本人と最も明白
な特徴を共有している —— 外見だ」と反論している。日本で日系人がブームと
なっている一方で，日系アメリカ人コミュニティは，重要な局面を迎えていた
補償運動と日米貿易摩擦による日本たたきという問題に直面しており，日本と
の距離感を図りあぐねていた。

　JACL 代表団の日本派遣は当初日米関係の改善を目的としていたが，実際に
訪日した 1983 年 10 月下旬には，翌年 1 月に放送開始を控えた『山河燃ゆ』が
最重要議題の一つになっていた。当時の中曽根康弘首相をはじめ，日本政府や
大企業の幹部と会談し，東京で記者会見を行った派遣団は，日米の良好な関係
構築のために，在米日本企業やその駐在員は地元コミュニティに積極的に関わ
らなければならない，と日本のメディアを通じてアピールした[31]。代表団は，
JACL 日本支部の会員数人とともに，ドラマの制作担当者である近藤晋ら
NHK スタッフ数名と懇談し，ドラマの主人公となっている「帰米」は日系ア
メリカ人の典型ではないこと，日本人視聴者に反米感情を植えつける恐れがあ
ること，日系アメリカ人俳優が起用されなかったのは残念である，という三点
を話し，NHK 側からは日系人の心情に十分配慮し，ドラマでは正確に日系人
の経験を描くという回答を得た[32]。しかし，この話し合いによって日系コミュ
ニティ内でのドラマをめぐる議論が終わったわけではなく，翌年の放送開始に
むけて議論は過熱するばかりであった。

V　『山河燃ゆ』アメリカ放映中止へ —— 日英両語によるトランスパ シフィックな議論

　この議論を複雑化させた要素の一つとして，当時の日系アメリカ人コミュニ
ティにおける世代と言語をめぐる「いびつな」状況を理解しておかなければな
らない。1980 年代はじめ，戦前の移民一世はすでに数少なくなり，戦争を体

---

(30)　Peter Iwamura, "A Problem of Perception," *PC*, April 1, 1983.

(31)　"JACL message disseminated throughout Japan by press, TV," *PC*, Nov. 11, 1983.

(32)　Floyd Shimomura, "Visit to NHK," *PC*, Nov. 25, 1983.

験した年長の二世は老齢にさしかかり，戦後生まれの三世が当時の日系コミュニティを主導し始めていた。また，新一世とよばれることもある戦後の移住者に加え，1970年代以降は日本の経済成長に伴って日本からの駐在員が増加しつつあった。戦前の一世および，戦後移住者の第一言語はむろん日本語である。一方，二世以降の日系人の多くは，アメリカで教育を受けてきたため，英語を第一言語としており，日本語の能力は世代や環境によって大きな差がある。二世の中には，一世の親と日本語で話していた者や，戦前に日本語学校に通っていた者もいるが，日本語の読み書き能力は限定的である。しかし，アメリカで生まれた後，日本で教育を受けた帰米二世は，日本語を理解し，英語よりむしろ日本語を第一言語とする者もいる。戦後生まれの三世は，家庭で使用される言語は英語で，日本語学校に通うこともなかったため，当然ながら英語を第一言語とし，日本語を理解しない者がほとんどである。

　つまり，日本語で書かれた山崎の小説を読むことができたのは，アメリカの日系人コミュニティの一部にすぎず，日本語を読めない二世や三世は，バイリンガルの仲介者を通じてしか内容を理解できなかったし，日本語で表明された意見を理解することも極めて限られていた。一方で，帰米二世や戦後移住者は，小説そのものだけでなく，日英でかわされる議論をすべて理解できる状況にありつつも，第一言語ではない英語で意見を表明し，英語話者と対等に議論できるのは，その中でもわずかな人々に限られた[33]。コミュニティ内における，このような言語能力における不均等性，一方向性は，日英両語であるものの，内容は必ずしも互いの翻訳ではない日系新聞『北米毎日』での議論にもあらわれていた。一方，二世以降が中心となる JACL 機関誌 *Pacific Citizen* は英語のみの媒体であり，その政治的姿勢からも，会員はおのずと二世以降の世代に限定され，日本語を第一言語とする戦後移住者はほぼ含まれていなかった。

　小説が日系コミュニティ内で批判される以前から，『二つの祖国』および，ドラマ化されたストーリーのあらすじは，日本語を読めない日系人のために，『北米毎日』や *Pacific Citizen* などのメディアで，英語で紹介されていた[34]。

---

[33]　社会学者の町村敬志は1990年代初頭のロサンゼルスの日系コミュニティにおける言語状況を，エスニシティ，言語，国籍でまとめている。町村『越境者たちのロスアンゼルス』，223頁。当時の日系コミュニティのメディアについての状況については，同書225-40頁を参照。

変動する社会と法・政治・文化

だが，批判的論調が高まって以降，『二つの祖国』のストーリーを改めて読み直す，翻訳・通訳の作業が頻繁に行われるようになった。日系史について複数の著書があるジャーナリスト，ビル・ホソカワは，日本語で原作を読めないため，英文雑誌の書評に依拠し，*Pacific Citizen* のコラムで『二つの祖国』を酷評した[35]。また，日本語を解するウエダは，*Pacific Citizen* と『北米毎日』の両紙に小説のあらすじを英語で寄せ，さらに，日本の『文藝春秋』に掲載された，ドゥス昌代と山崎の対談の抄訳を寄稿した[36]。モノリンガルの日系人は，山崎の小説とドラマを評するために，限られたバイリンガルの人々の見解に依存せざるを得なかった。

　小説への批判とドラマへの懸念を，NHK と日本に住む日本人に伝える必要性を感じていたモノリンガルの日系人は，現地の日系紙だけではなく，日本の英字新聞にも投書を寄せた。バークレー在住の活動家・レイモンド・オカムラは，*Japan Times*，*Asahi Evening News*，*Mainichi Daily News* に投書し，『二つの祖国』は日系人のイメージを歪曲すると訴えた[37]。サンフランシスコ州立大学でアジア系アメリカ人研究を教えていたレーン・リョウ・ヒラバヤシも，

---

(34)　"NHK historical TV series of 1984 spotlights U.S. Nikkei," *PC*, Sept. 9, 1983. ストーリーの概要については，ロサンゼルスの日系紙『加州毎日』からの転載。

(35)　Bill Hosokawa, "'Futatsu no Sokoku': Catchy but Faulty," *PC*, Nov. 11, 1983. このコラムは，1983 年 11 月 15 日の『北米毎日』英語欄にも転載された。ホソカワが依拠したのは，William Wetherall, "Japan's pop Roots"。アメリカ白人の Wetherall は日本在住の日本研究者で，『二つの祖国』については，戦争における日本の被害者性ばかりを強調し，加害者性を弱めていると極めて厳しく批判している。Wetherall は，同誌でドラマについても厳しい評価を与えている。Wetherall, "Dual nationals caught in a storm over their Mt Fuji inheritance," *FEER*, vol. 124, no. 23 (June 1984), 40-42.

(36)　"On the bookshelf... *Futatsu no Sokoku (Two Fatherlands)* by Toyoko Yamazaki," *HM*, Dec. 23, 1983; also on *PC*, Dec. 23-30, 1983; "A Dialogue on 'Futatsu no Sokoku' Published in Japanese Magazine — Toyoko Yamasaki and Masayo Duus Discuss 'Two Fatherlands,'—" *HM*, Jan. 10-11, 1984; also on *PC*, Jan. 20, 1984. 日本語原文は，ドゥス昌代，山崎豊子「日系米人の「戦争と平和」（対談)」『文芸春秋』1984 年 1 月号，144-64 頁。ドゥスは『東京ローズ　反逆者の汚名に泣いた 30 年』(サイマル出版，1977 年) をはじめ，日系アメリカ人に関するノンフィクション作家で，1982 年に『文藝春秋』で連載していた，442 部隊についてのノンフィクション『ブリエアの解放者たち』(文芸春秋，1983 年) を出版したばかりであった。

(37)　オカムラの投書は，3 紙に掲載されたものの再録として，1983 年 12 月 28 日付の『北米毎日』英語欄に掲載された。

336

14 越境する日系人の表象〔佃 陽子〕

NHK 会長への公開書簡を日本の英字紙に送った[38]。このドラマをめぐる論争は，日系紙だけでなく，ニューヨークタイムズなどのアメリカの主要メディアでも取り上げられたため，反対派の日系人は，アメリカでの放送が実現すれば非日系のアメリカ人から注目されることは必至で，補償問題にも影響を与えかねないという危機感を強めた[39]。

ドラマをめぐる日系コミュニティ内での議論は，ドラマ放送開始が近づくにつれて，日本の主要メディアでも大きく取り上げられるようになった。『朝日新聞』は *Pacific Citizen* に掲載されたシモムラのエッセイを引用して，日系人のドラマに対する批判を解説し，「米国育ちの三世のなかには，米国はいまや自分の国であり，祖国はひとつなのに，血のつながりはあっても，日本人の視点だけから，理想化，抽象化された日系人イメージを持たれるのは迷惑だという考えがある」と報じた[40]。また，山崎とドウスの対談を掲載した『文藝春秋』は，「日系米人として思うこと」(What do Japanese Americans really think?)という題目で，日系アメリカ人からのエッセイを日英両方の言語で募集し，108 篇の応募の中から 15 篇のエッセイを掲載した[41]。

日本人ジャーナリストの宮崎正弘は 1983 年 12 月，ロサンゼルスの日系人を中心にドラマをめぐる論争について取材を行い，日本で放送中だった翌年 3 月に『二つの山河　日系アメリカ人，かく闘えり』を出版した[42]。この中には，ウエダに加えて，帰米二世の山城正雄と，ロサンゼルスの日系紙『加州毎日』編集者のジョージ吉永に対するインタビューが含まれており，宮崎は，『朝日新聞』が報じたように日系アメリカ人すべてが山崎の小説やドラマに反対しているわけではないことを強調した。ウエダは小説が「二つの誤解」につながる

---

(38)　1984 年 3 月 18 日の *Mainichi Daily News* に掲載され，同年 3 月 22 日の『北米毎日』英語欄に転載された。

(39)　Clyde Haberman, "Japanese TV Series Depicts Nisei Plight," *New York Times*, Feb. 16, 1984.

(40)　「NHK 大河ドラマ「山河燃ゆ」「日系人像ゆがめる」全米組織が批判運動」『朝日新聞』1983 年 12 月 25 日。ほかにも，「検証　日系人「祖国はアメリカ」」『朝日新聞』1984 年 1 月 4 日夕刊など。

(41)　このエッセイ募集の告知は，*PC* のような英字誌でも掲載されていた。*PC*, Jan. 20, 1984.

(42)　宮崎正弘編『二つの山河　日系アメリカ人，かく闘えり』(ダイナミックセラーズ，1984 年)。

変動する社会と法・政治・文化

と批判したが，吉永は JACL こそ一部の日系人の声を代表しているにすぎず，日系人を誤解していると反論し，小説やドラマはエンターテイメントだと擁護する。文学者である山城は，強制収容を経験し，小説のモデルとなった実在の人物を直接知る立場から，小説における歴史的事実の誤りを指摘している[43]。

『二つの祖国』の主人公のように戦時は強制収容所から MIS の語学兵として従軍した日英バイリンガルの帰米二世が，山崎の小説を批判する者ばかりではなかった。その一人であるシグ（シゲヤ）・キハラは，山崎の取材協力者でもあり，ウエダの批判に真っ向から反論した[44]。同じく帰米で語学兵だったジェームス・オダも，題名は多少反感を買うかもしれないが，内容は二世のジレンマをよく描いていると，小説を評価している[45]。さらに，程度の差こそあれ日英バイリンガルである，当時日本に在住していた日系アメリカ人も，アメリカにいる日系人とは異なる意見を太平洋の向こうから寄せた。東京在住の JACL 日本支部会員テッド・シゲノは，ホソカワがエッセイで依拠した雑誌の書評も含め，小説の主旨を理解していないと厳しく批判した[46]。同じく東京在住のバリー・サイキも，日本でのドラマ放送開始後に感想を寄せ，アメリカの日系人の過剰反応を度々批判した[47]。また，当時東京在住だったシェリダン・タツノとビル・カワイは，*Japan Times* に寄せられた，『山河燃ゆ』に関する読者からの投書や議論を収集して『北米毎日』英語編集部に送り，それらは連日英語欄に転載された[48]。このように，モノリンガル，バイリンガルの日系人は，日米の両方の場所で，複数の英語メディアを翻訳・通訳，転載を経ながら

---

(43) 「第6章『二つの祖国』は「二つの誤解」か？」前掲書，日本でドラマの話題性が失われないうちにと慌てて出版したためか，本書は，識者からの関連寄稿や，収容所における生活や補償問題に関する資料の翻訳，写真資料がページの大半を占めており，宮崎の意図した「この機会に日系米人問題の真相を移民史から掘り起こし，まとめること」が達成されているとはいいがたい。

(44) "Opinion: Futatsu no Gokai," *HM*, Oct. 28, 1983.

(45) James S. Oda, "Dave Itami, Dedicated Patriot," *PC*, Dec. 16, 1983.

(46) Letters, *PC*, Dec. 16, 1983.

(47) Letters, *PC*, Feb. 24, 1984; Barry Saiki, "Thoughts on Dual Loyalties," *PC*, March 2, 1984; Saiki, "'Sanga Moyu' Overcriticized," *PC*, June 29, 1984.

(48) "Opinion... Nisei Misrepresented (1)-(9)," *HM*, March 7-10, 13-17, 1984. *Japan Times* における議論は，主に，日本に住む日系アメリカ人と，非日系のアメリカ人と思われる読者との間でなされた。

14 越境する日系人の表象〔佃　陽子〕

戦略的に利用しつつ，議論を展開したのである。

　日本での『山河燃ゆ』の放送は予定通り 1984 年 1 月 8 日に始まり，ロサン
ゼルスでの放送は 2 月 25 日に，サンフランシスコでは 3 月 18 日に始まる予定
であった。日系人の懸念を知った NHK はアメリカでの放送開始前，各日系紙
に長文のコメントを送付し，日系人にドラマについての理解を求めた。NHK
は，ドラマの概要を記述しつつ，『二つの祖国』を原作としているもののドラ
マの内容は異なると強調し，ドラマ制作の目的は，日系アメリカ人を主人公に
戦争の歴史を描くことによって，戦中日本が行った外国人に対する差別や，無
謀な戦争に突入した過去の歴史を自省するとともに，日米の相互理解の重要性
を訴えることであると述べた[49]。しかし，アメリカでの放送開始が目前に迫っ
た 2 月下旬，NHK は放送開始の延期を発表した[50]。発表時，日本では第 6 話
までを放送しており，もうしばらく日本の視聴者の反応をうかがって，慎重を
重ねるのが目的であった[51]。

　英語モノリンガルの日系人主導で議論が展開する一方で，戦後移住者や駐在
員など，日本語を第一言語とする在米日本人はこの議論に対してどのような反
応を示したのだろうか。かれらは山崎の原作を読むことができ，かつ，程度の
差はあれ英語も理解できることから，少なくとも『北米毎日』のような日系新
聞の読者は，英語欄での議論を読んで，日系人の小説やドラマに対する批判を
知ることができたはずである。だが，『北米毎日』の日本語欄で，英語欄のよ
うな議論が起こることはほとんどなかった。当時在米 10 年になる北米毎日記
者・松尾明は，日系人ブームに対する疑問や，ドラマの放送延期に対する所感
をコラムで述べているが，一般読者からの投書はほぼなく，積極的に英語欄の
意見を翻訳することも少なかった[52]。むしろ同じ新聞でありながら，『北米毎
日』の英語欄と日本語欄の一連の議論への対応は対照的である。英語欄で批判

---

(49)　"NHK sends comments on 1984 Drama Series, 'Sanga Moyu,'" *HM*, Jan. 17-18, 1984.
　　ロサンゼルスの邦字紙，羅府新報では日本語のみで掲載されている（1984 年 1 月 28 日）。
(50)　「NHK 大河ドラマ『山河燃ゆ』放映，4 月に決定　広瀬不二テレビ社長ら記者会見」；
　　"'Sanga Moyu' Postponed Until April 29 in Bay Area — NHK 'Surprised at Reaction —"
　　ともに *HM*, Feb. 23, 1984；「「山河燃ゆ」米での放映，延期」『毎日新聞』1984 年 2 月
　　24 日。
(51)　"NHK Postpones Broadcast of 'Sanga Moyu' in U.S.," *HM*, Feb. 23, 1984.
(52)　ウエダの批判については，英語欄での掲載の翌日，日本語欄に翻訳が掲載された。

変動する社会と法・政治・文化

が高まり始めた頃，日本語欄は，提携先である日本の『毎日新聞』で始まった，日系アメリカ人を取り上げた連載記事「遥かなるニッポン」の転載を開始した[53]。また，ハワイの日系人を描いた日本のテレビドラマ「波の盆」のロケーション撮影の様子や，近々日本で出版される日系人関連本を紹介している[54]。当時の北米毎日の日本語欄は，英語での激論をよそに，日本での日系人ブームを無邪気に逆輸入しているかのようにすら思える。

　だが，日本語を第一言語とする在米日本人らは，ドラマ放送をめぐる議論に決して無関心ではなかった。それは，事実上の放送中止となる無期延期を発表した 3 月 20 日の記者会見を報じた，翌日の『北米毎日』の日本語欄で読み取れる[55]。この記者会見は，地元サンフランシスコの日本語テレビ放送会社である不二テレビの専務，日本の番組をアメリカに配給しているロサンゼルスの会社 UTB ジャパンの大塚義通社長，NHK 代表者 2 名の，合計 4 名によるものであった。UTB は 1972 年以来 NHK を含む日本のテレビ番組をアメリカに供給し，過去 9 年に渡って大河ドラマを放送してきた。UTB は『山河燃ゆ』の放送許可を NHK から得ているものの，ドラマが「客観的な立場で冷静に鑑賞されず，さらに日系人社会に摩擦と混乱をもたらす恐れがあると判断し，やむなく再度，放映開始の延期を決め」たと，大塚は発表した。NHK は UTB の決定に同意しているものの，最終的に放送中止を決断したのは日本の NHK ではなく，地元の日本語テレビ放送局会社，いわばローカルの在米日本人による判断であった。

　さらに大塚は，自由というアメリカ的価値観に言及しながら，「英語サイドからの反対の声」を次のように鋭く批判した。

　表現の自由及び報道の自由が保証されているアメリカにおいて，「山河燃ゆ」の

---

(53) 古森義久は全米各地の日系人を取材し，『毎日新聞』夕刊に 1983 年 10 月から 1984 年 5 月まで 147 回連載記事を執筆。この連載は当時ロサンゼルスやシアトルなどの日系新聞にも転載された。後に，古森義久『遥かなるニッポン』（毎日新聞社，1984 年）として出版された。

(54) 「テレビドラマ「波の盆」日系一世の苦難描く　ハワイ・ロケに張り切る笠智衆」1983 年 10 月 1 日；「『ジャパン・ボーイ』の著者　日系米人を 10 年間 "筆撮" 写真作家　大谷勲さん」1983 年 11 月 12 日，ともに『北米毎日』。

(55) 「NHK 大河ドラマ『山河燃ゆ』米放映延期『是非，このドラマを見て欲しい』20 日，関係者が事情説明の記者会見」『北米毎日』1984 年 3 月 21 日。

ストーリーの展開が，"誤ったナショナリズムで反米感情をあおる"ものでは決してないにもかかわらず，原著作も読まず，テレビドラマ化された同作品もまだ視聴していない人々までもが同番組放映について論評し，いたずらに摩擦と混乱が増大されつつあることを遺憾に思います[56]。

　また，NHK 番組制作局次長の遠藤利男は，読者の間で原作に対して様々な意見があるのは当然と述べつつも，「帰米二世は二世ではないとの声もあるが，逆に私からみれば偏見」とコメントするなど，日系人の間の差別感情を批判した。『北米毎日』は同日の英語欄でもこの記者会見を報じているが，記事は短く事実を述べ，内容は日本語欄とは微妙に異なっている[57]。記事の見出しでも，英語欄が，「NHK が『山河燃ゆ』について譲歩（back off）」としているのに対し，日本語欄は，記者会見した関係者の言葉を引用し「是非，このドラマを見て欲しい」としている点にも，この問題に関する日英欄各々の記者や編集者の姿勢の違いがあらわれている。アメリカで生まれ育ち，戦時の強制収容を自らの歴史としてきた日系人と，戦後に渡米した在米日本人では立場がまるで異なることから，ドラマをめぐる議論に加わることを躊躇していた在米日本人もいただろう。しかし，在米日本人もまた，アメリカでの日本語放送の視聴者であり，その点ではまさに議論の当事者でもあった。大塚の発言からは，日系コミュニティ内のパワーバランスにおける，在米日本人の複雑な立ち位置が垣間見える。

　『山河燃ゆ』の米国での放送が事実上中止になったことは，放送に反対していた者にとって好ましい結果であったが，JACL は NHK へ米国での放送中止を求める圧力をかけたことを否定した[58]。UTB 社長が会見で述べたように，一ドラマの公開に反対することは表現の自由に抵触するおそれがあるため，JACL は組織として放送に反対しているわけではなく，放送に対する懸念を表明したにすぎないと主張した[59]。また，NHK の近藤晋も，最初の放送延期が発表された後に，『朝日新聞』に寄稿し，JACL から NHK に届いた手紙の内容を伝え，NHK と JACL の間ですでに話し合いがあり，十分に留意した上で

---

[56]　前掲記事。

[57]　"NHK Backs Off on 'Sanga Moyu,'" *HM*, March 21, 1984.

[58]　Ron Wakabayashi, "NHK's Receptiveness," *PC*, April 6, 1984; Wakabayashi, "Exaggerations," *PC*, April 29, 1984.

変動する社会と法・政治・文化

ドラマを制作・放送することについて理解が得られていると強調した[60]。しかし，JACL関係者や，補償運動にかかわるリベラル派の日系人による批判が，結果的に放送中止の圧力になったという点は否めないであろう。その一方で，検閲とも呼ばれかねない放送中止を，なぜリベラル派の日系人が支持したのか。それは，『二つの祖国』およびそのドラマが，戦後の日系コミュニティが目を背けてきた，忠誠心をめぐる問題をはからずも突きつけたからである。

Ⅵ 「反米」と「親日」をめぐる忠誠心の問題

日系人がアメリカ白人社会から受けた人種差別を描いた『二つの祖国』は，日本人の反米感情を煽動するとも批判され，山崎は「反米作家」の烙印を押された[61]。「反米」，「親日」のレッテルの前提になったのは，『二つの祖国』が日本のナショナリズムを煽っているという批判である。日系人の強制立ち退き・収容に始まるこの小説は，実にその半分近くが膨大な裁判記録を用いた東京裁判に割かれている。山崎を国家主義的だとする批判は，主に東京裁判の描き方によるものである。日系二世の口を借りて，日本に対する連合国の一方的な勝者の裁きを批判し，アジアにおける日本の加害者性を矮小化し，日系人のアメリカでの被差別体験と結び付けることで被害者としての日本人を強調している，というのが主な批判である[62]。折しも，四時間を超える長編ドキュメンタリー映画『東京裁判』（1983）が公開されたばかりで，東京裁判の歴史的解釈が物議を醸していた時でもあった。また，山崎が小説執筆の動機を，祖国とは何かを日本人に考えさせることだと言明していたため，日本人の愛国心鼓舞のため

---

[59] 1984年8月にハワイで開催されたJACLの全国大会に参加した猿谷要によれば，ドラマ放送そのものに対して，JACLとして正式に抗議することが提案されたが，会員の大半が日本語を読めないため原作も読んでおらず，実際にドラマも視聴していないことから，組織としての抗議は不適当とされ，この提案は否決された。猿谷要『アメリカ合衆国と私たち 1990年代への視点』（朝日選書，1989年）77頁。

[60] 近藤晋「論壇 日米理解めざす「山河燃ゆ」「一つの祖国」の認識もちドラマ化」『朝日新聞』1984年3月8日朝刊。

[61] しかし，日米貿易摩擦による日本たたきが問題になるなど，明らかな反日感情があったのはむしろアメリカ社会である。一方，戦後の日本社会は他国に類を見ないほど，一貫して親米的であり続けた。吉見俊哉『親米と反米』（岩波新書，2007年）9-12頁。

[62] こうした批判は以下にみられる。Wetherall, "Japan's pop Roots,"

14 越境する日系人の表象〔佃　陽子〕

に日系人の歴史が利用されたと批判する声も少なくなかった[63]。日本の研究者も日系人と同様の批判を寄せ，社会学者の河村望は『二つの祖国』にみられる日本の「超国家主義」，「右翼的ナショナリズム」を厳しく批判した[64]。戦後に渡米した移民研究者の石川好も，日本の雑誌に度々寄稿し，この大河ドラマによって日本人のアメリカに対する偏見，「偏米感情」が煽られることを警告し，日系人を日本人の代弁者にするべきではないと批判した[65]。

　日本人のアメリカ史や日系史研究者も，日本人に向けて『二つの祖国』を批判し，「日系アメリカ人はアメリカ人である」という主張を支持した。ドラマの時代考証をつとめた猿谷要は，NHK が刊行した特集本に寄せたエッセイで，「日系アメリカ人はアメリカ人である。こんなにバカバカしいことをいうのは，日系人ということだけを強調しすぎて，錯覚を起こす日本人が少なくないからだ。」と述べ，日系人に対する日本人の無知を指摘した[66]。アメリカ史研究者の本間長世も，元米国会図書館日本課長のアンドルー・クロダからの個人的な手紙を紹介した上で，日系人からの批判に共感し，日米の相互理解を促進させるために，「アメリカ人はアメリカ人であるとの認識を確立させねばならない」と述べている[67]。日系史研究者の飯野正子と日系文学研究者の篠田佐多江は，日系人ブームにおける大衆小説やマスコミ報道で描かれる日系アメリカ人像は偏ったものであると批判し，日系アメリカ人の歴史の「正しい理解」が必要で

---

[63]　Clifford Uyeda, "Futatsu no Sokoku: Synopsis and Comments," *PC*, Dec. 23-30, 1983 (also on *HM*, Dec. 23, 1983); Uyeda, "On 'Fatherland' and Other Matters," *PC*, March 23, 1984; Yuji Ichioka, "A Nisei Critique of 'Futatsu no Sokoku'" (Part 4, final), *HM*, March 24, 1984.

[64]　河村望「「二つの祖国」に見る「日本人論」」『文化評論』278 巻（1984 年 5 月）142-154 頁。

[65]　石川好「『山河燃ゆ』に異議あり」『歴史と人物』1984 年 3 月，186-99 頁；石川「大河ドラマ『山河燃ゆ』の意味するもの ── "日系米人"はブームか!?」『正論』134 号（1984 年 4 月）98-107 頁。

[66]　猿谷要「日系人はアメリカ人である」『山河燃ゆ ── NHK 大河ドラマ・ストーリー』（日本放送出版協会，1984 年）130-32 頁。

[67]　本間長世「『山河燃ゆ』と日米認識の相違」『正論』（1984 年 6 月）210 頁。クロダは日本生まれだが，日米開戦時にオレゴン州で牧師をしており，強制収容を経験した。クロダは日本の雑誌にもドラマを批判する記事を寄稿している。アンドルー・Y・クロダ「『二つの祖国』という概念はあり得ない　日系米人の心を歪曲するテレビドラマ『山河燃ゆ』」『朝日ジャーナル』26（3）（1984 年 3 月）26-29 頁。

変動する社会と法・政治・文化

あると訴えた[68]。同時期に日系カナダ人に関するノンフィクション作品を複数
出版した工藤美代子は，戦前に帰米した二世を主人公とする，井上靖の未完の
小説『わだつみ』(1977) を『二つの祖国』と比較し，後者における「安直な
日本精神の鼓舞」を批判した[69]。

　『二つの祖国』およびそのドラマが国家主義的かどうかの検証は，本稿にお
いて重要ではない。むしろ重要なのは，山崎の小説およびそのドラマを批判す
る日系アメリカ人と日本人知識人が「誤解」されまいとしたのは，日系人のア
メリカ合衆国に対する忠誠心であったという点である。小説とドラマ放送をめ
ぐる議論において，かれらの忠誠心は過剰に強調された。アメリカ政府に戦時
の強制収容に対する謝罪と補償を認めさせるためには，日系人のアメリカに対
する強く，ゆるぎない，同質的な忠誠心が暗黙裡に前提とされていたからであ
る。しかし，国籍，言語，世代，教育など，戦前も戦後も常に多様性を抱えて
いた日系人が一枚岩であったわけではなく，当然忠誠心についても同質的で
あったはずはない。そもそも補償にとって忠誠心が必要なのかという本質的な
議論も，コミュニティ内では避けられてきた。補償運動において，忠誠心をめ
ぐる問題は日系アメリカ人コミュニティ内で極めてデリケートな政治性を帯び
ていた。

　日系コミュニティは，日本人が書いた小説とそのドラマ化という思いがけな
い形で，これまで避けてきた忠誠心の問題と向き合わされた。ウエダが『北米
毎日』への投書で山崎の小説を日系人史の歪曲だと批判し，アメリカへ絶対の
忠誠を証明してきた二世が誤解されてはならないと主張したのに対し，元
MIS 兵士のシグ・キハラは同紙上の英語欄で猛反発した[70]。キハラは，収容所
における暴動などの記憶に生々しく言及し，その原因はまさに忠誠心をめぐる
問題であったと述べ，「アメリカ人である自分を裏切り，犯罪者のように鉄条
網の中に押し込めた国［アメリカ］に対して，どうやって忠誠でいられるのだ
ろうか」と感情的につづり，アメリカに忠誠心を示すことに対して，二世が何

---

(68)　飯野正子・篠田佐多江「日米関係を映す鏡 ── 移民史からの接近」『文化評論』278
　　 巻（1984 年 5 月）128-141 頁。

(69)　工藤美代子「「わだつみ」と「二つの祖国」の間-移民をテーマにした 2 つのベストセ
　　 ラーの読みかた」『正論』(1983 年 12 月）64-70 頁。

(70)　Clifford I. Uyeda, "'Futatsu No Gokai,' Or Japanese Americans Are Victims of Double
　　 Misunderstanding," *HM*, Sept. 29, 1983. "Opinion: Futatsu no Gokai," *HM*, Oct. 28, 1983.

344

14 越境する日系人の表象〔佃　陽子〕

の葛藤も抱かなかったわけではないと，体験者の立場から力強く反論した[71]。

　戦時に MIS 日本語学校の校長を務め，戦後は日系人最初の州判事となった
ジョン・アイソは，ウエダによる山崎とドウスの対談の英文要約を批判する投
書を寄せた。日本語にも堪能なアイソは，『二つの祖国』という小説のタイト
ルは，日系アメリカ人の分裂した愛国心を示唆しているわけではないと述べ，
「祖国」という日本語の持つ辞書的な意味も解説している。小説の主人公のよ
うに MIS で中心的役割を果たした年長の二世は，日本語に堪能なだけでなく
心情的にも一世にも近かったため，米兵としての責務を果たすのは精神的に辛
いことでもあったと，現場を知る者として当時を語る。小説を批判するのは自
由だが，そこに描かれた歴史を経験した我々日系人は特に，知性と客観的公平
性をもって批判すべきだと主張した[72]。

　ニューヨークの日系紙 *New York Nichibei* の英語欄編集者テル・カナザワは，
自身が執筆した社説で，「我々日系アメリカ人は 100 パーセントアメリカ人だ」
と主張してドラマを批判する人々に対して疑問を投げかけ，日系二世の作家
ジョン・オカダの小説『ノーノー・ボーイ』に言及している[73]。『ノーノー・
ボーイ』は，戦中に徴兵拒否のために投獄され，戦後，故郷のシアトルに帰っ
た二世青年イチローの苦悩を描き，当時すでにアジア系アメリカ文学の代表作
として知られていた[74]。日本の勝利を信じる狂った母の自殺や，戦争で負傷し
た友人の死など，実体験をもとに当時の日系人の心情を生々しく描いた，この
小説が示したように，「100% アメリカ人」を否定，あるいは許容し難いと考

---

　(71)　キハラもウエダも二世であるが，ウエダは強制退去の対象地域外にあるニューオーリ
　　　ンズの医学校に入学したため，強制収容所には入らなかった。卒業後，東部の病院で勤
　　　務した後，朝鮮戦争時，1951 年から 1953 年まで米軍の軍医として日本に駐留していた。
　　　Greg Robinson, "Clifford Uyeda," *Densho Encyclopedia*, http://encyclopedia.densho.
　　　org/Clifford_Uyeda/（2019 年 1 月 8 日閲覧）ウエダは翌日の紙面で，収容所における
　　　暴動は日本への忠誠心のあらわれではないと，的外れな反論をしている。Uyeda, "Let-
　　　ter to Editor, More on 'Gokai,'" *HM*, Oct. 29, 1983.

　(72)　John Aiso, "Moral Strength of MIS Nisei," *PC*, March 9, 1984. この時もウエダは，一
　　　世の国である日本への興味を忠誠心と混同させてはならないと批判し，「親日イコール
　　　反米」とみなされることを恐れているかのようである。Clifford Uyeda, "On 'Fatherland'
　　　and Other Matters," *PC*, March 23, 1984.

　(73)　カナザワはこの社説を『北米毎日』に送付した。Teru Kanazawa, "A Question of
　　　Loyalty," *HM*, April 27, 1984.

変動する社会と法・政治・文化

えていた日系人は当時もいたとカナザワは指摘し，JACL の一部の人々の論理
を批判する。JACL は，戦中から今まで日系アメリカ人はみな一様にアメリカ
に忠誠だったとアピールできなければ，補償運動に支障をきたすと訴え，それ
をドラマ放送に反対する根拠としていた。しかし，カナザワは，補償の是非を
日系人がアメリカに忠誠かどうかで論じることを批判している。その上で，補
償に反対する人々にとって日系人の忠誠心は問題ではなく，日本との不均衡な
貿易に怒っているにすぎないとし，日系人が気にしているのは，日本たたきの
スケープゴートにされるのではないかということだけだ，と述べた[75]。

　日系アメリカ人史研究の先駆者である，日系二世のユウジ・イチオカが寄せ
た『二つの祖国』のあらすじと書評は，奇しくもアメリカでのドラマ放送無期
延期が発表されたのと同時期に，『北米毎日』と『羅府新報』の両方の英語欄
に掲載された[76]。イチオカは幼い頃に強制収容を経験した若い世代の二世で，
帰米ではないが，明治期の日本の文書も読みこなすほど日本語に堪能な歴史家
である。彼は，アメリカでの放送延期を一度目に発表した時の NHK の姿勢を
「率直でない」と批判しつつ，著者の山崎の意図は，日系人について日本人に
伝えるのではなく，現在の日本人に祖国の意味を問うことにあると述べ，日系
人に起こった歴史的事実を好きなように選び出し，作家としての自由を活かし
て自在に脚色していると述べる。イチオカは，ウエダとは違った見方で客観的
に小説のあらすじを説明した後，『二つの祖国』は日系人と日本人はともに人
種差別の犠牲者であるという強い印象を読者に与えるとコメントしている。彼
が批判するのは，アメリカ白人による人種差別を伝えるために日系人を利用し
た点であり，特に主人公・賢治の妻エミーや，親友のチャーリーなどの「悪
人」を，賢治や梛子という「善人」と対比させることで，前者はいわば「日本

----

(74) 『ノー・ノー・ボーイ』は 1957 年に初版が出版された後しばらく注目されなかったが，
オカダの死後 1970 年にこの小説を見つけたフランク・チンらが 1976 年に再版して以降，
現在ではアジア系アメリカ文学の古典とされている。川井龍介「ジョン・オカダと物語
の背景—訳者あとがきにかえて」ジョン・オカダ『ノーノー・ボーイ』川井龍介訳（旬
報社，2016 年）329-41 頁。

(75) ウエダはカナザワの投書にも反論し，それに対するカナザワの応答も紙面に掲載され
た。Clifford Uyeda, "Not a Question of Loyalty," *HM*, May 2, 1984; Teru Kanazawa,
"More on 'A Question of Loyalty,'" *HM*, May 16, 1984.

(76) Yuji Ichioka, "'Futatsu no Sokoku' Critique I-II," *Rafu Shimpo*, March 19-20, 1984;
『北米毎日』では 4 部に分けて英語欄で掲載，1984 年 3 月 21-24 日。

14 越境する日系人の表象〔佃 陽子〕

人ではない日系人」であり，後者は「心情は日本人である日系人」として描き出している。つまり，日本とのつながりを拒否する日系人はエミーやチャーリーのような悪人であり，逆に日本とのつながりを大事にする日系人は賢治や梛子のような善人である。日系人以外のアメリカ人登場人物のほとんどもまた悪人であり，日本人を戦争の犠牲者とすることで，日本の戦争責任を回避するばかりか，反米感情を引き起こし，日本の軍国主義の再評価を促していると批判する。しかし，ドラマについては視聴してみないと評価できないとしており，イチオカはアメリカでの放送に反対しているわけではない。

　一方，二世の詩人で人権活動家としても知られるミツエ・ヤマダは，一部の二世や JACL が日系人全体の「保護者」としてドラマを「検閲」したことを，『羅府新報』の英語欄で厳しく批判した[77]。戦前に福岡で生まれ，三歳で家族とシアトルに移住したヤマダは，山崎の原作を読めるほどの日本語能力はない。しかし，戦中に FBI に逮捕された父親と引き離され，アイダホの強制収容所に送還された彼女は，後に出版した詩集で収容所での経験を生々しく綴ったように，アメリカに対して「不忠誠」と烙印を押された帰米の苦悩をよく知っている[78]。帰米は日系人が否定し，忘れようとしていた日系人の姿すべてだったから，戦後の日系コミュニティは帰米を除け者扱いしてきたと，ヤマダは舌鋒鋭く批判する。「日系アメリカ人は日本人でなくアメリカ人である」と主張することは，日本に連なる日系人の文化的遺産をアメリカ白人が拒み続けても構わないとすることであり，日本の日本人に対して，日系人を外国人扱いせよというメッセージを与えることになる。日系人はたしかに日米を含む複数の文化的遺産を持っており，それらがいかに複雑に絡まり合っているかを，山崎が描いた帰米二世の主人公は象徴しているのであり，それは現代の私たちが知っておくべきことだと，ヤマダはアメリカでドラマを放送することの重要性を訴えた[79]。

　アメリカでのドラマ放送についての賛否は日系コミュニティ内で分かれてい

---

[77]　Mitsuye Yamada, "Vox Populi," *Rafu Shimpo*, April 6, 1984.

[78]　Mitsuye Yamada, *Camp Notes* (San Lorenzo, CA: Shameless Hussy Press, 1976). 1981年には PBS による映画 *Mitsuye and Nellie: Asian American Poets* で，中国系のネリー・ウォンとともに，代表的なアジア系アメリカ人女性詩人として特集された。ヤマダは世代的には二世であるが，日本生まれであることから戦後になるまでアメリカ市民権を取得できなかった。

347

変動する社会と法・政治・文化

たにもかかわらず，結局放送は実現することなく，日系人の忠誠心をめぐる議論はかみ合うことのないまま，やがて日系紙からも消えていった。しかし，こうした議論は，戦後の日系コミュニティにおいて，日系アメリカ人と日本との物理的・精神的結びつきを公に語ることがタブーとされ，日系人のアメリカに対する忠誠心は戦中から常に揺るいでいないという言説が当然視されてきたことを示している。実際，山崎の小説を批判したイチオカでさえ，1988年に日系人の戦時強制収容に対する補償が成立するまで，戦前の一世の親日ナショナリズムに関する論文の発表を延期していた[80]。東栄一郎によれば，イチオカは自身の歴史研究が補償を阻止しようとする保守層に政治利用され，戦時強制収容が正当化されることを警戒していた。補償実現後，イチオカは「歴史の研究者は政治的アイデンティティといわゆる忠誠問題の論争と取り組むべき時が来た」と主張し，戦前や戦中における日系人の忠誠心というタブーとされていた領域に精力的に取り組むようになった[81]。よって，補償運動が重要な局面を迎えていた1984年に，イチオカが寄せた山崎の小説に対する批評は，歴史研究者と社会運動の関係性を踏まえた上で考えられなければならないだろう。

　歴史研究者のブライアン・ハヤシも，補償実現後，戦中の日系アメリカ人と日本の政治的，文化的紐帯についての著作が急速にあらわれるようになったことを指摘している[82]。これは，それまで非公開だった収容所の文書等が公開されたり，個人が大学や博物館等の団体に未公開の資料を寄贈したりするように

---

(79) ウォーレン・クボタは後に『北米毎日』の英語欄コラムでヤマダの投書を紹介し，同様にドラマを放送すべきだと主張した。Warren Kubota, "Televise 'Sanga Moyu,'" *HM*, May 3, 1984.

(80) 東栄一郎「編集者の序　市岡雄二と日系アメリカ人史研究の新しいパラダイム」ユウジ・イチオカ著，ゴードン・チャン，東栄一郎編，関元訳『抑留まで　戦間期の在米日系人』（彩流社，2013年）23頁。英語原著は，Yuji Ichioka, *Before Internment: Essays in Prewar Japanese American History*, eds. by Gordon H. Chang and Eiichiro Azuma, (Stanford: Stanford University Press, 2006). 同書所収の論文「日本人移民のナショナリズム──一世と日中戦争1937-1941」（171-88頁）が最初に発表されたのは1990年であり，イチオカは随分前から原稿を書き終えていたにもかかわらず，あえて発表を控えた。

(81) 例えば，『抑留まで』に所収されている論文「忠誠の意味—カズマロ・バディ・ウノの場合」は，戦中は日本軍のジャーナリストとなり米軍の捕虜になった特異な二世について論じている。この論文は，1995年にUCLAで開催されたシンポジウムをもととし，1998年に*Amerasia Journal*で発表された。

(82) Hayashi, *Democratizing the Enemy*, 7.

14 越境する日系人の表象〔佃　陽子〕

なったためであるが，補償後に日系人の日本的な部分がオープンに語られるようになったのは確かである。ハヤシは，ドラマがアメリカで放送中止になったのは，日系アメリカ人の日本的な側面が一般にさらされるのを JACL や「革新派」の日系人が嫌がり，UTB に圧力をかけたためだとしている[83]。

　「日系アメリカ人はアメリカ人である」という主張にみられる，日系アメリカ人のアメリカ国家に対する忠誠心の過剰な強調は，日系人が日本あるいは日本人と関連付けられることによって再びアメリカの「敵」とみなされることに対する恐怖と表裏一体をなしている。20 世紀初頭の排斥および戦中の強制収容を経験した日系アメリカ人にとって，日本に関するあらゆるものを拒絶することは，人種主義的なアメリカ社会を生き抜くための戦略であった。東は，連合国占領下の日本においても，日本に対する極端な嫌悪や拒絶が，日系人にとって重要な生存戦略だったことを指摘している[84]。占領期，勝者として来日した数千人の日系アメリカ人兵士・軍嘱は，統治者であるアメリカ白人と現地日本人との「文化的ブローカー」としての役割を米軍から期待されたが，アメリカ白人よりもむしろ極端に現地日本人を侮蔑，嫌悪し，差別的にすら扱った[85]。アメリカ白人が，日系人を依然敵である日本人に近い人種として疑い，監視を続ける状況下で，日系人は自身のアメリカへの忠誠心を示すために，米国市民である日系人と，敗者・日本人の差異を強調しなければならない心理に追い込まれた。現地日本人に同情を示す日系人は，アメリカに対する忠誠心を疑われる恐れがあったのである。一方，日系人以外のアメリカ人が現地日本人に同情したとしても，かれらの忠誠心が疑われることはなかった。戦中から占領期にかけて 20 代の青春時代を過ごした山崎豊子は，1970 年代のハワイで「同胞の屈辱」を知る前から，占領期の日本で苦悩する日系二世を記憶していたのではないだろうか。日本人の山崎が日本語で書いた小説『二つの祖国』は，ドラマとして映像化されることによってアメリカへと越境したが，日系人の国家に対する忠誠心というタブーに触れ，結果的にその公開はかなわなかったの

---

[83]　Ibid., 216.

[84]　Eiichiro Azuma, "Brokering Race, Culture, and Citizenship: Japanese Americans in Occupied Japan and Postwar National Inclusion," *Journal of American-East Asian Relations*, Vol. 16, No. 3 (2009): 183-211.

[85]　Ibid., 199-204. 東はこれを "hyper-disidentification," 自身との極端な差別化と呼んでいる。

349

変動する社会と法・政治・文化

である。

Ⅶ　おわりに

　NHK がアメリカの日系コミュニティに向けて，小説とは異なるものになる
と宣言した大河ドラマ『山河燃ゆ』は，実際にどのように小説と異なっていた
のだろうか。原作では日米開戦から物語が始まるが，ドラマでは東京裁判で起
訴状を日本語で読み上げる主人公・賢治のナレーションにしたがって，日本が
無謀な戦争へのめり込む過程を，1936 年の二・二六事件から賢治の回想とと
もに振り返っている。また，原作では，日本軍のアジア侵略を東京裁判で賢治
が初めて知ることになっているが，ドラマでは，アメリカの通信社記者として
中国に渡った賢治が日本軍の残虐行為を目撃したとしており，上海事変や南京
事件など日本の加害者としての側面を示す。ドラマには原作にはない登場人物
が多数創作され，満州開拓団で苦労した特高刑事，日本で暮らす中国人の娘，
主人公の弟・忠を支援する女浪曲師など，戦時下の日本社会や庶民の様子も描
く。日米開戦となるのは，全 51 回のドラマの 3 分の 1 が終わったところであ
り，前半部分における原作とドラマの相違には，作者の山崎も憤慨したほどで
あった[86]。開戦後のドラマの展開は，原作と大きな違いはないが，強制収容さ
れる日系人に同情的なアメリカ人が創作され，イチオカが「悪人」の日系人と
批判した，主人公の妻エミーや親友チャーリーの描き方も原作とはやや異なっ
ている。酒に溺れ，嫉妬に狂う悪妻として描かれたエミーは，ドラマでは一途
に賢治を慕い，アルコール中毒症の治療後は再び良妻となる。占領軍として日
本人を見下すチャーリーは，元華族の令嬢と婚約して明るい将来を手にしつつ
あったが，日本人のけんかに巻き込まれて刺殺されるという惨めな最期を遂げ
る。原作では戦死する主人公の弟・勇は，戦闘で聴力を失うものの白人の恋人
と結婚して，父親の洗濯店を継ぎ，戦後の日系人の明るい未来を示唆している。
　初回放送の後の予告映像では，次のようなナレーションが流れる。

　現在日系人は，完全なアメリカ市民としてアメリカ社会の様々な分野で活躍して

---

[86]　三國一朗，山崎豊子「『二つの祖国』は反米的か・山崎豊子（対談）」『潮』302 号（1984
　年 6 月）246-54 頁。

14 越境する日系人の表象〔佃 陽子〕

います。このドラマに登場する人々は，今から 50 年前，太平洋戦争の時代を力強く生き抜き，現在の日系アメリカ人社会を築き上げた一世，二世です。彼らと日本人，そしてアメリカ人との交流をフィクションとして描いています。不幸な戦争の中で家族を愛し，人間を愛し，そしてふるさとの山河を愛おしんだ人々，平和のために過酷な運命と戦った男や女たちの物語です。

　現在の日系アメリカ人は「完全なアメリカ市民」である，という言葉に，アメリカの日系コミュニティに向けた NHK の配慮がうかがえる。しかし，まさに日系人が「完全なアメリカ市民」であることに疑いを持たれないために，このドラマの放送がアメリカで見送られたのは何とも皮肉である。

　大河ドラマ『山河燃ゆ』は，その後 1989 年にハワイのケーブルテレビで放送され，その後もハワイで再放送された。山崎の小説『二つの祖国』は，*Two Homelands* というタイトルで 2008 年にハワイ大学出版局から英訳が出版された。翻訳はハワイ大学で長らく日本史を教えていたディクソン・モリスが担当し，出版にはハワイの元 442 連隊退役軍人の団体による支援があった[87]。『山河燃ゆ』以後も，日本の大衆メディアでは日系アメリカ人に関する数多くの小説，ドラマ，映画，漫画などが発表され，ドラマや映画は英語字幕をつけてアメリカでも放送されたが，『山河燃ゆ』が引き起こしたような放送に反対する批判は日系コミュニティで起こらなかった[88]。2002 年に半年間に渡って放送された NHK 連続テレビ小説『さくら』は，ハワイで生まれ育った日系 4 世の主人公が日本を訪れる物語だが，ハワイを含めアメリカ本土でも放送された[89]。

　しかし，日本人が日本語で書いた小説とそのドラマが日系アメリカ人コミュニティに突きつけた「二つの祖国」という問題に結論が出たわけではない。戦

---

[87]　Toyoko Yamasaki, *Two Homelands*, trans. by V. Dixon Morris (Honolulu: University of Hawaii Press, 2008). ただし，これは全訳ではなく，日本語でハードカバー 3 冊に渡る長編を，英語では 1 冊にまとめている。

[88]　たとえば，2010 年に TBS で放送されたドラマ『99 年の愛』がある。拙稿「日本の大衆メディアにおける日系人の表象」を参照。

[89]　日系人がどのように『さくら』を観たのかに関しては，クリスティン・ヤノの論考がある。Christine Yano, "Becoming Prodigal Japanese: Portraits of Japanese Americans on Japanese Television," *Television, Japan, and Globalization*, eds. by Mitsuhiro Yoshimoto (Michigan Monograph Series in Japanese Studies, 2010), 215-38.

変動する社会と法・政治・文化

中の強制収容のため，自らアメリカ市民権を放棄した日系人について研究する
村川庸子は，アメリカで『山河燃ゆ』の放送が中止されたのは，補償運動への
悪影響を懸念した「政治的な判断」のためだったと，ドラマ放送から10年後
に振り返っている。その一方で，当時「元々日系人に「祖国」は二つはないの
だ，という本質的な批判があった」ことについて，「二つの祖国はない」とい
う本質論を自身が理解していなかったと村川は述べている[90]。アメリカに生ま
れ育ち，生得的にアメリカ市民権を所有しているにもかかわらず，強制収容の
不当性に憤って市民権を放棄した二世にとって，当時「二つの祖国」が問題に
ならなかったはずはないからである。日系人強制収容の歴史が忘れてはならな
いアメリカの汚点として強調される一方，補償実現から30年が経とうという
現在でも，「不忠誠」とみなされた市民権放棄者や「ノー・ノー・ボーイ」が，
日系アメリカ人史において疎外されたままであることを，「二つの祖国」とい
うメタファーは示唆している。

　さらに，ドラマ放送をめぐる論争の中であらわれた，移民世代とその子孫の
忠誠心をめぐる問題は，日系人だけでなく，アメリカにおいて人種的マイノリ
ティとされるすべての人々にとっても今日的な問題である。2001年以降の
「テロとの戦い」において，アメリカのアラブ系移民やイスラム教徒がテロリ
ストとの関係を疑われ，ヘイトクライムなどの不当な迫害が相次いだことに対
して，日系アメリカ人は強制収容の過ちを繰り返してはならないと声を上げ，
いち早くアラブ系に支援の手を差し伸べた。現在のトランプ政権下でアラブ系
に対する抑圧がますます強まる中，日系とアラブ系はエスニック・グループと
しての結束を強化している。そのような状況下で，現在の日系アメリカ人のみ
ならず，世界のすべての人々は，アラブ系移民の「二つの祖国」という意識に
どこまで理解を示せるのだろうか。かつて「日系アメリカ人はアメリカ人であ
る」と主張したように，アラブ系移民にも120%のアメリカニズムを強いるこ
とがあってはならない。

　＊本稿は，平成29-30年度成城大学特別研究助成「日本の大衆メディアにおける日系人の
　表象とその受容・消費」の研究成果である。

　[90]　村川庸子「日系アメリカ人のアイデンティティ研究の一試論 —— 第二次大戦中の「忠
　誠登録」を中心に」『環境情報研究』3（1995年）61-88頁。

15 オペラ座に幽霊はいない
いかにフランス的理性主義は超自然現象を追放しようと試みたか

永 井 典 克

Ⅰ　『オペラ座の怪人』
Ⅱ　フランス文学における幽霊
Ⅲ　結　語

Ⅰ　『オペラ座の怪人』

　パリのオペラ座で，歌姫クリスティーヌを巡り，シャンデリアが客席に落下したのを初めとし，怪事件が続いていた。その事件の背後にはオペラ座の地下に住む仮面の怪人エリックが隠れていた。自らの醜い姿のため仮面を被って地下に隠れ住んでいたエリックは，クリスティーヌを愛してしまい，彼女の愛を得るため邪魔者を排除しようと事件を起こしていく。

　この『オペラ座の怪人』という作品は，1925 年ロン・チャニー主演のアメリカのサイレント・ホラー映画，1986 年アンドリュー・ロイド・ウェバーによるイギリスのミュージカル版などにより世界中で知られている。

　映画版の主な作品だけでも 1925 年の無声映画，1943 年のアーサー・ルービン監督によるテクニカラー作品，1962 年テレンス・フィッシャー監督版，1974 年ブライアン・デ・パルマ監督により舞台を現代に移された『ファントム・オブ・パラダイス *Phantom of the Paradise*』，1995 年レスリー・チャンが主演した香港映画『夜半歌聲』，1998 年イタリア・ホラーの巨匠ダリオ・アルジェント監督による『オペラ座の怪人 *Il Fantasma de l'Opera*』，アンドリュー・ロイド・ウェバーによるミュージカルを 2004 年に映画化した作品など数多くあり，この作品の人気のほどが理解される。

　周知のように，この一連の作品群はフランスのガストン・ルルー（Gaston Leroux, 1868-1927）による 1910 年の怪奇小説『オペラ座の怪人 *Le Fantôme de*

353

変動する社会と法・政治・文化

l'Opéra』を下敷きとしている。

1　ファントム fantôme の訳は怪人か幽霊か

　日本では 1925 年のアメリカ映画版 *The Phantom of the Opera* の邦題として
『オペラの怪人』が採用されて以来，phantom, fantôme の訳語として「怪人」
が定着している。1925 年の映画のノベライゼーション『オペラの怪人』(石川
俊彦訳，波屋書店) を筆頭とし，1930 年の田中早苗訳 (平凡社，世界探偵小説全
集 11 巻) で『オペラ座の怪』となっている例外を除けば，三輪秀彦訳の創元
推理文庫版 (1987 年)，日影丈吉訳のハヤカワ文庫版 (1989 年)，長島良三訳の
角川文庫版 (2000 年)，平岡敦訳の光文社古典新訳文庫版 (2013 年) など日本
で出版されている殆どの翻訳がタイトルを『オペラ座の怪人』とし，文中でも
fantôme を怪人としている。

　ところで fantôme の訳としては幽霊というのが一般的であろう。

　『ロワイヤル仏和中辞典』(第 2 版，旺文社，1985 年) では，「【1】幽霊，亡霊
【2】幻 (のようなもの)【3】過去の幻影，追想，追憶；幻想，妄想【4】((話))
がりがりにやせた人，やせっぽち　【5】a) (医学用の) 人体模型　b) (図書館
の) 代本板」とされる。フランス語の fantôme という単語は英語では phantom
にあたり，こちらは『ジーニアス英和辞典』(第 3 版，大修館書店，2002 年) で
は，「【1】《文》幻；幽霊，お化け (ghost)；幻覚，錯覚【2】幻像，幻影；幻
想【3】(外見だけで) 実体のない物〔人〕【4】《米俗》偽名で働く人【5】《米俗》
(公務員と通じて架空の仕事などで) 報酬をうける人」となっている。英語では
幻という意味合いが強いようであるが，フランス語でも，英語でも「怪人」と
いう意味は見つけられない。

　ならば，本来，タイトルも『オペラ座の幽霊』となるべきではないだろうか
という問いが生じる。しかし大正時代のにおいのする怪人という訳語は「幽霊
ではないが，怪人物というよりも，もっと直接的な迫力を感じさせる」ため，
「案外なかなかの適訳で，いまはもう定着していると考えて，いいのではなか
ろうか」とする日影の主張に[1]，日本の多くの読者は共感しているのではなか
ろうか。

---

(1)　ガストン・ルルー『オペラ座の怪人』日影丈吉訳 (ハヤカワ文庫版，1989 年) 472 頁。

354

さらに,『オペラ座の怪人』という邦題も実は小説の内容からすると間違いではないし,むしろ的確なものであると言えるのである。何故ならば,この小説は『オペラ座の幽霊』と原題がついているが,実は,「オペラ座の幽霊の不在」を主題にしているからである。そのことは序文からすでに明らかにされている。

> オペラ座の幽霊は実在した。【中略】そう,この幽霊は,本物の幽霊,つまり幻影のようであったが,肉も骨もある存在だったのである。
> ガストン・ルルー『オペラ座の怪人』序文

オペラ座に幽霊の噂があり調査したところ,確かに幽霊は実在したが,それは幻のようではあったが肉も骨もある存在,つまり人間であったというのがこの小説の骨子なのである。この幽霊の振りをして人々を恐怖に陥れた人間を「怪人」としたのは日影の指摘通りに確かに「なかなかの適訳」であったと言えよう。

この箇所をそれぞれの訳者がどのように訳しているか見てみよう。ちなみに石川(1925年),田中(1930年)の訳ではこの箇所は欠如している。

三輪(1987年)11頁
オペラ座の幽霊は存在していた。【中略】そう,たしかに幽霊は存在していた,ちゃんと骨と肉とを備えて。もっとも彼は本物の幽霊,つまりひとつの影としてのあらゆる要素を備えてはいたのだが。

日影(1989年)11頁
オペラ座の怪人は実在した。【中略】さよう。彼はまるまる,まことの幽霊の,つまり亡霊のようすは備えてはいたが,肉身のまま存在した。

長島(2000年)7頁
〈オペラ座の怪人〉は実在した。【中略】そう,彼は実在の人物,生身の人間だった。もっとも,彼は,どこから見ても正真正銘の幽霊,つまり,まほろしのように振る舞ってはいたけれども。

平岡(2013年)15頁
オペラ座の怪人は実在した。【中略】そう,見かけは本物の幽霊,つまりは幻影のようでありながら,生身の人間として実在したのである。

変動する社会と法・政治・文化

　以上の訳のうち，三輪は原文に忠実に訳しているが，日影，長島，平岡は
「幽霊」は単なる「幽霊」ではなく「怪人」であると明らかにするため，これ
だけ短い文章中でも訳語を使い分けている。平岡は日本語特有のルビを用いる
ことで，原文の単語が持つ意味がズレを生じていることを読者に示している。

2　幽霊，幽霊，幽霊

　ルルーによる幽霊の存在の否定は，実はフランス理性主義の伝統に沿ったも
のである。17 世紀デカルト以来の理性主義は，非理性的な事物の否定の歴史
と言っても良いからだ。現在，辞書・辞典における定義では幽霊の存在を否定
するまで踏み込んでいくことはしない。例えば，『ロベール仏語大辞典 Le
Grand Robert de la langue française, 2017』の fantôme の定義は，「死者の超自
然的出現（かつての外見，もしくは経帷子，鎖など幽霊に特有とされる身なりを伴
う）」とだけでしかない。しかし，17 世紀から 19 世紀に至るまでのフランス
の辞書は，fantôme という単語を定義するにあたり，幽霊とは存在しないもの
であると強調し続けてきたのである。そこで，フランスで幽霊がいかに理性に
よって否定されてきたかを調査することにしよう。

　幽霊という語に相当するフランス語には fantôme, spectre, revenant, esprit
などがある。esprit という単語は「精神，知性，才気，能力，霊，精霊，亡
霊」など様々な意味を持つため，この小論では除外し，fantôme, spectre,
revenant という 3 単語にしぼることにする。調査に当たっては，17 世紀の
フュルティエール（Antoine Furetière, 1619-1688）による『大辞典 Dictionnaire
universel, 1690』（以後『フュルティエール』），18 世紀ではディドロ（Denis
Diderot, 1713-1784），ダランベール（Jean Le Rond d'Alembert, 1717-1783）ら啓
蒙主義者たちによる『百科全書 L'Encyclopédie, 1751-1772』，19 世紀ではラ
ルース出版社による膨大な知の集大成である『19 世紀大辞典 Grand
dictionnaire universel du XIXe siècle, 1863-1876』（以後『19 世紀ラルース』）の
3 冊を用いることにする。

　(1)　17 世紀『フュルティエール』による「幽霊」の定義

　『フュルティエール』によると，fantôme は「物体によって我々の感覚に与
えられる印象から，我々の精神の中に形成されるイメージ。魂は幻影 fantôme
によってのみ，物事を認識する」と定義される。この単語は，まず幻影として

356

の意味が強かったことが分かる。しかし，この単語は「幽霊 un spectre，妄想，偽の見せかけなど，実際には何もないのに，我々が見ていると信じるもの，我々を不安にさせ，恐れさせるもの（傍点筆者）」，すなわち，実際には存在しないものであるとすでに定義されていることが判明する。spectre という単語は，「fantôme，自然の摂理に反して現れる驚くべき像」とあり，この2つの単語はほぼ同じように使われていた。

revenant という単語は fantôme, spectre と語の作りが異なる。もともと revenir（再び来る）という動詞の現在分詞形が形容詞として使われ，それが更に名詞化したものなのだ。そのため，本来「戻ってくる者」という意味しか持たない。『フュルティエール』は例文として「旅行から戻ってくる者たちは，神に感謝を捧げなければならない」という文を載せているだけで，「幽霊」という意味はまだ浸透していなかったようだ。

以上から17世紀では，「幽霊」は自然の摂理に反しており，実際には存在しないが見え，人々を恐れさせるものという定義だったことが分かる。

⑵ 18世紀『百科全書』による「幽霊」の定義

これが18世紀に入り，啓蒙思想家たちによる『百科全書』では，「幽霊」は哲学により積極的に追い払われるべき存在へと変化していく。fantôme は以下のように定義される。

　　我々は幽霊・幻影という名を，実際には存在しない肉体的存在を我々に想像させる全てのイメージに与える。これらのイメージは，様々な光や影など外的な物理的要因によってもたらされる。光や影などの物理的要因は我々の目に影響を及ぼし，イメージが現実のものであると思わせる。さて，我々の過ちは，我を忘れてある像を見ることではない。というのも，その像は実在するからである。過ちはその像を，それが表している肉体的存在だと思うことにある。【中略】我々に恐れや，崇敬の念などを植え付け，我々を苦しめ，不幸にする全ての誤った考えに，幽霊・幻影という単語が与えられた。誤った教育が，このような幽霊を生み出す。経験と哲学が，幽霊・幻影を追い払うのだ。（『百科全書』fantôme の項目。傍点筆者）

spectre は，「人が見たり，聞いたりする霊的存在」で「地上に戻ってきた死者の魂」だと信じる者もいたと説明される。

revenant という単語は17世紀では「戻ってくるもの」という意味しかな

変動する社会と法・政治・文化

かったが，18世紀になると，「死んだ後に再び現れるという人々をそのように呼ぶ」と定義が追加されている。理性を重視する『百科全書』の『百科全書』たる所以は，そのような馬鹿げたことは起こりえない，「足も，手も，目も，耳も，生きた器官がなにもないのに，歩き，見て，聞き，話し，動くというのか！　死んだものは確かに死んでいるわけで，ずっと死んだままなのだ」と感嘆符付きで幽霊の否定を行う点にあった。

『百科全書』からは，18世紀，死者は死んだままで戻ってくることはない，そのような誤った考えを哲学が追い払うと考える人々がいたことが明らかになる。

(3) 19世紀『19世紀ラルース』による「幽霊」の定義

フランス革命を経て登場した『19世紀ラルース』は，『百科全書』の正統な後継者と言える。

そこでは「幽霊・幻影とは，強い印象を与えられた時の想像力，もしくはなんらかの超自然的な力によって目に現れる全てを指す」と，超自然的現象が起こりえる可能性は排除されていない。しかし，「見かけは物質的に空虚なもの」でしかなく，結局，「幽霊・幻影とは，精神に存在するイメージが，外部の世界に顕現したもの」だと続けており，『百科全書』の方向性が受け継がれている。

更に『19世紀ラルース』は哲学者イポリット・テーヌ（Hippolyte Taine, 1828-1893）の『知性について De L'intelligence, 1870』を引用し，幽霊が幻覚でしかなく，実在しないことを論証していく。イポリット・テーヌは，19世紀フランス実証主義哲学を代表する思想家，批評家，歴史家で，『知性について』によって，経験心理学の開祖の一人となったとされる人物である。

さて，テーヌによれば，知性によって最初に引き起こされる現象はイメージである。そして，イメージは感覚によって生成される。この感覚には2種類ある。実際の知覚から生じる感覚と，想像から生じる幻の感覚である。どちらの場合でも，人は対象物が実在すると信じてしまう。実際の感覚により幻覚は破られるが，この感覚が弱いと幻覚は矯正されずに幽霊が生じることになる。もともと想像から生じる幻覚は精神の自然の産物であるため，幽霊も極めて自然なものであるとテーヌは主張する。例えば，腕を切断された人が，すでに失われた腕の痛みを知覚するようなものでしかない。ただ，その幻の感覚は，実際

の感覚によって矯正されなければならない。この主張は，誤った考えは哲学によって矯正されなければならないとした啓蒙主義思想家の主張の延長線上にある。『19世紀ラルース』は，文学ではホフマン，ノディエなどの作家が幽霊を扱ってきたが，テーヌより前にこのように幽霊の理論を科学的に提供した者はいないと，テーヌを評価する。

『19世紀ラルース』はspectreに関して，「光学の法則から説明することができる，見かけ上の現象」とする。そして，revenantに関しても，『百科全書』と同様に強くその存在を否定する。まずrevenantは魂の不滅性を信じるあまり生まれた迷信，民間伝説であり，宗教がこの迷信，伝説を助長してきたとする。そして，革命期に重要な役割を果たした演説家ベルトラン・バレール（Bertrand Barère, 1755-1841）の次の逸話を挙げ，革命後，幽霊は存在しえないと強調する。

> 陰謀家たちに対し厳しい処分を求めるバレールは，国民公会で「死者だけは戻ってこない」と述べた。この言葉で彼は，革命の哲学的教義を要約している。彼は決して消えることがない線で，現在と過去の間に境界線を引いたのだ。過去，人々は死者が戻ってくると信じていたのだ。
> 『19世紀ラルース』revenantの項目

『19世紀ラルース』は，更に1870年の1月，ノール県のある町で幽霊が出現したと報道された時のことを伝えている。呪われた家の隣人は毎晩，叫び声，人を殴る音，うめき声を聞き，恐怖に震えていた。結局，人々は最初に調査すべきだった場所を調査した。彼らは呪われた家に隠れ住んでいた2人の人物を発見したのである。「全ての幽霊話はこのように終わる」とこの項目は締めくくられている。幻である幽霊は，王侯貴族，宗教と共に革命時にフランスから追放され，もはや存在しないというのが『19世紀ラルース』の主張である。

以上のように17世紀から19世紀にかけて，フランスの辞書・辞典は，いかに幽霊のような非科学的存在を理性で否定するかをその使命の1つとしていた。しかし，後ほど見るように，否定し続けなければならなかったということは，実はフランス的理性は幽霊を完全に消し去ることができなかったということを意味していることにも注意しておきたい。

変動する社会と法・政治・文化

3 フランス推理小説史におけるルルー

さて理性により非科学的存在の謎が解明され，追放されたとされる 19 世紀には理性を重んじる小説のジャンルがもう 1 つ誕生している。推理小説がそれである。推理小説こそ理性で，犯罪という謎を解き明かし，追放するものである。そして，ガストン・ルルーはフランス人の多くにとって，探偵ルールタビーユと無実の徒刑囚シェリ＝ビビの生みの父とされる作家であった[2]。フランスでは，彼はまず推理小説作家として考えられているのだ。何度も映画化された『オペラ座の怪人』や，TV ドラマ化され人気となった『血まみれの人形』の作者としてのルルーはその後に来るものでしかない。

ルールタビーユとは密室トリックを扱った古典的作品と言われる『黄色い部屋の謎 *Le Mystère de la chambre jaune,* 1908』で活躍する探偵である。この作品における「きょう必要なのは，単なる探偵の仕事以上のことをすることだ。論理的であることだ。かんじんなのは，理性を正しく働かすことだ[3]！」とのルールタビーユの台詞は，推理小説における理性の働きを如実に示している。

ここでフランス推理小説の歴史を振り返り，ルルーの位置を明確にしておこう。

フランス推理小説は，理性主義の帰結として起きたフランス革命以降の文学ジャンルであった。推理小説は基本的に「悪と正義の境界線がはっきりした二元論の説話世界であり，だからこそ推理小説は信頼に値する司法制度を持つ民主主義国家で生まれ，発展した[4]」とされる。

19 世紀，大都市化が進み人口が増え，犯罪も増えたパリで，犯罪は社会調査や行政的な議論の対象になっただけでなく，一般向け読み物の主題となった。この時代に誕生した近代的ジャーナリズム，特に 1825 年に創刊された『法廷通信』により，犯罪は物語化され，読者に提供された[5]。

7 月王政期には，新聞王エミール・ド・ジラルダン（Emile de Girardin, 1806-1881）によって「新聞小説」が誕生した。日刊新聞『プレス』を創刊したジラルダンは商業広告を載せて購読料を減らすという画期的な経営方針を

---

(2) Alfu, *Gaston Leroux : Parcours d'une œuvre,* Amiens, encrage, 1996, p. 5.

(3) ガストン・ルルー『黄色い部屋の謎』宮崎嶺雄訳（創元推理文庫，2008 年）105 頁。

(4) 小倉孝誠『推理小説の源流　ガボリオからルブランへ』（淡交社，2002 年）27 頁。

(5) 小倉，16 頁。

360

15 オペラ座に幽霊はいない〔永井典克〕

とっていたが，さらに小説を載せて購読者を獲得しようとした。アレクサンドル・デュマ（Alexandre Dumas, 1802-1870），バルザック（Honoré de Balzac, 1799-1850），ジョルジュ・サンド（George Sand, 1804-1876），ウージェーヌ・シュー（Eugène Sue, 1804-1857）などそうそうたる作家が新聞小説を提供した。新聞小説は，「海洋小説」，「暗黒小説」，「歴史小説」，「風俗小説」などに分類することができるが，その中に「犯罪小説」があった。ウージェーヌ・シューの『パリの秘密 *Les Mystères de Paris*, 1841-1842』はこの分野の最初のベストセラーである[6]。

1840 年代には，エドガー・ポー（Edgar Allan Poe, 1809-1849）が発表した推理小説の元祖とされる 3 つの短編「モルグ街の殺人 The Murders in the Rue Morgue, 1841」，「マリー・ロジェの謎 *The Mystery of Marie Roget*, 1842」，「盗まれた手紙 The Purloined Letter, 1844」がフランス語に翻訳されている。ポーの作品は，詩人のボードレール（Charles Baudelaire, 1821-1867）も翻訳を手がけているほどで，ヨーロッパに衝撃をもたらした。そして，ポーの影響を受け，1860 年代にエミール・ガボリオ（Etienne Émile Gaboriau, 1832-1873）により発表されたのが，世界最初の長編推理小説である『ルールージュ事件 *L'Affaire Lerouge*』である。ガボリオの作品は明治期に黒岩涙香らによって日本にも輸入され，日本の推理小説の生成と発展に貢献した。ちなみに推理小説は現在フランス語では roman policier というが，19 世紀フランスでは「犯罪小説 roman criminel」，19 世紀後半以降は「司法小説 roman judiciaire」と呼ばれていた[7]。

1880 年代にイギリスでコナン・ドイル（Arthur Conan Doyle, 1859-1930）による探偵シャーロック・ホームズ（Sherlock Holmes）が登場し，推理小説は完成した。一方，フランスは 19 世紀終わりから 20 世紀初頭のベル・エポック期を迎えており，『プチ・パリジャン』紙と『マタン』紙が百万前後の部数を発行するなど，大衆新聞の黄金時代となっていた。そして，この時代のフランス推理小説界に登場し，コナン・ドイルと張り合ったのが，アルセーヌ・リュパン（Arsène Lupin）シリーズを書いたモーリス・ルブラン（Maurice Leblanc, 1864-1941）と，ガストン・ルルーなのである[8]。

---

[6] 小倉，40 頁。
[7] 小倉，84 頁。

変動する社会と法・政治・文化

ガストン・ルルーは 3 年間法曹界で働いた後，1906 年まで『マタン』紙で勤務したが，彼のロシア革命に関するルポルタージュは人気となった。その後，ジャーナリズムと決別し，1907 年に『イリュストラシオン』紙に連載を始めた『黄色い部屋の謎』は，日本でも江戸川乱歩が高く評価し，推理小説史上でも屈指の傑作とされるに至った。

このように推理小説史上に名前を残すガストン・ルルーであるが，純粋な推理小説は少ない。実際，ルルーは推理小説，冒険小説，怪奇幻想小説，サスペンス小説など様々な小説を書いた作家である。私たちが問題としている『オペラ座の怪人』も怪奇小説と通常は分類される[(9)]。これに対し松村喜雄は，ルルーはすぐれたルポライターであり，彼の作品は全て「社会現象に取材した事件を新聞連載小説として再構成されたもの[(10)]」だとしている。松村の指摘は正鵠を射たもので，ルルーの作品群は，ある 1 つの法則に支配されていると考えられる。

それは「読者が飛びつく謎を掲示し，それを理性的に説明する」というものである。

実際，ルルーの作品では，『悪魔を見た男 *L'Homme qui a vu le diable*』と『盗まれた心臓 *Le Cœur cambriolé*』の 2 篇を除き，謎は常に合理的説明がなされる[(11)]。『オペラ座の怪人』も単なる怪奇小説ではなく，怪奇を理性によって明らかにしようとする小説であると読むことが可能なのである。

4　幽霊の理性的説明としての『オペラ座の怪人』

『オペラ座の怪人』の筋書きは「幽霊とされていた者が実は人間で，幽霊は存在しなかった」いうものであることはすでに見てきたとおりだが，この「幽霊など存在しない」ことをルルーは小説中で「理性」によって「合理的」に説明しようと試みている。物語は，序文の「合理的・理性的に rationnellement」と，エピローグのイタリック体で強調された「理性的に *raisonnablement*」の

---

(8)　小倉，181 頁。

(9)　小倉，183 頁。

(10)　松村喜雄『怪盗対名探偵 —— フランス・ミステリーの歴史』（双葉文庫，2000 年）222 頁。

(11)　Alfu, p. 73.

362

2つの副詞に挟み込まれている。

> 国立音楽アカデミーの書庫で調査を開始した時，私は幽霊のせいだとされている現象と，謎めき，途方もないものであった例の事件がほぼ同時に起きていることに驚いた。そして，例の事件を幽霊が原因で起きたと合理的に（rationnellement）説明することができるのではないかという結論に至らざるをえなかったのである。
> ガストン・ルルー『オペラ座の怪人』序文　傍点筆者

> これがオペラ座の幽霊の本当の物語である。この書物の最初に書いたように，エリックが本当に存在したということを疑うことはできないだろう。彼が存在したという証拠を今日では人々は確かめ，事件におけるエリックの言動を*理性的に*（*raisonnablement*）追いかけることができる。
> ガストン・ルルー『オペラ座の怪人』エピローグ　傍点筆者

オペラ座の幽霊を「合理的」に説明しようとした結果（序文），「理性的」に事件を追いかけることができ（エピローグ），その結果，幽霊騒ぎは人間の仕業であったと分かったというのが，小説の枠組みなのだ。この理性により，幽霊の存在を説明しようとする姿勢は，『百科全書』，『19世紀ラルース』に見られたものと同じで，理性主義の伝統に従ったものだということは明らかである。

しかし，17世紀にデカルトが登場して直ちに幽霊などの超自然的存在が消し去られたわけではない。『百科全書』，『19世紀ラルース』の執筆者たちが幽霊を否定し続けなければいけなかったことが，その証である。GoogleのNgram Viewerという単語の出現頻度を計測するツールで調査してみると，フ

図1　フランスにおける幽霊という単語の出現頻度[12]

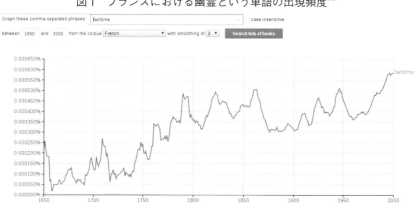

363

変動する社会と法・政治・文化

ランスでは 17 世紀から 21 世紀にかけて，幽霊という単語の出現頻度は減少するどころか，上昇傾向にあることが分かる。

　幽霊はフランスから追放されたわけではないのだ。幽霊は理性によって「追放された存在」では決してなく，「追放され続けなければならなかった存在」であったと考えなければならない。そうであるならば，ルルーの『オペラ座の怪人』も，幽霊の否定の歴史の一環として位置づけなければならない。

　そこで，辞書・辞典の定義にとどまらず，広くコーパスをとって 17 世紀から 19 世紀のフランス文学・文化において幽霊がどう表象され，追放されようとしたのかを確認することにしよう。

II　フランス文学における幽霊

1　17 世紀フランスの幽霊

　澁澤龍彦は幻想文学について，「フランス人には，昔から，幻想的な資質が乏しいということが定説になっていて，一般に，幻想小説といえばドイツが本場，恐怖小説といえばイギリスが本場であると信じられてきた」とまとめている。その上で澁澤はドイツの詩人ハイネがロマン派に関するエッセイの中で「フランス人は幻想的な頭脳をもっていない」と断じた次の一節を紹介している。

> フランス人よ，きみたちは悟るべきである，恐怖はきみたちの領分ではないということを。フランスという国は，この種の幽霊の棲みよい土地ではないということを。きみたちが幽霊の話をすると，わたしたちはおかしくて吹き出さずにはいられない[13]。
> 澁澤龍彦『怪奇小説傑作集 4』解説

　明るい地中海の幾何学的，合理主義的精神，明晰簡潔なその言語，軽快にして優雅なその社交生活に代表されるフランスのラテン的合理主義の精神の中には「恐怖や幻想の，非論理の蒙昧主義が入りこむ余地はない」というのが，一般的な理解である。

---

(12)　https://books.google.com/ngrams　2017 年 8 月 7 日参照。

(13)　澁澤龍彦『怪奇小説傑作集 4』（創元推理文庫，2006 年）470 頁。

364

15 オペラ座に幽霊はいない〔永井典克〕

たしかにデカルトの理性以来，超自然的存在は否定され，一見，幽霊には入り込む余地はないようである。

デカルトの支持者であるオランダ人バルタザール・ベッカー（Balthasar Bekker,1634-1698）による，魔法，迷信，悪魔などの現象を批判的に検証した1691年の『魔法にかけられた世界』は評判となり，フランスでもオランダ語から翻訳され，広く読まれていた。

ベッカーは次のような逸話を紹介し，幽霊の存在を否定する。ある晩，ある女性が友人と通りを歩いていた時に，棺桶を見つけた。彼女たちは近づき，触ってみることにした。近づいてみると，幽霊には肉も骨も付いていることが分かった。その棺桶はまるで幽霊であるかのように，のんびりと休んでいる雌牛だったのだ。もし彼女たちが実際に触って，雌牛であると確かめていなかったならば，彼女たちは「自分たちが見たと信じたことを，はっきりと見たと言った」ことであろう。そして，彼女たちが雌牛に遭遇した場所の前の家で死者が出るようなことがあったとするならば，それは間違いなく何かの予兆とされたであろう。「1度起きたことは，何度も起きるものだ。このようにして，迷信が人々の精神の中に入り込んでいくのである[14]」とベッカーは結論づけている。

しかし，このように理性によって否定されても，幽霊には常に逃げこむ場所があった。17世紀フランスでは，それはオペラという新興芸術ジャンルであった。

フランスでは1630年代に「演劇（特に最も高尚なジャンルとされた悲劇）」に関し，「時間の一致」「場所の一致」「筋の一致」をうたった有名な三一致の規則がまとめられている。これらの3つの一致は，「真実らしさ vraisemblance」という概念に支えられている。例えば「時間の一致」は，舞台上の時間と現実の時間が一致することを要求している。これは現実では2時間しか過ぎていないのに，舞台上で子供が生まれ，老人になって死ぬというのは「真実らしさ」に欠けると考えられたからだ。このような規則に従う演劇を古典主義演劇と呼ぶ。当時の演劇理論家のドビニャック神父（François Hédelin, l'abbé d'Aubignac, 1604-1676）が，その著書『演劇の実践 *La pratique du théâtre*, 1657』において，

---

(14) Balthasar Bekker, *Le monde enchanté, livre quatrième, Amsterdam, Chez Pierre Rotterdam*, 1694, p. 93.

変動する社会と法・政治・文化

「演劇を合理的に成立させるのは『真実らしさ』でしかない（第2巻第2章，傍点筆者）」としているように，フランスでは演劇もまた「合理的」でなければならなかったのだ。「真実らしさ」に欠けるものは舞台に乗せることができなくなっていったのである。

　さて，文学史上最も有名な幽霊の一人は，オルペウスが死者の国まで迎えに行ったが，戻ってくる途中で，後ろを振り返ってしまったため永久に失われてしまった妻のエウリュディケーではないだろうか[15]。幽霊が「私たちを脅かす存在」と定義するならば，死者の国にいるエウリュディケーは幽霊ではないかも知れない。実際，エウリュディケーは，1639年のシャポトン（François de Chapoton）の悲劇で登場した時のように，「影 Ombre」（第4幕第5場）と表現される。しかし，ここでは「生きている者の前に現れる死者」という意味において，幽霊として扱うことにする。

　エウリュディケー（イタリア語ではエウリディーチェ，フランス語ではユリディス）とオルペウス（イタリア語はオルフェオ，フランスではオルフェ）の神話は，それを題材にしたオペラが1599年から1699年までの間にヨーロッパで15ほど作られたくらい[16]，人気のあるものであった。その火付け役となったのは，言うまでもなく1607年のモンテヴェルディ（Claudio Monteverdi 1567-1643）作のオペラ『オルフェオ Orfeo』であった。このオペラは1609年に楽譜が出版されるとイタリア中で上演されることになった。

　イタリア生まれのオペラは，17世紀フランスの演劇・オペラにも強い影響を与えた。実際，17世紀フランスにおいてはイタリア・オペラに触発されたリュリ（Jean-Baptiste Lully, 1632-1687）によってフランス・オペラが完成される。そして，エウリュディケーとオルペウスの物語もオペラとして何度も舞台に乗せられることになる。しかし，それはあくまで音楽ジャンルとしての「オペラ」の舞台の話であり，「真実らしさ」を追求するようになっていた「古典主義演劇」の舞台では，上演されることは無かったのである。

---

[15]　フランスにおけるオルペウスの受容に関しては，拙稿「冥王の禁 —— 日本，ドイツ，フランス，イタリアの間で」『教養論集』第26号（成城大学法学会，2016年）115-130頁を参照のこと。

[16]　François de Chapoton, *La Descente d'Orphée aux enfers*, éd. Hélène Visentin, Rennes, Presses Universitaires de Rennes, 2004, note 26 de p. 147.

15 オペラ座に幽霊はいない〔永井典克〕

古典主義以前では，1614 年にレスピーヌ（Charles de Lespine）による悲劇
『オルフェの結婚，彼の地獄下り，バッカントによる彼の死 *Le Mariage
d'Orphée, sa descente aux enfers et sa mort par les Bacchantes*』，1639 年にシャ
ポトンの悲劇『オルフェの地獄下り *La Descente d'Orphée aux enfers*』が演劇
として上演されているが，17 世紀フランスでこれ以降，オルフェはオペラ作
品としてしか上演されていないのだ。

1647 年には，宰相マザランが自らのイタリア・オペラ趣味を広めるため，
イタリアから役者達を招いて上演したルイージ・ロッシ（Luigi Rossi）による
オペラ『オルフェオ *Orfeo*』（台本は Francesco Buti）がある。機械仕掛けは当
時人気を博したジャコモ・トレッリ（Giacomo Torelli, 1608-1678）が担当した[17]。

17 世紀後半，つまりルイ 14 世の時代の宮廷文化を支配するキーワードは
「気に入られる plaire」というものであった。芸術作品はすべからく太陽王ル
イ 14 世と宮廷に「気に入られる」ものでなければならなくなっていく。そし
て，リュリが完成させたフランス・オペラは，まさに国王ルイ 14 世に「気に
入られる」ために作られた，国王を讃えるための作品であった。ルイ 14 世は
自らを「太陽王」と称していたが，この国王を賛美するためのオペラでは，王
と神々が主役として活躍する。そしてオペラでは太陽神を初め，神々が空を飛
ぶのも問題とされることはなかった。ここにエウリュディケーらの幽霊が逃げ
込んでいったのである。

1680 年代にはエウリュディケーとオルペウスの神話を題材にする作品が 2
つ登場する。1686 年のシャルパンティエ（Marc-Antoine Charpentier, 1643-
1704）による小オペラ『オルフェの地獄下り *La Descente D'Orphée Aux En-
fers*』と，1689 年のピエール・ボーシャン（Pierre Beauchamps, 1631-1705）振
付のバレエ『オルフェ *Orphée*』である。前者はギーズ女公の晩餐会で上演さ
れた小オペラ，後者はルイ大王学校における演劇上演の合間に踊られたバレエ
作品である。1690 年にはリュリ息子（Jean-Baptiste Lully fils, 1665-1743）作曲

---

[17]　*Ibid.*, p. 149. 上演そのものは成功したものの，フロンドの乱が勃発すると，『オルフェ
オ』は，フロンドの乱の原因を作った宰相マザランへの憎悪を結晶化するものとなり，
強い反イタリア感情を引き起こすこととなった。この反感を和らげるため，マザランは
人気作家だったピエール・コルネイユにフランス悲劇の製作を依頼した。コルネイユは
『オルフェオ』で使われた舞台装置を用い，機械仕掛けの悲劇『アンドロメッド
Andromède, 1650』を書き上げている。

変動する社会と法・政治・文化

とデュブレ（Michel Duboullay）台本によるオペラ『オルフェ *Orphée*』も登場していた。

このように理性により舞台に制限が加えられ始めた17世紀フランスでは，理性による制約を遵守する古典主義演劇の舞台と，制限が緩やかであった舞台（オペラ）の2つに分かれていたことが明らかになる。神々，幽霊などの非合理的な存在の居場所は演劇からオペラへと移った。

2　18世紀フランスにおける幽霊

しかし，王侯貴族，神々を主人公とするリュリらのオペラは18世紀に入ると，理性を重んじる啓蒙主義思想家たちにより批判されることになる。

1750年代には有名なブフォン論争（Querelle des Bouffons）が起きている。イタリア人音楽家のペルゴレージ（Giovanni Battista Pergolesi, 1710-1736）によるオペラ・ブッファ『奥様女中 *La serva padrona*』が1752年にパリで上演された時に起きたこの論争は，単にイタリア様式かフランス様式かという問題に留まらなかった。神々や王侯貴族を主人公とするオペラ・セリアと異なり，『奥様女中』のようなオペラ・ブッファは市民を主役に据えたため，啓蒙主義思想家たちは，オペラ・ブッファこそが新しい時代のオペラにふさわしいと考えたのである。そのため神々や王侯貴族を主人公とするオペラは消えていくこととなった。

勿論，幽霊の居場所が直ちに失われたわけではない。例えばグリュック（Christoph Willibald Gluck）作曲の『オルフェオとエウリディーチェ *Orfeo ed Euridice*』のフランス語版が1774年にパリで初演された時，「オルフェが悪魔たちを征服したように，作曲家は聴衆に打ち勝った」（『19世紀ラルース』）とされるほど初演時から絶賛された。「美しき影 ombra bella」とされたエウリディーチェを観客は受け入れたのである。だが，神々や幽霊などの超自然的存在の居場所が失われてゆくという流れは止まることはなかった。

啓蒙主義の到達点と言えるのが，フランス革命である。革命では，アンシャン・レジーム時代にフランスを牛耳った王侯貴族だけでなく，宗教がついに追放された。同時に幽霊も追放されたというのはすでに見てきた通りである。

1793年にはノートル・ダム大聖堂で一連の非キリスト教化キャンペーンの総仕上げとして，「理性の祭典」が行われ[18]，ノートル・ダム大聖堂はその後，

15 オペラ座に幽霊はいない〔永井典克〕

「理性の神殿」と呼ばれた。内陣に象徴的に山が立てられ，頂上には哲学の神殿が設けられた。岩の上では，「真実」の火が燃えている。神殿からは「自由と理性の女神」が現れる。『19 世紀ラルース』によると，「自由と理性の女神」は，固定された外見にされてしまうと，新たな偶像崇拝を生み出し，迷信の対象となる恐れがあるため，祭典ごとに生身の人間が代表として選ばれることとされた。現在でも，フランスではこのやり方が生き続けている。自由と共和政を表すフリジア帽をかぶりフランス共和国を象徴する女性像はマリアンヌと呼ばれるようになったが，マリアンヌもその時代ごとの有名な女優の顔を採用している[19]。

そして，「狂信はいまや正義と真理に決定的に席を譲った。今後司祭は存在せず，自然が人類に教えた神以外に神は存在しないだろう」と宣言がなされると[20]，マリ＝ジョゼフ・シェニエ（Marie-Joseph Chénier, 1764-1811）による「理性の賛歌 Hymne à la raison」が高らかに合唱された。マリ＝ジョゼフ・シェニエは，フランス革命中ジャコバン派を批判する政治論文を発表し，処刑台に消えたアンドレ・マリ・シェニエ（André Marie Chénier, 1762-1794）の弟である。

> 不死なる理性よ，
> あなたは人間に法を与えた。
> 法の前に人間が平等となる前は，
> 人間は理性の前に平等であった。
> マリ＝ジョゼフ・シェニエ　「理性の賛歌[21]」

この「理性の祭典」は，無神論的でアナーキーなものだとされ，霊魂不滅を信じるロベスピエールによって後に廃止される。ロベスピエールは信仰により生まれる徳が共和国には必要であり，神が存在しないならば，それを創りださねばならないと考えていた。その結果，1794 年には「最高存在」の祭典が挙

---

(18)　谷川稔・渡辺和行編著『近代フランスの歴史 ── 国民国家形成の彼方に』（ミネルヴァ書房，2006 年）74 頁。

(19)　在日フランス大使館ウェッブサイト　https://jp.ambafrance.org/article4045　2017年 8 月 18 日参照。

(20)　谷川稔・渡辺和行 75 頁。

(21)　Marie-Joseph Chénier, *Œuvres complètes*, t. 3, Guillaume, 1824, pp. 359-360.

369

変動する社会と法・政治・文化

行され，そこにロベスピエール自らが「美徳の司祭」として登場することとなった[22]。

この理性の時代，興味深いことに「幽霊」をタイトルに含む芝居が上演され，評判となっていた。ピクセルクール（Rene-Charles Guilbert de Pixerecourt, 1773-1844）の『アペニン山脈の城，もしくは生きている幽霊 Le chateau des Apennins ou le fantome vivant, drame en 5 actes, 1798』がそれである。ピクセルクールは，メロドラマの父と呼ばれることもあり，18世紀終わりから19世紀初頭にかけて評判の劇作家であった。彼の『生きている幽霊』は，イギリスの作家アン・ラドクリフ（Ann Radcliffe 1764-1823）の『ユードルフォの秘密 The Mysteries of Udolpho, 1794』を翻案したものだ。ラドクリフはイギリスのゴシック小説の始祖の一人だが，そもそもゴシック小説は合理主義と対立するものと考えられる[23]。そのラドクリフの小説が，理性至上主義の時代のフランスで何故，上演されたのであろうか。

それは，ラドクリフの『ユードルフォの秘密』に他のゴシック小説とは異なる点があるからであった。この小説は一見超自然的恐怖に満たされているが，結末で全て人工的なトリックとして解き明かされる[24]。謎が合理的に解明されるラドクリフの小説は，フランス合理主義と親和性の高いものであったのである。

ピクセルクールの『生きている幽霊』のあらすじは以下のようなものである。

エミリーはアルフレッド（原作ではヴァランコート・ブラウン）と愛し合っている。伯父のモントーニ伯爵はアルフレッドが不在の間に，エミリーを自分の部下のモラーノと結婚させようとする。しかし，エミリーは拒絶したため，ユードルフォ城に幽閉される。

エミリーは仮面舞踏会で，仮面を被った男（実はアルフレッド）から，真夜中に教会の廃墟に来るように告げられたが，その声に聞き覚えがあると侍女に打ち明ける。すでに城内で幽霊を目撃していた侍女はその男が幽霊であると信じ，「幽霊は時に私たちに親しい人の声を借りるということをご存知でないの

---

(22) 谷川稔・渡辺和行 75頁。

(23) 紀田順一郎「ゴシック・ロマンスとは何か」紀田順一郎編『ゴシック幻想』（青苑新社，1997年）15頁。

(24) 荒俣宏「アン・ラドクリフ ロマンスの再生」，『ゴシック幻想』82頁。

370

ですか。幽霊は私たちを罠にかけ，騙そうとしているのです」とエミリーを諭す（第2幕第3場）。

　夜中，エミリーたちが休む部屋に，モラーノが忍び込んできて，エミリーをさらって逃げようする。するとアルコーブの奥からピストルと剣を持った幽霊が現れ，モラーノに襲いかかる。騒ぎを聞きつけた人々がやってきて，廊下が騒がしくなると，幽霊は寝台の後ろに消えてしまう（第2幕第4場）。

　勿論，この幽霊は，城に囚われていたアルフレッドであった。彼は偶然知った秘密の通路を通り，エミリーを救うために幽霊の姿をして自由に動きまわっていたのだ。原作では，ユードルフォ城でエミリーを助けるのは彼女の恋人ではないが，メロドラマの父ピクセルクールは恋人がエミリーを救うように物語を書き換えていた。

　この芝居では，当時流行していた革命オペラの影響にも注意しておきたい。革命後，リュリらによる王侯貴族，神々が主役の旧体制のオペラは完全に追放され，代わりにフランソワ＝ジョゼフ・ゴセック（François-Joseph Gossec, 1734-1829），エティエンヌ・ニコラ・メュール（Etienne Nicolas Méhul, 1763-1817），ルイジ・ケルビーニ（Luigi Cherubini, 1760-1842）らによる，民衆が悪代官を倒す筋書きを持つ革命オペラが流行していた。原作ではエミリーたちは城から逃げ出すだけだが，この芝居ではアルフレッドと通じているヴェネツィア軍が到着し，暴君モントーニ伯爵を倒しており，革命後のフランスの雰囲気を伝えてくれる。

　ラドクリフの合理的ゴシック小説を「理性の賛歌」作者のマリ＝ジョゼフ・シェニエは，「至るところに驚異的なもの（le merveilleux）が支配している。恐怖が増大し，見かけが真実のように思われてくる。だが，結末が訪れた時，自然な原因によって全ては説明される。信じやすい人々を，奇跡を信じなければならないという必要性から解き放つのは哲学の目的である[25]」と，高く評価する。この時代，「理性を傷つけるもの，理性を貶めようとするものは全て，笑いものになるべき」だと判断されていたのである。

---

[25]　Marie-Joseph Chénier, *Tableau historique de l'état et des progrès de la littérature française, depuis 1789*, Bruxelles, A. Wahlen et C°, 1824, p. 149.

変動する社会と法・政治・文化

3 19世紀フランスにおける幽霊

しかし，合理主義の結果，フランス革命が起きたとしても，それはロベスピエールによる恐怖政治と，それに続く混乱の時期を生み出したというのもまた事実である。19世紀初頭には，理性偏重主義がもたらした混乱の反省から，感情を重んじるロマン主義が反動として誕生している。再び澁澤龍彦の言葉を借りれば，「17世紀以来の理性万能のフランス文学，ヴォルテール的な知性，節度と均衡と調和を重んじる古典主義の理想に対して，捨て身の反逆をこころみたのは，ブルジョワ革命後の19世紀初頭の若い芸術家たちの一群であった」ということだ[26]。ロマン主義は，理性的でないもの，すなわち非合理的なもの，無意識的なもの，神話を称揚した。

特に1828年以降，フランスにはドイツのE.T.A.ホフマン（Ernst Theodor Amadeus Hoffmann, 1776-1822）の作品が紹介され，その影響の下，シャルル・ノディエ（Charles Nodier, 1780-1844）やテオフィル・ゴーティエ（Théophile Gautier, 1811-1872）などの作家たちが幻想的な小説を競って発表した。この時代の代表作の1つと呼べるゴーティエの「死女の恋 La Morte Amoureuse, 1836」では，日中は墓で眠っている美しい女吸血鬼クラリモンドと恋に落ちる聖職者の物語が語られている。

一方，理性主義のほうも更に発展し，産業革命を生み出した。19世紀ヨーロッパでは，理性的なものと，非理性的，神秘的，超自然的なものが併存していたのである。

例えば，19世紀半ばのパリでは交霊会が大流行している。1847年ニューヨークのフォックス一家によって心霊術の原理が発見されてから，霊たちは生者と交信することができるようになったと信じる人々が多く現れていた[27]。1854年にはアメリカには1万人以上の霊媒と，300万人以上の信者がいた。アメリカの霊媒の宣教団はヨーロッパを回り，各地で興奮を巻き起こし，上流社会では活発な議論が交わされた[28]。

この影響を受けて，フランスでは，アラン・カルデック（Allan Kardec,

---

(26) 澁澤龍彦，474頁。

(27) イヴォンヌ・カステラン『心霊主義——霊界のメカニズム』田中義広訳（白水社〈文庫クセジュ〉，1993年）10頁。

(28) カステラン，11頁。

372

1804-1869) が，心霊主義哲学を完成させた。著作には『霊の書 Le Livre des Esprits, 1857』，『霊媒の書 Le Livre des Médiums, 1861』，『心霊主義による福音書 L'Évangile Selon le Spiritisme, 1864』などがあるが，カルデックの著作は全て霊たちから受け取ったメッセージをそのまま転記したものとされた[29]。

当然，合理主義の『19世紀ラルース』は，カルデックのことを「心霊主義という馬鹿げた妄想」にとらわれた人物と記し，彼の心霊主義は「妄想」であると切り捨てる。『19世紀ラルース』にとって，魔術や魔法となんら変わらない心霊主義は「錯乱」であり「狂気という単語を当てるしかない」ものであった。心霊主義者も「幻覚にとらわれており，精神が想像した主観的な観念を，現実の客観的な存在だと思っている」人物でしかない。合理主義者にしてみれば，心霊主義者は現実を見ない「病気の頭脳」の持ち主なのだ。

心霊主義が大流行した19世紀半ばには幽霊という単語を含む重要な作品が登場している。ワーグナー（Richard Wagner, 1813-1883）の『さまよえるオランダ人 Der fliegende Holländer』がそれである。この作品はフランス語では『幽霊船 Vaisseau fantôme』と呼ばれている。フランス語テクストデータベースとしては世界最大級のFrantextを用い，中世から21世紀までの約5千のテクストにおいて，「幽霊」という単語がどのような形容詞，名詞と組み合わせて使われているかを分析すると[30]，「船 vaisseau」52回，「はかない vain」

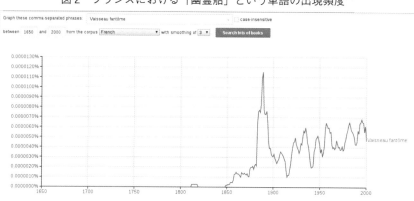

図2　フランスにおける「幽霊船」という単語の出現頻度[31]

---

[29]　カステラン，52頁。
[30]　http://www.frantext.fr/　2017年8月7日参照。

変動する社会と法・政治・文化

45 回，「四肢 membre」34 回，「白い blanc」33 回といった単語が組み合わされることが多いと判明した。「幽霊船 vaisseau fantôme」が 52 回と最も多いが，この組み合わせはフランス語では 19 世紀半ばに登場したものである。Google の Ngram Viewer を用いて調べると，この単語は 19 世紀後半より前には殆ど現れていないのだ。

　借金に苦しんでいた若きワーグナーは 1839 年にパリに移り住んだ。そこで彼は作曲家のマイアベーア（Giacomo Meyerbeer, 1791-1864）により，オペラ座支配人のレオン・ピレ（Léon Pillet, 1803-1868）に紹介された。パリ滞在中，ワーグナーはオペラ『リエンツィ Rienzi』と『さまよえるオランダ人』の台本を書いた。レオン・ピレは後者の台本をワーグナーから買い取り，ポール・フーシェ（Paul Foucher, 1810-1875）にフランス語版台本『幽霊船』として完成させたうえで，オペラ座の音楽監督であったルイ・ディーチュ（Louis Dietsch, 1808-1865）に作曲をさせた。このオペラは 1842 年にオペラ座で初演された[32]。登場人物の名前を除き，あらすじは当然，『さまよえるオランダ人』と殆ど同じである。シェットランドの豪商の娘ミナは，幽霊船の船長トロイルを愛してしまう。

　　サタンの王国から
　　永久に海原に追放され，
　　血にまみれた腕が操縦している
　　あの幽霊船を見よ。
　　ルイ・ディーチュ『幽霊船』　第 1 幕第 1 場

　ミナは自らが海に飛び込んで，死ぬことでトロイルの魂を救済する。
　王立音楽アカデミーで上演されたこのオペラについて，「題材を提供している神話があまりに奇妙なものであったため，人々に受け入れられることはなかった」と『19 世紀ラルース』は記している。もっとも，1865 年 3 月 11 日の『イリュストラシオン』紙のディーチュの訃報によれば，彼はオペラ音楽の才能がそれほどあったわけでなく，『幽霊船』は玄人受けしたものの成功ではな

---

(31)　https://books.google.com/ngrams　2017 年 8 月 7 日参照。

(32)　ディーチュによる『幽霊船』は 2013 年，指揮者マルク・ミンコフスキにより再現された。Wagner : *Der Fliegende Holländer* | Dietsch : *Le Vaisseau Fantôme* / Marc Minkowski, Les Musiciens Du Louvre, Grenoble, Naive, 2013.

15 オペラ座に幽霊はいない〔永井典克〕

かったということなので，題材の奇妙さだけが失敗の原因と考えられていたわけでもないようだ。

一方，ワーグナー自身が完成させた『さまよえるオランダ人』は，ドレスデンで1843年に初演された。この上演と，1844年のベルリンの再演は失敗であり，ワーグナーは落胆した。『19世紀ラルース』は，1872年のブリュッセルでの再演という29年越しの試みも「聴衆の無関心さという岩にぶつかり座礁し」成功はしなかったと記録している。

ディーチュによる『幽霊船』も，ワーグナーによる版もどちらも失敗したわけだが，この理由をフィリップ・ゴドフロワは，観客は『魔弾の射手 *Der Freischütz*』やハインリヒ・マルシュナー（Heinrich August Marschner, 1795-1861）の『吸血鬼 *Der Vampyr*, 1828』と同じつもりで幽霊オペラを見に来たのに，ワーグナーのオペラで描かれる不気味な力が別種のものであっため，失望したからだとしている[33]。

このゴドフロワによる説明は説得力がある。というのも，幽霊が登場するオペラは19世紀ヨーロッパでは人気を取り戻していたからである。例えばグランド・オペラの代表作の1つで，人気を博したマイアベーアの『悪魔のロベール *Robert le diable*, 1831』という作品では，その第3幕に墓場から蘇った尼僧たちの踊る場面がある。

『悪魔のロベール』は13世紀のシチリアが舞台だ。ノルマンディーの王女がかつて悪魔と結婚し，ロベールという息子を生んだ。ロベールはシチリアの女王イザベルに恋をし，友人のベルトランとシチリアに来ている。このベルトランこそ，ロベールを地獄へ連れて行くために，彼を騙そうとしている父親である悪魔であった。

第3幕で，悪魔ベルトランは，イザベルの心を得るためには，廃墟となった僧院の聖ロザリーの墓から魔法の枝を取ってくる必要があるとロベールに告げる。これが罠だった。ベルトランは僧院に先回りして，墓から尼僧たちを呼び覚ますと，ロベールを誘惑して必ず魔法の枝を取らせるようにと命令した。尼僧たちは，ロベールを誘惑するための踊りを踊る。この『悪魔のロベール』は19世紀を通して人気があったオペラで，尼僧たちのバレエの場面も印象派の

---

[33] フィリップ・ゴドフロワ『ワーグナー　祝祭の魔術師』，三宅幸夫監修，創元社，1999年，44頁。

変動する社会と法・政治・文化

画家ドガ（Edgar Degas, 1834-1917）によって 1870 年代に記録された絵が残っている。

　一貫して超自然的現象を否定している『19 世紀ラルース』ですら，このオペラは同じくマイアベーアの筆によるグランド・オペラ『ユグノー教徒 *Les Huguenots*, 1836』と並び，「この偉大なる作曲家の傑作の 1 つ」であると大絶賛している。ただし，興味深いエピソードの多くによって観客は，『悪魔のロベール』という幻想的な物語に含まれている「本当らしくないこと invraisemblances」に気づいていないだけだという注釈を付け加えることも忘れていない。「本当らしくないこと」とは，理性を重んじ，「本当らしさ」を尊重する古典主義演劇では排除すべきものであったことを思い出そう。『悪魔のロベール』は傑作だが，決して合理的ではないと『19 世紀ラルース』はしているのである。

　以上の決して網羅的とは言えない例だけからも分かるように，19 世紀フランスは理性と非合理的存在が併存していた時代であったのだ。

4　ルルー ── 理性による謎の解明？

　19 世紀の終わりに登場した優れたルポライターであり，連載小説作家であったルルーは，19 世紀に併存していた理性と非合理的存在の 2 つを組み合わせることを実践した。大衆は幽霊事件，密室殺人事件などの謎に惹かれる。ルルーはまず読者が興味を持つ事件などを取り上げる。そして，その事件の謎が理性的に解明することができると示す。これがルルーの小説の基本の仕組みである。合理的に謎を解明するという意味で，ルルーは 19 世紀に至るまでの理性主義の後継者とも言えるだろう。しかし，ルルーによる謎の解明は，本当に合理的なものなのだろうか。

　「金の斧 Le hache d'or」という短編では，贈り物の斧の形のブローチを異様に恐れる老婦人という謎が提示される。それに対して，彼女がかつて結婚していた男が，後に斧を使い死刑囚の首を切り落とす死刑執行人だと知り，衝撃を受けたからだという説明がなされる。

　「胸像たちの晩餐 Le dîner des bustes」という短編では，隣の別荘で騒がしい夜会が開かれたが，誰も手を触れないのに扉の取っ手がひとりで回り，出て行く人の姿を見ることができないという謎が提示される。そして，それに対する説明は，船の事故で遭難し，お互いの体の一部を食べた結果，手足を失った

376

15 オペラ座に幽霊はいない〔永井典克〕

「胴体人間」が，両側にくまつづらの生い茂る狭い小径や，低い生垣の間に埋もれた道を，「私」に気づかれずに通り抜けていたというものであった[34]。

　このような謎の解明は確かに理性に従うものかもしれない。しかし，それは澁澤が指摘したような「明るい地中海の幾何学的，合理主義的精神」とは程遠い。

　1923 年の『血まみれの人形 *La Poupée sanglante*』と続編の『殺人機械 *La Machine à assassiner*』は幻想小説と呼ばれることが多い。連続殺人事件が起き，血まみれの人形が犯人ではないかとされ，パニックに陥ったパリが舞台のこの 2 作でも，血まみれの人形という怪奇現象には一応の科学的説明が与えられている。

　問題の人形は超自然的な力により動く人形などではなく，人間の動きを完全に模倣することができる機械仕掛けの自動人形（オートマタ）であったのだ。ただし，そこには殺人犯として処刑されたベネディクト・マッソンの頭脳が収められていた。機械仕掛けで動き，人間の頭脳が収められた自動人形。理性を用いて思考するならば，そのような存在は不可能ではない。特に現在の技術ならば，よりその実現可能性は高まっている。しかし，ルルーが提示する謎の答は理性的なものかも知れないが，謎が明かされた時にオペラ座の怪人が地下へ姿を消していったように，決して明るい日の光の世界には出てこない。それは，パリの街角の暗闇を彷徨っているかのように見える。合理的に解明された謎は再び暗闇の中に沈み込み，次の謎を形成していく。次回を書き続けなければならない人気連載小説作家ならではの，作品構成の技法だと言えよう。

　さて，自動人形は 18 世紀大流行しており，なかでも「フルート吹き」，「太鼓とフラジョレットの演奏者」，羽ばたきし，餌をついばんで消化するという「アヒル」などを作成したジャック・ド・ヴォーカンソン（Jacques de Vaucanson, 1709-1782）が頂点を極めたとされる[35]。ルルーも機械がどこまで人間の動きを模倣することができるかを示すため，ヴォーカンソンらの名前を挙げている。しかし，自動人形は 19 世紀には流行が去って往年の輝きを失っていた。この

---

(34)　ガストン・ルルー『ガストン・ルルーの恐怖夜話』飯島宏訳（創元推理文庫，1983 年）50 頁。

(35)　竹下節子『からくり人形の夢 —— 人間・機械・近代ヨーロッパ』（岩波書店，2001 年）140 頁。

377

変動する社会と法・政治・文化

自動人形（オートマタ）を，暗闇の中で蠢く影としてルルーは復活させたのである。

『血まみれの人形』・『殺人機械』は，『オペラ座の怪人』と表裏をなすと言える作品である。自動人形に脳みそとして組み込まれるベネディクト・マッソンは，怪人エリックと同じように自分の醜さゆえ，人と接することができない。そして，このマッソンが愛した女性の名は，怪人エリックが愛した女性と同じクリスティーヌなのである。怪人と同様に，マッソンも怪物（自動人形）に生まれ変わり，初めて愛する女性クリスティーヌと接することができる。そして，この『オペラ座の怪人』の兄弟とも言える作品で，幽霊と理性の関係を追いかける時にお馴染みとなった名前を，私たちは再び見出すことになる。デカルトの名前である。

ルルーは近代的な意味での本物の自動人形（オートマタ）は17世紀になって登場したと登場人物に説明させる。その最初の自動人形を作ったのがデカルトだとルルーは言うのだ。

> デカルトは若い娘の形をした自動人形を作り，フランシーヌという名前をつけた。船旅中，船長が好奇心からフランシーヌが入っているケースを開けた。まるで生きているかのように動く機械に驚いた船長は，フランシーヌを海に捨ててしまった。魔術の道具だと恐れたのだ。
> ガストン・ルルー　『殺人機械[36]』

このデカルトの機械仕掛けの娘という都市伝説に関する記述は殆どそのままの形で『19世紀ラルース』に見出すことができるため，執筆にあたり，ルルーはこの辞典を参照したと推測される。しかし，ルルーはそのまま引用したわけでなく，いくつかの語句を省いている。

> デカルトは，動物には魂がないことを実証するために，若い娘の形をした自動人形を作り，ふざけてフランシーヌという名前をつけた。船旅中，船長が好奇心からフランシーヌが入っているケースを開けた。まるで生きているかのように動く機械に驚いた船長は，フランシーヌを海に捨ててしまった。魔術の道具だと恐れたのだ。
> 『19世紀ラルース』　automate の項目。傍点筆者

---

(36)　Gaston Leroux, *La machine à assassiner*, dans *Aventures Incroyables*, Robert Laffont, 1992, p. 555.

378

娘の自動人形という都市伝説は，動物の精神と自動人形の関係について，デカルトが記した文章から生まれた。デカルトは『方法序説』において，動物は自動機械と同じくらい人間を模倣することができるが，それ以上のことはできないため，自動機械に精神がないように動物にも精神がないとしたのである。自動機械に精神がないことについては，デカルトは以下のように論じている。まず，「私どもの身体に似ていて，私どもの行為を実際にはできるかぎり模倣する機械があるとしても，それにもかかわらずそれが本ものの人間でないことを知る[37]」ことが可能である。何故ならば，そのような機械は「私どもが思うところを伝えあうために実行するとおり，言葉を用いることも，これを組み立てて別の合図を用いることも，決してできぬ」し，「自覚によって動くのではなく，単にその器官の装置にしたがって動くだけ」という欠陥を持つからだ。つまり，人間と，人間の動きを限りなく模倣することができる機械との違いは，「理性」の存在である。「理性はいかなる種類の出来事であろうとこれに応じうる万能の道具である」が，自動機械ではそれぞれの動作に対して別々の装置を必要とするため，本ものの人間と同じように動くことはできない。自動機械には理性も精神もないため，人間と同じように動くことはできないというのが，デカルトの説なのだ。

デカルトの後継者の一人であるルルーもまた，あくまで理性で謎を解明しようとする。そして，理性的に考えた結果，デカルトが否定した「理性」を持つ自動人形も不可能ではないという結論に達した。血まみれの人形は，デカルトが出した謎へのルルーの答であったことになる。しかし，その世界はあまりに暗い。処刑された人間の脳みそを積んだ血まみれの自動人形が闇夜を闊歩する理性的世界。それこそがルルーの作品世界であった。同時にそれは理性により「幽霊」を追放しようとしたが，追放しきれなかった 17 世紀から 20 世紀初頭にかけてのフランス文学のもう 1 つの姿でもあったのである。

Ⅲ　結　語

ガストン・ルルーによる『オペラ座の怪人』は，原題では『オペラ座の幽

---

(37)　デカルト『方法序説』落合太郎訳（岩波文庫，1967 年）69-70 頁。

変動する社会と法・政治・文化

霊』というものであった。しかし，この小説は幽霊の不在を主題としている。幽霊の噂があり「理性的」に調査したところ，実は人間であった，つまり理性的に幽霊の存在は否定されるというのが小説の主題であったのだ。邦題で使われている「怪人」という訳は，幽霊だけれど幽霊でなく人間が主人公であることから生じたものであったのである。

このように幽霊のような存在を理性で否定することは，17世紀デカルト以来のフランス理性主義の伝統に沿うものであった。理性主義の歴史は，非理性的存在の否定の歴史と捉えることができることを，3世紀にわたる辞典の定義の変遷から示すことができた。また，ルルーは19世紀に誕生した理性の物語である推理小説の作家であった。この点でも，ルルーという作家は，幽霊の存在を理性的に否定しなければならなかったのである。

しかし，理性主義が幽霊を否定し続ける必要があったということは，理性主義が幽霊を追放しきれなかったということでしかない。実際に17世紀から19世紀までのフランス語で書かれた文献を調査してみると，幽霊という単語の出現率は減少するどころか，増加していることが判明した。幽霊は追放されたのではなく，一時的に暗闇に隠れていただけであったのだ。革命時に「理性の祭典」を実施し，高らかに「死んだものは戻ってくることはない」と宣言しても，19世紀には理性偏重への反省から，神秘的，非合理的，超自然的なものが戻ってきて，理性と併存することになる。

その流れでルルーという作家を捉え直してみると，一見，全ての謎は理性で解明されるように思われるのだが，その理性は決して明るい合理主義的な理性ではないということが分かる。ルルーの作品世界では，幽霊は理性的にその存在を否定されても，仮面をつけ，地下に隠れ住む怪人に姿を変え生き続ける。ルルーの理性は，謎を解明しても，暗闇の中でさらに謎を生み出すものであったのだ。

さて，ルルーの『オペラ座の怪人』は，今も世界中で映画，ミュージカルなどで再生産され続けている。ところが，奇妙なことに『オペラ座の怪人』の映画版はこれまでフランスで作成されていない。理性により新たな謎が暗闇に生まれるようなルルーの作品は，現代のフランスではすでに好まれないものになっているのかも知れない。そうであるならば，フランス的理性はすでに完全に幽霊を追放しきったのかも知れない。それとも幽霊はまだどこかパリの暗闇

に潜んでいるのであろうか。フランス的理性は今，どのような姿をしているのだろうか。この点に関しては，いずれ稿を改めて論ずることにしたい。

16 誤動作，焼損，消失
イルゼ・アイヒンガーの散文詩「街の中心」について

日 名 淳 裕

Ⅰ　訪れない戦後
Ⅱ　散文詩集『クルツシュルッセ. ウィーン』
Ⅲ　「街の中心」から外へ
Ⅳ　結語 —— 接続を外す

人は見つけるために探すのではない…[1]

Ⅰ　訪れない戦後

2016 年 11 月 11 日付『シュピーゲル・オンライン（Spiegel Online）』がイル
ゼ・アイヒンガー（Ilse Aichinger 1921-2016）の死を報じた。

長編小説『より大きな希望』によって彼女は電撃的に有名になった　―いまオー
ストリアの作家イルゼ・アイヒンガーは死んだ。彼女が死を恐れたことは一度と
してなかった[2]。

かつての戦後オーストリア文学の旗手は，同世代のほかの作家同様に，1960
年代後半以降，「書くことが少なくなり，沈黙することが多くなった」が[3]，

---

[1]　Ilse Aichinger: Aufzeichnungen 1950-1985. In: Dies.: Kleist, Moos, Fasane. Taschen-
buchausgabe in acht Bänden. Hrsg. v. Richard Reichensperger. Frankfurt/M. 1991, S.
41-87, hier S. 84.

[2]　http://www.spiegel.de/kultur/literatur/ilse-aichinger-oesterreichische-schriftstelle-
rin-ist-tot-a-1120937.html［2018 年 10 月 12 日閲覧］

[3]　Albrecht Kloepfer: Eine neue Sprache lernen. Ilse Aichigers Gesamtwerk. In: Ilse
Aichinger. Leben und Werk. Hrsg. v. Samuel Moser. Frankfurt/M 1990, S. 334-336, hier
S. 335.

変動する社会と法・政治・文化

1991 年にその活動を振り返る「全集」[4]を出版した。それとともにこの作家の再評価が始まったが，2005 年には作品の原稿，異稿，資料をまとめてマールバッハのドイツ文学文庫（Deutsches Literatur Archiv Marbach）に「生前稿（Vorlass）」として寄贈し，公的な文学活動を終えた[5]。

その死の何年も前からもうすでに彼女は公の場に姿を現すことはなかったし，どんなインタヴューももはや受けつけなかった。彼女は自分の仕事を隠れ蓑として表現した。「書くことは沈黙することの一つの形でありうる（Schreiben kann eine Form zu schweigen sein）」，アイヒンガーはかつてこのように言っている[6]。

1967 年に出版された戦後オーストリアにおける文学，造形美術，音楽のアンソロジー『不信への要求（Aufforderung zum Misstrauen）』は，敗戦から二十年たった「今」を見定め，「戦後」に対してある一定の区切りをつけようとした際に，若い日のアイヒンガーによる声明文「不信への呼びかけ（Aufruf zum Misstrauen）」[7]を引き合いに出している[8]。

落ち着きなさい，哀れな青ざめた二十世紀の市民よ！泣いてはいけない！そうよ，あなたたちは予防接種を受けねばならない。あなたたちは血清を手に入れねばならない，次にはよりいっそう抵抗できるように。ほんとうに少しだけ病気をあなたたちの体で経験せねばならない，病気がほんとうに大きくなって繰り返すことがないために。正しく理解してください。あなたたちは自分の体に病気を経験するのです！あなたたちはあなたたちの兄弟に不信を抱いてはならない，アメリカにでもなく，ロシアにでもなく，そして神にでもなく。自分自身に対してあなた

---

(4) Ilse Aichinger: Werke. 8 Bde. Hrsg. v. Richard Reichensperger. Frankfurt/M 1991. ただし，ここに収録されなかった作品も少なくないので，厳密な意味での全集ではない。

(5) Ruth Vogel-Klein: Hörszenen. Ilse Aichingers unveröffentlichte Radio-Essays aus den fünfziger Jahren im „Vorlass" des Deutschen Literaturarchivs Marbach. In: Christine Ivanovic und Sugi Shindo (Hrsg.): Absprung zur Weiterbesinnung. Geschichte und Medien bei Ilse Aichinger. Mit der Erstveröffentlichung des Radio-Essays *Georg Trakl* von Ilse Aichinger aus dem Jahr 1957. Tübingen 2011, S. 33-50, hier S. 33.

(6) 注 2 を参照。

(7) Ilse Aichinger: Aufruf zum Misstrauen. In: Otto Basil (Hrsg.): Plan. Literatur/ Kunst/ Kultur (Juli 1946. H. 7.) Vaduz/ Liechtenstein 1979, S 588.

(8) Otto Breicha und Gerhard Fritsch (Hrsg.): Aufforderung zum Misstrauen. Literatur, Bildende Kunst, Musik in Österreich seit 1945. Salzburg 1967, S. 5. このアンソロジーのタイトルもアイヒンガーのエッセイに依拠している。

384

たちは不信を抱かねばならないのです！[9]

1946 年に雑誌『プラーン（Plan）』に掲載されたこの「声明（Aufruf)」からは若者らしい理想主義的な他者への信頼を感じ取ることができる。また，「医学部の三回生であるが哲学科に移りたい。目下『より大きな試練（Die größere Prüfung)』という長編小説を書いている」[10]という著者紹介からも「沈黙」よりは表現への意欲が伝わってくる。しかし，アイヒンガー自身が「声明」の冒頭で，「印刷ミス？あなたたちの視力が弱まったのかしら？いいえ！あなたたちは全く正しく［著者注：タイトルを］読んでいるのです」[11]と書いているように，彼女の言葉は「信頼」ではなく「不信」へ，他者ではなく「自分自身」へと向けられている。表現への志向と，姿を隠すことへの志向，「書く（schreiben)」ことによって「沈黙する（schweigen)」，こうした言葉遊びに支えられた二面性はアイヒンガー作品の重要な特徴の一つである。冒頭に引用した『シュピーゲル・オンライン』が「彼女が死を怖れたことは一度としてなかった」というのも，彼女自身の戦争体験が念頭に置かれているのはいうまでもないが，「生まれないほうがよかった」，「人生で最も幸福だったのは戦争中である」[12]という聞き手・読み手を困惑させる表現についても同じことが言えるだろう。彼女のもつこの二面性を理解する一つの視点としてアイヒンガーの伝記に触れておく必要がある。

　アイヒンガーは 1921 年 11 月 1 日にウィーンで，オーストリア人の父親とユダヤ人の母親の間に双子の姉として生まれた。幼少期に一時リンツで生活したが，1927 年に両親が離婚してからは，ウィーン三区にある母方の祖母のもとで過ごすようになる。1938 年 3 月 12 日にオーストリアがナチス・ドイツに「合邦（Anschluß)」すると，ユダヤ人の家族・親族および「第一級混血児（Mischling 1. Grades)」とされたアイヒンガーは，日々アーリア化してゆく

---

(9)　Aichinger: a. a. O.

(10)　Basil（Hrsg.): a. a. O., S. 610. ここで述べられている『より大きな試練』は後の『より大きな希望』のことだろう。

(11)　Aichinger: a. a. O.

(12)　Vgl. Wolfgang Müller-Funk: Im Gespräch. Ilse Aichinger ORF, 8. 4. 1999（Ausschnitt). In: Ilse Aichinger: Es muss gar nichts bleiben. Interviews 1952-2005. Hrsg. v. Simone Fässler. Wien 2011. 付属の CD。

変動する社会と法・政治・文化

ウィーンで厳しい差別に晒された。1939 年に双子の妹ヘルガ（Helga Michie 1921-）がロンドンへの亡命に成功したが，残された家族が彼女に続くことはできず，1942 年にミンスクの強制収容所に送られ殺害される。アイヒンガー自身は，未成年者の保護を理由に収容所への移送を猶予された母親とともに，ウィーン市一区モルツィン広場（Morzinplatz）にあった小部屋に送られ，秘密警察の監視を受けながら生活を送る[13]。1945 年 4 月 13 日にウィーンが陥落し，翌月にドイツが戦争に負けると，アイヒンガーはウィーン大学での学業を再開し，そのかたわら執筆をつづけ，1948 年の長編小説『より大きな希望（Die größere Hoffnung)』[14]の出版を機に作家活動に専念することとなる。

1953 年にドイツ語圏の戦後作家からなる「47 年グループ（Gruppe47)」で知り合ったギュンター・アイヒ（Günter Eich 1907-1972）と結婚する。ザルツブルク郊外に新居を構えた二人は，しばしば同じ紙にそれぞれの作品を書きつけており，創作においても深い影響関係にあった[15]。オーストリア人とユダヤ人の両親，ロンドンに亡命した妹とウィーンに残された自身，ドイツ人作家との結婚など，アイヒンガーの生涯には二面的な要素が多く見つかる。

ところで，家族を奪われ，財産を没収され，自らの成長が母親の死を意味した時代が，他でもない彼女の人生の中で最も幸福な時期であったとされるのはなぜか。アイヒンガーは「あらゆることに希望をもっていた」ためだと答えている。

> 戦争が終わると私はいつもよく考えた。私はいま（かつて望んだ）ことを知っているし，それはそのとおりだった。しかしその後，それでもなおいっそう無慈悲であったのだ。私の母親には地位も住居も与えられなかった。私たちはある女性のもとに住んでいたが，彼女は私たちがふたたび出て行くことを望んでいた。戦争中に私は住宅局で「ハンモックで寝ろ！」と言われた。戦後に私たちはふたた

---

(13) ナチス時代のアイヒンガーの生活については，『映画と運命』に詳しい。Ilse Aichinger: Film und Verhängnis. Blitzlichter auf ein Leben. Taschenbuchausgabe in acht Bänden. Frankfurt/M. 2001.

(14) Ilse Aichinger: Die größere Hoffnung. Taschenbuchausgabe in acht Bänden. Frankfurt/M 1991.

(15) アイヒとアイヒンガーの創作の様子については，以下の論文を参照。Thomas Wild: Versuch. Aichinger — Eich — Heidegger — Sachs. 1959 / 1961. In: Absprung zur Weiterbesinnung, S. 99-111.

び同じことを言われた。私は役人に尋ねたかったものだ。どこに私はハンモックを引っかければよいのかと。私は祖母と彼女の家族にたいしては，彼らの身に起きたことよりはむしろ一つのハンモックを望んだでしょう[16]。

1945 年 4 月に目に見える暴力によって脅かされる生活は終わったが，本質的な点は何も変わらなかった。1951 年にインゲ・ショル（Inge Scholl 1917-1998）が運営するウルム造形大学に助手として迎えられてから[17]，アイヒンガーがふたたびウィーンに帰ったのは「合邦」から 50 年後の 1988 年である。彼女のウィーンを題材とした作品がウィーンの外で書かれたことは重要である。

Ⅱ　散文詩集『クルツシュルッセ．ウィーン』

1　「街の中心」

2001 年に出版された『クルツシュルッセ．ウィーン（Kurzschlüsse. Wien）』[18]は，アイヒンガーが，上バイエルンで結婚生活を送った 1953 年から 1955 年に書かれた 25 篇の散文詩から成る[19]。いずれもウィーンの街を題材としたもので，作者の希望によって地区ごとにまとめ直された，いわば散文詩によるウィーンの地誌となっている。この「選集」の冒頭に置かれたのが「街の中心（Stadtmitte）」である。

Stadtmitte

Etwas kommt in den Sinn. Jagt nicht und biegt nicht ein wie Wagen, die vom Stephansplatz in eine Nebengasse wollen, sondern biegt ein wie die Straße selbst, hat Knopfgeschäfte und Kaffeehäuser in sich, öffnet und verbirgt vieles, zeigt die Schaufenster und alles, was vorne liegt, und läßt die Magazine im Dunkel.

---

[16]　Der Krieg war meine glücklichste Zeit, denn da hab ich noch alles erhofft. In: Es muss gar nichts bleiben, S. 210-219, hier S. 218.

[17]　第二次世界大戦中の反ナチス抵抗運動「白いバラ（Weiße Rose）」に参加したショル兄妹の姉。ウルムにおけるアイヒンガーについては以下の論文が詳しい。Christine Ivanovic: Ilse Aichinger in Ulm. Spuren 93. Marbach am Neckar. 2011

[18]　Ilse Aichinger: Kurzschlüsse. Wien. Hrsg. v. Simone Fässler. Wien 2001.

[19]　Simone Fässler: Editorische Notiz. In: Aichinger: Kurzschlüsse, S. 79. 唯一の例外は 1970 年代に書かれた「カステレッツガッセ（Castellezgasse）」である。

変動する社会と法・政治・文化

Ich weiß von den Schokoladenkuchen, von der Hochzeit des Joachim und der Anna, die sie vergessen haben, von der Judengasse, in die der Wind weht. So hilft uns der Himmel.

Laßt doch die Sonne ruhig matter werden! Es gibt Wolle und Schuhe zu kaufen in den Seitengassen. Und eine Stiege, mit Gras bewachsen, führt hinunter.

Die Orte, die wir sahen, sehen uns an.[20]

街の中心

何かが感覚に訪れる。走りはしない，曲がりはしない車のようには，シュテファン広場から脇の小路へと向かう，そうではなくて曲がる道そのもののように，ボタン屋とカフェをうちに持っている，開きそして隠す多くのものを，示す飾り窓とすべてのものを前方にある，そして闇の中に貯蔵庫を残す。

私はチョコレートケーキを，ヨアヒムとアンナの結婚式を知っている，彼らがもう忘れてしまったもの，ユーデンガッセについて，風が吹き込むところ。そのように空が私たちを助ける。

それでも太陽を安んじてもっと弱々しくならせよ！羊毛と靴が脇道で売られている。そして一つの階段，それは草で覆われていて，下へと向かう。

私たちが見た場所は私たちを見ている。

この散文詩は 1954 年に雑誌『アクツェンテ（Akzente）』に発表された[21]。アビリーが詳細に論じたように，アイヒンガーの散文詩の多くは，様々な雑誌に繰り返し発表されてきた経緯がある[22]。詩人自身が編集に関わった「最初の完全版」[23]とされる『クルツシュルッセ』が版元としたものは雑誌『年輪（Jahresring)』に発表されたものだが[24]，二つの版の異同について確認することが

---

[20]　Ilse Aichinger: Stadtmitte. In: Dies.: Kurzschlüsse, S. 11.

[21]　Ilse Aichinger: Strassen und Plätze. In: Akzente. Zeitschrift für Dichtung. Hrsg. v. Walter Höllerer und Hans Bender. (1. Jg. 1954), S. 276-279, hier S. 276.

[22]　Dorit Abiry: Ilse Aichingers Prosagedichte zu Orten in Wien. Eine Untersuchung zu *Kurzschlüsse* anhand der unveröffentlichten Manuskripte. In: Berliner Hefte zur Geschichte des literarischen Lebens. 9 (2010), S. 157-167, hier S. 157ff.

[23]　Fässler: a. a. O.

[24]　Ilse Aichinger: Plätze und Strassen. In: Jahresring. Ein Schnitt durch Literatur und Kunst der Gegenwart. 1954, S. 19-24.

必要だ。[25]

『アクツェンテ』では「通りと広場（Strassen und Plätze）」という題のもとに八篇の散文詩が発表された。いずれもタイトルを持たず，アステリスクで区切られただけのものである。それぞれ詩連の区切りはなく，一見したところでは散文と変わらない。「街の中心」，「ロッサウ兵舎のもとで（Bei der Rossauerkaserne）」，「グリューネントアガッセ（Grünentorgasse）」，「アム・カナール（Am Kanal）」，「シュヴァルツェンベルガー広場（Schwarzenbergerplatz）」，「パークリンク（Parkring）」，「フンガーベルク（Hungerberg）」，「ラントシュトラーセ（Landstrasse）」という順序になっている。なお，「アム・カナール」と「シュヴァルツェンベルガー広場」，「フンガーベルク」と「ラントシュトラーセ」はアステリスクで区切られることなくひとつづきになっている。[26]

一方，『年輪』では「広場と通り（Plätze und Strassen）」という題のもとに十二篇の散文詩が発表された。いずれの詩もタイトルを持っているが，詩連の区切りはない。作品の配列は，「街の中心」，「ユーデンガッセ（Judengasse）」，「ヌスベルク（Nussberg）」，「レンヴェク（Rennweg）」，「接続鉄道（Verbindungsbahn）」，「フィリップスホーフ（Philippshof）」，「ゼーガッセ（Seegasse）」，「ロッサウ兵舎のもとで」，「シュヴァルツェンベルガー広場」，「パークリンク」，「フンガーベルク」，「ラントシュトラーセ」となっている。ここでは，「シュヴァルツェンベルガー広場」，「フンガーベルク」，「ラントシュトラーセ」は独立した作品となっている。

両方の雑誌に掲載されたのは，「街の中心」，「ロッサウの兵舎のもとで」，「シュヴァルツェンベルガー広場」，「パークリンク」，「フンガーベルク」，「ラントシュトラーセ」の六篇である。二つの雑誌は同じ年に出版されたが，『年

---

[25] それ以外に掲載された雑誌として以下のものが確認されている。Lebendige Stadt. Literarischer Almanach 1955-. Hrsg. v. Amt für Kultur und Volksbildung der Stadt Wien, S. 191-198; Konfigurationen. Jahrbuch für Literatur und Kunst（1970）. Hrsg. v. Alois Vogel, Alfred Gesswein und Peter Baum, S. 7-9.

[26] オーストリアで「ガッセ（Gasse）」は「通り」を意味するが，固有名詞ととらえ日本語に訳すにあたりドイツ語の音をそのまま残した。「～で」を表す「アム（Am）」，「環状道路」を表す「リンク（Ring）」および「山」を表す「ベルク（Berg）」についても同じ。

変動する社会と法・政治・文化

輪』の方が作品としてより整理されている[27]。また，作品の順序に変更がある
なかで「街の中心」が散文詩群の先頭にあることは変わらない。

2 散文詩の配列

フェスラーによると，『クルツシュルッセ』における散文詩の配列は，区ご
とにまとめられ，全体としてウィーンの「中心から周縁」へと向かうように構
想された[28]。これらの散文詩を含む草稿「モグラの地図（Maulwürfe-Mappe）」
（1956-1957）からは，アイヒンガーが個々の作品の配列を計画したメモが見つ
かっている[29]。ここからも，アイヒンガーが当初からそれぞれの散文詩を個別
に考えたのではなく，それぞれの「配置（Konfiguration）」に意を用いたこと
が明らかである。『アクツェンテ』の配置は，1 区（Innere Stadt）→ 9 区（Al-
sergrund）→ 3 区（Landstrasse）→ 1 区 → 19 区（Döbling）→ 3 区となってい
る。すでに指摘したように，『アクツェンテ』版では四番目に位置する「ア

---

[27] 『アクツェンテ』では八篇の詩に四頁が，『年輪』では十二篇の詩に六頁が割かれてい
る。そのため，紙幅の関係上『アクツェンテ』ではタイトルが省かれ，複数の詩が繋げ
られたとは考えにくい。むしろ『アクツェンテ』から『年輪』への間には創作上の進展
を見るべきだろう。

[28] Fässler: a. a. O.

[29] Abiry: a. a. O., S. 167. なおこのメモには，「フランス大使館（Französische Botschaft）」，
「ベルヴェデーレ（Belvedere）」，「いかなる時にでもなく（Zu keiner Stunde）」など後
に対話集『いかなる時にでもなく（Zu keiner Stunde）』に収録された作品も一緒に記
載されている。これは『クルツシュルッセ』収録の散文詩が『いかなる時にでもなく』
と成立時期において，また内容において近しいことを示すものだ。また，「プリンツ・
オイゲン通りの工事の際に建築士が発した命令（Befehl des Baumeisters beim Bau der
Prinz-Eugen-Straße）」は後に詩集『贈られた助言（Verschenkter Rat）』（1978）に収
録されていることから，散文詩と詩の成立および内容にも似たものがあることが推測さ
れる。1970 年に雑誌『星位（Konfigurationen）』に発表した五篇の詩には後に『クル
ツシュルッセ』に収録される「グラーベンで（Am Graben）」と「ゴンツァガガッセ
（Gonzagagasse）」が含まれているが，これも詩と散文詩の近さを表す例だろう。ここ
からアイヒンガーの創作におけるジャンルについて考える契機が生まれるが，アビリー
が指摘するように明確な線引きは（「散文詩」をも含めて），もともとアイヒンガーの中
ではなされていなかったと考えるべきだ。アイヒンガー自身が詩，散文，戯曲といった
ジャンルを意識することなく，「初めに文（Sätze）が生まれ，それがやがてそれぞれ詩，
ディアローグ，ラジオドラマといった形になる」とインタヴューで述べている。Alfred
Holzinger: Ilse Aichinger im Gespräch. ORF. 1960. In: Es muss gar nichts bleiben. 付属の
CD.

390

ム・カナール」と「シュヴァルツェンベルガー広場」,「フンガーベルク」と
「ラントシュトラーセ」がそれぞれひとつづきになっていた。また,「アム・カ
ナール」は 3 区から 11 区（Simmering）につづく通りであり,「シュヴァル
ツェンベルガー広場」は 1 区, 3 区, 4 区（Wieden）を区切る広場である。全
体として見れば, 1 区, 3 区, 19 区間で動きが繰り返されていることが分かる。
『年輪』版では, 1 区→ 19 区→ 3 区→ 1 区→ 9 区→ 1 区→ 19 区→ 3 区となっ
ており, 掲載された散文詩の量は『アクツェンテ』の二倍となっているが, 1
区, 3 区, 19 区へと向かう動きには変わりがない。ほとんどの詩がこれらの区
を対象としており,『クルツシュルッセ』と比べて, 区の集中において大きく
異なっている。

3 区の往還

対象とされる区にわたる散文詩の流れを考えるうえであらためて作品の成立
年代に注意したい。すでに指摘したように, 多くの散文詩は 1953 年から 1955
年に書かれた。『アクツェンテ』と『年輪』が刊行された 1954 年には息子クレ
メンスが誕生しており, 子の誕生がアイヒンガーに自らの幼年期を文学的に回
想する契機となった可能性は高い。

アイヒンガーは子供を主人公とした作品を多く書いた。自伝的小説とされる
『より大きな希望』もエレンと彼女の周りにいる子供たちの物語となっている。
ウィーンという街がアイヒンガーにとっては何より自身の幼年期と結びついて
離れないのは, 散文詩における 1 区, 3 区, 19 区の往復にも当てはまることだ。
すると, アイヒンガーがヘルガと一緒に通った学校「ウルズリーネ（Ursuli-
nen)」[30]が 19 区にあり, 両親の離婚後に生活した祖母の家が 3 区にあったこと
に注目することができるだろう。3 区から 1 区, 19 区への動きは子供と社会の
最初の接点である学校と, 庇護される場所としての家の往復と解釈できる。こ
の往復を通して子供が成長すると考えれば, 自身が母親になることで, あらた
めて自らの幼年期を詩的に再構成するために散文詩を書いたと言えよう[31]。

---

[30] Ilse Aichinger: Die Tochter des Germanisten, 1934. In: Dies.: Film und Verhängnis, S.
31-34, hier S. 31.
[31] 北西に向かって 3 区→ 1 区→ 9 区→ 19 区という順に並んでいる。

変動する社会と法・政治・文化

4 「街の中心」の意味

すでに述べたように,『クルツシュルッセ』は1954年の『年輪』に発表された「広場と通り」を手本にしているが,作品の配列については区ごとにまとめ,さらに1区から19区へと,ウィーンの中心から郊外へと作品の舞台が移るように改められた。そのため,もともと雑誌掲載時に見られた1区,3区,19区の往還は後景へとしりぞくのだが,「街の中心」が先頭に置かれることだけは一貫している。さらに『年輪』で見られた「街の中心」に「ユーデンガッセ」が続く並びは,『クルツシュルッセ』における構成上の大きな変更後にも維持された。つまり,「街の中心」を読み解く上で「ユーデンガッセ」が大きな手掛かりとなる。

5 「ユーデンガッセ」から「街の中心へ」

ユーデンガッセはウィーン一区の「ホーアーマルクトからループレヒト広場をつなぐ細い通り」[32]の名前である。この散文詩でアイヒンガーは「私たちの通り (unsere Straßen)」,「私たちの誇り (Unser Stolz)」,「私たちの道 (unseren Gängen)」,「私たちの望み (unseren Wünschen)」,「私たちの洗濯物 (unsere Wäsche)」,「私たちは夜を待たなかった (wir die Nacht nicht abgewartet haben)」,「私たちはその [著者注:太陽] あとを追った (sind wir ihr nachgezogen)」,「私たちが疲れたところ (an der wir müde wurden)」,「ここに私たちは家を建てた (hier bauten wir Häuser)」,「ここで私たちは身をかがめた,屈することなく (hier krümmten wir uns, ohne uns zu beugen)」と十箇所で一人称複数を用いている。この「ユーデンガッセ」に寄せられた連帯感は,ユダヤ人の運命への連帯である。現実のユーデンガッセを想起させる言葉は第二詩連にある「私たちの道の後で時計が灰色の光の中に針を進める (Hinter unseren Gängen ticken die Uhren ins graue Licht)」という表現のみで,あとは「出エジプト記」からの引用,ホロコーストの暗示が鏤められた構成となっている[33]。

この散文詩の中には「街の中心」と重複した表現が二つある。一つは「太陽が沈んだ時,私たちはそのあとを追った (Als die Sonne unterging, sind wir ihr

---

[32] https://www.geschichtewiki.wien.gv.at/Judengasse [2018年10月6日閲覧]

[33] Ilse Aichinger: Judengasse. In: Dies.: Kurzschlüsse, S. 12. 原文では複数形であるが「時計」という言葉がユーデンガッセの隣にあるアンカー時計 (Ankeruhr) を連想させる。

392

16 誤動作，焼損，消失〔日名淳裕〕

nachgezogen）」，そして，「ここで太陽が沈んだ，ここで私たちは身をかがめた，屈することなく（Hier ging die Sonne unter, hier krümmten wir uns, ohne uns zu beugen）」という太陽の描写，もう一つは「それ以来石の間に草が伸びている（Seither wächst Gras zwischen den Steinen）」という最後の一行である。

Ⅲ　「街の中心」から外へ

「ユーデンガッセ」における二度の「太陽」の描写に対応するのは，「街の中心」にある「それでも太陽を，安心して，もっと弱々しくならせよ！」である。この描写は「街の中心」において「ユーデンガッセ」が名指されたのちの第三詩連の冒頭にある。アイヒンガーは自らの言葉が，「異質な言葉（Fremdwörter）」への傾向を有しており，「私はそれを私のために探し出し，はるか彼方から持ってくる」と述べていた[34]。その考えは後に改められ，「私はより良い言葉をもう必要としない」とし，「私は人生がそうであるようにやみくもではない」と言明している[35]。しかし，この二つの言葉に対する姿勢の間には矛盾を見るべきではなく，「異質な言葉への傾向」とそれが生み出す新しいコンテクストはアイヒンガーの「人生」へと戻っていっている。それが一連の散文詩であり，それがゆえに初期の言語哲学を批判しつつも『クルツシュルッセ』を編みなおしたのだろう。

「太陽」の描写に戻ると，「ユーデンガッセ」では直前の「紅海は音を立てない（Da rauscht kein rotes Meer）」，「夜」，日が「沈む（untergehen）」などから第二次世界大戦中のユダヤ人の運命を連想させる。それに加えて重要だと思われるのが，ユーデンガッセからループレヒト広場に向かう途中にあるシュティフター（Adalbert Stifter 1805-1868）」が日蝕を見たとされる家である[36]。アイヒンガーはしばしば自らの読書経験を作品の中に織り込ませる[37]。シュティフ

---

[34] 「私の言語と私（Meine Sprache und Ich）」より。以下の書の指示による。Richard Reichensperger: Die Bergung der Opfer in der Sprache. Über Ilse Aichinger — Leben und Werk. In: Ilse Aichinger. Leben und Werk, S. 83-97, hier S.93.

[35] 「悪い言葉たち（Schlechte Wörter）」より。以下の書の指示による。Reichensperger: a. a. O.

[36] ザイテンシュテッテン通り２番（Seitenstettengasse 2）。

[37] 例としてアイヒンガーによるトラークル受容があげられる。以下の拙論を参照。

変動する社会と法・政治・文化

ターについては1957年にラジオ・エッセイを書いている[38]。シュティフターはアイヒンガーが生活した三区のウンガーガッセ（Ungargasse）に住居を構えたことがあった。また，彼の『水晶（Bergkristall）』は少年と妹の物語であり，アイヒンガーは双子の妹ヘルガとの関係を「兄と妹」という関係に置き換えて追体験していたとも考えられる。ループレヒト広場にはループレヒト教会があり，その高台からドナウ運河への見晴らしが開ける。建物に囲まれたウィーン市街に光が差し込んで来る場所で語られるのは強い光線ではなく，「弱々しい（matt）」太陽である。mattという言葉はアラビア語由来であり，ロマンス語や中高ドイツ語においては「死（tot）」を意味した[39]。街の中心から外へと抜けると「死」が現れる表現は，ドナウ運河にかかるシュヴェーデン橋（Schwedenbrücke）と結びつくだろう。

五十年前にアウシュヴィッツやミンスクの方向へとシュヴェーデン橋を走った貨物車の一台に乗っていたのが私が祖母を見た最後であった[40]。

「橋（Brücke）」はニーチェが象徴的に用いたように[41]，現在から未来への展開であり，希望の象徴である。それがアイヒンガーにおいては渡ることのできない障害物として捉えられていることは『より大きな希望』の最終章からも理解される[42]。そうした状況に抗うのではなく，散文詩の語り手はその状況を加速させるように「もっと弱々しくならせよ」と叫ぶ。すると羊毛や靴が売られている脇で一本の道がループレヒト広場の高台から下へと続く。しかしその道

Atsuhiro Hina: „Die heute undurchschaubare Strategie der Liebe". Zur Trakl-Rezeption bei Ilse Aichinger. In: Neue Beiträge zur Germanistik. Bd. 13/ H. 1. 2014, S. 147-164.

[38] アイヒンガーにおけるシュティフター受容については以下の論文を参照。Kotaro Isozaki: „Wolke neben dem Flugzeug". Zur Stifter-Rezeption Ilse Aichingers. In: Martin Kubaczek/ Sugi Shindo (Hrsg.): Stimmen im Sprachraum. Sterbensarten in der österreichischen Literatur. Beiträge des Ilse-Aichinger-Symposions Tokio. (Stauffenburg Colloquium Bd. 76). Tübingen 2015, S. 145-160.

[39] Hermann Paul: Deutsches Wörterbuch. Bedeutungsgeschichte und Aufbau unseres Wortschatzes. 10., überarbeitete und erweiterte Auflage von Helmut Henne, Heidrun Kämper und Georg Objartel. Tübingen 2002, S. 646.

[40] Ilse Aichinger: Wissen lernen. In: Ilse Aichinger. Leben und Werk, S. 23-24, hier S. 23.

[41] Friedrich Nietzsche: Also sprach Zarathustra. Stuttgart 1994, S. 12.

[42] Aichinger: Die größere Hoffnung, S. 269.

394

は「草で覆われている」。この描写は「ユーデンガッセ」の「それ以来石の間に草が伸びている」と似ている。草が生えている通りというのは，そこを歩く者がもういないことを意味する[43]。またループレヒト広場から下へと延びるループレヒト階段（Ruprechtstiege）はモルツィン広場に至るが，ここにはかつてウィーンのゲシュタポ本部があった。アイヒンガーの散文詩が独立したものというよりは並べられることで大きな意味を獲得したことを考えると，「街の中心」から外へという動きには生から死への動きがある。さらにこの散文詩集では雑誌に掲載されていた時の1区，3区，19区の動き，アイヒンガーの幼年期の行動から離れ，2区 Leopoldstadt や7区 Josefstadt も収められウィーンという街の地誌として客観性を増したかのように見えた。しかし，俯瞰してみれば，1区→3区→2区→9区→7区→19区という動きは東から西へ向かう半時計周りになっている。したがってこの散文詩群の動きは不可逆な時間を可逆へと戻そうとしており，具体的には東に移送されて殺害された祖母を西のウィーンへと連れ戻そうとするものである。アイヒンガーの「街の中心」は彼女自身の創作の原点にある「ミンスクの絶滅収容所で殺害された祖母に再会すること」[44]を目的としているため，必ず先頭に配置されねばならないのだ。

Ⅳ　結語 —— 接続を外す

　散文詩『街の中心』を詩集における配列の変化を手がかりに考察した結果，この詩が半時計周りの運動に従っており，それが歴史的時間を巻き戻して失われた祖母と祖母に代表されるアイヒンガー自身の幼年期を取り戻すことを目的としていたことが分かった。散文詩が書かれた時期にあたる1955年は戦勝国による統治が終了し，オーストリアが永世中立共和国として独立を回復した年である。するとそれと並行するアイヒンガーの散文詩は文学によるウィーンの再構成を企図したと解釈することも可能だろう。そもそもこれらの散文詩のタイトルに選ばれた『クルツシュルッセ』という言葉はそこからのみ解釈が可能

---

(43)　Sven Scheer: Westen, Osten. Zu Ilse Aichingers Geographie der Erinnerung. In: Berliner Hefte zur Geschichte des literarischen Lebens. 9 (2010), S. 79-90, hier S. 90.

(44)　Ilse Aichinger: Schriftstellerin. Fragebogen der Frankfurter Allgemeinen Zeitung. In: Ilse Aichinger. Leben und Werk. S. 25-26, hier S. 25.

変動する社会と法・政治・文化

である。「クルツシュルッセ（Kurzschlüsse）」は電流のショートを意味する[45]。
アイヒンガーが自らの文学活動の原点を 1938 年 3 月 12 日のナチス・ドイツと
オーストリアの「合邦」に見出すならば，「合邦」は選ばれたアーリアのみに
おける現象であり，そこから排除された者たちにとっては「誤動作」であり，
それによって引き起こされた戦争によって多くの土地と人が「焼損」し，絶滅
収容所に送られた者たちと彼らの記憶は「消失」した。「合邦」はその始めか
らうまくいくはずのない異なった電流同士のショートであった，そのような解
釈が読み込めるだろう。一方で，アイヒンガーがあらためて戦後オーストリア
の地誌を文学的に描きなおすことは，戦後においてなお変わらない，それどこ
ろか潜在することでいっそう悪質になった暴力を，臆病ゆえに目を背ける者た
ちに突きつけることで 1945 年というまやかしの境界を破壊しようとする文学
における闘争としての側面を持つ。あえて「誤動作」を推し進めることで，50
年代の復古主義的風潮にまどろむ人々に「焼損」の光景を突きつけ，「消失」
した者らへの思念を求める。そのように考えれば，この詩集が「クルツシュ
ルッセ」と名付けられたのは極めて自然なことであった。

---

[45]   Moritz Heyne: Deutsches Wörterbuch. Bd. 2. H-Q, S. 522.

396

17 モダニズムを乗り越えて
―― 19世紀から20世紀への世紀転換期におけるドイツ語圏の文学及び芸術の諸相

平 野 篤 司

   Ⅰ   世紀転換期という概念 ―― ニーチェを手掛かりとして
   Ⅱ   保守の立場 ―― トーマス・マンからユーゲントシュティール
   Ⅲ   新しい試み ―― ムージルとオーストリア
   Ⅳ   保守の立場 ―― リヒャルト・シュトラウス
   Ⅴ   保守的革命家 ―― シェーンベルク
   Ⅵ   表現主義から抽象へ ―― カンディンスキー
   Ⅶ   ホーフマンスタール
   Ⅷ   単独者 ―― カフカとリルケ
   Ⅸ   カール・クラウス
   Ⅹ   結　語

Ⅰ　世紀転換期という概念 ―― ニーチェを手掛かりとして

　リルケ（1875-1926）に『世紀が革まるところに』という詩がある。これは，時禱詩集（1899年作）に掲載されたもので，まさにその名にふさわしい内実を持っている。次のような作品である

　世紀が革まるところに

　世紀が革まるちょうどそのころに私は生きている。
　大きなページがめくられるために起こる風が感じられる。
　このページに　神と汝と私とが書き記し
　それは見知らぬところで　見知らぬ手でめくられる。

　はや，新しいページのきらめきを人は感じる。
　このページの上でこれから万事が生成しうるのだ。
　様ざまな静かな力が　それぞれの拡がりを試みている

変動する社会と法・政治・文化

そしてそれぞれの力が互いに幽暗に顔を交わしている。(片山敏彦訳)[1]

この詩について，訳者片山俊彦は，次のように述べている。

> 『時禱詩集』のなかにあるこの詩の最後の二行はリルケ的で美しい。「様々な静かな力」，まだ名さえ持たないいろいろな創造力，自己をこころみながら敬虔に「幽暗に」互いに問いかけ合う創造力。無心な力が新しい諧調を求めている。

リルケの詩はもちろんのこと，片山敏彦の評言も実に精妙にそして的確にこの時代の変わり目の様相をとらえていることに驚かされる。この時代というのは，19世紀末そして20世紀初頭のことである。

ドイツ，オーストリア，スイスなどのドイツ語圏では，特に文学や芸術を区切る時代概念として1900年を挟むおよそ20年の時期を世紀転換期と呼ぶことが多い。イギリスやフランスでは，世紀末という呼称がよく使われるが，この言葉は，ドイツ語圏ではあまり大きな有効性を持たないように思われる。なぜならば，世紀末という言葉を厳密に使うということなら，そこに20世紀は含まれないからだ。それにドイツ語圏では19世紀末という時代が第一次世界大戦へと向かう20世紀初頭の十数年が19世紀末の十数年と切り離しては考えられないからだ。

この時代を生きた主な文人や芸術家の名を挙げてみれば，例えば文学者ではトーマス・マン (1875-1955)，ホーフマンスタール (1874-1929)，リルケ (1875-1926)，カフカ (1883-1924)，ムージル (1880-1942)，批評の世界ではベンヤミン (1892-1940)，音楽家ではシェーンベルク (1874-1951)，リヒャルト・シュトラウス (1864-1949)，画家ではクレー (1879-1940)，クリムト (1862-1918) など，綺羅星のごとき名が連なるさまは壮観である。しかも，ここに挙げた名前は，その時代の文化の高峰を形作るものばかりであり，その裾野まで含めれば，ドイツ語圏文化を地理的にもまた歴史的にもアルプスのような峩々たる山並みとして想像しなければならない。その意味で，世紀転換期というこの時代をドイツ文化の黄金時代の一つといってもよいと思われる。

この時期のドイツ語圏，とりわけドイツとオーストリアの政治的，社会的な状況は，しかしながら，黄金時代とは裏腹なものだといわざるを得ない。ドイ

---

(1) 片山敏彦『ドイツ詩集』(みすず書房，1984年) 200-201 ページ。

17 モダニズムを乗り越えて〔平野篤司〕

ツは，1871 年の帝国成立により統一国家となり，国力は急上昇するが，その没落も急下降の道をたどる。その結末はまずは1914 年から18 年までの第一次世界大戦であった。この国力の進展といわれるのもイギリス，フランスに比して後進の工業国としての急激な発展であり，これまた後進の軍事大国への展開であり，文化の面でも，また人々の社会生活においても実質のある着実な歩みとは言いかねるものであった。

すでにニーチェ（1844-1900）は，その生の半ばにおいて分裂を克服したドイツ帝国の成立を目の当たりにしているが，かれはプロイセンの対仏戦争の勝利し，統一を成し遂げた祖国ドイツを激烈に批判するばかりか，これがドイツ精神にとって致命的な出来事であるとして，その現実を拒絶しているのである。ニーチェは，その後のドイツ帝国の決定的破滅を見るまでもなかったのだ。かれにはロマン主義者の面は色濃くあるが，それ以上に現実を厳しく見ていたのである。ドイツ史の命運はかれの精神の予見するところでもあったのだ。それにしても，ニーチェの没年が1900 年であるというのは，実に象徴的な出来事ではないだろうか。厳密な見方をすれば，1900 年というのは20 世紀ではなく，19 世紀なのである。かれの生涯は19 世紀を総括する立ち位置にあったのだ。ことさらに生命の充溢と躍動を謳うかれの現実認識は，過酷を極めた悲観的なものであった。かれは，そもそも没落ということを生きる原理として考えていたのである。

かれの言説のよって立つところはドイツ語であるが，極めて頻繁に，また根源的に使っているフレーズに，zugrundegehen がある。ある場合は zu Grunde gehen と原義により近い形も交えている[2]。これは，原義に即して言えば根底まで至るという意味で，根源的な徹底性を表すものだが，同時に比喩的，慣用的には没落することをいう。ここには根源的な生き方をすることが同時に己の身を亡ぼすということが言語において語られているのだと思われる。このような言葉遊びともいえる主題の展開は，ニーチェにとっては特徴的であって，彼の得意とするところでもあった。だが，遊びというにしては，諧謔味はおろか，優雅さにも欠けていはしないか。これはおそらくかれが自らの存

---

(2) Friedrich Nietzsche: Also sprach Zarathustra Ein Buch für Alle und Keinen Zarathustras Vorrede（Friedrich Nietzsche: Sämtliche Werke Kritische Studienausgabe Band 4 1980 München S. 18.)

変動する社会と法・政治・文化

在の重量を全面的にそこへ賭けてしまったからであろう。これがニーチェの掲げる高らかに笑う哄笑とは裏腹な身体的な痙攣を伴う自己嘲笑の姿であり，悲劇的なありようなのである。かえって，かれの表現にこのような悲劇的な諧謔味を与えたのは，かれが批判してやまなかったかれの生きた時代だったのではないか。時代のほうが一枚上の役者であったのかもしれない。それこそがかれを道化師たらしめたのだから。すなわち，かれは19世紀を批判的に総括するべく，1900年に没しているのである。しかし，ことはそれにとどまるものではなかった。かれが残した言説は，20世紀の開始を告げ知らせるものでもあって，少なくとも20世紀の精神的風景を照射し続けたことは確かだ。

II　保守の立場 —— トーマス・マンからユーゲントシュティール

ニーチェの見立てのように，1900年を挟む世紀転換期のドイツは急激な上昇の気流に乗ったといえるだろうが，それは経済や工業，そして軍事大国への道筋であり，そこには着実な生活や文化の活動の余地は限りなく少なかったのである。このような時代状況は，トーマス・マンの『ブッデンブローク家の人々[3]』に活写されている。そもそも，この長編小説は，副題として『ある家族の没落』とあるように一族四世代にわたる没落の物語である。ブッデンブローク家は，まさに19世紀的な文化を体現する保守的な家であったが，そこにはもはや新しい時代を切り拓く可能性は残されていなかったのだ。一家の4代目を担うはずのハンノが生きる拠り所としたものがワーグナーの『トリスタンとイゾルデ[4]』というのは，あまりにも出来すぎた話であるが，19世紀末のドイツを絵図としてくっきりと輪郭づけている。このような世界は，敢えて言えば没落を志向せざるをえないのである。これとは全くおもむきの異なるハーゲンシュトローム家というような新興の勢力が実業の世界において台頭してくれば，ブッデンブローク家はその商会のみならず一家の存在そのものも消滅する以外にはないのだ。ワーグナーの音楽が頽廃とは一概に決めつけることはできないが，それが19世紀という一つの文化の極点を指示していることは確かなことに違いない。それは終着点であり，同時に極限点でもあって，そのよう

---

(3)　Thomas Mann: Die Buddenbrooks Verfall einer Familie 1901 Berlin.

(4)　Richard Wagner: Tristan und Isolde 1865 München.

17 モダニズムを乗り越えて〔平野篤司〕

な地点を人々は踏破しなければならなかったのである。これが 19 世紀から 20 世紀への展開点にあたっていたことは偶然とはいえないだろう。この地点にたどり着く前に近代の概念は大方出尽くしたのであり，新たな世界像はいまだ見えることはなかった。トーマス・マンも『非政治的人間の考察(5)』において自分の歩みをロマン派的信条の退却戦だったと名付けている。かれは，没落の意識とともに哀惜の念をもって過去を総括しなければならなかったのだ。ルカーチの言明(6)とは裏腹に，その先にある新しい時代への展望などかれにはなかったに違いない。

このような袋小路ともいえる 1900 年ごろを展開点とした世界には，しかしながら創造的な活動を支える生命力が枯渇しいていたかといえば，実情はむしろその対極にあったとさえいえるかもしれないのである。造形美術において特徴的に表出された，ドイツ語圏ではユーゲントシュティール，そのほかの地ではアールヌボーと呼ばれるこの時期の芸術様式をみれば，確かに活力などとは程遠いその繊細さと極度の様式性に目を瞠らざるを得ない。これは退廃とも，マニエリズムともいえる表現世界である。しかし，子細に見れば，それらの作品は，世界の閉塞性と行き詰まりを形式として体現しているのでその空虚感は覆い難いが，決して無機的，形骸的なものではないことに注目したいと思う。そこに胚胎している生命の動きを見逃してはならないと思う。動物的な躍動感こそ希薄だが，曲線をはじめとするなだらかで優美な植物的な形象性をその特徴として挙げることができるだろう。これらの死に瀕したような一見はかないとも見える形式は，実は機能主義的な世界が勃興する中での人々の生命の形式，有機性を求めての表現だったのではないか。20 世紀の新たなる世界の展開は，こうした 19 世紀末のいわば絶対零度すれすれの地点からの蘇りの試みを土台としていたとはいえないだろうか。

このような展開を担った造形芸術家としてウィーンのクリムトやシーレの名を挙げておこう。実際，ここから対極的とも思われる 1910 年代にドイツの地で爆発的に開花する表現主義の芸術運動までは，さほど遠く離れてはいない道のりである。この時代を画する二つの芸術思潮は，時間的にも近接しているばかりではなく，精神と形式の連関という主題の展開という点でも通底している

⑸　Thomas Mann: Betrachtungen eines Unpolitischen 1918 Berlin.

⑹　Georg Lukács: Franz Kafka oder Thomas Mann 1973 München.

変動する社会と法・政治・文化

のである。その目覚ましい例としてさらにロシア出身でドイツ表現主義を担ったカンディンスキーの画風の変遷を取り上げることができるように思う。この芸術家においてほど，芸術上のスタイルが，動的な必然性を持ちながら，ほとんど古典的な典型としてきわめて明瞭に分節されながら展開されているのを見ることができる例は他にありそうもないからである。

Ⅲ　新しい試み —— ムージルとオーストリア

　19世紀末から20世紀初頭にかけての世紀転換期には時代の新しい突破口を求めて実に様々な試行錯誤が精力的に行われたのである。シュペングラーの『西洋の没落(7)』が刊行されたのは第一次世界大戦後直後であるが，西洋文明の衰退の相が歴史哲学的に辿られた時代を画するベストセラーであった。厳格な批判精神をもって任ずるムージルはこの著作をジャーナリスティックに一面的な書き物として批判しているが，時代の雰囲気はよく反映されているのである。しかし，ムージルの批判するところは重要である。かれの批判は，シュペングラーは，確かに危機感をもって時代をとらえてはいるが，そのペシミズムの捉え方が一様であること，そしてそこに安住しているかのような感さえある点にむけられたものであるからだ。まさにムージル自身が敢行していたのが活発な知的精神活動の下で，多様な世界と生を全体的かつ重層的にとらえることであったのだから，西洋の没落をそれ自体としてペシミズムの内に受容するだけでは済まないわけだ。ムージルは，合理と非合理の接点を厳しく追求することで新しい世界像を呈示しようとした。これはそれまでの合理主義とロマン主義の対立的世界観を革新する意味を持っていたのである。それに付け加えて指摘しておきたいことは，かれの試みは，まさに試行錯誤として果敢に行われたということだ。かれは生涯この主題をやはり試行錯誤的に展開していく。それはとどまるところを知らない。未完の大作『特性のない男(8)』はそのような試行の膨大な集積といってもよいだろう。作品の未完成は，その課題の大きさを物語るものだ。そもそも特性のない男という人物がここでは設定されているが，それは，それまでの時代の古典的な人間像をはるかに超えるものだ。これまで

(7)　Oswald Spengler: Der Untergang des Abendlandes 1918-22.

(8)　Robert Musil: Der Mann ohne Eigenschaften 1930-33 Hamburg.

17 モダニズムを乗り越えて〔平野篤司〕

は主人公は，虚構あるいは幻想ではあっても，ある特性のもとに統一的人格を与えられていたのだ。ところが，この物語の主人公は特性のない男であるばかりではなく，特性のない男はあらゆる特性を持つということなのだから。このような一連の試みは紛れもなく新しい時代の人物像造形への積極的な志向性の表れといえるであろう。

　没落という主題においては，この時期ドイツよりもムージルが生を享けたオーストリアのほうがはるかに長い時をかけた没落劇の最終幕をより劇的に迎えることになるのだった。長い間中欧から東欧にわたる広い土地と実に様々な民族を統合的に支配してきた強大なハプスブルク帝国も複雑な民族問題を内包しつつ，対外的にも列強との軋轢を抱え，次第に瓦解の道を辿らねばならなかった。第一次世界大戦は本格的な総力戦であり近代戦争であって，これにはドイツからの援軍をもってしても抗しえなかったのである。この帝国は，近代の行き詰まりという状況において，一種抽象的な，理念的な存在と化しており，現実離れした様相を呈していた。現実的な国際問題と国内の深刻な民族問題を抱えた大帝国は，むき出しの現実の圧力になすすべもなかったのだ。この辺りの事情はムージルの『特性のない男』で詳細に緻密に論じられ，カール・クラウスの『人類最後の日々[9]』でまさに劇的に展開されている。こうした緊迫した時代状況に対して，オーストリアの文化は帝国を支える対抗的なよりどころとはならなかった。19世紀末のウィーンにはヨハン・シュトラウスを筆頭とする享楽的な文化が花開いたということは事実であろうが，かれのワルツを中心とする舞踏音楽も，享楽的な高揚があるかと思えば，憂愁の感は免れがたく付き纏う。いやそれどころか憂鬱や悲哀こそその場の中心的な主題であり，陽気な部分はそれを引き立てる脇役であるかのような働きをしていることが実に多い。まだ社会的に大きな事件は起こっていないが，特にウィーンで展開されていた世界は，華やかさはあったにしても退廃と没落へとなだれ込むまさに陽気な黙示録的世界ではなかったか。そこで踊られる舞踏は，死の舞踏でもあったのだろう。このような状況は，帝国内の諸民族の自治権あるいは独立をめぐる運動が激しさを増してくるにしたがってより際立ってくる。第一次世界大戦後オペレッタが盛んに作られ上演されているが，その格好の主題となったのが，

---

(9)　Karl Kraus: Die letzten Tage der Menschheit 1919 Wien.

変動する社会と法・政治・文化

ハンガリーやスラブ民族を題材として取り込んだウィーンの物語であるのも明瞭な特徴といえるだろう。その時には栄華を誇ったハプスブルク体制もすでに崩壊し、ウィーンを中心とするオーストリアは没落の淵に沈んでいたのだ。この時期以降、小国となったオーストリアは自らの過去に生きるというノスタルジーとナルシズムの世界に沈淪する。これは、原理的には自分自身のパロディーの世界といってもよい。

この現象をもう一つより大きな枠組みでとらえるならば、近代的な新しいものや概念はこの世紀転換期にはすでに出尽くしてしまったということでもある。その意味ではオーストリアもその一例に過ぎないのかもしれない。これが西洋の没落であり、オーストリアの没落の深層であったともいえよう。ここで強調しておきたいのは、ドイツやオーストリアというドイツ語文化圏では、文化の没落ということが国家の枠組みの崩壊とあまりにも鮮やかに連動していることである。ほかの文化圏では、それぞれの社会的制度や文化的遺産などのどこかしらに拠り所が残されていたので、旧時代と新時代の連続性が断ち切られることは、ドイツ語圏ほどはなかったということだ。ドイツ語圏ではかえって残酷な事態が際立つともいえよう。歴史的に長い目で見ても、ドイツ文化圏は断絶を何度も繰り返している。そこでは何度もの荒廃の後、そのたびに出発点からの出直しを図ってきたのだ。これでは文化の緩やかな移行など望むべくもない。そして、そこに断絶があるのはいかんともしがたい。

IV　保守の立場 ── リヒャルト・シュトラウス

しかし、このような世紀末的状況を十分にわきまえたうえで、あえてパロディーに賭けた知性たちも存在した。その一人として、リヒャルト・シュトラウスを挙げることができるだろう。かれの傑作オペラ『ばらの騎士[10]』の舞台設定は18世紀マリア・テレジア治世下のウィーンだが、そのオペラの世界では、すでに18世紀の貴族文化の最盛期を過ぎての退廃の気が濃厚である。衰退期にかかろうとした貴族社会に闖入したのが、人は良いかもしれないが野卑な新興貴族のオックス男爵である。かれは、都市貴族の初ぶな令嬢ゾフィーを

---

(10)　Richard Strauss: Rosenkavalier 1911 Dresden.

17 モダニズムを乗り越えて〔平野篤司〕

娶ろうとする。それに劇の幕が開くや否や，女主人公たる元帥夫人がのちにばらの騎士となる若き青年オクターヴィアンと朝の床の中で戯れているではないか。双方とももちろん戯れとは承知している。しかし，これは退廃以外の何ものではない。しかもシュトラウスはここでこの青年役に女性歌手に男装をさせているのである。このような仕掛けと配置は，モーツアルトによって『フィガロの結婚』において用意されていたものである。マリア・テレジア全盛期そして啓蒙主義時代のモーツアルトにおいても，主題はやはり退廃なのであった。モーツアルトの歴史に対する洞察の鋭さには驚嘆を覚える。シュトラウスは，モーツアルトの作品世界の枠組みを細部に至るまで受け継いでいる。ただし同時に違いもあらわになってくる。モーツアルトにあっても貴族の世界に退廃という不気味な影が差しているが，これはフランス革命を背景とした市民革命の時代を予見させるものがある。しかし，シュトラウスの作品では，貴族階級の零落ぶりはモーツアルトの作品の比ではない。それにそこでは，旧来の貴族を襲うべき溌剌たる新時代の登場人物すなわち市民の姿も見受けられない。そのままではおそらく救いのない世界なのである。事態を救ったのは，元帥夫人の覚醒と断念にある。いくら真剣でも遊びは遊びとして現実的に断念し，ばらの騎士の世界から立ち去り消えてゆくことなのである。これによってオクターヴィアンとソフィーという似合いの二人の世界が成就する。だが。そこにはもはやフィガロとスザンナの二人のような活力はない。このオペラを，新しい世界の登場によって，古い世界が退場を余儀なくされる劇だと見ることはできないだろうか。そうだとすれば，この元帥夫人の姿は，旧オーストリア，ハプスブルク帝国の世界からの退場の姿と見ることができるだろう。最終場面は，老いの要素も加わって実に痛切な味わいがある。その意味で，パロディーではあるが，あるいはそれゆえにこそ消えゆくものに対する真率なオマージュとなり得ているのである。これはシュトラウスが，モーツアルトの時代との歴史的落差を認識したうえで成し遂げたパロディーの傑作なのだ。その意味で彼は自分の生きていた時代を歴史認識としてもよくとらえ得たというべきであろう。それは決して懐古趣味に彩られたものではなく，かえってその当時の現代社会を批評的に照射しているのである。シュトラウスは紛れもなく時代の只中を生き抜いた芸術家であるが，その方法は，新たな対象と表現手段を見出していくことではなく，伝統的古典的な形式を踏襲することで，現下の時局を照らし出す

変動する社会と法・政治・文化

というものであった。パロディーというのは，単なる遊びということに留まるものではなく，原義に添え歌という意味があって，その意味で本歌に対する唱和ということに通じるのである。かれの懐古のトポスは，かくして優れた現代性を持ち得ているのだ。しかし忘れてはならないことは，シュトラウスは，そのような現代性をもってはいても，新しい音楽語法を生み出しはしなかったし，新たな世界の発見ということにはつながらなかったことである。このことは同時代のマーラーやベルクを引き合いに出せば明らかである。本人もこれは承知の上であったのだろう。その意味ではかれは確信的に時代に対して後ろ向きであったといえる。この点は，直接的なつながりこそなかったが，トーマス・マンの時代認識とその表現に通じるものがあったといえるかもしれない。

V　保守的革命家 —— シェーンベルク

そのシュトラウスと同じ同時代人でも，シェーンベルクの方法とその表現はかなり異なる。かれの文化的基盤も，同じく 19 世紀のドイツロマン主義にあった。その証は，かれが 25 歳の折 1901 年に手掛けられた『グレの歌[11]』に見られる。それはいまだに調性の世界にあり，ワーグナー風の響きが明瞭に聴き取れる濃厚なロマン主義的色合いの出世作である。シュトラウスとは異なり，かれは知的な距離を保ったロマン主義者ではなかった。ロマン主義的世界に深部で浸透され，その行き詰まりを感じつつも，そのさらなる展開と乗り越えを図っていた時期である。かれの苦悩は，ユダヤ教，カトリック，プロテスタントというはざまにあっての宗教的な問題も含めて，深甚なものであったようだ。かれは行き詰まりを経験していた。音楽の上ではどうであったか。おそらくワーグナーやリストを極点とするロマン主義の袋小路がかれの出発点であったのだ。人の心情という内面の動きが極度に細分化あるいは微分化されたときに，表現はその実質を失ってしまうのだ。また魂も形式という拠りどころを見失って，漂泊するばかりである。しかもそれが世界をとらえているのならまだ救いがあるが，自分も世界も失うことになりかねない。ここには，人生と芸術の両面が交差する重要な点があるはずである。

---

(11)　Arnold Schönberg: Gurrelieder 1900-11.

406

17 モダニズムを乗り越えて〔平野篤司〕

それでは，シェーンベルクがいかにして突破口を見出したかといえば，それ
はかれのロマン主義的な世界にこそ内在していたといえよう。心情の細分化と
形式の細分化の果てが無調の世界である。そこから後戻りすることは原理的に
ありえない。それまでの古典的世界が調性という制度の世界であるとすれば，
そこから抜け出し，あるいは新たな秩序を見出していく以外に道はない。その
意味で，かれはロマン主義を徹底的に生き抜き，その底を打ち破って新たな表
現世界を切り開いたのであり，現実に生きるものとしては苦悩に満ちた道行で
あったが，極めて論理的かつ着実な歩みを遂げたのである。かれのことを保守
的革命家と呼ぶのは蓋し至当である⑿。かれが調性の世界から無調，そして12
音技法へと展開したのは，まさに世紀転換期であるが，その移行を如実に示す
作品が『浄夜⒀』（1899 年作）であろう。この作品は調性の痕跡を残し，濃厚な
表現主義的世界を思う存分繰り広げる。その限りでは 19 世紀的な特質は紛れ
もない。しかし，その製作時期がまさに物語っているように，そのロマン主義
的表現性には驚くべきものがあるにしても，同時にすでにそこには旧来の調性
の世界から脱出しようとする音楽的動機が少なくとも萌芽としては豊かに用意
されていたというべきなのだ。

VI　表現主義から抽象へ── カンディンスキー

この道行に歩調を合わせるような造形芸術家として，再びカンディンスキー
を挙げることができよう。1910 年前後の，「印象」，「即興」，「コンポジショ
ン」といった一連の絵画作品は，具象から抽象への移行をあまりにも如実に表
しているのでその進展に驚きを禁じ得ないほどだ。かれの場合にも，初期のロ
シア時代のユーゲント様式のもの，その表現主義への移行，そしてまた抽象へ
の展開といった論理的な流れが明確に確認できることは，シェーンベルクとも
軌を一にするものである。

シェーンベルクとカンディンスキーは，実は無二の親友同士でもあって，
1910 年ごろのある一時期シェーンベルクが新しい芸術上の突破口を求めて葛
藤し，さらに生活上でも精神的な問題を抱えて苦悩し，芸術的にも人生上の問

⑿　Hans Heinz Stuckenschmidt: Schönberg, Leben, Umwelt, Werk 1974 Zürich

⒀　Arnold Scönberg: Verklärte Nacht 1899.

変動する社会と法・政治・文化

題としても袋小路に陥ってしまったころ，造形芸術家カンディンスキーは，悩める作曲家シェーンベルクにある助言を行っており，それが功を奏したのである。それは自画像を含めた絵画を描くことであった。その成果は，ある意味で表現主義を代表するような造形作品となっているのだが，同時にこの造形的試みが彼の精神とその音楽芸術を危機から救済することにもなったのである。シェーンベルクは，カンディンスキーの勧めで，かれの盟友フランツ・マルクの主催する芸術家グループ「青騎士」に参加している[14]。1910 年以降，特に1913 年から 14 年にかけての時期にしばらくは絵画に没頭するのである。評者によってはシェーンベルクの伝記的区分に画家シェーンベルクという時期を設けているほどである。これはなかなか示唆に富んだ出来事であるように思われる。なぜなら，表現主義というロマン主義的な世界の只中で，造形芸術が音楽芸術を救済したということだから。表現主義は，内的的に音楽的な表出性を強く持っていることを踏まえておかなくてはならないが，シェーンベルクの音楽は，すでに『浄夜』のころからではあるが，特にこの時期に主観的動機の強烈な表出を核とした濃厚な表現性を特徴としている。しかし，表現主義は内面の形式化といっても，その内面の圧力があまりにも高いので，形式の成就，ましてや古典的な形式の獲得が極度にむずかしいという宿命を端から負っている。そうこうしているうちに肝心の内面の内実が窒息するか，消滅して雲散霧消してしまうのが落ちである。そこに差し出された表現手段が絵画という造形芸術である。いくら音楽的な要素が強いとはいえ，しかし絵画と音楽では，具体的な表現の現場は根本的に異なる。絵画においては時間の要素は，音楽と比べるべくもなくわずかだ。しかし，その反面，世界の構築性あるいは構造性という点においては，より優位性を持っている。おそらくこの点がシェーンベルクを新たな境地に導き，より構築的な新音楽の世界へと向かわせたのであろう。こで忘れてならないのは，シェーンベルクが表現主義をその極点まで辿りきっていたという前提である。表現主義の究極は，内面性の世界そのものといってもよいが，それはそのまま秩序の解体でもあり，要素のランダムな乱舞の世界である。ゼードルマイヤーの用語でいえば中心の喪失という状況でもある。し

---

[14]　Christian Brückner, Dietmar Schönherr: Wassily Kandinsky und Arnold Schönberg Briefzeugnisse einer aussergewöhnlichen Begegnung 2013 L&M Literatur und Musik (Da Music).

かし，このような前提があってこそ新しい地平が開かれたのである。それは抽象の世界を志向する。もちろん，その場合問われるのは，従来の秩序に変わる新たな秩序というようなことではなく，人が生きる世界を支える根本的あるいは原理的なものである。シェーンベルクとカンディンスキーの両者に共通する原理的なものとは，カンディンスキーが常に強調していた概念でいえば，『芸術における精神的なもの[15]』であり，そこで実現されるのは内面に裏打ちされた形式ということになる。その意味で，かれらの芸術は深くドイツ的な性格を帯びていたといえよう。

Ⅶ　ホーフマンスタール

　この時期に，シェーンベルクと同じくウィーンの地で目覚ましく登場してきた詩人にホーフマンスタールがいる。かれの文学的な展開はやはりこの時代と切っても切り離せないものがある。驚くべき早熟な才能を発揮していたかれは，少年時代から詩を書いていた。しかし，数編の詩劇や短編小説もその間に書いているにしても，詩を書くという狭義での詩人の活動は，かれの20歳代半ばで終わっている。その後ホーフマンスタールは，戯曲，オペラの台本，小説，評論，講演と多彩な領域で活発な活動を行い，豊かな成果を残しているが，前半生とは趣がかなり違うことも事実だ。そこには，前半生に鮮やかに見られたノヴァーリスの衣鉢を継ぐような天恵ともいえる魔術的言語の宇宙は，もはやうかがえない。その間に何があったのか実に不思議なことであるが，それを考えるには，普通『チャンドス卿の手紙』と呼ばれる『手紙[16]』を取り上げなければならない。これは，現実の手紙ではなく，虚構で作られたものであり，創作である。これが意識的になされた芸術上の認識を示すものであることは明らかだ。ここでは，詩の言語に見捨てられる詩人の苦悩が切々と語られている。それまでは宇宙との絶妙な感受性を誇ってきたかれの感覚が自ら繰り広げる詩語として華麗に花開いていたのだが，突如その宇宙との関係性を失うという危

---

(15)　Wassily Kandinsky: Über das Geistige in der Kunst Insbesondere in der Malerei 1911 Bern.

(16)　Hugo von Hofmannstahl: Ein Brief（Gesammelte Weke Erzählungen-Erfundene Gespräche und Briefe-Reisen 1979 Frankfurt am Main S. 412.）

変動する社会と法・政治・文化

機を描いたものであるといえば，これは作者自身の文学上の前半生と後半生を結ぶ交点にあたる作品といってよいだろう。魔術的な世界は一挙に破れ，荒涼たる現実へと突き落とされるのである。主人公チャンドス卿は，もはや予定調和的な夢の世界に才能にものをいわせて，戯れることが許されないのだ。かつての華麗なレトリックはすっかり毛疎いものになり果てた。あらゆるものと感応していたかれの感覚は，あらゆるものから疎外されているといってもよい。詩を書くことを使命としていたかれは，詩語から見捨てられるばかりでなく，言葉そのものからも見放されてしまっている。しかし，注意深くテキストを読めば，何もかも失われたのではないことがわかる。荒涼とした思いのなかでも，まだ時折は心が感応できる瞬間があるというのだ。それは，畑に捨て置かれた如雨露や水の上を走るあめんぼうなどを眺めるときだという。かれはそこから元の世界に帰還できるとは思いもよらないが，必死の思いで自分の存在を語りうる言葉を探そうとするのである。

　ここには，社会と文化の解体の相が見まがうべくもなく，かれを囲繞している。だが，かれが依拠するのも過去の古典的世界の伝統である。しかし，それはすでに統一体としてではなく，断片化されてしまっている。まさにそこから，自らの存在を記すことのできる新たな言語の獲得という試みがなされるのである。

　そのような志向性は，特に『チャンドス卿の手紙』以降の諸作品に顕著に見て取れる。それは，『薔薇の騎士』における野卑な力の台頭であったり，貴族の世界をものともしない下層民の生気あふれる登場であったりする。また，『アラベラ[17]』における没落しつつある貴族の華麗な華やぎとそれと表裏一体をなす貧しさの対比も強烈である。そして，『影を失った女[18]』の世界には，もはや貴族的なものは，王とその妃の世界としてその痕跡は伺えるもののはるかに幻じみたまさに影絵的世界であり，その苦悩は計り知れない。その代りこのドラマを支える主人公の側に立つバラクとその妻も苦悩は深いが，そこからの救済の光は人間的な努力と葛藤のなかに仄見えてくるのである。その世界は貴族的な世界のまさに対極であり，その地底あるいは冥界を思わせる土俗的世

---

(17)　Hugo von Hofmannstahl: Arabella 1927-29（Gesammelte Weke Dramen 5 1979 Frankfurt am Main）.

(18)　同上

410

界は，民俗学あるいは文化人類学の対象といった方がふさわしいほどに闇に包まれている。これが，リヒャルト・シュトラウスとの共作である劇作品よりもむしろメールヘンとして書かれた散文作品の版のほうに色濃く確認できるのもジャンルの問題と主題のかかわりの関係性を照らし出すものとして興味深いことである。ノヴァーリスのことをしきりに引き合いに出すホーフマンスタールにとって，存在のあかしを立てる上で最も近しいジャンルはメールヘンであったからである[19]。また，かれのメールヘンにおいて，このジャンルは単なる奇想を玩ぶ幻想文学から存在から人がおかれている世界と宇宙を語りうる器となったのだ。このようなホーフマンスタールの開かれた展開は，苦渋に満ちた『チャンドス卿の手紙』を踏まえてこそ可能なものだったということを確認しておきたいと思う。

Ⅷ　単独者 ── カフカとリルケ

　ここで，我々はホーフマンスタールの同時代人　フランツ・カフカの文学を考えることも許されよう。カフカは，メールヘンという言葉よりも寓話（パラーベル）という言葉をよく使っているが，結晶の精華といってもよいその物語群は，メールヘンの性格を強く帯びている。かれにおいてもそこでは人の存在のあかしを求めての戦いとそれを取り巻く宇宙のありようが確かな造形によって展開されているのだ。これらのカフカの諸作品は，ホーフマンスタールにおけるウィーンのような伝統の分厚い堆積を持つメトロポールではなく，その属領ともいうべきプラハを母胎としたドイツ語文学であって，チェコ民族的，民衆的，またユダヤ的な色合いが濃く，しかも高度の抽象性と孤高の精神によって彫琢された空前絶後の文学言語である。寄る辺なき者の到達し得た全く新しい世界であった。

　また，このカフカと同郷でこの時代に目覚ましくも独特な方法で，新しい時代を切り開いた詩人としてリルケの名を挙げずにはすまない。初期リルケの習作は，確かに詩人としての自覚をもって書かれたものだが，散文また批評文を通してこそリルケは自己を確立し，詩人となり得たといってもよいだろう。そ

---

[19]　Hugo von Hofmannsthal: Buch der Freunde (Gesammelte Werke Reden und Aufsätze 3 1925-29 Aufzeichnungen 1980 Frankfurt am Main).

れは，かれの 19 世紀と 20 世紀を峻別する里程標ともなった散文作品『マルテの手記[20]』（1910）のことである。

　リルケの初期の心遣いのまめやかさを伝えてくれる詩作は，郷愁を誘う愛すべき作品ではあるが，それはおおむね失われた時と場所をめぐる素朴なものであって，その詩情の真率さには疑いがないが，これだけであればおそらくは，当時の世紀末の群小詩人のひとりにとどまっていたかもしれない。かれがそれを乗り越え 20 世紀の詩の領野を確と確立できたのは，詩についての思索すなわち詩論なのであった。『マルテの手記』は，手記（Aufzeichnungen）と題されているが，この言葉の原語には，スケッチ，あるいは書き留めたものという意味合いが強くあって，虚構性に満ちているが，物語のような統一性は追求されていない。もちろん気儘に書き散らしたものではあるまい。エッセイの原義に近く，果敢な思考の試みと思われる。その核心にあるのは，詩人のありよう，そして詩の言葉の成就をめぐる議論である。

　マルテは，次のように書き記す。

　「詩は人々が考えるように感情ではない。経験なのだ。人は感情なら幼いころから十分持ち合わせている。詩の一行のために多くの街を，人々を，事物を見なければならぬし，動物たちのことを知らねばならぬ。鳥たちが飛ぶさまを感じなければならぬし，小さな花が朝花開くその様子を知らねばならぬ。」

　それだけではない。過去に経験したことを「思い返すことが出来なければならない。」

　それだけでもまだ十分ではないのだ。「それらのことを想い出として保持しなければならない。」

　さらに，「思い出を持つというだけでも十分ではない。」「それらが多くなったら，それらを忘れることが出来なくてはならない。そして，それらが蘇ってくるまで辛抱強く待たなければならない。なぜなら想い出自体がまだ詩というわけではないからだ。それらが名状しがたく私たちの内部で血となり，眼差しとなり仕草となるその時になってようやく，何かの極めてまれな瞬間にそれらの真ん中で，それらのなかから詩の最初の言葉が立ち上がるということがある

---

(20)　Rainer Maria Rilke: Die Aufzeichnungen des Malte Laurids Brigge（Werke in drei Bänden Band 3 1966 Frankfurt am Main）.

かもしれないのだから。[21]」

　この詩論が単なる詩論のレヴェルをはるかに超えるものであることは明瞭だ。それは既成の，あるいは伝来の詩論ではない。マルテにとっても古典的な詩論が無意味だということではないのだろう。ただそれを後生大事に受容するだけでは何も始まらないということだ。ここで浮上してくるのは，生きている自分の世界とのかかわり方である。自分という人間の実存のレヴェルで世界を粘り強く，着実にとらえていくことである。それも，自分の精神に留まらず，身体をも含めたまさに全身的な営為のなかで獲得されるのが真実の詩語ということになる。なおここでは，伝統的な規範が端から排除されているというわけではないことにも注意したいものである。リルケは決して反伝統主義者でもなければ，反古典主義者でもない。ただし自らの身に即して世界を総体的に受容するという方法をとったのだ。これは，リルケという詩的身体をもってしか展開できなかったことだろう。実に唯一無二であり，独特である。リルケもこうして初めて逆説的にも古典や伝統とのつながりを保つことができたのだ。『マルテの手記』以降の詩作品はこのような基盤を持った独自性と普遍性を兼ね備えるものになっている。それは例えば，『オルフォイスへのソネット』に見られるギリシャ神話の変容ぶりに明らかに見て取れることであろう。リルケは時代の解体の相を見極めることにより新たな詩学と神話的世界を創造しているということができる。また，晩年の大作『ドゥイノの悲歌』には現代の詩人の使命として次のようなことが歌われている。

　「ひょっとしてわれらがこの地上に存在するというのは，／家，橋，泉，門，甕，果樹，窓などと言葉でいうためかもしれない。／せいぜいが，円柱，塔というためなのだ。／だが，理解するがよい。それは，／ものたち自身でさえ，切実にそうであるとは，自らも思ってみなかったように言うためなのだ。[22]」

　ここに事挙げされている対象は，日常的にも使われる普通の名詞ばかりである。もちろんそれを単に日常的，慣習的に，また何らかの符牒として用いることが目指されているのではなく，それぞれの語彙の詩人による生まれ変わり，蘇りが求められているのだ。これには，人が全身的なかかわりをもってものた

---

(21)　Ebenda S. 124-125.

(22)　Rainer Maria Rilke; Duineser Elegien（Rainer Maria Rilke: Sämtliche Werke 2 1976 Frankfurt am Main S. 718.）

変動する社会と法・政治・文化

ちを体験しなければならない。これが内面化ということであり，そうしてこそ
人は新しい認識の契機を持つことであろう。ものたちそして言葉が蘇るのは，
このようなプロセスを経て初めて可能となる。このとき人もものも真に生きる
ことになるのだ。無媒介的あるいは表層だけの言葉の伝承では，人とものの革
新は起こらない。

Ⅸ　カール・クラウス

　さらにこの時代に言語をめぐる世界の探求という課題を自らに課したカー
ル・クラウスの仕事をその関連において位置づけることもできると思われる。
かれは，特に第一次世界大戦時代前後を焦点化しその時代と社会に流通する言
語を厳密に追跡し観察することによって，個人と社会のモラルを厳しく問うて
いる。こうしてかれの手により，膨大な時代の言説をコラージュふうに組み合
わせて旧約聖書を覆したような壮大な黙示録的神話世界を展開することに成功
している。かれはリルケと同様に，既存の言語をそのまま受け入れるのではな
く，その根源において過激といってもよいほどに洗い出すという仕事を壮大な
規模でやってのけたのである。これは詩人の仕事に他ならない。同時にカー
ル・クラウスは，社会に流通する言語の厳密な検証を通じて大衆社会とその時
代を問うという新しい時代の批評的分野を切り開くことになったのだ。確かに，
そこに展開されたのは，救いのない黙示録的世界である。あらゆる素材が歴史
の記録と記憶から構成されている。そしてこの地上の世界が緻密に構成されて
いればいるほど，その世界が断片の集積であることが際立ってくる。ほとんど
脈絡を欠いたといってもよい混沌のありさまである。この壮大な劇の最後に，
天上から神の呼ばわる声が聞こえる。それは，「私はこれを望まなかった[23]」
の一文である。神は天地創造の取り消しを欲しているかのようである。しかし，
同時にこの終末的風景から，開かれてくる世界が確かにあるのだ。それは，地
上の人々にはこの終末的世界を凝視し，認識する批評的視線が獲得されたとい
うことである。これは新しい時代を切り開く力の発現である。カール・クラウ
スは，地上に生きる人々の言語を収集分析することによって，世界の現実を認

　(23)　Karl Kraus: Die letzten Tage der Menschheit Epilog S. 48 (Karl Kraus: Die letzten
　　　Tage der Menschheit Tragödie in fünf Akten mit Vorspiel und Epilog 1919 Wien).

414

識し，人々のモラルを問うという新たな批評文学の扉を開いたのだ。

X　結　語

　この世紀転換期の時代を生きたドイツ語圏の文学者や芸術家で，新たな領域を切り開くことに成功した果敢な精神の持ち主であり実践者であった知性たちに共通して言えることは，やがて迫る未曾有の破局であった第一次世界大戦を先取りするかのように鋭敏な感性で社会と文化の崩壊と解体のありようを精神の現実として確ととらえ，そこからそれぞれの方法によって，身を挺して根源的な検証を通して，新たなる表現手段を開拓するということであったといえよう。

　この時代のドイツ語圏の社会と文化の破局には解体的なものがあったが，それに立ち向かう果敢な精神の活動には目を瞠るべき成果があったのだ。これは上述のように個々人によって単独に担われたものという特徴を持つが，大きな流れのなかでは，ヨーロッパ近代の退廃的到達点とそれを乗り越える精神的運動の同時並行的試みでもあったといえるだろう。確かにそれは明るい展望を切り開くというようなものではなかったかもしれない。しかしそれが看過できない輝かしい試行錯誤の軌跡を残しているという意味で，ドイツ文学と芸術におけるそれなりの黄金時代を作り上げたとさえ言えるであろう。ドイツ文学の宿命は危機の時代にこそその本質的な課題を見出すということが，この19世紀末から20世紀初頭という世紀転換期にも明瞭に確認できるのである。しかし，かれらの仕事はその後，表現主義を経てナチズムの禍々しい世界にのみ込まれてしまうという過酷な運命に見舞われるという事実は周知のとおりである。それにもかかわらずこれらの果敢な精神の体現者たちは，19世紀的近代を乗り越えるべく格闘しながら確実に現代にまでつながる実り豊かな新たな地平を切り開いたと言えるのである。それは，もはやモダニズムという次元のものではなく，近代という時代に突破口をうがち，20世紀という未知の世界の扉を開ける動きであったのだ。モダニズムが新しい近代的なものや現代的なものを志向していたとしても，それは所詮近代主義の枠内のものであり，それに反発することはあっても，まさにその近代主義と戯れていたということであるともいえるが，この世紀転換期の果敢な精神の冒険者たちは，それとは截然と異なり，

変動する社会と法・政治・文化

不安定ではあっても，いやむしろそれだからこそ新たな世界の扉を開けること
に成功したのだ。

《特別寄稿》
18 〈研究ノート〉
West v. Mead 控訴審判決

成　田　　博

Ⅰ　は じ め に
Ⅱ　控訴審 ── 多数意見
Ⅲ　控訴審 ── John W. Oliver 裁判官の一部同意意見，一部反対意見
Ⅳ　そ の 後
Ⅴ　若干の論評
Ⅵ　結　語

Ⅰ　は じ め に

本稿は，拙稿「West v. Mead 第 1 審判決」[1]の続編である。本稿では，West v. Mead の控訴審判決[2]について紹介する。

既に，「West v. Mead 第 1 審判決」で紹介した通り，MDC は控訴した[3]。

⑴　拙稿「West v. Mead 第 1 審判決」東北学院大学法学政治学研究所紀要第 25 号〔2017年〕33 頁。なお，同稿注⑹で指摘した通り，この判例については，アラン・ラットマン=ロバート・ゴーマン=ジェーン・ギンズバーグ共編（中山信弘監修=内藤篤訳）『1990年代米国著作権法詳解（上）』〔信山社，1992 年〕137 頁以下に控訴審判決の抄訳があり（同書の新版であるロバート・ゴーマン=ジェーン・ギンズバーグ共編（内藤篤訳）『米国著作権法詳解─原著第 6 版─〈上〉』（信山社，2003 年）154 頁で，この判例について簡単な紹介がなされているが，そこでは，同判決が下されたあとの状況についての紹介がある），判例紹介として，椙山敬士「ナショナル・レポーター・システムの各頁数がわかるようにする機能を，判例検索データベース・システムに付加することは著作権侵害になる ── West Publishing Company v. Mead Data Central Inc.,799 F.2d 1219（8th Cir. 1986）」〔1988-2〕アメリカ法 370 頁がある。

⑵　West Pub. Co. v. Mead Data Cent., Inc., 799 F.2d 1219（8th Cir. 1986）. 以下，本稿でも，この判例に倣って，West Publishing Company は West，Mead Data Central, Inc. は MDC と略称する。

⑶　本稿前掲注⑴拙稿「West v. Mead 第 1 審判決」50 頁。

変動する社会と法・政治・文化

しかし，結論を先に言ってしまえば，控訴審裁判所は第 1 審判決を支持した[4]。ただし，これは全員一致でなく，オリヴァー（John W. Oliver）裁判官が，一部同意，一部反対の意見を述べた。

II　控訴審——多数意見

多数意見を執筆したのはアーノルド（Richard S. Arnold）裁判官である。アーノルド裁判官は，「MDC の議論の支配的な論調は，West が単なる page numbers に著作権を主張している，ということである。MDC は，さらに，West が同社の case arrangement に著作権があると主張しようが，ただ単に同社の pagination について権利主張をしようが，どちらも著作物【original work of an author】とはみなされえないのであるから，いずれにしても West は敗訴せざるを得ない，と言う。MDC はさらに続けて，たとえ著作物であるということになったとしても，West の case arrangement と pagination は，実際には，その基準を満たしていないとする。最後に，MDC は，たとえ West の判例の arrangement が著作権によって保護されるとしても，LEXIS の判例集【LEXIS reports】の中での West の page numbers について提示された利用方法は侵害を構成しないと争う」と述べる[5]。これが MDC の主張である[6]。

これについて，多数意見は，「我々は，ここでの West の主張が，単に，その page numbers についてのものである，という MDC の考えには同意しない。それどころか，我々は，West の arrangement は，同社の判例の compilation の著作権取得可能な情報【aspect】であり，West の判例集の pagination は，West の arrangement を反映し，表現していること，そして，West の page numbers について MDC が導入しようとしている利用方法は，West の ar-

---

(4)　*West Publishing*, 799 F.2d at 1219.

(5)　*Id.* at 1223.

(6)　この主張のために，第 1 審でと同じく，MDC は Banks v. Lawyers 判決（Banks Law Pub. Co. v. Lawyers Co-operative Pub. Co., 169 F. 386 (2nd Cir. 1909)）を援用し，West は Callaghan v. Myers 判決（Callaghan v. Myers, 128 U.S. 617 (1888)）に依拠して，これに対抗する。そのため，控訴審において，Callaghan v. Myers 判決，Banks v. Lawyers 判決をどのようなものとして理解するかを巡る議論が再び展開される。

rangement についての著作権を侵害するとの地方裁判所の結論に同意する」と述べ[7]，以下，その根拠を語ることになるわけであるが，アーノルド裁判官は，「有形的表現媒体に固定された著作者が作成した創作的な著作物【original works of authorship fixed in any tangible medium of expression】」について著作権の保護を与えると規定する連邦著作権法第102条(a)項に言及しつつ[8]，「この『originality』の基準は最小限【minimal】である。当該作品は新規【novel】でも類例のない【unique】ものでもある必要はなく，ただそれが，その origin【起源】が著作者に由来する，すなわち独自に創作された【independently created】ということだけでよい」として，Hutchinson Telephone Co. v. Fronteer Directory Co. 判決を援用する[9]。続けて，「この要件は『実際にコピーをすること【actual copying】を禁じる』以上のものではない」とする[10]。しかしながら，the original work of an author であるためには，著作物【a work】は，「多少なりとも『創造的，知的な，あるいは，美的な労働』【some "creative intellectual or aesthetic labor"】の産物でなければならない」と言う[11]。

　そして，MDC が，「case arrangement はこれらの基準を満たさないがゆえに，そもそも著作権の保護を受けない【uncopyrightable per se】」と主張することについては[12]，同じく連邦著作権法第103条を引きつつ[13]，「既存の素材の arrangement が，知的な creation によって独立に生み出された作品であることがありうるということは，著作権法の文言から明らかである」とし[14]，地方

---

(7) *West Publishing*, 799 F. 2d at 1223. これについて，"Even though the majority purported to apply both the creativity and originality standards, it did so in a vacuum, with no factual underpinning." と批判するものがある（Brian A Dahl, Originality and Creativity in Reporter Pagination: A Contradiction in Terms?, 74 Iowa L. Rev. 713, at 733 (1989)）。

(8) 連邦著作権法第102条(a)項は，「著作権による保護は，本編に従い，現在知られているまたは将来開発される有形的表現媒体であって，直接にまたは機械もしくは装置を使用して著作物を覚知し，複製または伝達することができるものに固定された，著作者が作成した創作的な著作物に及ぶ。著作者が作成した著作物は，以下に掲げる種類の著作物を含む。（以下，略）」と規定する（邦訳は，社団法人著作権情報センター〔山本隆司＝増田雅子訳〕『外国著作権法令集29―アメリカ編―』〔2000年，社団法人著作権情報センター〕〔以下，本稿では，『外国著作権法令集29―アメリカ編―』として引用する〕による）。

変動する社会と法・政治・文化

裁判所がシェイクスピアを引き合いに出して論じた[15]ことを受け，「判例集における判例の arrangement は，シェイクスピアのソネットに劣らず，著作権の保護に値する」と述べて地方裁判所の理解を肯定する[16]。

「我々は，この見解［＝判例集の arrangement が著作権による保護の対象となること］を支えるものを Callaghan v. Myers 判決…に見出す」として，Call-

---

(9) Hutchinson Telephone Co. v. Fronteer Directory Co., 770 F. 2d 128, at 131 (8th Cir. 1985). ただし，これは電話帳に関わるものである。原告の Hutchinson 社は，ミネソタ州の Hutchinson（市）周辺地域でサービスを提供する電話会社で，ホワイト・ページとイエロー・ページの広告からなる電話帳を発行しているが，電話帳の刊行は法律によって義務付けられていた。被告の Fronteer 社は，名簿を作成・販売している会社で，ホワイト・ページの電話帳とイエロー・ページの電話帳を発行しているが，これは，Hutchinson（市）周辺地域に限定されたものばかりではない。本件は，Fronteer 社が Hutchinson 社の電話帳のホワイト・ページの部分をコピーし，これを Fronteer 社の電話帳に組み込んだとして，Hutchinson 社が差止と損害賠償を求めて訴えを提起したものである。第 1 審は，Leon Pacific Tel. & Telegraph Co., 91 F.2d 484（9th Cir.1937），Southwestern Bell Tel. Co. v. Nationwide Ind. Dir. Serv. Inc., 371 F.Supp. 900（W.D.Ark. 1974）を援用しつつ，一般論としては電話帳について著作権は認められるとしたが，それらの事案では法律によって名簿の作成が求められてはいなかったとしてこれを distinguish し，本件において Hutchinson に著作権による保護を与えることは，同社の独占に資するだけであって著作権法の目的にかなうものではないとした。そして，Hutchinson の発行する電話帳のホワイト・ページについては，連邦著作権法第 102 条(a)項が規定する original works of authorship【著作者が作成した創作的な著作物】には含まれないとして著作権性を否定し，侵害の議論には踏み込まず，原告を敗訴させた。これに対して，控訴審裁判所は，Hutchinson が州の求めるところに従って電話帳の情報を電話加入者に対して求めるという事実は［本件とは］無関係であるとし，上に掲げた Leon v. Pacific Telephone & Telegraph Co. 判決のほか，"sweat of the brow" の代表的先例である Jeweler's Circular Publishing Co. v. Keystone Publishing Co.判決（281 F. 83 (2nd Cir. 1922)）を引きつつ（この判決については，拙稿「Feist 判決・覚書」東北学院大学法学政治学研究所紀要 21 号〔2013 年〕66 頁注(67)参照），Hutchinson の発行する電話帳について著作権を認め，差し戻した。

(10) *West Publishing*, 799 F.2d at 1223. ここでは，Alfred Bell & Co. v. Cataldo Fine Arts, 191 F.2d 99, at 102-103（2d Cir. 1951）が援用されている。

(11) *West Publishing*, 799 F.2d at 1223.

(12) *Id.*

(13) 連邦著作権法第 103 条(a)項は，「第 102 条に列挙する著作権の対象は，編集著作物および二次的著作物を含むが，著作権が及ぶ既存の素材を使用した著作物に対する保護は，かかる素材が当該著作物に不法に使用されている場合には，当該著作物のその部分には及ばない」と規定する（邦訳は，『外国著作権法令集(29)――アメリカ編』による）。

(14) *West Publishing*, 799 F.2d at 1223.

aghan v. Myers 判決の検討に移る[17]。Callaghan v. Myers 判決の事案を紹介したのち[18]，多数意見は，「MDC が指摘するように，Callaghan 判決における case arrangement と pagination の扱いは，ヘッドノート【headnotes】，事案の概要【statements of facts】といった Myers の判例集の他の部分をも被告が利用しているところからして，裁判所の結論にとって決定的ではない」としながらも[19]，結局，「case arrangements の copyrightability【著作権取得可能性】についての Callaghan 判決の議論は示唆に富む」とする[20]。

そして，Callaghan v. Myers 判決における Blatchford 裁判官の判決理由をアーノルド裁判官は次のように紹介する。—— まず，「Blatchford 裁判官は，最高裁判所は，判例そのもの【the opinions themselves】についてレポーターは著作権を取得できないけれども，判例集のその他の部分【other portions of his

---

(15) 第 1 審判決において，Rosenbaum 裁判官は，「…West は，この国のどの裁判所にあっても公式レポーターではないし，同社の書籍について配列したり，それらにページ付けをしたりすることが制定法によって要求されているわけでもない。West は，これらのことを自ら進んで，かなりの労力，才能，判断力を費やして行っている。West の，page numbers と arrangement は，当然に著作権の保護の範囲内に入る」と述べた（West Pub. Co. v. Mead Data Cent., Inc., 616 F.Supp. 1571, at 1577 (D.C. Minn. 1985)［本稿前掲注(1)拙稿「West v. Mead 第 1 審判決」注(33)に対応する本文]）あとに，「もしも，そうでなかったら，誰も —— それ自体は著作権の対象でない —— シェイクスピアの劇を集めて著作権のある作品にすることができなくなる」と付言した（West Publishing, 616 F. Supp. at 1577）。

(16) West Publishing, 799 F.2d at 1224.

(17) Id.

(18) Id.

(19) Id. 既に別稿で紹介したところであるが（拙稿「判例集の著作権に関わる判例 —— Wheaton v. Peters 判決以降」東北学院大学法学政治学研究所紀要 23 号〔2015 年〕118-121 頁），Callaghan の判例集においては，Myers の判例集に存在する誤植までもがそのまま見出され，そのため，arrangement，pagination が著作権保護の対象か否かの議論をするまでもなく，Callaghan 側の著作権侵害が認定できる事案であった。実際，Blatchford 裁判官は，最後に，"It may be added that one of the most significant evidences of infringement exists frequently in the defendants' volumes, namely, the copying of errors made by Mr. Freeman." と指摘する（Callaghan v. Myers, 128 U.S. 617, at 662 (1888)）。これを "the 'smoking gun' of copying Myers' mistakes in the actual opinions" と表現する判例批評がある（Thomas P. Higgins, West v. Mead Data Central: Has Copyright Protection Been Stretched Too Far, 10 Hastings Comm. & Ent. L. J. 95, at 105 (1987)）。

(20) West Publishing, 799 F.2d at 1224.

reports】については著作権を取得できると述べた」[21]と言う。そして，著作権取得可能なものとして，「Blatchford 裁判官は，ヘッドノート，事実の概要，弁護人の弁論，判例索引，そして事項索引【indices】を挙げた」ほかに[22]，「レポーターのそうした仕事──それらは法的に認められる著作権の対象であるが──は，判例の arrangement の順番，書物の中へ判例を割り振ること，判例集の巻表示とページ付け【the numbering and paging of the volumes】，判決の中で援用されている判例一覧（そうした一覧表が作られた場合），そして，そうしたものが存在すれば，であるが，様々なヘッドノート，相互参照の事項をどこに割り振るかということも含めて，索引［で拾うべき］項目を細分して適当な長さの見出しにすること…を包含する」という個所[23]を引用する[24]。しかし，このとき，Blatchford 裁判官は，Circuit Court において Drummond 裁判官が述べた「労力，才能，判断力が含まれている場合には，書物の主題の分

---

(21)　*Id.* 前半部の「判例そのものについてレポーターは著作権を取得できない」という箇所は──アーノルド裁判官も典拠を示しているように（*Id.*）──Wheaton v. Peters, 33 U.S. (8 Pet.) 591 (1834) の結論そのものである。これを裏返すと，それ以外の部分については著作権の取得可能性があることになる（本稿前掲注(19)拙稿「判例集の著作権に関わる判例──Wheaton v. Peters 判決以降」118-119 頁）。それが，「判例集のその他の部分については著作権を取得できる」という箇所である。

(22)　*West Publishing*, 799 F.2d at 1224. その原文は，"the title-page, table of cases, head-notes, statements of facts, arguments of counsel, and index" である（Callaghan v. Myers,128 U.S. 617, at 649 (1888)）。

(23)　Callaghan v. Myers, 128 U.S. 617, at 649 (1888). 原文は，"Such work of the reporter, which may be the lawful subject of copyright, comprehends also the order of arrangement of the cases, the division of the reports into volumes, the numbering and paging of the volumes, the table of the cases cited in the opinions, (where such table is made,) and the subdivision of the index into appropriate, condensed titles, involving the distribution of the subjects of the various head-notes, and cross-references, where such exist." である。これは，本件地方裁判所も引用するところである（*West Publishing*, 616 F. Supp. at 1576 ［本稿前掲注(1)拙稿「West v. Mead 第 1 審判決」38 頁注(25)］）。これが，Callaghan v. Myers 判決において提示された case arrangement および pagination が著作権による保護の対象たりうるという一般論である。これは，今なお，Callaghan v. Myers 判決の中核をなす部分として引かれる（Paul Goldstein, R. Anthony Reese, Copyright, Patent, Trademark and Related State Doctrines 723 (7th Edition, 2012)）。このことについては，既に，本稿前掲注(19)拙稿「判例集の著作権に関わる判例──Wheaton v. Peters 判決以降」118 頁で指摘した。

(24)　*West Publishing*, 799 F.2d at 1224.

類ならびに排列【disposition】は著作権を付与するに値することに疑いはない。しかしながら，判例の配列，書籍のページ付けが，もっぱら，印刷業者，レポーター，あるいは出版社の意思，はたまた，判決が下された順番等々の偶然的な事情に依存することがある」という部分[25]をも同時に引く[26]。そして，「争点となっている判例集について検討したのち，Circuit Court は，彼ら［＝Myers］の case arrangement および pagination には殆ど労力が含まれていないと結論づけた。それゆえに，Myers の判例集の case arrangement および pagination を被告がそのまま利用したことは独立の侵害ではなく，両当事者の判例集における他の類似点と関連付けて問題は考察されるべきである，と Circuit Court は判示した」[27]とアーノルド裁判官は解説する[28]。

しかし，そのあとに，「我々の前にある争点についての Callaghan 判決の説示は，紛れのない明晰さを以て伝わってくるというものではない」と付言するのは，アーノルド裁判官自身，その論理に無理があると思っていることを告白しているかにみえるが[29]，それでも，「少なくとも Callaghan 判決は，case arrangement について著作権の保護を排除するという当然則【per se rule】があるのではなく，却って arrangement は，originality と知的創造【intellectu-

---

(25) Myers v. Callaghan, 20 F. 441, at 442 (C.C.N.D. Ill. 1883). アーノルド裁判官によって引用されている Drummond 裁判官の判決の原文は，"Undoubtedly in some cases, where are involved labor, talent, judgment, the classification and disposition of subjects in a book entitle it to a copyright. But the arrangement of law cases and the paging of the book may depend simply on the will of the printer, of the reporter, or publisher, or the order in which the cases have been decided, or upon other accidental circumstances." である。

(26) *West Publishing*, 799 F.2d at 1224.

(27) *Id.* Drummond 裁判官の判決の原文は，"but the arrangement of cases and the paging of the volumes is a labor inconsiderable in itself, and I regard it, not as an independent matter, but in connection with other similarities existing between the two editions, when I say, taking the whole together, the Freeman volumes have been used in editing and publishing the defendants' volumes." である（Myers v. Callaghan, 20 F. 441, at 442 (C.C.N.D. Ill. 1883)）。

(28) *West Publishing*, 799 F.2d at 1225.

(29) これについては既に，"Although the Court confessed that the teaching of *Callaghan* with respect to the present case seemed unclear, …" というコメントがなされている（Lawrence A. Locke, A Critical Analysis of *West Publishing Company v. Mead Data Central, Inc.*, 36 J. Copyright Soc'y U. S. A. 182, at 192 (1989)）。

変動する社会と法・政治・文化

al-creation】という基準に照らして個別の事案毎に評価されなければならないということを示している」と結論付ける[30]。

　それに続けて，多数意見は MDC の援用する Banks v. Lawyers 判決について論じる[31]。Banks v. Lawyers 判決の事案について略説したのち[32]，控訴審裁判所は，「我々の見解では，case arrangement は，そもそも著作権保護の対象とならない【uncopyrightable per se】という MDC の主張を Banks 判決は支持しない。むしろ却って，Banks 判決において著作権の保護が否定されたのは，レポーターという公的身分に基づくとする地方裁判所の考え方に我々は同調する」と述べる[33]。「Callaghan 判決の下では，公式レポーターは，彼の知的労働の成果であればいかなるものでも著作権を取得しうるとされたが，case arrangement と pagination を施すことがレポーターの制定法上の義務である以上は，これらはレポーターの知的労働の成果とはみなされないというのが Banks 判決の究極の論拠であった，と我々は結論付ける」[34]。「MDC は，Banks 判決はレポーターの公的身分に依存したのではないと言って争う。MDC は，どのように判例がアレンジされるべきであるのか，あるいは，どのように判例集はページ付けがなされるべきか，ということについては，Banks 判決において問題とされたレポーターの義務を規定する制定法は特に規定を置いているわけではなく，したがって，レポーターは，これらの事柄について判断し，裁量を行使したと指摘する。それゆえに，Banks 判決は，arrangement と pagination は僅かばかりの知的労力しか含まれていない出版に関わる細目であって，著作権は認められないということを明確に判示したと読まれるべきである，と MDC は結論付ける。我々は，Banks 判決の事案においてレポーターが独立の判断をしたという MDC の考えに同調する[35]。…我々は，それら［＝ arrangement と pagination］が originality と intellectual-creation【知的創造】の要件を満たすかどうかを確かめるために，本案において，arrangement と pagination における公式レポーターの独立の努力を検証してみたいが，

---

(30)　*West Publishing*, 799 F.2d at 1225.

(31)　*Id.*

(32)　*Id.*

(33)　*Id.*

(34)　*Id.*

424

Banks 法廷は，そうはしなかった。というのも，Banks 法廷は，それら〔＝公式レポーターの独立の努力〕がレポーターの制定法上の義務を満たすべくなされたという事実を看過できなかったからである」[36]。Banks v. Lawyers 判決が「公式レポーターの著作権の主張を含んでいたというなら，Callaghan 判決もまた同じであったが，それでも，Callaghan 判決は，判例の compilation【編纂】，arrangement，そして，paging が著作権によって保護されうるという考えそのものについて敵対的であるように思われない。Banks 判決が Callaghan 判決と異なる限りにおいて，我々は，言うまでもなく，最高裁判所に従う【To the extent that *Banks* diverges from *Callaghan*, we of course follow the Supreme Court.】」と述べて，MDC の主張を斥ける[37]。

「case arrangements が著作権取得可能ではないという当然則【per se rule】はない」となった以上，originality と intellectual creation の要件を満たすか否かの検討に移るとして[38]，控訴審裁判所の多数意見は，West の判例集の ar-rangement の手順を語ったあと[39]，地方裁判所の判断を支持して，「我々は，

---

[35] *Id.* at 1225-1226. もっとも，第 1 審判決と控訴審判決とで Banks v. Lawyers 判決についての理解に違いがある，との論評がある（Higgins, *supra* note19, at 113）。地方裁判所は，"Rather, it indicates that when required to do so by law, those labors do not reflect any independent judgment or discretion and as such become part of public domain." と述べる（*West Publishing*, 616 F.Supp. at 1577［本稿前掲注(1)拙稿「West v. Mead 第 1 審判決」40 頁注(33)に対応する本文]）。つまり，地方裁判所は，Banks v. Lawyers 判決においては，レポーターは制定法上の義務のゆえに "independent judgment" を行使していないと考えているように思われる。これに対して，控訴審裁判所の多数意見によれば，"independent judgment" を行使しているが，それは制定法上の義務であった，ということになりそうである。

[36] *West Publishing*, 799 F.2d at 1225-1226.

[37] *Id.* at 1226.

[38] この議論の直前に，MDC は，ミネソタ州を例に挙げながら，West の判例集が「公式判例集【official reporter】」としての地位を得ている州があると指摘し，それなら Banks v. Lawyers 判決の射程に入ると論じたが，裁判所はこれを認めない（*West Publishing*, 799 F.2d at 1226）。もっとも，West は，名誉棄損の訴訟においては，裁判官による名誉棄損的言辞を含む判例を自社の判例集中に掲載しても，裁判官と等しく免責されていて（拙稿「ウエスト出版社の判例集刊行と名誉棄損」拙著『「021 と 507 の狭間で」ほか 12 篇』〔2014 年，笹氣出版印刷株式会社〕26 頁［＝これは，もともと，https://www.westlawjapan.com/column/2012/120220/ に掲載されたものである]），ダブル・スタンダードであるという批判はありうる。

変動する社会と法・政治・文化

地方裁判所と同じように，このプロセスを通して West が生み出す arrange-
ment はかなりの労力，才能，判断力の結果であると結論付ける」とする[40]。

「先に論じたように…，知的創造【intellectual-creation】の要件に合致する
ためには，著作物は，僅かばかりの知的労働の産物でありさえすればよい。
West の case arrangements は，たやすくこの基準を満たす」[41]。「さらに，
West がなにかほかのものからその case arrangements をコピーした，という
申立てがない以上，originality の要件は，この arrangements について著作権
を認めるについて何らの障害もない」[42]。「結局のところ，MDC の立場は，お
よそ West が保護を求めている唯一のものはページについての数字である，と
いう主張にかかっていると言わなければならない。もしも，これが［議論の］
正しい定式化であるなら，MDC が勝訴する。数字の1のあとには必ず2が来
る。だから，誰一人として，アラビア数字が連続するだけのものについて著作
権を取得することはできない」[43]。「MDC が指摘するように，この訴訟が実際
に目指すところは，個々の判決の本文中に現れる West の page numbers を保
護する［か否かという］ことである。しかし，数字の保護がそれ自体として求
められているわけではない。そうではなくて，これら特定の数字へのアクセス，
即ち，ジャンプ・サイトが，West が編纂を行うに際して非常なる労力と努力
を費やしたものの大部分を LEXIS の利用者に与え，そして，その分だけ
West の本を買う必要が減少するがゆえにこそ求められているのである。よっ
て，本件の問題解決の鍵は，数字が著作権を取得できるか否かではなくて，全
体として本についての著作権【copyright on the books as a whole】が，これら
特定の数字の，許諾を受けていない利用によって侵害されているか否かという
ことなのである。我々の前にある記録に基づけば…，この争点に関係する地方
裁判所の事実認定は支持できる。それゆえに我々は，ページの内部的サイテー
ション【internal page citation】[44]が重要な一部【an important part】である

---

(39) ここでは，全米から判例が集められるところから話が始まるのであるが，それが有す
る問題については，本稿V「若干の論評」で紹介する。本稿後掲注(184)から注(190)までに対
応する本文参照。

(40) *West Publishing*, 799 F.2d at 1226.

(41) *Id*. at 1227.

(42) *Id*.

(43) *Id*.

426

West の case arrangement は著作権の保護に値する著作物【original works of authorship】であると判示する」と述べる[45]。

続いて，議論は「侵害【infringement】」に移る[46]。以下では，一体，LEXIS の何が侵害かということが論じられるが，「West の page numbers について MDC が提示する利用方法は，…West の arrangement の著作権を侵害する」[47]との結論が先に提示される。

「LEXIS Star Pagination Feature を『LEXSEE』と呼ばれる LEXIS の別の機能と組み合わせて用いることで，LEXIS の利用者は，West の National Reporter System のおよそすべての判例集について判例の arrangement を見ることができるようになる」[48]。具体的には —— LEXSEE で最初のページを入力する。これを 1 ページずつ順に繰っていくと当該判例の最終ページにたどり着く。これで 1 件の判例の最終ページの citation が分かる。そうすると今度は，それによって次の判例の最初のページが確認できる。こうして，LEXSEE を使えば，West の判例集に丸ごと目を通すことができるようになる —— と裁判所は論じる[49]。

---

[44]　initial citation とは，或る 1 件の判例において，2 頁目以下の citation のことである（このことについては，本稿前掲注(1)拙稿「West v. Mead 第 1 審判決」42 頁注[40]において紹介した）。最初のページの citation（initial citation）については，West はこれを fair use として許容する（これまた，本稿前掲注(1)拙稿「West v. Mead 第 1 審判決」45 頁注[54]で紹介した。ただし，それは，あくまでも West の主張にすぎないことは言うまでもない）。

[45]　*West Publishing*, 799 F.2d at 1227. 本稿前掲注[40]に対応する本文で引いた「我々は，地方裁判所と同じように，このプロセスを通して West が生み出す arrangement はかなりの労力，才能，判断力の結果であると結論付ける」という箇所と，ここで引いた「West が編集を行うに際して非常なる労力と努力を費やしたものの大部分を LEXIS の利用者に与え」という部分に言及しつつ，"Later in the opinion, the court also justified protection of West's pagination by applying the industrious collection doctrine." と論評するものがある（Dahl, *supra* note 7, at 733. なお，Dahl, *supra* note 7, at 731 では，"harkening back to the industrious collection doctrine" という表現も見られる）。この industrious collection doctrine なる考え方は，のちに，Feist Publications, Inc. v. Rural Tel. Serv. Co., 499 U.S. 340 (1991) によって否定される（本稿前掲注(9)拙稿「Feist 判決・覚書」49 頁参照）。

[46]　*West Publishing*, 799 F.2d at 1227.

[47]　*Id.*

[48]　*Id.*

変動する社会と法・政治・文化

さらに，たとえ LEXIS Star Pagination Feature では West の判例集におい
て arrange された判例のページを繰ることができないとしても，West の ar-
rangement の著作権を侵害すると考える，と裁判所は言う[50]。多数意見は，
「LEXIS の画面上の判例の中で West の判例集へジャンプ・サイトすることは
侵害である。なぜなら，それによって，LEXIS の利用者は，自分の見ている
判例の当該部分が West の arrangement ではどこに相当するのか，正確なあ
りかを確認することができるからである」とする[51]。「MDC は，これらの
page numbers は，West の arrangement について何らの情報も伝えない」と
言って争うが[52]，裁判所は，MDC が West の判例集と切り離された方法で
page numbers を利用したのであれば MDC の言うとおりであるかも知れない
ものの，MDC は，そうした方法には関心がなく，逆に，West の判例集の全
てのページの区切りを LEXIS の中に再現し，対応する West の page numbers
を挿入【note】することを企てたと述べ[53]，「テキストの特定の部分が West の
arrangement において対応する箇所を LEXIS の利用者に伝えることこそがま
さに LEXIS Star Pagination Feature が目指すことなのである。MDC の star
pagination によって，利用者は West の編集著作物のすべての情報【every as-
pect】を入手するについてもはや West の判例集を購入する必要がなくなる。
West の arrangement の中の判例全体あるいは判例の一部分のありかについて
の情報を獲得することが，West の判例集を購入する理由のかなり大きい部分
を占めているのであるから，LEXIS Star pagination feature は，市場における
West の立場に不利に作用するであろう」とし[54]，Harper & Row v. Nation
Enterprises 判決[55]によって引用された「著作権のある著作物の正常な市場

(49) *Id.* これに対して，MDC は，「口頭弁論では，この操作が可能であることを認めたが，
　　LEXIS の利用者は，LEXSEE によるサーチを繰り返すのに費用がかかることからそう
　　したことはしないだろうと論じた」(*Id.*)。しかし，そのことのゆえに，それが侵害に
　　ならないということはできないと裁判所は言う。いかにコストがかかるとしても，その
　　ことが侵害を意味しないとは言えないし，将来，技術変化もありうる，と裁判所は指摘
　　する (*Id.*)。

(50) *Id.*

(51) *Id.*

(52) *Id.*

(53) *Id.* at 1227-1228.

(54) *Id.* at 1228.

428

【normal market】のいかなる部分であれ，取って代わる利用は，通常，侵害とみなされる」という「上院報告書」の一節[56]に言及する[57]。

さらに，「West の page numbers を MDC が利用することを禁じるのは，Arabic numbering system【アラビア数字の体系】について West に著作権を与えることに等しい」との MDC の主張[58]に対しては，「確かに，numbering system の利用のあり方によっては，著作権の要件である originality を満たしえないことがある」として，Toro Co. v. R & R Products Co. 判決を挙げる[59]。

---

[55] Harper & Row v. Nation Enterprises, 471 U.S. 539, at 569 (1985).この判決は fair use に関わるものである（この判決については，ゴーマン＝ギンズバーグ共編（内藤訳）・本稿前掲（注(1)）書『米国著作権法詳解―原著第 6 版―〈下〉』〔2003 年，信山社〕658 頁以下に紹介がある）。これについては，侵害の議論と fair use の議論とを混同するものであるとの批判がある。具体的には，本稿V「若干の論評」で紹介する。

[56] S. Rep. No. 473, 94th Cong., 1st Sess. 65 (1975). これは，https://en. wikisource. org/wiki/Copyright_Law_Revision_(Senate_Report_No._94-473) で閲覧可能である。

[57] *West Publishing*, 799 F.2d at 1228.

[58] *Id.*

[59] Toro Co. v. R & R Products Co., 787 F. 2d 1208 (8th Cir. 1986). 控訴審判決においては，「交換部品【replacement parts】への無作為な数字の恣意的な割り当ては，著作権保護に値しない」と紹介されているが (799 F. 2d 1219, at 1228 (8th Cir. 1986))，これは，芝刈り機のカタログに関わる事案である。原告の Toro Company は，ミネソタを拠点とする会社で，芝刈り機の部品【grassmowing equipment】を製造し，そのカタログも出していた。被告の R & R Products Co. は，アリゾナ州の法人であるが，同社は，原告その他の会社の機械に取り付けられる交換部品を販売し，これまたカタログを発行している。被告のカタログにおいて部品に付けられている 5 ケタあるいは 6 ケタの数字の番号は，最初に R の記号が付いていることを別にすれば，Toro Company の番号と同一である。さらに，部品のイラストについても，Toro Company のカタログに掲載されているのと同じものが R & R Products Co. のカタログには含まれていた。これを受けて，原告は，被告のカタログが著作権を侵害しているとして訴えを提起した。第 1 審は，numbering system は――連邦著作権法第 102 条(b)項「いかなる場合にも，著作者が作成した創作的な著作物に対する著作権による保護は，着想，手順，プロセス，方式，操作方法，概念，原理または発見（これらが著作物において記述され，説明され，描写され，または収録される形式の如何を問わない）には及ばない」（邦訳は，『外国著作権法令集29―アメリカ編―』による）が著作権の保護の対象から除外する――「方式【system】」に該当するとして，その保護を否定した (600 F.Supp. 400 (D. Minn. 1984))。これに対して，控訴審裁判所は，結論そのものは維持したが，請求を認めない根拠を originality の欠如にあるとした。なお，この判例については，ラットマン=・ゴーマン＝ギンズバーグ共編（中山監修=内藤訳）・本稿前掲（注(1)）書『1990 年代米国著作権法詳解(上)』144-145 頁に紹介がある。

変動する社会と法・政治・文化

しかし，「われわれがここで認める著作権は，West の numbering system についてではなく，その arrangement についてである。それはつまり，MDC が West の page numbers を利用することが問題であるのは，数字そのものに著作権があるからではなく，West に著作権がある arrangement を侵害するがゆえである，ということである」として，これを退ける[60]。

さらに，LEXIS Star Pagination Feature は純然たる事実を提示するに過ぎないのであるから，West の著作権を侵害などしていないとする MDC の主張[61]についても，控訴審裁判所の多数意見は，「この議論の欠陥は，編集著作物あるいは arrangement の中の一片の事実情報をそれだけ取り出して利用することと，arrangement の全体の利用との区別をしていないことである」としたあと[62]，「一個一個の事例は比較的小さな侵害であっても，それが何度も重ねて行われるならば，全体として，著作権のある素材への重大な侵害となるのであり，これは阻止されなければならない」という「上院報告書」の一節[63]を引用した Harper & Row v. Nation Enterprises 判決[64]をここでも挙げる。また，Hutchinson Telephone Co. v. Fronteer Directory Co. 判決[65]の参照を指示しつつ，「電話帳における名前，住所，電話番号は『事実』である。これら一個一個の事実の利用は著作権の侵害ではないが，ありとあらゆるリストを引き写すと侵害になる」と述べたあと[66]，「同様に MDC が競争的，商業目的で

---

[60] *West Publishing*, 799 F.2d at 1228. ここでは 2 つのことが指摘できる。その第 1 は，地方裁判所が pagination そのものについて著作権を認めるのに対して（*West Publishing*, 616 F.Supp. at 1579 並びに本稿前掲注(1)拙稿「West v. Mead 第 1 審判決」41 頁注(35)に対応する本文），控訴審の多数意見は，pagination そのものについて著作権を認めることはしていない，ということである（Theresa M. Gerritzen, Copyrighting the Book of Numbers-Protecting the Compiler: *West Publishing Co. v. Mead Data Central, Inc.*, 20 Creighton L. Rev. 1133 at 1137 (1987)）。もうひとつは，多数意見は，本件事案を Hutchinson Telephone Co. v. Fronteer Directory Co. 判決[本稿前掲注(9)]の事案と共通のものと見，Toro Co. v. R & R Products Co.判決[本稿前掲注(59)]を distinguish しているということである。

[61] *West Publishing*, 799 F.2d at 1228.

[62] *Id.*

[63] S. Rep. No. 473, 94th Cong., 1st Sess. 65 (1975) [本稿前掲注(56)].

[64] Harper & Row v. Nation Enterprises, 471 U.S. 539, at 569 (1985) [本稿前掲注(55)].

[65] Hutchinson Telephone Co. v. Fronteer Directory Co., 770 F.2d 128 (8th Cir. 1985) [本稿前掲注(9)].

430

18 West v. Mead 控訴審判決〔成田　博〕

West の arrangement と pagination を丸ごと利用することは侵害となる」との判断を示す[67]。

　かくして，控訴審裁判所の多数意見は，「National Reporter System という出版物における West の判例の arrangement は著作権の保護に値するのであり，LEXIS Star Pagination Feature は West の arrangement における著作権を侵害すると考える。現在の記録を基礎とする限り，West が本案で勝訴する見込みがある」と結論付ける[68]。地方裁判所の判決においては，このあと，fair use についての議論が続くのであるが[69]，控訴審において MDC はこれを主張しなかった[70]。

　残るのは，「West が回復不能の損害を蒙るおそれ【the threat of irreparable harm to West】」[71]，「MDC の相対的損害【the relative harm to MDC】」[72]，「公共の利益【the public interest】」[73]の３つであるが，控訴審裁判所の多数意見もまた，残る３つの要素については非常に簡単に —— 判例集で僅か半頁ほどの分量で —— 論じるだけで[74]地方裁判所の判断を是としたのであった。

---

[66]　*West Publishing*, 799 F.2d at 1228.

[67]　*Id*.

[68]　*Id*.

[69]　*West Publishing*, 616 F.Supp. at 1580-1581.

[70]　MDC が fair use の議論を避けているにもかかわらず，控訴審判決の多数意見は，「地方裁判所の理由付けは説得的である」と述べる（*West Publishing*, 799 F.2d at 1228 n.3）。

[71]　*Id*. at 1228.

[72]　*West Publishing*, 799 F.2d at 1228-1229.

[73]　*Id*. at 1229. MDC は，第１審において，暫定的差止命令が認められる基準の第４番目の要素である public interest について，"[T]he public interest favors denying a preliminary injunction because its [=MDC's] intended star pagination would give judges, lawyers and citizens freer access to the entire body of law." と主張したが，裁判所はこれを一蹴した（*West Publishing*, 616 F.Supp. at 1583）［本稿前掲注⑴拙稿「West v. Mead 第１審判決」46 頁参照］。多数意見も，West の判例集だけが判例集ではない，MDC 自体がまさに LEXIS で判例を公表しているではないか，と指摘する（*West Publishing*, 799 F.2d at 1229）。なお，多数意見は，ここでも Harper & Row v. Nation Enterprises 判決を引くが（*West Publishing*, 799 F.2d at 1229），これまた批判がなされている。具体的には，本稿後掲注⑮に対応する本文で紹介する。

[74]　このことにつき，「これらの要素に対する扱いがわずかばかりであるのは，本案の審理において West が勝訴するであろうという確信を裁判所が持っていたことによるのは明らかである」との論評がある（Locke, *supra* note 29, at 205）。

431

変動する社会と法・政治・文化

そして，最終的に，控訴審裁判所の多数意見は，「West は，本案審理で勝訴するであろうことを事実審理において示した。West の case arrangements は著作権の保護に値し，West の page numbers について MDC が導入しようとしている利用方法は，West の arrangements の著作権を侵害することになる。地方裁判所は，West に暫定的差止命令を付与すべきか否か決定するために，この要素を，West の回復しがたい損害，MDC の相対的損害，public interest【公共の利益】と正しくバランスさせた。よって，地方裁判所の判決は是認される」とする[75]。

III　控訴審 ── John W. Oliver 裁判官の一部同意意見，一部反対意見

これに対して，オリヴァー裁判官が一部同意意見，一部反対意見を表明した[76]。

オリヴァー裁判官は，「私は，本件の手続上の対応【procedural posture】について多数意見が述べたところ，ならびに，Fed. R. Civ. P.【米国連邦民事訴訟規則】65 (a) (2) の議論に同意する。…。然しながら，本件事案についての多数意見の分析は，[28 U.S.C. = Judiciary and Judicial Procedure] Section 1292 (a) (1) が定める上訴【appeal】の規定によって限界を画されている上訴裁判所の審査【review】の範囲を超えている」とし[77]，控訴審では，地方裁判所の判決に裁量の濫用がなかったか否かだけを審査すべきで，本案については論ずべきではないとして，多数意見を批判した[78]。

この部分を序論とするなら，オリヴァー裁判官の意見は，それを除いて，【I】から【V】までの5つの部分からなる。【I】は【A】，【B】2つの部分

---

[75]　*West Publishing*, 799 F.2d at 1229.

[76]　多数意見が10頁ほど［1221頁から1230頁まで］であるのに対して，オリヴァー裁判官の意見は ── 多数意見の2倍の ──［1230頁から1248頁まで］20頁近くある（同じことの繰り返しかと思われる箇所もないではなく，それもまた分量が多くなる要因であったかと思われる）。しかも，その半分［1239頁から1248頁まで］は，Callaghan v. Myers 判決，Banks v. Lawyers 判決の理解についての議論に費やされている（そこでは，Wheaton v. Peters 判決，Banks v. Manchester 判決も含めて論じられている）。

[77]　*West Publishing*, 799 F.2d at 1230 (Oliver. J., concurring in part and dissenting in part).

432

に分かれるが，語られているのは手続上の問題についてである。【ⅠのA】では，〔28 U.S.C. = Judiciary and Judicial Procedure〕Section 1292 (a) (1)について論じ，【ⅠのB】では米国連邦民事訴訟規則【Fed. R. Civ. P.】65 (a) (2) について論じるが，これについての解説は省く。

　続く【Ⅱ】は，【A】，【B】，【C】の3つの部分からなるが，【ⅡのA】においては，地方裁判所も控訴審の多数意見も訴訟記録に依拠することなく事実認定をしている，と強く批判する[79]。これは，オリヴァー裁判官の議論に一貫して流れる通奏低音である。

　その内容は様々であるが，最初に取り上げられているのは，地方裁判所においてWestがその主張の根拠づけとして挙げたHutchinson Telephone Co. v. Frontier Directory Co. 判決[80]について，地方裁判所は判例集が電話帳に対比できるものであるとする根拠となる事実をなんら示していない，とオリヴァー裁判官は批判する[81]。その批判は，これまたおよそ記録を参照することなく地方裁判所の判断を是認したとして，多数意見にも向けられる[82]。MDCが「Westのpage numbersをMDCが利用することを禁じるのは，Arabic numbering systemについてWestに著作権を与えることに等しい」と主張した[83]のに対して，多数意見は，「確かに，numbering systemの利用のあり方によっては，著作権の要件であるoriginalityを満たしえないことがある」とし[84]，Toro Co.

---

[78]　*Id.* at 1232. 前者「本件のprocedural postureについて多数意見が述べたところ」というのは，「暫定的差止命令を付与するか，拒絶するかのinterlocutory appeal【中間控訴】が係属していることは，本件全体について，地方裁判所から管轄権を完全に奪うものではない。その審理がなされ，判決が下された場合には，別途，控訴が提起できる」とするものであり，後者「Fed. R. Civ. P.【米国連邦民事訴訟規則】65 (a) (2) の議論」というのは，「暫定的差止命令の審尋【the hearing on a motion for preliminary injunction】」と「本案の審理【the trial on the merits】」とを併合して同時に審理する裁量権がある，とするものである（*West Publishing*, 799 F.2d at 1229-1230）。

[79]　*West Publishing*, 799 F.2d at 1233 (Oliver, J., concurring in part and dissenting in part).

[80]　*West Publishing*, 770 F.2d 128 (8th Cir. 1985)〔本稿前掲注(9)〕。

[81]　*West Publishing*, 799 F.2d at 1233 (Oliver, J., concurring in part and dissenting in part).

[82]　*Id.*

[83]　*West Publishing*, 799 F.2d at 1228〔本稿前掲注(58)に対応する本文〕。

[84]　*Id.*

変動する社会と法・政治・文化

v. R & R Products Co. 判決を挙げる[85]。しかし，多数意見は，と述べた[86]。オリヴァー裁判官はこれを引用しつつ，しかし，およそ地方裁判所ならびに控訴審における多数意見の結論が基礎に置く事実を支える記録がないと批判し[87]，Toro Co. v. R & R Products Co.判決が distinguish されたのと同じように，本件もまた Hutchinson Telephone Co. v. Frontier Directory Co. 判決から distinguish されるべきであると主張する[88]。

　続いて，オリヴァー裁判官は，著作権登録証【Certificates of Copyright registration】についての疑問を提示する[89]。これは，多数意見が，「我々は，ページの内部的サイテーション【internal page citation】が重要な一部である West の case arrangement は著作権の保護に値する著作物であると判示する」と述べたことに関わる[90]。オリヴァー裁判官は，「West は Volume 753 Fed 2d に含まれる『作品全体【entire work】』の著作権を主張したけれども，訴訟記録によれば，West の登録書式の証明書フォーム TX1-607-203…は，多数意見がその巻の全体の『重要な部分【an important part】』であると結論付けた page numbers の著作権についてはなんらの主張もされていない」と指摘する[91]。しかも，West が提出した著作権登録証には，

---

(85)　Toro Co. v. R & R Products Co., 787 F. 2d 1208 (8th Cir. 1986)［本稿前掲注(59)］。オリヴァー裁判官は，「ごく最近【most recently】」と言っているが (*West Publishing*, 799 F. 2d at 1238 (Oliver, J., concurring in part and dissenting in part))，この事案の控訴審判決は 1986 年 3 月に下されていて，同年 9 月に下された本件控訴審の半年前の判決なのである。

(86)　*West Publishing*, 799 F.2d at 1228［本稿前掲注(60)に対応する本文］。

(87)　*West Publishing*, 799 F.2d at 1233 (Oliver, J., concurring in part and dissenting in part)。

(88)　*Id*. なお，本稿後掲注(120)も参照されたい。

(89)　オリヴァー裁判官は，「West は，National Reporter System について一般的な著作権を持っているのではなくて，West によって出版されている個々独立の各々の巻について個別に著作権を保持している」と指摘する (*Id*.) そのこと自体は，多数意見においても指摘されているが (*West Publishing*, 799 F.2d at 1222)，オリヴァー裁判官は，さらに，連邦下級審裁判所の判例に関わる判例集についての著作権登録証が僅かに 12 通提出されただけで，州の判例に関わる判例集についての著作権登録証は一切提出されておらず，これでは，West が，一体，何を主張しようとしているのか知ることができない，と批判する (*West Publishing*, 799 F.2d at 1233, n.10 (Oliver, J., concurring in part and dissenting in part)。

(90)　*West Publishing*, 799 F.2d at 1227［本稿前掲注(45)に対応する本文］。

434

> "[c]ompilation of previously published case reports including but not limited to opinions, synopses, syllabi or case law paragraphs, key number classifications, tables and index digest, with revisions and additions."

とあるだけで[92]，そこには page numbers は含まれていない，とオリヴァー裁判官は指摘する[93]。

そして，上記 "Federal Reporter Second Series Volume 753 F.2d" なるタイトルが非常に重要な部分【a very important part】であるということについてはこれを認めつつも，しかし，それだけでタイトルが著作権による保護の対象になるわけではない，と指摘する[94]。

「law report も含めて，いかなる書物であれ，ページの連続的な番号付け【sequential numbering of the pages of any volume】も，その巻の重要な部分【an important part】であるという事実が，West の出版物の特定の巻全体の中のそうした一部が著作権に服するという事実の認定を支持するものではない。さらに，私の判断では，そうした事実も，West による判例の arrangement が著作権に服するという事実認定を支持しない。著作権のある書物のすべての部分が，ただ単に出版者がその書物全体について著作権を主張しているというだ

---

(91) *West Publishing*, 799 F.2d at 1233 (Oliver, J., concurring in part and dissenting in part).

(92) *Id.* at 1234.

(93) *West Publishing*, 799 F.2d at 1233 (Oliver, J., concurring in part and dissenting in part). これは，多くの論者が指摘するところであるが，"Although West did not mention page numbers, the language 'including but not limited to' means that the list was not comprehensive." というコメントもある（Higgins, *supra* note 19, at 115 n.177 (1987)）。しかし，フロリダ州と West との間における判例集刊行に関わる契約において，"The Synopsis, Syllabi, and Key Number Digest classifications, Index Digest, Table of Statutes Construed ... included in the volumes of Florida Cases, are subject to copyright and will be copyrighted." となっていたものに，1987 年以降，"and arrangement of cases" なる文言が付け加えられたという（Oasis Pub. Co., Inc. v. West Pub. Co., 924 F. Supp. 918, at 921 (D. Minn. 1996)）。これは，MDC との訴訟が提起されるまでは，West は arrangement を著作権の対象としては考えていなかったことを示しているということにならないか。

(94) *West Publishing*, 799 F.2d at 1234 (Oliver, J., concurring in part and dissenting in part).

変動する社会と法・政治・文化

けのことで自動的に著作権に服するということにはならない」とオリヴァー裁判官は論じる[95]。

【Ⅱの B】では，多数意見が，「LEXIS Star Pagination Feature は West の arrangement における著作権を侵害する」と述べた[96]ことに対して，訴訟記録は何らそうした事実認定を支持しないと批判し，「訴訟記録が証明しているのは，MDC は同社の LEXIS のデータベースに収められている判例【court opinions】に star pagination を付け加えようとしただけであるということにすぎない。MDC は，…それについて West がその著作権登録証において権利主張した West の "synopses, syllabi, or case law paragraphs, key number classifications, table and index digest, with revisions and additions" をおよそ利用する意図もなかったし，事実，それを利用しなかった」[97]，「この arrangement が一体いかなるものであるにもせよ，訴訟記録からは，MDC が，およそ West の arrangement of cases を複製あるいは再生しようとしたという事実認定を支持することはできない」と指摘する[98]。そして，それに続けて，「West が本案において勝訴するか否かの蓋然性は，米国の法律出版者が，長い間，判例集を刊行するに際して star pagination を使ってきたという事実に基づいて判断されなければならない」と述べる[99]。Star Pagination は昔から行われてきたことであって，MDC は，昔から行われてきたことを行ったに過ぎないというわけである。

既に紹介したように，地方裁判所も控訴審における多数意見も，ともにシェイクスピアに言及するが[100]，【Ⅱの C】は，これに関わる。オリヴァー裁判官は，「シェイクスピアの新たな編集物が著作権の対象となるか否か，という問題が，West の page numbers と arrangement が当然に著作権の保護の対象に

---

[95] *Id.*

[96] *West Publishing*, 799 F.2d at 1228 ［本稿前掲注[68]に対応する本文］.

[97] *West Publishing*, 799 F.2d at 1234 (Oliver, J., concurring in part and dissenting in part).

[98] *Id.*

[99] *Id.* at 1235. さらに，オリヴァー裁判官は，脚注において，「West が同社の Supreme Court Reporter, New York Supplement, そして California Reporter に掲載する判例中で star pagination を長く使ってきたし，今も使っているのは明らかである」と指摘する (*Id.* at 1235 n.16)。なお，本稿後掲注[138]も参照されたい。

[100] 本稿前掲注[15]，[16]に対応する本文参照。

436

なるか，という問題に対して解答を与えるわけではない」とし[101]，地方裁判所
も控訴審における多数意見も，新しく編集されたシェイクスピアの作品の
page numbers に著作権があるとする判例も学説も挙げていない，と批判する
[102]。さらに，「judicial opinion は，Wheaton v. Peters 判決のもとでは，著作権
の対象ではありえない。また，私の見解では，判例の編纂物も，そうした作品
が，『結果として生まれてくる作品が全体として著作者のオリジナルな作品を
形作るような方法で…配列された既存の資料とかデータを収集し組み合わせて
形作られた』ものでない限りは，著作権の対象ではありえない」と批判する[103]。

【Ⅲの A】では，地方裁判所の判決内容を引用しつつ，記録に根拠がないと
して，その意見に悉く反対を表明する。「地方裁判所は，法律問題として，
『West の page numbers とその case arrangement が当然に著作権の保護の枠
内にある』ということを，およそ記録を参照することなく，結論付けた」と批
判する[104]。そして，Callaghan v. Myers 判決，Banks v. Lawyers 判決について，
それらが analytic framework を与えるという考え自体に異議を唱える[105]。

【Ⅲの B】においては，具体的に page numbers に即しての批判がなされて
いる。オリヴァー裁判官は，「およそどのようにして，あるいは，誰によって
West の page numbers が実際に作られるのかということをこの事件の記録は
示していない。West の宣誓供述書は，誰が page numbers の著作者であるの
か特定していない。…。どのようにして，これらの page numbers が West の
advance sheets に割り振られるかは，記録からする限り，まったくのミステ
リーである」と批判する[106]。オリヴァー裁判官は，裁判官の slip opinion の
ページ付け【pagination】というのは，せいぜい裁判官の秘書の仕事か――秘
書がキーをたたくことに反応する――ワードプロセッサーの仕事であって，

---

[101] *West Publishing*, 799 F.2d at 1235 (Oliver, J., concurring in part and dissenting in part).

[102] *Id.*

[103] *Id.* 引用文中，二重鍵括弧で括った部分は米国連邦著作権法第 101 条の「編集著作物」の定義に関わる部分である。邦訳は，伊藤博文「Feist 出版社対 Rural 電話サービス会社」豊橋創造大学短期大学部紀要第 17 号〔2000 年〕171 頁に依拠した。

[104] *West Publishing*, 799 F.2d at 1237 (Oliver, J., concurring in part and dissenting in part).

[105] *Id.*

[106] *Id.*

page numbers が裁判官の著作物【judge's work of authorship】の一部である
とは考えられないとする[107]。したがって，どのようなプロセスを経て West が
全く新しく page numbers を裁判官の slip opinion に割り振るかということが
本案の審理において唯一決定できる未解明の事実問題であるが，そうした問題
について情報を与えることのない記録によって West が本案で勝訴する蓋然性
を判断することはできないとオリヴァー裁判官は言う[108]。「新たに付される
West の page numbers が何らかの自動的な電子的プロセスを経て裁判官の
slip opinion に割り振られるということが本案の審理において立証されるとし
て，裁判所の判決についておよそ著作権を否定するという public policy があ
るにもかかわらず，そうした裁判所の判決が公表される判例集に付される
page numbers に著作権を与えるなどということは，私には思いもよらないこ
とである」とし[109]，それゆえに，Callaghan v. Myers 判決と Banks v. Lawyers
判決についての地方裁判所の議論が，West が本件の本案の審理において勝訴
するであろうという Dataphase 判決[110]の結論を支持すると言いうるとは思えな
い，と批判する[111]。

　続く【IIIの C】においては，多数意見の分析は，Callaghan v. Myers 判決[112]，
Banks v. Lawyers 判決[113]の不完全で許容できない理解を基礎に置くとして批判
する。多数意見が，「Callaghan 判決における case arrangement と pagination
の扱いは，裁判所の結論にとって決定的ではない」と述べながら[114]，「Calla-
ghan 判決は，判例の compilation，arrangement，そして，paging が著作権に
よって保護されうるという考えそのものについて敵対的であるように思われな
い」ことを理由として「最高裁判所に従う」[115]と述べることに反対する。

---

[107]　*Id.*

[108]　*Id.*

[109]　*Id.*

[110]　Dataphase Systems Inc. v. C. L. Systems, Inc., 640 F.2d 109 (8th Cir. 1981). 本稿前掲注[1]拙稿「West v. Mead 第 1 審判決」35-36 頁。

[111]　*West Publishing*, 799 F.2d at 1237-1238 (Oliver, J., concurring in part and dissenting in part).

[112]　Callaghan v. Myers, 128 U.S. 617 (1888).

[113]　Banks Law Pub. Co. v. Lawyers' Co-operative Pub. Co., 169 F. 386 (2d Cir. 1909) (per curiam), appeal *dismissed per stipulation*, 223 U.S. 738 (1911).

[114]　*West Publishing*, 799 F.2d at 1224.

多数説は Toro Co. v. R & R Products Co. 判決[116]に言及する。しかし，そこで述べられていることは Toro Co.判決を distinguish しようとするもので[117]，「それゆえに，多数説は，Toro Co. 判決で述べられたものではなく，Hutchinson 判決で述べられた著作権法の原則が本件についても妥当すると結論付けたのである。私はこれに同調することができない」と述べ[118]，多数説の Hutchinson Telephone Co. v. Fronteer Directory Co. 判決[119]の理解に異議を述べる[120]。

さらに，directory に関わる判例と law reports に関わる判例とはおよそカテゴリーを異にするとの Nimmer 教授の見解を紹介し，Hutchinson Telephone Co. v. Fronteer Directory Co. 判決を挙げることが適切でないことの補強とする[121]。

【Ⅳ】においては，オリヴァー裁判官は，多数意見が，Banks v. Lawyers 判決において「著作権の保護が否定されたのは，レポーターという公的身分に基づく」[122]と述べたこと，Banks v. Lawyers 判決を「Callaghan 判決と異なる」[123]とし，Callaghan v. Myers 判決が最高裁判所の判決であり，それゆえに，Banks v. Lawyers 判決よりも Callaghan v. Myers 判決に従わなければならないとしたことに賛成できないと言う[124]。ここでは，地方裁判所判決，控訴審裁判所の多数意見が論じた Callaghan v. Myers 判決，Banks v. Lawyers 判決だ

[115] *Id.* at 1226 ［本稿前掲注(37)に対応する本文］.
[116] Toro Co. v. R & R Products Co., 787 F. 2d 1208 (8th Cir. 1986)［本稿前掲注(59)］.
[117] *West Publishing*, 799 F.2d at 1228 ［本稿前掲注(60)に対応する本文］.
[118] *Id.*
[119] Hutchinson Telephone Co. v. Fronteer Directory Co., 770 F 2d 128, at 131 (8th Cir. 1985)［本稿前掲注(9)］.
[120] *West Publishing*, 799 F.2d at 1238 (Oliver, J., concurring in part and dissenting in part). オリヴァー裁判官は，既に同じことを述べているが（本稿前掲注(88)に対応する本文参照），そこで問題としていたのは記録に基礎を置いていないということであり（本稿前掲注(79)に対応する本文参照），Toro Co. v. R & R Products Co.判決と Hutchinson Telephone Co. v. Fronteer Directory Co.判決との関係に言及するのは「勇み足」あるいは「先走り」の感がある。
[121] *West Publishing*, 799 F.2d at 1238-1239 (Oliver, J., concurring in part and dissenting in part).
[122] *West Publishing*, 799 F.2d at 1225 ［本稿前掲注(33)に対応する本文］.
[123] *Id.* at 1226 ［本稿前掲注(37)に対応する本文］.
[124] *West Publishing*, 799 F.2d at 1239 (Oliver, J., concurring in part and dissenting in part).

けでなく，Wheaton v. Peters 判決[125]，Banks v. Manchester 判決[126]をも含めて議論が展開されるところに最大の特徴がある。

その議論は詳細を極めるが，最終的にオリヴァー裁判官が主張したかったことは，おおよそ以下のようなことだと言えるだろう。

オリヴァー裁判官は，本件事案は，Callaghan v. Myers 判決の事案よりも Banks v. Manchester 判決の事案に近いとし[127]，「よって，我々の合議体は，Wheaton v. Peters 判決で述べられた諸原則を当てはめた Banks v. Manchester 判決が適用したところのものに従うべきであり」[128]，Callaghan v. Myers 判決を

---

[125] Wheaton v. Peters, 33 U.S.（8 Pet.）591（1834）. オリヴァー裁判官が，"Although the majority cited and quoted a short portion of *Wheaton v. Peters* in a footnote, at 1223 n. 2, it did not discuss that leading case in any detail." と述べている通り（*West Publishing*, 799 F.2d at 1242（Oliver, J., concurring in part and dissenting in part）），多数意見にあっては，Wheaton v. Peters 判決は，わずかに 2 度，言及されるだけである。ひとつは，West が judicial opinions そのものについては著作権を主張していないということの確認（*West Publishing*, 799 F.2d at 1223 n.2），もうひとつは，Callaghan v. Myers 判決において最高裁判所が Wheaton v. Peters 判決を引いて，opinions そのものには著作権が認められないと判示した，ということの説明をする箇所においてであって（*West Publishing*, 799 F.2d at 1224），実質的な議論はない。Wheaton v. Peters 判決については，拙稿「Wheaton v. Peters 判決・序論」東北学院大学法学政治学研究所紀要 17 号〔2009 年〕59 頁，「Wheaton v. Peters 判決・覚書」成城法学 79 号〔2010 年〕124 頁の参照を乞う。

[126] Banks v. Manchester, 128 U. S. 244（1888）. 同判決については，本稿前掲注[19]拙稿「判例集の著作権に関わる判例 ── Wheaton v. Peters 判決以降 ──」105-110 頁で紹介した。オリヴァー裁判官は，「Callaghan 判決と相前後して連邦最高裁判所が下した Banks v. Manchester 判決は，多数意見によっては，援用も議論もされなかった」と述べる（*West Publishing*, 799 F.2d at 1239-1240（Oliver, J., concurring in part and dissenting in part）.

[127] *West Publishing*, 799 F.2d at 1243（Oliver, J., concurring in part and dissenting in part）. 判例批評の中にも，「Callaghan 判決にあっては，著作権のある要素もまた利用【appropriate】されているのに対して，Banks 判決にあっては，被告は保護を受けない裁判官の執筆したものだけを複製した。同じように，LEXIS は，著作権の認められない判決だけを複製している」ということを理由に，「多数意見の致命的な欠点は，事実関係において Callaghan v. Myers 判決よりも West Publishing 判決に遥かに共通する事案である Banks v. Manchester 判決に言及していないことである」と指摘するものがある（Dahl, *supra* note 7, at 733）。

[128] *West Publishing*, 799 F.2d at 1243（Oliver, J., concurring in part and dissenting in part）.

distinguish すべきであるとする[129]。「我々の合議体が Callaghan 判決に従わな
ければならないのは言うまでもない。しかし，我らが合議体は，同時にまた
Wheaton v. Peters 判決ならびに Banks v. Manchester 判決にも従わなければ
ならない」[130]，「Callaghan 判決は，Wheaton v. Peters 判決あるいは Banks v.
Manchester 判決で示されたものとは全く異なる事実関係について，Wheaton
v. Peters 判決で宣言された諸原則をただ当て嵌めたにすぎない」と言う[131]。
「最高裁の３件すべてについて，述べられ，適用された諸原則は同じである。
私は，これらの諸原則を適用したならば，地方裁判所の暫定的命令は肯定され
るのではなく，覆されるべきであると考える。というのは，もしも判例集の
pagination が，これら３つの事案のいずれかにおいて争点であったとしたなら
ば，裁判所は，刊行された判例集の中の star pagination が著作権の対象では
ないと判示するについて躊躇することはなかったであろう，と私は理解するか
らである。それがまさにこの問題について考察した唯一の裁判所の結論でも
あった」と述べる[132]。

　反対意見の最後となる【V】において，オリヴァー裁判官は改めて Banks
v. Lawyers 判決について語るのであるが[133]，既に紹介したように，多数意見は，
「Callaghan 判決における case arrangement と pagination の扱いは，…裁判所
の結論にとって決定的ではない」と述べながら[134]，Callaghan v. Myers 判決を
「示唆に富む」とし，最終的には，West の権利主張を認めた[135]。しかし，オリ
ヴァー裁判官は，逆に，多数意見が先に述べた，「Callaghan 判決における
case arrangement と pagination の扱いは，…裁判所の結論にとって決定的で
はな」かったという考えのほうに賛同するとし，地方裁判所の立場を肯定して
「MDC の主張を Banks 判決は支持しない」[136]と述べた多数意見に異議を唱える

---

(129) *Id.* オリヴァー裁判官は，"plagiarized pages" という表現を用いていて（*Id.* at 1244），
　　これは，arrangement，pagination の問題を論ずるまでもなく，Callaghan 側が著作権
　　侵害をしているとオリヴァー裁判官がみていることを示すものと理解される。

(130) *Id.*

(131) *Id.*

(132) *Id.*

(133) *Id.* at 1245.

(134) *West Publishing*, 799 F.2d at 1224［本稿前掲注(19)に対応する本文］。

(135) *Id*［本稿前掲注(20)に対応する本文］。

(136) *Id.* at 1225［本稿前掲注(33)に対応する本文］。

(137)。

　まず Banks v. Lawyers 判決の事案を紹介し(138)，そののち，Circuit Court において是認された Hazel 裁判官の判決について論評する。Hazel 裁判官（Circuit Court of the United States for the Southern District of New York）は，「ただ単に判例を順番に配列し（レポーターがそうするについて適切な判断をしていることがいかに明白であったとしても）判例集にページ付けをすること —— これらは判例集を作るについて行われるべき不可欠の事柄である —— が，そのような細目についてレポーターに著作権の保護を与えるほど重要な特徴あるいは特性であるとは思われない。私のみるところ，これらの要素あるいは細目だけでは，有効な著作権は，公式レポーターについて，取得されえない」と述べるのであるが(139)，Hazel 裁判官のこの考えは Howell v. Miller 判決(140)における Harlan 裁判官の意見に強く依存する(141)，とオリヴァー裁判官は言う(142)。Howell v. Miller 判決において，Harlan 裁判官は，「もしもなされたのがそれだけで，それ以上のことがなければ，訴えの基礎はおよそ存在しなかった」と述べていて(143)，これが Hazel 裁判官の判決の基礎にある，とオリヴァー裁判官は言うのである(144)。

　よって，注意が向けられるべきは，連邦最高裁判所の判例集に収められている判例がただ単に「順番に」並べられているかどうかであるとし，連邦最高裁

---

(137)　*West Publishing*, 799 F.2d at 1245（Oliver, J., concurring in part and dissenting in part）．

(138)　ここで，オリヴァー裁判官は，「被告は，英国並びに米国において長く確立されている慣行にのっとり，原告の『連邦』判例集の特定のページに対するジャンプ・サイテーションを行えるように，判例集の出版について，star pagination を用いた」と述べている（*Id.* at 1245）。

(139)　Banks Law Pub. Co. v. Lawyers Co-Operative Pub. Co., 169 F. 386, at 390（2d Cir. 1909）. 本稿前掲注(19)拙稿「判例集の著作権に関わる判例 —— Wheaton v. Peters 判決以降」123 頁参照。

(140)　Howell v. Miller, 91 F.129（6th Cir. 1898）. 本件はミシガン州の法令集に関わる。原告の Andrew Howell，被告の Lewis M. Miller はともにミシガン州の法令集の編纂者である（被告には，Miller のほか，その出版に関わったミシガン州政府関係者，印刷会社などが含まれる）。Howell が編纂した法令集が刊行されたのち，1897 年制定の州法によって，Miller が新たな法令集の編纂者とされた。Miller の編纂した法令集第 1 巻 2 万部の印刷が終わり，まさに出版間近になった時点で，Howell は，Miller の法令集について，著作権侵害を理由に，その刊行の差止を求めて訴えを提起したが，裁判所はこれを認めなかった。

442

判所公式レポーターであった J. C. Bancroft Davis[145]の証言に言及する。Banks v. Lawyers 判決の審理（Circuit Court of the United States for the Southern District of New York）では Bancroft Davis が証人として出廷し，Hazel 裁判官との間で，

> 'Q. You made no attempt to divide up the decisions into the parts of the volumes, did you?
> A. No. I took them as they came. Sometimes there would be a whole part in a week, and other times it would take three or four weeks to get a part. I took them as they came, but I arranged them by subjects so far as possible.

というやり取りがなされている[146]。オリヴァー裁判官は，これに言及し[147]，「これら米国連邦最高裁判所判例集を調べてみると，実際，判例は，それらの判決が下された時間的な順番に従って公表されているということが立証される」と

---

(141) John Marshall Harlan は，1877 年 12 月 10 日から 1911 年 10 月 14 日まで米国連邦最高裁判所の裁判官であったが（Justices 1789 to Present［https://www.supremecourt.gov/about/members_text.aspx］），Harlan 裁判官は，Banks v. Manchester 判決，Callaghan v. Myers 判決にも加わっている（*West Publishing*, 799 F.2d at 1246 n.58 (Oliver, J., concurring in part and dissenting in part)）。しかし，それだけでなく，1895 年に Sixth Circuit 担当裁判官となったことから（Brian L. Frye, Josh Blackman & Michael McCloskey, Justice John Marshall Harlan: Professor of Law, 81 Geo. Wash. L. Rev. 1063, at 1072 & n.68 (2013)），Howell v. Miller 判決に関わることになった。

(142) *West Publishing*, 799 F.2d at 1246 (Oliver, J., concurring in part and dissenting in part).

(143) Howell v. Miller, 91 F. 129, at 137 (6th Cir. 1898). この部分は，その前に，「Miller が，Howell の書物から，その中で印刷された the general laws of Michigan を抜粋し，彼［Miller］の編纂したものが印刷されたときに，そのようにして抜き出された部分だけが利用されたのであれば」とあり，そのあとに，この「もしもなされたのがそれだけで，それ以上のことがなければ，訴えの基礎はおよそ存在しなかった」という文が続く。

(144) しかも，Howell v. Miller 判決において，Harlan 裁判官は自らもその判断に加わった Banks v. Manchester 判決，Callaghan v. Myers 判決に言及するが（両判決は，ともに，Howell v. Miller, 91 F. 129, at 138 (6th Cir. 1898) で言及されている），その 2 つの事案について，レポーターの公的な地位が判決の結論に影響を与えたというようなことは言っていない，とオリヴァー裁判官は指摘する（*West Publishing*, 799 F.2d at 1246 n.58 (Oliver, J., concurring in part and dissenting in part)。

(145) J. C. Bancroft Davis は，米国連邦最高裁判所の第 9 代レポーターで，1883 年から 1902 年にかけてその地位にあった（拙稿「米国における判例集の誕生」成城法学 77 号〔2008 年〕202［93］頁参照）。

変動する社会と法・政治・文化

したあと[146]，今度は，West の編集に関わる地方裁判所での尋問の記録に言及する。そこでは，「本件における記録は，地方裁判所が West の弁護人に対して，page numbers が West の cases の arrangement を明示的に示しているというのは West の立場【theory】か否か尋ねたことを示している。West の弁護人は『その通りです，裁判長殿。』と答えた。…。そして，West の弁護人は，West の arrangement を示すために，300 F. Supp. 100 に地方裁判所の注意を向けた」という[149]。

そして，この，地方裁判所での応答に対して，MDC が控訴審のために用意した —— 上訴趣意書【Brief】に添えた —— Addendum にオリヴァー裁判官は言及する。その Addendum では，

"With occasional exceptions, West currently arranges the decisions within each volume of Federal Supplement advance sheets in the following order:
First, District Court opinions for which West has prepared headnotes, further arranged by date of the court's decision…." Arnold O. Ginnow, Editor-in-Chief, West Publishing Company, August 26, 1985 (App. 46).

という West の宣誓供述書が引かれている[150]。ここで着目すべきは "arranged by date of the court's decision" という箇所である。MDC は，Federal Supplement 第 300 巻（300 F.Supp.）について，判例がどのように並べられているの

---

[146] Banks Law Pub. Co. v. Lawyers Co-Operative Pub. Co. 169 F. 386, at 389 (2nd Cir. 1909). ただし，見られるとおり，"I took them as they came." のあとには，それと矛盾するかと思われる証言がなされている。これについては，オリヴァー裁判官は，"Both Judge Hazel and the Second Circuit obviously refused to accept portions of Mr. Davis' quoted testimony which might be said to suggest the cases were arranged in some other manner." とのコメントを加えている（*West Publishing*, 799 F.2d at 1247 n.60 (Oliver, J., concurring in part and dissenting in part)）。

[147] *West Publishing*, 799 F.2d at 1247 (Oliver, J., concurring in part and dissenting in part).

[148] *Id.*

[149] *Id.* ただし，300 F.Supp.100 で特定される判例は存在しない。存在するのは，300 F. Supp. 84 で特定される United States v. Uniroyal, Inc., 300 F.Supp. 84 (1969) で，300 F. Supp.100 は，その判決の一部（途中）になる（その次に並べられている判例は，300 F. Supp. 102 で特定される Roper Corporation Newark Division v. Farrow である）。

[150] MDC's Addendum 32a (filed December 18, 1985).

444

かを調べ，これを日付順に並べたらどうなるのかということと対比したものを
Addendum 32a 以下に掲げているのであるが[151]，提出されたこの Addendum
を受けて，オリヴァー裁判官は，West の実際の arrangement と West が宣誓
供述書で述べた方法とは一貫しないと指摘する[152]。これに対して，West は，
宣誓供述書で述べたのは現在の方式【current practice】であること，Federal
Supplement 第 300 巻 [= 300 F.Supp.] は 1969 年の刊行で，それは現在の方
式が採用される前の話だと答えた，と言う[153]。しかし，この答弁について，オ
リヴァー裁判官は，それでは 1969 年より前は一体いかなるかたちで配列【ar-
range】されていたのかが分からない[154]，続いて —— こちらのほうがより重大
であると述べつつ ——「もしも West が或る特定の裁判所で下された判決をた
だ単に時間的な順序で並べて刊行するだけであるなら，そうした arrange-
ment は，Banks 判決の状況と判決内容の枠内に収まる」ことになるのではな
いか[155]，という疑問を提示する[156]。しかも，1969 年より前の方式がどのような
ものであったのか，あるいは，その方式を West が放棄した理由も明らかでな
い，とオリヴァー裁判官は批判する[157]。

　さらに，page の利用について —— Banks v. Lawyers 判決を引きつつ —— 著
作権侵害にならないとした Eggers v. Sun Sales Corporation 判決[158]を挙げ，
Banks v. Lawyers 判決は決して孤立しているわけではないとする[159]。

　そして最後に，「その理由が何であれ，そのような主張は，この問題につい
て判断する機会のあったすべての裁判所によって拒絶されてきた」と指摘する
[160]。さらにまた，West は，すべての判例集の，West の判例の arrangement

---

[151]　たとえば，第 300 巻に収められている判例の中で時期的に一番早いのは 1967 年 2 月
　　23 日の判決であるのに，それは 500 頁目に収められている，と MDC は指摘する（MDC's
　　Addendum 32a (filed December 18, 1985)）。

[152]　*West Publishing*, 799 F.2d at 1247 (Oliver, J., concurring in part and dissenting in
　　part).

[153]　*Id.*

[154]　*Id.*

[155]　*Id.*

[156]　*Id.* しかも，そのどちらについても，地方裁判所，控訴審の多数意見ともに検討して
　　いないとするのである。

[157]　*West Publishing*, 799 F.2d at 1247 n.61 (Oliver, J., concurring in part and dissenting in
　　part).

変動する社会と法・政治・文化

あるいは pagination が著作権による保護を受けるという主張を支える判例を援用していない[(156)], 時間順に並べられただけの判例の arrangement に著作権の保護を与えるのはためらわれる[(162)], West の著作権がアラビア数字の配置を保護するほどに広いとも思われない[(163)], と述べ, 改めて多数説の見解に異議申立をする。

最終的に, オリヴァー裁判官は, "I concur in part and respectfully dissent in part for the reasons stated." と述べて[(164)], 一部同意, 一部反対意見を終える。

---

(158) Eggers v. Sun Sales Corporation, 263 Fed. 373 (2d Cir. 1920). これは, 1919 年, John H. Eggers の刊行した John J. Pershing, General Pershing's official story of the American Expeditionary Forces in France なるパンフレットについて, Sun Sales Corporation, Herzig & McLean, Incorporated 等［＝判例集を見ると, 被告は, Sun Sales Corporation, Herzig & McLean, Incorporated, and others となっている］が, 同じサイズ, 同じ書名の書籍を作成したことに関わる訴訟である（ただし, Google Books で検索すると, Herzig & McLean, Incorporated の書籍の書名には "official" なる文字が含まれていない）。被告の書物には, 公有とされる Pershing のオフィシャル・レポートが掲載され, その pagination も同じなのであるが, その内容全てが同じなわけではなく, 原告側の書物に掲載されている —— 著作権の存する —— イラスト【drawing】, 写真その他について被告は複製してはいない。また, 双方の書籍には Pershing の詩が含まれているが, これは著作権者から原告, 被告ともに許諾を得ている, という。こうした事案について, 裁判所は,「被告側の印刷業者が原告の書物から公的レポートを製版した可能性すらなくはない。pagination が同じであることは, そうした疑いを抱かせる。しかし, 法的に言えば, そのことは, 著作権侵害を構成するほどに重大なことではない」と判示し, 原告の訴えを退けた。もっとも, "*Eggers* does not control the reporter cases, however, because it is not a compilation case." との論評もある（Robin Lee Pedersen, *West Publishing Co. v. Mead Data Central., Inc.(LEXIS)*, 14 Rutgers Computer & Tech. L.J. 359, at 380 n.179 (1988))。

(159) *West Publishing*, 799 F.2d at 1247-1248 (Oliver, J., concurring in part and dissenting in part).

(160) *Id.* at 1248. Wyman も, "Yet until *Mead*, no court had ever found the mere use of a case reporter arrangement and pagination." と指摘する（James H. Wyman, Freeing the Law: Case Reporter Copyright and the Universal Citation System, 24 Fla. St. U. L. Rev. 217, at 244 (1996))。

(161) *West Publishing*, 799 F.2d at 1248.

(162) *Id.*

(163) *Id.*

(164) *Id.*

Ⅳ　その後

　MDC は，さらに連邦最高裁判所に上告申立をしたが，1987 年 1 月 27 日，上告は受理されないこととなった[165]。これについて審理すべきではないかと連邦最高裁判所の少なくとも 1 人の裁判官が考えたものの，1987 年 1 月 23 日の裁判官会議では，上告受理決定に必要な 4 人の裁判官の賛成は得られなかったことが Thurgood Marshall 裁判官の文書によって明らかになっている，と Star Tribune の記事は伝えている[166]。

　もっとも，これはいまだ差止の話であって，本案訴訟はこれとは別であった。連邦第 8 巡回区控訴裁判所は，本案審理のため，本件事案を District Court へと回された[167]。1987 年 2 月 18 日，裁判所は，スペシャル・マスターとして University of Minnesota Law School の Irving Younger を指名した[168]。実際，1988 年 4 月 5 日から 15 日にかけて審理はなされたらしい[169]。さらに，この訴訟とは別に，1987 年 8 月 18 日，MDC は West を相手取って訴えを提起した[170]。

---

[165]　West Publishing Co. v. Mead Data Central, Inc., *cert. denied*, 479 U.S. 1070 (1987).

[166]　Sharon Schmickle, Tom Hamburger, U.S. justices took trips from West Publishing, Star Trib., March 5, 1995 Section: NEWS 【1995 WLNR 4372638】; http://www.albionmonitor.com/9-18-95/junkets.html［そこでは，Junkets for Judges という表題になっている］）。この記事は，1995 年 3 月 5 日と 6 日に亘って組まれた West についての —— かなり手厳しい —— 特集記事 "West Publishing and the Court"（http://www.albionmonitor.com/9-18-95/Westindex.html）のひとつである。

[167]　William L. Anderson, Copyright Protection for Citations to a Law Reporter: *West Publishing Co. v. Mead Data Central, Inc.*, 71 Minn. L. Rev. 991, at 995 n.7 (1987).

[168]　*Id.*

[169]　L. Ray Patterson & Craig Joyce, Monopolizing the Law: The Scope of Copyright Protection for Law Reports and Statutory Compilations, 36 UCLA Law Rev. 719, at 720 n.1 (1989); Daniel A Davis, *Feist Publications, Inc. v. Rural Telephone Service Co.: Opening the Door to Information Pirates?*, 36 St. Louis U. L.J. 439, at 460 n.192 (1992).

[170]　Mead Data Central, Inc. v. West Publishing Co., No. C-3-87-426 (S.D. Ohio filed Aug. 18, 1987; settled by Agreed Order Dismissing Action With Prejudice, filed July 21, 1988) ［これは，Patterson & Joyce, *supra* note 169, at 720 n.1; Cary E. Donham, Copyright, Compilations, and Public Policy: Lingering Issues After the West Publishing-Mead Data Central Settlement, 64 Chicago-Kent L. Rev. 375, at 391 n.103 (1988) に拠るが，この訴訟については，679 F.Supp. 1455 (1987) に判決が掲載されている］。

しかし，1988 年になって，今度は West が MDC を訴えた[171]。しかし，1988 年7 月 21 日，彼らは唐突に和解するに至る[172]。

これについて，Patterson & Joyce は，双方ともに訴訟を止めたい理由があったとする。和解をすることで、West は MDC から相当額のライセンス料を受け取ることができるだけでなく，West に有利な司法判断を維持できる，ということがあった。さらに，別途係属中の訴訟からも解放されることになるからであった。他方，MDC の側について考えれば，1987 年 10 月に Westlaw にstar pagination が導入され，本件訴訟での結論が覆されないかぎり，West の市場での優位性が続くことになるわけで，そうしたことを見過ごすことはできなかったのであろう，とする[173]。

New York Times は，special licensing agreement のもとで，MDC は West の citation system を使うことが認められたこと，MDC から West への支払い額は開示されなかったものの，その額は数千万ドルになるのではないかという情報の存在を伝えた[174]。MDC が West にどれだけの金銭を支払っているのかということについて噂はまちまちであったが[175]，西暦 2000 年になって West と MDC の和解の内容が明らかになった。それによれば，毎年，MDC は West に対して 300 万ドルの fee を支払う約束であったという[176]。これと同時に，反トラストに関わる 2 つの訴訟も取り下げられた[177]。しかし，和解による紛争の解決は West と MDC とによる "joint monopoly" を作り出すものであ

---

[171]　West Publishing Co. v. Mead Corp., No. 4-88-142 (D. Minn. filed Feb. 22, 1988; settled by Order No. 4-85-931) ［これは，Patterson & Joyce, *supra* note 169, at 720 n.1; Donham, *supra* note 170, at 404 n.192 (1988) に拠る］。

[172]　Dan Oberdorfer, West, Mead to settle disputes, Star Tribune, July 22, 1988 Section: MARKETPLACE (Minneapolis-St. Paul) 01D【1988 WLNR 1659334】; Nancy Blodgett, West, Mead Data Central Settle, 78 ABA J. 36 (September 1, 1988) その具体的内容は http://www.hyperlaw.com/topix/westvmead/dok88.htm で紹介されている。

[173]　Patterson & Joyce, *supra* note 169, at 722 n.6.

[174]　Stephen Labaton, Westlaw and Lexis Near Truce, New York Times, July 19, 1988, Page 5, Column 4 (http://www.nytimes.com/1988/07/19/business/westlaw-and-lexis-near-truce.html).

[175]　John E. Morris, How West Was Won, Am. Law, September 1996, at 73.

[176]　Thomas Scheffey, West-Lexis Secret Pact Unshrouded, Conn. L. Trib., April 4, 2000 (http://onlinebooks.library.upenn.edu/webbin/bparchive?year=2000&post=2000-04-04$1).

ると Patterson & Joyce は指摘する[178]。

V　若干の論評

　West と Mead との訴訟は，こうして終わったのであるが，ここで West v. Mead 判決について，いくらかの論評を試みたい。

　なによりもまず，この訴訟においては，Callaghan v. Myers，Banks v. Lawyers という 2 つの判決をどのように理解するかということに重きが置かれ（すぎ）た。しかも，オリヴァー裁判官の指摘する通り，Callaghan v. Myers 判決，Banks v. Lawyers 判決について論じるのであれば，それと同時に，Wheaton v. Peters 判決，Banks v. Manchester 判決もまた等しく検討の対象とされるべきであったのであろうが，Wheaton v. Peters 判決，Banks v. Manchester 判決まで含めてのオリヴァー裁判官の反論は，益々，本件の議論を判例の理解を巡るものに終始させる方向へ導くことにつながった。もちろん，判例について議論すること自体を非難することはできない。しかし，1888 年に下された Callaghan v. Myers 判決は 1831 年の連邦著作権法のもとでの問題を扱うものであり[179]，1909 年に下された Banks v. Lawyers 判決は 1905 年法のもとでの問題を扱うものであった[180]。

　ちょうどこれを裏返した格好になるように思うが，米国における著作権に関わる現行法は 1976 年の連邦著作権法であって，そうであるなら，それに即した議論が展開されてしかるべきであったのに，それは殆どなされていないということでもある[181]。地方裁判所はシェイクスピアを引き合いに出して West の判例集の arrangement について著作権が認められるとし，控訴審裁判所の多

---

[177]　Patterson & Joyce, *supra* note 169, at 720 n.1; Donham, *supra* note 170, at 391 n.103 & 404 n.192（1988）; Blodgett, *supra* note 171, at 36.

[178]　Patterson & Joyce, *supra* note 169, at 809.

[179]　既に本稿前掲注(19)拙稿「判例集の著作権に関わる判例 ── Wheaton v. Peters 判決以降」115 頁注(61)で指摘したところであるが，Callaghan v. Myers 判決においては，"Those volumes were all of them published while the act of Congress of February 3, 1831, c. 16, 4 Stat. 436, was in force." と明確に書かれてある（128 U.S. 617, at 651（1888））。

[180]　この訴訟の時点における著作権法は 1905 年法（Act of March 5, 1905, ch. 1432, 33 Stat. 1000（repealed 1909））であった。

449

変動する社会と法・政治・文化

数意見もこれを支持したが⁽¹⁸²⁾，オリヴァー裁判官は，これに異議を唱えた⁽¹⁸³⁾。これは，1976 年連邦著作権法に即した議論が展開されるきっかけとなり得たものであったように思われるのであるが，この議論は，それ以上，展開されずに終わった。

これは，arrangement という言葉の意味そのものについて十分に考えられていないのではないか，という問題につながる。実際，本件事案に即して，arrangement という言葉には，［1］「ある 1 件の判例の中での素材の arrangement【the arrangement of material within a given report】」，［2］「1 冊の判例集の中での判例の arrangement【the arrangement of reports within a given volume】」，［3］「あるシリーズの中での書籍の arrangement【the arrangement of volumes within a given series】」，［4］「所与のコレクションあるいはシステムの中でのシリーズのアレンジメント【the arrangement of series within a given collection or system】」という意味を持ちうる，という指摘がなされている⁽¹⁸⁴⁾。

本件控訴審判決の冒頭で，West の著作権登録は，判例集 1 冊 1 冊についてなされている，ということが確認されている⁽¹⁸⁵⁾。これは上記の分類で言えば［1］に相当する。それにもかかわらず，控訴審の多数意見は，West が判例を

---

(181) もっとも，ここで筆者が述べたことは，Patterson & Joyce, *supra* note 169, at 749-750 が既に指摘するところである。そこでは，「（結論は別にして）おそらく West Publishing 事件における判決の最も尋常ならざる点は，地方裁判所と控訴裁判所が，その判決を援護すべく，直接に関係する制定法，即ち 1976 年著作権法ではなく，Callaghan という古い判例に依拠した度合にある。もしも裁判所が 1976 年法を丁寧に読んだならば，半世紀以上も前の制定法で，しかも Callaghan 判決が下された時点においては既に，その間に行われていた大きな改正法［これは，Act of July 8, 1870, ch. 230, 16 Stat. 124 のことであると思われる＝成田注］によって取って代わられていた 1831 年著作権改正法【Copyright Revision Act of 1831】のもとで下された 19 世紀の判決にそれほどの重きを置く必要がないことに気付いたはずである」とある。

(182) 本稿前掲注(16)に対応する本文参照。

(183) 本稿前掲注(100)から(102)に対応する本文参照。

(184) Colin Tapper, An Aspect of Copyright in Data Bases, 14 N. Ky. L. Rev. 169, at 174 (1987). ［4］は，いささか分かりにくい感じがするが，論理的に考えるなら，West の判例集について言えば，National Reporter System という一番大きな括りの中での arrangement ということになるのであろう。

(185) *West Publishing*, 799 F.2d at 1226. このことについては，本稿前掲注(1)拙稿「West v. Mead 第 1 審判決」36 頁注(16)で既に指摘した。

450

18 West v. Mead 控訴審判決〔成田　博〕

全米から集め，連邦の判例と州の判例とを区分けするところから話を始める[186]。次に，州の判例について言えば，地域別判例集のどれに収録するかということが紹介される。連邦の判例についても，同様の手順で振り分けがなされることが示さる。そして，最後に，ようやく Federal Reporter Second の編集作業について僅かに言及する[187]。これはまさに，arrangement という言葉に，上記のようないくつかの意味があることを明確に理解していないことを示しているとは言えないか。これを別のかたちで表現するならば，まず，National Reporter System 全体について著作権登録はされていないし，そもそも，それが可能であるのか否かについても疑問があるということである[188]。National Reporter System が文字通り「方式【system】」であるとするなら，それは著作権の対象ではない[189]。よって，個別の 1 冊について判例が割り振られるまでの手順をどれだけ詳細に語ってみても，そのことは本件とは関わりを持たない，ということである[190]。

しかも，LEXIS の利用者にとって関心があるのは，巻表示とページだけで，arrangement には関心がない，との指摘がある。たとえば，本件控訴審判決の citation は 799 F.2d 1219 であるが，LEXIS の利用者にとって関心があるのは，F.2d ［＝判例集］という略称と 799 ［＝巻表示］，1219 ［＝ページ表示］という数字だけであって，本件控訴審判決が，Federal Reporter Second において，どのような基準のもとに第何番目の判例として掲載されているのかということについては，およそ関心を持たないのではないかというわけである[191]。

---

[186]　判例は，そもそも別々の裁判所によって下されているわけであるから，それが West に届いた段階で既に分けられていて，West が分類をしているわけではないのではないか，という批判もなされるに至っている（Carl J. Khalil, Are Page Numbers Really Copyrightable? The Effect of *Feist* on the *West Publishing v. Lexis* Case, 76 J. Pat. & Trademark Off. Soc'y 807, at 817（1994））。

[187]　*West Publishing*, 799 F.2d at 1226. Federal Reporter Second という括りでもいまだ個々の判例集 1 冊の編集作業には到達していない。

[188]　Patterson & Joyce, *supra* note 169, at 769-771（1989）; Locke, *supra* note 29, at 201, 204（1989）.

[189]　連邦著作権法第 102 条（b）項については，本稿前掲注(59)参照。

[190]　なお，第 1 審においても West の判例集の編集の手順が語られているが（*West Publishing*, 616 F.Supp. at 1576. 本稿前掲注(1)拙稿「West v. Mead 第 1 審判決」39 頁並びに注(28)参照），ここで指摘した批判が等しく当て嵌まる。

451

変動する社会と法・政治・文化

侵害の議論についても批判がなされている。Harper & Row Publishers v. Nation Enterprises 判決[192]は，控訴審判決の多数意見において 4 度に亘って援用されているが，そのうちの 3 度は —— 同じページの中で —— 侵害に関わって援用されている[193]。しかし，この判決は fair use を扱うものである。fair use は，侵害の存在が認められたのちに，これを阻止するものとして機能するはずのものである[194]。そのため，控訴審判決における多数意見に対しては，侵害の議論と fair use の議論とを混同するものであるとの批判がなされている[195]。さらに，同判決は，暫定的差止命令を認めるか否かの 4 つの判断基準の最後のもの，すなわち，public interest との関係においてもまた援用されるが[196]，これについても，"*Harper & Row* was misapplied by the Eighth Circuit in *West.*" と批判される[197]。

---

[191]　Locke, *supra* note 29, at 196-197, 204-205. それでも控訴審の多数意見が arrangement にこだわるのは，これを媒介にしてそれ自体には著作権を認めることが困難であると思われる page numbers の保護を図ろうとするからであると考えられる（Locke, *supra* note 29, at 198-199）。これは，「ページの内部的サイテーションが重要な一部である West の case arrangement は著作権の保護に値する著作物である」（本稿前掲注[45]に対応する本文。これに対するオリヴァー裁判官の批判については，本稿前掲注[94]，[95]に対応する本文を参照されたい），「われわれがここで認める著作権は，West の numbering system についてではなく，その arrangement についてである。それはつまり，MDC が West の page numbers を利用することが問題であるのは，数字そのものに著作権があるからではなく，West に著作権がある arrangement を侵害するがゆえである，ということである」（本稿前掲注[60]に対応する本文）という箇所に顕著である。

[192]　Harper & Row v. Nation Enterprises, 471 U.S. 539, at 569（1985）[本稿前掲注[55]]。

[193]　*West Publishing*, 799 F.2d at 1228 n.3.

[194]　Deborah Kemp, Copyright Protection for Law Reporter Page Numbers: The Realization of the Protectionist Thread in Fact Works: *West Publishing Co. v. Mead Data Central*, 2 Software L. J. 125, at 159, 161, 165（1988）; Donham, *supra* note 170, at 389 n.94, & 400.

[195]　Kemp, *supra* note 194, at 159, 161, 165; Donham, *supra* note170, at 389 n.94 & 401; Patterson & Joyce, *supra* note 169, at 731. 第 1 審判決は，「当法廷は，West の arrangement の最初の ［ページの］ サイテーションに続く 2 以下の数字の利用，いわゆる『ジャンプ・サイト』（i.e. 479 F.2d 701, *702*）は West の著作権を侵害するものと考える。これは fair use をこえるがゆえである」とするが（*West Publishing*, 616 F.Supp. at 1579 [本稿前掲注[1]拙稿「West v. Mead 第 1 審判決」42 頁]），これまた同じ批判が妥当するのではないか。

[196]　*West Publishing*, 799 F.2d at 1229.

452

最後は star pagination である。オリヴァー裁判官が指摘するように[198]，MDC は，West が明示的に著作権を主張している部分については，およそ利用していない[199]。MDC は，public domain にある判例に West の著作権登録証には記載のない page numbers に星印を施したものを挿入しようとした[200]にすぎない。そこから，オリヴァー裁判官の「裁判所の判決についておよそ著作権を否定するという public policy があるにもかかわらず，そうした裁判所の判決が公表される判例集に付される page numbers に著作権を与えるなどということは，私には思いもよらないことである」との指摘が導かれることになる[201]。

判例は public domain にあって，それを広く知らしめるべきであるという政策判断がひとつの大きな価値基準として存在する[202]。それがここでの public policy ということの意味である。Callaghan v. Myers 判決，Banks v. Lawyers 判決の「読み」を巡る争いに終始することなく，Wheaton v. Peters 判決，Banks v. Manchester 判決をも視野に入れて考察することの意味はここにこそ認められる。

しかし，第 1 審判決の，「ジャンプ・サイトを用いれば West の arrangement 全体にたちどころにアクセスできる。もはや再び West の著作権がある判例の arrangement のすべての情報を入手するのに，市場において West の

---

[197] Kemp, *supra* note 194, at 150, 160 n.156. ただし，160 頁で，"the threat of irreparable harm to the plaintiff" とあるのは勘違いではないか。150 頁では，間違いなく，"the preliminary injunction test of public interest" とある。

[198] *West Publishing*, 799 F.2d at 1234（Oliver, J., concurring in part and dissenting in part）［本稿前掲注[97]に対応する本文］.

[199] Kemp, *supra* note 194, at 165; Donham, *supra* note 170, at 392, 397. Donham は，さらに，「どんな出版物にせよ，page numbers というものは，本文の長さ，使う活字，そして，当該ページの割付とサイズについて編集者が決めたことの決定の『結果』である」と指摘する（Donham, *supra* note 170, at 396）。

[200] それがまさに star paginate あるいは star pagination ということである。

[201] 本稿前掲注[109]。Donham の「判例【judicial opinions】には著作権は認められないという 150 年前の最高裁判所の判決［＝ Wheaton v. Peters 判決］にもかかわらず，West の National Reporter System に属する判例集の page numbers に著作権を認めることは，それらのページ上の判例【judicial opinions】は実質的に West に属する，ということを意味する」との論評は，同じことの別の表現と言えるだろう（Donham, *supra* note 170, at 405）。

[202] Higgins, *supra* note 19, at 118; Donham, *supra* note 170, at 405-406; Wyman, *supra* note 160, at 244-246.

変動する社会と法・政治・文化

書物を購入する必要はおよそなくなる」との説示[203]，控訴審における多数意見の，「数字の保護がそれ自体として求められているわけではない。そうではなくて，これら特定の数字へのアクセス，即ち，ジャンプ・サイトが，West が編集を行うに際して非常なる労力と努力を費やしたものの大部分を LEXIS の利用者に与え，そして，その分だけ West の本を買う必要が減少するがゆえにこそ [page numbers の保護が] 求められているのである」[204]，「MDC の star pagination によって，利用者は West の編集著作物のすべての情報を入手するについてもはや West の判例集を購入する必要がなくなる。West の arrangement の中の判例全体あるいは判例の一部分のありかについての情報を獲得することが，West の判例集を購入する理由のかなり大きい部分を占めている」といった指摘[205]を見れば，地方裁判所，控訴審における多数意見が，star pagination の問題を —— それは，結局のところ，West と MDC との争いそのものを —— 判例集の市場に関わる問題とみていたことが了解されるのではないか[206]。

しかも，裁判所は，本件の紛争を市場の問題として捉えていただけでなく，West を勝たせるという結論をもまた最初から持っていたのではないか —— 言い換えれば，West が勝利したのは，裁判における議論とは独立に，結論が予め決まっていたからではないのか —— と筆者は思うのである[207]。「結論が予め決まっていた」ということの論証など容易にできることではないが，地方裁判所も控訴審の多数意見も訴訟記録に依拠することなく事実認定をしているとのオリヴァー裁判官の批判[208]は，「結論が予め決まっていた」ということの別の

---

[203] *West Publishing*, 616 F.Supp. at 1579 [本稿前掲注(1)拙稿「West v. Mead 第 1 審判決」43 頁].

[204] *West Publishing*, 799 F.2d at 1227[本稿前掲注(45)に対応する本文].

[205] *Id.* at 1228 [本稿前掲注(54)に対応する本文参照].

[206] これについて，"The *West Publishing* court treated the copyright dispute between the legal publishing giants as a purely commercial transaction." との論評がある（Donham, *supra* note 170, at 405）。さらに，Patterson & Joyce は，裁判所 [＝地方裁判所と控訴審裁判所] は，著作権の問題と不正競争の問題を混同している，と批判する（Patterson & Joyce, *supra* note169, at 781）。

[207] "The *West* court expressed strong intention to protect West's market." という指摘がある（Anderson, *supra* note 167, at 1022 n.112）。また，Patterson & Joyce の論文には，"district and circuit courts' mistaken zeal to protect West from competition by MDC" という表現が見える（Patterson & Joyce, *supra* note 169, at 811）

表現であったのではないかと筆者は想像するのである[209]。

Ⅵ　結　語

　既に述べたように，この訴訟は和解によって終わった[210]。しかし，この訴訟のもたらした波紋は大きく，citation reform の動きに代表される「West 離れ」を引き起こした[211]。しかし，そればかりでなく，このあたりから West を取り巻く状況は大きく変化した[212]。そのひとつが，1991 年に連邦最高裁判所で下された Feist 判決の出現 —— そして，それによる本件訴訟の結論を見直す動き —— であった[213]。

---

[208]　本稿前掲注(79)に対応する本文参照。本件判例批評の中で，"Judge Oliver's analysis of copyrightability of pagination is far more comprehensive than that of the majority." (Dahl, *supra* note 7, at 723)，"Judge Oliver's opinion is superior to both the district court's and the majority's." (Higgins, *supra* note 19, at 117) というように，オリヴァー裁判官の意見を明示的に評価するものがある。Patterson & Joyce も，オリヴァー裁判官の意見を "a forceful and thorough dissent" と評する (Patterson & Joyce, *supra* note 169, at 729)。

[209]　オリヴァー裁判官が反対したという事実がある以上，「結論が予め決まっていた」とは言えないのではないか，という批判があるかも知れないが，オリヴァー裁判官が孤立した存在であった印象は強いと筆者は思うものである（多数意見の 2 倍も費やしたオリヴァー裁判官の意見におよそ説得力がなかったというなら別であるが，本稿前掲注208で紹介したように，オリヴァー裁判官の意見を評価する見解は間違いなくあるのである）。あとひとつだけ付け加えさせてもらえば，その当時，West は米国最大の法律専門出版社として法律出版界に君臨していた（拙稿「ウエスト出版社・20 世紀の歩み」成城大学法学部編『成城学園設立 90 周年・成城大学法学部創設 30 周年記念論文集　21 世紀における法学と政治学の諸相』〔2009 年〕215 頁参照）。

[210]　本稿前掲注(172)に対応する本文。

[211]　拙稿「Parallel Citation と Star Pagination —— ひとつの予備作業」成城法学 74 号〔2005 年〕64 頁。Higgins は，本件の結論に対して，その先，どのような対処法があるのかを問い，第 1 に "Statutory Amendment"（これは，さらに，"Exempt Page Numbers From Infringement" と "Compulsory License" に分かれる），第 2 に "Judicial Relief"，そして，3 番目に "MDC's Other Options" として，"Negotiate With West"，"Use Page Numbers in the Public Domain"，"Uniform Citation Form to LEXIS" なる方策を掲げるが（Higgins, *supra* note 19, at119-124. もっとも，"Negotiate With West" は，当たり前すぎる話のように思われる［しかも，相手がどのように対応するか分からないのである］。挙げるなら，これを独立に取り出して，最初か最後に掲げるべきであったよ

うな気がする），このなかで，Higgins の挙げる 3 番目の方策のうちの 2 つ（"Use Page Numbers in the Public Domain", "Uniform Citation Form to LEXIS"）はまさに「West 離れ」につながる。しかし，「West 離れ」は，結局，徹底しなかった。West が Thomson によって買収されながら，今なお法律出版界においてその存在を無視できないのは，West の判例集の存在を否定あるいは無視するほどに citation system のドラスティックな改変が実際的でなかったということである（たとえば，Kemp は，West の citation system が一般的に受け入れられているとし，よって，それを利用することが望ましいとし，MDC が独自に citation system を構築することは，法への自由なアクセスを促進することにはならない，と言う（Kemp, *supra* note194, at 163-164））。それは，West の抵抗が大きかったこともさることながら，いかに同社の legacy ［= 100 年を超える判例集その他の蓄積］が大きいかということを表わしている。また，West が Thomson によって買収されたことは，West のブランドを強化し，West が世界全体に市場を広げることにつながったのではないか。

⑿　本稿前掲注⑳拙稿「ウエスト出版社・20 世紀の歩み」は，West の「20 世紀」の歩みを扱うとしながら，1960 年代末あるいは 1970 年初頭のところで話を打ち切るのであるが，これは，LEXIS の登場が 1973 年のことだからで（それを紹介したのが拙稿「LEXIS 誕生」成城法学 75 号〔2007 年〕161 頁である），そこが状況激変の起点である（本稿前掲注⑴「West v. Mead 第 1 審判決」34 頁注⑺で紹介したように，LEXIS 登場直後から，West と MDC との関係は荒れ模様であったという指摘がなされてはいる）。ただ，LEXIS が出現したことの具体的な影響は，やはり本件訴訟の提起あるいはその結論によって顕在化したというべきであろう。そして，1980 年代末からの世界的な規模での出版社の買収あるいは合併，1990 年代のインターネットの民間開放といったことが立て続けに起きるのである（それらについては，拙稿「West 売却」成城法学 76 号〔2007 年〕91 頁で紹介した）。ミネソタ州に拠点を置く West は，そうした時代の変化に対して，反応がいくらかゆっくりであったのではないか。これまた既に前掲注⑳拙稿「ウエスト出版社・20 世紀の歩み」237 頁で指摘したように，West は，LEXIS が登場したのと同じ年の 1973 年，National Reporter System の Ultra fiche 版を出している（Patrick E. Kehoe, West Publishing Company. *The National Reporter System, First Series*, Ultra fiche ed. St. Paul: West 1973. 2300 fiche, $10,925.00, 66 Law Libr. J. 339（1973））。その時点では，West は，依然として，紙媒体，即ち，アナログ情報を基礎に置いていたということになろう。

⒀　Feist Publications, Inc. v. Rural Tel. Serv. Co., 499 U.S. 340（1991）. 同判決については，本稿前掲注⑼拙稿「Feist 判決・覚書」49 頁参照。これが，さらに，Oasis との訴訟（Oasis Pub. Co., Inc. v. West Pub. Co., 924 F. Supp. 918（D. Minn. 1996）），Matthew Bender との訴訟（Matthew Bender & Co. v. West Publishing Co., 158 F.3d 674（2d Cir. 1998）; Matthew Bender & Co. v. West Publishing Co., 158 F.3d 693（2d Cir. 1998））を誘発する引き金のひとつになったことは間違いがないと思われる。

19 大学法律図書館の課題と展望
── 成城大学法学資料室の地下拡充移転を通して ──

隈本　守・金澤敬子

Ⅰ　は じ め に
Ⅱ　地下拡充移転の背景
Ⅲ　学部における検討の経緯
Ⅳ　改修した資料室の概要
Ⅴ　学部法律図書館の役割
Ⅵ　大学法律図書館の展望
Ⅶ　ま　と　め

Ⅰ　は じ め に

　成城大学法学資料室（以下，資料室と略）は 1977 年法学部創設と同時に大学
5 号館 1 階西側のおよそ 2/3（約 228㎡）のスペースに整備され，1985 年[1] まで
のわずか数年の間に，学生閲覧室を併設するかたちで 1 階西側全面に拡充する
改修が行われている。一方，この後の所蔵資料の増加に対しては「別置先」と
なる多数の別室に保管すること[2] で対応し，2016 年の地下拡充移転（以下「今
回の改修」）まで大規模な改修等は行われていない。とはいえ，1996 年に学部
検討用に最初のイメージ図・案を作成し[3]，これを修正するかたちで繰り返し
大学と拡充移転の計画について話し合いを続けてきた。この間の 20 年，法情

---

(1)　この改修は確認出来る記録からは，1981 年から 1985 年の間と考えられる。
(2)　地下拡充移転前までには地下書庫，製本準備室，機械室など資料室の別室のほか，現
　　代法研究室や空いていた研究室など 11 室を別置先として利用し，ここに資料室とほぼ
　　同数の資料を保管していた。
(3)　このときに資料室で 3D ソフト（MEGASOFT 社；3D マイホームデザイナー）によ
　　り作成したイメージ図は，今回の改修までの 20 年間，学部内の検討，大学への希望イメー
　　ジ提出，設計・施工業者との打ち合わせにあわせて改定し続けるかたちで利用されてき
　　たものである。（図 1）

457

変動する社会と法・政治・文化

図1：資料室レイアウト図
多様な学習スタイルに対応し，施設から伝えるものがある資料室

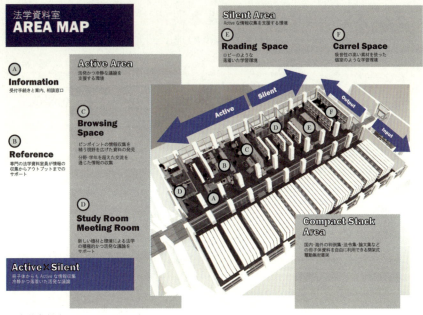

法学資料室パンフレットより

報や大学法律図書館など法学の学習・研究をとりまく環境は大きく変化をしている。この変化に対応し，改修が検討される度に，資料室のあり方が改めて検討され，構想が練り直され続けた。この改修の検討と構想の変遷の経緯には，今後の資料室のみならず，これからの大学法律図書館を展望する上での示唆となるものがあると考えている。

そこで本稿では，まず資料室拡充移転検討の背景にあった法情報[4]の変化とこれに関連した大学法律図書館の変化，次に今回の改修に至る成城大学法学部と資料室における検討の経緯を整理し，この背景と経緯のもと行われた改修を概観する。そしてこの改修での検討を通して学部法律図書館の意義を再検討し，これからの大学法律図書館の展望について考えてみたい。

---

(4)「法情報」としてデジタル情報のみを指すものもあるが，ここでは紙媒体の情報も含めて，法情報とする。

Ⅱ　地下拡充移転の背景

　図書館を構成する 3 要素は，資料，施設・設備，図書館員であると言われる[5]。このなかで，資料は，図書館サービスを行う上で根幹をなすものであり，各図書館の収集方針に従って，蔵書の充実を図るものであるが，伝統的に図書や雑誌等の紙媒体であったため，それらの保存スペースの確保は，常に図書館を悩ませる切実な課題であった。図書館では，外部倉庫での保管，利用頻度が低くなった資料や所蔵が重複する資料を廃棄する除籍作業，そして共同保存図書館の構想など様々な方策を用いながら，基本的にはその蔵書を蓄積し提供し続けてきた。

　しかし，近年，情報通信技術の急速な進展により，資料は紙媒体からデジタル媒体まで多様になり，図書館は資料の所蔵に加えて情報のアクセス確保へとその機能・役割を広げつつある。ここでは新たな「法学資料室像」の構想時，その背景にあった大学における図書館・図書室を巡る状況を概観しておきたい。

1　大学図書館を巡る状況について

　大学図書館は，高等教育機関に設置される図書館の総称である。『平成 29 年度学術情報基盤実態調査結果報告』によると，現在日本には 700 校以上の大学があり，キャンパスごと，あるいは学部ごとに設置される図書館・図書室は，約 1500 館ある[6]。大学図書館・図書室は，設置母体である大学の理念のもと，学生の学習，高等教育ならびに学術研究活動を支援することを任務とする。

　大学図書館の当初の役割は，「図書ヲ所蔵スル所」[7]として，教育・研究に必要な図書を収集・整理し，提供することであった。1956 年に制定された大学設置基準 38 条 1 項には，大学図書館の資料として，「図書，学術雑誌，視聴覚資料その他の教育研究上必要な資料」と規定されている。これらの伝統的な資

---

(5)　大串夏身・金沢みどり監修『図書館概論』（学文社，2010 年）10 頁。

(6)　文部科学省研究振興局『平成 29 年度学術情報基盤実態調査結果報告』（2018 年 3 月）25 頁。http://www.janul.jp/j/documents/mext/jittai29kekka.pdf（参照 2018.06.16）

(7)　東京大学百年史編集委員会『東京大学百年史　資料二』（東京大学出版会，1985 年）1065 頁。

変動する社会と法・政治・文化

料に電子ジャーナルや電子書籍，データベースといったデジタル資料が加わるようになり，現在では，図書館資料費のなかで，これらデジタル資料は半数を占めるに至っている[8]。また機関リポジトリと呼ばれる，インターネット上に電子保存庫を設置し，大学紀要等の研究成果を発信する新たな機能も果たすようになり，学術情報のオープンアクセスの動きは今後も広がっていくと思われる。このように考えると，蔵書数のみではもはや大学図書館の充実度を測ることはできないと言える。大学図書館は，蔵書に加え，学外にある情報も含めてアクセスを提供する，紙媒体とデジタル媒体のハイブリッド図書館へと変化しているのである。

　1990年後半以降，インターネットの普及により，場所や時間を問わず情報を入手できるようになったこともあり，学習・研究スタイルは一変した。従来の大学図書館サービスへの需要は減少し，大学図書館は新たな役割・機能を模索することになる。学習サービスとしては，利用者教育の延長として情報リテラシー教育の実施が進められてきたが，近年では場としての図書館を活かす試みとして，インフォメーション・コモンズやラーニング・コモンズ，アクティブラーニング・スペース等と呼ばれる学習空間に，情報通信環境と人的支援を組み合わせた新たな学習環境が[9]提唱されている。2000年代の初めから国内でも設置例が見られるようになり，現在では私立大学では6割以上に設置されている[10]。カラフルな可動式のテーブルと椅子，ホワイトボードやプロジェクターを設置したスペースで学生がグループ学習している様子は，今や一般的な大学図書館の光景となっている。

2　大学法律図書館を巡る状況について

　大学法律図書館とは，法律系の学部や大学院に設置される図書館・図書室であり，法律分野のサービスに特化した専門図書館として，法学の学習・教育・研究を支援することを目的とする。大学法律図書館には，教職員・大学院生の

---

(8)　前出注6，54頁以下。

(9)　名称も様々であるように，その施設およびサービスも多様である。可動式の机と椅子を配置した開放的な学習空間もあれば，そこに図書館員等を常駐させたり，情報機器を整備したりする場合もある。場所も大学図書館内とは限らず，図書館とは別に設置される場合もある。

(10)　前出注6，83頁。

460

みを対象とした研究用図書館や新着雑誌と参考図書のみを配架した教員用図書室など，その機能や規模，利用対象者，蔵書構成は多様である。2004年以降は，司法制度改革の一環として法科大学院が設置されたことにともない，法曹養成を支援することを目的とした図書館・図書室が新たに設置された[11]。

法科大学院の設置は，法学教育はもちろんのこと，法情報にも大きな影響を与えた。例えば，法科大学院向けの教科書や問題集等が多数刊行されるようになったほか，日本法データベースにベンダーが新規参入したことで，法情報のデジタル化が急速に進展し，サービスの充実につながったと言える。また，多くの法科大学院において，法情報検索に関する科目が設置されたこともあり[12]，「リーガル・リサーチ」や「ロー・ライブラリー」といったテーマが雑誌等に取り上げられ[13]，「ロー・ライブラリアン（法律図書館員）」の必要性についても論じられるようになった[14]。

しかし，この数年は効率的な図書館運営のため，図書館を新築・改修する際などにこれら専門図書館が中央図書館に統合されるケースがあり，また，法科大学院の閉校にともない，閉鎖を余儀なくされた図書館が出てきている。これまで各大学図書館の協力により，60年以上に渡り運営されてきた専門団体である法律図書館連絡会[15]に加盟する図書館も減少しており，図書館間の専門的連携が弱まる懸念がある。また，図書館員についても，以前は大学院の修了生であったり，勤続何十年といったキャリアにより，専門的な知識・経験を積み重ねて，図書館・図書室の業務を担ってきたものもあったが，一般的にジェネ

---

[11] 約半数の法科大学院に専用図書館・図書室が設置された。上田修一「講演　日本型ロー・ライブラリーは可能か」情報ネットワーク・ローレビュー5巻（2006年）181頁。

[12] シラバス上では75%の法科大学院に法情報検索に関する科目が置かれていたという。指宿信『法情報学の世界』（第一法規，2010年）158頁。

[13] 指宿信・いしかわまりこ・門昇ほか「シンポジウム　パネルディスカッション　法学教育とライブラリー」情報ネットワーク・ローレビュー5巻（2006年）209頁以下等。指宿信ほか監修・いしかわまりこほか著『リーガル・リサーチ』（日本評論社）も2003年に刊行されている。

[14] 法情報等を取り扱う専門職を検討することを目的にロー・ライブラリアン研究会が設立され，メンバーを中心に，指宿信編『法情報サービスと図書館の役割』（勉誠出版，2009年）等が刊行されている。

[15] 官庁，専門機関，全国の国公私立大学の法律図書館57館が加盟（2017年7月現在）する団体である。http://houtoren.jp/

変動する社会と法・政治・文化

ラリストを志向する大学の人事制度にあってはこうした「専門職」について理解が得られにくく，図書館・図書室外へ異動が行われることで，図書館の専門性を維持することが難しいケースもあるようである。

3 大学図書館・図書室の再構築

　図書のほとんどない図書館が誕生している[16]現代において，「紙媒体の資料を中心としたサービスはもはや時代遅れではないだろうか」という意見もある。特に医学・生命科学分野はこの傾向が強いようである。確かに，利便性の高さからデジタル媒体の比重がますます大きくなることは疑う余地はないだろう。デジタル媒体の購入費用が大学の図書予算を圧迫する現状にあって，利用頻度の低くなった紙媒体の図書や雑誌を継続中止にすることは，予算の効果的・効率的な運用となる一面もある。しかし，法学資料について見ると，実際には図書・雑誌のデジタル化は期待されたほど進んでおらず，数百年という保存性の高さの点で，紙媒体は依然として優れたメディアであることに変わりはない。また，関連する図書，資料に囲まれる環境から得られるものもある。

　「図書館は成長する有機体である」と言われ[17]，図書館は社会とともに変化し続けてきたが，資料のデジタル化・ネットワークは，電子ジャーナルを多数導入する大学図書館を含めて伝統的な図書館の再構築を促すこととなった。この時代にあって，資料室に求められる役割は何か，この問いを念頭に置きながら，以下に述べる通り，法学部で改修の検討が進められてきた。

III　学部における検討の経緯

　今回の改修について，1996年の拡充移転の原案作成から改定，実際の改修まで，更に言えば資料室開設時から改修後の現在まで，その整備に主導的役割を果たしてきたのは資料室というより法学部であった。改修工事についても学部が大学，学園，設計・施行業者との意見調整にあたり，資料室は，これをかたちにする提案とサポートを行う関係となっていた[18]。そこで，ここでは検討

---

(16)　Stanford University の Frederick Emmons Terman Engineering Library，University of Texas at San Antonio の Applied Engineering and Technology Library 等。

(17)　S.R.ランガナタン『図書館学の五法則』（日本図書館協会，1981年）305頁。

19 大学法律図書館の課題と展望〔隈本　守・金澤敬子〕

の経緯の中でも特に学部の改修の方向性にかかる判断などの経緯について見てみる。

1　書庫整備から学習・教育・研究環境の整備へ

地下全面への移転の最初の案は，地下１階の東側と西側を隔てる壁，廊下はもちろん，当時の教室の仕切りの壁も基本的には残すかたちで，東側片面全面の床を補強し集密書庫を整備する案として作成している。この案の作成後，大学から地下１階の西側と東側に分かれた２教室を資料室の二つの書庫とする案や，当時の資料室直下の西側片面全体に書庫を整備する案なども提案され検討されている。さらに，東日本大震災後の緊急対応案では地下全面に移転するが集密書庫は整備せず，別の建物に不足する分の資料を保管する書庫を整備する案も検討された。これらの案は当初の案も含めて資料保存容量の不足に対応する場所の確保を目的とするものであったが，検討の中で「資料室は単に資料を所蔵し取り出す場所ではなく，書庫資料の利用も含めた学習・教育・研究環境としての認識に立って整備される必要がある」という法学部の立場が繰り返し述べられている。

この認識のもと，震災後，建物への荷重軽減が緊急の課題として求められた際には，資料の３分の２を外部の倉庫に預けるかたちで，数年から10年程度を要する建物の建て替え案も提案されたが，この期間資料が倉庫に預けられた状況となることは教育・研究上の支障が大きいとして，資料を倉庫に預ける期間を２年以内[19]にとどめる改修案が選択されている。

2　紙媒体の資料の必要性とデータベース化への対応

法情報のデジタル化，データベース化を受けて，大学からも，学部内でも，書庫拡充については，その必要性について慎重な検討を求める意見があった。「資料室」としては，紙媒体の国内外法令集，判例集，法学雑誌，紀要や参考

⒅　資料室改修の経緯については，隈本守「成城大学法学資料室のリノベーション──大学学部資料室改修の一例として──」Better Storage Vol.205（2017年）もある。https://seijo-law.jp/pdf/betterstorage2017-2.pdf

⒆　実際には2014年11月から2016年３月までのおよそ１年半，資料室管理資料の７割にあたる資料を外部倉庫に預入・利用をしている。

変動する社会と法・政治・文化

図書を利用する施設として，同規模の法学部としてはめずらしいと言われる規模で海外の判例集や法学雑誌などを受け入れてきている。一方，法学データベースについても1980年代より，そのサポートも含めてむしろ先駆的導入を行ない充実した環境となっていた。しかしデータベースの導入は進めつつも，「紙媒体の資料はデータベースに置き換えられるもの」という考え方にはまだ充分慎重な検討が必要，との立場をとっている。

3　学習・教育・研究をサポートする機能

資料室を学部の学習・教育・研究サポート環境と位置づけることは，今回の改修に際して始まったものではない。資料室では開設時より，研究者に対しては図書，資料の紹介・整備のほか，判例・雑誌論文カードの整備などを行い，学部生などに対しては法令，判例，論文の探し方をはじめ海外の法律関係の資料を紹介するなど，学習・教育・研究を支援する環境となっていた。さらに1980年代後半からワープロ，パソコン[20]利用のサポートも含めた導入などが資料室から行われてきた。このような研究環境のサポートは資料室内にとどまらず，学部内ネットワークを用意し文書・CD-ROMサーバ，複合機によるネットワークプリンタ・スキャナーなどを学部独自に整備するなど，今回の改修以前より，法学部の研究環境全般にかかるものとなっていた。

4　海外の法律図書館視察

今回の改修の検討の経緯のなかで，今一つ大きな影響を与えたものに2013年度に行われた海外法律図書館の視察がある。学部教員による法情報のデータ化先進国とされるオーストラリア大学法律図書館の視察と資料室員によるアメリカ西海岸の大学法律図書館などの視察である。ここでこれらの視察について詳細に述べる紙幅はないが[21]，オーストラリアの視察報告は法学資料・情報のデジタル媒体への移行について現実的な検討の基礎の一つとなっている[22]。ま

---

(20)　法学研究環境へのパソコンの導入については「ワープロで十分であり法学にパソコンは不要」という考えが多数を占める中，将来のデータベース利用や通信環境とあわせた論文等の作成を想定し，ワープロから置き換え導入を積極的に進めてきた。

(21)　資料室員のアメリカ法律図書館の視察については「アメリカ法律図書館の視察について ── 報告会資料 ── 」PDF参照。https://seijo-law.jp/pdf/2013westcoastresearch.pdf

たアメリカ視察では大学法律図書館について U.C. Berkeley や Stanford University のような大規模な施設から Golden Gate University や U.C. Hastings のような比較的小規模の施設まで，共通して求められる機能，法律図書館員と学部の関係について視察し，改修において求められる機能，施設の検討に寄与している。また，この視察においては刑務所法律図書館や公共法律図書館などの視察も行い，ここでは「法情報がそこにあるだけでは十分ではなくサポートがあってはじめて使えるものとなる」とされた言葉[23]を通して，変わり続ける法情報提供環境に対応する法律図書館の役割が再認識された。

IV 改修した資料室の概要

前述の背景と検討を経て新たに運用を開始した資料室の概要について，資料室のレイアウトを含めて，各スペースに求められる目的や，そこに込められた意図と機能について紹介したい。

大学5号館地下1階の全面を占める資料室は，大きく2つのエリアから構成されている。入口から入って右側に位置する「コンパクトスタックエリア（集密書庫）」と，左側に位置する多様な学習・研究スタイルに対応する「学習・研究エリア」である（写真1）。既存の壁を取り払い，荷重対策により新たな基礎が整備されたコンパクトスタックエリア側は透明のガラスで仕切ることで，独立した湿度環境を整備しつつ，資料室としての一体感を形成している。同時に，紙媒体の資料とデジタル化に対応した先進的な機材や，スタディルームなどの新しい学習・研究環境がともに必要不可欠であることを視覚的に伝えるレイアウトとなっている。

このワンフロアで，法学学習・研究の一連の流れ —— 紙媒体とデジタル媒体の資料を使い分けながら，あるいは利用者同士交流・議論しながら，知識を蓄え，自らの意見・考えをまとめること —— といった，インプットからアウト

---

[22] 2014年7月9日に行われた「オーストラリアにおける法律図書館等の視察報告」ではオーストラリアにおいて法情報データベースが，単に利便性を向上させるものではなく，国が整備する法令データベースが紙媒体の法令集に代わり正文となっている状況が報告されている。

[23] 刑務所法律図書館視察にあわせて話しを聞いた元 jail house lawyer のダネンバーグ（John E. Dannenberg）氏による。

変動する社会と法・政治・文化

写真1：エントランスより
紙媒体と新しい学習環境がともに必要であることを伝えるレイアウト

プットまでをアクティブに行うことができる設備・環境となっている。

1　コンパクトスタックエリア

「コンパクトスタックエリア」には，開架式の集密書庫が設置されている（写真2），いわゆる伝統的な「法学資料室」の機能を持つエリアである。今後30年程度の資料の増加に対応することを想定した荷重に耐える基礎工事から整備されており，湿度調整を主とする温湿度管理システム[24]を導入することで，資料の保存にとって望ましい環境となっている。ここには国内外の法令集，判例集，大学紀要，法学雑誌等が主に製本されたかたちで配架されている。

資料室の面積の約半分を占めるコンパクトスタックエリアは，法情報のデジタル化が過渡期の状況にあり，図書はもちろんのこと，雑誌論文についてもデ

---

[24]　ダイキン工業の「デシカシステム」という給水・排水を要せず，室内の湿気を含む内気を直接室外に排気し，逆に外気の水分から加湿する機材と，循環用の固定式サーキュレータを整備している。

19　大学法律図書館の課題と展望〔隈本　守・金澤敬子〕

写真2：コンパクトスタックエリア
資料・情報の意義とその確認の重要性を伝える集密書架

ジタル化されていない資料が多数あるため，依然として紙媒体の必要性があると考えて整備されたものである。むしろ，インターネットやデータベース上で見つけられない情報が，存在しないものとして見落とされる危険性があり，紙媒体の資料とデジタル資料双方の特長を把握し，的確に情報収集できるように利用者をサポートすることは，デジタル化が進む現在だからこそ資料室の，そして資料室員の重要な役割と考えられる。また，法令・判例・論文といった法情報が，歴史とともに積み上げられてきたものであることを視覚的に伝えることも，大学の法律図書館として重要であると考えている。

2　学習・研究エリア

「学習・研究エリア」は，4つのスペースから構成されている。資料を読み込み，まとめるための静穏な環境である①キャレルスペース，②リーディングスペースといった従来型の閲覧スペースに加え，議論やプレゼンテーションの準備に活用できる③スタディルーム・ミーティングルーム，最新の法情報や利用者同士の交流から視野を広げることを意図した④ブラウジングスペース，といった話すことができるスペースが新設された。受付に設置されたモニタを通して，利用者はそれぞれのスペースの利用状況を事前に確認できるようになっている[25]。また，資料検索用PCや多機能な資料室PC[26]，貸出用PCが整備されており，すべてのスペースにおいて，大学の無線LAN経由でインターネッ

---

[25]　モニタは各エリア合計8か所に設置されている。利用者の便宜をはかるとともに，職員不足への対応という面もある。

467

変動する社会と法・政治・文化

トや法情報データベースを利用し，プリンタにも出力できる環境となっている。

ワンフロアというレイアウトは，すべての機能が一か所にまとまっているという点では利便性は高いが，集中できる静穏な環境と，利用者同士の情報交換・議論を行う動的な環境を共存させる点においては工夫が求められることになる。そこで，書架や雑誌架を配置することでスペースを区切り，入口から奥に進むに従って動から静の環境になるように各スペースを配置し，音の出るコピー機やプリンタ等の機器類は，前述のガラスで仕切られたコンパクトスタックエリアに整備している。

(1) キャレルスペースとリーディングスペース

室内では最も静穏な環境となる「キャレルスペース」は，入口から最も離れた奥の書架に仕切られた場所に配置し，吸音性が高いパーテーション[27]で囲むことで，個室のようなイメージで個人の学習・研究に集中できるスペースとなっている。そこから書架を挟んで，「リーディングスペース」が配置されている。利用頻度の高い国内法令集や判例集，参考図書，基本書，問題集等へのアクセスが良い場所であり，様々な資料を広げて，

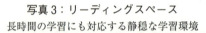

写真3：リーディングスペース
長時間の学習にも対応する静穏な学習環境

---

(26) 高機能文書編集印刷システム（MFDEPS: Multi-Function Documents Editing and Printing System）と呼ぶ，画像を大画面の液晶タブレットで編集し，動画の編集にも対応するPCとカラー複合機のセットである。ワープロ専用機のデータの変換などにも利用される。

(27) 設置されたオカムラのmuffle（マッフル）というパーテーションは，吸音性の高さに加え，色使いや形状にデザイン性・柔らかさがあり，リラックスし，集中できる環境となっている。

またPC等の機器を使って，学習・研究できるよう大きなデスクを配置した。このスペースは，周りの利用者に配慮した上で，時々話すことを想定した場所となっているが，ここでの話し，利用については什器（デスクや椅子など），備品（デスク上のスタンドライトやテーブルランナー）などの色，雰囲気からホテルのロビーを連想させる仕様とすることで，静穏さが求められていることを利用者に伝えるものとなっている（写真3）。これらのスペースは，情報メディアや学習・研究スタイルが多様になった現代においても，基本書や判例・論文等をじっくり読み込み，自分の意見をまとめ，レポートや論文を作成するといった作業をひとりで静かに行うスペースが必要であると考えられたため整備された。

(2) スタディルームとミーティングルーム

「スタディルーム1・2」と「ミーティングルーム」は，今回の改修にあたって新たに整備されたものである。アウトプットのなかでも，発表やプレゼンテーションの準備や議論等，声を出す学習，打ち合わせも可能になっている。これら3室は透明なガラスで仕切られていることで，室内での学習・研究の様子を他の利用者が見ることができ，そこから様々な刺激を受けるといった効果が期待できる。一方で，あえて防音性が低い仕様としていることは，法学における議論──相手の意見を聞き，自分の意見を主張する──は，活発でありながら冷静に，静かに行われることが法学における手法として学ばれるべきもの，との考えを反映している。また，各部屋にはそれぞれ異なる最新の

写真4：ミーティングルーム
意見の交換・議論の新しいかたちを提案する各種機材

機材が整備され，資料室員のサポートを受けて，自由に利用できる環境となっている。例えばミーティングルームに整備されている機材は，「デスクトップインタラクティブプロジェクタ」と呼ばれるもので，白いテーブルの天板上に投影されたホワイトボードやPC画面に，指やペンで直接書き込み，移動するといった操作が可能となっている。この機材を使うことで，自分の意見・考えを直感的・視覚的に表現できるようにし，また，ハイテーブルとハイチェアを設置していることで立って話しをしているかたちに近く，より積極的に議論に入りやすい仕様としている（写真4）。このような最新機材をいち早く導入し，どのように法学学習・研究に活かすことができるのか，利用者とともに試行錯誤をしつつ，提案していくことも，学習・教育・研究環境を担う資料室の役割であるとの考えに基づいて整備されている。

(3) ブラウジングスペースとリファレンスコーナー

入口から入って左手側に広がる「ブラウジングスペース」は，場としての資料室の意義を再検討した上で新たに整備されたスペースである（写真5）。一面に設置された雑誌架には，資料室で所蔵している国内外の新着雑誌約600誌すべての表紙を見えるかたちで配架しており，新着雑誌を見に来た利用者が自身の関心を持つ資料に加え，周辺にある資料にも情報収集の範囲・関心を広げられるようにしている。雑誌架の前にはソファや丸テーブル，椅子を配置し，照明をダウンライトにすることでラウンジのような雰囲気を作り，学生と教員，専門分野の違い等，異なる視点を持つ利用者同士が交流することを通じて，視野を広げることができる場となることも意図している。ブラウジング――欲しい資料を特定できているわ

写真5：ブラウジングスペース
新着雑誌・他の利用者などから視野を広げる環境

けではなく，「何かないか」と探している行動，あるいは特定分野の研究動向を把握するといった行動 —— の対象を，資料から人まで広げたものということができる。このスペースでの話し方，聞き方は，居合わせた人と話すことから，より一層の他の利用者への配慮が求められる。ブラウジングスペースは，最新情報と利用者，それらをつなぎ，サポートする資料室員を配置した，「法学学習・研究環境におけるラーニング・コモンズ」と位置付ける場となっている[28]。

　ブラウジングスペースには，「リファレンスコーナー」も併設されている。コーナーのすぐ後ろに資料室員のデスクを配置することで，資料室員は利用者からの問い合わせに常時対応できるようになっている。デスク業務の傍ら利用者の様子を把握し，速やかに声かけもでき，ブラウジングスペースにいる利用者への働きかけもしやすいレイアウトとしている。

V　学部法律図書館の役割

　大学法律図書館は前述[29]の通り，大学図書館の法学部分館である場合や，学部図書室として利用者が限定される場合など多様である。それぞれ求められる機能や役割が異なるものと考えるが，ここでは今回の改修を通して，法学部の法律図書館において行われる学習支援，研究支援ならびにその環境の維持・整備に見られる大学図書館とは異なる学部法律図書館の役割について検討する。

1　学部法律図書館における学習支援

　大学図書館等に近年，人との議論を通した学習を支援する施設として，アクティブラーニング・スペースやラーニング・コモンズが整備されている[30]。今回資料室に整備したスタディルームも，アクティブラーニング施設としての機能を持つものではあるが，同時に，法学における議論の方法を学ぶ場として整備されていることから，ここに求められる機能は防音・遮音機能より，活発な

---

[28]　隈本守「これからの法律図書館 —— 多様な人が集まる場所としてのコモンズとアクティブラーニング」Law Books No. 039(477) (2016 年) 60 頁 http://www.kokusaishobo.co.jp/portal/wp-content/uploads/2016/03/LB039-web.pdf
[29]　前述 II -2。
[30]　前述 II -1。

変動する社会と法・政治・文化

議論を静かに行うことを学ぶ空間としての機能[31]となっている。コンパクトス
タックエリアの存在が利用者に伝えること[32]や，ブラウジングスペースとリ
ファレンスコーナーの関係[33]なども同様であるが，学部が整備する法律図書館
には法情報リテラシー教育を含む法学部の教育方針が織り込まれる，というこ
とが今回の改修全体について見てとれる[34]。資料室は，このような機能を提案
し，法学部が整備することとした機能を，施設としてかたちにし，その目的に
沿って運用していることとなる[35]。この意味では，法学部の教育に求められる
環境を整備し運用することが学習支援を行う学部法律図書館の役割と言えよう。

2　学部法律図書館における研究支援

　研究支援のために学部法律図書館がある意義を考えるとき，資料室の場合に
は，まずその利用環境として研究室がある建物内に，24時間資料を利用でき
る資料室がある，ということが挙げられる。研究室においてデータベース等に
より多くの法情報が利用できるようになった現代においても，なおこの意義は
大きい。

　次に情報収集サポートについてみると，資料室において，研究者が自身の専
門分野について，通常利用する媒体・対象国の法情報の収集を依頼することは
多くはない。しかし，専門以外の法分野，使い慣れないデータベース，新規の
対象国などについて法情報を収集する必要がある場合などに，サポートが行わ
れることは学部法律図書館の意義と考えられる。さらに資料室では，このよう
な質問を受けての支援のほか，データベースの導入など研究者が利用する法情
報環境を整備することも研究支援となっている。ここでいうデータベース導入
支援は，海外などの法情報収集に利用できるデータベースについて資料室で試
用し，その情報量や使いやすさ，問題点などを，場合によっては比較検討した

---

(31)　落ち着いた議論が行われる範囲の音は遮音されるが，感情的な大声をともなう議論な
　　どの音は資料室員のところにも届き，静かな議論を促すこととなる。また利用者から見
　　える騒音計は，利用者に大声の抑制を自律的に求めるものとなっている。

(32)　前述IV-1。

(33)　前述IV-2-(3)。

(34)　前述IV。

(35)　学習環境としての資料室の整備については，隈本守「大学における学習環境の整備
　　——法学資料室の地下拡充移転をとおして——」成城教育177号（2017年）55頁。

うえで，利用のサポートができるかたちで学部に導入することを薦めるといったものである。これらはアメリカのロー・ライブラリーが，学部（ここではロースクールのファカルティ）とともに整備され，ロー・ライブラリアンが情報利用環境を含めて学習・教育・研究をサポート対象とするものに近い。このように考えると，学部の法律図書館にはこれからの法情報の活用環境を提案し，整備することを通して研究を支援する役割が求められていると言える。

3 変わり続ける情報環境・学習研究環境に対応する学部法律図書館の役割

資料室開設後，法学の学習・教育・研究環境は，資料室で資料を読む時代から，コピーする資料を探す時代，パソコン等でレポートを作る時代，データベース，インターネットを活用する時代へと変わり続けてきた。これからも社会における AI の普及を引き合いに出すまでもなく，法情報の利用，提供環境は変わり続けることが想定される。その変化のなかでなお法情報収集のサポートが資料室員の主たる業務・資料室の機能であるとする場合，資料室の必要性は限定的なものとなるように思える。しかし，情報の保管・収集サポートとあわせて，常に学部と連携して次の新しい学習環境・教育環境・研究環境を模索し，試行的に導入し，実現する施設であれば，その独自性，先見性において，大学法学部における資料室の意義は現在以上に大きくなる可能性もある。この意味では，これからの学部の法律図書館には，学部における学習・教育・研究環境について，社会の変化に先駆けて対応・提案する機能も求められている。

Ⅵ 大学法律図書館の展望

社会の変化とともに大学法律図書館に求められるものも，図書館との統合，縮小化から，専門的知見を持った法律図書館員による新しい法学学習・教育・研究のサポート環境の展開まで幅がある状況となっている。ここから展望される大学法律図書館の方向性は一意的なものではなく，設置者，運営者である大学，学部，資料室と，利用者たる研究者，学生などの考え方とその関係性が反映されたものとなる。そこで，ここではその基本的な方向性と，これをかたちとする際に必要となる「伝える」ことの意義を通して，これからの大学法律図書館を展望する。

変動する社会と法・政治・文化

1 三つの方向性

　ここでは，これからの大学法律図書館について，大きく分けて三つの方向性があるものとして考える。一つ目はデータベースの充実により，法令集，判例集，法学雑誌，論文集などの教育的位置づけを含めて考えたとしても，学部としてこれを保管・利用する必要性・意義が減少し，情報の利用・活用環境は大学全体の教育環境の整備によるものとすることが望ましいとするものである。資料室などの資料は図書館等に集中して保管・管理し，学部の法律図書館は図書館に統合するかたちで解消することとなる。この場合，学習・研究の中心的環境となる図書館や，情報利用環境を整備する部署と学部のより緊密な連携が求められると同時に，各部署における学部の教育・研究についての理解と協力体制が求められることになる。

　二つ目は，一つ目と同様に法律図書館を解消するが，法学部の学習・教育・研究サポート環境として，法情報の活用方法をサポートすると同時に，法学にかかる資料の整備ならびに情報機器とその利用環境をサポートする「法学学習・教育・研究サポートセンター」などへかたちを変えるものである。書庫の機能を図書館に移管する一方，リファレンスとしての資料・情報収集サポートの受付や，新着雑誌を閲覧できる環境を残し，機材や環境などの面から学部の教育・研究をサポートする機能を強化することなどが考えられる。

　そして三つ目が図書館の所蔵容量の問題に対応するかたちで，法学関係の図書を含む資料全体を法律図書館に一元的に保管・管理し利用環境を提供するものである。ここでは，資料の使い方を伝えると同時に資料を確認することの意義を伝え，データベースなどの時代の変化に対応したサポートまで一か所で行われることとなる。このかたちは法学を学び，研究する者にとっては効率的なものとなるが，大学内で学部を越えて教育・研究環境を画一的に運用することの効率が優先とされる時代には，大学などの理解を得るために相当な努力が求められるであろう。同時に，資料室員に求められるものも，法学の基礎知識に加えて，最低限の外国語学のほか，技術，機器，設備についての知識まで，その幅とともに質，量もますます大きいものとなろう。このため，法学における情報機器や図書の管理を専門に担当する法学資料室員が別に求められ，あるいは情報機器，機材等の担当部署や図書館とのより緊密な連携が求められることとなる。

474

これらは類型化した展望であり，実際には，これらの方向性が複合的に取入れられる場合も多いと考えられる。

2 「伝える」ことについて

このような展望は，学部などの運営者がどのような法律図書館を求めるのか，を基点とするものであるが，今回のような改修や新設などの工事においては設計者や什器などの選定をする者に，この意図がどのように伝えられるかにより異なってくる。例えば今回の改修におけるリーディングスペースは什器の選定を含めて，利用者に静穏な環境を求めることを視覚的に伝えるもの，と述べた[36]。しかし，このような施設，什器の必要性が学部において認識されても，それが大学，設計者などに伝わらなければ，綺麗で学生の利用が多い施設になることはあっても，学部が考える教育的環境とはならない。結果として学部に資料室を整備する必要性にも疑問をもたれることとなる。今回の改修においても，このイメージを「伝える」ことの重要性と難しさは繰り返し認識されている。しかし，これが設計・施工業者にも伝わり，その大学の法律図書館として視覚的に利用者に伝わるとき，大学法学部オリジナルの学習・教育・研究環境となるものと考える。

Ⅶ　ま と め

当初，資料室は，学生にも利用を認める研究用の資料室という位置づけであったが，今回の改修では法学研究のための資料室としての機能に加え，法学学習・教育環境としての機能が求められ，この二つの機能を資料室員がサポートする場所として，将来に向けて改修整備された。これは，データベースやインターネットから法令・判例・論文などの情報を利用し，資料室に来室しなくても形式的にはレポートなどの作成などができる時代にこそ，資料やサポートなどによりデータベースに収録されないものへ視野を広げる環境や，資料を確認することの重要性を利用者に伝える機能が法律図書館に問い直されているところと捉えられる。今回の改修はこの問いかけに対して成城大学法学部が提案

---

(36)　前述Ⅳ-2-(1)。

変動する社会と法・政治・文化

する新しい法学学習・教育・研究環境をかたちとしたものとなっている。

このように大学の法律図書館は，その大学独自の法学学習・教育・研究を形作り，利用者に視覚的にも伝えるところであり，同時に法情報社会の変化に先駆けるかたちで対応することが求められている。その際，この整備は大学等の，施設，人事にかかる理解と協力により行われるものであり，法学部としては法律図書館についての必要性と方針を単に伝え，具体化は大学などに任せるのではなく，学部が企図するところを詳細な部分まで伝え，共に作るという姿勢を持つことが不可欠なのである。

＊ Ⅰ，Ⅲ，Ⅴ，Ⅵ，Ⅶは隈本が担当し，Ⅱ，Ⅳは金澤が担当した。

〈参考文献〉

【図　書】

逸村裕・竹内比呂也編『変わりゆく大学図書館』（勁草書房，2005 年）

法律図書館連絡会 50 年誌編集委員会編『法律図書館連絡会 50 年史（1955 年-2005 年）』（法律図書館連絡会，2006 年）

福井京子『いま求められる図書館員：京都大学教育学部図書室の 35 年』（岩田書院，2012 年）

加藤信哉・小山憲司編訳『ラーニング・コモンズ　大学図書館の新しいかたち』（勁草書房，2012 年）

根本彰編『シリーズ図書館情報学 3 情報資源の社会制度と経営』（東京大学出版会，2013 年）

河村俊太郎『東京帝国大学図書館：図書館システムと蔵書・部局・教員』（東京大学出版会，2016 年）

上田修一・倉田敬子編『図書館情報学（第 2 版)』（勁草書房，2017 年）

田中あずさ『サブジェクト・ライブラリアン：海の向こうアメリカの学術図書館の仕事』（笠間書院，2017 年）

Michelle M. Wu Edited, Academic Law Library Director Perspectives: Cases and Insights. Hein. (2015)

Roy Balleste, Sonia Luna-Lamas, Lisa Smith-Butler, Law Librarianship in the Twenty-First Century Second Edition. Scarecrow. (2013)

Stephen G. Margeton, Designing Law and Other Academic Libraries: Building Upon Change, Third Edition. Hein. (2017)

【雑　誌】

山本信男「ロー・ライブラリーおよびロー・ライブラリアンとは何か —— アメリカのロー・ライブラリー設置規準から考える —— 」早稲田大学図書館紀要 35 号（1992 年）14-25 頁

呑海沙織「大学図書館におけるサブジェクト・ライブラリアンの可能性」情報の科学と技術 54 巻 4 号（2004 年）190-197 頁

Richard A. Danner, Law School Libraries, Law School Libraries Encyclopedia of Library and Information Science, 2d ed. 1503-1512. (2003)

Michelle M. Wu, Why Print and Electronic Resources Are Essential to the Academic Law Library, 97 Law Libr. J. 233-256. (2005)

執筆者紹介（五十音順）

指宿　信（いぶすき・まこと）

刑事訴訟法

1959 年生

北海道大学大学院博士後期課程単位取得退学，法学博士

成城大学法学部教授

鹿児島大学法文学部教授，立命館大学法科大学院教授を経て，現職

指宿信監修『治療的司法の実践 ── 更生を見据えた刑事弁護のために』（第一法規・2018 年）

指宿信編著『GPS 捜査とプライバシー保護』（現代人文社・2018 年）

指宿信責任編集『犯罪被害者と刑事司法』（岩波書店・2017 年）

打越綾子（うちこし・あやこ）

行政学・地方自治論

1971 年生

東京大学大学院法学政治学研究科博士号（法学）取得

成城大学法学部教授

成城大学法学部専任講師，准教授を経て，現職

『自治体における企画と調整』（日本評論社・2004 年）

『日本の動物政策』（ナカニシヤ出版・2016 年）

打越綾子編著『人と動物の関係を考える』（ナカニシヤ出版・2018 年）

浦山聖子（うらやま・せいこ）

法哲学

1981 年生

東京大学大学院法学政治学研究科総合法政専攻博士課程修了

成城大学法学部准教授

成城大学法学部専任講師を経て，現職

「グローバルな平等主義と移民・外国人の受け入れ（一）〜（五・完）」国家学会雑誌，

〔執筆者紹介〕

124 巻 7・8 号, 9・10 号, 11・12 号（2011 年）, 125 巻 1・2 号, 3・4 号（2012 年）

金澤敬子（かなざわ・けいこ）

法学資料室
早稲田大学第一文学部史学科卒業
中央大学法学部通信教育課程在学中
成城大学法学資料室員
國學院大學法科大学院 Law Library 勤務を経て，現職
「ロー・ライブラリアン研究会の活動について —— 法情報を市民に身近なものへ」（共著）専門図書館 278 号（2016 年）
「判例評釈を探す」ロー・ライブラリアン研究会編『法情報の調べ方入門』補訂版（日本図書館協会・2017 年）所収

川　淳一（かわ・じゅんいち）

民法
1961 年生
東北大学大学院法学研究科博士課程退学
成城大学法学部教授
東海大学法学部教授，東海大学法科大学院教授を経て，現職
「夫婦財産契約」戸籍時報 709 号（2014 年）
「共同相続における遺産である不動産利用に関する相続開始後の法律関係」能見善久ほか編『民法の未来：野村豊弘先生古稀記念論文集』（商事法務・2014 年）所収
「日常家事債務」戸籍時報 723 号（2015 年）

川﨑恭治（かわさき・きょうじ）

国際法
1957 年生
一橋大学大学院法学研究科博士課程単位取得退学
成城大学法学部教授
広島修道大学法学部助教授，一橋大学大学院法学研究科教授を経て，現職
「国際社会の共通利益と国家の国際犯罪」大谷良雄編著『共通利益概念と国際法』（国際書院・1993 年）所収
「OSCE における紛争の平和的解決」吉川元編『予防外交』（三嶺書房・2000 年）所収
「一般国際法の強行規範の法的効果」一橋法学 17 巻 3 号（2018 年）

〔執筆者紹介〕

隈本　守（くまもと・まもる）

法学資料室
1961 年生
成城大学大学院法学研究科修士課程修了
成城大学法学資料室員
2016 年の法学資料室リノベーションに携わる
「成城大学法学資料室のリノベーション ── 大学学部資料室改修の一例として」Better Storage Vol.205（2017 年）

今野裕之（こんの・ひろゆき）

商法・会社法
1951 年生
一橋大学大学院法学研究科博士課程単位取得退学
成城大学法学部教授
成城大学法学部助教授を経て，現職
オットー・ザントロック，今野裕之編『EC 市場統合と企業法』（商事法務研究会・1993 年）
『新しい会社法制の理論と実務』（共著）（経済法令研究会・2006 年）
『資産流動化・証券化』（経済法令研究会・2008 年）
「EC における会社の開業の自由と属人法の決定基準」成城大学法学会編『21 世紀における法学と政治学の諸相』（信山社・2009 年）所収

佐藤量介（さとう・りょうすけ）

国際法・国際組織法
1974 年生
一橋大学大学院法学研究科博士後期課程修了
成城大学法学部専任講師
日本大学国際関係学部助教を経て，現職
「国連安全保障理事会による『許可』をめぐる理論状況（1）（2完）── 権限委任アプローチと違法性阻却アプローチの批判的検討」一橋法学 14 巻 3 号（2015 年），15 巻 1 号（2016 年）
「国連金融制裁における安保理補助機関の位置づけ ── 国際組織法の視点から」吉村祥子編著『国連の金融制裁 ── 法と実務』（東信堂・2018 年）所収

〔執筆者紹介〕

「日本の安全保障政策における国連の集団安全保障制度の位置づけ──国連軍・多国籍軍への参加問題を手がかりに」川名晋史，佐藤史郎編『安全保障の位相角』（法律文化社・2018 年）所収

鋤本豊博（すきもと・とよひろ）

刑法
1958 年生
北海道大学大学院法学研究科博士後期課程単位取得退学
成城大学法学部教授
白鴎大学法科大学院教授を経て，現職
「因果関係の判断構造について」成城大学法学会編『21 世紀における法学と政治学の諸相』（信山社・2009 年）所収
「親族相盗例の現代的課題」成城法学 78 号（2009 年）
「消極的身分と刑法 65 条」町野朔ほか編『刑法・刑事政策と福祉：岩井宜子先生古稀祝賀論文集』（尚学社・2011 年）所収

田嶋信雄（たじま・のぶお）

国際政治史・比較政治学
1953 年生
北海道大学大学院法学研究科博士後期課程単位取得退学　博士（法学）
成城大学法学部教授
北海道大学法学部助手，成城大学法学部助教授を経て，現職
『ナチズム外交と「満洲国」』（千倉書房・1992 年）
『ナチズム極東戦略──日独防共協定を巡る諜報戦』（講談社・1997 年）
『ナチス・ドイツと中国国民政府　1933-1937』（東京大学出版会・2013 年）
『日本陸軍の対ソ謀略──日独防共協定とユーラシア政策』（吉川弘文館・2017 年）

佃　陽子（つくだ・ようこ）

英語・アメリカ研究
1977 年生
東京大学大学院総合文化研究科地域文化研究専攻博士課程修了
成城大学法学部准教授
成城大学法学部専任講師を経て，現職
「日系グローバル企業がつくる「ローカル」：南カリフォルニア郊外の事例から」上杉

〔執筆者紹介〕

富之編『社会接触のグローカル研究』（成城大学グローカル研究センター・2016 年）所収

"Location, Positionality, and Community: Studying and Teaching Japanese America in the U.S. and Japan," in Yasuko Takezawa and Gary Okihiro, eds., *Transpacific Japanese American Studies: Conversations on Race and Racializations*, University of Hawaii Press, 2016.

「「ジャップ・ロード」改名論争にみる現代アメリカの多文化主義」教養論集 28 号，成城大学法学会（2018 年）

永井典克（ながい・のりかつ）

フランス語・フランス文学
1966 年生
東京大学大学院人文社会系研究科博士課程満期退学
成城大学法学部教授
成城大学法学部准教授を経て，現職
「『フェードル』における毒の役割」仏語仏文学研究 22 号，東京大学仏語仏文学研究会（2000 年）
「スズメはスズメであって，スズメではない　フランス文学に現れるイエスズメ像の変遷」成城大学法学会編『21 世紀における法学と政治学の諸相』（信山社・2009 年）所収
「冥王の禁 ── 日本，ドイツ，フランス，イタリアの間で」教養論集 26 号，成城大学法学会（2016 年）

成田　博（なりた・ひろし）

民法
1951 年生
東北大学大学院法学研究科博士課程退学
成城大学法学部前教授
「ウエスト出版社・20 世紀の歩み」成城大学法学会編『21 世紀における法学と政治学の諸相』（信山社・2009 年）所収
『「021 と 507 の狭間で」ほか 12 篇』（笹氣出版印刷株式会社・2014 年）

〔執筆者紹介〕

西土彰一郎（にしど・しょういちろう）

憲法

1973 年生

神戸大学大学院法学研究科博士課程後期課程修了

成城大学法学部教授

成城大学法学部准教授を経て，現職

『放送の自由の基層』（信山社・2011 年）

「公共放送の財源」論究ジュリスト（2018 年春号）

「放送の自由」公法研究 80 号（2018 年）

日名淳裕（ひな・あつひろ）

ドイツ語・ドイツ語文学

1983 年生

ウィーン大学文献文化学部博士課程修了

成城大学法学部専任講師

東京大学文学部ドイツ語ドイツ文学研究室教務補佐員を経て，現職

„Die heute undurchschaubare Strategie der Liebe" : Zur Trakl-Rezeption bei Ilse Aichinger ドイツ文学　149 号（2014 年）

「ザルツブルクの人身御供 —— 80 年代のエーリヒ・フリートが読むトラークルと戦後オーストリア」日本独文学会研究叢書 114，桂元嗣編『ウィーン 1945-1966 —— オーストリア文学の「悪霊」たち』（2016 年）所収

「大都市への恐怖と礼賛　パウル・ボルトの詩「カフェ・ヨスティのテラスにて」」詩・言語（東京大学）83 号（2017 年）

平野篤司（ひらの・あつし）

ドイツ文学

1949 年生

東京大学大学院人文科学研究科博士課程単位取得退学

成城大学名誉教授

東京外国語大学教授，成城大学教授，聖心女子大学教授を経て，現在に至る

『Rezeption österreichischer Literatur in Japan』（共著）（Literas Universitätsverlag Wien・1990）

『ゲーテからツェランへ』（四月社・2014 年）

〔執筆者紹介〕

『ゲーテからベンヤミンへ』（四月社・2014 年）

福田　宏（ふくだ・ひろし）

国際関係論・地域研究（中央ヨーロッパ）
1971 年生
北海道大学大学院法学研究科博士後期課程単位取得退学
成城大学法学部准教授
北海道大学スラブ研究センター助教，在スロバキア日本大使館専門調査員，京都大学
地域研究統合情報センター助教，愛知教育大学講師等を経て，現職
「ポスト・ハプスブルク期における国民国家と広域論」池田嘉郎編『第一次世界大戦
と帝国の遺産』（山川出版社・2014 年）所収
「ロック音楽と市民社会，テレビドラマと民主化」『融解と再創造の世界秩序』村上勇
介・帯谷知可編（青弓社・2016 年）所収
「現代スロヴァキアにおける歴史論争」『せめぎあう中東欧・ロシアの歴史認識問題：
ナチズムと社会主義の過去をめぐる葛藤』橋本伸也編（共著）（ミネルヴァ書房・
2017 年）所収

町村泰貴（まちむら・やすたか）

民事訴訟法・民事執行法
1960 年生
北海道大学大学院法学研究科博士後期課程退学
成城大学法学部教授
北海道大学法学部助手，小樽商科大学商学部講師，亜細亜大学法学部助教授，南山大
学法学部教授，北海道大学大学院法学研究科教授を経て，現職
『消費者のための集団裁判 ── 消費者裁判手続特例法の使い方』（LABO・2014 年）
徳田和幸，町村泰貴編『注釈フランス民事訴訟法典─特別訴訟・仲裁編』（信山社・
2016 年）
『現代訴訟法』（放送大学教育振興会・2017 年）

山本弘明（やまもと・ひろあき）

民法・消費者法
1977 年生
一橋大学大学院法学研究科博士課程単位取得退学
成城大学法学部准教授

〔執筆者紹介〕

北海学園大学法学部専任講師を経て，現職

「撤回期間と履行請求権」北海学園大学法学研究 41 巻 2 号（2005 年）

「消費者保護撤回権に関する一考察」北海学園大学法学部編『変容する世界と法律・政治・文化：北海学園大学法学部 40 周年記念論文集』（2007 年）所収

「二重効と消費者保護」小野秀誠ほか編『民事法の現代的課題：松本恒雄先生還暦記念論文集』（商事法務・2012 年）所収

成城学園創立 100 周年記念
成城大学法学部創設 40 周年記念

変動する社会と法・政治・文化

2019 年（平成31年）3 月 25 日　　第 1 版第 1 刷発行

編　集　　成 城 大 学 法 学 会
発行者　　今　井　　　貴
発行所　　信山社出版株式会社

〒 113-0033　東京都文京区本郷 6-2-9-102
電　話 03（3818）1019
ＦＡＸ 03（3818）0344

Printed in Japan

ⓒ成城大学法学会，2019．印刷・製本／亜細亜印刷・牧製本

ISBN978-4-7972-6099-1　C3332

6099-012-035-010　NDC320.001

〈成城学園80周年記念／成城大学法学部20周年記念〉

21世紀を展望する法学と政治学

成城大学法学会 編

序文／横川　新

1　近代西欧風の法のありよう・メモ／矢崎光圀

2　インディアスにおける先住民の法的処遇の素描／中川和彦

3　比較法方法論／井上　明

4　国民の主権と人権の保障／寿田竜輔

5　訴訟参加と行政事件の解決／新山一雄

6　民法学の方法と課題／滝沢聿代

7　古代戸籍と農民の多妻婚／佐藤良雄

8　手形行為独立の原則について／庄　政志

9　わが国における資産証券化法制の新展開／今野裕之

10　外国における執行と仮差押えの必要性／野村秀敏

11　学校教員による体罰と刑事責任／大沼邦弘

12　刑の廃止と変更／髙山佳奈子

13　同性労働者間のセクシュアル・ハラスメントと第七編／奥山明良

14　ロメ協定と人権コンディショナリティ／大隈　宏

15　二つの権利モデル／若松良樹

16　Ribbentrop and Organizational Struggles in the Third Reich／田嶋信雄

17　Les droits des femmes japonaises dans la loi et dans la pratique
　　　／辻村（横山）みよ子

〈成城学園創立90周年記念／成城大学法学部創設30周年記念〉

21世紀における法学と政治学の諸相

成城大学法学会 編

序文／今野裕之

1　憲法学における社会システム理論の位置／西土彰一郎

2　個人情報の訂正請求権に関する一考察／大橋真由美

3　広義の再転相続における最高裁決定と遺産の帰属形式／川　淳一

4　ＥＣにおける会社の開業の自由と属人法の決定基準／今野裕之

5　因果関係の判断構造について／鋤本豊博

6　武器輸出解禁の政治過程／田嶋信雄

7　ウエスト出版社・二〇世紀の歩み／成田　博

8　代理商の補償請求権／桑原康行

9　ＥＵの新しい国際送達規則／安達栄司

10　書簡に見る詩心／平野篤司

11　スズメはスズメであって、スズメではない／永井典克

12　国民代表としての大統領の責任追及制度

　　　　／ティエリ・Ｓ・ルヌー、ザビエル・マニョン、（訳）大津　浩

13　Nishidas Logik des Ortes und die japanische Sprache／三室次雄